KURFÜRST AUGUST VON SACHSEN

EIN NACHREFORMATORISCHER »FRIEDENSFÜRST« ZWISCHEN TERRITORIUM UND REICH

Wissenschaftliche Tagung vom 9. bis 11. Juli 2015
in Torgau (Schloss Hartenfels) und Dresden (Residenzschloss)

Gemeinsam organisiert von den Staatlichen Kunstsammlungen Dresden
und dem Institut für Sächsische Geschichte und Volkskunde e.V.
in Kooperation mit der Großen Kreisstadt Torgau und dem Landkreis Nordsachsen

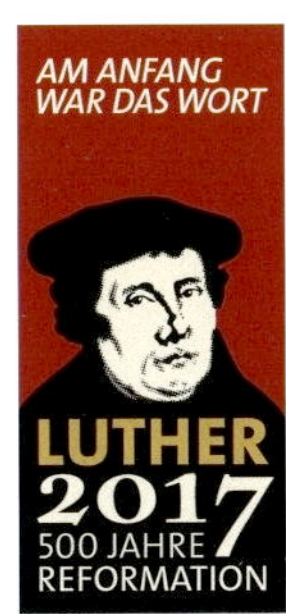

STAATLICHE
KUNSTSAMMLUNGEN
DRESDEN

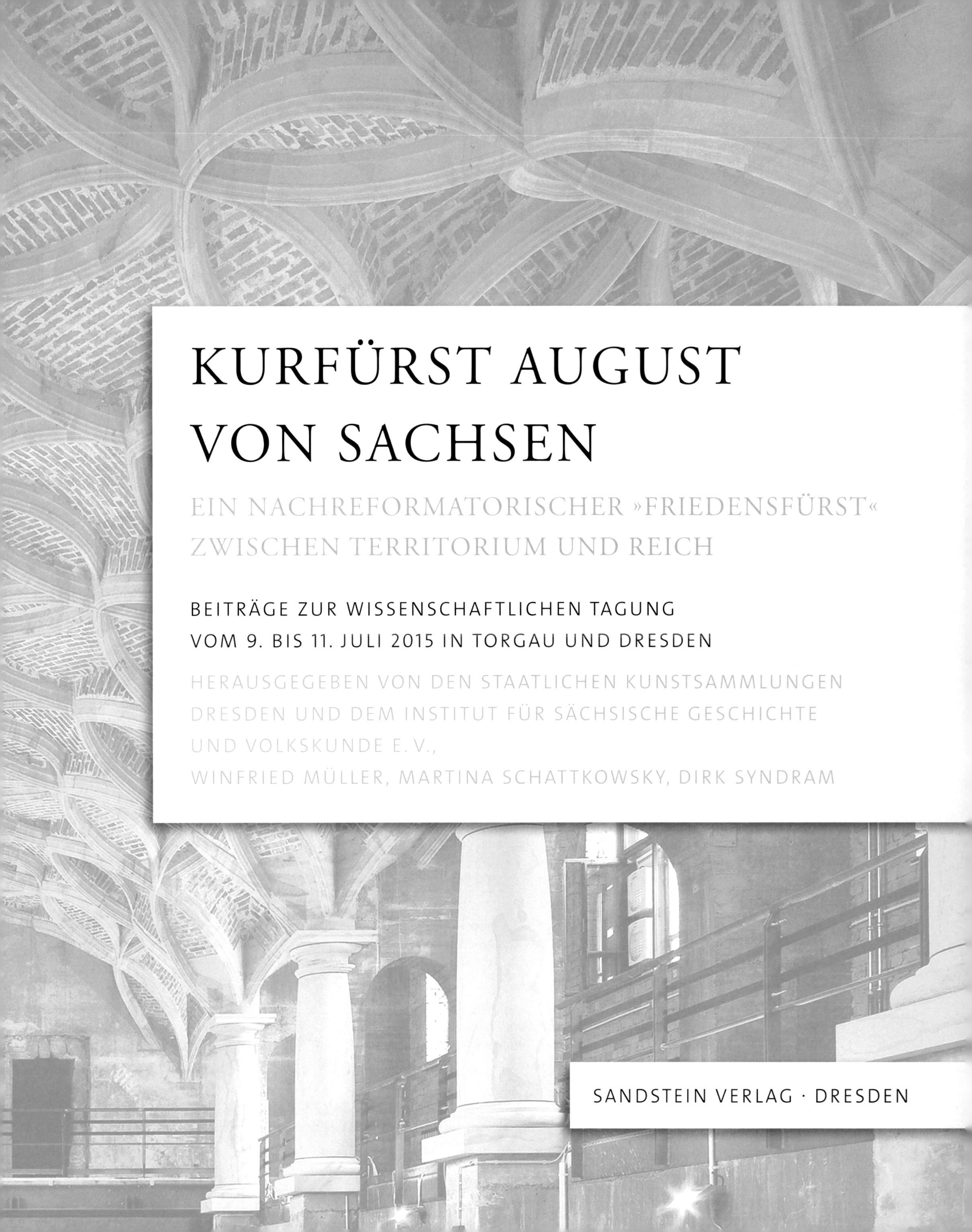

KURFÜRST AUGUST VON SACHSEN

EIN NACHREFORMATORISCHER »FRIEDENSFÜRST« ZWISCHEN TERRITORIUM UND REICH

BEITRÄGE ZUR WISSENSCHAFTLICHEN TAGUNG VOM 9. BIS 11. JULI 2015 IN TORGAU UND DRESDEN

HERAUSGEGEBEN VON DEN STAATLICHEN KUNSTSAMMLUNGEN DRESDEN UND DEM INSTITUT FÜR SÄCHSISCHE GESCHICHTE UND VOLKSKUNDE E. V.,
WINFRIED MÜLLER, MARTINA SCHATTKOWSKY, DIRK SYNDRAM

SANDSTEIN VERLAG · DRESDEN

Vorwort

Mit Kurfürst August von Sachsen tritt nach Friedrich dem Weisen, dessen Wirken 2013 in Torgau im Rahmen einer Ausstellung und einer Tagung der Staatlichen Kunstsammlungen Dresden (SKD) sowie zahlreicher Kooperationspartner gewürdigt wurde, ein weiterer sächsischer Fürst des Reformationsjahrhunderts in das Blickfeld einer breiteren Öffentlichkeit. Zugrunde liegt auch hier eine internationale Tagung auf Schloss Hartenfels in Torgau und im Dresdner Residenzschloss – veranstaltet 2015 von den SKD und dem Institut für Sächsische Geschichte und Volkskunde e.V. (ISGV). Den Rahmen dafür bildete die Sonderausstellung »Luther und die Fürsten. Selbstdarstellung und Selbstverständnis des Herrschers im Zeitalter der Reformation«, die vom 15. Mai bis zum 31. Oktober 2015 als erste von vier nationalen Sonderausstellungen zum 500. Reformationsjubiläum in Torgau zu sehen war.

Die vorliegende Publikation rückt mit August von Sachsen – wie zuvor schon der Band von 2014 zu Kurfürst Friedrich dem Weisen – einen protestantischen Kurfürsten in den Mittelpunkt, mit dessen langer Regierungszeit von 1553 bis 1586 für Kursachsen eine Phase der Konsolidierung auf konfessioneller wie administrativer und wirtschaftlicher Ebene verbunden war. In Kurfürst August begegnen wir einem Fürsten, der geradezu idealtypisch für einen treu sorgenden, lutherischen Landes- und Hausvater steht, der mit großem Geschick seinen Staat wie sein Haus leitete und der den Ausbau der Zentralbehörden und die Förderung der sächsischen Wirtschaft ebenso im Blick hatte wie den Frieden im Reich und das Seelenheil seiner Untertanen. An seiner Seite verkörperte Kurfürstin Anna den Typus der Landesmutter, die nicht nur eine geschickte politische Netzwerkerin und Förderin der Kirche war, sondern gleichermaßen Ökonomin, Kunst- und Büchersammlerin, Apothekerin sowie Mäzenin.

In Kursachsen ging es in der zweiten Hälfte des 16. Jahrhunderts um nichts weniger als um die Vollendung der Reformation. Der turbulenten Reformationszeit folgte eine Phase der Verstetigung des Erreichten, der Festigung staatlicher und kirchlicher Strukturen. Die unter dem Kurfürstenpaar Anna und August von Sachsen vorangetriebene Modernisierung staatlicher Herrschaftspraxis ist eng verbunden mit den konfessionellen Umbrüchen dieser Zeit, waren doch innere Herrschaftskonsolidierung und territorialer Ausbau des Kurstaates im 16. Jahrhundert nicht zu trennen von der Reformation und der Etablierung einer evangelischen Landeskirche und des landesherrlichen Kirchenregiments. Auch wenn das reformatorische Engagement von Gemeinden bzw. Magistraten oder Landständen keineswegs unterschätzt werden darf, wären die Durchsetzung und Institutionalisierung der Reformation ohne fürstliche Initiativgewalt und ohne einen gut organisierten Flächenstaat kaum realisierbar gewesen. Der Kurstaat – dies wird man festhalten können – erlebte in der zweiten Hälfte des 16. Jahrhunderts eine Blütezeit. Diese verbindet sich in erster Linie mit den innenpolitischen Erfolgen des Kurfürstenpaares.

Doch auch außenpolitisch hatte August von Sachsen einiges vorzuweisen. Zwei Erfolge konnte er gleich zu Beginn seiner Amtszeit verbuchen. Zum einen war dies der endgültige Ausgleich mit den ernestinischen Verwandten. Nachdem es noch unter Kurfürst Moritz zu ersten vorsichtigen Annäherungen gekommen war, führte August diesen Weg seines Bruders fort und nutzte dazu auch die Vermittlungshilfe des dänischen Königs, seines Schwiegervaters. Schließlich kam 1554 in Naumburg eine Einigung zwischen Albertinern und Ernestinern zustande. Dieser Naumburger Vertrag setzte gewissermaßen einen Schlusspunkt unter die dynastischen Streitigkeiten und legte die Grundlage für zwei sich gegenseitig akzeptierende wettinische Staaten. Ein zweiter außenpolitischer Paukenschlag war Augusts maßgebliche Beteiligung am Zustandekommen des Augsburger Religionsfriedens von 1555. Im Auftreten Augusts manifestierte sich sehr deutlich, dass sich Kursachsen nun als unbestrittene Vormacht im protestantischen Lager positioniert hatte.

Mit seiner Art zu regieren und Schwerpunkte zu setzen entsprach Kurfürst August – wie andere seiner Standesgenossen aus der Fürstengeneration der lutherischen Landesväter – voll und ganz den Erfordernissen der Zeit. August ist als sparsam wirtschaftender Landesfürst in die Geschichte eingegangen.

Mit seinem breiten Interesse für Technik, Wissenschaft und Kunst schuf er die Grundlage für die großartigen Dresdner Kunstsammlungen. Aus eigenem, dem Vergnügen wie der Erholung dienenden Handlungsinteresse heraus legte er im Dachgeschoss des die fürstliche Familie aufnehmenden Westflügels seines Dresdner Residenzschlosses eine aus tausenden kunstvollen Werkzeugen, geodätischen und astronomischen Instrumenten sowie Uhren bestehende Kunstkammer an. Gleich nach seinem Ableben wurde diese von seinem Sohn als ein Monument Kurfürst Augusts ausgestattet und dem fürstlichen Kanon gemäß ausgebaut. Die Rüstkammer, die August in seiner langen Herrschaft schuf, war mit ihren Prunk- und Turnierwaffen dem hohen Rang des Erzmarschalls des Heiligen Römischen Reiches gemäß überreich gefüllt. Kurfürst August legte auch mit der aus fürstlichen Geschenken und eigenen Erwerbungen bestehenden privaten Schatzkammer den Grundstein für das spätere Grüne Gewölbe. Er wurde zudem mit dem Aus- und Neubau zahlreicher Jagdsitze und Landschlösser zu einem der bedeutendsten Bauherren seiner Zeit im Reich – all dies fand unter seiner strengen Aufsicht und ohne Geld zu verschwenden statt.

Der Wettiner, der sich rastlos selbst um alles kümmern wollte, war die Verkörperung des persönlichen Regiments schlechthin. Zusätzlich angetrieben wohl durch sein ausgeprägtes Misstrauen und seinen Argwohn gegenüber seinem sozialen Umfeld strebte er nach umfassender Kontrolle von Politik und Gesellschaft bis in den letzten Winkel seines Territoriums. Landesherrliche Aufsicht erfasste schon bald den Alltag in Stadt und Land und zog eine wahrhafte Regulierungswut nach sich: Unter August ergoss sich über Kursachsen eine Flut an Mandaten und Ordnungen in allen Bereichen von Wirtschaft und Gesellschaft.

Besonders deutlich wurde dies auch angesichts der konfessionspolitischen Turbulenzen, die das Land seit den 1570er Jahren erschütterten. Um den um sich greifenden calvinistischen Strömungen endgültig ein Ende zu setzen, griff Kurfürst August zu einem verbreiteten Mittel der Krisenbewältigung: Er verschärfte die Gesetze und die staatliche Kontrolle. Zum Schutz und Erhalt des »unverfälschten« Glaubens wurden gemeinsame Grundpositionen des lutherischen Bekenntnisses nun eindeutig schriftlich fixiert. Strittige Fragen der lutherischen Lehre sollten so endgültig geklärt und festgehalten werden. In diesem Sinne sind die 1580 zum Abschluss gelangten Bemühungen um das Konkordienbuch, die Konkordienformel und die sächsische Kirchen- und Schulordnung zu verstehen. Projekte wie diese sind eng mit dem Namen Kurfürst Augusts verbunden und markieren sozusagen den Abschluss der Reformation im albertinischen Sachsen.

Die Frage nach dem Wechselverhältnis von Reformation und Politik unter dem Kurfürstenpaar August und Anna von Sachsen wird im vorliegenden Band mit Beiträgen aus historischer sowie kunst-, musik- und kirchengeschichtlicher Perspektive beleuchtet.

Der erste Themenblock befasst sich mit der politischen Situation Kursachsens im Reichsverband. Aspekte des genealogisch-historischen Selbstverständnisses als Mittel der Herrschaftslegitimation finden dabei ebenso Beachtung wie das Verhältnis des Kurfürstentums zu seinen Nachbarn oder die Bedeutung der Korrespondenzkultur als integraler Bestandteil fürstlicher Kommunikation und Politik.

Das zweite Themenfeld widmet sich der Schaffung eines leistungsfähigen Wirtschafts- und Verwaltungssystems bei endgültiger Durchsetzung des lutherischen Glaubensbekenntnisses. Dabei werden zentrale Aspekte der Etablierung weitreichender Gesetzeswerke, das Ringen um Bürokratisierung und die Herausbildung einer stabilen Residenzherrschaft ebenso gewürdigt wie die fürstliche Auseinandersetzung mit agrarischen Fragestellungen, die Kartierung des Landes oder die Ordnung des Finanzwesens.

In den beiden letzten Kapiteln wird der Fokus verstärkt auf die höfische Repräsentation gelegt. Eingehend untersucht werden sowohl die Bemühungen um die architektonische Sichtbarmachung eines wirkmächtigen Herrschaftsbildes und die Geschichte fürstlichen Sammelns als Ausdruck von Wissensaneignung als auch die Ordnung des höfischen Musiklebens zur Inszenierung des herrschaftlichen Selbstverständnisses.

Gemeinsame Veranstalter der Tagung waren die Staatlichen Kunstsammlungen Dresden und das Institut für Sächsische Geschichte und Volkskunde e.V. Den beteiligten Institutionen sei an dieser Stelle für die gute Zusammenarbeit herzlich gedankt. Ein Dank geht an Juliane Witthöft und Yvonne Wagner für die Mitarbeit an der Tagungsplanung und die organisatorische Betreuung sowie an Dirk Weber für die sorgsame Betreuung dieses Tagungsbandes.

Besonders zu danken ist auch dem Freistaat Sachsen, der Beauftragten des Bundesministeriums für Kultur und Medien und der Ostdeutschen Sparkassenstiftung gemeinsam mit der Sparkasse Leipzig, durch deren großzügige finanzielle Unterstützung sowohl die Tagung als auch der vorliegende Band realisiert werden konnten. Dem Landkreis Nordsachsen und der Stadt Torgau, die das Schloss Hartenfels als Tagungsort zur Verfügung stellten, ist ebenfalls herzlicher Dank auszusprechen.

Dresden, im Februar 2017
Die Herausgeber

Inhalt

Manfred Rudersdorf Kurfürst August von Sachsen.
Ein neuer nachreformatorischer Fürstentypus im Konfessionsstaat des Alten Reiches . . . 8

I · POLITIK ZWISCHEN TERRITORIUM UND REICH

Václav Bůžek August von Sachsen, die Habsburger und der böhmische Adel . . . 28

Frank Göse Die »Erbverbrüderten«. Zum brandenburgisch-kursächsischen Verhältnis zur Regierungszeit des Kurfürsten August . . . 38

Sophie Ziegler Briefe als Spiegel höfischer Netzwerke. Korrespondenzkultur unter Kurfürst August von Sachsen . . . 50

Katrin Keller Die Fürstin und das Reich. Anna von Sachsen in der kursächsischen Politik . . . 62

Olav Heinemann Herrschaftslegitimation durch genealogisch-historiographische Arbeit unter Kurfürst August . . . 74

Frank Aurich, Lars Spreer Ein wettinischer Prachtstammbaum auf Pergament . . . 85

Holger Schuckelt Kurfürst August von Sachsen und die Hochzeitspolitik König Eriks XIV. von Schweden . . . 90

II · WIRTSCHAFT, VERWALTUNG UND KIRCHENREGIMENT

Christian Heinker Kontrollieren oder Delegieren? Zur Interaktion Kurfürst Augusts mit seinen Geheimen Räten . . . 102

Martina Schattkowsky Die sächsischen Konstitutionen von 1572. Ein Gesetzeswerk zwischen Bauernschutz und Herrschaftskompromiss . . . 110

Ursula Schlude Fürstliche Agrardiskurse. Momente von Wissenschaft in einem nichtgelehrten Milieu . . . 122

Peter Wiegand Landesaufnahme und Finanzstaat
unter Kurfürst August und seinen Nachfolgern . . . 138

Frank Metasch Vom Guldengroschen zum Reichstaler.
Die sächsische Münzpolitik unter Kurfürst August . . . 152

Hans-Peter Hasse Lutherisches Konfessionsbewusstsein
und Kirchenpolitik des Kurfürsten August von Sachsen . . . 166

III · HÖFISCHE REPRÄSENTATION

Matthias Müller Ein Jagdschloss als Objekt der Herrschaftskunst.
Der Neubau von Schloss Augustusburg und das Vermächtnis
Kurfürst Augusts von Sachsen in der Architektur . . . 178

Dirk Syndram August von Sachsen als Sammler.
Zwischen persönlicher Neigung und fürstlicher Konvention . . . 192

IV · HÖFISCHES MUSIKLEBEN

Christa Maria Richter Kurator versus Kapellmeister & Knabenlehrer.
Kurfürst Augusts Hofkantorei in der Obhut des Hofpredigers Christian Schütz . . . 212

Matthias Herrmann »Müssen die Cori Fauoriti von den Capellen wol
vnterschieden werden«. Zur Musik in der evangelischen Schlosskapelle
in Dresden zwischen Johann Walter und Heinrich Schütz . . . 228

ANHANG

Abkürzungen und Siglen . . . 238
Abbildungen . . . 239
Impressum . . . 240

MANFRED RUDERSDORF

Kurfürst August von Sachsen. Ein neuer nachreformatorischer Fürstentypus im Konfessionsstaat des Alten Reiches

Wie kaum ein Jahrhundert zuvor hat das 16., das Jahrhundert der Reformation und konkurrierenden Konfessionalisierung, der deutschen Fürstengesellschaft politischen Auftrieb, neue Konturen und nachhaltigen Prestigegewinn verliehen. Anders als die souveränen Monarchen Europas waren die aristokratischen Hoheitsträger der deutschen Fürstenstaaten eingebunden in ein von Hierarchien und Loyalitäten geprägtes funktionierendes Reichslehenssystem, an dessen Spitze der Kaiser als Oberhaupt des Reiches, als souveräner Privilegienspender und Herr über Krieg und Frieden stand.[1]

Das systemische Spannungsgefüge, das dieser normativen Grundordnung von »Kaiser und Reich« zugrunde lag, war besonders dann herausgefordert, wenn profilierte, starke Führungsgestalten wie die Landesherren der Reformation – etwa in Kursachsen, Hessen, Mecklenburg, Braunschweig-Lüneburg oder Württemberg – als Strukturbegründer oder als Strukturerneuerer konstitutiven Einfluss auf die Neugestaltung von Staat, Kirche und frühneuzeitlicher Ständegesellschaft ausgeübt hatten. Das Ringen um die Entscheidung für oder gegen die Reformation, für oder gegen die Kirchenerneuerung nach Wittenberger Vorbild wurde somit weit über Mitteldeutschland hinaus zu einem Katalysator für die institutionelle Gestaltwerdung des konfessionellen deutschen Landesfürstentums – für einen epochalen Prozess also, der sich unter den Prämissen der obrigkeitlichen Durchsetzung von kirchlicher Bekenntnistreue und frühmoderner Staatsbildung vollzog. Auf diese Weise wurde der ständisch verfasste Fürstenstaat im Zeichen von Reformation und konfessionellem Dualismus zwischen alter und neuer Kirche zu einer dominierenden politischen Kraft, zu einem erfolgreichen Wegbereiter und zukunftsweisenden Gestalter des frühmodernen Staates in Deutschland.[2]

Ohne den Einfluss der Stadtreformation, der bäuerlichen Gemeindereformation, der Adels- und Ständereformationen im Reich schmälern zu wollen, gilt es einleitend festzuhalten, dass es die Fürstenobrigkeiten zumeist selbst waren, die das Ringen um kirchliche Erneuerung und religiöse Identität, um staatliche Konsolidierung und einheitliche Administration mit eigenen landesherrlichen Akzenten versahen und immer wieder von Neuem beeinflussten und zielführend beförderten. Ohne den entschiedenen Reformwillen der Fürsten wäre die Verkündigung der neuen Lehre und ihre dauerhafte konfessionelle Verwurzelung in den Köpfen der Menschen nicht möglich gewesen, hätte der organisatorische und der personelle Aufbau der neuen Landeskirchen kaum die bekannte Breitenwirkung und Ausstrahlung erreicht. Dies konnte letztlich nur ein Flächenstaat mit seinem Steuerungspotential der herrschaftlichen Durchdringung und Vereinheitlichung bieten und gewährleisten. Die gelegentlich vorgetragene Etatismuskritik mancher Reformationshistoriker vermag diesen Befund, wie ich meine, nicht wirklich in Frage zu stellen.[3]

Mit Kurfürst August von Sachsen (1526–1586), einem der prominentesten Vertreter der zweiten Generation deutscher Reformationsfürsten, tritt uns ein reichs- und friedenspolitisch ambitionierter Territorialherr vor Augen, der geradezu paradigmatisch die für das konfessionelle Zeitalter so typische »Allianz zwischen Fürstentum und Konfessionskirche« (Heinz Schilling) repräsentiert.[4] Der 1526 auf Schloss Freudenstein in Freiberg geborene zweite Sohn Herzog Heinrichs des Frommen (1473–1541) und seiner Frau Katharina von Mecklenburg (1487–1561) stand lange Zeit im Schatten seines erfolgreich regierenden Bruders Moritz (1521–1553), des ersten albertinischen Kurfürsten. Ebenso stand August auch im Schatten einer Zeit, die Heinrich von Treitschke (1834–1896) mit dem epochemachenden Dik-

Abb. 1
Lucas Cranach d. J. · Kurfürst August von Sachsen · um 1564 · Öl auf Papier · Pappe und Fichtenholz · 40,5 × 32,5 cm · Gemäldegalerie Alte Meister, Staatliche Kunstsammlungen Dresden, Gal.-Nr. 1947

tum stigmatisierte, eine »der häßlichsten Zeiten deutscher Geschichte« gewesen zu sein, die von Zerrissenheit, Zerfahrenheit und Verfall gekennzeichnet war.[5] Treitschkes düsteres Bild von den unzuverlässigen, trinkfreudigen und politisch apathischen »Sauf- und Betfürsten« in den lasziven Jahrzehnten der deutschen Spätrenaissance vor dem Ausbruch des Dreißigjährigen Krieges ist längst einer differenzierten, borussischer Vorurteile entkleideten Sichtweise gewichen, die dank der Konfessionalisierungsforschung die unzweifelhaften Verdienste dieser gescholtenen Fürstengeneration für den Aufbau von Kirche und Staat, von wirkungsmächtigen Kultureinrichtungen wie Schulen und Universitäten, von Hospitälern und Versorgungsstiften in vergleichender Perspektive herausgearbeitet hat. Jens Bruning hat mit seinen Forschungen beträchtlichen Anteil an den quellengestützten, empirischen Vorarbeiten, die diesen Paradigmenwechsel in der Bewertung jener neuen Fürstengeneration, ausgehend von der Epochenfigur Kurfürst Augusts von Sachsen, eingeleitet und durchgesetzt haben.[6]

Der sächsische Kurfürst August hat zeit seines Lebens – er regierte von 1553 bis 1586 fast 33 Jahre lang in Dresden – die stabilisierenden Effekte des Augsburger Friedenssystems von 1555 verteidigt. Reichspolitisch trat er keineswegs expansiv, sondern risikoabwägend und schützend als Garantiemacht dieser nach langen Kämpfen erreichten überkonfessionellen Friedensordnung auf, zumeist an der Seite der habsburgischen Kaiser, die jenseits des Erzgebirges in Böhmen seit 1526 die unmittelbaren Nachbarn der Wettiner geworden waren. Innenpolitisch erwarb sich August sehr bald den Ruf, mit seiner umfassenden normativen Ordnungspolitik auf nahezu allen Gebieten der inneren Verwaltung, der defizitären Finanzen, der Ökonomie und der praktischen Jurisprudenz ein Vorreiter der infrastrukturellen Erneuerung in seinem Territorium zu sein, dessen starke Verschuldung er binnen weniger Jahre nach Regierungsantritt mit konsequenten Einsparzielen abzutragen vermochte.[7]

Vor allem aber fiel ihm, der als fürstlicher Landesherr die lenkende und ordnende Obrigkeit repräsentierte, in der zentralen Glaubensfrage mit ihrem weichenstellenden Charakter für die konfessionelle Uniformität des lutherischen Kurstaates ein entscheidendes Gewicht zu. So lässt sich die fortschreitende Institutionalisierung der neuen evangelischen Landeskirche mit ihrer kulturellen, religions- und frömmigkeitsgeschichtlichen Traditionsbildung ohne den Gestaltungswillen des Kurfürsten und seiner höfischen und bürokratischen Steuerungsinstrumente nicht angemessen erklären. Gegen das Ius-reformandi-Prinzip des Landesherrn war auf Dauer weder politisch noch konfessionell eine Alternative zu begründen, geschweige denn erfolgreich eine gegenläufige Option durchzusetzen. Die »Einheit und Geschlossenheit fürstlichen Handelns«,[8] die sich komplementär zum Vollzug der kirchlichen Konfessionalisierung immer stärker herausgebildet hatte, vermochte im Innern des Territoriums, wie die Geschehnisse in Kursachsen am Hof und an den Universitäten nach 1574 eindrucksvoll zeigen, nahezu jede Gefahr nonkonformistischen Protests und oppositioneller Haltung aufzufangen und im Interesse der Herrschaft einer Lösung zuzuführen – wenn auch bisweilen mit den Mitteln des Zwangs und frühabsolutistischer Kontrollmaßnahmen. Die Konfessionsfrage war auch in Dresden Jahrzehnte nach Einführung der Reformation erneut zu einer politischen Machtfrage, zu einem quasi autonomen Privileg der Fürstenobrigkeit geworden. Zudem wurde erkennbar, dass die Monopolisierung des Kirchenregiments in der Hand des Landesherrn in besonderer Weise dem staatlichen Konzentrations- und Integrationsprozess zugute kam, der ganz dem etatistischen Grundzug der Fürstenpolitik im konfessionellen Zeitalter entsprach.[9]

Nur scheinbar kontrastierend mit den Bürokratisierungs- und Zentralisierungstendenzen der Zeit hat sich das Bild vom patriarchalisch regierenden »Landesvater« August und seiner dänischen Ehefrau, der »Landesmutter« Anna (1532–1585), über Generationen hinweg eingeprägt – von einem Regentenpaar, das in konsensorientierter, fürsorglicher Weise um das Wohl und das Seelenheil seiner Untertanen bemüht war und ein Leben fest verwurzelt im evangelischen Glauben der Wittenberger Reformation führte.[10] Die in den Predigten und weltlichen Traktaten oft benutzte Metapher vom »Amtmann Gottes« ließ Kurfürst August als hervorstechendes Beispiel eines Landesherrn erscheinen, der als umsichtiger und weiser Regent ebenso paternalistisch wie friedliebend die politischen Geschicke seines Landes führte.[11] Ohnehin stand er als regierender Fürst des prominentesten evangelischen Kurterritoriums im Reich, das zugleich ein Königswählerstaat bei der Wahl des römisch-deutschen Königs und Kaisers war, im medialen Brennpunkt seiner Zeitgenossen, sowohl auf altkirchlicher wie auf neukirchlicher Seite, beim habsburgischen Kaiser, beim Kurfürsten von Mainz, beim bayerischen Herzog eben-

Abb. 2 a und b
Lucas Cranach d. J. · Bildnisse des Kurfürsten August und der Kurfürstin Anna von Sachsen · 1565 und 1564 · Öl auf Lindenholz · 210 × 92 cm und 212 × 93,5 cm · Rüstkammer, Staatliche Kunstsammlungen Dresden, Inv.-Nr. 94 und H 95

so wie bei den evangelischen Allianzpartnern in Kurbrandenburg, Hessen, Braunschweig und Württemberg.[12] Als Angehöriger der sogenannten »Baumeistergeneration«, der Architekten des frühmodernen Territorialstaates, ist es August fraglos gelungen, in der Tradition seines früh verstorbenen Bruders Moritz entscheidende Weichen für die innere Gestaltung des neuzeitlichen Sachsen zu stellen, die im einzelnen Gegenstand der Beiträge dieser Publikation sind.[13]

Aufgrund seiner exponierten Stellung im Ursprungsland der Reformation – Wittenberg als Herzkammer des Luthertums gehörte seit 1547 zum albertinischen Landesteil – geriet August schon zu Lebzeiten Schritt für Schritt in die Rolle des Prototyps einer ganzen Generation deutscher Fürsten, die als patriarchalische, kaisertreue Landesväter in der zweiten Hälfte des 16. Jahrhunderts eine geradezu notwendige Scharnierfunktion in dem fließenden Übergang zwischen Reformation und Konfessionalisierung in der ständischen Territorialgesellschaft ausgeübt haben. Die Beispiele ihrer Regierungsweise in Zeiten relativen Friedens legen überzeugend dar, wie schwierig es heuristisch ist, beide epochalen Abschnitte allzu filigran und künstlich zu trennen. In vielen Fällen hat sich die tatsächliche Vollendung der Reformation erst im normativen Ergebnis der konfessionellen Konfliktkultur am Ende des langen Säkulums vollzogen.[14]

Zu den Fürsten, den lutherischen Vormännern im Reich, die sich prototypisch um Kurfürst August von Sachsen herum gruppierten, gehörten der Nachbar Kurfürst Johann Georg von Brandenburg (1525–1598), Herzog Christoph von Württemberg (1515–1568), Herzog Julius von Braunschweig-Wolfenbüttel (1528–1589), Markgraf Georg Friedrich I. von Brandenburg-Ansbach/Bayreuth (1539–1603) sowie die erbverbrüderten hessischen Landgrafen Wilhelm IV. von Kassel (1532–1592) und Ludwig IV. von Marburg (1537–1604). Trotz aller regionalen Besonderheiten im Einzelnen vereinte diese Fürstengruppe im Grundsatz ein gemeinsames typologisches Herrscherprofil, ein spezifisches Regierungshandeln, das, wie das Beispiel des Kurfürsten August zeigt, charakteristisch ist für die politische und die geistige Signatur des konfessionellen Zeitalters. Gab es also doch so etwas wie einen schleichenden Imagewandel, gar eine Zäsur im Verhalten der territorialen Führungseliten vor und nach 1555, vor und nach dem Abschluss des Augsburger Religionsfriedens, dem epochalen Datum der Anerkennung des Luthertums im Alten Reich?[15]

Gewiss nicht ohne Grund hat der Göttinger Kirchenhistoriker Bernd Moeller vor vielen Jahren in seiner oft zitierten Reformationsgeschichte Deutschlands pointiert hervorgehoben, dass mit dem auffälligen Generationenwechsel in der Mitte des Jahrhunderts das Zeitalter »großer Männer« zu Ende gegangen sei. Gemeint sind vor allem Martin Luther (1483–1546), Philipp Melanchthon (1497–1560), Martin Bucer (1491–1551), Kaiser Karl V. (1500–1558), Erzherzog Ferdinand von Österreich, der spätere Kaiser (1503–1564), Herzog/Kurfürst Moritz von Sachsen und zuletzt vielleicht Landgraf Philipp von Hessen (1504–1567). Ihre Ausnahmestellung war schon unter den Zeitgenossen weitgehend unstrittig.[16] Der Glanz, der von den großen Weichenstellern der Reformationszeit ausging, warf zweifellos einen langen, übermächtigen Schatten auf das Profil der nachrückenden politischen Führungsgeneration, die zwar prinzipiell in der dynastischen Kontinuität zu ihren Vorgängern stand, aber dennoch ihre öffentliche Existenz in einem System veränderter Spielregeln und Normen neu einrichten und neu legitimieren musste.

So gesehen ist die zweite, weitaus interessantere Schlussfolgerung Moellers prüfend in den Blick zu nehmen, die These nämlich, dass auf die Ära der tatkräftigen Gründer und Reformer die wenig rühmliche, wenig spannende Herrschaft der sogenannten Epigonen folgte, die Zeit jener blassen, unauffälligen Fürstengeneration also, die Deutschland tendenziell in einen Zustand der Stagnation, ja, wie es heißt, der »Provinzialität« zurücksinken ließ – geprägt von politischer Streitsucht und Apathie der handelnden Akteure, von lautem Theologengezänk und konfessionellem Antagonismus, und zwar nicht nur von den Kanzeln und Kathedern herab, sondern auch auf der wichtigeren Ebene der Regierungen und mächtigen Fürstenkanzleien im Reich.[17]

Ein von solchen Prämissen definiertes Erscheinungsbild des evangelischen Fürstenstandes im Reich lässt zweifellos eine Antinomie erkennen, die es in der Wirklichkeit der realen Politik so wohl nicht gegeben hat. Auf der einen Seite standen in diesem Bildvergleich die älteren »Gestalter« der unmittelbaren Erlebnis- und Bekenntnisgeneration aus den Anfangsjahren der Reformation, auf der anderen Seite die steigende Zahl der heranwachsenden jüngeren »Verwalter« der patriarchalischen Landesvätergeneration, die nach 1555 recht forciert daran ging, die Verwerfungen und Brüche der Reformationszeit zu überwinden und nach einem neuen zeitgemäßen Rollenverständnis in Staat, Kirche und Gesellschaft zu suchen. Anders als den Vorgängern stellte sich dieser jüngeren Fürstengeneration im Reich unter den neuen Rahmenbedingungen nahezu gleichförmig die Aufgabe, den Schutz und die Sicherheit ihrer neu arrondierten territorialen Existenz zu gewährleisten – im Innern durch die Symbiose von frühmoderner Staatlichkeit und geschlossener Konfessionalität, nach außen durch eine kompromissgeprägte Politik der Status-quo-Sicherung im Reich, auf der Grundlage des erneuerten Normensystems der Reichsverfassung und im weitgehenden Konsens mit dem Kaiser.[18] Überragende, auch Konflikte mit dem Reichsoberhaupt durchstehende Führungsgestalten, wie dies zuvor Philipp von Hessen[19] oder Moritz von Sachsen gewesen waren, gab es im deutschen Fürstenstand in der Friedenszeit nach 1555 nicht, wohl aber profilierte, überaus tüchtige, reichsloyale Territorialstaatspolitiker wie August von Sachsen oder Christoph von Württemberg[20], die aufgrund ihrer unbestrittenen Erfolge und ihres großen Ansehens im Reich eine dominierende Rolle unter ihresgleichen, beispielsweise auf den wichtigen Reichstagen der Zeit, spielten und die modellhaft die Standards setzten, an denen sich andere Fürstenstaaten orientierten.[21]

Die Fürstenpolitik im konfessionellen Zeitalter entsprach im Wesentlichen ganz dem konservativen, risikoscheuen Naturell der regierenden Landesväter, die im Schlagschatten der Reformation mehr auf Absicherung ihrer Autonomie, auf Wahrung ihrer Fürstenlibertät und auf effiziente Formen der Herrschaftsrationalisierung aus waren denn auf Machtexpansion oder gar militärischen Konfliktaustrag. So hing das eine, die Dynamik des Umbruchs, auf das engste mit dem anderen, der konsequenten Statik- und Statussicherung im Territorium, zusammen. An die Stelle der frühen kampferprobten Protagonisten des Wandels und der Konfrontation traten nunmehr in der großen Mehrheit die friedensgeneigten Kräfte der Beharrung, der Besitzstandswahrung und kontrollierten Erneuerung, die sich im Rahmen der normierten Spielregeln der Territorial- und Reichsverfassung bewegten. Diese Kräfte waren es, die von Dresden, Stuttgart, Berlin und anderswo der neuen Zeit im Zeichen einer prosperierenden Kultur der Spätrenaissance dynastisch, politisch und konfessionell ihren Stempel aufdrückten.[22]

Zum entscheidenden Charakteristikum der Politik dieser Fürstengeneration nach 1555 wurde der erkennbare Wille, mit entschiedener Konsequenz die Vollendung des reformatorischen Anspruchs, die Behauptung und Geschlossenheit der neuen Konfession durchzusetzen. Damit wurde zugleich die angestrebte Institutionalisierung des patriarchalisch regierten, frühneuzeitlichen Konfessionsstaates für lange Zeit sichergestellt. Die vielfach unspektakuläre, aber umso wirksamere Linie der Verstetigung des Erreichten wurde im normalen Alltag des Regierens zu einem wichtigen Handlungsprinzip, das auch Kurfürst August für seine eigene Politikgestaltung in Dresden zu nutzen wusste, um auf dem Weg zur konfessionellen und damit auch zur kulturellen und mentalen Traditions- und Identitätsbildung im regionalen Raum seiner Landesherrschaft voranzukommen. Die Herausbildung eines geschlossenen konfessionellen Bekenntnisses kam dabei dem politischen Integrationsbedürfnis Kurfürst Augusts in besonderer Weise zugute. Sie trug maßgeblich zu der angestrebten Kohärenz von Dynastie, Territorium und Konfession bei, die den Kurstaat lange Zeit – trotz drohender neuer Konflikte nach dem Tod des Fürsten 1586 – gleichsam modellhaft auszeichnete.[23]

Extensiv möglich wurde diese Qualität der Konsolidierungspolitik erst im Schutz der reichsrechtlichen Legalität und juristischen Bindekraft der Augsburger Friedensordnungen. Dies geschah nicht zufällig zu einem Zeitpunkt, in dem die letzten Barrieren wegfielen, die bislang dem entschlossenen, reformationsgeneigten Landesfürsten noch immer im Wege standen. Erst jetzt vermochte der evangelische Fürst, ungehindert von Papstkirche und Kaiser, die normative, institutionelle und dogmatisch-lehrmäßige Ausgestaltung seines neuen Kirchenwesens zu vollenden und sie ohne äußere Intervention möglichst zielführend zu steuern.[24] Die Fülle der Neuregelungen im augusteischen Sachsen – man denke nur an die Konstitutionen von 1572 und an die große Kirchen-, Schul- und Universitätsordnung von 1580 – wäre so kaum möglich gewesen, wenn nicht zuvor durch die juristische Sanktionierung des Augsburger Religionsbekenntnisses der Weg für die neue Regelungsdichte und die administrative Ordnungsarbeit endgültig frei gemacht worden wäre.[25] Demzufolge ist das Jahr des Augsburger Religionsfriedens sowohl ein Jahr der Zäsur, der normierenden Zwischenbilanz eines umfassenden säkularen staatlichen Formierungsprozesses von langer Dauer, als auch ein Jahr der Kontinuitätswahrung des Erreichten, ein Jahr der weichenstellenden Wegmarken zwischen Reformation, Konfessionalisierung und werdender Staatsbildung in den größeren Territorien des Reiches.[26]

In diesem Sinne sollte das Jahr 1555 als ein Achsenjahr der deutschen Geschichte, als eine neue zweite »Startmöglichkeit« im langgestreckten Reformationsprozess betrachtet werden, die von der starken juridifizierenden Wirkung dieses wichtigen Fundamentalgesetzes der Reichsverfassung gewährleistet wurde.[27] Die Rechtsgarantie des Religionsfriedens gab letztlich den entscheidenden Impuls zur vollen Entfaltung der Prägekraft des territorialisierten

Luthertums in den deutschen Territorialstaaten nach 1555, so auch im Kurstaat Sachsen in der langen Ära des Paternalisten August. Mit anderen Worten: Die erneuerte Konfessionskultur im Reich hing sehr eng mit der fortentwickelten Rechtskultur der Zeit zusammen. Die Reichsgesetzgebung im Gefolge der Reformation vermochte so bei konsequenter Anwendung durchaus die Politik der religiösen Verstetigung durch die Konfessionsfürsten nachhaltig zu beeinflussen.[28]

Das Augsburger Normensystem, so kompromissgeprägt es auch war, bedeutete daher zuvorderst, wie eine seiner Leitfiguren, der Kurfürst August, selbstbewusst demonstrierte, eine weitere beträchtliche Privilegierung der fürstlichen Position im Reich. Erneut wurden die Vorrechte und Prärogativen des Landesfürsten gestärkt, wurde das obrigkeitliche Potential an disziplinierender Überwachung, an Kontrollen und Gegenkontrollen, an gesellschaftlichem Uniformierungszwang ausgebaut und differenziert. Erst jetzt vermochte ein autoritätsbewusster Herrscher wie Kurfürst August, gleichsam als Gebieter über den Konfessionsstatus seiner Untertanen, durch eine prononcierte Politik der Bekenntnishomogenität dem lange angelegten Territorialisierungsprozess die notwendige Schubkraft und Dynamik zu verleihen – durch eine Politik im Übrigen, die durchaus intolerante Züge trug, wie Augusts hartes Vorgehen gegen die Philippisten, gegen die im Verdacht des Kryptocalvinismus stehenden Anhänger Melanchthons, in den Jahren zwischen 1574 und 1580 zeigt. Am Ende dieser landesherrlich forcierten Auseinandersetzung stand die lutherische Konkordie als Sieger fest.[29]

Bei all dem wurde gerade in Kursachsen deutlich, dass das angestrebte einheitliche Religionsbekenntnis mit seiner mentalen Binde- und Prägekraft für die Menschen zu den wichtigsten Konstitutionsbedingungen des frühneuzeitlichen Flächenstaates gehörte. Der Faktor Konfession wurde sehr schnell zu einem scharfen, nach außen abgrenzenden und nach innen identitätsstiftenden Integrationsinstrument, das in seiner Wirkung noch zusätzlich verstärkt wurde durch die konfessionelle Konkurrenzsituation im Reich, die sich als ein Movens für den inneren Ausbau der Infrastruktur in Staat und Kirche sowie nicht zuletzt im Schul- und im Bildungsbereich erwies. Im Sinne der fürstlichen Fürsorgepflicht stand für August außer Frage, dass die Schulen und die Hochschulen, gerade die reformatorisch-humanistischen Bildungsanstalten im Land, die hochfrequentierten Universitäten in Leipzig und Wittenberg, die drei Fürstenschulen in Meißen, Grimma und Schulpforta, die großen Lateinschulen etwa in Dresden und Leipzig die am besten geeigneten Medien für die Vermittlung und Popularisierung der evangelischen Lehre auf allen Ebenen der territorialen Gesellschaft darstellten. Die gründliche Unterrichtung in der Religion sollte dauerhaft das Bekenntnis der evangelischen Landeskirche garantieren, sollte der inneren Vereinheitlichung des Territoriums dienen und nicht zuletzt den studierten Beamtennachwuchs für die öffentlichen Ämter in Kirche, Schule und Staat sicherstellen. Auf diese Weise wurden Schule, Kirche und Konfession programmatisch in einen inneren Sinnzusammenhang gerückt: Ihre Einheit war in hohem Maße kontinuitätsbildend für den sozialen Zusammenhalt des Territoriums und ein wichtiges Kriterium überdies für die politische Stabilität der Fürstenherrschaft im Land. Das Beispiel Sachsen steht hierfür glanzvoll Pate.[30]

Kurfürst August selbst war es, der in einem Zeitalter, das Staatlichkeit noch vorwiegend personal auffasste, als zentrale Integrations- und Konsensfigur an der Spitze des administrativen Formierungsprozesses stand. Für das Funktionieren der inneren Ordnung im Territorium hing Entscheidendes von seiner Autorität und Gestaltungsinitiative ab, von seinem persönlichen Regiment, von den Techniken seiner Einflussnahme auf Regierung und Behörden, von der Rekrutierung eines professionellen Räte- und Dienerverbandes und nicht zuletzt von den Formen seines Politik- und Repräsentationsverständnisses im Geiste der altständischen, höfisch-ritterlichen, in der adeligen Lebenswelt noch immer vorherrschenden Mentalität. Der klug kalkulierenden und geschickt agierenden Fürstenexistenz im Reich schien also nach den Entscheidungen von 1555 politisch die Zukunft offenzustehen, um an dem säkularen Prozess der Institutionalisierung, der Bürokratisierung und der Verrechtlichung innerhalb des Territoriums fördernd teilzuhaben.[31]

Es war die in mancher Hinsicht sogar originelle Baumeistergeneration der Ära Kurfürst Augusts, die sich engagiert und friedenswahrend der gesteigerten Intensität der Verwaltungs- und Regierungsarbeit annahm, dabei den Kompetenz- und Machtzuwachs gezielt einsetzte, um vor allem das Funktionieren des politischen Systems im territorialen Fürsten- und Ständestaat zu gewährleisten. Die Neuformierung von Kanzlei, Bürokratie und Verwaltung in Dresden, ebenso die Verbesserung der Regimentsstrukturen durch die Errichtung des Konsistoriums und des Geheimen Rats waren Ausdruck eines erhöhten Reformdrucks und obrigkeitlichen Reformeifers, dem nicht nur der sächsische Kurfürst, sondern die Regentengeneration nach 1555 wohl insgesamt in besonderer Weise – unbehelligt von akuter

Abb. 3
Der Augsburger Religionsfrieden · Augsburg, 25. September 1555 · Ledereinband, Tinte auf Pergament, 8 Wachssiegel in Wachsschalen an Seidenschnüren · Österreichisches Staatsarchiv, Abteilung Haus-, Hof- und Staatsarchiv, Wien, Sign. AUR 1555 IX 25

Abb. 4 a und b Carlo di Cesare del Palagio · Bronzeskulpturen des Kurfürstenpaares August und Anna von Sachsen · 1591/92 · Begräbniskapelle des Freiberger Doms

Kriegsgefahr – ausgesetzt war. Die Wirksamkeit dieser patriarchalischen Fürstengeneration führte also aufs Ganze gesehen keineswegs alternativlos in die viel beschworene Sackgasse des politischen Stillstandes und der Reformstagnation, sondern sie brachte Leitfiguren wie Kurfürst August, Herzog Christoph von Württemberg und Herzog Albrecht V. von Bayern (1528–1579) hervor, die sich im Zeichen des innenpolitischen Konsolidierungspostulats überkonfessionell als geschickte Architekten und erfolgreiche Sanierer ihrer Territorien erwiesen, die religiöse und säkulare Anliegen mehr oder weniger pragmatisch miteinander zu verbinden wussten.[32]

Sachsens einflussreiche Vorbildfunktion als gefestigter, technisch wie materiell fortschrittlich entwickelter lutherischer Modellstaat im Reich beruhte zuvorderst auf seinen großen innenpolitischen Leistungen, die in Staat, Kirche und pädagogischen Bildungseinrichtungen zu einem für die Zeit bemerkenswerten Modernisierungs- und Verdichtungsschub geführt hatten. Freilich darf die Errichtung des saturierten patriarchalischen Fürstenregiments in der Kurresidenz Dresden, so professionell es zeitweise funktionierte, nicht darüber hinwegtäuschen, dass dies alles infrastrukturell nur möglich war unter der existentiellen politischen Bedingung, dass der erreichte Religions- und Reichs-

Abb. 5
Moritzmonument mit der Darstellung der Übergabe des Kurschwertes von Kurfürst Moritz an seinen Bruder August · Kopie des Originals von Hans Walther (1555) an seinem ursprünglichen Aufstellungsort an der Jungfernbastei in Dresden. Das Original ist im Renaissanceflügel des Dresdner Residenzschlosses zu sehen.

friede nach 1555 tatsächlich gewahrt wurde. Kaum ein anderer als Kurfürst August, der sächsische Vormann und Kommunikator im evangelischen Deutschland, stand so unter dem Druck der Verhältnisse »zwischen Territorium und Reich«, dass ihm gleichsam automatisch die zentrale Rolle seines politischen Lebens zufiel, sich mit dem ganzen Gewicht seiner Autorität, wegweisend für viele andere, für die Sicherung des Reichsfriedens und die neue Ordnung der paritätischen Reichsverfassung einzusetzen. So wurde August von Sachsen sehr bald zu einem vehementen und zuverlässigen Verteidiger, zu einer »Säule« des Augsburger Friedenssystems im Alten Reich nach 1555.[33]

Noch wissen wir zu wenig über die konkreten Abläufe der sächsischen Reichstagspolitik nach 1555 und die Rolle des einflussreichen sächsischen Emissärs Lorenz Lindemann (1520–1585) bei den Verhandlungen in Regensburg und in Augsburg.[34] Allerdings treten die Grundkonstanten der kursächsischen Politikgestaltung im System der Reichsverfassung deutlich hervor: Es war das Instrument der ausgreifenden überkonfessionellen Kommunikation, die den Erfolgsweg Kurfürst Augusts für seine kontinuierliche Kompromiss- und Ausgleichspolitik zwischen den streitenden Parteiungen im Reich ebnete. Die Kunst der Vermittlung des geschickten Kommunikators in Dresden, der einen Berg von persönlichen Korrespondenzen hinterlassen hat, hatte schon die lutherische Konkordienbewegung der späten 1570er Jahre trotz konfliktreicher Kontroversen und Verluste letztlich zu einem gütlichen Abschluss geführt. Ähnlich kompromiss- und konsensorientiert machte sich – bei allen Schwierigkeiten, die diesem Prozess der Interaktion mit den Habsburgern, aber auch mit den Reichsständen inhärent waren – der sächsische Einfluss in der Kaiser- und Reichspolitik deutlich bemerkbar. Die politischen Geschäfte liefen zwar zeitweise mühsam, aber sie verliefen im Sinne des innenpolitischen Paternalismus der Zeit auch »außenpolitisch« friedenswahrend und in der Regel stets mit Rücksicht auf den Kaiser und auf die Spielregeln der eingeübten Standessolidarität innerhalb des privilegierten, politisch machtvollen Reichsfürstenstandes zum Vorteil Sachsens.[35]

Politische Stabilität im Reich, Allianz und Partnerschaft mit den habsburgischen Kaisern, Ausgleich der Interessengegensätze, Sicherung der Kurwürde gegen den gefürchteten ernestinischen Revisionismus, schließlich die Verteidigung der authentischen Wittenberger Konfession, kombiniert mit dem Programm eines behutsam forcierten, die Stände einbindenden zentralistischen Landesausbaus im Innern – dies waren die entscheidenden Regierungsmaximen einer langen Ära sächsischer Politik im 16. Jahrhundert, die als »Pax Saxonica« noch heute auf das engste mit dem Namen Kurfürst Augusts verbunden wird.[36] Mit seinem Tod 1586 war zugleich das Ende dieser nutzbringenden Ausgleichs- und Kompromissfriedensepoche eingeläutet. Die Nachfolger praktizierten bereits einen härteren, einen konfrontativen Kurs, der reichsweit eine neue Epoche des konfessionellen Antagonismus vor und nach 1600 einleitete.[37]

Fazit

Abschließend bleibt festzuhalten, dass der habsburgfreundliche, kaisertreue lutherische Kurfürst August im Schutz des Reichs- und Religionsfriedens nahezu idealtypisch die Verbindung von erfolgreichem Landesfürst und anerkanntem Reichspolitiker, von säkularem fürstlichen Reformeifer und konfessionellem Erneuerungswillen verkörperte. Persönlich fromm, in der Regel friedliebend, reichspolitisch engagiert, gegenüber seinen Standesgenossen solidarisch eingestellt, haushälterisch und sittenstreng, konfessionell gefestigt und falls nötig abwehrbereit – so repräsentierte August im Kontrast zu seinem furchtlosen, riskante Optionen wagenden Bruder Moritz beispielhaft den Typus des omnipotent wirkenden lutherischen Landesfürsten der zweiten Generation, der mit seinem patriarchalischen, ständefreundlichen Stil politik- und kulturgeschichtlich gewiss eine neue Epoche eigenen Gewichts repräsentierte, der seinen traditionalen Ausgangspunkt aber stets auf dem wechselvollen Resonanzboden des tiefgreifenden reformatorischen Transformationsprozesses in der ersten Hälfte des 16. Jahrhunderts sah. Die Brüder Moritz und August stehen somit als Akteure geradezu symbolisch für das enge intergenerationelle Ineinandergreifen von Reformation, Konfessionalisierung und Staatsbildung im territorialisierten Reichsverband der weichenstellenden Jahrzehnte am Beginn der Neuzeit.

Bereits Melchior von Osse (1506–1557), der sächsische Rat und Rechtsgelehrte, hatte in seinem vielbeachteten *Politischen Testament* von 1555/56, einer Art staatstheoretischer Denkschrift für Kurfürst August, frühzeitig auf die Notwendigkeit eines geordneten Regiments und einer geordneten Landesverwaltung hingewiesen und damit weitsichtig den Weg in die neue Zeit vorgezeichnet. Das im *Politischen Testament* verankerte konservativ-christliche Fürstenideal entsprach denn auch in der Folge in vielerlei Hinsicht der paternalistischen Politik, wie sie der sächsische Kurfürst tatsächlich in der Realität des Politikalltags betrieb.[38]

Die wohl typischste, aber auch individuellste Errungenschaft der Epoche spiegelte sich schließlich in dem renaissancehaften Ausbau des exklusiven frühneuzeitlichen Fürstenhofes als Gehäuse der Herrschaft, der zu einer bevorzugten öffentlichen Bühne der dynastischen Repräsentation und Selbstdarstellung der Herrscherfamilie wurde. So ist neben dem Ringen um theologische Wahrheit und erneuerte Frömmigkeit ebenso ein ausgeprägter Sinn für repräsentative Baukunst, für höfische Kulturpflege und dynastische Familienräson festzustellen, der der Herrschaftspraxis im konfessionellen Zeitalter entsprach. Die Höfe waren nicht nur herrschaftliche Manifestationen der politischen Machtausübung, sondern auch zentrale Orte einer extensiven mäzenatischen Kunstförderung, in der sich das spezifische Stilempfinden der Zeit widerzuspiegeln vermochte. So blühten die alten Standesideale und feudalen ritterlichen Lebensformen im Geiste der verfeinerten Renaissancekultur und des Späthumanismus am Ende des Reformationsjahrhunderts weiter fort, ja sie erreichten in der Generation der patriarchalischen Territorial- und Friedensfürsten noch einmal einen unerwarteten Höhepunkt.[39]

Jagden, Turniere, Bankette und Konzerte gehörten damals ebenso zum Spektrum der höfisch-aristokratischen Festkultur wie das Sammeln von Kunst und Antiquitäten,

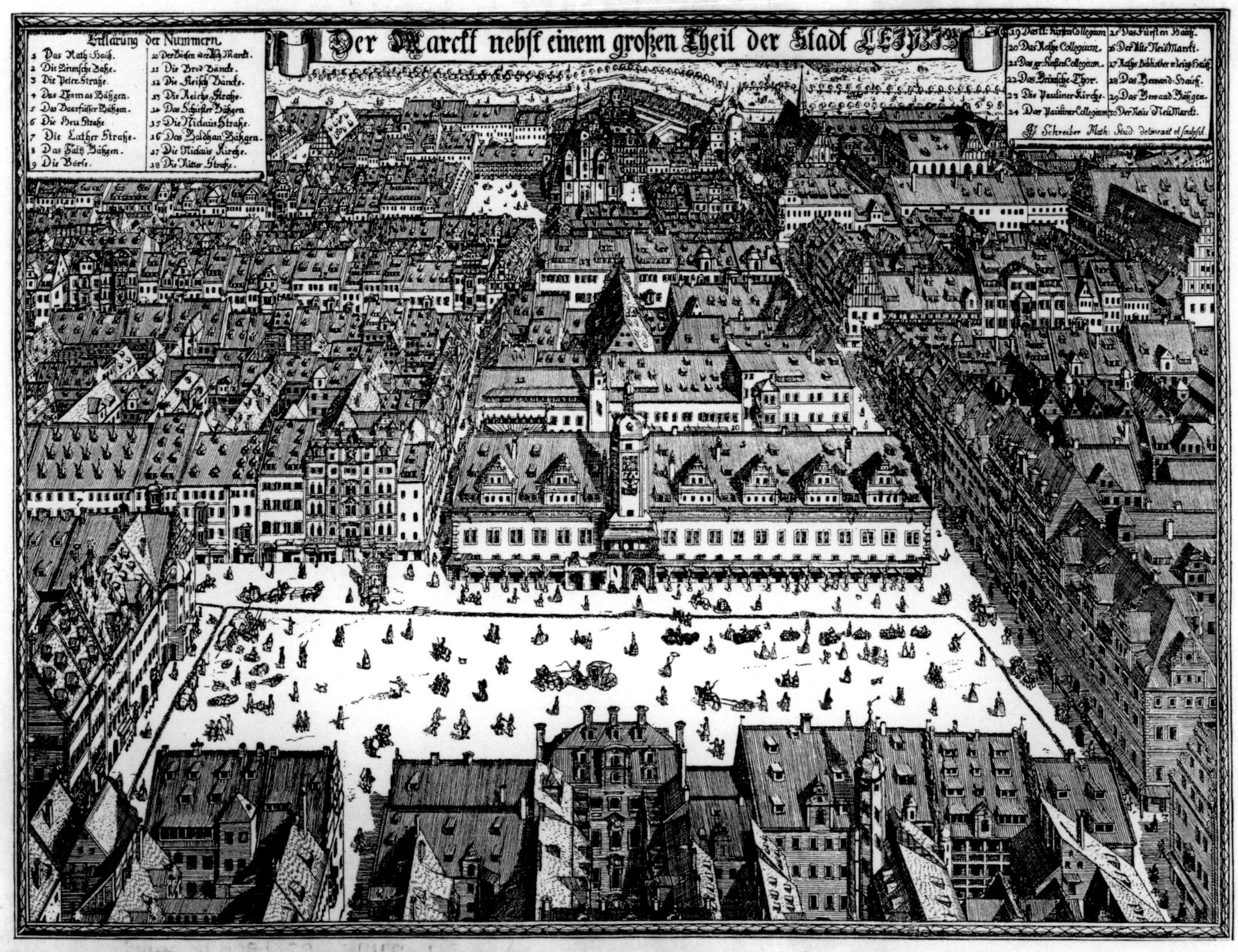

das Anlegen von Bibliotheken und Münzkabinetten, das Bauen von Schlössern und Lusthäusern, die allesamt Artikulationsformen einer neuen Zeit im Aufbruch, einer veränderten neuzeitlichen Fürstenmentalität im Zeichen von Kriegsferne und wirtschaftlichem Aufschwung waren. Noch heute geben die erhaltenen Renaissance-Bauwerke in München und Heidelberg, in Augustusburg und Dresden, in Stuttgart und Wolfenbüttel, in Wittenberg und Marburg und nicht zuletzt in der alten Residenzstadt Torgau Zeugnis von dieser ausgreifenden Bautätigkeit und filigranen Kunstarchitektur, wie sie in den deutschen Residenzen vor dem Ausbruch des Dreißigjährigen Krieges mit einem wahrhaft gesteigerten, großen fürstlichen Repräsentationsinteresse gepflegt wurden.[40]

In den einzelnen Beiträgen dieses Bandes sollte stets vergegenwärtigt werden, dass sich in der Person Kurfürst Augusts verschiedene Ebenen herrscherlicher Existenz korrelierend begegneten, die es im Blick zu behalten gilt. Die beiden wichtigsten Ebenen sind zum einen die regierungsamtlich-bürokratisch-administrative, zum anderen die dynastisch-höfisch-kulturelle. Beide Ebenen waren in der Alltagsrealität eng miteinander verschränkt und fielen in der Person des fürstlichen Dynasten zusammen, der in seiner Politik der Herrschaftssicherung den kohärenten Zu-

Abb. 6
Johann Georg Schreiber · Der Marckt nebst einem grossen Theil der Stadt Leipzig · 1712 · Kupferstich, 45,5 × 60 cm · Stadtgeschichtliches Museum Leipzig, Inv.-Nr. 620

Abb. 7
Pieter Schenk nach Matthäus Daniel Pöppelmann · Schloss Augustusburg · nach 1760 · Kupferstich, Radierung · 47,5 × 87,3 cm · Kupferstich-Kabinett, Staatliche Kunstsammlungen Dresden, Inv.-Nr. A 1995–8359

sammenhang von Staat, Kirche und frühmodernem Behördenapparat ebenso wie denjenigen von Dynastie, Territorium und Reichsverfassung – im Idealfall – stets loyal zu beachten und zu gewährleisten hatte.

Der konzentrierte Blick auf die Figur des regierenden Fürsten legt methodisch zwangsläufig eine eher herrschaftszentrierte, personenbezogene Sicht- und Deutungsweise nahe. Mit der Rolle des Fürsten als Gravitationszentrum auf der Ebene von Hof, Regierung und Dynastie soll hier ganz bewusst die mehr personale, biographische Komponente betont werden, nicht aber einer undifferenzierten, enggeführten Personalisierung der Geschichte, einer einseitigen historischen Individualisierung gar das Wort geredet werden. Vielmehr geht es um eine problemorientierte, in manchem notwendig zugespitzte Diskussion des klassischen Verhältnisses von »Persönlichkeit und Struktur« in der Geschichte, es geht um die Macht- und Kompetenzverdichtung, auch um die Bündnis- und Gestaltungsfreiheit der Herrschergestalt einerseits sowie um die allgemeinen politischen, kulturellen und gesellschaftlichen Rahmenbedingungen andererseits, die den Umfang und die Grenzen von strukturell bedingten Handlungsspielräumen aufzeigen und markieren.[41]

Gelingt es dabei, die personengeschichtlichen und die strukturgeschichtlichen Einsichten und Befunde unter systematischen Fragestellungen sinnvoll zu verbinden, so vermag die vergleichende Erforschung der deutschen Reformations- und Konfessionalisierungsgeschichte mit ihrer notwendigen lokalen und territorialen Binnendifferenzierung davon deutlich zu profitieren und neue, kritische Perspektiven in eine alte und doch immer wieder neu belebte, weiterführende Diskussion einzubringen.[42] Für ein solches Konzept korrelierender methodischer Zugangsweisen und unterschiedlicher historischer Perspektivierungen eignet sich das Thema dieser Publikation hervorragend. Damit ist die Frage nach der exemplarischen Bewertung und vergleichenden Einordnung Kurfürst Augusts von Sachsen als Repräsentant einer ambitionierten Fürstengeneration des konfessionellen Zeitalters gemeint, als Leittypus eines regierenden Politikers der sogenannten Scharnier- oder Zwischengeneration, die ihren Platz zwischen den originären Reformationsfürsten des 16. Jahrhunderts und den exponierten Kriegsfürsten des 17. Jahrhunderts mit eigenständigem Profil unverwechselbar einnahm.

Warum also, so ist abschließend zu fragen, gehörte der konfessionell strenge, rechtgläubige Kurfürst zu den großen Gewinnern der Reformation? Warum war er als konservativer »Verwalter« des Ererbten zugleich ein dynamischer »Gestalter« des Aufbruchs in eine neue Zeit? Welchen Beitrag hat er zur Zivilisationsgeschichte der partikularen ständischen Territorialgesellschaft geleistet, die sich im Zeichen verfestigender Territorialstaatlichkeit und im Zeichen der Identität lutherischer Rechtgläubigkeit neue Spielräume der Entfaltung und der Repräsentation in den sich ändernden Lebensmilieus in Stadt und Land, bei Hofe, bei Bürgern und bei bäuerlichen Untertanen schuf? Auf die Antworten im Einzelnen, die die Tagung zu liefern suchte, darf der Leser nunmehr gespannt sein.

Am Ende der Betrachtung stelle ich in aktualisierter Fassung fünf komprimierte Schlussthesen zur Diskussion, die ich vor fast zwei Jahrzehnten (1997) in dem Bilanzband *Die Territorien des Reichs im Zeitalter der Reformation und Konfessionalisierung*, herausgegeben von Anton Schindling und Walter Ziegler, erstmals publiziert und in der Zwischenzeit ständig fortentwickelt habe. Für den hier behandelten Kontext einer handlungsleitenden, wichtigen nachreformatorischen Fürstenpersönlichkeit haben die pointierten Aussagen aus der Sicht des Verfassers nichts an Bedeutung und an vergleichender Erklärungshilfe für den sozial-konservativen Personenverband des Reichsfürstenstandes und seiner führenden Protagonisten verloren.[43]

1. Die Fürsten gehörten ohne jeden Zweifel zu den privilegierten Gewinnern der Reformation – sie profitierten in besonderer Weise von deren Schubkraft auf den fundamentalen Erneuerungsprozess in Staat, Kirche und Ständegesellschaft in Deutschland. Die Generation der sogenannten patriarchalischen Landesväter im Gefolge der Reformation bedarf daher keiner besonderen Rehabilitierung, sondern einer adäquaten sachgemäßen historischen Verortung, die sich nicht nur am Parameter des Zerfalls der Reichsverfassung, am Mangel an reichspolitischer Solidarität und an der Schwäche des habsburgischen Kaisertums orientiert, sondern auch das originäre Friedensbedürfnis und das innenpolitische Konsolidierungspostulat der meisten deutschen Reichsfürsten ernst nimmt. Geprägt von den säkularen Grundtendenzen der Zeit, der Territorialisierung und der Konfessionalisierung, erwiesen sich gerade die konfliktscheuen »Landesväter« in der Kontinuität ihrer Vorgänger als erfolgreiche Architekten eines erneuerten und gefestigten Fürstenstaates, sozusagen als aktive Strukturerneuerer, nicht selten sogar als vorsichtige Strukturbegründer – und zwar auf den zentralen Feldern, in denen Regierungskunst und landesherrliche Autorität im Zeichen der Staatsbildung, der Kirchenerneuerung und der humanistischen Schul- und Bildungsreform gefragt waren. Mit ihrer eigenständigen Politik der Verstetigung haben diese Fürsten in einem entscheidenden Augenblick der territorialen Formierung vor und nach 1555 viel zur konfessionellen und zur mentalen Traditions- und Identitätsbildung in den deutschen Ländern beigetragen.

2. Die exponierte Rolle der Fürstenobrigkeit macht deutlich, dass ohne den Machtwillen des Landesherrn eine Reform von Kirche und Staat nicht zu erreichen war – weder vor noch nach der Reformation. Die epochale Gestaltwerdung des konfessionellen deutschen Landesfürstentums zwischen kirchlicher Bekenntnistreue und frühmoderner Staatsbildung war ein Prozess, der bereits tief in der Tradition der vorreformatorischen Maßnahmen wurzelte und der weit über das eigentliche, das lange Reformationsjahrhundert hinauswies. Das politische System des ständischen Landesstaates mit seinen Loyalitäts- und Abhängigkeitsstrukturen war dabei auf die Integrationsinstanz, auf die Dignität des Fürsten zugeschnitten – auf Fürsten, die in ihrem Selbstverständnis als fürsorgliche und schutzgewährende Obrigkeiten das patriarchalische Regierungsprofil der Zeit entscheidend prägten. Regierungskunst, Konfessionalität und höfische Lebensart – Komponenten, die den Gestalttypus des regierenden Landesvaters charakterisierten – schlossen sich dabei keineswegs aus.

3. Dynastie, Territorium und Reich bildeten im Zeichen der geistigen und der sozialen Mobilisierung im 16. Jahrhundert die entscheidenden Kraftfelder, in denen das Fürstenengagement authentisch zur Entfaltung gelangte, in denen sich Fürstenbild, Fürstenmentalität und Fürstenfrömmigkeit ausformen und entwickeln konnten. Nicht mehr vorrangig der Kaiser, sondern das Territorialfürstentum, die stärkste politische Kraft im Reich, gestaltete im Zeichen des konfessionellen Dualismus die politisch-staatliche und die kirchlich-kulturelle Ordnung in Deutschland. Dank der Schubkraft durch Reformation und Konfessionalisierung konnte der gestärkte Fürstenstaat diese Stellung nicht nur behaupten, sondern auf Dauer befestigen und ausbauen. Es ist daher nicht nur legitim, sondern zwingend geboten, die spezifische Ausdifferenzierung dieses Prozesses obrigkeitlicher Territorialisierung im Reich, die sich im Zusammenspiel von handelnden Figuren und gesellschaftlichen Strukturen vollzog, mit den Methoden einer modernen problemorientierten historischen Komparatistik anzugehen und zu untersuchen.

4. Die Neubewertung der patriarchalischen Landesvätergeneration der deutschen Reichsfürsten im Gefolge der Reformation und des Augsburger Religionsfriedens führt zu einer typologischen Einordnung und Betrachtungsweise, die sowohl die Ebene des Reiches als auch die Ebene des Landesfürstentums gleichermaßen in den Blick nehmen muss. Die Verbreitung der Reformation erfolgte nämlich innerhalb der Spielregeln und der Gesetzmäßigkeiten des territorialisierten, später bikonfessionell gewordenen paritätischen Reiches und seiner Verfassungsstrukturen, sodass es sachlich und methodisch erforderlich ist, das regionale Geschehen korrelierend mit der allgemeinen Reichsgeschichte zu verbinden und zur Darstellung zu bringen. Das gilt insbesondere auch für die Position der vielen regionalen Machtträger im Reich, die eine Existenz zwischen Territorialfürstentum, Partizipation am Funktionieren der Reichsinstitutionen und der Loyalität zu Kaiser und Reich führten. Die vergleichende Typologie der fürstlichen Landesväter gehört zentral in diesen Zusammenhang hinein und liefert einen Baustein für die wichtige, bislang erst fragmentarisch geschriebene Geschichte des Reichsfürstenstandes im Alten Reich – für die Geschichte jener privilegierten politischen Führungsschicht und sozialen Herrschaftselite im Reich, die maßgeblich für die Ausgestaltung und das Funktionieren der frühneuzeitlichen deutschen Territorial- und Reichsverfassung verantwortlich war.

5. Der Weg zu einer Rekonstruktion der Geschichte des Reichsfürstenstandes führt sinnvollerweise über die Fürsten selbst, über die entscheidenden Handlungsträger im Reich und in den Territorien. Angesichts einer so gewichteten zentralen Stellung des Fürsten scheint es demnach angemessen, auch – aber nicht nur – in der anspruchsvollen Gattung der strukturorientierten modernen Biographik ein legitimes historiographisches Mittel zu sehen, das geeignet ist, das Problem einer synthetischen Analyse der verschiedenen Politik- und Gestaltungsfelder kreativ zu lösen und im Rahmen einer langen komplexen Lebensgeschichte korrelierend zusammenzufügen. Auf diese Weise wäre der drohenden Fragmentarisierung und Segmentierung, auch der einseitigen Spezialisierung in einzelne historische Teilfelder ein Stück weit entgegengewirkt und der ebenso wichtigen wie notwendigen Längsschnittanalyse sozialer und wirtschaftlicher Strukturen, den Wirk- und Prägekräften der »langen Dauer« (Fernand Braudel), ein stärker personalorientiertes Korrektiv in Gestalt von lebensgeschichtlichen Generationsbilanzen zur Seite gestellt – dies zumal für eine Zeit, in der der frühneuzeitliche Fürstenstaat mit seinem wachsenden bürokratischen Disziplinierungsapparat immer mehr die Oberhand über die ständischen Gegenkräfte des Adels und des auf Autonomie bedachten städtischen Bürgertums gewann. Eine solcherart geforderte methodische Verknüpfung von Persönlichkeits- und von Strukturelementen könnte die Diskussion über die Herrschaftseliten im Reich zweifellos neu befruchten und nicht zuletzt auch die kulturgeschichtlich bedeutsame anthropologische Dimension der personengeschichtlichen Fragestellung neu legitimieren und wirkungsvoll am Beispiel der Gewinner der Reformation, der konfessionalisierten deutschen Fürstenstaaten, zur Geltung bringen.

ANMERKUNGEN

1 Zum Heiligen Römischen Reich als politischem System vgl. unter mehreren Deutungsmustern den noch immer wichtigen Aufriss von Volker Press, Das römisch-deutsche Reich – ein politisches System in verfassungs- und sozialgeschichtlicher Fragestellung [1981], in: Ders., Das Alte Reich. Ausgewählte Aufsätze, hrsg. von Johannes Kunisch (Historische Forschungen 59), Berlin 1997, S. 18–41. – Der Vortragscharakter des vorliegenden Textes ist weitestgehend beibehalten worden. Für tatkräftige Hilfe bei der Herstellung des Manuskripts danke ich Frau Katja Wöhner und Herrn Mathias Hack (beide Universität Leipzig) sehr herzlich. | **2** Seit der Arbeit an meiner Dissertation beschäftige ich mich mit typologischen Fragen zur frühneuzeitlichen Fürstenherrschaft, Fürstenmentalität und Fürstenfrömmigkeit im Reformationsjahrhundert. In vergleichender Perspektive geht es dabei um Positionen des Selbstverständnisses der vielen regionalen Machtträger im Reich, die nach 1555 eine Existenz auf konsolidierter Basis zwischen Territorialfürstentum, Partizipation am Funktionieren der Reichsinstitutionen und der Loyalität zu Kaiser und Reich führten. Der Vortrag knüpft an diese Überlegungen an und stellt Ergebnisse zur Diskussion, die teilweise an anderer Stelle schon einmal präsentiert worden sind. Dazu Manfred Rudersdorf, Die Generation der lutherischen Landesväter im Reich. Bausteine zu einer Typologie der deutschen Reformationsfürsten, in: Die Territorien des Reichs im Zeitalter der Reformation und Konfessionalisierung. Land und Konfession 1500–1650, hrsg. von Anton Schindling/Walter Ziegler, Bd. 2: Der Nordosten (Katholisches Leben und Kirchenreform im Zeitalter der Glaubensspaltung 50), Münster 1990, S. 137–170; Ders., Die Reformation und ihre Gewinner. Konfessionalisierung, Reich und Fürstenstaat im 16. Jahrhundert, in: Europa in der Frühen Neuzeit. Festschrift für Günter Mühlpfordt, hrsg. von Erich Donnert, Bd. 6: Mittel-, Nord- und Osteuropa, Köln/Weimar/Wien 2002, S. 115–141; Ders., Patriarchalisches Fürstenregiment und Reichsfriede. Zur Rolle des neuen lutherischen Regententyps im Zeitalter der Konfessionalisierung, in: Reichsständische Libertät und habsburgisches Kaisertum, hrsg. von Heinz Duchhardt/Matthias Schnettger (Veröffentlichungen des Instituts für Europäische Geschichte, Mainz, Supplement 48), Mainz 1999, S. 309–327. | **3** Zur breitgeführten Diskussion über die Antriebskräfte und Strukturfaktoren bei der Herausbildung der frühmodernen Staatlichkeit vgl. exemplarisch Wolfgang Reinhard, Geschichte der Staatsgewalt. Eine vergleichende Verfassungsgeschichte Europas von den Anfängen bis zur Gegenwart, München 1999; Michael Stolleis, »Konfessionalisierung« oder »Säkularisierung« bei der Entstehung des frühmodernen Staates, in: Ius Commune 20 (1993), S. 1–23; Volker Press, Kommunalismus oder Territorialismus? Bemerkungen zur Ausbildung des frühmodernen Staates in Mitteleuropa, in: Die Bildung des frühmodernen Staates – Stände und Konfessionen, hrsg. von Heiner Timmermann (Forum: Politik 6), Saarbrücken-Scheidt 1989, S. 109–135; Georg Schmidt, Geschichte des Alten Reiches. Staat und Nation in der frühen Neuzeit 1495–1806, München 1999, hier S. 99–131; Heinz Schilling, Disziplinierung oder »Selbstregulierung der Untertanen«? Ein Plädoyer für die Doppelperspektive von Makro- und Mikrohistorie bei der Erforschung der frühmodernen Kirchenzucht, in: Historische Zeitschrift 264 (1997), S. 675–691; Heinrich Richard Schmidt, Sozialdisziplinierung? Ein Plädoyer für das Ende des Etatismus in der Konfessionalisierungsforschung, in: Historische Zeitschrift 265 (1997), S. 639–682. | **4** Heinz Schilling, Nationale Identität und Konfession in der europäischen Neuzeit, in: Nationale und kulturelle Identität. Studien zur Entwicklung des kollektiven Bewußtseins in der Neuzeit, hrsg. von Bernhard Giesen, 2. Aufl., Frankfurt a. M. 1991, S. 192–252, hier S. 235–237; Ders., Die Reformation in Deutschland, in: Scheidewege der deutschen Geschichte, hrsg. von Hans-Ulrich Wehler, München 1995, S. 15–27. – Eine Edition der umfangreichen Korrespondenz Kurfürst Augusts existiert bislang nicht. Vgl. dazu Wieland Held, Die politische Korrespondenz des sächsischen Kurfürsten August (1553–1586). Ein Editionsdesiderat, in: Neues Archiv für sächsische Geschichte 70 (1999), S. 237–244. | **5** Heinrich von Treitschke, Deutsche Geschichte im neunzehnten Jahrhundert, Bd. 1, Leipzig 1879, S. 4–5.; zum »Dekadenzmodell« dieser Zeit aus der Sicht der preußischen Historiographie vgl. G. Schmidt, Altes Reich (wie Anm. 3), S. 191–193. | **6** Aus der Vielzahl der einschlägigen Aufsätze von Jens Bruning siehe vor allem: Jens Bruning, Landesvater oder Reichspolitiker? Kurfürst August von Sachsen und sein Regiment in Dresden 1553–1586, in: Figuren und Strukturen. Historische Essays für Hartmut Zwahr zum 65. Geburtstag, hrsg. von Manfred Hettling/Uwe Schirmer/Susanne Schötz, München 2002, S. 205–224; Ders., Caspar Peucer und Kurfürst August. Grundlinien kursächsischer Reichs- und Konfessionspolitik nach dem Augsburger Religionsfrieden (1555–1586), in: Caspar Peucer (1525–1602). Wissenschaft, Glaube und Politik im konfessionellen Zeitalter, hrsg. von Hans-Peter Hasse/Günther Wartenberg, Leipzig 2004, S. 157–173; Ders., August (1553–1586), in: Die Herrscher Sachsens. Markgrafen, Kurfürsten, Könige 1089–1918, hrsg. von Frank-Lothar Kroll (Beck'sche Reihe 1739), 1. Aufl., München 2007, S. 110–125, 332–334 (hier mit ausführlicher neuerer Bibliographie). – Den Gesprächen mit Jens Bruning verdanke ich mancherlei Information und Anregung zur »ersten« augusteischen Zeit. | **7** Eine zusammenfassende neuere Biographie zu Kurfürst August steht nach wie vor aus. Vgl. Gustav Wolf, Die Anfänge der Regierung des Kurfürsten August, in: Neues Archiv für sächsische Geschichte und Altertumskunde 17 (1896), S. 304–357; Karl Czok, Kurfürst August I. von Sachsen (1526–1586), in: Kaiser – König – Kardinal. Deutsche Fürsten 1500–1800, hrsg. von Rolf Straubel/Ulman Weiß, Leipzig 1991, S. 115–123; Reiner Groß, Kurfürst August von Sachsen – Repräsentant frühneuzeitlicher Landesherrschaft in Kursachsen, in: Dresdner Hefte 9 (1986), S. 2–12; Jörg Rogge, Die Wettiner. Aufstieg einer Dynastie im Mittelalter, Ostfildern 2009, hier S. 219–241. | **8** Dazu pointiert Volker Press, Die Territorialstruktur des Reiches und die Reformation, in: Reformation und Revolution. Festschrift für Rainer Wohlfeil, hrsg. von Rainer Postel/Franklin Kopitzsch, Stuttgart 1989, S. 239–268; vgl. auch Karlheinz Blaschke, Wechselwirkung zwischen der Reformation und dem Aufbau des Territorialstaates, in: Beiträge zur Verfassungs- und Verwaltungsgeschichte Sachsens. Ausgewählte Aufsätze von Karlheinz Blaschke, hrsg. von Uwe Schirmer/André Thieme (Schriften zur sächsischen Geschichte und Volkskunde 5), Leipzig 2002, S. 435–452. | **9** Manfred Rudersdorf, »Ohne Humanismus keine Reformation« – zur kulturellen Dynamik des Universitätshumanismus im Zeichen von korporativer Konformität und nonkonformer Herausforderung, in: Zwischen Stadt, Staat und Nation. Bürgertum in Deutschland, Festschrift für Hans-Werner Hahn, hrsg. von Stefan Gerber u. a., Teil 2, Göttingen 2014, S. 715–729; Ders., Die Reformation und ihre Gewinner (wie Anm. 2), S. 128–136. | **10** Katrin Keller, Kurfürstin Anna von Sachsen (1532–1585), Regensburg 2010; Dies., Kurfürstin Anna von Sachsen (1532–1585). Von Möglichkeiten und Grenzen einer »Landesmutter«, in: Das Frauenzimmer. Die Frau bei Hofe in Spätmittelalter und früher Neuzeit, hrsg. von Jan Hirschbiegel/Werner Paravicini (Residenzenforschung 11), Stuttgart 2000, S. 263–285; Dies., Kommunikationsraum Altes Reich. Zur Funktionalität der Korrespondenznetze von Fürstinnen im 16. Jahrhundert, in: Zeitschrift für historische Forschung 31 (2004), S. 205–230; Sabine Ulbricht, Kurfürst August und Kurfürstin Anna, in: Fürstinnen in der Sächsischen Geschichte 1382–1622, hrsg. von Ders., Beucha 2010, S. 155–182. – Generelle Aspekte zur Rolle der Frauen in der Reformation in: Heide Wunder, Frauen in der Reformation. Rezeptions- und historiografiegeschichtliche Überlegungen, in: Archiv für Reformationsgeschichte 92 (2001), S. 303–320; Einzelbeispiele in: Martina Schattkowsky (Hrsg.), Witwenschaft in der Frühen Neuzeit. Fürstliche und adlige Witwen zwischen Fremd- und Selbstbestimmung (Schriften zur sächsischen Geschichte und Volkskunde 6), Leipzig 2003. | **11** Zur Kritik am Bild vom »Landesvater«: Paul Münch, Die »Obrigkeit im Vaterstand« – Zu Definition und Kritik des »Landesvaters« während der Frühen Neuzeit, in: Daphnis 11 (1982), S. 15–40; ebenso Luise Schorn-Schütte, Obrigkeitskritik im Luthertum? Anlässe und Rechtfertigungsmuster im ausgehenden 16. und im 17. Jahrhundert, in: Querdenken. Dissens und Toleranz im Wandel der Geschichte. Festschrift für Hans R. Guggisberg, hrsg. von Michael Erbe, Mannheim 1996, S. 253–270. | **12** Zum Kontaktnetzwerk der (Kur-)Fürsten untereinander siehe Manfred Rudersdorf, Maximilian I. (1564–1576), in: Die Kaiser der Neuzeit 1519–1918. Heiliges Römisches Reich, Österreich,

Deutschland, hrsg. von Anton Schindling/Walter Ziegler, München 1990, S. 79–97; Reiner Zimmermann (Hrsg.), Evangelisch-katholische Fürstenfreundschaft. Korrespondenzen zwischen den Kurfürsten von Sachsen und den Herzögen von Bayern von 1513–1586 (Friedensauer Schriftenreihe. Reihe A, Theologie 6), Frankfurt a. M. u. a. 2004; wichtige vergleichende Einsichten bei Axel Gotthard, Säulen des Reichs. Die Kurfürsten im frühneuzeitlichen Reichsverband (Historische Studien 457), 2 Bde., Husum 1999. | **13** Aus der reichen Moritzliteratur hier exemplarisch Manfred Rudersdorf, Herzog und Kurfürst Moritz (1541/47–1553), in: Kroll, Die Herrscher Sachsens (wie Anm. 6), S. 90–109; Ders., Kursachsen und das Reich. Strukturelle Weichenstellungen und dynastische Handlungsmuster zwischen Reformation und Dreißigjährigem Krieg, in: Plus ultra. Die Welt der Neuzeit. Festschrift für Alfred Kohler, hrsg. von Friedrich Edelmayer u. a., Münster 2008, S. 211–232. | **14** Dies gilt in gleicher Weise für die Universitäts- und Bildungsgeschichte des Reformationsjahrhunderts. Siehe Ders., Weichenstellung für die Neuzeit. Die Universität Leipzig zwischen Reformation und Dreißigjährigem Krieg 1539–1648/1660, in: Geschichte der Universität Leipzig 1409–2009, hrsg. im Auftrag des Rektors der Universität Leipzig Franz Häuser von der Senatskommission zur Erforschung der Leipziger Universitäts- und Wissenschaftsgeschichte, Bd. 1: Spätes Mittelalter und Frühe Neuzeit, hrsg. von Enno Bünz/Manfred Rudersdorf/Detlef Döring, Leipzig 2009, S. 326–515; Anton Schindling, Bildungsreformen im Reich der Frühen Neuzeit – Vom Humanismus zur Aufklärung, in: Zwischen Wissenschaft und Politik. Studien zur deutschen Universitätsgeschichte. Festschrift für Eike Wolgast, hrsg. von Armin Kohnle/Frank Engehausen, Stuttgart 2001, S. 11–25. | **15** Axel Gotthard, Der Augsburger Religionsfrieden (Reformationsgeschichtliche Studien und Texte 148), Münster 2004, hier S. 280–316; Heinz Schilling/Heribert Smolinsky (Hrsg.), Der Augsburger Religionsfrieden 1555. Wissenschaftliches Symposium aus Anlass des 450. Jahrestages des Friedensschlusses in Augsburg, 21. bis 25. September 2005 (Reformationsgeschichtliche Studien und Texte 150), Münster 2007; Gerhard Graf/Günther Wartenberg/Christian Winter (Hrsg.), Der Augsburger Religionsfrieden. Seine Rezeption in den Territorien des Reiches (Herbergen der Christenheit, Sonderband 11), Leipzig 2006. | **16** Bernd Moeller, Deutschland im Zeitalter der Reformation (Deutsche Geschichte 4), 1. Aufl., Göttingen 1977, S. 172 (Der Band ist inzwischen in mehreren Auflagen erschienen). | **17** Ebd., S. 172–184; ebenso Winfried Schulze, Deutsche Geschichte im 16. Jahrhundert (Neue historische Bibliothek. Edition Suhrkamp, N. F. 268), 1. Aufl., Frankfurt a. M. 1987, S. 253–264; Horst Rabe, Reich und Glaubensspaltung. Deutschland 1500–1600 (Neue deutsche Geschichte 4), München 1989; Harm Klueting, Das konfessionelle Zeitalter. Europa zwischen Mittelalter und Moderne, Darmstadt 2007. | **18** Rudersdorf, Die Reformation und ihre Gewinner (wie Anm. 2), S. 120–124; G. Schmidt, Altes Reich (wie Anm. 3), S. 99–113. | **19** Zuletzt Anton Schindling, Philipp der Großmütige und Hessen im Reich und in Europa – Erfahrungsräume eines Reformationsfürsten, in: Reformation und Landesherrschaft. Kongress anlässlich des 500. Geburtstages des Landgrafen Philipp des Großmütigen von Hessen vom 10. bis 13. November 2004 in Marburg, hrsg. von Inge Auerbach (Veröffentlichungen des Historischen Kommission für Hessen 24,9), Marburg 2005, S. 347–373. | **20** Zuletzt Matthias Langensteiner, Für Land und Luthertum. Die Politik Herzog Christophs von Württemberg (1550–1568) (Stuttgarter historische Forschungen 7), Köln/Weimar/Wien 2008. | **21** Für die interterritoriale Komparatistik und für diachrone Querschnittsanalysen unentbehrlich: Schindling/Ziegler, Die Territorien des Reichs (wie Anm. 2), 7 Bde., Münster 1989–1997. | **22** Zum Hintergrund vgl. Heinz Schilling, Die Konfessionalisierung im Reich. Religiöser und gesellschaftlicher Wandel in Deutschland zwischen 1555 und 1620, in: Historische Zeitschrift 246 (1988), S. 1–45; Dietmar Willoweit, Deutsche Verfassungsgeschichte. Vom Frankenreich bis zur Wiedervereinigung Deutschlands. Ein Studienbuch mit einer Zeittafel und einem Kartenanhang, 7. überarb. u. erw. Aufl., München 2013, hier S. 141–158. | **23** Siehe auch Bruning, Landesvater oder Reichspolitiker? (wie Anm. 6), S. 205–224; Heribert Smolinsky, Albertinisches Sachsen, in: Schindler/Ziegler, Die Territorien des Reichs (wie Anm. 2), Bd. 2 (1990), S. 8–32. | **24** Vgl. auch Martin Heckel, Deutschland im konfessionellen Zeitalter (Deutsche Geschichte 5), Göttingen 1983, S. 33–99; Rabe, Reich und Glaubensspaltung (wie Anm. 17), S. 284–303; Schulze, Deutsche Geschichte im 16. Jahrhundert (wie Anm. 17), S. 161–203. | **25** Dazu Bernd-Rüdiger Kern, Rechtswissenschaft, in: Geschichte der Universität Leipzig 1409–2009 (wie Anm. 14), Bd. 4/1, S. 103–147; Heiner Lück, Die Universität Wittenberg und ihre Juristenfakultät, in: Wittenberg. Ein Zentrum europäischer Rechtsgeschichte und Rechtskultur, hrsg. von Dems./Heinrich de Wall, Köln/Weimar/Wien 2006, S. 13–33; wichtige Beiträge zur Politik der Regelungsdichte enthält der jüngst erschienene Tagungsband: Irene Dingel/Armin Kohnle (Hrsg.), Gute Ordnung. Ordnungsmodelle und Ordnungsvorstellungen in der Reformationszeit (Leucorea-Studien zur Geschichte der Reformation und der Lutherischen Orthodoxie 25), Leipzig 2014. | **26** Zwei Beispiele hierfür Andreas Edel, Der Kaiser und Kurpfalz. Eine Studie zu den Grundelementen politischen Handelns bei Maximilian II. (1564–1576) (Schriftenreihe der Historischen Kommission bei der Bayerischen Akademie der Wissenschaften 58), Göttingen 1997; Dietmar Heil, Die Reichspolitik Bayerns unter der Regierung Herzog Albrechts V. (1550–1579) (Schriftenreihe der Historischen Kommission bei der Bayerischen Akademie der Wissenschaften 61), Göttingen 1998. | **27** Walter Ziegler, Territorium und Reformation: Überlegungen und Fragen [1990], in: Ders., Die Entscheidung deutscher Länder für oder gegen Luther. Studien zu Reformation und Konfessionalisierung im 16. und 17. Jahrhundert. Gesammelte Aufsätze (Reformationsgeschichtliche Studien und Texte 151), Münster 2008, S. 33–59. | **28** Dazu Willoweit, Deutsche Verfassungsgeschichte (wie Anm. 22), S. 141–158. | **29** Vgl. insbesondere Ulrike Ludwig, Philippismus und orthodoxes Luthertum an der Universität Wittenberg. Die Rolle Jakob Andreäs im lutherischen Konfessionalisierungsprozeß Kursachsens (1576–1580) (Reformationsgeschichtliche Studien und Texte 153), Münster 2009; Ernst Koch, Der kursächsische Philippismus und seine Krise in den 1560er und 1570er Jahren, in: Die reformierte Konfessionalisierung in Deutschland – das Problem der »Zweiten Reformation«. Wissenschaftliches Symposion des Vereins für Reformationsgeschichte (Schriften des Vereins für Reformationsgeschichte 195), hrsg. von Heinz Schilling, Gütersloh 1986, S. 60–77; Hans-Peter Hasse, Zensur theologischer Bücher in Kursachsen im konfessionellen Zeitalter. Studien zur kursächsischen Literatur- und Religionspolitik in den Jahren 1569 bis 1575 (Arbeiten zur Kirchen- und Theologiegeschichte 5), Leipzig 2000; zur lutherischen Konkordie vgl. Bekenntnis und Einheit der Kirche. Studien zum Konkordienbuch, hrsg. von Martin Brecht/Reinhard Schwarz, Stuttgart 1980; Irene Dingel, Concordia controversa. Die öffentlichen Diskussionen und das lutherische Konkordienwerk am Ende des 16. Jahrhunderts (Quellen und Forschungen zur Reformationsgeschichte 63), Gütersloh 1996. | **30** Vgl. vor allem Thomas Töpfer, Die »Freyheit« der Kinder. Territoriale Politik, Schule und Bildungsvermittlung in der vormodernen Stadtgesellschaft. Das Kurfürstentum und Königreich Sachsen 1600–1815 (Contubernium 78), Stuttgart 2012, hier S. 25–73; Günther Wartenberg, Fürst und Reformator. Philipp Melanchthon als Berater des Kurfürsten August von Sachsen in Bildungs- und Kirchenfragen, in: Herbergen der

Christenheit 24 (2000), S. 75–101; Jonas Flöter/Günther Wartenberg (Hrsg.), Die sächsischen Fürsten- und Landesschulen. Interaktion von lutherisch-humanistischem Erziehungsideal und Eliten-Bildung (Schriften zur sächsischen Geschichte und Volkskunde 9), Leipzig 2004; Manfred Rudersdorf, Luthertum, humanistische Bildung und Territorialstaat. Anmerkungen zu einem historischen Problemzusammenhang im Reformationsjahrhundert, in: Christlicher Glaube und weltliche Herrschaft. Zum Gedenken an Günther Wartenberg, hrsg. von Michael Beyer/Jonas Flöter/Markus Hein (Arbeiten zur Kirchen- und Theologiegeschichte 24), Leipzig 2008, S. 301–315. | **31** Czok, August I. (wie Anm. 7), S. 115–123; Groß, Kurfürst August (wie Anm. 7), S. 2–12; Rogge, Die Wettiner (wie Anm. 7), S. 219–241; Bruning, Kurfürst August (wie Anm. 6), S. 110–125. | **32** Zur Leistung der sogenannten Baumeistergeneration nach 1555 weitere Einzelheiten bei Rudersdorf, Die Reformation und ihre Gewinner (wie Anm. 2), S. 120–139; Ders., Kursachsen im politischen System des Alten Reiches. Staatsbildung, Religionspolitik und dynastische Rivalität im Zeichen der wettinischen Weichenstellung von 1547, in: Neues Archiv für sächsische Geschichte 80 (2009), S. 105–127. | **33** Vgl. auch Schilling, Konfessionalisierung im Reich (wie Anm. 22), S. 1–45; Stefan Ehrenpreis, Kaiserliche Gerichtsbarkeit und Konfessionskonflikt. Der Reichshofrat unter Rudolf II. (1576–1612) (Schriftenreihe der Historischen Kommission bei der Bayerischen Akademie der Wissenschaften 72), Göttingen 2006; Thomas Ott, Präzedenz und Nachbarschaft. Das albertinische Sachsen und seine Zuordnung zu Kaiser und Reich im 16. Jahrhundert (Veröffentlichungen des Instituts für Europäische Geschichte, Mainz 217), Mainz 2008. | **34** Zahlreiches Material zur kursächsischen Reichspolitik unter Kurfürst August findet sich in folgenden Quelleneditionen der Reihe »Deutsche Reichstagsakten«: Rosemarie Aulinger u. a. (Bearb.), Der Reichstag zu Augsburg 1555, 4 Bde., München 2009; Maximilian Lanzinner/Dietmar Heil (Bearb.), Der Reichstag zu Augsburg 1566, 2 Bde., München 2002; Maximilian Lanzinner (Bearb.), Der Reichstag zu Speyer 1570, 2 Bde., Göttingen 1988; Wolfgang Wagner u. a. (Bearb.), Der Reichstag zu Regensburg 1567 und der Reichskreistag zu Erfurt 1567, München 2007; Josef Leeb (Bearb.), Der Reichstag zu Augsburg 1582, 2 Bde., München 2007; Ders. (Bearb.), Der Kurfürstentag zu Frankfurt 1558 und der Reichstag zu Augsburg 1559, 3 Bde., Göttingen 1999; Marc von Knorring (Bearb.), Der Reichsdeputationstag zu Worms 1564, München 2010; Thomas Fröschl (Bearb.), Der Reichsdeputationstag zu Worms 1586, Göttingen 1994. – Vgl. dazu grundsätzlich Helmut Neuhaus, Reichsständische Repräsentationsformen im 16. Jahrhundert, Berlin 1982. | **35** Vgl. hierzu insbesondere Uwe Schirmer, Sachsen und die Reichspolitik, in: Das Jahrhundert der Reformation in Sachsen, hrsg. von Helmar Junghans, 2. Aufl., Leipzig 2005, S. 219–237; Maximilian Lanzinner, Friedenssicherung und politische Einheit des Reiches unter Kaiser Maximilian II. (1564–1576) (Schriftenreihe der Historischen Kommission bei der Bayerischen Akademie der Wissenschaften 45), Göttingen 1993; Albrecht Pius Luttenberger, Kurfürsten, Kaiser und Reich. Politische Führung und Friedenssicherung unter Ferdinand I. und Maximilian II. (Veröffentlichungen des Instituts für Europäische Geschichte, Mainz 149), Mainz 1994; Thomas Nicklas, Reichspolitische Beziehungsgeflechte im 16. Jahrhundert. Lazarus von Schwendi und der Dresdner Hof, in: Neue Studien zur frühneuzeitlichen Reichsgeschichte, hrsg. von Johannes Kunisch (Zeitschrift für historische Forschung, Beiheft 19), Berlin 1997, S. 181–206; Ders., Macht oder Recht. Frühneuzeitliche Politik im Obersächsischen Reichskreis, Stuttgart 2002; Anja Meußer, Für Kaiser und Reich. Politische Kommunikation in der frühen Neuzeit – Johann Ulrich Zasius (1521–1570) als Rat und Gesandter der Kaiser Ferdinand I. und Maximilian II. (Historische Studien 477), Husum 2004; Christine Pflüger, Kommissare und Korrespondenzen. Politische Kommunikation im Alten Reich (1552–1558) (Norm und Struktur 24), Köln/Weimar/Wien 2005. | **36** Dazu pointiert Bruning, August (wie Anm. 6), S. 119–120. | **37** Vgl. Thomas Klein, Der Kampf um die Zweite Reformation in Kursachsen 1586–1591 (Mitteldeutsche Forschungen 1962), Köln/Graz 1962; neuerdings der Tagungsband von Heinz Schilling (Hrsg.), Konfessioneller Fundamentalismus. Religion als politischer Faktor im europäischen Mächtesystem um 1600 (Schriften des Historischen Kollegs 70), München 2007. | **38** Zu Person und Werk Osses: Oswald Artur Hecker (Hrsg.), Melchior von Osse. Schriften, mit einem Lebensabriß und einem Anhange von Briefen und Akten, Leipzig/Berlin 1922; Hans Maier, Die ältere deutsche Staats- und Verwaltungslehre, 2. Aufl., München 1980, S. 113–119; Michael Stolleis, Geschichte des öffentlichen Rechts in Deutschland, Bd. 1: Reichspublizistik und Policeywissenschaft 1600–1800, München 1988, S. 89–90. | **39** Für Kursachsen vgl. insbesondere Helen Watanabe-O'Kelly, Court culture in Dresden. From Renaissance to Baroque, Houndmills u. a. 2002, hier S. 37–99; Joachim Menzhausen, Kulturlandschaft Sachsen. Ein Jahrtausend Geschichte und Kunst, Amsterdam/Dresden 1999, hier S. 69–98; Dirk Syndram, »Diese dinge sind warlich wohl wirdig das sie in derselben lustkammer kommen.« Kurfürst August, die Kunstkammer und das Entstehen der Dresdner Sammlungen, in: Dresden & Ambras. Kunstkammerschätze der Renaissance, hrsg. von Sabine Haag, Katalog Schloss Ambras, Innsbruck, Wien 2012, S. 17–29 – Zur Leitfunktion des Wiener Hofes für die Fürstenhöfe im Reich: Volker Press, The Habsburg Court as Center of the Imperial Government, in: The Journal of Modern History 58 (1986), Supplement, S. 23–45; Heinz Schilling, Höfe und Allianzen. Deutschland 1648–1763, Berlin 1989, hier S. 16–31; Rainer A. Müller, Der Fürstenhof in der Frühen Neuzeit (Enzyklopädie deutscher Geschichte 33), München 1995, S. 17–32. | **40** Siehe Heinrich Magirius, Architektur und Bildende Künste, in: Geschichte der Stadt Dresden, Bd. 1: Von den Anfängen bis zum Ende des Dreißigjährigen Krieges, hrsg. von Karlheinz Blaschke unter Mitwirkung von Uwe John, Stuttgart 2005, S. 528–556; Wolfgang Braunfels, Die Kunst im Heiligen Römischen Reich; Bd. 1: Die weltlichen Fürstentümer, München 1979, S. 229–276 (Kapitel: »Von Meißen nach Dresden«). – Grundsätzliche vergleichende Aspekte bei Matthias Müller, Das Schloß als Bild des Fürsten. Herrschaftliche Metaphorik in der Residenzarchitektur des Alten Reichs (1470–1618) (Historische Semantik 6), Göttingen 2004; Rudersdorf, Die Reformation und ihre Gewinner (wie Anm. 2), S. 128–139. | **41** Zu diesem interessanten Problemfeld vgl. insbesondere Wolfgang Weber, Dynastiesicherung und Staatsbildung. Die Entfaltung des frühmodernen Fürstenstaates, in: Der Fürst. Ideen und Wirklichkeiten in der europäischen Geschichte, hrsg. von Dems., Köln/Weimar/Wien 1998, S. 91–136; Ernst Hinrichs, Fürsten und Mächte. Zum Problem des europäischen Absolutismus, Göttingen 2000. | **42** Mit anderer, gleichwohl anregender und innovativer Akzentuierung vgl. Ernst Schubert, Fürstenreformation. Die Realität hinter einem Vereinbarungsbegriff, in: Glaube und Macht. Theologie, Politik und Kunst im Jahrhundert der Reformation, hrsg. von Enno Bünz/Stefan Rhein/Günther Wartenberg (Schriften der Stiftung Luthergedenkstätten in Sachsen-Anhalt 5), Leipzig 2005, S. 23–47. | **43** Rudersdorf, Die Reformation und ihre Gewinner (wie Anm. 2), S. 139–141.

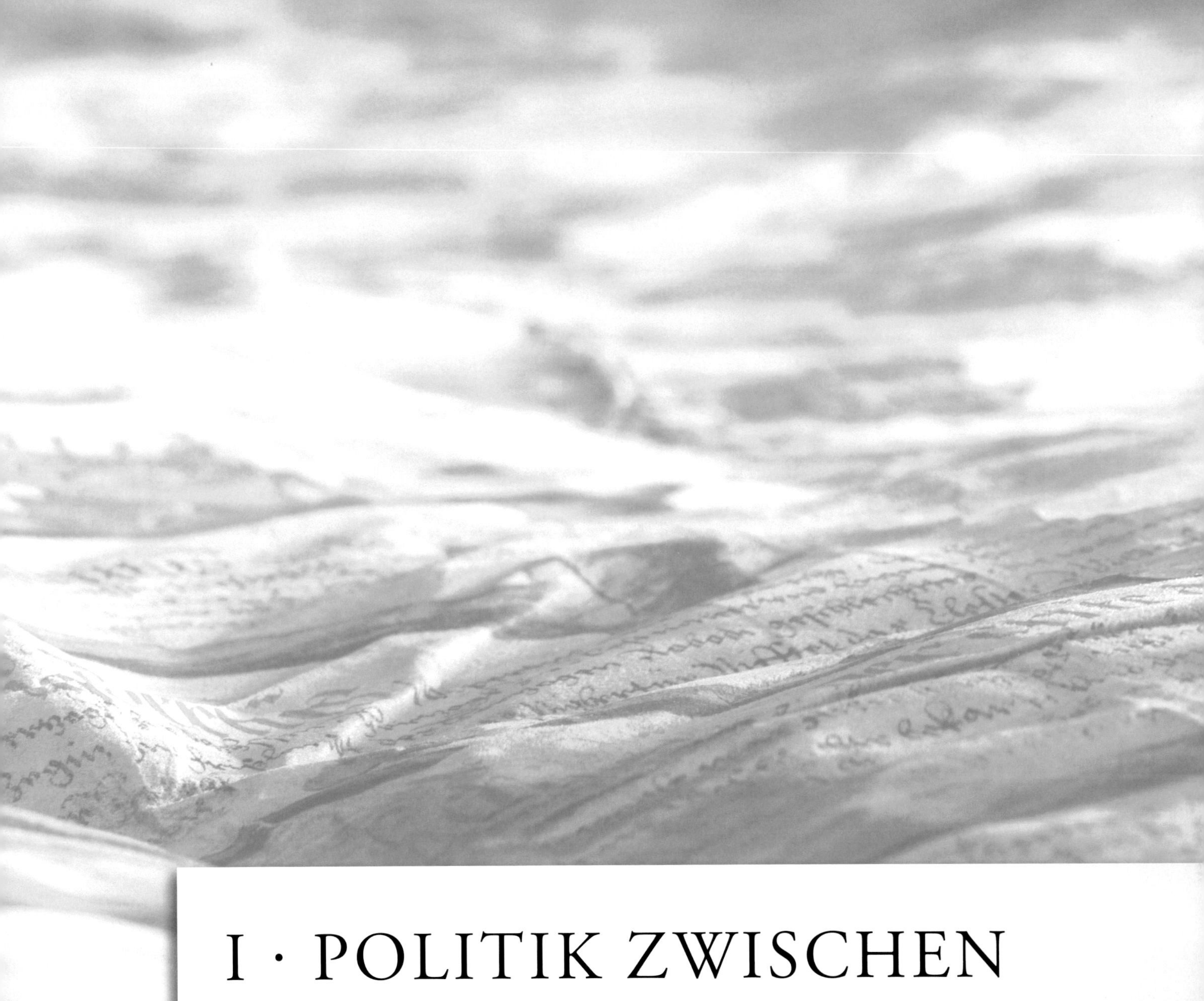

I · POLITIK ZWISCHEN TERRITORIUM UND REICH

VÁCLAV BŮŽEK

August von Sachsen, die Habsburger und der böhmische Adel

Die wenigen bislang vorliegenden Forschungsergebnisse betrachteten völlig zu Recht die Beziehungen Augusts von Sachsen (1526–1586) zu den Habsburgern als beiderseits vorteilhaft. Trotz des unterschiedlichen Glaubens suchten die habsburgischen Kaiser in dem Kurfürsten von Sachsen einen einflussreichen Verbündeten bei der Durchsetzung ihrer politischen und dynastischen Interessen im Alten Reich. Der sächsische Landesherr versprach sich von den guten Beziehungen zu den Habsburgern die Stärkung seiner innenpolitischen Stellung.[1] Zur Festigung der Beziehungen zwischen den Habsburgern und den Wettinern trugen nicht nur die wiederholten Reisen des Kurfürsten von Sachsen nach Wien und Prag, sondern auch die Besuche der Erzherzöge Maximilian (der spätere Kaiser Maximilian II.; 1527–1576) und Ferdinand (der ab 1564 als Ferdinand II. in Tirol und Vorderösterreich regierte; 1529–1595) in Dresden bei, die Gegenstand zahlreicher Untersuchungen der historischen Forschung waren.[2] August von Sachsen lernte die beiden jüngeren Altersgenossen zu Beginn der 40er Jahre des 16. Jahrhunderts persönlich kennen, als er die Grundlagen seiner höfischen Erziehung in der Residenz ihres Vaters vertiefte.[3] Um August für die Durchsetzung seiner politischen Ziele zu gewinnen, schickte Kaiser Maximilian II. diplomatische Gesandtschaften nach Dresden, die aktuelle Nachrichten vom Kaiserhof über die Interessen der Habsburger im Reich überbrachten.

Zum Wirken Wilhelms von Rosenberg am Dresdner Hof

In den 1570er Jahren hielt sich auf Geheiß Maximilians II. wiederholt der Oberstburggraf des Königreiches Böhmen, Wilhelm von Rosenberg (1535–1592), am Hof des Kurfürsten von Sachsen auf.[4] Er stammte aus der Familie des böhmischen Adligen Jošt III. von Rosenberg (1488–1539) und der österreichischen Adligen Anna von Roggendorf (gest. 1562);[5] sein ausgedehntes Dominium erstreckte sich im Süden des Königreiches Böhmen, wo ihm gemäß der Landesordnung die oberste Stellung gleich nach dem König zukam.[6] Die Vermittlung von persönlichen Bindungen zum Haus Habsburg und zu gleichaltrigen Reichsfürsten hatte Wilhelm von Rosenberg seinen einflussreichen Verwandten mütterlicherseits, Hans Hoffmann Freiherr zu Grünbüchel (um 1492–1564) und Graf Wolfgang von Salm (um 1514–1555), zu verdanken, die ihm zu Beginn der 1550er Jahre den Weg an den Hof Kaiser Ferdinands I. (1503–1564) und in die Reichsstädte geebnet hatten.[7] Während seines Aufenthalts in Augsburg und in Regensburg lernte er Herzog Erich II. von Braunschweig-Lüneburg (1528–1584) kennen, dessen Schwester Katharina (1534–1559) er im Jahr 1557 ehelichte.[8]

Obwohl die Eheschließung wegen des lutherischen Glaubens der Braut bei Ferdinand I. Missfallen hervorrief, hatte sie für die zukünftige politische und diplomatische Laufbahn Wilhelms von Rosenberg ungeahnte Folgen. Sein katholisch gesinnter Schwager Erich II. von Braunschweig-Lüneburg gehörte in den 50er Jahren des 16. Jahrhunderts nicht nur zu den Vertrauten Maximilians II., den er während dessen Aufenthalts auf der Pyrenäenhalbinsel begleitete, sondern er war auch eine der bedeutendsten Stützen der machtpolitischen Interessen der spanischen Habsburger im Heiligen Römischen Reich. Durch die Eheschließung mit Katharina von Braunschweig-Lüneburg knüpfte Wilhelm von Rosenberg auch verwandtschaftliche Beziehungen mit August von Sachsen, dessen Schwester Sidonie (1518–1575) trotz ihres lutherischen Glaubens die Gattin Erichs II. von Braunschweig-Lüneburg war.[9] Der Kurfürst von Sachsen bestand beim Abschluss des Ehevertrages nachdrücklich darauf, dass Katharina von Braunschweig-Lüneburg im katholischen Milieu der Residenz Wilhelms von Rosenberg in Krumau (tschech. Český Krumlov) ihren eigenen lutherischen Priester behalten durfte.[10]

Abb. 1
Charles Louis Philippot · Wilhelm von Rosenberg · um 1850 · Öl auf Leinwand · 280 × 185 cm · Regionální muzeum v Českém Krumlově

Von dem erstarkten Einfluss Wilhelms von Rosenberg unter den Reichsfürsten zeugt Ende des Jahres 1561 dessen zweite Ehe mit Sophia, geb. Markgräfin von Brandenburg (1541–1564). Die Braut war die Tochter des Kurfürsten Joachim II. (1505–1571), der der Onkel von Wilhelms erster Ehefrau war. Obwohl der Kurfürst von Brandenburg zu den Anhängern der lutherischen Reformation gehörte, förderte er im Reich die politischen Interessen der Habsburger und trat vermittelnd zwischen ihnen und den protestantischen Reichsfürsten auf.[11] Während der Hochzeitsfeier in Berlin begegnete Wilhelm von Rosenberg nicht nur allen Brüdern seiner Ehefrau, die Einladung hatten auch deren Verwandte angenommen, unter denen die Herzöge von Braunschweig-Lüneburg und August von Sachsen mit seiner Gemahlin nicht fehlten. In Berlin waren ebenfalls Adlige aus den böhmischen und österreichischen Ländern anwesend. Im Gefolge des Bräutigams nahm Hans Friedrich Hoffmann Freiherr zu Grünbüchel (1530/35–1589) eine bedeutende Stellung ein, dessen Vater zehn Jahre früher Wilhelm von Rosenberg am Kaiserhof in Wien vorgestellt hatte.[12] Die Verwandtschaft mit den Herzögen von Brandenburg, Braunschweig-Lüneburg und Sachsen öffnete in den kommenden Jahren dem katholisch gesinnten Wilhelm von Rosenberg die Tür in die Residenzen der Kurfürsten in Berlin und Dresden, wohin er durch Kaiser Maximilian II. mit diplomatischen Botschaften immer wieder entsandt wurde.

Wilhelm von Rosenberg lernte die komplizierten politischen und konfessionellen Verhältnisse im Reich nicht nur bei den Sitzungen des Geheimen Rats am Kaiserhof und während der Versammlungen der Landtage des Königreiches Böhmen kennen, sondern auch aus den Zeitungen, die er regelmäßig auf seinem Familiensitz erhielt und die Auszüge aus den Tagungen der Reichstage enthielten.[13] Die Verwandten seiner Ehefrauen teilten ihm ihre persönlichen Bemerkungen zu den Ereignissen im Reich auch per Brief mit. Bei der mündlichen wie auch schriftlichen Kommunikation mit dem Kaiser und mit den Reichsfürsten stützte er sich auf seine hervorragenden Deutschkenntnisse, die ihm von Kindheit an von seiner Mutter beigebracht worden waren.[14]

Aufgrund seines guten Einblicks in die politische und konfessionelle Situation im Reich war Wilhelm von Rosenberg gegenüber den meisten obersten Landesbeamten des Königreiches Böhmen, die den machtpolitischen Auseinandersetzungen hinter der Landesgrenze nach der Mitte des 16. Jahrhunderts kaum Beachtung schenkten, im Vorteil. Nur wenn sie den König von Böhmen zu den Reichstagen begleiteten, erhielten sie Kenntnis von den anwesenden Kurfürsten, in denen sie die wahrhaften Vertreter der politischen Macht im Reich sahen.[15]

Ende des Jahres 1562 wunderte sich beispielsweise Heinrich der Ältere von Schwanberg während seines Aufenthalts bei der Kurfürstenversammlung in Frankfurt am Main darüber, dass »der Kurfürst von Sachsen jeden Tag 1 000 Taler ausgibt«.[16] Diese enorme Summe, selbst wenn sie der böhmische Adlige wohl stark übertrieben hatte, hielt Heinrich der Ältere von Schwanberg aber für nötig, um – genau wie August von Sachsen – in Frankfurt durch einen kostspieligen Lebensstil die Aufmerksamkeit der anwesenden Personen auf sich zu ziehen.

Die böhmischen Söldner aus dem niederen Adelsstand schätzten dagegen die militärischen Fähigkeiten Augusts von Sachsen, die er im Frühling 1567 bei der Belagerung und der Einnahme der Stadt Gotha unter Beweis stellte, als er den widerspenstigen Ritter Wilhelm von Grumbach (1503–1567) und dessen Schutzherrn Herzog Johann Friedrich II. (der Mittlere) von Sachsen (1529–1595), einen Cousin des Kurfürsten von Sachsen, festgenommen hatte.[17]

Böhmische Höflinge in Dresden

Trotz der fehlenden Forschung kann man nicht ausschließen, dass am Dresdner Hof in der Mitte des 16. Jahrhunderts auch Höflinge und Bedienstete wirkten, die aus den böhmischen Ländern kamen. Davon zeugt die Karriere Johann Jeřábeks von Franckenleben, den Wilhelm von Rosenberg im Jahr 1556 nach Dresden entsandte, wo er als Hofmeister am Hof der verwitweten Mutter des Kurfürsten, Katharina von Sachsen, geb. Herzogin von Mecklenburg (1487–1561), wirkte. Obwohl von Franckenleben nur fünf Jahre im Dienst des Kurfürsten von Sachsen stand, schickte er Wilhelm von Rosenberg gelegentliche Nachrichten über das Alltagsleben in der Dresdner Residenz. Nach seiner Rückkehr nutzte Wilhelm von Rosenberg die Sprachkenntnisse und Erfahrungen von Franckenlebens aus dem höfischen Dienst bei der Organisation des Hofes seiner zweiten Ehefrau in Krumau.[18]

In den 1570er und der ersten Hälfte der 1580er Jahre besorgte Johann Wchinsky von Wchinitz (gest. 1590), der einen Teil seiner Jugend am Hof in Krumau verbracht hatte,[19] für Wilhelm von Rosenberg die Nachrichten aus Dresden.[20] Ende der 1550er und während der 1560er Jahre war er in Prag, Innsbruck und Wien tätig gewesen, wo er jeweils den Hofdienst ausübte.[21] Er gehörte seit 1576 mit der Würde des

Burggrafen von Karlstein (tschech. Karlštejn) zu den obersten Landesbeamten des Königreiches Böhmen.[22] Die böhmischen Stände beauftragten ihn mit der Aufsicht über die Krönungskleinodien. August von Sachsen lernte seinen Altersgenossen höchstwahrscheinlich bei den Ritterturnieren in Prag und Wien zu Beginn der 1560er Jahre kennen.[23]

Als Johann Wchinsky von Wchinitz zeitweilig auf der Herrschaft Teplitz (tschech. Teplice) in Nordböhmen ansässig wurde, nahm er oft die Einladungen des Kurfürsten von Sachsen an. In den Augen Augusts war er nicht nur ein willkommener Gast, der ihn zu den Jagdbelustigungen in der Umgebung des Schlosses Hartenfels in Torgau begleitete, sondern auch ein einflussreicher böhmischer Adliger utraquistischer Gesinnung. Johann Wchinsky von Wchinitz berichtete dem Kurfürsten von Sachsen über die Situation im Königreich Böhmen. Nach der Rückkehr stellte er vertrauliche Dokumente über Dresden zusammen, die er persönlich mit einem mündlichen Kommentar Maximilian II. übergab. Über seine Aufenthalte beim sächsischen Kurfürsten berichtete er in Briefen an Wilhelm von Rosenberg, der dadurch über die Ansichten Augusts zur kaiserlichen Reichspolitik informiert wurde.[24]

Darüber hinaus enthielten die Briefe Beurteilungen des Kurfürsten von Sachsen zum Verhalten und zu Handlungsweisen Wilhelms von Rosenberg, die er bei den privaten Unterredungen mit Johann Wchinsky von Wchinitz geäußert hatte. August hielt Wilhelm von Rosenberg für einen bedachtsamen und sehr einflussreichen Politiker, der in seinen Augen außergewöhnliches Ansehen und Vertrauen genoss.[25] Dies nutzte von Rosenberg bei den Verhandlungen in Dresden, wohin er immer wieder im Auftrag des Kaisers reiste, um August über die Absichten Maximilians II. zu informieren, etwa wenn es sich um die Verteidigung gegen die osmanische Gefahr in Mitteleuropa oder die Sukzessionsfrage im Hinblick auf den Kaiserthron handelte.

Kurfürst August und die Heilige Liga

Maximilians II. Ruf als Kriegsherr litt darunter, dass er Anfang September 1566 den kaiserlichen Truppen nicht befohlen hatte, die Verteidiger von Szigetvár zu unterstützen, das dann Sultan Süleyman I. (um 1495–1566) eroberte.[26] In den darauffolgenden Jahren bemühte sich die habsburgische Propaganda, den Kaiser als einen weisen Herrscher und christlichen Ritter darzustellen, der gegen die Andersgläubigen mutig und heldenhaft gekämpft habe.[27] Die Verherrlichung der moralischen Stärke christlicher Kämpfer war auch Thema des Turniers, das Maximilian II. am Altstädter Ring in Prag am 26. Februar 1570 unter der Teilnahme vieler Adliger veranstaltete, darunter auch Ferdinand II. von Tirol, Herzog Albrecht V. von Bayern (1528–1579) und August von Sachsen.[28] Das Prager Turnier war ein Bestandteil von prunkvollen Feierlichkeiten, die anlässlich der Hochzeit des Königs von Spanien, Philipp II. (1527–1598), und Anna, der ältesten Tochter Maximilians II., an den Höfen der Habsburger stattfanden.[29]

Die Szenerie war voller Symbolik: Ihre geistige und physische Überlegenheit demonstrierten die christlichen Streiter auf dem Turnierplatz im Kampf gegen einen Drachen und gegen wilde Medusen, die wie Ungeheuer mit giftigen Schlangen auf dem Kopf aussahen. Im entscheidenden Kampf besiegte Perseus, dem die christlichen Ritter, darunter auch die Gäste Maximilians II., auf Pferden zu Hilfe eilten, das Böse der Andersgläubigen. Zu den Höhepunkten der Kampfspiele gehörte der Einzug eines lebendigen Elefanten, der die Tapferkeit der christlichen Ritter symbolisierte und eine Allegorie auf die Allmacht der Habsburger, die über die Grenzen des europäischen Kontinents hinausreichte, darstellte. Der Löwe im Käfig am Altstädter Ring sollte die Kraft der Verteidiger des Christentums in den Ländern unter der Herrschaft des Hauses Habsburg darstellen und auf das heraldische Symbol des Königreiches Böhmen hinweisen. Seine Anwesenheit auf dem Turnierplatz verherrlichte den böhmischen König Maximilian II. als unschlagbaren und tugendhaften Landesherrn, der sich seiner Mitverantwortung für die Verteidigung der habsburgischen Länder vor den Einfällen der Osmanen wohl bewusst war.[30]

Als Don Juan d'Austria (1547–1578) Ali Pascha (gest. 1571) in der Seeschlacht von Lepanto besiegt hatte, begann Maximilian II. unter Druck von Madrid, Rom und Venedig Ende 1571 über den eventuellen Beitritt des Heiligen Römischen Reiches zur Heiligen Liga ernsthaft nachzudenken.[31] Zuerst bat er Ferdinand II. von Tirol und Erzherzog Karl II. von der Steiermark (1540–1590) um Stellungnahmen. Die beiden jüngeren Brüder zeigten sich skeptisch. Sie befürchteten erhöhte Ausgaben für die Verteidigung gegen die Osmanen, über die die Reichstage abstimmten. Gleichzeitig verbargen sie auch ihre Angst vor neuen militärischen Konflikten nicht, denn das Heilige Römische Reich würde ihrer Meinung nach durch den Beitritt zur Heiligen Liga die Bedingungen des Friedensvertrages mit dem Osmanischen Reich verletzen.[32]

Um die Meinung der Kurfürsten zu sondieren, beorderte Maximilian II. im Februar 1572 im Abstand von einigen Tagen zwei Gesandtschaften ins Reich. Als der Kaiser erfuhr, dass August von Sachsen den Kurfürsten von Brandenburg, Johann Georg (1525–1598), und den Kurfürsten von der Pfalz, Friedrich III. (1515–1576), zu einer gemeinsamen Karnevalsmaskerade eingeladen hatte, beauftragte er Wilhelm von Rosenberg mit der Leitung einer Gesandtschaft nach Sachsen.[33] Der Oberstburggraf des Königreiches Böhmen erhielt von Maximilian II. zwei schriftliche Instruktionen gleichen Inhalts, die er den Kurfürsten in Dresden übergeben sollte.[34] Der Kaiser verlangte von ihnen eindeutige Antworten auf die Frage, ob sie mit dem Beitritt zur Heiligen Liga einverstanden wären.[35]

Obwohl Wilhelm von Rosenberg mit der kaiserlichen Gesandtschaft bereits am 18. Februar 1572 in Dresden eintraf, wartete er vier Tage auf eine Audienz bei August.[36] Bei dem Treffen übergab er dem sächsischen Kurfürsten die Instruktion Maximilians II. und erläuterte ihm dessen Pläne zur Erweiterung der Heiligen Liga. Daraufhin erbat sich August einen Tag Bedenkzeit und verlas Wilhelm von Rosenberg seine schriftliche Antwort schließlich am 23. Februar 1572.[37] Der Kurfürst war über die Seeschlacht bei Lepanto sicher gut informiert, aber zu einem eventuellen Beitritt des Heiligen Römischen Reiches zur Heiligen Liga nahm er eine reservierte Haltung ein. Ausführlich erklärte er, dass sich an der Verteidigung des christlichen Europas gegen die osmanischen Einfälle neben dem Reich auch andere Länder beteiligen sollten, besonders Frankreich, England, Dänemark, Polen, Schweden und Schottland. Nach dieser eher ausweichenden Antwort erbat Wilhelm von Rosenberg vom Kurfürsten im Namen des Kaisers eine eindeutige Stellungnahme. August schlug daraufhin vor, dass Maximilian II. die Beitrittsfrage zur Heiligen Liga auf die Tagesordnung der nächsten Reichstagsversammlung setzen möge.[38]

Die gleiche Antwort an den Wiener Hof brachte Wilhelm von Rosenberg aus Berlin mit, nach einem Treffen mit seinem Schwager Johann Georg von Brandenburg am 27. Februar 1572, den er entgegen aller Erwartungen zuvor nicht in Dresden erreicht hatte.[39] Gleichlautende Stellungnahmen erhielt Maximilian II. auch vom kaiserlichen Rat Johann Hegenmüller und vom Reichshofratspräsidenten Philipp von Winnenberg, die an der Spitze der zweiten kaiserlichen Gesandtschaft zu den Kurfürsten von Köln, Mainz, Trier und in aller Eile zum Kurfürsten von der Pfalz am 28. Februar 1572 aus Wien aufgebrochen waren.[40] Im Juli 1572 informierte August von Sachsen den Oberstburggrafen über die Beschlüsse der Kurfürstenversammlung in Mühlhausen. Dort hatten sich die Kurfürsten darauf geeinigt, dass ein eventueller Beitritt des Römischen Reiches zur Heiligen Liga auf einem Reichstag verabschiedet werden musste, der allerdings erst Anfang Mai 1576 in Regensburg stattfinden sollte. Wilhelm von Rosenberg überbrachte die Nachricht über die Verhandlungen in Mühlhausen unverzüglich an Maximilian II. nach Wien.[41]

Kommunikation um die Kaisernachfolge

Die Vorbereitung der nächsten diplomatischen Reise Wilhelms von Rosenberg nach Dresden begann Mitte Oktober 1574. Zu diesem Zeitpunkt erhielt der Oberstburggraf einen dringenden Brief von Maximilian II., in dem dieser ihm befahl, im Laufe des folgenden Monats an einem Treffen mit August von Sachsen und Johann Georg von Brandenburg teilzunehmen.[42] Der Kaiser entsandte zudem mit Vorlauf den Geheimrat Sigismund Vieheuser (um 1545–1587) mit einem vertraulichen Brief nach Dresden.[43] Darin bat er die beiden Kurfürsten erneut um ihre Unterstützung bei der Wahl seines ältesten Sohnes Rudolf (1552–1612) zum römisch-deutschen Kaiser. Darüber hatte er mit August von Sachsen schon im Februar 1573 bei dessen Besuch in Wien Unterredungen geführt.[44] Die Aufgabe Wilhelms von Rosenberg bei diesen Gesprächen mit den beiden Kurfürsten war es, herauszufinden, ob sie ihre Meinungen bezüglich des designierten Nachfolgers nicht geändert hatten.[45] Einige Wochen vor dem geplanten Treffen besuchte Ferdinand II. von Tirol, der sich ebenfalls für die Nachfolgefrage auf dem Kaiserthron interessierte, in Begleitung mehrerer böhmischer Adliger Kurfürst August in Dresden.[46]

Die vertraulichen Verhandlungen zwischen Kurfürst August von Sachsen und Wilhelm von Rosenberg fanden höchstwahrscheinlich Ende Dezember 1574 in Dresden statt und endeten mit einem für die Wiener Ziele positiven Ergebnis. In Berlin musste Wilhelm von Rosenberg Anfang Januar 1575 auf die verspätete Rückkehr Kurfürst Johann Georgs von Brandenburg in dessen Residenz warten.[47] Ihr Treffen verlief für den Gesandten erwartungsgemäß.[48] Im Anschluss konnte Wilhelm von Rosenberg eine Nachricht nach Wien übersenden, die Maximilian II. noch vor dessen Reise nach Dresden im April 1575 über die aufgeschlossene Haltung der Kurfürsten von Sachsen und von Brandenburg im Hinblick auf die Wahlunterstützung Rudolfs informierte.[49] Die beiden dem lutherischen Glauben zugeneigten Kurfürsten machten ihre Unterstützung für den zukünftigen Kaiser von der Bedingung abhängig, dass Maximilian II. den Protestanten gegenüber tolerant auftreten würde.[50]

Obwohl Wilhelm von Rosenberg den Kaiser nicht nach Dresden begleitete, verfügte er über ausführliche Informationen über den Aufenthalt Maximilians II. am Hof des Kurfürsten von Sachsen, die ihm sein Vertrauter, der Oberstkanzler des Königreiches Böhmen, Wratislaw von Pernstein (1530–1582), vermittelte.[51] Die kurzweiligen Hofunterhaltungen dienten in Dresden nicht nur zur Erheiterung des Kaisers und seines Gefolges, sondern sie boten auch Raum für gemeinsame Gespräche Maximilians II., Augusts von Sachsen und Johann Georgs von Brandenburg.[52] Die Berichte Wratislaws von Pernstein bestätigten, dass der Kaiser mit den beiden Kurfürsten über die Wahl Rudolfs II. zum römischen Kaiser sprach, die dann Ende Oktober 1575 in Regensburg vollzogen werden sollte.[53]

Abb. 2
Jacob Seisenegger · Portrait des Wratislav von Pernstein · 1558 · Öl auf Leinwand · 105 × 84,5 cm · Lobkowiczké sbírky, Inv.-Nr. LR5186

Die Wiederverheiratung Wilhelms von Rosenberg

Wilhelm von Rosenberg unterrichtete den Dresdner Hof in der Mitte der 1570er Jahre nicht nur über die politischen Absichten der Habsburger. In den Augen des böhmischen Oberstburggrafen war August von Sachsen zugleich ein wichtiger Vermittler seiner eigenen Interessen im Reich. Als Wilhelm von Rosenberg zehn Jahre nach dem Tod seiner zweiten Ehefrau eine dritte Ehe in Erwägung zog, erregte die Wahl seiner Braut Aufmerksamkeit bei allen mitteleuropäischen Fürstenhäusern. Nicht nur die Habsburger, sondern vor allem die Hohenzollern, Wettiner, Wittelsbacher und die Vertreter anderer regierender Häuser im Reich waren sich bewusst, dass von Rosenberg die ständische Politik im Lande maßgeblich beeinflusste und den böhmischen König in Abwesenheit vertrat.[54]

In die Überlegungen bezüglich einer neuen Heiratsverabredung für Wilhelm von Rosenberg griff sogar Ferdinand II. von Tirol ein, der das Adelsmilieu im Königreich Böhmen sehr gut kannte, als dessen Statthalter er in den Jahren 1547 bis 1567 gewirkt hatte.[55] Seine diplomatischen Fähigkeiten brachte er Anfang 1574 zur Geltung, als er Wilhelm von Rosenberg zu Besuch auf Schloss Ambras bei Innsbruck einlud, um ihm die junge badische Markgräfin Anna Maria (1562–1583) vorzustellen, die nach dem vorzeitigen Tod ihrer Eltern im streng katholischen Milieu des Hofes ihres Onkels, des Herzogs Albrecht V. von Bayern, in München erzogen wurde.[56] Gegen die beabsichtigte Eheschließung trat jedoch ganz unerwartet Maximilian II. ein, der, den wiederholten Zeugnissen des päpstlichen Nuntius Giovanni Dolfin (1528–1584) folgend, sowohl den erstarkenden Einfluss Wilhelms von Rosenberg in Bayern als auch den der Wittelsbacher im Reich befürchtete.[57]

Als Wilhelm von Rosenberg vor Mitte Juli 1577 seine Vertrauten nach Berlin und Dresden entsandte, verfolgte er ein einziges Ziel: Er bat die beiden versippten Kurfürsten, für die geplante Eheschließung mit Anna Maria von Baden bei Kaiser Rudolf II. in Wien und bei Herzog Albrecht V. von Bayern in München ein gutes Wort einzulegen.[58] Johann Georg von Brandenburg und August von Sachsen schickten unverzüglich einige an ihren Höfen hochstehende Amtsträger nach Prag mit dem Auftrag, dass sie Wilhelm von Rosenberg nach München begleiteten, wo diese vor Ende September 1577 an der Bestätigung der Heiratsvertragsbedingungen beteiligt waren. Da die Markgräfin von

Abb. 3
Portrait der Anna Maria von Baden · Unbekannter Maler · Öl auf Leinwand · Národní památkový ústav České Budějovice – Státní hrad a zámek Rožmberk

Baden ein Waisenkind war, sollte die Hochzeit am 27. Januar 1578 auf der Residenz Wilhelms von Rosenberg in Krumau stattfinden.[59] Obwohl die Autoren der Hochzeitsgedichte zu Beginn des Jahres 1578 die neuen verwandtschaftlichen Bande zwischen dem katholischen Adel in Baden, Bayern und im Königreich Böhmen feierten,[60] waren es vor allem die Gesandten der lutherisch gesinnten Kurfürsten August von Sachsen und Johann Georg von Brandenburg gewesen, die bei den Verhandlungen in München die Entstehung der transnationalen Heiratsallianz beeinflusst hatten.

Erneutes Ringen um die Nachfolge des Reichsoberhauptes

Zu Lebzeiten Augusts von Sachsen unternahm Wilhelm von Rosenberg im Sommer 1581 seine letzte Reise nach Dresden,[61] als sich nämlich von Prag aus in Europa die Kunde vom schwerkranken Rudolf II. verbreitete, der fast ein Jahr lang mit einer ansteckenden Krankheit um sein Leben zu kämpfen hatte.[62] Der möglichen politischen Folgen der Krankheit des Kaisers für die Machtansprüche der Habsburger im Reich waren sich vor allem die österreichischen Erzherzöge Ferdinand II. von Tirol und Karl II. von der Steiermark sehr wohl bewusst. Die beiden Onkel Rudolfs II. zeigten einen viel entschlosseneren Willen zu Verhandlungen über die eventuelle Nachfolge, als es die jüngeren Brüder des Kaisers taten.[63]

Sobald Erzherzog Karl II. in Prag über den ernsten Gesundheitszustand des Kaisers und dessen staatsmännische Untätigkeit in Kenntnis gesetzt worden war, reiste er im Juni 1581 zu August von Sachsen, den er ganz selbstverständlich als Vertreter der habsburgischen Interessen im Römisch-Deutschen Reich betrachtete. Während der Reise von Prag nach Dresden hielt sich Karl II. unter anderem in Raudnitz (tschech. Roudnice nad Labem) auf, wo er mit Wilhelm von Rosenberg zusammentraf.[64] In den Dresdner Gesprächen drängte der Kurfürst von Sachsen dann den Erzherzog, dass dieser nach seiner Rückkehr nach Prag die Haltung Rudolfs II. zur eventuellen Wahl eines Nachfolgers auf dem Kaiserthron herausfinden sollte.[65]

Im Juli/August 1581 hielt sich schließlich auch Wilhelm von Rosenberg in Dresden auf,[66] wo er höchstwahrscheinlich den Kurfürsten über das Interesse Erzherzogs Ferdinand II. von Tirol an der Thronfolge im Reich informierte.[67] Die gleichen Nachrichten über eine möglichst rasche Wahl eines Nachfolgers erhielt August von Sachsen durch Johann Wchinsky von Wchinitz, der damals bereits seit Längerem für den Informationsaustausch zwischen den Residenzen in Dresden und Innsbruck zuständig war.[68] Unabhängig von ihren jeweiligen persönlichen Ambitionen erwarteten die beiden Onkel Rudolfs II. von Kurfürst August, dass er die Wahl des Thronfolgers für den kranken Kaiser bereits zu dessen Lebzeiten unterstützte.

Als der Kurfürst Mitte Oktober 1581 in Prag eintraf, um mit Rudolf II. über eine eventuell anstehende Nachfolge zu verhandeln, kam ihm überraschenderweise der Kaiser mit seinem Gefolge vor den Stadttoren entgegen.[69] Sein Gesundheitszustand hatte sich entgegen aller Spekulationen erheblich verbessert. Deshalb verließ der sächsische Kurfürst die Metropole des Königreiches Böhmen bereits nach kurzer Zeit wieder, noch bevor die Gesandten Ferdinands II. von Tirol und Karls II. von der Steiermark eintrafen, um ihm ihre Stellungnahmen bezüglich der angespannten Situation innerhalb des Hauses Habsburg und der Wahl eines neuen Reichsoberhauptes zu überbringen.[70] In den darauffolgenden Jahren beobachtete Rudolf II. mit großer Beunruhigung die politischen Schritte Ferdinands II. von Tirol, der bei August von Sachsen um Unterstützung seiner Interessen am Kaiserthron warb. Rudolf II. wandte seinen Zorn über die politischen Intrigen insbesondere gegen Johann Wchinsky von Wchinitz, da dieser Nachrichten aus Dresden und Innsbruck an Wilhelm von Rosenberg weiterleitete, den er für einen Verbündeten Erzherzogs Ferdinand II. von Tirol hielt.[71]

Der Tod Augusts von Sachsen aus böhmischer Überlieferung

Der Tod Augusts von Sachsen am 12. Februar 1586 blieb im Königreich Böhmen nicht unbeachtet. Dem Autor der Vita Wilhelms von Rosenberg diente als Vorlage zur Abfassung einer Gedenkschrift über den Tod des Kurfürsten ein kurzer lateinischer Text, den er einer silbernen Münze entnommen hatte, die in memoriam Augusts geprägt worden war. Die Mitteilung enthielt das Todesdatum und das Lebensalter Augusts von Sachsen, verbalisiert in erreichten Jahren, Monaten, Tagen und Stunden.[72]

In anderen, in tschechischer Sprache verfassten Schriftstücken über den Tod Augusts von Sachsen bemühten sich die Autoren um eine ausführlichere Würdigung. Das Hauptaugenmerk galt nicht nur dem lutherischen Glauben, dem großen Reichtum und der Vorliebe des Kurfürsten für Jagdbelustigungen, sondern auch seiner Familie.[73] Während die Verfasser die erste Ehefrau Anna (1532–1585), Tochter des dänischen Königs Christian III. (1503–1559), die am 1. Oktober 1585 gestorben war,[74] respektvoll beschrieben, kritisierten sie den großen Altersunterschied zwischen der zweiten Gattin Agnes Hedwig, geb. Prinzessin von Anhalt (1573–1616), und dem alternden Kurfürsten. In Einzelfällen erschien in den tschechischen Memoiren der bittere Vorwurf, dass gerade die Jugend seiner zweiten Gemahlin, die August im Januar 1586 geehelicht hatte, seinen Tod beschleunigt habe: »Dem alten Mann junge Frau, sicherer Tod.«[75] Die Autoren der tschechischen Gedenkschriften über den Tod des sächsischen Kurfürsten vergaßen auch nicht, dessen einzigen Sohn, Kurfürst Christian I. (1560–1591), zu erwähnen.[76]

Obwohl die tschechischen Trauerschriften, die nach dem Tod Augusts von Sachsen erschienen, dessen Glauben, Reichtum, Familie und Vorlieben thematisierten, erinnerte keiner der Autoren an die Fähigkeiten als Kriegsherr und an die militärischen Verdienste des Kurfürsten. Eine andere Zugangsweise zur Konstituierung der Erinnerung an August von Sachsen wählte noch zu dessen Lebzeiten Erzherzog Ferdinand II. von Tirol. Er fragte wiederholt schriftlich in Dresden an, ob der Kurfürst ihm die Rüstung überlassen könnte, die er bei der Belagerung von Gotha getragen hatte. Den Trabharnisch wollte Ferdinand II. in seine Rüstkammer auf Schloss Ambras aufnehmen, die mit den dort untergebrachten Devotionalien das Gedenken an berühmte Feldherrn der Geschichte bewahren sollte. Die Bitten blieben aber von Dresdner Seite aus unbeantwortet.[77]

Das prägnanteste Zeugnis vom Tod Augusts von Sachsen legte der böhmische Offizier Pavel Korka von Korkyně in seinen Memoiren ab. Obwohl er den Kurfürsten von Sachsen bei der Belagerung von Gotha persönlich kennengelernt hatte, erinnerte er nicht an dessen militärische Verdienste. Basierend auf seinen kriegerischen Erfahrungen auf diversen europäischen Schlachtfeldern und seinen Kontakten zu Erzherzog Ferdinand II. von Tirol konnte sich Korka von Korkyně im Laufe seines Lebens einen guten Überblick über die Machtverhältnisse im Heiligen Römischen Reich und über die politische Rolle des sächsischen Kurfürsten verschaffen, den er treffend als einen »Pfeiler im Reich« bezeichnete.[78] Ähnliche Worte wählte der Autor der Vita Wilhelms von Rosenberg, der einige Jahre später die Verdienste des Oberstburggrafen des Königreiches Böhmen, der am 31. August 1592 verstorben war, würdigte. Den böhmischen Magnaten hielt er »für einen gültigen Pfeiler des Königreichs Böhmen und des Heiligen Reiches«.[79] Obwohl er Wilhelm von Rosenberg nicht persönlich kannte, stellte der Verfasser dieser Gedenkschrift das Wirken von Rosenbergs in der böhmischen Innen- und Außenpolitik auf der Grundlage amtlicher und privater Dokumente dar, die er im Familienarchiv eruieren konnte.

Trotz ihrer unterschiedlichen Glaubensbekenntnisse stimmten Kurfürst August von Sachsen und Wilhelm von Rosenberg in der Wahl gemäßigter Wege bei der Lösung der politischen und konfessionellen Spannungen im Reich und im Königreich Böhmen überein. Beide strebten langfristig die Schaffung des erforderlichen Gleichgewichts zwischen den Interessen der Habsburger einerseits und den Forderungen der Reichsfürsten und der böhmischen Stände andererseits an. Durch ihre bedachtsamen politischen Schritte trugen sie besonders während der 1570er und 1580er Jahre zur Stabilität der politischen Verhältnisse in beiden Territorien bei.[80]

ANMERKUNGEN

1 Jens Bruning, August (1553–1586), in: Die Herrscher Sachsens. Markgrafen, Kurfürsten, Könige 1089–1918, hrsg. von Frank-Lothar Kroll (Beck'sche Reihe 1739), München 2004, S. 110–125, 331–333; Thomas Kuster, »Eur Lieb gannz williger Brueder.« Fürstliche Freundschaft am politischen Parkett? Die Beziehung der Habsburger und der Wettiner in der frühen Neuzeit, in: Dresden & Ambras. Kunstkammerschätze der Renaissance, hrsg. von Sabine Haag, Katalog Schloss Ambras, Innsbruck, Wien 2012, S. 43–51, hier S. 51. | **2** G. Brückner, Die zu Dresden im April 1575 zu Ehren des Kaisers Maximilian II. veranstalteten Festlichkeiten, in: Archiv für die Sächsische Geschichte 4 (1866), S. 225–241; Josef Hirn, Erzherzog Ferdinand II. von Tirol. Geschichte seiner Regierung und seiner Länder, Bd. I, Innsbruck 1885, S. 98, 101, 110, 151, 483; Paul Rachel, Fürstenbesuche in Dresden. I. Deutsche Kaiser, in: Dresdner Geschichtsblätter 17 (1908), S. 229–248; Katrin Keller, Kurfürstin Anna von Sachsen (1532–1585), Regensburg 2010, S. 62–68; Kuster, Eur Lieb gannz williger Brueder (wie Anm. 1), S. 46–50. | **3** Kuster, Eur Lieb gannz williger Brueder (wie Anm. 1), S. 46. | **4** Jaroslav Pánek, Poslední Rožmberkové – velmoži české renesance [Die letzten Rosenberger – die Magnaten der böhmischen Renaissance], Praha 1989; Ders., Vilém z Rožmberka. Politik smíru [Wilhelm von Rosenberg. Der Politiker der Versöhnung], Praha 2011, bes. S. 225–243. | **5** Václav Bůžek, Die Heirat Jošts III. von Rosenberg und Annas von Roggendorf. Zur Gestaltung übernationaler verwandtschaftlicher Verhältnisse des Adels aus den böhmischen und österreichischen Ländern, in: Jahrbuch der Gesellschaft für Landeskunde und Denkmalpflege Oberösterreich 160 (2015), S. 119–137. | **6** Ders./Václav Grubhoffer/Jan Libor, Wandlungen des Adels in den böhmischen Ländern, in: Bohemia 54 (2014), S. 271–318, hier S. 290. | **7** Bůžek, Die Heirat Jošts III. von Rosenberg (wie Anm. 5), S. 127, 129. | **8** Ders./Josef Hrdlička, Dvory velmožů s erbem růže. Všední a sváteční dny posledních Rožmberků a pánů z Hradce [Die Höfe der Magnaten mit dem Wappen der Rose. Die All- und Festtage der letzten Rosenberger und Herren von Neuhaus], Praha 1997, S. 81–82. | **9** Jaroslav Pánek, Der böhmische Vizekönig Wilhelm von Rosenberg und seine deutschen Ehen, in: Mentalität und Gesellschaft im Mittelalter. Gedenkschrift für Ernst Werner (Beiträge zur Mentalitätsgeschichte 2), hrsg. von Sabine Tanz, Frankfurt a. M. u. a. 1994, S. 271–300, hier S. 129. | **10** Václav Březan, Životy posledních Rožmberků [Die Viten der letzten Rosenberger], Bd. I, hrsg. von Jaroslav Pánek, Praha 1985, S. 158. | **11** Pánek, Der böhmische Vizekönig Wilhelm von Rosenberg (wie Anm. 9), S. 285–289; Bůžek, Die Heirat Jošts III. von Rosenberg (wie Anm. 5), S. 130. | **12** Březan, Životy I (wie Anm. 10), S. 185–186. | **13** Vgl. Zdeněk Šimeček, Novinové zpravodajství v předbělohorských Čechách [Zeitungsnachrichten in Böhmen in der Zeit vor der Schlacht am Weißen Berg], in: Folia historica bohemica 11 (1987), S. 287–303; mit der Zusammenfassung älterer Literatur: Kateřina Pražáková, Obraz Polsko-litevského státu a Ruska ve zpravodajství české šlechty (1450–1618) [Das Bild des polnisch-litauischen Staates und Russlands in den Nachrichten des böhmischen Adels (1450–1618)] (Monographia historica 15), České Budějovice 2015, bes. S. 57–72. | **14** Václav Bůžek, Zum tschechisch-deutschen Bilinguismus in den böhmischen und österreichischen Ländern in der frühen Neuzeit, in: Österreichische Osthefte 35 (1993), S. 577–592. | **15** Ders., Ferdinand von Tirol zwischen Prag und Innsbruck. Der Adel aus den böhmischen Ländern auf dem Weg zu den Höfen der ersten Habsburger, Köln/Weimar/Wien 2009, S. 149–150. | **16** Státní oblastní archiv [Staatliches Regionalarchiv] Třeboň (im Folgenden StOA-T), Historica Třeboň, 4500: Heinrich der Ältere von Schwanberg an Wenzel von Schwanberg, 17. November 1562 (in freier deutscher Übersetzung). | **17** Zdeněk Vybíral (Hrsg.), Paměti Pavla Korky z Korkyně. Zápisky křesťanského rytíře z počátku novověku [Die Memoiren Pavel Korkas von Korkyně. Die Aufzeichnungen des christlichen Ritters aus dem Beginn der Neuzeit] (Prameny k českým dějinám 16.–18. století, Reihe B IV), České Budějovice 2014, S. 124; vgl. Volker Press, Wilhelm von Grumbach und die deutsche Adelskrise der 1560er Jahre, in: Blätter für deutsche Landesgeschichte 113 (1977), S. 396–431; Maximilian Lanzinner, Friedenssicherung und politische Einheit des Reiches unter Kaiser Maximilian II. (1564–1576) (Schriftenreihe der Historischen Kommission bei der Bayerischen Akademie der Wissenschaften 45), Göttingen 1993, S. 25–26, 51–65. | **18** Březan, Životy I (wie Anm. 10), S. 145. | **19** Ebd., S. 217. | **20** StOA-T, Historica Třeboň, 4785: Johann Wchinsky von Wchinitz an Wilhelm von Rosenberg, Prag, 15. November 1570; 4877: Johann Wchinsky von Wchinitz an Wilhelm von Rosenberg, Prag, 3. Mai 1574. | **21** Bůžek, Ferdinand von Tirol zwischen Prag und Innsbruck (wie Anm. 15), S. 66, 98, 204. | **22** František Palacký, Přehled současný nejvyšších důstojníků a úředníků [Der zeitgenössische Überblick der höchsten Würdenträger und Beamten], in: Dílo Františka Palackého [Das Werk von František Palacký], Bd. I, hrsg. von Jaroslav Charvát, Praha 1941, S. 381. | **23** Bůžek, Ferdinand von Tirol zwischen Prag und Innsbruck (wie Anm. 15), S. 202, 216–217, 220. | **24** StOA-T, Historica Třeboň, 4877: Johann Wchinsky von Wchinitz an Wilhelm von Rosenberg, Prag, 3. Mai 1574. | **25** Ebd. | **26** Reinhard Lauer, Siget. Heldenmythos zwischen den Nationen, in: Erinnerungskultur in Südosteuropa (Abhandlungen der Akademie der Wissenschaften zu Göttingen, N. F. 12), hrsg. von Dems., Berlin/Boston 2011, S. 189–216; Jaroslav Pánek, Maximilian II. als König von Böhmen, in: Kaiser Maximilian II. Kultur und Politik im 16. Jahrhundert (Wiener Beiträge zur Geschichte der Neuzeit 19), hrsg. von Friedrich Edelmayer/Alfred Kohler, Wien/München 1992, S. 55–69, hier S. 63. | **27** Kateřina Pražáková, Vláda Maxmiliána II. pohledem rožmberského zpravodajství [Die Regierung Maximilians II. in der Auffassung des rosenbergischen Nachrichtendienstes], in: Folia historica bohemica 29 (2014), S. 257–283, hier S. 269–273. | **28** Václav Březan, Životy posledních Rožmberků, Bd. II, hrsg. von Jaroslav Pánek, Praha 1985, S. 412; Bůžek, Ferdinand von Tirol zwischen Prag und Innsbruck (wie Anm. 15), S. 223–225. | **29** Kuster, Eur Lieb gannz williger Brueder (wie Anm. 1), S. 49. | **30** Die Interpretation der Turniere in Prag 1570 stützt sich vor allem auf ihre Beschreibung im Werk: Ordenliche beschreibung des Gwaltigen Treffenlichen vnd herrlichen Thurniers zu Roß vnd Fuß [...] So am Sontag Oculi/Anno 70. [...] zu Prag [...] gehalten worden ist, Augsburg 1570 (VD16 O 869; hier verwendet das Exemplar: Österreichische Nationalbibliothek Wien, 44 278-B). | **31** Stefan Hanß, Lepanto als Ereignis. Dezentrierende Geschichte(n) der Seeschlacht von Lepanto (1571), Teile I–II, Diss. Berlin 2014, hier Teil I, S. 53–231. | **32** Ausführliche Interpretation mit Quellenbelegen in ebd., S. 161–167. | **33** Březan, Životy I (wie Anm. 10), S. 237–238. | **34** StOA-T, Historica Třeboň, 4821 a und 4821 b: Maximilian II. an Wilhelm von Rosenberg, Wien, 3. Februar 1572; 4821 i: Maximilian II. an Wilhelm von Rosenberg, Wien, 5. Februar 1572. | **35** StOA-T, Historica Třeboň, 4821 c–h: Maximilian II. befürwortet seinen Gesandten Wilhelm von Rosenberg den Kurfürsten August von Sachsen, Johann Georg von Brandenburg und Friedrich III. von der Pfalz, Wien, 3. Februar 1572. | **36** Březan, Životy I (wie Anm. 10), S. 237. | **37** StOA-T, Historica Třeboň, 4823: Wihelm von Rosenberg an Maximilian II., Dresden, 23. Februar 1572. | **38** Vgl. Albrecht P. Luttenberger, Kurfürsten, Kaiser und Reich. Politische Führung und Friedenssicherung unter Ferdinand I. und Maximilian II. (Veröffentlichungen des Instituts für europäische Geschichte Mainz, Abteilung Universalgeschichte 149), Mainz 1994, S. 222–224. | **39** Hanß, Lepanto als Ereignis I (wie Anm. 31), S. 168. | **40** Ebd., S. 170–171. | **41** Březan,

Životy I (wie Anm. 10), S. 239; Luttenberger, Kurfürsten, Kaiser und Reich (wie Anm. 38), S. 227–230. | **42** StOA-T, Historica Třeboň, 4891: Maximilian II. an Wilhelm von Rosenberg, Wien, 14. und 15. Oktober 1574. | **43** Březan, Životy I (wie Anm. 10), S. 270; über den Geheimrat Sigismund Vieheuser näher: Jaroslava Hausenblasová (Hrsg.), Der Hof Kaiser Rudolfs II. Eine Edition der Hofstaatsverzeichnisse 1576–1612, Praha 2002, S. 204. | **44** Rachel, Fürstenbesuche in Dresden (wie Anm. 2), S. 233. | **45** Pánek, Poslední Rožmberkové (wie Anm. 4), S. 163–164. | **46** Tiroler Landesarchiv Innsbruck, Ferdinandea, Kart. 8: Ferdinand II. von Tirol an den böhmischen Adel, Pürglitz (tschech. Křivoklát), 21. September 1574; Hirn, Erzherzog Ferdinand II. von Tirol I (wie Anm. 2), S. 151; Rachel, Fürstenbesuche in Dresden (wie Anm. 2), S. 234; Kuster, Eur Lieb gannz williger Brueder (wie Anm. 1), S. 49. | **47** Březan, Životy I (wie Anm. 10), S. 271–272. | **48** Pánek, Poslední Rožmberkové (wie Anm. 4), S. 164. | **49** Brückner, Die zu Dresden veranstalteten Festlichkeiten (wie Anm. 2), S. 225–241; Rachel, Fürstenbesuche in Dresden (wie Anm. 2), S. 234–243; Keller, Kurfürstin Anna von Sachsen (wie Anm. 2), S. 62–68; Harriet Rudolph, Das Reich als Ereignis. Formen und Funktionen der Herrschaftsinszenierung bei Kaisereinzügen (1558–1618) (Norm und Struktur. Studien zum sozialen Wandel in Mittelalter und Früher Neuzeit 38), Köln/Weimar/Wien 2011, S. 164–167. – Eine ausführliche Beschreibung der Reise Maximilians II., seiner Frau und des Hofes aus Prag über Welwarn (tschech. Velvary) nach Leitmeritz (tschech. Litoměřice) und weiter auf der Elbe bis Dresden befindet sich in StOA-T, Historica Třeboň, 4906. | **50** Zur Unterstützung der Lutheraner und der kritischen Haltung Augusts von Sachsen gegenüber den Calvinisten vgl. Bruning, August (wie Anm. 1), S. 114, 118–123; Hirn, Erzherzog Ferdinand II. von Tirol I (wie Anm. 2), S. 151. | **51** Březan, Životy I (wie Anm. 10), S. 272–273. | **52** Keller, Kurfürstin Anna von Sachsen (wie Anm. 2), S. 62–68. | **53** Josef Janáček, Rudolf II. a jeho doba [Rudolf II. und seine Zeit], Praha 1987, S. 142–144. | **54** Bůžek u. a., Světy posledních Rožmberků [Die Lebenswelten der letzten Rosenberger], Praha 2011, S. 142–152. | **55** Bůžek, Ferdinand von Tirol zwischen Prag und Innsbruck (wie Anm. 15), S. 111–151. | **56** Max Straganz, Beiträge zur Geschichte Tirols, Bd. II: Die Autobiographie des Freiherrn Jakob v. Boimont zu Pairsberg (1527–1581), in: Programm des K. K. Ober-Gymnasiums der Franciscaner zu Hall, am Schlusse des Schuljahres 1895–1896, S. 3–105, hier S. 59; Březan, Životy I (wie Anm. 10), S. 262; Václav Bůžek/Josef Hrdlička, Schwäbische und badische Grafentöchter als Ehefrauen von südböhmischen Adeligen zu Beginn der habsburgischen Regierung im Königreich Böhmen, in: Zeitschrift für Württembergische Landesgeschichte 71 (2012), S. 213–227, hier S. 215. | **57** Almut Bues (Hrsg.), Nuntiatur Giovanni Dolfins (1573–1574) (Nuntiaturberichte aus Deutschland nebst ergänzenden Aktenstücken III/7), Tübingen 1990, S. 352, 359, 377–379, 408. | **58** Březan, Životy I (wie Anm. 10), S. 285–286. | **59** Bůžek/Hrdlička, Schwäbische und badische Grafentöchter (wie Anm. 56), S. 216–217. | **60** Březan, Životy II (wie Anm. 28), S. 702. | **61** Ders., Životy I (wie Anm. 10), S. 307; Životy II (wie Anm. 28), S. 460. | **62** Václav Bůžek/Pavel Marek, Smrt Rudolfa II. [Der Tod Rudolfs II.], Praha 2015, S. 11–13. | **63** Janáček, Rudolf II. a jeho doba (wie Anm. 53), S. 191–192. | **64** Březan, Životy II (wie Anm. 28), S. 460. | **65** Hirn, Erzherzog Ferdinand II. von Tirol I (wie Anm. 2), S. 98–101. | **66** Březan, Životy I (wie Anm. 10), S. 307; Březan, Životy II (wie Anm. 28), S. 460. | **67** Janáček, Rudolf II. a jeho doba (wie Anm. 53), S. 192. | **68** Hirn, Erzherzog Ferdinand II. von Tirol I (wie Anm. 2), S. 110. | **69** Vybíral, Paměti Pavla Korky z Korkyně (wie Anm. 17), S. 151; vgl. StOA-T, Historica Třeboň, 5121: Rudolf II. an Peter Wok von Rosenberg, Prag, 13. Oktober 1581; 5123: Peter Wok von Rosenberg an Wilhelm von Rosenberg, Bechyně, 19. Oktober 1581; Alexander Koller (Hrsg.), Nuntiaturen des Orazio Malaspina und des Ottavio Santacroce. Interim des Cesare Dell'Arena (1578–1581) (Nuntiaturberichte aus Deutschland nebst ergänzenden Aktenstücken III/10), Tübingen 2012, S. 551–554: Cesare Dell'Arena an Tolomeo Gallio, Prag, 24. Oktober 1581. | **70** Janáček, Rudolf II. a jeho doba (wie Anm. 53), S. 194. | **71** Hirn, Erzherzog Ferdinand II. von Tirol I (wie Anm. 2), S. 110. | **72** Březan, Životy I (wie Anm. 10), S. 327; Jiří Mikulec (Hrsg.), Mikuláš Dačický z Heslova. Paměti, S úvodem Josefa Janáčka [Mikuláš Dačický von Heslov. Memoiren, mit einer Einleitung von Josef Janáček], Praha 1996, S. 132. | **73** Ebd., S. 131–132. | **74** Keller, Kurfürstin Anna von Sachsen (wie Anm. 2), S. 179. | **75** Mikulec, Mikuláš Dačický z Heslova (wie Anm. 72), S. 132 [Übersetzung V. B.]. | **76** Vybíral, Paměti Pavla Korky z Korkyně (wie Anm. 17), S. 155. | **77** Hirn, Erzherzog Ferdinand II. von Tirol I (wie Anm. 2), S. 426; Kuster, Eur Lieb gannz williger Brueder (wie Anm. 1); Haag, Dresden & Ambras (wie Anm. 1), S. 206–207; vgl. Alfred Auer, Das Inventarium der Ambraser Sammlung aus dem Jahr 1621. I. Teil: Die Rüstkammer, in: Jahrbuch der kunsthistorischen Sammlungen in Wien 80 (1984), S. I–CXVIII, hier S. LVI. | **78** Vybíral, Paměti Pavla Korky z Korkyně (wie Anm. 17), S. 155 (in freier deutscher Übersetzung; V. B.). | **79** Březan, Životy I (wie Anm. 10), S. 365 (in freier deutscher Übersetzung; V. B.). | **80** Vgl. Bruning, August (wie Anm. 1), S. 111, 119–125; Kuster, Eur Lieb gannz williger Brueder (wie Anm. 1), S. 51; Březan, Životy I (wie Anm. 10), S. 369–372; Pánek, Vilém z Rožmberka (wie Anm. 4), S. 439–442.

FRANK GÖSE

Die »Erbverbrüderten«. Zum brandenburgisch-kursächsischen Verhältnis zur Regierungszeit des Kurfürsten August

Dass als territoriales Fallbeispiel für die Reichspolitik des Kurfürsten August gerade Kurbrandenburg Berücksichtigung findet, wird kaum mit dessen besonderem wirtschaftlichem oder militärischem Gewicht in der zweiten Hälfte des 16. Jahrhunderts erklärt werden können. Für eine Einbeziehung dieses Hohenzollern-Territoriums spräche hingegen, dass es sich hierbei um einen direkten Nachbarn der wettinischen Lande handelte,[1] mit dem man seit geraumer Zeit durch eine Erbeinung verbunden war und dessen Landesherren als Kurfürsten genau wie die albertinischen Wettiner in der ersten Liga des Reichsfürstenstandes agierten. Gleichwohl war der Rückstand Brandenburgs mit Blick auf das wirtschaftliche Potential, die Effizienz der Landesverwaltung oder das Niveau der Hofkultur unübersehbar.[2]

Ohne hier noch einmal die Koordinaten der Reichspolitik in den drei Jahrzehnten zwischen Augsburger Religionsfrieden und dem Tod Kurfürst Augusts vorzustellen, sollen im Folgenden jene politischen Bereiche näher betrachtet werden, die während des benannten Zeitraumes das brandenburgisch-sächsische Verhältnis entscheidend beeinflusst hatten.[3]

Lange Zeit galt diese Phase deutscher Geschichte der Historiographie als wenig inspirierend. Jedoch darf nach dem von Manfred Rudersdorf getroffenen Urteil »die scheinbare Ruhe und die auf Ausgleich bedachte Politik« der damaligen Akteure – vor allem steht der sächsische Kurfürst August repräsentativ für diese Bewertung – »nicht vordergründig als Ausdruck einer schwachen Position, als besonderes Zeichen der Unsicherheit oder der Uneinigkeit mißdeutet werden«.[4] Hier zeigen sich im Übrigen auffällige Parallelen zur abschätzigen Beurteilung der borussischen Forschung über die im 16. und frühen 17. Jahrhundert, also vor dem Aufstieg Brandenburg-Preußens, regierenden Kurfürsten.[5]

Wir können – dabei schon ein Ergebnis der folgenden Ausführungen vorwegnehmend – während der Regierungszeit Kurfürst Augusts eine weitgehende Übereinstimmung zwischen Brandenburg und Kursachsen in den grundsätzlichen Fragen der Reichspolitik beobachten.[6] Fast könnte man geneigt sein, von einer Achse Dresden – Berlin zu sprechen. Beinahe unisono begegnet in den Protokollen zu den damaligen Reichstagssitzungen eine Übernahme der kursächsischen Position durch die brandenburgischen Gesandten. So hieß es zum Beispiel in den Sitzungsprotokollen des am 27. März 1556 tagenden Kurfürstenrates gleich mehrfach, »vergleicht sich mit Saxen« oder »hat die gesterig anttwort [...] auch wie Saxen verstanden« oder hätte »wie Saxen votiert«.[7] Die enge Anlehnung Brandenburgs an Kursachsen galt auch als feste Größe in den politischen Planspielen der anderen Reichsstände.[8] Ähnlich wie Kurmainz in jener Zeit als »Kommunikationszentrum für die rheinische Kurfürstengruppe« anzusehen war, galt der Dresdner Hof für Kurbrandenburg als Anlaufstelle, über den die Absprachen zu den Kurfürsten- und Reichstagen der 1580er Jahre erfolgten.[9]

Eine Ursache für diese recht enge Anlehnung an den südlichen Nachbarn wird man in den gerade im Vergleich zu Kursachsen geringen Ressourcen zu suchen haben, die man von brandenburgischer Seite in die Waagschale werfen konnte. So wurde in einem im Zusammenhang mit der Vorbereitung des Augsburger Reichstages von 1555 entstandenen vertraulichen Schreiben des Rates Ulrich Zasius an König Ferdinand das politische Potential des Hohenzollern-Kurfürstentums sehr zurückhaltend beurteilt: »Mainz wolle nicht, Pfalz und Trier könnten nicht; Köln sei unbedeutend, Brandenburg schwach.«[10] Und auch in der Fürstengesellschaft war man sich offensichtlich über die angespannte finanzielle Lage des brandenburgischen Standesgenossen stets im Klaren.[11]

Dennoch resultierte die enge Bindung der Berliner an die Dresdner Politik neben den eigenen beschränkten Möglichkeiten auch aus einer objektiven Interessenübereinstimmung. Im Folgenden sollen deshalb nun einige derjenigen »politischen Materien« vorgestellt werden, die exemplarisch das Spannungsfeld vorführen, in dem sich das kursächsisch-brandenburgische Verhältnis bewegt hatte. Zunächst ist darauf zu verweisen, dass beide Dynastien in ein enges Netz von Erbverträgen eingebunden waren. Dies mag manchem heutigen Betrachter vielleicht als ein eher randständiger Faktor erscheinen – aus der Perspektive der Zeit war es dies sicher nicht. Inhaltlich ging es bei diesen als »Erbeinungen« oder »Erbverbrüderungen« bezeichneten Abreden »um die gegenseitige Unterstützung durch Gewährung diplomatischer und militärischer Hilfe, [...] aber auch um typische Landfriedensaufgaben wie die Untersagung von Fehden«.[12] Durch Erbverbrüderungen sollte die gegenseitige Erbfolge abgesichert werden, im Falle, dass eines der vertragschließenden Häuser aussterben würde.

Zwischen den Wettinern und Hohenzollern waren bereits im Spätmittelalter mehrere solcher Verträge abgeschlossen worden. Die alte, aus dem Jahr 1457 stammende Erbeinung zwischen Hessen, Sachsen und Brandenburg wurde 1555 in Naumburg erneuert, wo Kurfürst August von Sachsen, Kurfürst Joachim II., sein über die Neumark gebietender Bruder Markgraf Johann und als Repräsentant der fränkisch-hohenzollernschen Linie Markgraf Georg Friedrich sowie Landgraf Philipp von Hessen, die sächsischen Herzöge Johann Friedrich der Mittlere und Johann Wilhelm persönlich erschienen waren.[13] Es sprach für die Bedeutung dieses Ereignisses aus Sicht der Beteiligten, dass sie dafür auf eine Teilnahme am zeitgleich stattfindenden Reichstag in Augsburg verzichteten, trotz dringender Bitten König Ferdinands, doch persönlich dort zu erscheinen. Solche Erbeinungen spiegelten zunächst das Bemühen der beteiligten Familien um die Gestaltung berechenbarer Beziehungen zum Verhandlungspartner wider. Zugleich verbanden die Dynastien damit natürlich auch die Erwartung, ihren Herrschaftsbereich durch einen Erbfall ausweiten zu können. Aus kursächsischer Sicht konnte mit diesem Erbvertrag zudem »das letztlich erfolglose Bemühen der Wettiner, in andere Regionen des Reiches auszugreifen«, etwas kompensiert werden, denn im Ringen um einen stärkeren Einfluss im mittel- und nordostdeutschen Raum – vor allem in der Magdeburger Frage – hatte man seinem hohenzollernschen Rivalen bislang noch nicht beikommen können.[14] Gleichzeitig hatten die betroffenen Fürsten damit aber »eine dezidierte Grenze gegenüber dem Einfluss von Kaiser und König auf einen dynastisch geprägten Bereich der ständischen Landfriedenspolitik« gezogen, denn kein kaiserlicher bzw. königlicher Kommissar wurde in diese Verhandlungen eingebunden, obwohl diese Möglichkeit bei vergleichbaren Anlässen genutzt worden war.[15]

Die Einbindung in solche Erbeinungen beeinflusste auch die außenpolitische Orientierung eines fürstlichen Territoriums: So hatte Kurfürst Joachim II. in der »Disposition« an seinen Nachfolger im Jahr 1562 ausdrücklich betont, dass seine Söhne »und ire erben mit niemand keinerlei pundnus oder einigung eingehen sollen, sondern allein bei der erbeinigung zwischen den chur- und furstlichen heusern Sachsen, Brandenburg und Hessen pleibe«.[16] Gleichwohl konnte das aktuelle politische Kalkül die Oberhand gegenüber dem Bemühen gewinnen, den Bestimmungen der Erbeinigungen ein hohes Maß an Kontinuität zu verleihen. Besorgt war im Frühsommer 1546 Kurfürst Joachim II. zu vernehmen, als sich die Möglichkeit eines militärischen Vorgehens gegen die Führer des Schmalkaldischen Bundes immer mehr verdichtete, bei denen es sich ja um die »erbverbrüderten« Fürsten handelte: »Die uns zugehenden Nachrichten über Kriegswerbungen, die sich gegen unsere Erbeinungsverwandten Kursachsen und Hessen richten sollen, erregen unser Bedenken, da zu besorgen, [dass man] dabei nit ufhoren, sondern uns allen hernach gleicherweis drucken und begegnen wollte.« [17] Nachdem die Ausgleichsbemühungen des Brandenburgers nicht von Erfolg gekrönt waren, unterstützte er während des Schmalkaldischen Krieges den Kaiser.

Des Weiteren konnten sich Probleme aus der Kollision von mehreren Erbverträgen ergeben, die eine Dynastie eingegangen war. Als der brandenburgische Kurfürst Johann Georg nach seinem Regierungsantritt 1571 eine Erbverbrüderung mit Pommern anstrebte, wollte er einige jener Teile seines Territoriums mit einbringen, die seit 1457 in Folge der Erbeinung mit dem Haus Hessen und den Wettinern schon an diese verschrieben worden waren. Erst nach längeren Verhandlungen konnte hier durch die Herausnahme der Neumark aus der bisherigen Verfügungsmasse ein Kompromiss gefunden werden.[18] Eine weitere Schwachstelle solcher Verträge lag mitunter darin, dass auf eine Regelung des Beitritts der Nachfahren verzichtet wurde und Strategien zur Kontinuitätssicherung fehlten.[19]

Bei genauerer Betrachtung konnte man in den im Verlauf der Jahrhunderte fortgeschriebenen Vertragstexten eine gewisse Nachrangigkeit Brandenburgs kaum übersehen. Der auf brandenburgischer Seite zuweilen entstehende Eindruck, nur am Katzentisch sitzen zu müssen, kam nicht von ungefähr. Die Häuser Hessen und Wettin »traten als eine Parthei Brandenburg gegenüber, dessen Recht erst zur Wirksamkeit gelangen sollte, wenn Sachsen und Hessen ausgestorben wären«.[20] Zudem fehlte offenbar auch eine kaiserliche Bestätigung für den Erbvertrag von 1457. Spätere Nachforschungen anlässlich der Verhandlungen zur Erneuerung der Erbverbrüderung von 1537 waren ergebnislos geblieben. Bei dem 1569 in Dresden ausgerichteten Treffen kam es deshalb zeitweilig zu einem Dissens, weil Brandenburg darauf drängte, »jetzt zu gleichem Rechte mit Sachsen und Hessen aufgenommen zu werden«.[21]

Doch kehren wir zurück zu jenen Themen, die die reichspolitische Agenda während der Regierungszeit Kurfürst Augusts bestimmt hatten. Ohne Zweifel nahm die Erhaltung der 1555 mühsam etablierten Friedensordnung im Reich die höchste Priorität ein. Dies besonders dann, wenn die Gefahr bestand, dass die eigenen Territorien in den Sog der Destabilisierung hineingezogen zu werden drohten, wie im Falle des sich bis Juni 1554 hinziehenden Krieges gegen den fränkischen Markgrafen Albrecht Alcibiades.[22] Bei der Behandlung dieser diffizilen Angelegenheit überlagerten sich zudem sicherheitspolitische Erwägungen mit dynastischen Rücksichten. Bei dem renitenten Markgrafen handelte es sich um einen Vertreter der fränkischen Linie der Hohenzollern. Der brandenburgische Zweig der Familie befürchtete nun, dass im Zuge einer allzu rigide vorgehenden Reichsexekution auch ihre Lehnsrechte in Franken in Mitleidenschaft gezogen werden könnten.[23] Auf dem im Mai 1554 in Jüterbog zusammentretenden Obersächsischen Kreistag wurden vor allem die Auswirkungen der – in den Augen einiger Kreisstände überzogenen – »Execution« gegen den mittlerweile militärisch geschlagenen Markgrafen Albrecht auf die Territorien der obersächsischen »Kreisverwandten« debattiert. Zugleich äußerte man sich zurückhaltend gegenüber einer Lastenübernahme, da vornehmlich jene Kreisstände an der Reichsexekution beteiligt werden sollten, die dem betroffenen Gebiet am »nechst gelegen« seien.[24] Zuvor hatte Kurfürst August den neumärkischen Markgrafen Johann wissen lassen, dass er aus diesem Anlass unmittelbar nach Ostern »einen Tag für die Erbverbrüderten« angesetzt habe.[25]

Etwas mehr als ein Jahrzehnt später waren es die sogenannten Grumbachschen Händel, die unter einigen Reichsständen für Unruhe gesorgt hatten, so auch bei den sächsischen und brandenburgischen Kurfürsten.[26] Denn es war am Dresdner und Berliner Hof bekannt geworden, dass Wilhelm von Grumbach nicht nur Edelleute aus den besonders in diesen Konflikt involvierten fränkisch-thüringischen Landschaften, sondern auch »aus Pommern, der Mark [Brandenburg – F. G.] und Mecklenburg zu mobilisieren« suchte.[27] Die Niederschlagung der Rebellion Wilhelm von Grumbachs bescherte dem sächsischen Kurfürsten bekanntlich nicht nur einen beträchtlichen Prestigegewinn, sondern bildete zugleich eine wichtige Zäsur im innerdynastischen Agieren des Wettiners.[28] Diese Vorgänge waren eingebettet in die Politik Augusts, im mitteldeutschen Raum einen einheitlichen albertinischen Territorialkomplex zu etablieren, was neben der vollständigen Integration der Hochstifte auch den Erwerb der Grafschaft Henneberg einschloss. Dies musste zwangsläufig auf zurückhaltende, wenn nicht gar ablehnende Reaktionen stoßen: Sowohl von Seiten des Kaisers als auch anderer Reichsstände wollte man dieses Vorpreschen Kursachsens wenn schon nicht verhindern, so doch wenigstens bremsen. Auch die bis dahin recht engen Beziehungen zwischen Kursachsen und dem Kaiserhof kühlten sich in der Mitte der 1560er Jahre zeitweilig ab.[29] Vor dem Hintergrund dieses Misstrauens hatte auch der Reichstag von 1570 nicht allen kursächsischen Wünschen entsprochen, so etwa, als die Vormundschaft über die ernestinischen Prinzen Johann Kasimir und Johann Ernst nicht nur August, sondern auch deren Onkel, Herzog Johann Wilhelm, sowie Pfalzgraf Friedrich III. und dem brandenburgischen Kurfürsten Joachim II. übertragen wurde.

Das Haus Brandenburg war im Übrigen schon in der zurückliegenden Zeit in diese innerwettinischen Angelegenheiten involviert gewesen: Bereits in einer früheren Phase der Grumbachschen Händel, im Oktober 1565, hatte sich Herzog Johann Wilhelm bei Kurfürst Joachim II. über die Verhaltensweise seines Bruders, Herzog Johann Friedrich d. Mittleren, angesichts der von Wilhelm von Grumbach und seinem Anhang ausgehenden Bedrohung beklagt, die »um ihrer privat-sachen willen« unseren Landen »verderblichen schaden« zufügen wollen. Er hatte dies mit der Bitte verbunden, Joachim II. möge bei seinem Bruder »die gnedigste anmahnung und verfügung thun«, von dieser verderblichen Politik abzulassen.[30] Auch der sich aufgrund seines Zusammengehens mit Wilhelm von Grumbach immer mehr in die politische Isolation begebende Herzog Johann Friedrich suchte Rückhalt bei den Hohenzollern: In beredten Worten klagte er dem neumärkischen Markgrafen Hans von Küstrin zu Weihnachten 1566, dass der sächsische Kurfürst ihm gegenüber gewisse Handlungen führe mit dem Ziel »uns zu trüben und dadurch die Röm. Kays. Maj. [...] zu sonderlichen Ungnaden [...] wider Uns« zu bewegen. Er befürchte, dass August »Uns und den unseren [...] noch die kleine übrige Brott-Broecklein, so der Allmechtige Gott uns von dem verbliebenen Altvätterlichen [...] gnediglich verliehen, auch in seine hende zu bringen« versuche. Die Klagen fanden ihren Höhepunkt in dem Vorwurf gegenüber

Abb. 1
Lucas Cranach d. J. · Kurfürst Joachim II. von Brandenburg · um 1555 · Öl auf Holz · 112 × 88,6 cm · Jagdschloss Grunewald, Stiftung Preußische Schlösser und Gärten, Inv.-Nr. GK I 1113

August, dieser plane, ihn »als eines Churfürsten eltesten Sohne gleich einem Fußschemel under seine Füsse zu legen und underwürffig zu machen«. Als Instrument brachte er die bestehende Erbeinung ins Spiel und bat den neumärkischen Markgrafen, »krafft offt angeregter erbeinung [...] die danzuwann benannte anzal Reutter und Fußknechte [...] eilendst [...] zu hülff und rettung zu schicken«.[31]

Mitunter waren es nur Nuancen, die die brandenburgische von der kursächsischen Position zu solchen brisanten reichspolitischen Fragen unterschieden. So zeigte man sich zum Beispiel am Dresdner Hof wenig erfreut über das brandenburgische Agieren in der Angelegenheit des sich um eine Lösung von der Reichsacht bemühenden Ernst von Mandelsloe, der zeitweilig unter Wilhelm von Grumbach gedient hatte. Brandenburg unterstützte gemeinsam mit anderen Reichsständen in Interzessionen dessen Supplik.[32] Doch gerade dies musste zuweilen zu Verstimmungen führen, zumal man aus kursächsischer Sicht etwas mehr Dankbarkeit des Berliner Hofes erwartet hatte.

Bei der Lösung eines eher randständigen, aber dennoch in einer nicht zu unterschätzenden publizistischen Offensive ausgetragenen Konflikts war die Unterstützung des Berliner Hofes indes eindeutiger. Während der sich zu Beginn der 1580er Jahre zuspitzenden Auseinandersetzungen um das Erbmarschall-Amt, das traditionell den Grafen von Pappenheim zustand, wurde die Solidarität des brandenburgischen Standesgenossen eingefordert. August, der in diese Angelegenheit als Erzmarschall des Reiches involviert war, bat Kurfürst Johann Georg in einem Brief vom 20. August 1582 darum, die Sache wegen des Erbmarschall-Amts »als die uns sehr anliegent zum besten empfolen sein lassen« und seine (nach Augsburg reisenden) Räte anweisen zu wollen, dass »sie dieselbe zu erhaltung des Erzambts wolhergebrachten gerechtigkeit mit besonderem fleis und Ernst treiben«.[33] Und auch in der sogenannten Sessionsfrage, bei der es um die Behauptung der Präeminenz des Kurfürstenkollegs gegenüber den Nicht-Kurfürsten, aber auch um den Rang unter den Kurfürsten selbst ging, zogen Berlin und Dresden an einem Strang.[34]

Dass dieser Zusammenhalt im Kurkolleg ein hohes Gut darstellte, zeigte sich auch darin, dass August und Joachim II. in der die Kurfürsten sehr umtreibenden Frage eine gemeinsame politische Linie vertraten, wie man mit dem immer eindeutiger zum Calvinismus tendierenden pfälzischen Kurfürsten Friedrich III. umzugehen habe. Gerade Kursachsen und Brandenburg waren es, die bislang eine nachdrückliche Ermahnung des Heidelberger Standesgenossen verhindert hatten. Dahinter standen natürlich kaum Sympathien gegenüber dessen konfessioneller Ausrichtung, sondern viel eher Motive, die aus standespolitischer Solidarität entsprangen.[35] Ähnlich wie August sprach sich auch Joachim II. zwar für eine scharfe Verwarnung der Kurpfälzer aus, da ihre »blasphema secta unnd vil erger als Zwingli error« nicht zur Augsburger Konfession zuzurechnen seien, weshalb man die Heidelberger Kirchenlehre auch nicht unter den Schutz dieser Bekenntnisgemeinschaft »approbiren dürfe«. Gleichzeitig wollte er aber vermeiden, »das man etwas beschwerlichs wider inen furnehmen sollte, wiewol die contraria docenti im religion frieden ausgeschlossen«.[36]

Angesichts der beschränkten Ressourcen und des auch bei vielen anderen Themen eher auf Ausgleich setzenden Politikstils Joachims II. und Johann Georgs erscheint es nicht allzu verwunderlich, dass die brandenburgischen Landesherren eine im Vergleich zur Dresdner Position noch größere Zurückhaltung an den Tag legten, sich in Konfliktherden zu engagieren. Gegenüber den Erwartungen des Kaisers, dass das Kurkolleg angesichts des befürchteten Ausgreifens der niederländischen Unruhen auf das Reich wirksame Abhilfe in Form von Truppenwerbungen schaffen könne, ließ Kurfürst Johann Georg verlauten: Es stehe »inn der Churfursten macht alleine nicht [...] Neue Ordnung im Reich zu machen« – eine Position, der sich dann auch der Dresdner Hof anschließen sollte.[37] Eine ähnliche Haltung kam bereits in der kurbrandenburgischen Instruktion für den Gelnhausener Kurfürstentag 1558 zum Ausdruck, als man zu großer Vorsicht mahnte, weil man ansonsten »in die kriege [...] geradten« würde.[38]

Und in der Tat: Die Beteiligung einzelner Reichsstände an den kriegerischen Auseinandersetzungen in Frankreich und in den Niederlanden drohte bekanntlich mehrmals die 1555 mühsam etablierte Friedensordnung im Reich zu destabilisieren. Auch wenn diese Kriegsschauplätze dem politischen Aktionsradius der beiden nordostdeutschen Kurfürstentümer recht weit entrückt zu sein schienen, bestimmten auch diese Themen durchaus deren politische Agenda. Nicht zuletzt sei daran erinnert, dass brandenburgische und sächsische Adlige in den Heeren der französischen Bürgerkriegsparteien im letzten Drittel des 16. Jahrhunderts gedient hatten, die »Mark Brandenburg [wurde] als Werbegebiet besonders bevorzugt«.[39] Die Tatsache, dass sich etliche Reichsstände für die Parteien der französischen Religionskriege gewinnen ließen, musste zwangsläufig die Landesherren beunruhigen, und nicht nur diejenigen der west- und süddeutschen Reichsgebiete.[40] Diese Entwicklungen in Frankreich führten auch zu einer zunehmend unversöhnlichen Haltung gegenüber dem Calvinismus, worauf an anderer Stelle zurückzukommen sein wird.

In ähnlicher Weise bildete das befürchtete Hineinziehen der nordostdeutschen Reichsterritorien in militärische Konflikte in Nordosteuropa ein durchgängiges Thema in den Korrespondenzen Augusts mit seinen brandenburgischen Standesgenossen. Vor allem argwöhnte man, dass kleinere nord- und nordostdeutsche Reichsstände sich bewegen lassen könnten, an der Seite einer auswärtigen Macht – auch um beschränkter Ziele wegen – den Reichsfrieden zu stören.[41] Dabei geraten jene politischen Vorgänge in den Blick, die mit dem seit den 1560er Jahren geführten Kampf um das Dominium Maris Baltici in Zusammenhang gestanden hatten.[42] So befürchtete Kurfürst August zum Beispiel während des Ersten Nordischen Krieges (1563–1570), dass Schweden mit der Unterstützung einiger Reichsfürsten wie Hans von Küstrin oder Johann Albrecht von Mecklenburg »unruhe« und »kriegk« in Deutschland anzetteln könnte.[43] Zwar war bei der Verfolgung dieser nord- und nordosteuropäischen Angelegenheiten durchaus eine gemeinsame Linie in der Politik der beiden Kurfürstentümer erkennbar,[44] allerdings wurden gelegentlich divergierende Positionen vertreten.[45] Brandenburg zeigte sich aus nachvollziehbaren Gründen natürlich in stärkerem Maße beunruhigt als Kursachsen, das »am Baltikum wenig interessiert war«.[46]

Trotz des Trachtens nach einer prinzipiellen Übereinstimmung in den Grundlinien der Reichspolitik und der weitgehenden Anerkennung der regionalen Führungsrolle Kursachsens gab es aber durchaus auch subtile Bemühungen der brandenburgischen Landesherren, durch eine Politik der »kleinen Nadelstiche« die Bäume ihres kursächsischen Standesgenossen nicht allzu sehr in den Himmel wachsen zu lassen. Demzufolge konnte dies immer wieder einmal zu temporären Verstimmungen zwischen den beiden östlichen Kurfürsten führen, zumal man der als schwierig bewerteten Persönlichkeit des Kurfürsten August kaum besondere kommunikative Fähigkeiten attestieren kann.[47] Im Zuge der Ausräumung der Irritationen hatten dann mitunter andere Dynastieangehörige zu vermitteln. Bei der Interpretation des persönlichen Verhältnisses zwischen August und Joachim II. sollte zudem nicht außer Acht bleiben, dass beide Kurfürsten ein Altersunterschied von 21 Jahren trennte. Sie gehörten also bei genauerem Hinsehen zwei unterschiedlichen Fürstengenerationen an. Da lag es für August durchaus nahe, sich bei auftretenden Verstimmungen mit seinem Berliner Standesgenossen an den fast gleichaltrigen brandenburgischen Kurprinzen Johann Georg zu wenden. Dieser versicherte in seinem Schreiben vom 5. September 1556 an den sächsischen Kurfürsten, sein Vater wolle ihm – also Kurfürst August – ein »steter und gewisser freund seyn und bleiben lebenslang«.[48] Offenbar führte Johann Georg die Irritationen auf Einflüsterungen Dritter zurück. Er bat August, diesen abträglichen Informationen »keyn Glauben [zu] schenken«. Um die entstandenen Dissonanzen abzubauen, schlug er ein Treffen seines Vaters mit August vor. Dazu sollte es dann auch bald kommen: Schon im Dezember 1556 regte August in einem Schreiben an den brandenburgischen Kurfürsten an, dass »wir bey diesen geschwinden und geferlichen leufften [...] zusammenkommen und uns in einer person vertraulich mit einander bereden«.[49]

Einige Jahre später musste der brandenburgische Kurprinz wiederum als Mediator für die sich zwischenzeitlich entfremdeten Kurfürsten agieren. August beschwerte sich 1563 über die seit Längerem eingetretene Funkstille zwischen Dresden und Berlin. Er sei sich aber keiner Schuld bewusst und erinnerte daran, dass er mit Joachim II. »in allen nothwendigen hendeln freundliche gutte correspondentz und einmütige vergleichung gehalten« hätte. Sein Missfallen konnte er dennoch nicht verbergen angesichts der Tatsache, dass sich Joachim in letzter Zeit »nicht fest nachbarlich furgenommen« hätte. Dennoch habe er ihm gegenüber »fast mehr ubersehen und geduldet, dan mir nutzlich« gewesen wäre.[50]

Um die Orientierung Johann Georgs, der seinem Vater 1571 als brandenburgischer Kurfürst nachfolgte, in fast allen wichtigen Fragen der Reichs- und Außenpolitik an Kursachsen wussten auch die Zeitgenossen: »Vor allem anderen«, schreibt Johannes Cernitius in seiner 1626 gedruckten Geschichte des Hauses Hohenzollern, »ist erwähnenswert, daß unser Herr und der sächsische Kurfürst August mehr als dreißig Jahre in engster Verbindung lebten, alle ihre Ratschläge, in denen sie fast immer übereinstimmten, auf das öffentliche Wohl richteten, und diese unauflösliche innere Zuneigung bei freundschaftlichen Zusammenkünften nicht selten durch Austausch von Küssen, gleichsam das Wahrzeichen der Gastfreundschaft, bekundet haben.«[51]

Besonders eng gestaltete sich die Zusammenarbeit auf dem Terrain der Konfessionspolitik. Als sich August – wohl auch unter dem Eindruck der erst kurze Zeit zurückliegenden Bartholomäusnacht stehend – im Oktober 1572 bitter über die »durch etliche unruhige friedhessige Leute, erregten Religionsgezenke« beklagte, konnte er auf den Schulterschluss mit seinem Berliner Standesgenossen bauen. Er sandte Johann Georg eine Abschrift eines Dokumentes über eine Zusammenkunft der führenden kursächsischen

Abb. 2
Lucas Cranach d. J. · Kurfürst Johann Georg von Brandenburg · um 1570/75 · Öl auf Papier auf Pappe auf Fichtenholz · 43,5 × 35,7 cm · Gemäldegalerie Alte Meister, Staatliche Kunstsammlungen Dresden, Gal.-Nr. 1949

Geistlichen zu und rechnete in diesem Sinne auf weitere Unterstützung Johann Georgs, »damit den Schwermern und Friedhessigen mit ernst gewehret und in den Landen, Kirchen und Schulen reine Christliche lehre und Zucht erhalten und fortgepflanzet werde«. Dieser sagte dem sächsischen Kurfürsten seinen Beistand zu, »die erregte unruhe der Kirchen zu bessern«.[52] In die von Seiten Augusts geführten Auseinandersetzungen mit den ernestinischen Verwandten, die auch eine konfessionspolitische Note trugen, wurde Joachim II. zuweilen als Vermittler einbezogen. Joachim informierte August 1570 darüber, dass er seiner Bitte, ausgleichend zu agieren, nachgekommen sei. Er habe Herzog Johann Wilhelm von Sachsen »ersucht«, dass er sich durch falsches Zureden seiner Theologen und Räte »wider Euer Liebden und derselben Kirchen und Schulen nicht wollten verleiten lassen, sondern sie zu christlichem Frieden und einigkait vermahnen«. Die zwar etwas »weitläuffig« gehaltene Antwort des Herzogs stimme Joachim aber zuversichtlich, dass er sich künftig »guten willens befleißigen« und alles abstellen wird, »was E. L. zu verdrieß und widder willen verstehen gegeben«.[53]

Angesichts der sich in Europa und im Reich seit den 1570er Jahren verschärfenden konfessionellen Auseinandersetzungen nahm es nicht wunder, dass beide Landesherren konfessionspolitisch noch enger zusammenrückten. Kurfürst Johann Georg und die führenden brandenburgischen Theologen standen der auf eine schärfere Konturierung der lutherischen Lehre und klare Abgrenzung gegen alle tatsächlichen oder vermeintlichen Abweichungen setzenden Religionspolitik Kurfürst Augusts wohlmeinend gegenüber. Diese Linie einer gegenseitigen Abstimmung in konfessionspolitischen Fragen führte zurück bis in die brisante Zeit des Schmalkaldischen Krieges und der Auseinandersetzungen um das Augsburger Interim.[54] Schließlich genoss Sachsen als Geburtsland der Reformation von jeher einen nicht unbeträchtlichen Einfluss auf die brandenburgische Konfessionspolitik. Vor allem im Umfeld einer ab 1574 in Kursachsen zu beobachtenden Modifizierung der theologischen Ausrichtung der Landeskirche vor dem Hintergrund des Kampfes gegen »kryptocalvinistische Umtriebe«[55] rückten beide Kurfürstentümer noch enger zusammen.[56]

Diese Bemühungen fanden ihren krönenden Abschluss bekanntlich in der 1577 erarbeiteten Konkordienformel, die neben den beiden nordostdeutschen Kurfürsten von mehr als zwanzig protestantischen Reichsfürsten anerkannt worden war und die für die nächsten Jahrzehnte eine Plattform für die gemeinsame Konfessionspolitik bildete.[57] In den darauffolgenden Jahren waren es vor allem der sächsische und der brandenburgische Kurfürst, die sich gemeinsam bemühten, die noch abseitsstehenden protestantischen Fürsten zur Annahme der Konkordienformel zu bewegen.[58]

Direkte persönliche Kontakte hielt man für sehr wichtig im Prozess der politischen Meinungs- und Willensbildung. So wie der bayerische Herzog Albrecht einst betont hatte, dass es sehr schwierig sei, »in abwesen der churfursten mit derselben räthen [...] der so gar hochwichtigen sachen und obligen halber des reichs abtzuhandlen und zu erledigen«,[59] gewichtete man auch die Bedeutung von direkten Verhandlungen zwischen den beiden nordostdeutschen Kurfürsten recht hoch. Da die Präsenz der Fürsten auf den Reichsversammlungen im Abnehmen begriffen war, sollten wenigstens die Möglichkeiten von bilateralen Gesprächen oder Begegnungen im Rahmen des Obersächsischen Reichskreises genutzt werden. Der Magdeburger Administrator Sigismund schrieb im März 1554 anlässlich eines geplanten Treffens in Zeitz an seinen Vater, Kurfürst Joachim II.: Wenn er und Kurfürst August nicht persönlich kämen, trage er »bedenkens, Uns mitt den Rethen in einige Handlung einzulassen, dann doch nichts fruchtbarliches gehandelt würde«.[60]

Auch von Seiten des Reichsoberhauptes wünschte man ein stärkeres persönliches Engagement der Reichsfürsten, vor allem natürlich ihrer bedeutendsten Vertreter. Des Öfteren hatte der Kaiser bzw. König darauf gedrängt, dass die Kurfürsten zu den Reichstagsverhandlungen erscheinen. König Ferdinand I. redete 1555 Kurfürst August ins Gewissen, was er doch mit seiner »personlichen erscheinung fur nutz und guts schaffen« könnte. Sein Ausbleiben würde zudem auch anderen Fürsten ein Argument liefern, »ir außenbleiben zu vortheidigen«.[61] Den für 1561 geplanten Kurfürstentag hielt Kurfürst August allerdings für überflüssig und konnte letztlich auch den Brandenburger für diese Position gewinnen, der die Absage damit begründete, dass »das iezig zeit nicht sonderlich ursachen vorhanden, darumb einer zusamenkunfft vonnotten«.[62] 1569 zeigte sich Kurfürst August gar »verwundert« über das Ansinnen, auf dem bevorstehenden Reichstag persönlich erscheinen zu müssen, und begründete die Ablehnung dem kaiserlichen Rat T. Jung gegenüber »mit den hohen Kosten, welche die Verhandlungsgegenstände des Reichstages nicht rechtfertigten« – ein Argument, das man eher beim Brandenburger erwarten würde.[63] Joachim II. führte indes sein hohes Alter für sein Fernbleiben an. Unabhängig von diesem Argument zeigten die beiden hier behandelten brandenburgischen Kurfürsten ohnehin vergleichsweise wenig Interesse, persönlich zu erscheinen.[64] Dass er »den orthen etwas weit entsessen« wäre, galt für Joachim II. nicht nur einmal als

Begründung für sein Ausbleiben und Desinteresse an Zusammenkünften auf Reichsebene.[65] Zurückhaltung zeigte sich auch gegenüber den – in den Augen der beiden östlichen Kurfürsten – überzogenen Erwartungen des Kaisers, wirksame Abhilfe angesichts von Truppenwerbungen und des befürchteten Ausgreifens der niederländischen Unruhen auf das Reich zu schaffen. Es stehe »inn der Churfursten macht alleine nicht […] Neue Ordnung im Reich zu machen«, ließ Kurfürst Johann Georg verlauten – eine Position, der sich auch der Dresdner Hof anschloss.[66] Eine ähnliche Haltung kam bereits in der kurbrandenburgischen Instruktion für den Gelnhausener Kurfürstentag 1558 zum Ausdruck, als man zu großer Vorsicht mahnte, weil man ansonsten »in die kriege […] geradten« würde.[67]

Es bedeutet nicht nur eine Referenz an das in der jüngeren Forschung zu beobachtende zunehmende Interesse an den weiblichen Angehörigen der Fürstenfamilien, wenn auch deren Anteil an der Entwicklung des brandenburgisch-kursächsischen Verhältnisses gewürdigt wird, sondern dies entspricht dem in den Quellen zutage tretenden Befund.[68] Die Gemahlin konnte zu einem »wichtigen Vermittlungsscharnier zum Kurfürsten« werden; erst recht, wenn man die außergewöhnlich enge und harmonische Beziehung zwischen Anna und August im Blick hat.[69] Da sich die Fürstenbegegnungen als Familientreffen gestalteten, waren die Kurfürstinnen zumeist auf vielfältige Weise in die Verhandlungen einbezogen. Und eine »Trennlinie zwischen Privatem und Öffentlichem […] wurde von den Zeitgenossen nicht gezogen«.[70] Gerade der überlieferte Briefwechsel der Kurfürstin Anna mit ihren Berliner Standesgenossinnen, Hedwig (Jagellionica), Sabina (von Brandenburg-Ansbach) und Elisabeth (von Anhalt), deutet zumindest an, in welcher Weise die Fürstinnen Einflüsse geltend machen konnten. Ihre Funktionen bewegten sich dabei vor allem im Spektrum von Vermittlerin, Fürbitterin und Ehestifterin. Aufwendige Geschenke, aber auch andere Gefälligkeiten – so bat Anna die brandenburgische Kurfürstin zum Beispiel darum, den Sohn ihres Hausmarschalls, Hans von Kitzscher, am Berliner Hof als Edelknaben aufzunehmen – konnten wichtige Rahmenbedingungen darstellen, um die Atmosphäre der Beziehungen zwischen den jeweiligen Regenten in die eine oder andere Richtung zu beeinflussen.[71] Dies betraf natürlich vor allem jene Materien, in denen es um die Anbahnung von Heiraten ging. Zu Beginn der 1580er Jahre standen die Verhandlungen zur bevorstehenden Hochzeit zwischen dem sächsischen Kurprinzen Christian und der brandenburgischen Prinzessin Sophie ganz oben auf der politischen Agenda. Die brandenburgische Kurfürstin Elisabeth (von Anhalt) formulierte in einem Brief vom 5. Juli 1581 an die sächsische Kurfürstin Anna den Wunsch, dass »Got der almechtige wolle solche Heirat beiden Personnen zu zeitlicher und Ewiger wolfarth auch zu aufnehmung vormehrung unnd bestendiger freunndtschafft der Churfürstlichen Heuser Sachßenn unnd Branndenburgk, auch beiderseits landenn unnd Leutten zu trost schuz unnd heil gereichen laßen«.[72]

Doch zurück zu der bereits angesprochenen Politik der »kleinen Nadelstiche«. Diese zeigte sich in besonders deutlicher Form in der Magdeburger Frage. Erinnert sei daran, dass sich bei allen Bischofs- bzw. Administratorwahlen seit Einführung der Reformation (1545, 1552, 1566) jeweils ein Kandidat der Hohenzollern hatte durchsetzen können, wobei Joachim II. für dieses Ziel zuweilen geschickt den ernestinisch-albertinischen Gegensatz instrumentalisierte.[73] Im Magdeburger Sessionsstreit, der während des Augsburger Reichstages 1582 seine dramatische Zuspitzung erleben sollte, blieb dann allerdings Brandenburg mehr oder weniger auf sich allein gestellt. Die anderen protestantischen Reichsstände ließen den evangelischen Administrator Joachim Friedrich, den ältesten Sohn Kurfürst Johann Georgs, im Stich, sodass er keine andere Wahl sah, als aus Augsburg abzureisen.[74] Vor allem auf das kursächsische Agieren dürfte man in Berlin und Halle mit Enttäuschung reagiert haben, auch wenn dieses der seit Längerem verfolgten konfessionspolitischen Linie verpflichtet war.

Dagegen folgte Kurfürst Johann Georg der kursächsischen Politik, als es darum ging, seine eigene Position zu den »Kölner Wirren« zu bestimmen. Obgleich eine Unterstützung des Erzbischofs einen Prestigegewinn für die protestantischen Reichsstände, inklusive einer gravierenden Gewichtsverlagerung im Kurkolleg, bedeutet hätte, zog Johann Georg auf Druck Augusts seine ursprünglich erwogene Unterstützung des Kölner Standesgenossen zurück.[75] Gemeinsam war den beiden östlichen Kurfürsten, dass in ihrer Argumentation eher die kurfürstliche Standessolidarität als – wie von der Kurpfalz favorisiert – konfessionspolitische Interessen herausgestellt wurden.

Dagegen zeigte sich beim Agieren im Obersächsischen Reichskreis, dass das von seinen Ressourcen her unterlegene Brandenburg immer wieder einmal versuchte, »die Höhenflüge des überlegenen Nachbarn im Süden zu hemmen« – mit mal mehr, aber häufiger mit weniger Erfolg.[76] So beabsichtigte Kurfürst August im Jahr 1569 mit der Einberufung eines Kreistages im kursächsischen Torgau, die Dominanz der Wettiner innerhalb des Obersächsischen Reichskreises symbolisch hervorzuheben. Dieses Ansinnen betrachtete Joachim II. allerdings als Affront, denn bisher hatten diese Versammlungen zumeist im neutralen, auf erzstiftisch-magdeburgischem Gebiet liegenden Jüterbog stattgefunden.[77] Joachim konnte zwar mit Unterstützung anderer Kreisstände die Verlegung des Tagungsortes verhindern, dennoch erwies sich die Dresdner Klientelpolitik mit dem Ziel der Majorisierung dieses Reichskreises im Ganzen als erfolgreicher als die dagegen arbeitenden brandenburgischen Bemühungen.

Schon bei der Behandlung der Magdeburger Frage ist darauf verwiesen worden, dass sich für die brandenburgische Politik mit dem Ausspielen der innerwettinischen Gegensätze subtile Möglichkeiten boten, eigene Interessen gegenüber dem mächtigen Nachbarn zu verfolgen und damit den politischen Spielraum auszuweiten. Der brandenburgische Kurfürst inszenierte sich auf diesem Politikfeld zuweilen als Moderator. So wurde er zum Beispiel 1565 während eines innerernestinischen Konflikts von den Herzögen Johann Wilhelm und Johann Friedrich III. gebeten, er möge bei ihrem Bruder »die gnedigste anmahnung und verfügung thun, das S. L.« sich an das »väterl. Testament bezüglich Gotha halten«.[78] Kurbrandenburg hatte auch einen Anteil daran, dass der Herzog Johann Wilhelm durch den vom Kaiser 1571 ausgestellten – und vor Kursachsen zunächst geheim bleibenden – Revers den Vorrang vor allen anderen Ernestinern in der Anwartschaft auf die sächsische Kur erhalten hatte und sich damit »eine Perspektive zur Wiedervereinigung der ernestinischen Länder« auftat.[79] Und auch als sich Herzog Johann Wilhelm im selben Jahr beschwerte, dass der Kaiser nur Kursachsen und nicht auch ihn zum gemeinsamen Empfang des böhmischen Lehens eingeladen habe,[80] schaltete sich der brandenburgische Kurfürst zugunsten des Ernestiners in die Angelegenheit ein, sodass der Kaiser die Belehnung Johann Wilhelms schließlich nachholte.[81]

Versuchen wir ein Fazit der präsentierten Einzelbefunde zu formulieren, so scheint das brandenburgisch-kursächsische Verhältnis durch folgende Komponenten bestimmt worden zu sein: Besonders deutlich zeigten sich die gemeinsamen Interessenlagen bei der Bewältigung der Herausforderungen, die sich mit der 1555 etablierten Ordnung im Reich stellten, aber auch an dessen – in diesem Fall nordöstlichen – Außengrenzen. Diese führten zu einem weitgehenden Konsens in den reichspolitischen Hauptfragen, in besonderem Maße trat in den 1570er Jahren ein noch stärkerer Gleichklang in den Konfessionsangelegenheiten hinzu. Die für die Jahrzehnte zwischen Augsburger Religionsfrieden und den 1580er Jahren zwischen Kursachsen und Kurbrandenburg abgestimmte Politik hatte nicht zuletzt einen wesentlichen Anteil daran, dass diese Phase der Reichsgeschichte durch die Bewahrung einer Friedensordnung und der reichsständischen Libertät gekennzeichnet war. Als »Motor der ganzen Entwicklung« galt fraglos »Kursachsen«, in persona der Kurfürst selbst.[82] Die insgesamt loyale Haltung des brandenburgischen Juniorpartners konnte der Dresdner Position eine noch stärkere Durchsetzungskraft im Kurkolleg, aber auch in der Fürstengesellschaft insgesamt verleihen. Dabei verfolgte Brandenburg eine im Detail oftmals eher vermittelnde, manchmal auch die Rigidität der Forderungen abfedernde Strategie, was in nicht wenigen Fällen durchaus auch im unterschiedlichen Naturell der Herrscher angelegt schien. In dem hier beleuchteten Zeitraum hatten in besonderem Maße die engen persönlichen Beziehungen der führenden Angehörigen der beiden Dynastien die politische Zusammenarbeit maßgeblich befördert. Am deutlichsten spiegelte sich dies im Verhältnis zwischen Kurfürst August und dem brandenburgischen Kurfürsten Johann Georg wider. Gleichwohl konnte der zu beobachtende Grundakkord der dynastischen Kooperation (Erbverbrüderung) gelegentlich durch Dissonanzen getrübt werden, die aus längerfristig angelegten Konstellationen und aktuellen politischen Interessenlagen erwuchsen.

So hatte die brandenburgische Seite trotz der geschilderten engen Beziehungen zum Dresdner Hof immer wieder subtile Versuche unternommen, auf einigen Politikfeldern Positionsgewinne gegenüber dem südlichen Nachbarn zu erzielen. Die Bemühungen um eine Stärkung des Einflusses innerhalb des Obersächsischen Reichskreises oder die Bewahrung der brandenburgischen Position im Magdeburger Erzstift gehörten ebenso dazu wie die gelegentlichen Interventionen des Berliner Hofes in den internen dynastischen Auseinandersetzungen im Hause Wettin. Diese Haltung entsprang vor allem einem regionalen Konkurrenzverhältnis, in dem sich die beiden nordostdeutschen Kurfürstentümer befunden hatten.

Mit Augusts Tod endete diese Ausgleichs- und Kompromisspolitik infolge der Veränderungen auf brandenburgischer und sächsischer Seite gleichermaßen. Während das unter Kurfürst Christian I. zeitweilig geförderte Experiment einer Öffnung der kursächsischen Politik für calvinistische Einflüsse das Verhältnis zum Berliner Hof trübte, verstärkten sich bei den Hohenzollern vor dem Hintergrund der sich abzeichnenden Erbfälle am Niederrhein und in Preußen jene Entwicklungen der kurbrandenburgischen Politik, die im Hintergrund schon seit den 1560er Jahren erkennbar waren, jedoch dann vor allem nach dem Tode Kurfürst Johann Georgs die Berliner Position nachhaltig bestimmen sollten.[83]

ANMERKUNGEN

1 Allerdings sei darauf verwiesen, dass im Gegensatz zum 17. und 18. Jahrhundert die hohenzollernschen und wettinischen Territorien noch durch keine allzu lange gemeinsame Grenze getrennt waren. Erst nachdem die Niederlausitz 1620/1635 an Kursachsen abgetreten worden war, änderte sich dies. | **2** Vgl. hierzu jüngst knapp: Frank Göse, Von der Juniorpartnerschaft zur Gleichrangigkeit. Das brandenburgisch-sächsische Verhältnis im 16. und 17. Jahrhundert, in: Preußen und Sachsen: Szenen einer Nachbarschaft. Erste Brandenburgische Landesausstellung Schloss Doberlug, hrsg. von Frank Göse/Winfried Müller/Kurt Winkler, Dresden 2014, S. 44–51. | **3** Manfred Rudersdorf, Kurfürst August von Sachsen. Ein neuer nachreformatorischer Fürstentypus im Konfessionsstaat des Alten Reiches [in diesem Band]. | **4** Manfred Rudersdorf, Patriarchalisches Fürstenregiment und Reichsfriede. Zur Rolle des neuen lutherischen Regententyps im Zeitalter der Konfessionalisierung, in: Reichsständische Libertät und habsburgisches Kaisertum (Veröffentlichungen des Instituts für europäische Geschichte Mainz, Abt. Universalgeschichte, Beiheft 48), hrsg. von Heinz Duchhardt/Matthias Schnettger, Mainz 1999, S. 309–327, hier S. 318. | **5** Vgl. hierzu nur einige der einflussreichsten Wortmeldungen dieser historiographischen Richtung: Johann Gustav Droysen, Geschichte der preußischen Politik, Theil 2: Die territoriale Zeit, Leipzig 1859; Otto Hintze, Die Hohenzollern und ihr Werk, Berlin 1915. Vgl. zu den Auswirkungen auf den gegenwärtigen unbefriedigenden Forschungsstand auch die Bemerkungen von Helmut Neuhaus und Axel Gotthard in: Preußens Herrscher, hrsg. von Frank-Lothar Kroll, 2. Aufl., München 2009, S. 320 und 322. | **6** Vgl. hierzu schon: Reinhold Koser, Geschichte der brandenburgisch-preußischen Politik, Bd. 1: Geschichte der brandenburgischen Politik bis zum Westfälischen Frieden von 1648, 2. Aufl. Stuttgart/Berlin 1913, S. 260–293; Paul Haake, Kursachsen oder Brandenburg-Preußen? Geschichte eines Wettstreites, Berlin 1939, vor allem S. 110 ff.; sowie: Achim Beyer, Die kurbrandenburgische Außenpolitik im »langen 16. Jahrhundert«, in: Blätter für deutsche Landesgeschichte 147 (2011), S. 271–331, hier S. 310–322. | **7** Maximilian Lanzinner/Dietmar Heil (Bearb.), Deutsche Reichstagsakten, Reichsversammlungen 1556–1662: Der Reichstag zu Augsburg 1566, Erster Teilband, München 2002, S. 204, 206 und 208. | **8** Bei der Vorbereitung des Augsburger Reichstages von 1582, der mehrere konfliktträchtige Themen zu behandeln hatte, drängte der Trierer Erzbischof den Kaiser Rudolf II., unbedingt den sächsischen Kurfürsten mit ins Boot zu holen. »Falls der Kaiser dies erreiche, werde sich Kurbrandenburg anschließen und der Reichstag erfolgreich verlaufen.« Josef Leeb (Bearb.), Deutsche Reichstagsakten, Reichsversammlungen 1556–1662: Der Reichstag zu Augsburg 1582, Erster Teilband, München 2007, S. 123. | **9** Ebd., S. 89. | **10** Karl Brandi/August von Druffel (Bearb.), Briefe und Akten zur Geschichte des sechzehnten Jahrhunderts mit besonderer Rücksicht auf Bayerns Fürstenhaus. Beiträge zur Reichsgeschichte 1553–1555, Vierter Band, München 1896, S. 453 (Nr. 418) [Brief J. U. Zasius an König Ferdinand I., 13. April 1554]. | **11** Vgl. hierzu die entsprechenden Belege bei Frank Göse, »Und weil ich den orthen etwas weit entsessen«. Zum Verhältnis Kurfürst Joachims II. zu Kaiser und Reich in der Mitte des 16. Jahrhunderts, in: Blätter für deutsche Landesgeschichte, 145/146 (2009/10), S. 13–47, hier S. 39 f. | **12** Steffen Schlinker, Die Bedeutung der Erbeinungen und Erbverbrüderungen für die europäische Verfassungsgeschichte, in: Erbeinungen und Erbverbrüderungen in Spätmittelalter und Früher Neuzeit. Generationsübergreifende Verträge und Strategien im europäischen Vergleich (Studien zur brandenburgischen und vergleichenden Landesgeschichte, 17), hrsg. von Mario Müller/Karl-Heinz Spieß/Uwe Tresp, Berlin 2014, S. 13–39, hier S. 16. | **13** Vgl. Edgar Löning, Die Erbverbrüderungen zwischen den Häusern Sachsen und Hessen und Sachsen, Brandenburg und Hessen, Frankfurt am Main 1867. | **14** Thomas Ott, Präzedenz und Nachbarschaft. Das albertinische Sachsen und seine Zuordnung zu Kaiser und Reich im 16. Jahrhundert, Mainz 2008, S. 29 f. | **15** Christiane Pflüger, Kommissare und Korrespondenzen. Politische Kommunikation im Alten Reich (1552–1558) (Norm und Struktur, 24), Köln/Weimar/Wien 2005, S. 323 f. | **16** Hermann von Caemmerer (Hrsg.), Die Testamente der Kurfürsten von Brandenburg und der beiden ersten Könige von Preußen, München 1915, S. 90. | **17** Zit. nach Erich Brandenburg (Hrsg.), Politische Korrespondenz des Herzogs und Kurfürsten Moritz von Sachsen, Bd. 2.2, Leipzig 1904, Nr. 938, S. 689. Auch bei der gegenseitigen Information über »bedrewliche zeitläuffte«, wie zum Beispiel 1554, ließ Kurfürst August den brandenburgischen Kurfürsten wissen, dass »Wir uns unser mit E. L. vorwandtnis und der Erbeinigung wol zu erinnern« wissen und er dasselbe auch von ihm erwarte. Geheimes Staatsarchiv Preußischer Kulturbesitz (im Folgenden GStAPK) I. HA Rep. 41, Nr. 369, unpag. | **18** Die Neumark wurde aus der Erbeinung mit Hessen und den Wettinern herausgelöst. Die brandenburgischen Ansprüche auf den hessischen und wettinischen Besitz verringerten sich von der Hälfte auf ein Drittel. Vgl. J. Schultze, Die Mark Brandenburg, Berlin 1964, Bd. 4, S. 135 f. | **19** Erhard Hirsch, Spannungsfelder generationsübergreifender, interterritorialer Abkommen der Markgrafen von Brandenburg vom 14. bis zum 16. Jahrhundert, in: Müller/Spieß/Tresp, Erbeinungen (wie Anm. 12), S. 55–95, hier S. 80. »Die Herrschaftsnachfolger partizipierten in der Regel erst nach dem Tod ihrer Vorgänger an den erblichen Verträgen.« Ebd., S. 81. | **20** Löning, Erbverbrüderungen (wie Anm. 13), S. 27. | **21** Ebd., S. 47. | **22** Vgl. Johannes Voigt, Markgraf Albrecht Alcibiades von Brandenburg-Kulmbach, 2 Bde., Berlin 1852. | **23** Vgl. Thomas Nicklas, Macht oder Recht. Frühneuzeitliche Politik im Obersächsischen Reichskreis, Stuttgart 2002, S. 88 f. | **24** GStAPK I. HA Rep. 16, Nr. 2a, Fasz. 3, unpag. | **25** Ebd. [Brief vom 2. März 1554]. | **26** Vgl. Albrecht Pius Luttenberger, Kurfürsten, Kaiser und Reich. Politische Führung und Friedenssicherung unter Ferdinand I. und Maximilian II. (Veröffentlichungen des Instituts für Europäische Geschichte Mainz. Abt. Universalgeschichte, 149), Mainz 1994, vor allem S. 350–365. | **27** Volker Press, Wilhelm von Grumbach und die deutsche Adelskrise der 1560er Jahre, in: Blätter für deutsche Landesgeschichte 113 (1977), S. 396–431, hier S. 417. | **28** Vgl. Ott, Präzedenz (wie Anm. 14), S. 410. | **29** Während dem Kaiser Maximilian II. die sich damals noch recht eng gestaltende Kooperation Augusts mit der inzwischen reformierten Kurpfalz ein Dorn im Auge war, fühlte sich der sächsische Kurfürst von Maximilian II. in mehrfacher Hinsicht düpiert, als dieser ihm nicht nur bei der Erstattung der kursächsischen Aufwendungen im Zuge der Grumbach-Exekution die nötige Hilfe versagte, sondern sich »bei den Auseinandersetzungen Kursachsens mit dem ernestinischen Herzogshaus nach 1567 nicht in der gewünschten Eindeutigkeit auf die Seite Dresdens gestellt und Johann Wilhelm von Sachsen sogar noch durch Lehensexpektanzen und die Bestätigung von Erbfolgeordnungen unterstützt« hatte. Andreas Edel, Der Kaiser und Kurpfalz. Eine Studie zu den Grundelementen politischen Handelns bei Maximilian II. (1564–1576), Göttingen 1997, S. 355. | **30** GStAPK I. HA Rep. 41, Nr. 375, unpag. | **31** GStAPK I. HA Rep. 41, Nr. 376, unpag. | **32** Maximilian Lanzinner (Bearb.), Deutsche Reichstagsakten, Reichsversammlungen 1556–1662: Der Reichstag zu Speyer 1570, Zweiter Teilband, Göttingen 1988, S. 1058. | **33** GStAPK I. HA Rep. 41, Nr. 319, unpag. Auf dem Reichstag zu Augsburg ist es zu Missverständnissen zwischen dem Erbmarschall von Pappenheim, der für die Auswahl der Quartiere für die Reichstagsteilnehmer, die Lebensmittelversorgung, aber auch für die Jurisdiktion über die Dienerschaft der teilnehmenden Reichsstände verantwortlich zeichnete, und dem Magistrat von Augsburg gekommen. Vgl. dazu Axel Gotthard, Säulen des Reiches, Teilband 1: Der Kurverein, Kurfürstentage und Reichspolitik, Husum 1999, S. 231 f. | **34** Als im Jahr 1567 in Erfurt zum ersten Mal ein sog. Reichskreistag zusammentrat, waren zunächst komplizierte Verfahrensfragen zu klären. Zwar konnte der Dresdner Gesandte nicht durchsetzen, dass Kursachsen im Direktorium der Versammlung mit Kurmainz im täglichen

Wechsel rotierte, wohl aber »sollte Obersachsen – sprich: die Gesandten Kursachsens und Kurbrandenburgs – gemäß der Präeminenz seiner führenden Stände hinter Kurrhein, doch vor allen anderen Kreisen sitzen und stimmen«. Maximilian Lanzinner, Friedenssicherung und politische Einheit des Reiches unter Kaiser Maximilian II. (1564–1576) (Schriftenreihe der Historischen Kommission bei der Bayerischen Akademie der Wissenschaften, 45), Göttingen 1993, S. 364. | **35** Vgl. Moriz Ritter, Deutsche Geschichte im Zeitalter der Gegenreformation und des Dreißigjährigen Krieges, Erster Bd., Stuttgart 1889, S. 268 f. | **36** Zit. nach Edel, Kaiser und Kurpfalz (wie Anm. 29), S. 196 f. | **37** Zit. nach Gotthard, Säulen (wie Anm. 33), S. 248 f. | **38** GStAPK I. HA Rep. 10, Nr. Dd, Fasz. 10, fol. 16–20. | **39** Vgl. Lisa Eppenstein, Beiträge zur Geschichte des auswärtigen Kriegsdienstes der Deutschen in der zweiten Hälfte des 16. Jahrhunderts, in: Forschungen zur Brandenburgischen und Preußischen Geschichte 32 (1920), S. 283–367, hier S. 324. | **40** Vgl. Luttenberger, Kurfürsten, Kaiser und Reich (wie Anm. 26), S. 191 ff. und 385 ff. | **41** Vgl. zur Korrespondenz mit Herzog Albrecht von Preußen Iselin Gundermann, Kurfürst Joachim II. von Brandenburg und Herzog Albrecht von Preußen, in: Jahrbuch für brandenburgische Landesgeschichte 41 (1990), S. 141–164, passim. | **42** Vgl. übergreifend Klaus Zernack, Das Zeitalter der Nordischen Kriege, in: Zeitschrift für Historische Forschung 1 (1974), S. 55–79; Robert Frost, The Northern Wars. War, State and Society in Northeastern Europe, 1558–1721, Harlow 2000. | **43** Zit. nach Maximilian Lanzinner/Dietmar Heil, Einleitung, in: Lanzinner/Heil, Reichstagsakten (wie Anm. 7), S. 59–134, hier S. 129. Auch aus dieser Motivation heraus war ihm an einem engen Austausch mit dem Brandenburger gelegen. Vgl. zu den Beziehungen Joachims II. zu den pommerschen und mecklenburgischen Herzögen in dieser Zeit Frank Göse, Von dynastischer Kooperation zu politischer Übermächtigung. Die brandenburgisch-mecklenburgischen Beziehungen in der Frühen Neuzeit, in: Jahrbuch für die Geschichte Mittel- und Ostdeutschlands 49 (2003), S. 149–194, hier S. 161 f. | **44** So zum Beispiel bei der nachsichtigen Behandlung des Herzogs Magnus von Holstein. Vgl. Luttenberger, Kurfürsten, Kaiser und Reich (wie Anm. 26), S. 232. | **45** Zum Beispiel bei der Finanzierung der Reichstags-Delegation 1570 nach Moskau. Vgl. ebd., S. 231. | **46** Nicklas, Macht oder Recht (wie Anm. 23), S. 105. | **47** Jens Bruning, Landesvater oder Reichspolitiker? Kurfürst August von Sachsen und sein Regiment in Dresden 1553–1586, in: Figuren und Strukturen. Historische Essays für Hartmut Zwahr zum 65. Geburtstag, hrsg. von Manfred Hettling/Uwe Schirmer/Susanne Schötz, München 2002, S. 205–224, hier S. 210. | **48** Sächsisches Staatsarchiv, Hauptstaatsarchiv Dresden (im Folgenden StA-D), Geheimer Rat (Geheimes Archiv), Loc. 8506/7, fol. 1. | **49** GStAPK I. HA Rep. 41, Nr. 319, unpag. Allerdings stünden, so in einem kurze Zeit später einlaufenden Schreiben, Landesangelegenheiten an, »die auch ohne unser gegenwart nicht können vorwirkt werden«. GStAPK I. HA Rep. 41, Nr. 172, unpag. | **50** StA-D, Geheimer Rat (Geheimes Archiv), Loc. 8506/7, fol. 19. | **51** Zit. nach Koser, Geschichte (wie Anm. 6), S. 279 f. | **52** GStAPK I. HA Rep. 41, Nr. 1583, unpag. | **53** StA-D, Geheimer Rat (Geheimes Archiv), Loc. 8503/03, fol. 115. | **54** Vgl. Bodo Nischan, Die Interimskrise in Brandenburg, in: Das Interim 1548/50. Herrschaftskrise und Glaubenskonflikt (Schriften des Vereins für Reformationsgeschichte, 203), hrsg. von Luise Schorn-Schütte, Gütersloh 2005, S. 255–273; zum Jüterboger Theologentag von 1548, an dem neben Melanchthon auch die Kurfürsten Moritz von Sachsen und Joachim II. von Brandenburg teilgenommen hatten, vgl. zuletzt: Felix Engel, ›Revoluzzer‹ oder ›Leisetreter‹? Der Weg zum Theologentag von Jüterbog von 1548, Jüterbog 2013. | **55** Externe Ereignisse wie die Bartholomäusnacht von 1572 beeinflussten diese Kurskorrektur ebenso wie die von Kurfürst August als Demütigung erfahrene Scheidung seiner Nichte von einem niederländischen Calvinisten. Vgl. hierzu: Beyer, Die kurbrandenburgische Außenpolitik (wie Anm. 6), S. 313. | **56** Eine wichtige Rolle spielte hierbei die Zusammenkunft beider Kurfürsten in Torgau im Jahr 1574, an die mit einer aufwendig gestalteten Medaille erinnert wurde. | **57** Irene Dingel, Concordia controversa. Die öffentlichen Diskussionen um das lutherische Konkordienwerk am Ende des 16. Jahrhunderts (Quellen und Forschungen zur Reformationsgeschichte, 63), Gütersloh 1996. | **58** Vgl. Irene Dingel (Hrsg.), Die Bekenntnisschriften der Evangelisch-Lutherischen Kirche. Quellen und Materialien, Bd. 2: Die Konkordienformel, Göttingen 2014, hier vor allem S. 512 ff. | **59** Zit. nach Luttenberger, Kurfürsten, Kaiser und Reich (wie Anm. 26), S. 95. | **60** GStAPK I. HA Rep. 41, Nr. 369. | **61** Ursula Machoczek (Bearb.), Deutsche Reichstagsakten Jüngere Reihe, 20. Bd., 1. Teilband: Der Reichstag zu Augsburg von 1555, München 2009, S. 409 [Kg. Ferdinand an Kurfürst August, 31. Dezember 1554]. | **62** Zit. nach Gotthard, Säulen (wie Anm. 33), S. 51. | **63** Maximilian Lanzinner, Einleitung, in: Deutsche Reichstagsakten, Reichsversammlungen 1556–1662: Der Reichstag zu Speyer 1570, Erster Teilband, bearb. von Dems., Göttingen 1988, S. 121. | **64** Zur Präsenz brandenburgischer Kurfürsten auf Reichstagen vgl. Ingrid Männl, Die Vertretung Kurbrandenburgs bei den Reichstagen von 1487 bis 1555, in: Aus der Arbeit des Geheimen Staatsarchivs Preußischer Kulturbesitz, hrsg. von Jürgen Kloosterhuis, Berlin 1996, S. 17–46. | **65** Zit. nach Ursula Machoczek (Bearb.), Deutsche Reichstagsakten Jüngere Reihe, 18. Bd., 1. Teilband: Der Augsburger Reichstag von 1547/48, München 2006, S. 141 [Kurfürst Joachim II. an Kaiser Karl V., Naumburg, 25. Juni 1547]. | **66** Zit. nach Gotthard, Säulen (wie Anm. 33), S. 248 f. | **67** GStAPK I. HA Rep. 10 Nr. Dd, Fasz. 10, Bl. 16. | **68** Vgl. hierzu die auch in einer breiteren Öffentlichkeit beachtete, von der Stiftung Preußische Schlösser und Gärten 2015 verantwortete Berliner Ausstellung »Frauensache« mit dem dazugehörigen Katalog. Hier wurden auch die Beziehungen zwischen wettinischen und brandenburgisch-hohenzollernschen Fürstinnen thematisiert: Julia Klein/Eric Hartmann/Jürgen Luh u. a. (Hrsg.), Frauensache. Wie Brandenburg Preußen wurde, Dresden 2015. | **69** Bruning, Landesvater oder Reichspolitiker? (wie Anm. 47), S. 213. | **70** Katrin Keller, Kurfürstin Anna von Sachsen (1532–1585), Regensburg 2010, S. 105. | **71** Mit vielen Einzelbelegen vgl. dazu: GStAPK I. HA Rep. 41, Nr. 461, unpag. | **72** StA-D, Geheimer Rat (Geheimes Archiv), 10024, Loc. 08537/01, unpag. | **73** Vgl. hierzu: Beyer, Die kurbrandenburgische Außenpolitik (wie Anm. 6), S. 291 ff. Auf die Entscheidung des Magdeburger Domkapitels bei der Wahl von 1552 dürfte sich die von Joachim II. verfolgte ausgleichende Religionspolitik zugunsten des jüngsten Sohnes des Kurfürsten ausgewirkt haben. Vgl. Hintze, Die Hohenzollern (wie Anm. 5), S. 130. Allerdings hatte es Kursachsen im Anschluss verstanden, beim Kaiser die Belehnung des »erwählten Administrators« zu hintertreiben. Vgl. Koser, Geschichte (wie Anm. 6), S. 264 ff. | **74** Vgl. dazu: Josef Leeb, Der Magdeburger Sessionsstreit von 1582. Voraussetzungen, Problematik und Konsequenzen für Reichstag und Reichskammergericht; erweiterte und veränderte Fassung des Vortrags vom 7. Oktober 1999 im Stadthaus am Dom zu Wetzlar (Schriftenreihe der Gesellschaft für Reichskammergerichtsforschung, 24), Wetzlar 2000. | **75** Gotthard, Säulen (wie Anm. 33), S. 57. | **76** Nicklas, Macht oder Recht (wie Anm. 23), S. 99. | **77** Ebd., S. 170. | **78** Vgl. GStAPK I. HA Rep. 41, Nr. 375. | **79** Ott, Präzedenz (wie Anm. 14), S. 413. Zwei Jahre später erfuhr man auch in Dresden davon. Um August etwas entgegenzukommen, übertrug der Kaiser dem Kurfürsten die Vormundschaft über die jungen Weimarer Herzöge. Allerdings musste er auch die Bestellung Kurbrandenburgs und der Kurpfalz zu »Mitvormündern« akzeptieren. | **80** Worauf er aufgrund der bestehenden Erbeinung Sachsens mit Böhmen ein Anrecht hatte. | **81** Ott, Präzedenz (wie Anm. 14), S. 412. – Hier ist irrtümlich Kurfürst Joachim II. als Akteur benannt worden; dieser war aber ein halbes Jahr zuvor verstorben, sodass es sich um Kurfürst Johann Georg gehandelt haben muss. | **82** Lanzinner, Friedenssicherung (wie Anm. 34), S. 516. | **83** Vgl. dazu: Wolfgang Neugebauer, Die Hohenzollern, Bd. 1: Anfänge, Landesstaat und monarchische Autokratie bis 1740, Stuttgart u. a. 1996, S. 116–120; Beyer, Die kurbrandenburgische Außenpolitik (wie Anm. 6), S. 322–329.

SOPHIE ZIEGLER

Briefe als Spiegel höfischer Netzwerke. Korrespondenzkultur unter Kurfürst August von Sachsen

Wo liegt die Gemeinsamkeit zwischen sächsischem Bier, Neujahrswünschen, politischen Ereignisberichten, Empfehlungsschreiben, konfessionellen Fragen, Drechselwerk und Eichhörnchenjägern? All diese Dinge sind Bestandteil der höfischen Korrespondenz des Kurfürsten August von Sachsen mit dem Münchner Hof. Was sich also zunächst nach einem willkürlichen thematischen Sammelsurium anhört, bündelt die Vielschichtigkeit brieflicher Wirklichkeit im 16. Jahrhundert. Im ersten Moment lässt der Topos »Briefe als Spiegel höfischer Netzwerke« vor allem an eine Vielzahl ausgetauschter Schriftstücke denken, und tatsächlich bilden geschriebene Worte und Neuigkeiten die unerlässliche Grundkomponente höfischer Briefkultur. Doch geht die zugehörige Korrespondenzpraxis, besonders in frühneuzeitlichen Adelshäusern, wesentlich über das geschriebene Wort hinaus – diente sie doch als vorrangigste und bedeutendste Kommunikationsform über große und kleinere Distanzen der Kontakt- und Bündnispflege. Kurfürst August als Landesherr mit einer Regierungszeit von 33 Jahren unterhielt ein sehr aktives und großes Korrespondenznetzwerk.

In diesem Rahmen besaß der Kontakt zu den Herzögen von Bayern, welchen der folgende Beitrag in den Mittelpunkt rückt, eine besondere Kontinuität. Hierbei werden zuerst knapp Begrifflichkeiten, Rahmenbedingungen und die Beschaffenheit fürstlicher Kommunikation im 16. Jahrhundert skizziert. Daran anschließend soll das Netzwerk des sächsischen Kurfürstenpaares August und Anna überblicksartig vorgestellt werden, um dann im dritten Abschnitt gezielt auf die Korrespondenz zwischen Kurfürst August und Herzog Albrecht V. von Bayern (1528–1579) einzugehen. Anhand der Schreiben, welche Kursachsen und Bayern zur Zeit Augusts verbanden, soll ersichtlich werden, dass Briefkultur nicht allein von Schrift und Worten dominiert wurde, sondern vielmehr ein verzweigtes Konglomerat aus Verbalität und Materialität bildete. Sachsen und Bayern fungieren hier als ein anschauliches Beispiel dafür, wie fürstliche Netzwerke durch dieses adäquate Nebeneinander von Schriftlichkeit, Mündlichkeit und materieller Kultur gepflegt wurden. Weiterhin ist unter diesem Aspekt von Interesse, welche Art von Beziehung zwischen beiden Territorien die Briefe widerspiegeln – immerhin galt Sachsen nach dem Augsburger Religionsfrieden konfessionell gesehen als protestantisches und Bayern als katholisches Leitterritorium des Alten Reiches. Ein kurzes Fazit am Ende wird schließlich die Ergebnisse bündeln.

Rahmen und Beschaffenheit fürstlicher Kommunikation im 16. Jahrhundert

Zum Themenkomplex Fürstenstand, Kommunikation und Vernetzung im Alten Reich begegnen in der Forschungsliteratur oft zwei Schlagworte: das »Netzwerk« sowie der »Kommunikationsraum«. Der interdisziplinär vielfach verhandelte Netzwerkbegriff wird in diesem Kontext entweder angewandt, um das divers aufkommende Medien- und Nachrichtenwesen[1] dieser Zeit zu kennzeichnen oder – für den vorliegenden Beitrag bedeutungsvoller – um diplomatische und persönliche Verbindungen verschiedener Höfe und Dynastien untereinander zu charakterisieren. Generell wird das Alte Reich in seiner kommunikativen Struktur gern als (Beziehungs- wie Interaktions-)System und Netzwerk zwischen Kaiser und Fürsten beziehungsweise den Landesherren untereinander beschrieben.[2] Michael North beispielsweise benennt das Reich treffend »nicht nur als politisches System, sondern auch als Kommunikationssystem […], in dem sich die sozialen, kulturellen und ökonomischen Beziehungen verdichteten«.[3] Grundlegend für die Verdichtung von Beziehungen, auch höfischer Art, ist soziale Kommunikation. Je nach Auslegung der Definition wird der Kommunikationsbegriff im Forschungskontext des Alten Reiches entweder an gezielte Medien gekoppelt oder etwas abstrakter als »Verständigungsprozeß«[4] beziehungsweise als »kommunikative[s] Ereignis[se]«[5] konturiert. Als solche Ereignisse können exemplarisch Reichstage oder Kriegs- und Friedenszustände gelten. Auf Basis der diversen Verständigungsprozesse, welche vielfach medial begleitet und gestützt waren, wird auf Reichsebene die Bildung eines »Kommunikationsraumes«, mindestens unter Herrschaftsinhabern, postuliert.[6] Zusammengenommen generiert Kommunikation demnach Beziehungen, Beziehungen generieren wiederum Netzwerke und Netzwerke den Kommunikationsraum Altes Reich. In diesem wurden schließlich nicht nur Wirkungsmöglichkeiten einzelner Akteure und Institutionen, sondern auch deren Netzwerke ausgehandelt, gepflegt und medial abgebildet. Hierbei bewegt sich das politische Wirkungs- und Handlungspotential der Fürsten in korrelativer Abhängigkeit zur Dichte ihres Beziehungsnetzes – eine These, die schon Katrin Keller formulierte.[7] Richtet man folglich den Blick auf die Art und Weise, wie fürstliche Kommunikation und ihre Netzwerke initiiert und gefestigt wurden, ist dieser Ansicht beizupflichten.

Regelmäßige Zusammentreffen auf Fürstentagen, bei gegenseitigen Besuchen oder Feierlichkeiten markierten die mündliche Seite der Beziehungspflege. Indirekt mündlich und zugleich schriftlich durch die Hilfe von Instruktionen vertraten Gesandte und Boten an anderen Höfen die physische Präsenz ihrer fürstlichen Auftraggeber. Schriftlich im engeren Sinne wurde das Netzwerk über Medien für Distanzkommunikation gepflegt – allen voran natürlich durch Briefe, jedoch auch durch mitgesandte Zeitungen und Geschenke. Die frühneuzeitliche Fürstengesellschaft als, wie Rudolf Schlögl es formulierte, »Anwesenheitsgesellschaft«[8] zu begreifen, bedeutet, sich die enge Verzahnung von Mündlichkeit und Schriftlichkeit im Umgang miteinander bewusst zu machen. Allerdings ist darüber hinaus die Verflechtung von Verbalität und Materialität, wie sie par excellence durch Briefe erfassbar und gespiegelt wird, ebenso wenig zu unterschätzen. Dies wird unter der Fokussierung der Briefkultur unter Kurfürst August von Sachsen wahrnehmbar.

Das Netzwerk des sächsischen Kurfürstenpaares August und Anna

Wirft man einen Blick in die einschlägigen Bestände des Sächsischen Staatsarchivs, Hauptstaatsarchiv Dresden, ist allein die reiche Zahl an »Handschreiben« für August und Anna von Sachsen (geb. von Dänemark, 1532–1585) ersichtlich.[9] Die wissenschaftlichen Beiträge zu den überlieferten Archivalien bestätigen diesen Einblick nicht nur, sondern untermauern das Desiderat einer Edition.[10] Das Kurfürstenpaar korrespondierte mit vielen Höfen und pflegte seine Verbindungen über weite Teile des Reiches. Die Kontakte erstreckten sich vom Haus Habsburg über diverse Teillinien von Hessen, Brandenburg und Braunschweig, über Bayern, Solms-Laubach bis in die Pfalz, um lediglich einige Beispiele zu nennen. Zugleich finden sich über die Reichsgrenzen hinaus Briefwechsel mit Annas Herkunftsfamilie in Dänemark oder mit dem französischen Hof. Die inhaltliche Ausrichtung beziehungsweise Tiefe der Schreiben variiert ebenso wie die konfessionelle Orientierung der Korrespondenzpartner. Dabei greift die Arbeitsteilung des fürstlichen Paares bei der Netzwerkpflege.[11]

Idealerweise vermochte die Fürstin die Beziehungen ihres Ehemannes zu ergänzen oder zu erweitern. Bei Anna von Sachsen überwog hierbei die Zahl der Adressatinnen die der männlichen Briefpartner.[12] Die Rolle, die Fürstinnen als Briefschreiberinnen zukam, ist generell als äußerst gewichtig einzuschätzen. Zwar betätigte sich nicht jede in gleicher Intensität auf diesem Gebiet der Kontaktpflege, Vernetzung und Diplomatie, doch gehörte das Korrespondieren uneingeschränkt zum Kanon höfischer Tätigkeiten – für Fürstin und Fürst. Hierzu muss darauf verwiesen werden, dass die Trennung von öffentlicher und privater Sphäre, welche gern eine Klassifizierung von »männlichen« und »weiblichen« Betätigungsbereichen nach sich zieht, eine Erfindung des 19. Jahrhunderts darstellt und für das 16. Jahrhundert nicht in dieser Weise anwendbar ist.[13] Fürstliche Personen am Hof sowie ihre Briefe sind jederzeit öffentlich und privat – also geschäftlich-politisch und persönlich-intim – zugleich. Nach diesem Charakter richten sich gleichsam Inhalt, Form oder sprachliche Kodierungen der Korrespondenzen aus. Folglich bedeutet dies für Fürsten und Fürstinnen gleichermaßen eine Untrennbarkeit dieser Bereiche im Schreiben und Korrespondieren. Für Frauen dieses Standes bildeten Eheanbahnungen, Fürbitten oder die Aufrechterhaltung von höfischen Kontakten durch den Austausch von Grüßen, Neuigkeiten und Rezepten lediglich einen Teil ihres breiten intentionalen Kommunikationsspektrums. Obgleich sich der Beitrag im Folgenden allein auf Augusts Briefwechsel fokussiert – also Annas Briefe aus pragmatischen Gründen außen vor lässt –, sei an dieser Stelle explizit auf die wichtigen Forschungen zum Fürstinnenstand allgemein[14] und thematisch zugeschnitten auf die Arbeiten zu Anna von Sachsen verwiesen.[15]

Abseits der Vernetzung mit anderen Höfen und der Arbeitsteilung zwischen Fürst und Fürstin stellt sich die Frage, welche Merkmale in der brieflichen Netzwerkpflege ferner eine Rolle spielen, vor allem, wenn wir die Felder Verbalität und Materialität berücksichtigen. Zu diesem Zweck lohnt sich der gleichzeitige Blick auf Quellen aus unterschiedlichen Häusern. Durch eine exemplarische Analyse von Briefen zwischen dem Kurfürstentum Sachsen und dem Herzogtum Bayern sollen die beiden Sphären und ihre Verschränkung veranschaulicht werden. Alle folgenden Briefbeispiele stammen dementsprechend aus den Jahren 1563 bis 1586, dem Todesjahr Kurfürst Augusts. So, wie unter Verbalität in diesem Beitrag alles zu fassen ist, was mit Worten und Sprache einhergeht, bildet Materialität in diesem Fall einen Arbeitsbegriff für alles, was über diese sprachliche Ebene hinausreicht. Der Terminus ist hier nicht in einem eng gegenständlichen Sinne zu sehen, da körperliche Präsenz und Personen einbezogen werden.[16]

Die Korrespondenz von Kurfürst August und Herzog Albrecht V. zwischen 1563 und 1586

1562 begegneten sich Kurfürst August von Sachsen und Herzog Albrecht V. von Bayern zum ersten Mal in Frankfurt am Main – eine Begegnung, die ausschlaggebend für ihr weiteres Verhältnis und die daraus erwachsende Korrespondenz werden sollte. Beide waren zur Krönung Maximilians II. (1527–1576) zum römisch-deutschen König eingeladen und fast altersgleich: August war zu der Zeit 36 Jahre, Albrecht 34 Jahre alt. Maximilian, mit dem sich August während seiner Zeit am Prager Hof 1542 anfreundete,[17] befand sich altersmäßig genau zwischen den beiden Landesfürsten. Dieses »Triumvirat« – August, Albrecht und Maximilian – zeigt nicht nur ein Netzwerk im Kleinen, sondern hebt auch zwei für den kommunikativen Umgang innerhalb des Hochadels wesentliche Faktoren hervor: Zum einen die hierarchische Position innerhalb des Standes, zum anderen das Alter des Herrschaftsinhabers. Beides war entscheidend, und zwar nicht nur für die zeremonielle Repräsentation sowie die physische Begegnung an Höfen und auf Reichstagen, sondern ebenso für den Umgangston oder die Verständigungs- beziehungsweise Verhandlungsbasis in der schriftlichen Kommunikation. Albrecht V. von Bayern war mit Maximilian II. und dem Haus Habsburg über seine Ehefrau Anna (geb. Erzherzogin von Österreich, 1528–1590), einer Schwester Maximilians, verschwägert. Außerdem bestanden Verwandtschaftsbeziehungen der Wittelsbacher nach Dänemark, ebenso wie bei August über seine Frau Anna. Die sich nach dem Aufeinandertreffen in Frankfurt entwickelnde Beziehung zwischen August und Albrecht entfaltete eine große politische Tragweite, da sich beide auf konfessionell unterschiedlichen Seiten positionierten. Während der sächsische Kurfürst sich auch nach dem Augsburger Religionsfrieden stark für den lutherischen Protestantismus einsetzte, war der bayerische Herzog der bedeutsamste Fürst auf katholischer Seite. Beide jedoch strebten ein Kräftegleichgewicht und den Frieden im Reich an. Maximilian wiederum legte, erst als König und später als Kaiser, Wert auf den Rat beider Fürsten.[18] Da er die kaiserliche Stellung außerdem als eine Art Klammerfunktion[19] für das Reich empfand, ergänzte sich dies mit den ausgleichenden Bemühungen Sachsens und Bayerns.

Ab 1563 verstetigte sich ein reger Briefwechsel zwischen August und Albrecht V. Die exakte Zahl der Briefe ist unbekannt, allerdings lassen sich in den Dresdner Beständen an Handschreiben bis zum Tod Augusts rund 1 600 Blatt ermitteln.[20] 1565 erreichte die Korrespondenzdichte einen ersten Höhepunkt. Auch hier fehlen bislang genaue Briefzahlen, doch rund 400 Blatt für die Jahre 1564 und 1565 lassen auf die Regelmäßigkeit der Schreiben schließen.[21] Neben den beiden Fürsten waren ihre Ehefrauen von Beginn an in die Beziehungspflege einbezogen. Kurfürstin Anna von Sachsen korrespondierte mit ihrer Namensvetterin Herzogin Anna von Bayern über Themen wie die familiäre Gesundheit oder Rezepte.[22] Darüber hinaus finden sich Schreiben zu weiteren Familienmitgliedern, beispielsweise zwischen August und Albrechts Sohn Wilhelm (V., 1548–1626), wie eines der später ausgeführten Beispiele bezeugen wird. Im Folgenden soll jedoch der Kontakt zwischen August und Albrecht selbst fokussiert werden. Die Quellenbasis hierfür bilden die Bestände des Dresdner Hauptstaatsarchivs sowie die Teiledition von Reiner Zimmermann zur bayerisch-sächsischen Korrespondenz zwischen 1513 und 1586.[23]

Die verbale Seite der Korrespondenz

Bedeutsam im verbalen Bereich der Briefe sind die Anrede- und Schlusspraxis sowie Stil und Rhetorik im Allgemeinen. Gewöhnlich werden die Schreiben mit einer Begrüßungsformel, der salutatio, eröffnet und im Gegenzug mit einer Schlussformel, der conclusio, beendet.[24] August und Albrecht leiten ihre Briefe im Rahmen der salutatio fast immer auf konventionelle Weise ein: Sie betiteln sich meist jeweils gegenseitig als »hochgeborner fürst [sic], freundlicher lieber Vetter und Bruder«.[25] Hier wird ersichtlich, dass das Verständnis von Verwandtschaft oder verwandtschaftlicher Nähe im 16. Jahrhundert über die Definition von »Familie« hinausreicht, wie wir sie heute vornehmen beziehungsweise wie sie uns seit dem 19. Jahrhundert und dem Aufkommen der bürgerlichen Kleinfamilie prägt.[26] Erkennbar wird, dass sowohl das Gefühl als auch die Semantik von Verwandtschaft auf die personellen und territorialen Beziehungen im Alten Reich ausgedehnt werden konnten und dies auch geschah. Vor diesem Hintergrund fungierten verwandtschaftliche Betitelungen einerseits als Signal der Zugehörigkeit zu Stand und Verbund im Generellen und dienten andererseits dem Anzeigen der Beziehung zwischen Sender und Empfänger im Besonderen. Durch die Verwendung differenzierter Anreden – wie im konkreten Fall »Vetter« und sogar »Bruder« – konnte hierbei zwischen Nähe und Distanz reguliert werden.[27] August und Albrecht versicherten sich einander auf diese Weise ihrer gegenseitigen Wertschätzung, Ebenbürtigkeit und freundschaftlichen Vertrautheit.[28] Das gleiche Prinzip galt für den Einsatz sogenannter Epitheta – damit sind attributive Beiwörter wie freundlich, lieb oder herzlieb gemeint. Gerade die Adjektive »freundlich« und »vertraulich« tauchen hier sehr häufig auf. Im weiteren Briefkorpus sprechen sich beide Fürsten für gewöhnlich mit »Euer Liebden« an und verwenden für sich selbst die Wir- oder Uns-Form, also den Pluralis Majestatis. Dies entsprach den üblichen sprachlichen Gepflogenheiten für eine einander zugewandte männliche Kommunikation in höfischen Kreisen.

Inhaltlich reichte das Spektrum der Schreiben über den dichten Informationsaustausch zu politischen Ereignissen bis zur gegenseitigen Anteilnahme am familiären Leben. Der rege Wechsel von Glückwunsch-, Gratulations- oder Kondolenzschreiben zu wichtigen höfischen Wendepunkten reiht sich in dieses Muster ein. Hochzeiten, Todesfälle oder Geburten blieben niemals unbeachtet oder unkommentiert. Auch als Albrecht V. 1577 einen Enkelsohn bekam, versäumte es der sächsische Kurfürst nicht, ihm seine Glückwünsche zu übermitteln.[29] Bemerkenswert an diesem Schreiben ist darüber hinaus das Anzeigen des gegenseitigen Gottvertrauens. So schreibt August: »Und weil wir unns ob Eurer Liebden unnd der Irigen glücklichen wolfarth nicht minders, als es uns selbst anginge, erfreuen […].« Trotz der unterschiedlichen Konfession beider Landesherren wird auf verbaler Ebene versichert, dass man vom Gottvertrauen des anderen und von einem folglich himmlischen Aufstieg überzeugt ist. Dies mag überraschen, doch ist dieser Auszug für die gegenseitige Haltung in konfessionellen Fragen durchaus repräsentativ.[30]

Innenpolitisch schlug Albrecht nach seinen frühen Regierungsjahren einen streng katholischen Kurs ein.[31] August folgte von Beginn an einer lutherischen, nach 1572 gar einer lutherisch-orthodoxen Linie.[32] Dennoch ist lediglich in der Zeit zwischen 1567 und 1571 eine wesentliche Abnahme der Korrespondenzdichte zu beobachten. Dies wurzelte tatsächlich in konfessionellen Gründen: Mitunter führte die zeitweise reichspolitische Annäherung zwischen Kursachsen und den strikt calvinistischen Pfalzgrafen bei Rhein in den Jahren zwischen 1567 bis ungefähr 1573 sowie eine damit einhergehende Eheallianz zwischen beiden Fürstentümern zu einem etwas vorsichtigeren Verhalten Albrechts V.[33] Eine Tochter Augusts, Elisabeth von Sachsen (1552–1590), heiratete 1570 Pfalzgraf Johann Casimir von Pfalz-Simmern (1543–1592).

Ab 1572 ist jedoch eine erneute Intensivierung der vorherigen Vertrautheit zwischen den Korrespondenzpartnern – auch konfessionell gesehen – zu konstatieren und damit wiederum eine erneute Intensivierung des Briefwechsels. Dazu beigetragen hat sicherlich der ab dieser Zeit greifbare Kurswechsel der sächsischen Konfessionspolitik zu einem scharf anticalvinistischen Auftreten.[34] Das eben angeführte Briefzitat aus dem Jahr 1577 vermag diese erneute Annäherung beispielhaft zu belegen. Die bereits durch verwandtschaftliche Anreden verbal evozierte Nähe wird von beiden Regenten noch einmal auf eine andere Ebene gehoben: Beide affirmieren durch ihre Worte die gegenseitige Anerkennung ihres Glaubens, wodurch eben diese im gewissen Sinne auch immer wieder neu hergestellt und gefestigt wird. Hieraus lässt sich der gemeinsam verfolgte Grundsatz erkennen, die evangelische und katholische Glaubenslinie trotz abweichender Ansichten unter einen Gott und einen Schirm zu stellen. Als verbale Praktik dient dies nicht allein der Konstitution des sächsisch-bayerischen Netzwerkes, sondern gleichzeitig der Bewahrung der Einheit und des Friedens im Reich, wie August an anderer Stelle bereits 1565 formulierte: »Dann was wir zue erhalttung gemeines friedens im heiligen reich dienstlich [...] sein konnen, darzue seindt wir jederzeitt genaigt, auch Euer Libden freundtliche und vetterliche dienste zue erzeigenn willig.«[35] Anhand dieser offensiv auch nach außen getragenen Intention ist die These des Alten Reiches als »Kommunikations- und Wertegemeinschaft« erneut zu stützen.[36] Für derartige Bemühungen wurde August von Sachsen schon von den Zeitgenossen kurz nach seinem Ableben in Leichenpredigten gerühmt. In der wohl bekanntesten benennt der Theologe und Hofprediger Nikolaus Selnecker (1530–1592) den Kurfürsten als »Oculum patriae«, welches nicht nur »ein ansehen und Autoritet« anderer Fürsten genossen habe, sondern »nicht allein in weltlichen Sachen sondern fürnemlich in der christlichen kirchen [...] immerdar darnach getracht daß ergerliche gezenck auffgehaben [...].«[37]

Noch viel häufiger als Glaubensfragen wurden politische Tagesthemen diskutiert. Minutiöse Berichte oder Zeitungsabschriften wurden den Briefen, aufgrund ihrer Wichtigkeit oder Brisanz teilweise extra verschlossen, beigelegt. So befanden sich beispielsweise beide Regenten 1565 in einem sehr engen Austausch über die Geschehnisse um den Ritter Wilhelm von Grumbach (1503–1567) und dessen Verbündete. Wöchentlich, manchmal sogar täglich, wurden Briefe und Antwortschreiben aufgegeben und durch persönliche Boten überbracht. Exemplarisch kann hier der Briefwechsel vom 22. und 23. Januar 1565 herangezogen werden. So schrieb August am 22. Januar nach München: »Was uns vonn vertrautten personn von Wilhelm vonn Grumpachs unnd anderer unruhiger leutte anschlegenn unnd fürhabenn für bericht einkommenn, das schicken wir Euer Libden inn vorschlossenn abschrifft auff gleichmessig vortrauenn freundtlich zue [...]. So habenn wir doch freundtlicher meinung nitt unterlassen konnen, Euer Libden dero dinge, wie da an unnß gelangt, bei diesen eigenn reittendtenn bothenn (weill wir der gelegtenn post hirinn nicht trauren dürffen) bei zeitten treulich zu vorsendigenn und zu vorwarnenn, auß ursachen, daß sich gleichwol unser kundtschafft nach in den Niddersachsißchenn lannden allerlei hin[-] und wiederreittens, heimblicher vertröstungen und besprechung der reutter ereignen [...].«[38] Umgehend setzte Albrecht nur einen Tag später eine Rückantwort auf und übermittelte August wiederum seine eigenen Informationen über die Aktivitäten Grumbachs, der Ernestiner und anderer Personen.[39]

Auch Neuigkeiten über Konflikte außerhalb der eigenen Territorial- oder Reichsgrenzen füllen die Briefseiten. Neben Berichten über die Spanier und Türken verfolgten August wie Albrecht unablässig den Krieg zwischen Schweden und Dänemark (»Dreikronenkrieg«, 1563–1570) und brachten sich gegenseitig auf den neuesten Stand. Die beiderseitige Verwandtschaft zum dänischen Herrscherhaus bildete hierfür zweifellos eine starke gemeinsame Interessenbasis. Diesbezüglich finden sich zu selbigem Thema ebenfalls Hinweise in Albrechts Antwortschreiben vom 23. Januar 1565. Weitere Beispiele dieser Art ließen sich leicht anführen. Die Diversität politischer Inhalte reicht weit über die genannten hinaus und bildete das Grundgerüst der vertraulichen Korrespondenz beider Fürsten.

Vertrauen beziehungsweise Vertraulichkeit als Topos – beispielsweise in Form der oben genannten Attributivbekräftigungen – sowie die Geheimhaltung vertraulicher Informationen als moralische Pflicht sind elementare Bestandteile höfischer Briefpraxis. Beide Fürsten nahmen diese Gepflogenheiten sehr ernst und konstituierten auf diesem Fundament ihre schriftliche Beziehung. Gab es an der vertraulichen Behandlung der Briefinhalte einmal Zweifel, so wurden diese Bedenken mitunter klar zur Disposition gestellt und verhandelt, teils sogar in vertraulich-eigenhändigen Schreiben.[40]

Im Hinblick auf die fürstliche Briefkultur nehmen Schrift und damit einhergehende Schreibpraktiken einen Hybridstatus zwischen verbaler und materieller Sphäre ein. Die Entscheidung des Absenders, dem Empfänger einen eigenhändig geschriebenen oder einen in der Kanzlei verfassten Brief zukommen zu lassen, kann bereits etwas über die Beziehung zwischen beiden aussagen. Zu einer Zeit, in der Lese- und Schreibfähigkeit im Adel zwar verbreitet waren, aber gerade das eigenhändige Schreiben noch als Mühe aufgefasst wurde, vermittelten Autographen einen nicht zu unterschätzenden Mehrwert.[41] Sie wurden durchaus als Zeichen von Wertschätzung und Nähe angesehen. Zwar scheinen viele der Schreiben zwischen August und Albrecht – gemäß der Norm – kanzleiüberarbeitet zu sein, doch sind einige wenige eigenhändige Schreiben vorhanden, in denen sich beide sogar mit einem äußerst vertraulichen »Du« ansprechen.[42] Allein die Existenz solcher Schreiben auf Augenhöhe bezeugt die starke netzwerkliche Verbindung beider Regenten beziehungsweise die andauernden Bemühungen um eine solche. In diesem Sinn ist ebenso die Wahl des Mediums »Autograph« für die Aushandlung eines sensiblen Tatbestandes wie Vertraulichkeit zu werten. In allen anderen Fällen soll die stets eigenhändige Unterschrift den Gegenüber der eigenen Wertschätzung versichern.

Die materielle Seite der Korrespondenz

Interessant für die Beurteilung dieses dynastischen Verhältnisses wird es, wenn zur verbalen Ebene die materielle hinzugezogen wird. Um an den Beginn ihrer Verbrüderung 1562 zu erinnern und gleichsam um Beistand und Vertrauen zu bitten, schickte Albrecht V. 1563 nicht allein einen Brief, sondern gab zusätzlich eine dreimal längere Instruktion für seinen Gesandten Johann Töpfer bei. Diese verzeichnet, was Töpfer August abseits des Briefes noch einmal mündlich mitzuteilen habe.[43] Ein solches oral-kulturelles Begleitverfahren ist innerhalb der Korrespondenzkultur dieser Zeit nichts Ungewöhnliches. Einerseits versuchte man, mündliche Informationen auch vom sprachlichen Stil her so exakt wie möglich im Brief wiederzugeben, und andererseits, sogar bestimmte Gesten und die Mimik durch den Boten übermitteln zu lassen.[44]

Maximilian Lanzinner führt die Verwendung von Boten im 16. Jahrhundert auf die damit verbundene Verkürzung von Transportzeit und Postweg zurück,[45] doch sind weitere Faktoren einzubeziehen:

1. Eigene Boten zu entsenden beinhaltete, diese eigens zu benennen und nicht selten schon über eine längere Zeitspanne zu kennen, was wiederum mehr Sicherheit und Vertrauen bei Transport und Übergabe vermittelte – sowohl für den Sender als auch für den Empfänger.

2. Die typologische Verschränkung von Mündlichkeit und Schriftlichkeit im fürstlichen Briefzeremoniell ließ sich auf diese Weise am besten verwirklichen und übertrug noch einmal eine andere Wertschätzung: Man ließ ein Missiv nicht einfach durch einen unbekannten Postboten überreichen, sondern durch eine ausgewählte Vertrauensperson, welche im Moment der Übergabe eine repräsentative Stellvertreterfunktion für den fürstlichen Auftraggeber einnehmen konnte und sollte. Folglich scheint die auch von August und Albrecht angewandte Instruktion von eigenen Boten und Gesandten sowie die Praktik, diese in Briefen selbst zu empfehlen oder vom jeweils anderen Landesherren beurteilen zu lassen,[46] nicht verwunderlich – vor allem angesichts der oral-literalen Verschränkung der Korrespondenzkultur, der Vertraulichkeit der Nachrichten oder den politischen Gegebenheiten, von denen beide Regenten umgeben waren.

Überraschender ist vermutlich die gegenseitige Empfehlung und Ausleihe von Jagdpersonal unter beiden Fürsten. Die Jagd stellt neben Politik und Konfession eines der wiederkehrenden Briefthemen zwischen August und Albrecht dar. Besonders August war der zeitweisen Rekrutierung guten Jagdpersonals aus den bayerischen Landen sehr zugetan. Einmal dankte er Albrecht im Juni 1566 dafür, dass dieser ihm für mehrere Jahre sogar einen seiner besten Jäger überlassen wollte.[47] In einem weiteren Brief nur einen Monat später, vom 22. Juli 1566, bat August Albrecht erneut um die Ausleihe eines Jägers, diesmal allerdings um einen ganz bestimmten: Ihm sei berichtet worden, dass Albrecht einen Eichhörnchenjäger in seinen Diensten habe, welcher »dieselben [Eichhörnchen] wunderbarlicher weyse zusammentreiben unnd hernach auff einen baum mitteinander in schlaifken fahen soll, das dann erst lustigk wirdt, es erst zu sehen […]«.[48] Umgekehrt empfahl August Albrecht 1574 von Annaburg aus seinen Jägerjungen Castor Meisner.[49] Für die Thematik, wie durch Briefe die Verflechtung von verbaler und materieller Kultur gespiegelt wird, muss folglich auch die Korrespondenz über das gegenseitige Überlassen von Dienerschaft berücksichtigt werden.

Abb. 1
Rapier und Dolch · München (?), um 1560–1567 · Rapierklinge: Toledo · Rapier: Eisen, Gold und Silber tauschiert, Gold, Email · L gesamt: 118 cm, L Klinge: 101 cm · Dolch: Eisen, Gold, Email, L gesamt: 35 cm, L Klinge: 23,7 cm · Rüstkammer, Staatliche Kunstsammlungen Dresden, Inv.-Nrn. VI 415 und p 216

Abb. 2
Kurfürst August von Sachsen und Hofdrechsler · Gedrechselte Kunststücke auf Ebenholzsockeln · Dresden, zwischen 1578 und 1586 · Elfenbein, Holz · H 6,8–14,8 cm · Grünes Gewölbe, Staatliche Kunstsammlungen Dresden, Inv.-Nrn. II 463–II 475

Doch sind damit die Praktiken des Austausches nicht erschöpft. Obgleich im Schriftwechsel nur wenige Hinweise auf verschenkte Schmuckstücke oder Waffen zu verzeichnen sind, findet sich ein erster Höhepunkt fürstlichen Geschenktransfers in den Inventaren der Dresdner Rüstkammer.[50] August erhielt von Albrecht eine erlesene Rapier- Dolch-Garnitur mit filigranen Gold- und Emailverzierungen. Der genaue Zeitpunkt der Schenkung ist unklar, wird jedoch zwischen 1562 und 1567 datiert. Dass es sich demnach um eine Symbolgabe zur Affirmation und Festigung der »zue Frannckhfurt gemachte[n] freundliche[n] unnd vertreuliche[n] verbruederung«[51] handelte, ist denkbar – zumal die sinnbildliche Geschenkwahl einer Prunkwaffengarnitur neben weiteren repräsentativen Symbolgehalten die hoheitliche Schutzfunktion eines Landesherren und die gemeinsame Zielsetzung überkonfessioneller Friedenssicherung im Reich unterstreichen würde. Letztlich bleibt auch der Anlass ohne ein weiteres Zeugnis hypothetisch, unverkennbar jedoch ist die Kostbarkeit des Geschenks in materieller und ideeller Hinsicht. Wahrscheinlich erfolgte die Übergabe auf persönlicher Ebene, da ein so wertvolles Geschenk in den Briefen wohl nicht unkommentiert geblieben wäre.[52] Unter dem Stichwort »Bayerischer Wein gegen Zschopauer Bier« kommt ein fundamentales Feld der bayerisch-sächsischen Geschenkkultur hinzu: Im April 1567 zum Beispiel übersandte August Albrecht zusammen mit seinem Schreiben »bei diesen fhur drei vaß Freibergisch, drei vaß Torgisch unnd drei vaß Tzopisch bier [Bier aus Freiberg, Torgau und Zschopau] und gonnen Euer Libden von hertzenn, daß solich bier Euer Libden wohl zukommen, schmecken und zue gutter gesundtheitt bekommen möchte.«[53] August fügte noch hinzu, Albrecht möge diese, »geringschätzige vorehrung« seinerseits »unvorschmehet« annehmen und ihn dabei freundlich im Gedächtnis behalten. Das Schreiben von 1567 fällt gerade auf den Beginn jener Jahre, in welchen der Kontakt zwischen Bayern und Sachsen wegen des offeneren Kurses Sachsens gegenüber den Calvinisten von mehr Vorsicht und Zurückhaltung seitens Albrechts V. geprägt war. Angesichts dessen erscheint das Vorgehen oder die wohl gezielte Strategie Augusts, die Beziehungen zu Bayern durch eine solche Geschenklieferung zu bestärken, durchaus nachvollziehbar. Doch auch oder gerade nachdem die Phase der Vorsicht und der geringeren Korrespondenzdichte überwunden war, hielt die Praxis des gegenseitigen Schenkens an. Vor allem die Beigabe hochwertiger Lebensmittel oder Genussgüter erlangte einen nahezu jährlichen Traditionswert. Im Gegenzug für das sächsische Bier, welches zu der Zeit hoch geschätzt war, bedankten sich sowohl August als auch seine Frau Anna oftmals für Wein, aber – beispielsweise 1578 – auch für Zuckerwerk und Sardellen.[54]

Jenseits solcher Transfers spiegelt die Korrespondenz der Jahre 1578 und 1579 generell die wieder sehr vertraute Beziehung zwischen Bayern und Sachsen. Nach dem Tod Herzog Albrechts V. im Oktober 1579 wurde der Briefwechsel zwischen beiden Dynastien auf gegenseitigen Wunsch weitergeführt: Albrechts V. Sohn und Nachfolger, Wilhelm V. von Bayern, setzte an Stelle seines Vaters den brieflichen Austausch mit Kurfürst August fort.[55] Dass die Beziehungen tatsächlich nicht an Gewicht verloren, zeigt ein weiterer Höhepunkt der Geschenkkultur: Im April 1584 ließ August dem bayerischen Herzog ein selbst gedrechseltes Geschirr aus Elfenbein zukommen.[56] Neben dem unschätzbaren materiellen sowie ideellen Wert des Geschenks wird dadurch Augusts handwerkliche beziehungsweise künstlerische Betätigung augenfällig.

Im fürstlichen Erziehungskanon war das Erlernen des Drechselhandwerkes an fürstlichen Höfen im 16. Jahrhundert weit verbreitet.[57] Drechselnden Fürsten wurde zugeschrieben, ein komplexeres Verständnis für Technik und Kunst zu erwerben und dadurch den Handel und Wohlstand ihres Landes vermehrt fördern zu können.[58] Dresden ist in diesem Zusammenhang als ein bedeutender Ort für Drechselkunst überliefert. Kurfürst August selbst fertigte an der Drehbank, die wiederum ein fürstliches Geschenk aus Bayern war, 135 Elfenbeinstücke.[59] Auch in der Münchner Residenz befand sich zu dieser Zeit eine Drechselwerkstatt. Wie August hatten sich ebenso Albrecht V. und Wilhelm V. in der Drechselkunst unterweisen lassen. Dieses (weitere) gemeinsame »Hobby« der sächsischen und bayerischen Landesherren dürfte sich zusätzlich als verbindendes Element auf ihr Netzwerk ausgewirkt haben.

Schließlich sei im Hinblick auf das sächsisch-bayerische Verhältnis unter der Regentschaft Augusts und Albrechts auf die Translation der Gebeine des heiligen Benno von Meißen (1010–1106) im Jahr 1576 verwiesen.[60] Bemerkenswert wäre dieser Vorgang, sofern man die »Translatio« als eine höchste Form des Geschenkaustausches von Sachsen nach Bayern werten könnte. Doch war die Überführung der Gebeine von Meißen nach München, wo Benno anschließend sogar zum Stadtpatron aufstieg, anscheinend kein Akt des freiwilligen Schenkens, sondern eher eine »Nacht- und Nebelaktion«, die Albrecht V. von Bayern und der Meißner Bischof Johannes IX. von Haugwitz (1524–1595) allein untereinander vereinbart hatten. Dies scheint aus den Akten hervorzugehen, welche einen durch August geführten Prozess gegen den Bischof von Meißen bekunden.[61] Zudem kursierte in Sachsen eigentlich die Legende, dass die Gebeine des heiligen Benno bereits 1539 im Zuge der Einführung der Reformation in der Elbe versenkt worden seien.[62] Korrespondenzen über diese »Translatio« scheinen nicht überliefert, oder ihre Quellen lassen sich nicht ohne Weiteres ermitteln. Auch die Frage, wie August und Albrecht darüber kommunizierten und sich dies in ihrer Beziehung niederschlug, stellt ein Forschungsdesiderat dar.

Fazit

Mit Blick auf die hier erörterte Thematik höfischer Netzwerke und Korrespondenzkultur im Zeitalter von Kurfürst August sollten zwei Punkte herausgestellt werden: Erstens, inwiefern die fürstliche Briefkultur ein Konglomerat aus verbalen und materiellen Aspekten bildete, und zweitens, dass die Verschränkung dieser Bereiche die Beziehungspflege zwischen Sachsen und Bayern wesentlich mitgestaltete und konsolidierte.

Während auf verbaler Seite die Verwendung verwandtschaftlicher Anredebezeichnungen zur Erzeugung von Nähe, zudem Gratulationsschreiben oder mündliche Zusatzinstruktionen für Gesandte eine wirkungsvolle briefkulturelle Norm darstellte, liegt das Spezielle dieser bayerisch-sächsischen Korrespondenz in ihrer weitreichenden inhaltlichen Vertraulichkeit und Intensität vor dem Hintergrund der konfessionellen Spaltung des Reiches. Trotz der Glaubensunterschiede standen beide Landesfürsten in einem fortwährend dichten politischen Informationsaustausch. Ebenso wurden die gegenseitige Anerkennung des Glaubens sowie die Zusammengehörigkeit zu *einer* oder *der einen* »Reichsfamilie«[63] immer wieder verbal hergestellt. Der Umstand, dass beide sowohl ihre Briefe selbst unterzeichneten als auch in sensiblen Situationen sogar vereinzelt Autographen an den anderen versendeten, bekräftigt die enge, umeinander bemühte Beziehungsqualität.

In ähnlichem Maßstab ist dies für die materielle Komponente der Kontaktpflege festzuhalten: Die Entsendung oder die zeitweise Übernahme von Boten und Dienerschaft an den jeweils anderen Hof sowie die Praxis des Schenkens bilden im fürstlichen Umfeld kein Alleinstellungsmerkmal Kursachsens und Bayerns, doch ist grundlegend, dass und wie vielfältig diese Formen der Beziehungspflege hier gewählt wurden. Welche Rolle neben oder zusätzlich zu den Briefen in diesem Rahmen beispielsweise Jäger, bayerischer Wein oder Drechselkunst spielten, wird gerade durch die Korrespondenz zwischen August und Albrecht V. erfassbar. So wirkten die Beigaben oder Geschenke unter anderem unterstützend bei der Überbrückung schwieriger Kontakt-

Abb. 3
Jeremias Sibenbürger · Thronender heiliger Benno von Meissen · Augsburg, 1625 · Silber, teilweise vergoldet, Farbsteine, Holz · 96 × 52 × 18 cm · Diözesanmuseum Freising, Inv.-Nr. M 638

phasen zwischen beiden Territorien. Deutlich wurde dies, als August 1567 die neun Fässer sächsischen Bieres an Albrecht V. übersenden ließ. Die mitgesandten Geschenke vermochten die in einem Brief gewählten Worte nicht zu ersetzen. Dies war allerdings auch nicht ihre Funktion. Vielmehr sollten sie eine wirkungsvolle Ergänzung zur verbalen Ebene darstellen.

Als transpersonales Moment der Fürstenbeziehungen können Briefkorrespondenzen sogar als »vererbbar« angesehen werden. Dies zeigt sich daran, dass der Briefwechsel unter den Söhnen und weiteren Nachkommen Augusts und Albrechts auch über die Zeit des Dreißigjährigen Krieges fortgeführt wurde. Wie wenig jenes Vererbungsmoment und die materielle Seite der fürstlichen Netzwerkpflege trotz der Macht der Worte zu unterschätzen sind, soll das abschließende Exempel verdeutlichen: Kurfürst Christian I. von Sachsen (1560–1591) sicherte nach Augusts Tod Herzog Wilhelm V. von Bayern zu, München in jedem Frühjahr weiterhin mit sächsischem Bier zu beliefern: »[…] also übersenden wir Euer Libden bey gegenwertiger fuhre zwölff faß Zschopaurisch bier, so gut es dis jahr des orts gebreuet worden.«[64]

ANMERKUNGEN

1 Vgl. Wolfgang Behringer, Das Netzwerk der Netzwerke. Raumportionierung und Medienrevolution in der Frühen Neuzeit, in: Das Mediensystem im Alten Reich der Frühen Neuzeit (1600–1750) (Veröffentlichungen des Instituts für Europäische Geschichte Mainz, Supplement 75), hrsg. von Johannes Arndt und Esther-Beate Körber, Göttingen 2010, S. 39–57. | **2** Vgl. beispielsweise Volker Bauer, Nachrichtenmedien und höfische Gesellschaft. Zum Verhältnis von Mediensystem und höfischer Öffentlichkeit im Alten Reich, in: ebd., S. 173–194, hier S. 173; Helmut Neuhaus, Das Reich in der Frühen Neuzeit (Enzyklopädie deutscher Geschichte 42), 2. Aufl. München 2003, hier S. 1–2. Manfred Rudersdorf spricht zur Unterstreichung der Bedeutung der Landesherren vom »Fürstenstaat« in Ders., Die Generation der lutherischen Landesväter im Reich. Bausteine zu einer Typologie der deutschen Reformationsfürsten, in: Die Territorien des Reichs im Zeitalter der Reformation und Konfessionalisierung. Land und Konfession 1500–1650, Bd. 7: Bilanz – Forschungsperspektiven – Register (Katholisches Leben und Kirchenreform im Zeitalter der Glaubensspaltung 57), hrsg. von Anton Schindling/Walter Ziegler, Münster 1997, S. 137–170, hier S. 137. | **3** Michael North, Das Reich als kommunikative Einheit, in: Kommunikation und Medien in der Frühen Neuzeit (Historische Zeitschrift, Beiheft, N. F. 41), hrsg. von Johannes Burkhardt und Christine Werkstetter, München 2005, S. 237–247, hier S. 237. | **4** Maximilian Lanzinner deutet Kommunikation »allgemein als Verständigungsprozeß über Medien als Träger«, vgl. Ders., Kommunikationsraum Region und Reich. Einleitung, in: ebd., S. 227–235, hier S. 227. Gabriele Haug-Moritz definiert, speziell für die Mitte des 16. Jahrhunderts, Kommunikation noch etwas weiter gefasst als »Verständigungsprozeß über Wirklichkeit, konkret: über die Friedlosigkeit im Reich der Jahre 1542 bis 1554«, vgl. Dies., Das Reich als medialer Kommunikationsraum. Skizze eines Forschungsprojektes, in: Frühneuzeit-Info 17 (2006), S. 58–69, hier S. 59. | **5** Ebd., S. 60. | **6** Vgl. ebd.; Katrin Keller, Kommunikationsraum Altes Reich. Zur Funktionalität der Korrespondenznetze von Fürstinnen im 16. Jahrhundert, in: Zeitschrift für Historische Forschung 31 (2004), S. 205–230, hier vor allem S. 206; Dies. Die Kurfürstin im Alten Reich. Korrespondenz und Klientel im 16. und 17. Jahrhundert, in: Neues Archiv für sächsische Geschichte 83 (2012), S. 189–206, hier bes. S. 189; Lanzinner, Kommunikationsraum (wie Anm. 4); North, Reich (wie Anm. 3), S. 241. | **7** Keller, Kommunikationsraum (wie Anm. 6), S. 206. | **8** Zum Forschungsfeld von »Anwesenheit und Abwesenheit«: Mark Hengerer (Hrsg.), Abwesenheit beobachten. Zu Kommunikation auf Distanz in der Frühen Neuzeit (Vita curialis 4), Berlin/Münster 2013; André Kieserling, Kommunikation unter Anwesenden. Studien über Interaktionssysteme, Frankfurt a. M. 1999; Rudolf Schlögl, Anwesende und Abwesende. Grundriss für eine Gesellschaftsgeschichte der Frühen Neuzeit, Konstanz 2014; Ders., Kommunikation und Vergesellschaftung unter Anwesenden. Formen des Sozialen und ihre Transformation in der Frühen Neuzeit, in: Geschichte und Gesellschaft 34 (2008), S. 155–224. Im Übrigen spricht auch Schlögl von einem höfischen Kommunikationsraum (vgl. Ders., Anwesende und Abwesende, S. 253). | **9** Sächsisches Staatsarchiv – Hauptstaatsarchiv Dresden (im Folgenden StA-D), 10024 Geheimer Rat (Rubrik 063.01.09 Handschreiben), Loc. 8499/04 bis Loc. 8527/04 für Kurfürst August; sowie StA-D, 10024 Geheimer Rat (Rubrik 063.01.10 Handschreiben), Loc. 8528/01 bis Loc. 8539/02 für Kurfürstin Anna. Hierbei bewegt sich der Umfang der für Anna geschätzten Briefe bei etwa 25 000 Stück. Vgl. Jutta Kappel, Zwischen Koldinghus und Annaburg. Lebenslinien der dänischen Prinzessin Anna als Kurfürstin von Sachsen, in: Mit Fortuna übers Meer. Sachsen und Dänemark – Ehen und Allianzen im Spiegel der Kunst (1548–1709), hrsg. von Ders. und Claudia Brink, Berlin 2009, S. 91–95, hier S. 92; als auch Katrin Keller, Kurfürstin Anna von Sachsen (1532–1585), Regensburg 2010, hier S. 72. Eine Zahl für Augusts Korrespondenzumfang lässt sich bisher nur in Ansätzen über eine Meterzahl an Akten schätzen. Diese beträgt laut Guntram Martin, Dresden, allein für die Rubrik Handschreiben etwa elf laufende Meter. Vgl. Ders., Die Archivalien der Kurfürsten August, Christian I., Christian II. und Johann Georg I. bis 1618 und ihre Edition, in: Die sächsischen Kurfürsten während des Religionsfriedens von 1555 bis 1618 (Quellen und Forschungen zur sächsischen Geschichte 31), hrsg. von Helmar Junghans, Leipzig/Stuttgart 2007, S. 139–148, hier S. 141. | **10** Wieland Held, Die politische Korrespondenz des sächsischen Kurfürsten August (1553–1586), in: Neues Archiv für sächsische Geschichte 70 (1999), S. 237–244; Martin, Archivalien (wie Anm. 9). | **11** Vgl. Keller, Kommunikationsraum (wie Anm. 6), S. 227; Dies., Kurfürstin (wie Anm. 6), S. 190; Dies., Kurfürstin Anna von Sachsen (1532–1585). Von Möglichkeiten und Grenzen einer »Landesmutter«, in: Das Frauenzimmer. Die Frau bei Hofe in Spätmittelalter und Früher Neuzeit (Residenzenforschung 11/Symposium der Residenzen-Kommission der Akademie der Wissenschaften zu Göttingen 6), hrsg. von Jan Hirschbiegel und Werner Paravicini, Stuttgart 2000, S. 263–285, hier S. 274 f. Zum fürstlichen Arbeits- und Regierungspaar allgemein siehe Cordula Nolte, Frauen und Männer in der Gesellschaft des Mittelalters, Darmstadt 2011, hier S. 128; Heide Wunder, Einleitung: Dynastie und Herrschaftssicherung: Geschlechter und Geschlecht [sic!], in: Dynastie und Herrschaftssicherung in der Frühen Neuzeit. Geschlechter und Geschlecht (Zeitschrift für historische Forschung, Beiheft 28), hrsg. von Ders., Berlin 2002, S. 9–28, vor allem S. 21–23. | **12** Katrin Keller geht für die Zeit zwischen 1551 und 1585 von rund zwei Drittel Frauen im Adressatenkreis Annas aus. Vgl. Keller, Kurfürstin im Alten Reich (wie Anm. 6), S. 193; Dies., Kommunikationsraum (wie Anm. 6), S. 216. | **13** Zum Diskurs vormoderner Öffentlichkeit und Privatheit siehe z. B.: Cordula Nolte, Familie, Hof und Herrschaft. Das verwandtschaftliche Beziehungs- und Kommunikationsnetz der Reichsfürsten am Beispiel der Markgrafen von Brandenburg-Ansbach (1440–1530) (Mittelalter-Forschungen 11), Ostfildern 2005; Gert Melville (Hrsg.), Das Öffentliche und Private in der Vormoderne (Norm und Struktur 10), Köln/Weimar/Wien 1998. Zum Verhältnis von Öffentlichkeit, Hof und Printmedien vgl. Bauer, Nachrichtenmedien (wie Anm. 2), zu Öffentlichkeit und Briefen vgl. z. B. Gerhard Fouquet, Fürsten unter sich – Privatheit und Öffentlichkeit, Emotionalität und Zeremoniell im Medium des Briefes, in: Principes. Dynastien und Höfe im späten Mittelalter (Residenzenforschung 14), hrsg. von Cordula Nolte, Karl-Heinz Spieß und Ralf-Gunnar Werlich, Stuttgart 2002. | **14** Aus einer Vielzahl von Werken zur Bedeutung des Fürstinnenstandes siehe exemplarisch die Forschungen zu adligen Frauen und Diplomatie: Corina Bastian, Verhandeln in Briefen. Frauen in der höfischen Diplomatie des frühen 18. Jahrhunderts (Externa 4), Köln/Weimar/Wien 2013; Dies. u. a. (Hrsg.), Das Geschlecht der Diplomatie. Geschlechterrollen in den Außenbeziehungen vom Spätmittelalter bis zum 20. Jahrhundert (Externa 5), Köln/Weimar/Wien 2014; sowie im Weiteren die Forschungen zu Einfluss und Stellung hochadliger Frauen in ihren verschiedenen Lebensphasen: Beatrix Bastl, Tugend, Liebe, Ehre. Die adelige Frau in der Frühen Neuzeit, Köln/Weimar/Wien 2000; Ute Essegern, Fürstinnen am kursächsischen Hof. Lebenskonzepte und Lebensläufe zwischen Familie, Hof und Politik in der ersten Hälfte des 17. Jahrhunderts (Schriften zur sächsischen Geschichte und Volkskunde 19), Leipzig 2007; Hirschbiegel/Paravicini, Frauenzimmer (wie Anm. 11); Jens Klingner (Hrsg.), Die Korrespondenz der Herzogin Elisabeth von Sachsen, Bd. 2: Die Jahre 1533 und 1534 (Quellen und Materialien zur sächsischen Geschichte und Volkskunde 3.2), Leipzig 2016 [im Druck]; Martina Schattkowsky (Hrsg.), Witwenschaft in der Frühen Neuzeit. Fürstliche und adelige Witwen zwischen Fremd- und Selbstbestimmung (Schriften zur sächsischen Geschichte und Volkskunde 6), Leipzig 2003; André Thieme (Hrsg.), Die Korrespondenz der Herzogin Elisabeth von Sachsen, Bd. 1: Die Jahre 1505 bis 1532 (Quellen und Materialien zur sächsischen Geschichte 3.1), Leipzig 2010; Heide Wunder, Regierende Fürstinnen des 16. Jahrhunderts im Heiligen Römischen Reich deutscher Nation: Teilhabe an Herrschaft, Konfessionsbildung und Wissenschaften, in: Herzogin Elisabeth von Braunschweig-Lüneburg (1510–1558). Herrschaft, Konfession, Kultur (Quellen und Darstellungen zur Geschichte Niedersachsens 132), bearb. von Eva Schlotheuber, Hannover 2011, S. 34–55; Dies., »Die Fürstin bei Hofe« im Heiligen Römischen Reich (16.–18. Jahrhundert), in: Der Hof. Ort kulturellen Handelns von Frauen in der Frühen Neuzeit (Musik – Kultur – Gender 12), hrsg. von Susanne Rode-Breymann und Antje Tumat, Köln/Weimar/Wien 2013, S. 21–51. | **15** Basal sind die zahlreichen Arbeiten von Katrin Keller: Keller, Kurfürstin im Alten Reich (wie Anm. 6); Dies., Die sächsischen Kurfürstinnen in der zweiten Hälfte des 16. Jahrhunderts – Familie und Politik, in: Junghans, Religionsfrieden (wie Anm. 9), S. 279–296; Keller, Kommunikationsraum (wie Anm. 6); Dies., Anna von Sachsen (wie Anm. 9); Dies., Möglichkeiten und Grenzen (wie Anm. 11); wichtig jedoch ebenso: Kappel, Lebenslinien (wie Anm. 9); Alisha Rankin, Experimente am Hof. Die pharmazeutische Praxis der Anna von Sachsen (1532–1585), in: Sächsische Heimatblätter 2 (2009), S. 155–163; Regina Röhner, Eine Kurfürstin in der Küche. Anna von Sachsen und ihre Rezepte, Leipzig 2012; Ursula Schlude/Heide Inhetveen, Kursachsen – agrargeschichtlich – weiblich. Ein Göttinger Forschungsprojekt über Kurfürstin Anna von Sachsen (1532–1585), in: Neues Archiv für sächsische Geschichte 74/75 (2003/04), S. 423–429; Ursula Schulde, »Ratlich genislich bestellen« – Agrarwissen und -praxis der Kurfürstin Anna von Sachsen (1532–1585), in: Sächsische Heimatblätter 2 (2009), S. 164–171. | **16** Stärkere Theoreme aus dem derzeitigen Forschungsfeld von Materialität, materieller Kultur bzw. des so subsumierten »Material Turn« sind vor der Zielsetzung dieses Beitrages zu vernachlässigen. Einen Überblick über dieses weite Feld gibt der Aufsatz von Marian Füssel, Die Materialität der Frühen Neuzeit. Neuere Forschungen zur Geschichte der materiellen Kultur, in: Zeitschrift für Historische Forschung 42 (2015), S. 433–463; weiterhin z. B. Natalie Zemon Davis, Die schenkende Gesellschaft. Zur Kultur der französischen Renaissance, übersetzt von Wolfgang Kaiser, München 2002; Dagmar Freist (Hrsg.), Diskurse – Körper – Artefakte. Historische Praxeologie in der Frühneuzeitforschung (Praktiken der Subjektivierung 4), Bielefeld 2015; Hans Ulrich Gumbrecht/Karl Ludwig Pfeiffer (Hrsg.), Materialität der Kommunikation (Suhrkamp-Taschenbuch Wissenschaft 750), Frankfurt a. M. 1988; Hans Peter Hahn, Materielle Kultur. Eine Einführung, Berlin 2005; Bruno Latour, Eine neue Soziologie für eine neue Gesellschaft. Einführung in die Akteur-Netzwerk-Theorie, übersetzt von Gustav Roßler, Frankfurt a. M. 2007. | **17** Vgl. Jens Bruning, August (1553–1586), in: Die Herrscher Sachsens. Markgrafen, Kurfürsten, Könige 1089–1918, hrsg. von Frank-Lothar Kroll (Beck'sche Reihe 1739), München 2004, S. 110–125, hier S. 112; Keller, Kurfürstin im Alten Reich (wie Anm. 6), S. 190. | **18** Vgl. Maximilian Lanzinner, Friedenssicherung und politische Einheit des Reiches unter Kaiser Maximilian II. (1564–1576) (Schriftenreihe der Historischen Kommission bei der Bayerischen Akademie der Wissenschaften 45), Göttingen 1993, hier z. B. S. 73, 309: Mit August wechselte Maximilian II. z. B. regelmäßig eigenhändige Schreiben, jedoch verband ihn ebenso mit Albrecht V. neben der familiären Verbindung eine langjährige freundschaftliche Korrespondenz. Vgl. auch Reiner Zimmermann (Hrsg.), Evangelisch-katholische Fürstenfreundschaft. Korrespondenzen zwischen den Kurfürsten von Sachsen und den Herzögen von Bayern von 1513–1586 (Friedensauer Schriftenreihe, Reihe A, Theologie 6), Frankfurt a. M. u. a. 2004, S. 12. | **19** Vgl. Lanzinner, Friedenssicherung (wie Anm. 18), S. 513 ff.; Zimmermann, Fürstenfreundschaft (wie Anm. 18), S. 12. | **20** StA-D, 10024 Geheimer Rat, Loc. 8511/02, Loc. 8511/04, Loc. 8512/01, Loc. 8512/07, Loc. 8514/03, Loc. 8516/01, Loc. 8520/01. | **21** StA-D, 10024 Geheimer Rat, Loc. 08511/04, Loc. 8512/01. | **22** Vgl. Keller, Kurfürstin Anna von Sachsen (wie Anm. 9), S. 76; Dies., Kommunikationsraum (wie Anm. 6), S. 218; Dies., Kurfürstin (wie Anm. 6), S. 193 f. | **23** Zimmermann, Fürstenfreundschaft (wie. Anm. 18). | **24** Weiterführend zu Aufbau und Stilistik vormoderner Briefe exemplarisch: Marie Bláhová, Korrespondenz als Quelle der mittelalterlichen Zeitgeschichtsschreibung, in: Kommunikationspraxis und Korrespondenzwesen im Mittelalter und in der Renaissance, hrsg. von Heinz-Dieter Heimann und Ivan Hlaváček, Paderborn u. a. 1998, S. 179–190, hier S. 185 f.; Ilona Fendrich, Die Beziehung von Fürstin und Fürst: [sic!] zum hochadeligen Ehealltag im 15. Jahrhundert, in: Fürstin und Fürst. Familienbeziehungen und Handlungsmöglichkeiten von hochadeligen Frauen im Mittelalter (Mittelalter-Forschungen 15), hrsg. von Jörg Rogge, Ostfildern 2004, S. 93–138, hier S. 115 f.; Carmen Furger, Briefsteller. Das Medium »Brief« im 17. und frühen 18. Jahrhundert, Köln/Weimar/Wien 2010; Elżbieta Kucharska, Anreden des Adels in der deutschen und der polnischen Briefkultur vom 17. bis Anfang des 20. Jahrhunderts. Eine vergleichende sprachwissenschaftliche Untersuchung, Neustadt a. d. Aisch 2000; Cordula Nolte, »Pey eytler finster in einem weichen pet geschrieben.« Eigenhändige Briefe in der Familienkorrespondenz der Markgrafen von Brandenburg (1470–

1530), in: Adelige Welt und familiäre Beziehung. Aspekte der »privaten Welt« des Adels in böhmischen, polnischen und deutschen Beispielen vom 14. bis zum 16. Jahrhundert, hrsg. von Heinz-Dieter Heimann, Potsdam 2000, S. 177–202, hier S. 186. | **25** Sta-D, 10024 Geheimer Rat, Loc. 8511/04, fol. 260, als eines von zahlreichen Beispielen dieser Anredepraktik; vgl. auch die Ausführungen von Zimmermann, Fürstenfreundschaft (wie Anm. 18), S. 21. | **26** Aus einer Vielzahl von Werken zum Forschungsfeld »Familie in Früher Neuzeit und Neuzeit« vgl. die Arbeiten von Beatrix Bastl, »Wan Ich nur bei Dier sein mecht / würden mier alle beschwerden leichter«. Zur Bedeutung von Ehe und Liebe innerhalb des österreichischen Adels in der Frühen Neuzeit, in: Wolfenbütteler Barock-Nachrichten 22 (1995), H. 1, S. 9–15; oder Dies., »Ins herz khan man kein sehen«. Weibliche Kommunikations- und Beziehungskulturen innerhalb der adeligen »familia« der Frühen Neuzeit, in: Schwestern und Freundinnen. Zur Kulturgeschichte weiblicher Kommunikation, hrsg. von Eva Labouvie, Köln/Weimar/Wien 2009, S. 305–319; Andreas Gestrich, Geschichte der Familie im 19. und 20. Jahrhundert (Enzyklopädie deutscher Geschichte 50), 3. Aufl. München 2013; Nolte, Familie (wie Anm. 13); Sophie Ruppel, Verbündete Rivalen. Geschwisterbeziehungen im Hochadel des 17. Jahrhunderts, Köln/Weimar/Wien 2006; Reinhard Stauber, Herzog Albrecht IV. und die Einheit des Hauses Bayern, in: Zeitschrift für bayrische Landesgeschichte 60 (1997), S. 539–565; Stefanie Walter, Die (Un-) Ordnung der Ehe. Normen und Praxis ernestinischer Fürstenehen in der Frühen Neuzeit (Ancien Régime, Aufklärung und Revolution 39), München 2011. | **27** Vgl. Ruppel, Verbündete Rivalen (wie Anm. 26), S. 66 ff. | **28** Hierbei fließt neben der persönlichen Zugewandtheit formal auch der Faktor der Altersgleichheit ein, denn wäre unter selbigen Voraussetzungen einer der beiden Männer wesentlich älter, würde dieser in der Anredepraktik vom »Bruder« zum »Vater«. | **29** Zimmermann, Fürstenfreundschaft (wie Anm. 18), S. 147, Brief 87. | **30** Vgl. dazu auch Thomas Nicklas, Reichspolitische Beziehungsgeflechte im 16. Jahrhundert. Lazarus von Schwendi und der Dresdner Hof, in: Neue Studien zur frühneuzeitlichen Reichsgeschichte (Zeitschrift für historische Forschung, Beiheft 19), hrsg. von Johannes Kunisch, Berlin 1997, S. 181–206, hier S. 188. | **31** Vgl. Zimmermann, Fürstenfreundschaft (wie Anm. 18), S. 12 ff. | **32** Vgl. z. B. Bruning, August (wie Anm. 17), S. 121 ff.; Ders., Landesvater oder Reichspolitiker? Kurfürst August von Sachsen und sein Regiment in Dresden 1553–1586, in: Figuren und Strukturen. Historische Essays für Hartmut Zwahr zum 65. Geburtstag, hrsg. von Manfred Hettling/Uwe Schirmer/Susanne Schötz, München 2002, S. 205–224, hier S. 218 ff. | **33** Vgl. ebd., S. 217–218; Zimmermann, Fürstenfreundschaft (wie Anm. 18), S. 11. | **34** Nicht nur blieb die konfessionelle Mischehe zwischen Elisabeth von Sachsen und Pfalzgraf Johann Casimir zeitlebens unglücklich. Auch der Zweck, zu dem sie geschlossen wurde, nämlich die Kurpfalz stärker in das protestantische Bündnis und die Einheit des Reiches zu integrieren, schlug fehl. Zum einen führte die Uneinigkeit zwischen August und den Pfalzgrafen zur Parteinahme in außenpolitischen Religionsfragen sowie in Fragen zur Herstellung der Sicherheit und des Religionsfriedens im Reich zu dieser ablehnenden Haltung Sachsens. Zum anderen gründete es sich wohl auf das gewaltige Misstrauen durch den »Kryptocalvinismus-Verdacht« bei Augusts eigenen Räten im Jahr 1574 und die folgende Sanktionierung der philippistischen Gruppe am Dresdner Hof. Vgl. Bruning, August (wie Anm. 17), S. 121 ff.; Ders., Landesvater oder Reichspolitiker (wie Anm. 32), S. 218 f.; Eike Wolgast, Die kurpfälzischen Beziehungen zu Kursachsen, in: Junghans, Religionsfrieden (wie Anm. 9), S. 13–31, hier S. 25–27. | **35** Zimmermann, Fürstenfreundschaft (wie Anm. 18), S. 63, Brief 30. | **36** North, Reich (wie Anm. 3), S. 238. | **37** Nikolaus Selnecker, Eine Christliche Leichpredigt, Bey dem trawrigen öffentlichem Begengnüs, des Christlichen seligen Abgangs, des Durchleuchtigsten, Hochgebornen Fürsten vnd Herrn, Herrn Avgvsti Hertzogen zu Sachsen, des H. Römisch. Reichs Ertzmarschall, vnd Churfürsten, Landgraffen in Duringen, Marggraffen zu Meissen und Burggraffen zu Magdeburg etc. unsers gnedigsten herrn. Gethan zu Leipzig den 20. Februarij 1586, Leipzig 1586. | **38** Zimmermann, Fürstenfreundschaft (wie Anm. 18), S. 63, Brief 30. | **39** Ebd., S. 65 f., Brief 32; sowie Sta-D, 10024 Geheimer Rat, Loc. 8511/4, fol. 248–251. | **40** Vgl. Hannes Ziegler, Fürstliche Beratung zwischen Abhängigkeit und Kontrolle. Lutherische Obrigkeitslehre und persönliches Regiment unter Kurfürst August von Sachsen (1553–1586), in: Neues Archiv für sächsische Geschichte 86 (2015), S. 1–28, hier S. 9 f.; vgl. auf dieser Basis auch Zimmermann, Fürstenfreundschaft (wie Anm. 18), S. 143–145, Brief 85. | **41** Vgl. Fendrich, Fürstin und Fürst (wie Anm. 24), S. 96; Nolte, Pey eytler finster (wie Anm. 24). | **42** Vgl. Zimmermann, Fürstenfreundschaft (wie Anm. 18), S. 143–147, Briefe 85 und 86. | **43** Ebd., S. 49–52, Brief 21. | **44** Nolte, Familie (wie Anm. 13), S. 313 ff., 329 ff. | **45** Lanzinner, Kommunikationsraum (wie Anm. 4), S. 231. | **46** Zimmermann, Fürstenfreundschaft (wie Anm. 18), S. 55 f., Brief 24: August stellt in einem Schreiben an Albrecht V. vom 10. Mai 1564 dessen Gesandten Georg von Gersdorff ein durchweg positives Zeugnis aus, indem er dessen jahrelangen treuen und freundschaftlichen Dienste hervorhebt. | **47** Ebd., S. 125 f., Brief 74. | **48** Ebd., S. 126 f., Brief 75. | **49** Ebd., S. 139, Brief 83. | **50** Hierzu mehr bei Christine Nagel, Goldene Zeugnisse einer bayrisch-sächsischen Fürstenfreundschaft in der Rüstkammer und im Grünen Gewölbe, in: Dresdner Kunstblätter 2 (2015), S. 10–17. | **51** Zimmermann, Fürstenfreundschaft (wie Anm. 18), S. 51, Brief 21. | **52** Vgl. Nagel, Goldene Zeugnisse (wie Anm. 50), S. 15. | **53** Zimmermann, Fürstenfreundschaft (wie Anm. 18), S. 129, Brief 77. | **54** Ebd., S. 148 f., Briefe 88 und 89. | **55** Dies bekundet Wilhelm V. z. B. auch willentlich in einem Brief an August vom 27. Januar 1580. Vgl. ebd., S. 155, Brief 93. | **56** Ebd., S. 159 f., Brief 99. | **57** Vgl. Jutta Kappel, Elfenbeindrechselkunst am Dresdner Hof, in: In fürstlichem Glanz. Der Dresdner Hof um 1600, hrsg. von Dirk Syndram und Antje Scherner, Hamburg/Dresden 2004, S. 176–205; Klaus Maurice, Der drechselnde Souverän. Materialien zu einer fürstlichen Maschinenkunst, übersetzt von Dorothy Ann Schade, Zürich 1985. | **58** Ebd. S. 9. | **59** Ebd., S. 56 zur Zahl der Elfenbeinarbeiten. Zur Schenkung der Drechselbank vgl. Nagel, Goldene Zeugnisse (wie Anm. 50), S. 12. | **60** Benno war ab 1066 Bischof von Meißen. 1523 erfolgte die Heiligsprechung durch Papst Hadrian VI. (1459–1523), die Erhebungsfeier in Meißen geschah im Jahr darauf, am 16. Juni 1524. Vgl. Norbert Hupbach, Der Heilige Benno. Bischof von Meißen und Schutzpatron von München, Dresden 2006. Nach verschiedenen Stationen ruhten Bennos Gebeine bis 1539 im Dom zu Meißen. | **61** Ebd., hier S. 94–102. | **62** Vgl. ebd., S. 91 f.; Alois Schmid, Der heilige Benno in Bayern, in: Monumenta Misnensia. Jahrbuch für Dom und Albrechtsburg zu Meißen [Reihe Ecclesia Misnensis] 7 (2005/06), S. 30–40, hier S. 30. | **63** Vgl. zum Begriff Ruppel, Verbündete Rivalen (wie Anm. 26), S. 73. | **64** Zimmermann, Fürstenfreundschaft (wie Anm. 18), S. 139, Brief 106.

KATRIN KELLER

Die Fürstin und das Reich. Anna von Sachsen in der kursächsischen Politik

Kurfürstin Anna von Sachsen (1532–1585) ist eine der Fürstinnen des 16. Jahrhunderts, deren Person und Wirken schon im 19. Jahrhundert Aufmerksamkeit in der landesgeschichtlichen Forschung erfuhr. Insbesondere im Kontext der Konflikte um die Kryptocalvinisten in Kursachsen um 1574, aber auch als »Landesmutter«, die den kurfürstlichen Domänen und der Herstellung und Verteilung von Medizin und Destillaten Aufmerksamkeit widmete, wurde sie thematisiert.[1] Ihre Biographie aus der Feder von Karl von Weber (1806–1879) aus dem Jahr 1865 enthält viele bis heute nützliche, leider aufgrund fehlender Quellenangaben nicht immer nachvollziehbare Details aus dem Leben und Wirken der Fürstin. In den letzten Jahren sind freilich etliche weitere Studien entstanden, die ich versucht habe, in meine 2010 erschienene Biographie der Kurfürstin einfließen zu lassen.[2] Hintergrund für diese neueren Arbeiten sind verschiedene Innovationen in der wissenschaftlichen Beschäftigung mit Geschichte, unter denen der wachsende Stellenwert von Frauen- und Geschlechtergeschichte seit den 1980er Jahren sicher nur eine ist. Allerdings hat sich die Geschlechtergeschichte mit dem Handeln und dem Stellenwert von Fürstinnen verhältnismäßig spät befasst; erst in den letzten zehn Jahren scheint es so, als ob fürstliche und hochadlige Frauen stärkere Beachtung finden.[3]

In einem in der deutschsprachigen Forschung traditionsreichen und sehr intensiv »beforschten« Gebiet jedoch, in der reichsgeschichtlichen Forschung, haben Fürstinnen bislang kaum eine Rolle gespielt. Wenn man den noch in den letzten Jahren entstandenen Darstellungen zur Geschichte des Alten Reiches in der Frühen Neuzeit[4] Glauben schenken will, dann gab es nur eine Frau, die Bedeutung für das Reich erlangte: Kaiserin Maria Theresia (1717–1780), die berühmteste Erbtochter des 18. Jahrhunderts. Allenfalls als Ehefrauen werden Fürstinnen sonst noch erwähnt, als Ehefrauen, die mit ihren Männern zu Reichsversammlungen reisten oder als Erbtöchter Reichsterritorien in andere Dynastien einbrachten – oder als Ehefrauen, die nach dem Tod des Gemahls für kürzere oder längere Zeit die Regentschaft für einen unmündigen Sohn übernahmen.

Politik und Dynastie: Rahmenbedingungen

Anna von Sachsen war keine Erbtochter, und da sie vor ihrem Ehemann starb, kam es auch nicht zu einer Regentschaft, zumal ihr einziger überlebender Sohn Christian I. (1560–1591) zum Zeitpunkt der Regierungsübernahme schon Mitte zwanzig war und selbst zwei Söhne hatte. Und doch war sie eine Fürstin, der keineswegs nur innerhalb der Grenzen Kursachsens politisches Gewicht zukam, wie ihr traditionelles Epitheton »Mutter« Anna nahelegen mag. So reiste die Kurfürstin eben fast immer gemeinsam mit ihrem Gemahl, wenn dieser das kursächsische Territorium verließ, und so finden wir sie auch immer wieder bei Reichsversammlungen anwesend. Anna begleitete etwa 1562 ihren Gemahl zur Königswahl und -krönung Maximilians II. (1527–1576) nach Frankfurt am Main; 1566 reiste sie mit zum Reichstag nach Augsburg, ebenso wie 1576 und 1582. Zahlreiche weitere Reisen führten das Paar in andere Reichsterritorien; Anna begleitete ihren Ehemann unter anderem nach Küstrin, Güstrow, Berlin, Schwerin, Wolfenbüttel und Dessau, nach München sowie zweimal (1570, 1573) nach Wien und nach Prag, wo man den mit August seit Jugendtagen befreundeten Kaiser Maximilian II. und dessen Frau Maria (1528–1603), später (1581) ebenso deren Sohn Kaiser Rudolf II. (1552–1612) traf.[5]

Auch für die Kurfürstin waren diese Reisen freilich deutlich mehr als bloßer Zeitvertreib. Sie knüpfte dabei Kontakte, hielten sich doch beispielsweise anlässlich der Wahl Maximilians II. zum römischen König 1562 in Frankfurt am Main neben Anna dessen Gemahlin Maria de Austria und Herzogin Anna von Bayern (1528–1590) als Gemahlin eines der bedeutendsten Reichsfürsten in der Stadt auf; auch die verwitwete Herzogin von Lothringen und ihre Tochter erschienen dort. Aufgrund einer detaillierten Beschreibung[6] wissen wir, dass die Damen einander sowohl gemeinsam mit ihren Ehemännern als auch allein Besuche abstatteten. Außerdem nahmen sie an öffentlichen Festen und Zeremonien teil wie etwa dem Ordensfest des Ordens vom Goldenen Vlies am Andreastag 1562.

In diesem Kontext ist auch das Beispiel des Einzuges von Kurfürst August von Sachsen beim Reichstag 1566 interessant.[7] Zusammen mit seinem großen Gefolge nutzte er diesen, um soziales und politisches Kapital eindrucksvoll in Szene zu setzen, empfingen ihn doch vor der Stadt Kaiser Maximilian II. und 13 Kur- und Reichsfürsten, um ihn in die Stadt zu geleiten; drei weitere Reichsfürsten – sein Schwager Herzog Johann (der Jüngere) von Schleswig-Holstein-Sonderburg (1545–1622) sowie Fürst Joachim Ernst von Anhalt (1536–1586) und Herzog Heinrich von Liegnitz (1539–1588) – waren mit dem Kurfürsten gemeinsam nach Augsburg gereist. Eine prominente Stelle in diesem höchst standesgemäß gestalteten Einzug in die Reichstagsstadt erhielt allerdings auch seine Gemahlin Anna: Mit ihrem umfangreichen weiblichen Gefolge nahm sie in der Reihenfolge den Platz der Kaiserin ein, die sich zwar in Augsburg befand, aber nicht mit ihrem Gemahl das kurfürstliche Paar vor der Stadt begrüßt hatte. Diese Position der Fürstin im Adventus war ungewöhnlich und möglicherweise auch eine Reminiszenz auf die königliche Abstammung Annas aus dem in Dänemark regierenden Haus Oldenburg.

Auf jeden Fall betonte es die Dignität des kurfürstlichen Hauses vor einer großen Öffentlichkeit und demonstrierte Rang und Ranganspruch der Dynastie innerhalb des Reiches. Die Rolle der Fürstin als Teil fürstlich-dynastischer Repräsentation, auch wenn sie an Institutionen des Reiches – in erster Linie dem Reichstag – als Frau keinen Anteil haben konnte, ist damit angedeutet. Und über den Stellenwert symbolischer Repräsentation für die Konstituierung des Reiches wie für dessen institutionelles Funktionieren ist in den letzten 15 Jahren ausführlich geforscht worden, was das Bild des Alten Reiches durchaus verändert hat.[8]

Kursächsische Politik im Reich erschöpfte sich aber natürlich nicht in symbolischer Kommunikation der Position als führender lutherischer Reichsstand; Kurfürst August agierte vielmehr umfassend im Sinne der Konsolidierung und Ausweitung dynastischer Herrschaft im Inneren des Territoriums wie im Rahmen des Alten Reiches.[9] Hatte die Kurfürstin dabei eine Rolle zu übernehmen oder war fürstliche Politik tatsächlich, wie es die traditionelle Reichsgeschichte und die ältere Politikgeschichte nahelegen, eine reine »Männersache«?

Wichtig für die Beantwortung dieser Frage ist nicht zuletzt das Verständnis davon, was »Politik« eigentlich meint – im modernen Sinne geht es um »Machtkunst«, um Handeln, das stark auf Institutionen bezogen ist.[10] In der Frühen Neuzeit war Politik jedoch von Dynastie beziehungsweise Familie nicht zu trennen und politisches nicht von dynastischem Handeln. Zwar ist die Rolle dynastischen Handelns von hochadligen Frauen ebenfalls lange nicht beachtet worden,[11] aber es kann kein Zweifel daran bestehen, dass auch Fürstinnen – und zwar nicht nur in Krisenzeiten wie der der Regentschaft – zum Wohl der Dynastie agierten und in die Ausübung dynastischer Herrschaft einbezogen waren. Fürst und Fürstin bildeten de facto ein Arbeitspaar,[12] das mit der Wahrung des Ansehens, des Wohls, des Einflusses der Dynastie sozusagen beauftragt war – von Gottes Gnaden, wie die zeitgenössische Formulierung lautete. Welche Aufgaben fielen nun Anna von Sachsen in diesem gemeinsamen Wirken im Rahmen des Reiches zu?

Korrespondenz

Ein differenziertes und umfangreiches Handlungsfeld der Fürstin, das Anna von Sachsen in geradezu vorbildlicher Weise besetzte, war das der Korrespondenz mit verschiedenen Fürstinnen und Fürsten, adligen Damen und Herren, aber auch Amtsträgern des Reiches. Über ihre äußerst umfangreiche und sehr geschlossen überlieferte Korrespondenz ist bereits mehrfach geschrieben worden, weshalb hier nicht detailliert darauf eingegangen werden muss.[13] Es handelt sich mit geschätzten 25 000 Briefen, von denen etwas weniger als die Hälfte von Anna stammt, um einen der größten Briefnachlässe einer Frau aus dem 16. Jahrhundert und sicher um den umfangreichsten Bestand einer deutschen Fürstin, der den Zeitraum von 1556 bis 1585 abdeckt. Zu bedenken bleibt, dass wir mit diesen Briefen, so viele es auch sein mögen, nur einen Ausschnitt der »Außenbeziehungen« Annas vor uns haben. Viele der genannten Korrespondenzen wurden durch mehr oder weniger regelmäßige persönliche Treffen und viele der Briefe durch mündliche Botschaften

Abb. 1
Leonhard Gey · Kurfürst August und Kurfürstin Anna unter dem Volke vor der Stadt Meißen · 1878 · Wandgemälde der Albrechtsburg Meißen

ergänzt, die die Kurfürstin dem Übermittler derselben auftrug: dem Boten, dem Kaufmann, dem Reisenden, dem fürstlichen Rat in diplomatischer Mission.

Sicher ist, dass Anna mit ihrer Korrespondenz über die Grenzen des Kurfürstentums hinaus nicht zuletzt langfristig ein wichtiges Bindeglied zwischen ihrer Herkunftsdynastie, den Oldenburgern in Dänemark, und ihrer Heiratsdynastie, den albertinischen Wettinern in Sachsen, bildete.

Zwischen zwei Familien: Kontakte nach Dänemark

Diese Kontakte und Verbindungen zu ihrer Herkunftsfamilie wusste sie in verschiedener Weise zu nutzen. Schon im Februar 1550, also kaum eineinhalb Jahre nach ihrer Eheschließung, reiste Anna gemeinsam mit ihrem Ehemann das erste Mal als Besucherin nach Kopenhagen; zahlreiche weitere Reisen folgten. Zeit ihres Lebens stand die Kurfürstin in engem schriftlichem wie persönlichem Kontakt zu ihren dänischen Verwandten.[14] Diese andauernden Verbindungen waren freilich nicht nur Ausdruck persönlicher Verbundenheit. Aus ihnen ergab sich gleichzeitig ein Potential zu politischem Handeln im Sinne beider Dynastien, das Anna schon als junge Frau zu nutzen wusste.

Dies belegt etwa die finanzielle Unterstützung, die sie bei der eben erwähnten Reise 1550 für ihren als zweitgeborenem Sohn finanziell eher schlecht ausgestatteten Ehemann erlangen konnte.[15] Zwei Jahre später unterstützte Anna wiederum ihren Gemahl, und diesmal in einer wirklich hochpolitischen Angelegenheit. Unter dem Siegel der

Verschwiegenheit bat Anna im Frühjahr 1552 ihren Vater König Christian III. von Dänemark (1503–1559) in einem Brief, Herzog August gewogen zu bleiben und ihn zu unterstützen.[16] Die auf den ersten Blick eher nichtssagende Formulierung wird bedeutsam, wenn man weiß, dass Kurfürst Moritz (1521–1553) eben zu dieser Zeit insgeheim einen Feldzug gegen Kaiser Karl V. (1500–1558) vorbereitete und seinen Bruder August als neutralen Statthalter in Kursachsen eingesetzt hatte. Die Bitte der Herzogin sollte also dem Schutz des Territoriums im Falle eines Fehlschlags der Auflehnung gegen den Kaiser dienen. Und genau für diesen Fall eines Angriffes auf Kursachsen bat August König Christian III. um Beistand;[17] Anna unterstützte diese Bitte mit einem eigenen Schreiben.

Dieser Ernstfall trat zwar nicht ein, aber 1553 befand sich August, nach dem Schlachtentod seines Bruders Erbe des Kurfürstentums, tatsächlich in einer ernsten Lage. Erneut wandte sich Anna an ihren Vater: »Hertz lieber Herr Vater, [...] [ich] bit, euer Gnaden wollen meinem Herren itzunder nicht lassen, denn euer Gnaden [...] wol weiß, wie schwerlich mein Her ist ingesessen, [...] und bitte noch als mein hertz lieber Herr Vater, euer Gnaden wollen euer Gnaden son und dochter nicht lassen, denen euer Gnaden itzundt helfen kann, damit meinem Herrn sein Lebe lang geholfen sein mag.«[18] Sie erreichte auch tatsächlich, dass ihr Ehemann einen Kredit von 50 000 Talern zur Kriegsfinanzierung erhielt. Noch bedeutsamer war es aber wohl, dass der dänische König drei Räte entsandte, die zwischen August und seinem militärischen Gegner Markgraf Albrecht Alcibiades von Brandenburg-Kulmbach (1522–1557), den ernestinischen Vettern und dem Kaiser vermittelten und schließlich für Kursachsen mit dem Naumburger Vertrag 1554 auch einen Ausgleich erreichten. Damit war Augusts Position als Kurfürst fürs Erste gesichert. Die Beispiele belegen also, dass Anna schon in den frühen Jahren ihrer Ehe in Entscheidungen ihres Ehemannes eingebunden war und nicht zögerte, familiäre Verbindungen zugunsten ihres Mannes zu nutzen.

Nach dem frühen Tod von Annas Vater in den ersten Tagen des Jahres 1559 war es neben der Mutter in erster Linie ihr Bruder Friedrich (1534–1588), nun König in Dänemark und Norwegen, über den Annas Kontakte in ihr Geburtsland liefen. Friedrich II. von Dänemark schätzte allerdings auch Kurfürst August als einen seiner wenigen persönlichen Freunde. Der künftige König hatte seine politische Erziehung doch faktisch durch Kurfürst August erhalten, mit dem er 1557/58 durch das Alte Reich gereist war und dabei zahlreiche Fürsten kennengelernt hatte. Anna unterstützte diesen Aufenthalt, etwa indem sie dem auf Rückkehr drängenden Vater versicherte, Friedrich und der ihn begleitende jüngere Bruder Magnus (1540–1583) würden sich wohl verhalten und sie hielte beide »im schwesterlichen bevelch«[19] – als Älteste und als verheiratete Frau standen ihr Weisungsrechte gegenüber den jüngeren Brüdern zu.

Seit Beginn der 1560er Jahre war es allerdings weniger Anna, die in Dänemark um Unterstützung für Kursachsen beziehungsweise für ihren Gemahl nachsuchte, sondern viel häufiger trat sie nun als Mittlerin und Vermittlerin für ihre Brüder, insbesondere für Friedrich, in Erscheinung. Gut sichtbar wird das im Zusammenhang mit dem Dreikronenkrieg, den der junge König 1563 gegen Schweden vom Zaun brach.[20] Schon kurz nach dem Ausbruch der Kriegshandlungen wurde Kurfürst August als Mediator aktiv, nicht zuletzt wohl auf Betreiben der Kurfürstin, die zudem ihren Bruder immer wieder bat, doch zu einem persönlichen Gespräch mit dem Kurfürsten zu erscheinen und dessen Rat anzunehmen. Aber sie war auch selbst in die Unterstützung Friedrichs und seiner Kriegsführung einbezogen, etwa indem sie 1565 auf Bitten des Bruders 14 000 Taler zusätzlichen Kriegskredit aus Sachsen vermittelte.[21] Die Rückzahlung der Gelder, die sich angesichts der schwierigen dänischen Finanzlage hinzog, wurde ebenfalls über Anna verhandelt. Etwa seit 1565 stand Anna zudem in direktem Kontakt mit mehreren dänischen Reichsräten, die sie in der Unterstützung des Königs bestärkte, nachdem sich offenbar im Rat erhebliche Opposition gegen Friedrichs Kriegsführung erhoben hatte. Die Kurfürstin mahnte die Räte zu Loyalität und Einigkeit und stärkte damit dem Bruder den Rücken. 1568 nahm Anna auf Bitten ihres Bruders Kontakt nach Wien auf, um beim Kaiser den Weg für eine dänische Gesandtschaft zu bereiten, die im Vorfeld ernsthafter Friedensverhandlungen dorthin reiste.[22]

Die Mittlerfunktion, in der wir Kurfürstin Anna in diesen Kriegszeiten sehen, hatte sie im Übrigen mehrfach auch bei innerfamiliären Streitigkeiten der Oldenburger inne. Eine weitere Aktivität in Bezug auf ihre Herkunftsfamilie, die Anna über Jahre in Anspruch nahm, zeigt sie eben nicht als Unterstützerin ihres Ehemannes oder als Vermittlerin zu diesem, sondern vielmehr mit eigenen klaren Vorstellungen in Bezug auf die Zukunft ihrer Brüder – die Suche nach passenden Ehepartnerinnen für Herzog Johann (der Jüngere) von Schleswig-Holstein-Sonderburg und für König Friedrich. Anna und ihre Mutter, zeitweise auch ihre Tante, Herzogin Elisabeth von Mecklenburg-Güstrow (1524–1586), spielten dabei in den 1560er Jahren eine außerordentlich aktive Rolle.[23]

Die Fürstin als Vermittlerin

Kurfürstin Anna war also seit ihrer Eheschließung als Vermittlerin zwischen ihren beiden Familien aktiv, der dänischen Königsfamilie, aus der sie stammte, und der sächsischen kurfürstlichen Familie, in die sie eingeheiratet hatte. Mitglieder ihrer beiden Familien waren jedoch keineswegs die Einzigen, die sich an Kurfürstin Anna mit der Bitte um Vermittlung wandten oder für die sich Anna in der einen oder anderen Weise einsetzte. Unter ihren Briefen sind vielmehr Hunderte von Bittgesuchen überliefert, mit denen sich Absender der verschiedensten Herkunft an sie wandten. In der Mehrzahl handelte es sich um Personen adligen oder fürstlichen Standes aus verschiedenen Territorien des Alten Reiches, aber auch Bürger sächsischer Städte sowie Bedienstete des Dresdner Hofes und deren Angehörige traten in Erscheinung. Nur die wenigsten dieser Ansuchen konnte Anna allerdings direkt erfüllen, viel häufiger wandte man sich an sie als Vermittlerin, die bei ihrem fürstlichen Ehemann eine Angelegenheit befördern oder überhaupt erst vortragen sollte.

Dies tat beispielweise Gräfin Anna von Hohenlohe-Langenburg (1522–1594), die eine langjährige Korrespondenz mit der Kurfürstin unterhielt. Als die Gräfin 1568 Witwe wurde, sagte ihr Anna bereits in ihrem Beileidsschreiben Unterstützung zu und löste dieses Versprechen in den folgenden Jahren auch ein; unter anderem ließ sie sich in einem langjährigen Streit um territoriale Rechte mit Markgraf Georg Friedrich von Brandenburg-Ansbach (1539–1603),[24] einem Neffen Annas und Augusts, die Interessen ihrer Korrespondentin angelegen sein und berichtete regelmäßig über die Verhandlungen zwischen August und dem Markgrafen in dieser Angelegenheit.

Wenn Kurfürstin Anna von Personen hohen wie niedrigen Standes als Vermittlerin und Fürbitterin in Anspruch genommen wurde, so finden wir sie in einem traditionellen Aufgabengebiet der Fürstin tätig, das Johannes Bugenhagen (1485–1558) 1537 bei der Krönung von Annas Mutter, Königin Dorothea von Dänemark (1511–1571), für die protestantische Welt auf folgenden Nenner brachte: »Euer Gnaden [wird als Fürstin] das Schwerdt nicht gegeben darumb, das euer Gnaden das Gnadenregiment helffe führen […], denn Frauen werden durch Freundtschaft überlaufen und können durch Bitten, Vermahnen, Weinen und ander Untersetzen viel außrichten und zu Zeiten damit das Schwerd irem Herrn aus der Hand nehmen. […] so lasse euer Gnaden solche Gnade scheinen nicht allein Edlen und grossen Herren, sondern auch armen Leuten.«[25]

Damit brachte er den Status der Fürstin als Vermittlerin, Fürbitterin und Appellationsinstanz zum Ausdruck, der bereits im Mittelalter Bestandteil des zeitgenössischen Rechtssystems gewesen war.[26] Als Fürstin verfügte Anna somit keineswegs nur über informelle Möglichkeiten, vielmehr war sie qua Amt dazu aufgerufen, der Gnade, die jeder Fürst gegenüber den Untertanen, gegenüber Schwachen, Witwen und Waisen zu üben hatte, zu ihrem Recht zu verhelfen. Dabei war das Verhältnis zum Ehemann natürlich nicht unwichtig. So konnte Anna nicht zuletzt deshalb so vielfältig und erfolgreich Dinge von beziehungsweise über ihren Gemahl erreichen, weil die beiden eine harmonische Ehe führten. Das Recht auf Fürbitten stand ihr jedoch als Ehefrau und Teil des Arbeitspaares, aufgrund ihres Ranges (durch Geburt und Eheschließung) sowie als Teil der von Gott gesetzten Obrigkeit zu und war nicht allein dem guten Willen des Eheherrn überlassen.

Grenzen politischen Handelns

Zu Annas Erfolg als Vermittlerin gehörte es aber eben auch, sich der Grenzen ihrer Möglichkeiten bewusst zu sein – Grenzen, die ihr als Frau und Fürstin gesetzt waren und deren Überschreitung nicht nur das Missfallen ihres Ehemannes hätte erregen können. Eine solche Grenze waren juristische Festlegungen, die für sie ebenso wie für den Fürsten selbst bindend waren; dazu zählten auch Rechte anderer Territorialherren, also von Kaiser, benachbarten Fürsten oder Körperschaften wie Domkapiteln. So lehnte Anna 1562 die Beförderung einer Bitte eines Hallenser Bürgers ab, weil das von ihm beanspruchte Gut der Hoheit des Merseburger Domkapitels unterstehe und sie »bedencken habe, uns mit vorschrifften an das capitel oder sonst einzulassen«.[27] Gerade weil Anna aber diese Grenzen ihrer Rolle als Fürsprecherin klar erkannte, hatte sie innerhalb derselben viele Möglichkeiten. Sie konnte erfolgreich agieren, weil sie Konflikte mit ihrem Gemahl, mit Juristen, mit anderen Fürsten und Fürstinnen vermied.

Ein weiteres Beispiel dafür, dass der Kurfürstin solche Grenzen durchaus präsent waren, lässt sich im Zusammenhang mit den Grumbachschen Händeln und der Reichsexekution gegen Herzog Johann Friedrich II. (den Mittleren) von Sachsen (1529–1595) im Jahr 1567 finden. Schon im Vorfeld der Aktion hatte sie in ihren Briefen immer wieder das Vorgehen ihres Gemahls verteidigt, und nach dem für Kursachsen erfolgreichen Abschluss mit der Eroberung Gothas sehen wir sie ebenfalls konsequent an

Abb. 2
Lucas Cranach d. J. · Das Kurfürstenpaar Anna und August von Sachsen mit ihren Kindern unter dem Kreuz · 1571 · Öl auf Holz · 315 × 235 cm · Altarbild in der Schlosskapelle Augustusburg

der Seite ihres Mannes. Denn nun ersuchten sie einige fürstliche Damen, unter anderem die Gemahlin und die Schwiegermutter des Herzogs, für den unterlegenen und in der Wiener Neustadt in Haft gehaltenen Herzog und einige seiner Gefolgsleute bei Kurfürst August um Gnade zu bitten. Anna lehnte das ab; es sei ihr doch zu »bedencklich, unß gegen unsern freundlichen hertzliebsten Herren und Gemahel für die, [die] sich muthwillig und fürsetzlich wider seine Liebden auflehnen und derselben widersetzen, mit vorbith einzulassen«.[28] Außerdem, so antwortete Anna der Schwiegermutter des Herzogs, stünde die Sache allein beim Kaiser und schon deshalb sei ihre Fürbitte beim Kurfürsten wirkungslos. In dieser Sache der Reichspolitik, die noch dazu die Sicherung der kurfürstlichen Würde für die Albertiner betraf, war Anna nicht bereit, Gnade vor Recht ergehen zu lassen und bewies damit ihre Loyalität gegenüber den Interessen der Dynastie.

Netzwerke

Wichtig für eine bedeutende Rolle als Fürbitterin war nicht nur das Verhältnis zum Ehemann, sondern es waren auch die eigenen Netzwerke, die die Kurfürstin im Laufe ihres Lebens geknüpft hatte. Annas Korrespondenz mit anderen Fürstinnen und Fürsten ermöglichte es, ihrerseits Fürbitten an anderen Höfen beziehungsweise bei anderen Personen als ihr Gemahl vorzubringen und damit über die Grenzen Kursachsens hinaus zu agieren.[29]

Zu den Spielräumen, die ihr ihre dynastische Position als Ehefrau und ihre umfassenden Kontakte eröffneten, gehörte es, dass die Kurfürstin rege als Ehestifterin in Erscheinung trat, die sich keineswegs nur um enge Familienangehörige bemühte, wenn ihr diese natürlich auch besonders am Herzen lagen. So wandte sie sich 1565 zugunsten ihrer Nichte Sidonia Katharina von Sachsen-Lauenburg (gest. 1594) an Herzogin Margarethe von Münsterberg-Oels (1515–1569), um das junge Mädchen im Wortsinne an den Mann zu bringen. Denn Margarethes Sohn Karl Christoph (1545–1617) hatte das heiratsfähige Alter erreicht, und so schlug die Kurfürstin, die der Meinung war, dass es »zwüschen denselben baiden fürstlichen personen nicht unbequemb [sei], eine christliche heirat und neue freundtschafft« herzustellen, vor, die Herzogin solle mit ihrem Sohn »unter fürgewendeten schein unß, als die befreundte muhm, zubesuchen, wohl gedachten iren sohn mit sich anhero bringen und das fräulein selbst persönlich sehen«.[30]

Aus diesem Plan wurde zwar ebenso wenig etwas wie aus einem schon 1557 von Anna betriebenen Projekt einer Hochzeit zwischen ihrem bereits genannten Neffen Georg Friedrich von Brandenburg-Ansbach und einer Tochter Herzogs Franz von Braunschweig-Lüneburg (1508–1549). In anderen Fällen war sie jedoch erfolgreich, so etwa bei der Ehestiftung für Herzog Ludwig von Württemberg (1554–1593) und der für Graf Friedrich von Hohenlohe-Langenburg (1553–1590). Bei der Anbahnung einer Heirat zwischen Graf Wilhelm von Honstein (gest. 1570) und einer Tochter Georgs I. von Schönburg-Glauchau (1529–1585), mit dessen Gemahlin Anna rege korrespondierte, arbeiteten die Kurfürstin von Sachsen und Kurfürstin Sabina von Brandenburg (1529–1575) 1567/68 zusammen. Für die gleiche, früh verwitwete Tochter der Schönburger verabredete Kurfürstin Anna 1570 in Dresden mit Gräfin Agnes von Solms-Laubach (gest. 1588) – eine ihrer langjährigen Korrespondentinnen – eine Eheschließung mit deren ältestem Sohn Johann Georg (1547–1600). Weitere Eheprojekte betrieb die Kurfürstin gemeinsam mit Landgraf Wilhelm von Hessen-Kassel (1532–1592) und dessen Frau Sabina (1549–1581) sowie mit Pfalzgraf Karl von Pfalz-Birkenfeld (1560–1600).[31] Deutlich wird an diesen Beispielen nicht nur, wie aktiv Anna generell auf dem Feld der Ehestiftung war, sondern vor allem auch, wie eng sie mit anderen Fürstinnen und adligen Damen zusammenarbeitete. Sie nutzte bestehende Verbindungen, um erfolgreich Ehen zu stiften, zugleich etablierte sie damit neue Kontakte.

Alles in allem können wir Anna von Sachsen also als äußerst umtriebige und erfolgreiche Netzwerkerin beobachten, die ihre Fäden zwischen vielen Höfen des Alten Reiches zog. Fürstinnen und Fürsten, adlige Damen und Herren und zahlreiche sächsische Landeskinder gehörten zu denen, die von Annas Kontakten profitieren konnten. Ihre Position als Fürstin versetzte Anna in die Lage, über die Fürbitten bei ihrem Mann Anliegen zu fördern, was die Bittstellerinnen und Bittsteller in ein Klientelverhältnis zur Kurfürstin brachte, genauso wie etwa der rege Geschenkaustausch mit fürstlichen und adligen Korrespondentinnen. In dessen Rahmen wurden Arzneimittel und Rezepte ebenso getauscht wie Pflanzen und Samen, modische Hinweise und Accessoires ebenso wie Nutzvieh, Waldenburger Geschirr oder seltene Lebensmittel.[32] Die auf dieser Basis geschaffenen und gepflegten Verbindungen nutzte sie, um eigene Interessen zu verfolgen, um Dritten beizustehen, aber auch zugunsten politischer Handlungsmöglichkeiten für ihren Gemahl und für sich selbst.

Dynastie als politischer Handlungsrahmen

Wenn die sächsische Kurfürstin im Sinne der Ehre und des Machtzuwachses ihrer Dynastie handelte – wie sie es mit ihren Ehestiftungen tat und mit dem Bemühen um gute Kontakte zwischen Herkunfts- und Heiratsfamilie –, so war dies zugleich Bestandteil fürstlich-dynastischer Politik. Gut sichtbar wird das etwa an Annas Bemühungen um die Administratur des Erzbistums Bremen für ihren Bruder Johann. Dieser war nach dem Tod des Vaters nur mit einem relativ kleinen Herzogtum in Holstein als Lebensgrundlage und Regierungsrahmen ausgestattet worden. Daher versuchten 1561 Mutter und Schwester, ihn als Nachfolger des Bremer Erzbischofs Georg von Braunschweig-Wolfenbüttel (1494–1566) zu lancieren, um ihm damit einen zusätzlichen Territorialbesitz zu sichern. In diesem Zusammenhang bezog Kurfürstin Anna Herzog Heinrich II. (den Jüngeren) von Braunschweig-Wolfenbüttel (1489–1568) in ihre Bemühungen ein, einen Bruder ihrer Großmutter mütterlicherseits und zugleich Bruder des amtierenden Bischofs. Der Herzog wurde im November 1561 von Anna gezielt angesprochen und zeigte sich nicht abgeneigt, seinem Großneffen beizustehen.[33] Dies teilte sie ihrem Gemahl mit, und Kurfürst August riet nun seinerseits, dass sich zudem Königin-Witwe Dorothea brieflich an den Herzog wenden und seine Unterstützung erbitten solle. Im September 1562 war man freilich noch nicht viel weiter gekommen, weil sich der Erzbischof Bedenkzeit ausgebeten hatte; Anna konnte allerdings ihrer Mutter berichten, dass Kurfürst August sich über einen seiner Räte bei Herzog Heinrich in Erinnerung gebracht habe, und versicherte, dass Dorothea an der »gutwilligen threuen beförderung«[34] der Angelegenheit durch Anna und ihren Gemahl nicht zweifeln solle.

Dynastische Politik, die die Fürstin hier im Zusammenwirken mit ihrem Gemahl betrieb, war also einmal mehr zugleich Reichspolitik, denn es ging um die Hoheit über ein nicht unbeträchtliches Territorium im Norden des Alten Reiches und um dessen Zuordnung zum dänischen oder zum braunschweigischen Einflussbereich. Anna arbeitete mit ihren Mitteln der Kontaktpflege, des Geschenkaustauschs und der Korrespondenz gemeinsam mit ihrem Gemahl daran, das Territorium in den Einflussbereich ihrer, in diesem Falle der dänischen, Familie einzubinden. Allerdings wurde 1567 mit Herzog Heinrich von Sachsen-Lauenburg (1550–1585) zwar ein entfernter Verwandter Annas Administrator und damit Oberhaupt des Territoriums, hingegen waren die Bemühungen für Johann nicht von Erfolg gekrönt.

Dieses Beispiel für politische Einflussnahme Annas auf der Bühne des Reiches blieb jedoch kein Einzelfall, vielmehr findet man sie hier im Laufe ihres Lebens in ganz verschiedener Weise tätig. In der Friedens- und Konsenspolitik, die das Alte Reich nach dem Religionsfrieden von 1555 kennzeichnete, spielte ein kunstvolles und umfassendes Kommunikationssystem[35] zwischen den Fürsten eine entscheidende Rolle. In diesem System kam auch Annas Korrespondenz Bedeutung zu, die mit ihren Briefwechseln, vor allem mit Reichsfürstinnen, das Korrespondenznetzwerk ihres Gemahls mit den Reichsfürsten ergänzte und teilweise erweiterte.

So war es Kurfürstin Anna, die 1564 im Vorfeld der Grumbachschen Händel gezielt Kontakt zu Herzogin Dorothea Susanna von Sachsen-Weimar (1544–1592), der Schwägerin des schon erwähnten Herzogs Johann Friedrich II., herstellte und damit versuchte, eine Gesprächsbasis mit dieser Linie der Ernestiner zu entwickeln.[36] Häufiger noch finden sich Belege dafür, dass die Fürstinnen bemüht waren, mit ihrer Korrespondenz kleinere atmosphärische Störungen zu beseitigen, die sich aus diesem oder jenem Grund zwischen ihren Ehemännern abzeichneten. So versicherte Anna etwa 1561 auf ausdrücklichen Wunsch ihres Gemahls in einem Brief an Markgräfin Katharina von Brandenburg-Küstrin (1518–1574), dass August deren Eheherrn, der sich wegen einer Hochzeit in Leipzig aufgehalten habe, keineswegs absichtlich aus dem Weg gegangen sei. Die Markgräfin möge doch, »da sie bei irem Herren gemahel solchen argwohn oder einigen unwillen vermerckte, […] denselben abwenden helffen und seine Liebden [August] desfals gegen irem Hern freundtlich entschuldigen […] Dan seine Liebden weren von wegen des langen sitzens und anderer unruhe so müht und verdrossen gewesen, das sie etwas langsam von irer ruh herfür kommen und nit gewust, das ire Liebden [Markgraf Hans (1513–1571)] seine Liebden noch anzusprechen«[37] gedachten.

Im Jahr 1571 vertraute Herzogin Elisabeth von Mecklenburg-Güstrow ihrer Nichte Anna an, dass ihr Gemahl Ulrich von Mecklenburg (1527–1603) wegen Streitigkeiten zwischen seinem Bruder und dem Kurfürsten von Brandenburg sich nicht wage, bei einem fürstlichen Jagdtreffen zu erscheinen, um dort mit August von Sachsen sprechen zu können. Anna besprach die Angelegenheit mit ihrem Gemahl, der dem Herzog mitteilen ließ, er solle ohne Bedenken erscheinen, er selbst – August – werde gern an der Beilegung der Streitigkeiten mitwirken. Elisabeth und Anna wirkten auch sonst mehrfach zusammen, wenn es um die Kalmierung von Konflikten ging. So bat Anna 1580 um schnelle Informationen aus Mecklenburg, ob sich nach dem Tod Herzog Johanns (des Älteren) von Schleswig-Holstein-Hadersleben (1521–1580) neue Streitigkeiten zwischen ihren Brüdern Johann und Friedrich abzeichneten.[38] Zwei Jahre später konnte Anna ihrerseits Elisabeth versichern, dass sie nichts von der Niederlegung der Vormundschaft über die jungen Herzöge von Mecklenburg-Schwerin durch den Kurfürsten von Brandenburg wisse.[39] Für den Fall, dass diese Mitteilung tatsächlich der Wahrheit entspräche, erbat Anna schon einmal die Übernahme der Vormundschaft durch Kurfürst August für ein halbes Jahr; inzwischen könne Elisabeths Gemahl sicher mit August persönlich sprechen und die Sache klären. Und als wenige Monate später Annas Schwager, Herzog Wilhelm von Braunschweig-Celle (1535–1592), einen neuen Anfall geistiger Umnachtung erlitt,[40] regte Anna an, Elisabeth solle doch über ihren Gemahl die zeitweise Gefangensetzung des gewalttätigen und vor allem peinlich auftretenden Kranken in die Wege leiten.

Es kann dabei kein Zweifel daran bestehen, dass Kurfürstin Anna sich ihrer Relevanz in diesem Kommunikationssystem bewusst war und sie gezielt zur Unterstützung ihres Mannes einsetzte. Sie scheute auch nicht davor zurück, in vertrauteren Briefwechseln ihre Meinung zu politischen Ereignissen und Entwicklungen mitzuteilen. So zeigt ein Brief vom Mai 1563 deutlich ihre Unzufriedenheit mit der Entscheidung ihres Bruders Friedrich, gegen das Königreich Schweden in den Krieg zu ziehen. Sie mahnte ihm gegenüber insbesondere ein Treffen mit Kurfürst August an, dessen Rat der König beherzigen solle, und bedauerte in einem Brief an Friedrich, ihn nicht selbst rechtzeitig gesehen zu haben: »[…] eß möchten vielleicht itzo viel sachen ein bessere gelegenheit haben.«[41] Ihrer Schwester, Herzogin Dorothea von Braunschweig-Celle (1546–1617), teilte Anna 1569 ihre Einschätzung der Lage nach der heimlichen Verehelichung von deren Schwager und angesichts der bevorstehenden Landesteilung mit und versprach, Kurfürst August zur Wahrung von Dorotheas Interessen in dieser Angelegenheit zu bewegen.[42] Dies werde umso leichter sein, als Anna sehe, dass auch die braunschweigischen Räte auf Seiten von Dorotheas Mann stünden.

Die Fürstin und die Konfession

Interessanterweise dokumentieren Annas Briefe darüber hinaus eine intensive Wirksamkeit in Religionsfragen außerhalb des Kurfürstentums[43] – und zwar auf durchaus verschiedene Weise. So wurde sie von der einen oder anderen ihrer fürstlichen Korrespondentinnen um die Empfehlung zuverlässiger Prädikanten gebeten, so zum Beispiel nach Küstrin, Schwerin oder Brieg.[44] Sie nutzte ihre Korrespondenzbeziehungen zu Herzogin Dorothea Susanna von Sachsen-Weimar, um im Frühjahr 1570 Beschwerde zu führen gegen unehrerbietige Reden ernestinischer Prediger aus dem Umkreis Herzog Johann Wilhelms (1530–1573) über Kurfürst August.[45] Schon einige Jahre früher hatte die Kurfürstin die Herzogin gebeten, ihren Gemahl in Weimar an der weiteren Förderung gnesiolutherischer Prediger zu hindern.[46]

Ihre teilweise langjährigen brieflichen Kontakte nutzte die sächsische Kurfürstin 1583 allerdings auch, um zugunsten der steiermärkischen Protestanten Partei zu ergreifen. Als Erzherzog Karl II. von Innerösterreich (1540–1590) im Frühjahr 1582 energische Schritte hin zu einer Rekatholisierung der steiermärkischen Städte tat,[47] meldete sich die sächsische Kurfürstin zu Wort. Sie tat das zum einen in einem Brief an dessen Gemahlin Maria (1551–1608), mit der sie seit dem Besuch des erzherzoglichen Paares 1581 in Dresden in regem Briefwechsel stand und die sie wegen der Verfolgung lutherischer Religionsverwandter mahnte, sich nicht »[…] an den armen christen also unwissent vergreiffen und versündigen und dardurch Gottes zeitliche straf und ewigen zorn auf sich lahden soltten. […] Woltten derhalben euer Liebden geliebten herrn und gemahel von gantzen hertzen mutterlich und treulich wuntschen und gonnen, seine Liebden griffen Gott nicht in den augapffel und liessen die armen leute in ihrem gewissen unbetränget, sondern bedachten vielmehr irer löblichen vorfahren exempel, das ruhe und friede in der christenheitt, da itziger zeit die leuffte sonst gefehrlich gnungk stehen, erhaltten werden mochte.«[48] Bereits einen Monat vorher hatte sich Anna in der gleichen Angelegenheit auch an die Mutter der Erzherzogin gewandt, Herzogin Anna von Bayern (1528–1590), die zugleich die ältere Schwester Erzherzog Karls war.

Mit der Herzogin verband die Kurfürstin schon mindestens seit zwanzig Jahren ein regelmäßiger Briefwechsel.[49] Die Herzogin reagierte darauf freundlich, aber bestimmt und verbat sich jeden Ratschlag hinsichtlich der bayerischen wie der innerösterreichischen Religionspolitik.[50] Von

Abb. 3
Zacharias Wehme · Kurfürstin Anna von Sachsen · Dresden, datiert 1585 · Öl auf Leinwand · 59,1 × 49 cm · Rüstkammer, Staatliche Kunstsammlungen Dresden, Inv.-Nr. H 12

der Grazer Erzherzogin ist kein direkter Antwortbrief erhalten. Sie hatte sich jedoch nach Erhalt von Annas Schreiben ratsuchend an ihren Bruder Herzog Wilhelm von Bayern (1548–1626) gewandt, der sich im Unterschied zu den beiden Frauen sehr erbost über Annas Anliegen zeigte und seiner Schwester antwortete, »wann sy mir aber also schrib, so wollt ich ir noch ain bessere anntwort geben und das sy mit irer langen nasen nur wol darzu umbgrüblet, ob ain catholischer geruch in sy ging«.[51]

Das politische Interesse und die politische Bedeutung der sächsischen Kurfürstin belegen im Übrigen auch die Äußerungen verschiedener Zeitgenossen. Am deutlichsten dürfte das erneut im Zusammenhang mit der Religionspolitik sein, auf die hier nicht detailliert eingegangen werden konnte. Ihr Schwiegersohn Pfalzgraf Johann Casimir von Pfalz-Simmern (1543–1592) machte rückblickend auch Anna für die Positionierung Kurfürst Augusts zur 1571 vom Papst angeregten Heiligen Liga gegen die Türken mitverantwortlich. Der Pfalzgraf fasste das in seinem Tagebuch in die Worte: »Sachs seliger zu Wien hätt schier die Sancta Liga unterschrieben, Mutter Anna hat stark am Wagen geschoben.«[52] Der spanische Botschafter Francisco Hurtado de Mendoza, Conde de Monteagudo (1550–1623), der 1575 mit der Kaiserfamilie nach Dresden reiste, schrieb seinem König über Kurfürstin Anna, sie sei »wirklich sehr unterrichtet und sehr tüchtig, wenn auch nicht in der Anerkennung der heiligen Kirche«.[53]

Fazit

Detaillierte Studien zur Rolle von Kurfürstin Anna in der Reichspolitik wie auch generell zur reichspolitischen Relevanz des aktiven Handelns von Fürstinnen sowie zu deren Rolle in der symbolischen Kommunikation des Reiches stehen noch aus. Der hier versuchte Überblick fasst erste Einzelstudien zusammen und zeigt deutlich, dass eine Fürstin wie Anna von Sachsen in diesem Bereich fürstlich-dynastischer Politik weitreichende Handlungsmöglichkeiten hatte. Auch das Zusammenwirken des Arbeitspaares Anna und August wird in vielen Fällen deutlich. Darüber hinaus zeichnen sich bei den Aktivitäten von Fürstinnen durchaus Grenzen ab. Sicher ist jedoch, dass es sich über den konkreten Fall der sächsischen Kurfürstin hinaus lohnen würde, dem herrschaftlichen Handeln von Fürstinnen zwischen Territorium und Reich genauer nachzugehen. Dies wird das Bild vom institutionellen und zeremoniellen Funktionieren des Alten Reiches zwar nicht völlig verändern; es wird jedoch zweifellos dazu führen, dass die Realitäten frühneuzeitlicher Politik mit ihrem dynastischen Koordinatensystem differenzierter widergespiegelt werden können.

ANMERKUNGEN

1 Ältere Literatur siehe Katrin Keller, Kurfürstin Anna von Sachsen (1532–1585), Regensburg 2010; Karl von Weber, Anna, Churfürstin von Sachsen, Leipzig 1865. | **2** Vgl. seitdem auch Katrin Keller, Die Kurfürstin im Alten Reich. Korrespondenz und Klientel im 16. und 17. Jahrhundert, in: Neues Archiv für sächsische Geschichte 83 (2012), S. 189–206; Dies., Hüterin des Glaubens. Fürstin und Konfession in der zweiten Hälfte des 16. Jahrhunderts, in: Fürstinnen und Konfession. Beiträge hochadeliger Frauen zur Religionspolitik und Bekenntnisbildung (Veröffentlichungen des Instituts für europäische Geschichte Mainz, Abt. Abendländische Religionsgeschichte, Beiheft 104), hrsg. von Daniel Gehrt/Vera von der Osten-Sacken, Göttingen 2015, S. 35–61; Pernille Arenfeldt, Wissensproduktion und Wissensverbreitung im 16. Jahrhundert. Fürstinnen als Mittlerinnen von Wissenstraditionen, in: Historische Anthropologie 20 (2012), S. 4–29; Dies., »The Queen has Sent Nine Frisian Cows«. Gender and Everyday Cultural Practices at the Courts in Sixteenth-Century Germany, in: Der Hof. Ort kulturellen Handelns von Frauen in der Frühen Neuzeit (Musik-Kultur-Gender 12), hrsg. von Susanne Rode-Breymann/Antje Tumat, Köln/Weimar/Wien 2013, S. 116–131; Alisha Rankin, Panaceias Daughters. Noblewomen as Healers in Early Modern Germany, Chicago/London 2013; Ursula Schlude, Naturwissen und Schriftlichkeit. Warum eine Fürstin des 16. Jahrhunderts nicht auf den Mont Ventoux steigt und die Natur exakter begreift als die »philologischen« Landwirte, in: »Die Natur ist überall bey uns«. Mensch und Natur in der Frühen Neuzeit, hrsg. von Sophie Ruppel/Aline Steinbrecher, Zürich 2009, S. 95–108. | **3** Vgl. etwa Heide Wunder, Regierende Fürstinnen des 16. Jahrhunderts im Heiligen Römischen Reich deutscher Nation: Teilhabe an Herrschaft, Konfessionsbildung und Wissenschaften, in: Herzogin Elisabeth von Braunschweig-Lüneburg (1510–1558). Herrschaft, Konfession, Kultur (Quellen und Darstellungen zur Geschichte Niedersachsens 132), hrsg. von Eva Schlotheuber u. a., Hannover 2011, S. 34–55; Pauline Puppel, Die Regentin. Vormundschaftliche Herrschaft in Hessen 1500–1700 (Geschichte und Geschlechter 43), Frankfurt a. M./New York 2004; Andrea Lilienthal, Die Fürstin und die Macht. Welfische Herzoginnen im 16. Jahrhundert: Elisabeth, Sidonia, Sophia (Quellen und Darstellungen zur Geschichte Niedersachsens 127), Hannover 2007; Sophie Ruppel, Verbündete Rivalen. Geschwisterbeziehungen im Hochadel des 17. Jahrhunderts, Köln/Weimar/Wien 2006. | **4** Vgl. z. B. Georg Schmidt, Geschichte des Alten Reiches. Staat und Nation in der Frühen Neuzeit 1495–1806, München 1999; Axel Gotthard, Das Alte Reich 1495–1806, 4. Aufl., Darmstadt 2009; Klaus Herbers/Helmut Neuhaus, Das Heilige Römische Reich. Ein Überblick, Köln/Weimar/Wien 2010. | **5** Vgl. z. B. Sächsisches Staatsarchiv – Hauptstaatsarchiv Dresden (im Folgenden StA-D), Geheimes Archiv, Loc. 10289/29: Reisen Kurfürst Augusts 1566–1586. | **6** Vgl. Die Krönungen

Maximilians II. zum König von Böhmen, Römischen König und König von Ungarn (1562/63) nach der Beschreibung des Hans Habersack, ediert nach CVP 7890 von Friedrich Edelmayer u.a., Wien 1990. | **7** Vgl. Harriet Rudolph, Das Reich als Ereignis. Formen und Funktionen der Herrschaftsinszenierung bei Kaisereinzügen (1558–1618) (Norm und Struktur 38), Köln/Weimar/Wien 2011, S. 145–146. | **8** Vgl. zusammenfassend dazu Barbara Stollberg-Rilinger, Des Kaisers alte Kleider. Verfassungsgeschichte und Symbolsprache des Alten Reiches, München 2008. | **9** Eine umfassende Darstellung zu seiner Regierungszeit fehlt; als Überblick siehe Katrin Keller, Geschichte Sachsens, Stuttgart 2002, S. 133 f., 170–171; Jens Bruning, August (1553–1586), in: Die Herrscher Sachsens. Markgrafen, Kurfürsten, Könige 1089–1918, hrsg. von Frank-Lothar Kroll (Beck'sche Reihe 1739), 1. Aufl., München 2007, S. 110–126; sowie die Beiträge des vorliegenden Bandes. | **10** Vgl. zur Geschichte des Begriffes Volker Sellin, Politik, in: Geschichtliche Grundbegriffe. Historisches Lexikon zur politisch-sozialen Sprache in Deutschland, Bd. 4, hrsg. von Otto Brunner/Werner Conze/Reinhart Koselleck, Stuttgart 1978, S. 789–874; Wolfgang E. J. Weber, Politik, in: Enzyklopädie der Neuzeit, Bd. 10, hrsg. von Friedrich Jaeger, Stuttgart 2009, S. 88–106, hier bes. S. 100. | **11** Vgl. Heide Wunder (Hrsg.), Dynastie und Herrschaftssicherung in der Frühen Neuzeit. Geschlechter und Geschlecht (Zeitschrift für historische Forschung, Beiheft 28), Berlin 2002; Barbara Stollberg-Rilinger, Nur die Frau des Kaisers? Kommentar, in: Nur die Frau des Kaisers? Kaiserinnen in der Frühen Neuzeit, hrsg. von Bettina Braun/Katrin Keller/Matthias Schnettger (Mitteilungen des Instituts für Österreichische Geschichtsforschung 64), Wien 2016. | **12** Der Begriff wurde von Heide Wunder zur Charakterisierung vormoderner Lebens- und Erwerbsverhältnisse geprägt; für die Fürstin siehe dazu etwa Katrin Keller, Frauen – Hof – Diplomatie: Die höfische Gesellschaft als Handlungsraum von Frauen in Außenbeziehungen, in: Das Geschlecht der Diplomatie. Geschlechterrollen in den Außenbeziehungen vom Spätmittelalter bis zum 20. Jahrhundert (Externa. Geschichte der Außenbeziehungen in neuen Perspektiven 5), hrsg. von Corinna Bastian u.a., Köln/Weimar/Wien 2014, S. 33–50. | **13** Vgl. Keller, Kurfürstin im Alten Reich (wie Anm. 2); Pernille Arenfeldt, The Political Role of the Female Consort in Protestant Germany, 1550–1585. Anna of Saxony as »Mater Patriae«, Diss. Florenz 2005 [Ms.], S. 37–88. | **14** Vgl. ebd., S. 133–154. | **15** Vgl. ebd., S. 134. | **16** Vgl. zur reichspolitischen Rolle Augusts etwa Maximilian Lanzinner, Friedenssicherung und politische Einheit des Reiches unter Kaiser Maximilian II. (1564–1576) (Schriftenreihe der Historischen Kommission bei der Bayerischen Akademie der Wissenschaften 45), Göttingen 1993. | **17** Vgl. Arenfeldt, Female Consort (wie Anm. 13), S. 134 f. | **18** Zit. nach ebd., S. 137. | **19** Zit. nach ebd., S. 140. | **20** Vgl. Robert I. Frost, The Northern Wars, 1558–1721, Harlow 2000, S. 29–37; Jason E. Lavery, Germany's Northern Challenge: The Holy Roman Empire and the Scandinavian Struggle for the Baltic, 1563–1576, Leiden 2002. | **21** Vgl. Arenfeldt, Female Consort (wie Anm. 13), S. 143–150. | **22** Vgl. StA-D, Kopial 513, fol. 64r–65r. | **23** Vgl. ausführlich dazu Keller, Kurfürstin Anna von Sachsen (wie Anm. 1), S. 82–90; Arenfeldt, Female Consort (wie Anm. 13), S. 152–182. | **24** Vgl. Arenfeldt, Female Consort (wie Anm. 13), S. 298, 323. | **25** Zit. nach Gottlieb Mohnike, Die Krönung Christians III. von Dänemark und seiner Gemahlin Dorothea, Stralsund 1832, S. 69. | **26** Vgl. Amalie Fößel, Die Königin im mittelalterlichen Reich. Herrschaftsausübung, Herrschaftsrechte, Handlungsspielräume, Darmstadt 2000, S. 123–126, 133 f., 138, 145. | **27** StA-D, Kopial 511, fol. 14r. | **28** StA-D, Kopial 513, fol. 203r. So die Kurfürstin in einem Brief an ein Fräulein von Reuß, die für ihren Vater gebeten hatte. | **29** Vgl. z. B. zu ihren Verbindungen am Kaiserhof Keller, Kurfürstin im Alten Reich (wie Anm. 2). | **30** StA-D, Kopial 513, fol. 21v–22v. | **31** Vgl. StA-D, Kopial 509, fol. 44r, 112r; Kopial 513, fol. 141r/v; Kopial 514, Bl. 161v–162r, 205v–206v, 265v–266r; Kopial 515, fol. 31r/v; Kopial 526, fol. 113r–114v; Kopial 527, fol. 13v–14r, 179r–180r. | **32** Vgl. Keller, Kurfürstin Anna von Sachsen (wie Anm. 1), S. 50 f., 111–115, 165–168. | **33** Vgl. StA-D, Kopial 509, fol. 197v, 202v; Loc. 8528/3, fol. 25r–27r, 125r–126r; Kopial 511, fol. 15v–16r, 39v, 45r etc. | **34** StA-D, Kopial 511, fol. 56v. | **35** Vgl. dazu Lanzinner, Friedenssicherung (wie Anm. 16); Katrin Keller, Kommunikationsraum Altes Reich. Zur Funktionalität der Korrespondenznetze von Fürstinnen im 16. Jahrhundert, in: Zeitschrift für historische Forschung 31 (2004), Heft 2, S. 205–230, hier S. 228 f. | **36** Vgl. StA-D, Kopial 511, fol. 172v–173r. | **37** StA-D, Kopial 509, fol. 189r. | **38** Vgl. StA-D, Kopial 522, fol. 137v–139v, 183r. | **39** Vgl. StA-D, Kopial 524, fol. 19v–22r. | **40** Vgl. StA-D, Kopial 525, fol. 67r–69r. | **41** StA-D, Kopial 511, fol. 89v. | **42** Vgl. StA-D, Kopial 514, fol. 24v–25r. | **43** Vgl. dazu Katrin Keller, Familie und Politik: Die sächsischen Kurfürstinnen in der zweiten Hälfte des 16. Jahrhunderts, in: Die sächsischen Kurfürsten als Erben des Kurfürsten Moritz von Sachsen während des Religionsfriedens von 1555 bis 1618 (Quellen und Forschungen zur sächsischen Geschichte 31), hrsg. von Helmar Junghans, Berlin 2007, S. 286–289; Dies., Hüterin des Glaubens (wie Anm. 2), S. 50–54. | **44** Vgl. Weber, Anna (wie Anm. 1), S. 362 f. | **45** Vgl. StA-D, Kopial 514, fol. 128r–129r, 140v–142r. | **46** Vgl. Weber, Anna (wie Anm. 1), S. 370–372. | **47** Vgl. Regina Pörtner, The Counter-Reformation in Central Europe. Styria 1580–1630, Oxford 2001, zu Erzherzog Karl II. S. 71–107, hier bes. S. 90 f. | **48** StA-D, Loc. 8538/11, fol. 38r–39v. | **49** Vgl. StA-D, Loc. 8534/1, fol. 294r–295r. | **50** Vgl. StA-D, Loc. 8534/1, fol. 304r–306v. | **51** Bayerisches Hauptstaatsarchiv München, Geheimes Hausarchiv, Korrespondenzakten 606/V, fol. 201r; dort auch der Entwurf einer Antwort, fol. 203r–209v. | **52** Zit. nach Viktor Bibl, Maximilian II. Der rätselhafte Kaiser. Ein Zeitbild, Hellerau bei Dresden 1929, S. 346 f. | **53** Zit. nach Paul Rachel, Fürstenbesuche in Dresden, in: Dresdner Geschichtsblätter 17 (1908), S. 234.

OLAV HEINEMANN

Herrschaftslegitimation durch genealogisch-historiographische Arbeit unter Kurfürst August

Betrachtet man das persönliche Wirken des Kurfürsten August in seiner langen Regierungszeit, so wird unter seinen vielfältigen Aktivitäten die Förderung der dynastischen Historiographie[1] nicht unbedingt ins Auge stechen. Den möglicherweise entstehenden Eindruck, eine Beschäftigung mit der Geschichte Sachsens und des Geschlechts seiner Herzöge hätte nicht stattgefunden, gilt es jedoch zu korrigieren: Tatsächlich arbeiteten zahlreiche Gelehrte im Auftrag des Kurfürsten an dieser Thematik. Die Ergebnisse ihrer Arbeit werden jedoch aus verschiedenen Gründen nicht unbedingt mit Kurfürst August in Verbindung gebracht, hauptsächlich, weil sie mit erheblicher zeitlicher Verzögerung erst in der Regierungszeit Kurfürst Christians I. ihren Niederschlag fanden.[2]

Die Anfänge der Bemühungen der Albertiner um ihre dynastische Historiographie, die bereits unter dem Vorgänger Kurfürst August unmittelbar nach dem Erwerb der Kurwürde festzustellen sind, zeigen vielmehr, welche Bedeutung ihr frühzeitig beigemessen wurde. Es scheint fast, als ob aus dem »Recht aus den Ahnen«, aus dem auch mit genealogischen Argumenten[3] begründeten Anspruch der Albertiner auf die Kurwürde unmittelbar ein »Recht an den Ahnen« abgeleitet wurde, dessen Besitz jedem durch ostentative Ausübung in der Form einer legitimatorischen Inanspruchnahme vor Augen geführt werden sollte. Wie dieses geschah und welcher Mittel und Wege man sich dabei bediente, soll im Folgenden aufgezeigt werden.

Die Herkommenstradition der Wettiner

Wenn heute von den Wettinern gesprochen wird, so ist diesem Namen etwas eingeschrieben, das den Menschen, die ihn im Munde führen, wohl viel weniger bewusst ist, als es den Zeitgenossen des 16. Jahrhundert war: ihr Herkommen. Wie bei zahlreichen anderen Adelsgeschlechtern auch bezeichnet der Name nicht nur das Geschlecht, sondern identifiziert eine Burg oder eine Herrschaft als Stammsitz und Ursprungsort. Diese Identifikation und die Verortung des Geschlechtes sind wiederum wichtig für dessen Selbstverständnis. Während wir heute meist von den Wettinern sprechen, also die Ursprünge des Geschlechtes auf der Burg Wettin verorten, war im 16. Jahrhunderte ein weiterer Name bzw. eine andere Bezeichnung von viel größerer Bedeutung: der des »Hauses Sachsen«. Ebenso wie die Bezeichnung des Geschlechtes als »Wettiner« bezieht sich der Begriff auf zweierlei: zum einen auf eine Herrschaft, das Herzogtum Sachsen, dem diese seit 1423 als Herzöge vorstanden. Zum anderen bezeichnet er aber auch deren Herkommen, stammten sie doch angeblich von Widukind oder, um in der Sprache des 16. Jahrhunderts zu bleiben, Wittekind, dem legendären Sachsenherzog, her. Genauso wie eine Entwicklungslinie das Herzogtum Sachsen-Wittenberg mit dem »alten Herzogtum« der Sachsen verband, so verband die Reihe der Ahnen den Kurfürsten von Sachsen mit seinem illustren Ahnherren.

Der Erwerb des sächsischen Herzogtums und der anhängenden Kurwürde im Jahr 1423 wurde dementsprechend von den Wettinern nicht als ein Neuerwerb, sondern vielmehr als die rechtmäßige Wiederinbesitznahme eines angestammten und zwischenzeitlich entfremdeten Besitzes verstanden. Das konstruierte Argument der Wiederinbesitznahme ist in den Genealogien des Spätmittelalters sehr beliebt, bietet es doch die Möglichkeit, den Ruch der »Neuerung« zu vermeiden. Die Ahnenreihe erbrachte an dieser Stelle einen dem damaligen Rechtsdenken nach wichtigen Beweis. Diesem Denken zufolge genügte der Nachweis, ein bestimmtes Recht seit Urzeiten zu besitzen,[4] um dieses zu behaupten und zu behalten, ohne einen weiteren Erwerbsgrund vorlegen zu müssen. In der Tat wies die Ahnenreihe des Hauses Sachsen dies bezüglich der Herzogswürde Sachsens nach, nämlich den Besitz seit »unvordenklichen« Zeiten.

Damit will ich nun nicht behaupten, dass man sich auf dieses Rechtsverständnis, womöglich noch in kodifizierter Form, bei der Frage nach der Rechtmäßigkeit des Besitzes der Herzogswürde explizit berief. Dennoch wird man der Argumentation der Wiederinbesitznahme angesichts des ausgesprochenen Konservatismus dieser Zeit, dem eine allgemeine Wertschätzung des »alten Herkommens« als eines schon fast universellen Qualitätsmerkmals eigen war, seine Bedeutung nicht absprechen dürfen. Wichtiger noch erscheint mir die Bedeutung des »alten Herkommens« für die dem Adel zugemessenen Qualitäten. Um es mit den Worten des Cyriacus Spangenberg zu sagen: »Summa es ziere und erhebet einen Edlen Stamm gar sehr wenn er alt ist und von vielen langen Jahren her gewähret. Das ganze Geschlecht wird dadurch herrlich und bei jedermann ansehnlich gemacht, denn man hält von denen viel mehr und höher, deren Voreltern von viel hundert Jahren her ihrer redlichen Taten halben gerühmet werden und von denen man in Chronicken und andern Büchern lieset denn von andern, von welcher Vorfahren und Ureltern man nichts höret noch von ihnen zu reden oder zu schreiben weiß.«[5]

Die genealogisch-historiographischen Arbeiten waren es nun, welche dieses alte Herkommen lieferten, das heißt, die Anciennität[6] des Geschlechtes dokumentierten. Darüber hinaus bewiesen sie auch dessen Kontinuität, belegt durch eine lückenlose Kette von Vorfahren, welche die ruhmreichen Ahnen mit den jetzigen Vertretern des Geschlechtes verband. Beides, Anciennität und Kontinuität, verhießen im kritischen Moment des Herrschaftswechsels eine reibungslose Nachfolge in der Herrschaft. Die Problematik einer unsicheren Nachfolge war den Zeitgenossen vertraut, denn oft genug war man Zeuge von Übergängen von Herrschaft, die oft nicht glatt abliefen, sondern sich krisen- oder sogar konflikthaft[7] darstellten.

Die durch Anciennität und Kontinuität erwiesene Qualität des Geschlechtes – man könnte sie dynastische Persistenz nennen – war jedoch nicht die einzige, die sich genealogisch ableiten ließ. Zur Herrschaft befähigten auch die durch die Jahrhunderte vererbten Qualitäten des Geschlechtes, die sich erstmals im Spitzenahn zeigten.[8] Die ununterbrochene Sukzession im Mannesstamm garantierte die Weitergabe dieser Qualitäten des Blutes, ein Gedanke, der uns im Quellenbegriff »Blutstamm« entgegentritt. Demzufolge konnte man jeden der sächsischen Kurfürsten aus dem Geschlecht der Wettiner geradezu als einen »wiedergeborenen Wittekind« verstehen, der – zumindest potentiell – alle herausragenden Eigenschaften des Spitzenahns in sich trug. Darüber hinaus konnten alle Zweige des Stammbaums zum Beweis der Geblütsqualität herangezogen werden, denn in den vom Spitzenahn abstammenden Agnaten floss natürlich das gleiche Blut.

Im Falle der Wettiner ist hier insbesondere an die Ottonen zu denken, deren Abstammung von einem gewissen Bruno, angeblich ein Bruder Wittekinds, in der Nachfolge Georg Spalatins kanonisch wurde. An dieser Stelle muss auch die vielerorts anzutreffende Behauptung, die Wettiner hätten die Ottonen als Vorfahren reklamiert, relativiert werden: Die Ottonen waren dieser Vorstellung zufolge freilich im Mannesstamm verwandt, und zwar über den gemeinsamen Stammvater Wernekin, dem angeblichen Vater Wittekinds und Brunos. Sie waren jedoch nicht Teil der wettinischen Ahnenreihe und daher, streng genommen, nicht deren Vorfahren.

Es ist nun bezeichnend, dass alle genealogisch-historiographischen Projekte vor der Zäsur von 1547 allein von den Ernestinern betrieben wurden. Dies ist auch verständlich, denn alle Ergebnisse genealogischer Forschungen der älteren konnten von der jüngeren Linie eines Geschlechtes problemlos und ohne zusätzlichen Aufwand übernommen werden. Abgesehen von einer Herzog Georg dem Bärtigen gewidmeten Schrift des Reichsherolds Georg Rüxner mit dem Titel *der recht blutstam des Churfürstlichen Haus zu Sachsen*[9] sind entsprechende Bemühungen auf albertinischer Seite erst unter Kurfürst Moritz festzustellen.

In Bezug auf die Frage, wie sich die Zäsur des Wechsels der Kurwürde auf die genealogisch-historiographischen Arbeiten der Wettiner auswirkte, spielt diese Tatsache eine wichtige Rolle. Damals wie heute sucht und braucht Historiographie den Anschluss an eine bereits vorhandene Historiographie, auf die aufgebaut wird. Die grundsätzliche genealogische Legitimation der Wettiner, die Abstammung des Hauses Sachsen vom Stamm Wittekinds, blieb weiterhin zentral, konnte und durfte nicht verändert werden.

Durch die Zäsur von 1547 war den Albertinern allerdings der Zugriff auf einen Gutteil der genealogisch-historiographischen Vorarbeiten verwehrt. So blieben die Arbeiten Georg Spalatins, insbesondere seine *Chronik der Sachsen und Thüringer*,[10] im Besitz der Ernestiner und unter Verschluss in deren Archiven, also außer der Reichweite der von den Albertinern beauftragen Gelehrten. Dennoch mussten diese nicht bei null anfangen, denn sie konnten auf ein Werk Spalatins zugreifen, welches in Druck gegangen war, nämlich seine *Chronica vnd Herkomen der Churfuerst vnd Fuersten des loeblichen Haus zu Sachssen. Gegen Hertzog Heinrichs zu Braunschweig welcher sich den Juengern nennet herkomen* von 1541.[11]

Es war diese Schrift, auf die alle von den Albertinern initiierten Projekte zurückgriffen – was eine wichtige Konsequenz hatte, denn in diesem Druck hatte Spalatin die Abstammung der Wettiner von Wittekind über einen gewissen jüngeren Wittekind (Wittekind den Jüngeren) behauptet, während bis dahin, auch von Spalatin selbst, die traditionelle Abstammung über den Sohn Wittekinds, Waltbert, und dessen Enkel, Wicbert, vertreten worden war. Die Kanonisierung des Verlaufs der Ahnenreihe über Wittekind den Jüngeren ist eindeutig das Ergebnis des Konfliktes der beiden Linien, der dafür sorgte, dass der einzige Druck, der aus den Bemühungen Georg Spalatins hervorgegangen war, richtungsweisend für die genealogisch-historiographischen Forschungen der Folgezeit wurde. Mit anderen Worten: Eine der Folgen von 1547 war die Selektion und Festschreibung einer bestimmten Stammreihenführung. An dieser Stelle übergehe ich die Amtsvorgängergalerien, welche die Albertiner unter anderem auch in Torgau vorfanden, um später auf sie zurückzukommen.

Die Rolle der Genealogie im Konflikt der Ernestiner und Albertiner nach dem Übergang der Kurwürde

Die Streitschrift Johann Friedrichs I. bzw. Spalatins gegen Herzog Heinrich von Braunschweig-Wolfenbüttel zeigt sehr schön, welche Bedeutung der Genealogie in interdynastischen Konflikten beigemessen wurde. Ziel dieser Streitschrift war es, die Anwürfe des Welfen zurückzuweisen, der den Wettiner einen »Einsetzling« genannt, seine Familie als »jung« geschmäht und ihre Einsetzung als Herzöge von Sachsen mit dem Vorgang des Pfropfens von Pflanzen verglichen hatte. All dies war kein einfacher Streit unter dem Motto »Mein Adel ist älter als Deiner!«, denn der Welfe widersprach damit der Argumentation der Wiederinbesitznahme der sächsischen Herzogswürde durch die Wettiner und traf darüber hinaus einen neuralgischen Punkt: Er stellte die Anciennität der Wettiner und damit die Qualität ihres Adels ganz grundsätzlich in Frage. Dementsprechend argumentiert die Streitschrift Spalatins genealogisch und historisch, um die Anwürfe des Welfen zu widerlegen.

Doch welche Rolle kam der Genealogie im intra- bzw. innerdynastischen Konflikt zwischen Ernestinern und Albertinern zu? Müssten die üblicherweise von der Genealogie gelieferten Argumente, wie die des Alters eines Geschlechtes, angesichts der fast vollständigen Deckungsgleichheit der Ahnenreihe nicht bedeutungslos sein? Tatsächlich war im Streit der Vettern das, was ich »doing genealogy« nennen möchte, wichtig. Nicht die Generierung von genealogischen Argumenten, die sich gegen den Gegner verwenden ließen, vielmehr die demonstrative Inbeschlagnahme der Ahnen war das Ziel. Man stellte das eigene Recht an ihnen ostentativ zur Schau, in anderen Worten: Aus dem Recht aus den Ahnen folgerte man das Recht »an den Ahnen«. Hier zeigt sich insbesondere die dynastische Dimension der Zäsur von 1547: Die Albertiner übernahmen von den Ernestinern nicht nur das Herzogtum Sachsen-Wittenberg und die Kurwürde, wodurch sie ihnen gegenüber einen politisch höheren Rang gewannen; vielmehr beanspruchten sie nunmehr auch die dynastische Führung im Hause Sachsen. Dies musste man demonstrieren, ganz ähnlich, wie man es bei der Wappen-, Siegel- und Titelführung tat – durch öffentlich demonstrierte Aneignung.

Bereits im Schmalkaldischen Krieg hatte Herzog Moritz den dynastischen Führungsanspruch gestellt. Während die ernestinische Seite Moritz' »doppelten Verrat« an Familie und Glaubensgenossen – Stichwort »Judas von Meißen« – betonte, verwies Moritz deutlich auf das Interesse der Gesamtdynastie, welches er als »nechst anwartend Lehnserbe«[12] wahren müsse: Hatte sich Johann Friedrich I. (aus Sicht der Albertiner unnötigerweise) die Reichsacht und damit den Verlust seiner Lehen eingehandelt, müsse Moritz dafür Sorge tragen, dass »diese unsere eigene mit unsers Vettern vermengten Lande, Leuten vnd Underthanen, nicht verderbt noch von dem Hause zu Sachsen in fremde hende und gewelde gebracht werden«.[13] Nur durch seine Kaisertreue könne er auch die ernestinischen Territorien dem Gesamthaus erhalten: Seine Handlungsweise ist also, folgt man seiner Darstellung, dynastisch alternativlos. Moritz übte demnach keinen Verrat an Verwandten, vielmehr war das Gegenteil der Fall: Er trug verantwortungsvoll Sorge für das Fortbestehen des Hauses Sachsen und verhinderte, dass Land und Leute, weder ernestinisch noch albertinisch, entfremdet würden. Mithin hatte er sich durch sein Verhalten als neues Oberhaupt des Hauses Sachsen empfohlen.

Diese dynastische Führung, welche die Albertiner für sich beanspruchten, beinhaltete ein besonderes Recht an den Ahnen; um dieses Recht nicht aufzugeben, musste man es ausüben – umso mehr, als der Gegner hier bereits einen Schritt voraus war. Bereits 1552 hatten nämlich die Ernestiner die Grabsteine thüringischer Landgrafen aus wettinischem Geschlecht[14] auf die Burg Grimmenstein in Gotha verbringen, ausbessern und aufstellen lassen. Diese Aktion fällt in das Jahr, in dem der »geborene Kurfürst« Johann Friedrich I. aus kaiserlicher Haft entlassen worden war und begonnen hatte, sich um seine Restitution zu bemühen. Sie muss daher als Versuch bzw. Demonstration einer dynastischen Legitimierung dieser Ansprüche durch die Inbeschlagnahme von Ahnen und ihres Gedächtnisses (in der Form ihrer Grabsteine) gewertet werden.

Der entsprechende albertinische Zugriff erfolgte auf die wettinische Grablege auf dem Petersberg bei Halle. Dort hatten im Mittelalter elf Mitglieder der Dynastie aus vier Generationen ihre letzte Ruhestätte gefunden, bevor die Zisterzienserabtei Altzelle zur neuen Grablege des Geschlechtes avancierte. Nach der Auflösung des auf dem Petersberg beheimateten Augustinerchorherrenstiftes verfielen die dortigen Gebäude, bevor dann ein Blitzschlag zu einem Brand führte, dem die Kirche und mit ihr die mittelalterlichen Grablegen fast vollständig zum Opfer fielen. Kurfürst August ließ nun in den Mauern der Kirchenruine ein »domus sepulturae« errichten, welches den Ort in ein Denkmal des wettinischen Herkommens verwandelte. Die besondere Bedeutung des Petersberges bzw. der dortigen neu errichteten »domus sepulturae« kommt auch in der zeitgleich entstandenen Karte des Hiob Magdeburg, der *Duringischen und Meisnischen Landtaffel*,[15] deutlich zum Ausdruck.

Auf ihr ist der Ort selbst nicht nur auf der Hauptkarte, sondern auch prominent in einer kleinen Nebenkarte[16] in der linken unteren Ecke der Hauptkarte zu finden. Der Petersberg wurde damit als Grablege der wettinischen Ahnen besonders hervorgehoben, was auch zum ikonographischen Konzept der Karte passt. Diese wird von einem Rahmen aus Portraits der Mitglieder der wettinischen Ahnenreihe, beginnend mit König Sieghart, eingefasst. Die männlichen Vertreter sind auf der linken, deren Ehefrauen symmetrisch dazu auf der rechten Seite zu finden. Da die ernestinischen bzw. albertinischen Herrschaftsbereiche optisch nicht voneinander geschieden sind, handelt es sich um das Herrschaftsgebiet des Hauses Sachsen, also der wettinischen Dynastie insgesamt, welches in dieser Karte dargestellt wurde. Die Ahnen dieses Hauses Sachsen bilden in der Form ihrer Portraits einen das Territorium fassenden Rahmen, der es augenfällig und im wahrsten Sinne des Wortes zu einem »territorium clausum« werden lässt. Gleichzeitig wird die Grablege auf dem Petersberg, die älteste der Wettiner, ganz besonders hervorgehoben. Durch die Renovierung der Grabstätte machte Kurfürst August deutlich, dass er nun, als Herr des Hauses Sachsen, die Pflicht und das Recht hatte, auf die Gräber seiner Vorfahren zuzugreifen. Die Grabstätte dokumentierte dies öffentlich, die *Düringische Landtaffel* wies augenfällig darauf hin: Die Albertiner waren nunmehr das »Haus Sachsen«.

Eine weitere Möglichkeit zur Übernahme von den Ernestinern boten die sogenannten Amtsvorgängergalerien,[17] auf die ich jetzt zurückkommen möchte. Deren Prototyp war für das Wittenberger Schloss geschaffen und erstmals in Andreas Meinhards Darstellung der Stadt 1508 beschrieben worden.[18] Diese Galerie war eben keine Ahnengalerie, denn sie zeigte die Vorgänger im Amte des Herzogs von Sachsen – auch wenn es in dieser Reihe natürlich Verwandte innerhalb der aufeinanderfolgenden Geschlechter, also der Liudolfinger, Billunger, Welfen, Askanier und Wettiner gab. Die Wittenberger Galerie wurde für die Ausstattung anderer ernestinischer Schlösser kopiert; auch auf Schloss Hartenfels befand sich eine solche Amtsvorgängergalerie.[19] Sie fielen nach dem Wechsel der Kurwürde zusammen mit den sie beherbergenden Schlossbauten an die Albertiner. Jedoch übernahmen diese nicht nur die vorhandenen Galerien, sondern auch diese besondere Art der Bildnisreihe, welche die Ämternachfolge abbildete. Als Kurfürst August seinem Sieg in den Grumbachschen Händeln mit dem Schloss Augustusburg ein Denkmal setzte, wurde dort ebenfalls eine entsprechende Amtsvorgängergalerie eingerichtet.

Natürlich musste man die Amtsvorgängergalerie durch Hinzunahme der aktuellen, also albertinischen Kurfürsten, erweitern. Wie genau man dies bewerkstelligte, zeigt die besondere legitimatorische Bedeutung, die man der Genealogie, gerade in der unsicheren ersten Dekade des albertinischen Kurfürstentums, beimaß.

Abb. 1
Hiob Magdeburg · Duringische und Meisnische Landtafel (Ausschnitt) · 1566 · SLUB, KS A 13534

Eine dem Geiste der Amtsvorgängergalerie, das heißt der zugrundeliegenden Idee (Ordnungsschema) der Amtsnachfolge, entsprechende Erweiterung hätte den ersten albertinischen Kurfürsten, Moritz, direkt an den letzten ernestinischen, Johann Friedrich I., angeschlossen: Friedrich I., der Streitbare – Friedrich II., der Sanftmütige – Ernst – Friedrich III., der Weise – Johann, der Beständige – Johann Friedrich I., der Großmütige – Moritz – August.

Faktisch richtig, formell korrekt – aber für den Zweck der Legitimation des Kurbesitzes nicht aussagekräftig genug. Also entschloss man sich für eine andere Lösung – und die brachte die Genealogie ins Spiel. Die tatsächliche Hängung der Galerie des Schlosses Augustusburg ist diese: Friedrich I., der Streitbare – Friedrich II., der Sanftmütige – Ernst – Friedrich III., der Weise – Johann, der Beständige – Johann Friedrich I., der Großmütige[20] – Herzog Albrecht der Beherzte – Herzog Georg der Bärtige – Herzog Heinrich der Fromme – Herzog Friedrich[21] – Moritz – August.

Zeichnet man die Galerie in einem Stammbaum nach, so wird deutlich, dass die Abstammung von Kurfürst Friedrich dem Sanftmütigen eine ganz zentrale Aussage darstellt, denn die agnatische Folge, die diesen mit Moritz (und auch August) verbindet, ist vollständig aufgeführt: Friedrich II., der Sanftmütige – Herzog Albrecht der Beherzte – Herzog Friedrich – Herzog Georg der Bärtige – Herzog Heinrich der Fromme – Moritz und August.

Doch damit nicht genug: Auch Herzog Georg der Bärtige ist gezeigt – damit hätten wir auch eine vollständige Reihung der dynastischen Häupter der albertinischen Linie: Albrecht, Georg, Heinrich, Moritz, August. Die Albertiner übernahmen also nicht nur die Amtsvorgängergalerie von den Ernestinern, sondern adaptierten sie für die eigenen Zwecke. Diese Form der Adaption, die Einfügung genealogischer Sequenzen, wo vom Grundkonzept der Galerie her eine Nachfolge im Amt vorgesehen bzw. zu erwarten gewesen wäre, zeigt eine deutliche Zielrichtung. Es ging um eine genealogische Legitimation, die durch den Nachweis der direkten Abstammung von Kurfürst Friedrich II. im Mannesstamm erbracht werden sollte. Dieser konnte aber nur gelingen, wenn alle Verbindungsglieder aufgeführt wurden. Diese herrschaftslegitimierende, genealogische Argumentation wurde nicht nur in der Galerie auf Schloss Augustusburg gezeigt, sie findet sich auch in Druckwerken, so in dem von Gabriel Schnellboltz verlegten Werk *Abcontrafactur Vnd Bildnis aller Groshertzogen Chur vnd Fürsten* von Johann Agricola.[22]

Vieles von dem, was unter Kurfürst August hervortritt, stammte also, wie ich zu zeigen versucht habe, aus dem »ernestinischen Arsenal«. Das heißt aber nicht, dass nicht auch eifrig geforscht wurde – das Gegenteil ist der Fall. Während die genealogisch-historiographische Forschung der ernestinischen Ära nur mit einem Namen, Georg Spalatin, verknüpft ist, können wir eine ganze Reihe von Gelehrten benennen, die unter den albertinischen Kurfürsten forschten. Den Anfang bildet hier Georg Agricola mit seinem letzten wissenschaftlichen Werk *Die Sippschaft des Hauses Sachsen*.[23] Nach dessen Tod wurde Georg Fabricius mit der Fortführung der Arbeiten, insbesondere dessen lateinischer Genealogie sowie deren Übersetzung ins Deutsche, betraut.[24] Da Fabricius 1571 verstarb, konnte er seine Arbeiten nicht vollenden. Sie erschienen daher erst mit erheblichen Verzögerungen im Druck.[25] Nunmehr beauftragte Kurfürst August Reiner Reineck damit, die Arbeiten des Georg Fabricius zu vollenden. Reineck war ein ausgewiesener Experte auf diesem Feld, denn er hatte eine große Zahl von Genealogien antiker Herrscher verfasst,[26] darüber hinaus Arbeiten zur sächsischen Geschichte vorgelegt.[27] Reineck gab allerdings innerhalb von anderthalb Jahren seinen Posten als Historiograph Kurfürst Augusts auf. Trotzdem ist er für eine wichtige Neuerung verantwortlich: Nach einem Besuch der Grabtumba Widukinds in Enger veröffentlichte er einen Stich, der sich sehr schnell als eine Art prototypisches Widukind-Bildnis etablierte und in der Folgezeit für Widukind-Darstellungen immer wieder als Bildvorlage diente.[28]

Wie wir sehen können, kam es zu einer Verkettung von unglücklichen Umständen, welche die Forschungsarbeiten immer wieder verzögerten. Erst am Ende der Regierungszeit Kurfürst Augusts tritt uns mit Petrus Albinus dann der Schöpfer der Ahnengalerie des »Langen Ganges« entgegen, dem es gelungen war, zu den bisher bekannten Ahnen neue hinzuzufügen und das Geschlecht bis in das Jahr 90 v. Chr. zurückzuverfolgen. Wenn nun die Früchte der Anstrengungen Kurfürst Augusts quasi erst unter Christian I. zur Reife gelangten, so darf man sie deshalb nicht unterbewerten. Hierzu gehörten Werke wie die Ahnengalerie des »Langen Ganges«, das Lusthäuschen auf der Jungfernbastei oder auch die Grablege in Freiberg, die hier nicht behandelt werden können, auch wenn sie ohne die von Kurfürst August initiierten Forschungen kaum denkbar gewesen wären.

Ernst Brotuff und sein Prachtstammbaum

Der Name eines weiteren Gelehrten, dessen Wirken in die Ära Augusts fällt, ist, im Gegensatz zu den bereits genannten, fast vollständig dem Vergessen anheimgefallen: Ernst Brotuff. Dies mag angesichts der Produktivität dieses Mannes überraschen. Ernst Brotuff studierte in Leipzig und Wittenberg[29] und wurde von Herzog Moritz zum Verwalter der Landesschule in Pforta bestellt. Er diente in dieser Stadt von 1550 bis 1552, bevor er nach Merseburg zurückkehrte, um dort bis zu seinem Tod das Amt des Bürgermeisters auszufüllen. Ernst Brotuff war, wie bereits erwähnt, ein produktiver Schriftsteller, der in den Jahren von 1549 bis zu seinem Tod 1565 zahlreiche historiographische Werke fertigstellte. Bereits 1546 hatte ihm Georg III. von Anhalt Quellenmaterial übergeben und ihn beauftragt, es für eine Genealogie seines Hauses zu verwenden.[30] Schon drei Jahre später legte Brotuff das gewünschte Werk, eine *Genealogia und Chronica des Durchlauchten Hochgebornen, Königlichen vnd Fürstlichen Hauses der Fürsten zu Anhalt, Graffen zu Ballenstedt vnd Ascanie, Herrn zu Bernburgk vnd Zerbst, auff 1055. Jar*, vor. Kurze Zeit später hat er zwei Werke am kursächsischen Hof eingereicht, und zwar die dem Kurfürsten gewidmete Schrift *Chronica und Geburts-Buch des Durchlauchtigsten, Hochgebornen, Königlichen und Fürstlichen Hauses der Herzogen und Churfürsten zu Sachsen*[31] im Jahr 1561, welche heute unter der Signatur Manuscriptum Dresdense J116 von der Sächsischen Landesbibliothek – Staats- und Universitätsbibliothek Dresden (SLUB) verwahrt wird. Für dieses Werk ließ der Kurfürst Brotuff 500 Gulden zukommen.[32] Weiterhin eine *Turingische Cronica* im Jahr 1562, für das er weitere 100 Gulden bekam, heute unter der Signatur Manuscriptum Dresdense K70 in der SLUB.[33] Eine weitere Schrift, Mscr. Dresd. R56,[34] betitelt *Das die Durchlauchigste Durchlauchte Hochgeborne Fursten vnd Hern Churfursten, Fursten vnd Hertzoge zw Sachssen etc. Rechte gebornne Tuisci, Teutanes vnd Saxones seint*, breitet die Herkommenssage der Sachsen aus, wobei Brotuff deren Abstammung von Noah über Japhet, Gomer und Ascenas anführt. Darüber hinaus sei ein Meistergesang nicht unerwähnt, der die Abstammung der Wettiner in Liedform gibt, »Bestellet yn geschlossene buchreimen, Durch Lorentz Wessel von Essen kuestner und meister Singer«, mit dem Titel *Genealogia. Stam und Ankunfft, des hohen durchlauchigsten und Durchlauchtigen, Chur, und Fürstenn des Loblichen und Edlen hauses zu Sachssen*, die Brotuff dem Kurfürsten verehrte.[35]

Während Ernst Brotuffs Geschichte des Hauses Anhalt bereits 1556 im Druck erschienen war und sogar Philipp Melanchthon höchstpersönlich eine lange und lobende Vorrede beigetragen hatte, verschwanden die angeführten Manuskripte Brotuffs zur dynastischen Geschichte der Wettiner jedoch in der kurfürstlichen Bibliothek und kamen nie in den Druck. Neben den zahlreichen Manuskripten bot Ernst Brotuff 1562 in einem Brief dem Kurfürsten an, einen auf seinen Forschungen basierenden Prachtstammbaum anfertigen zu wollen, und bat um eine Audienz, wohl um ihm dieses Vorhaben näher zu erläutern und dem Kurfürsten schmackhaft zu machen. Weiteren Schreiben ist der diesbezügliche Erfolg zu entnehmen. Das Ergebnis war ein großformatiger[36] und außergewöhnlich prächtiger Stammbaum, der in der SLUB unter der Signatur Manuscriptum Dresdense J13m[37] geführt wird. Dieser Stammbaum war über lange Jahre sozusagen verschollen. So war er dem sächsischen Historiker Hubert Ermisch um die Wende zum 20. Jahrhundert wohl nicht bekannt,[38] während er 1921 letztmalig von Gustav Sommerfeld beschrieben wurde.[39]

Als 2012 die Mappe mit dem Prachtstammbaum des Ernst Brotuff im Lesesaal Sammlungen der Sächsischen Landesbibliothek – Staats- und Universitätsbibliothek Dresden vor mir auf dem Tisch lag, vermochte ich ihn nicht zu entfalten, denn das Pergament, aus dem er bestand, widersetzte sich meinen Bemühungen. Jedoch konnte ich zwischen die Lagen der Faltung spähen. Mir kam Howard Carter in den Sinn, der, als er 1922 ein kleines Loch in die Tür zum Grab des Tutanchamun geschlagen hatte und in die Grabkammer schaute, auf die Frage, ob er etwas sehen könne, mit den Worten »Yes, wonderful things!« antwortete. Wäre ich gefragt worden, ob ich etwas erkennen könne, hätte ich ähnlich geantwortet, denn aus dem kleinen Abschnitt, den ich sehen konnte, schimmerten mir Gold und Silber entgegen. Die Farben, insbesondere das benutzte Rot, hatten eine wunderbare Brillanz, die Illustrationen waren qualitativ äußerst hochwertig.

Der Stammbaum entspricht der in den Briefen Brotuffs an den Kurfürsten[40] zu findenden Beschreibung. Demnach hatte er einen Stammbaum geplant, »welchen ich nu Jtzunt volbracht, und aufs Parpir zur proba rein auffschreÿben, mit Laubwergk, und schonen Wapen, der keyserlichen, koniglichen und furstlicheb personen mohlen und Illuminieren lassen, Und es erstrecken sich die Sipstemme des Geburtsbuch und des Baumes in die xxv gliedt nach erster Linea niderwerts zu zeelen, Angefangen vom

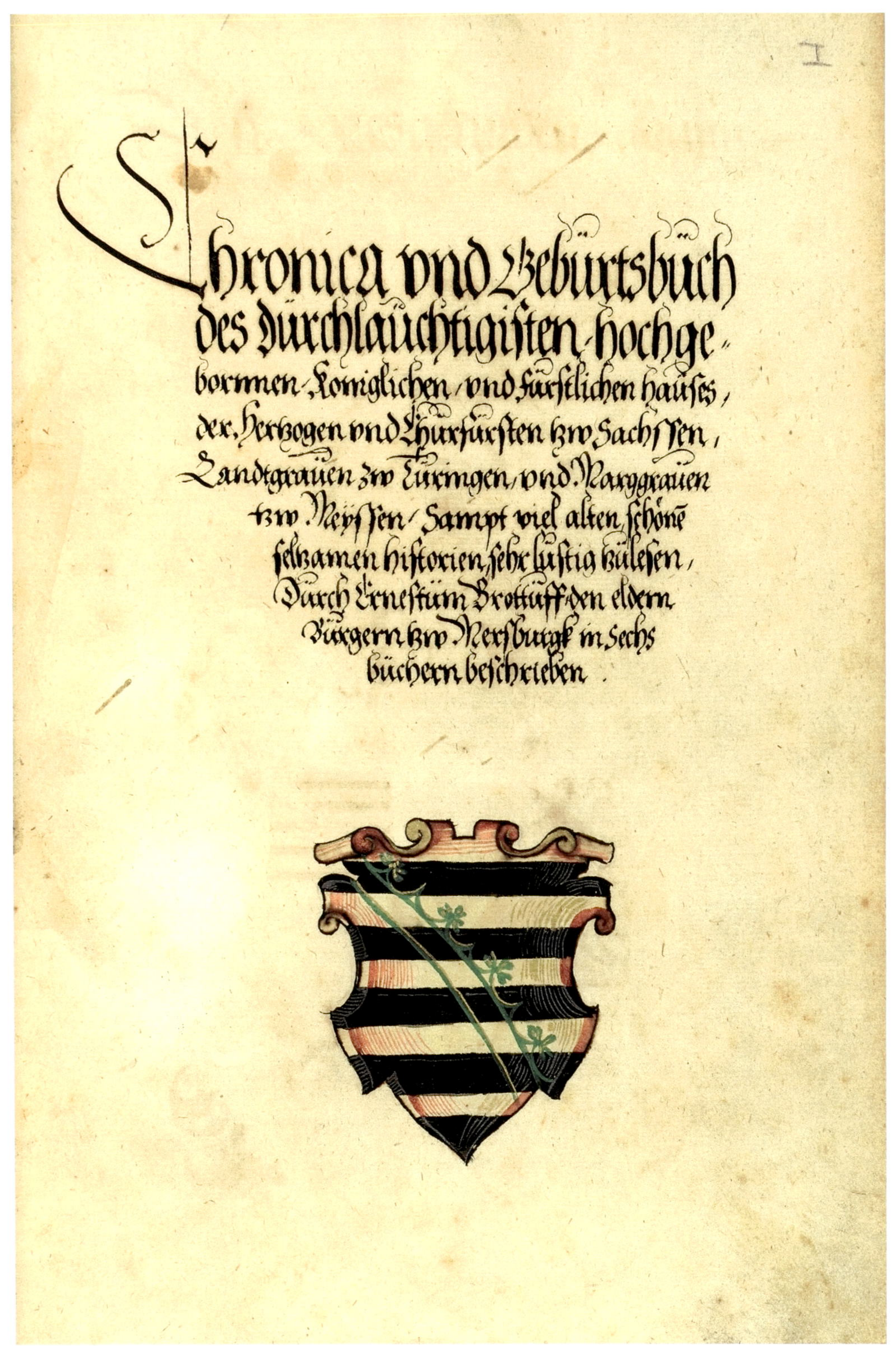

I

Chronica vnd Geburtsbuch
des Durchlauchtigisten, hochge-
bornnen, Koniglichen, vnd Furstlichen hauses,
der Hertzogen vnd Churfursten zw Sachssen,
Landtgrauen zw Duringen, vnd Marggrauen
zw Meyssen, Sampt viel alten schöne
seltzamen historien, sehr lustig zulesen,
Durch Ernestum Brotuff den eldern
Burgern zw Mersburgk in Sechs
buchern beschrieben.

Abb. 2
Ernst Brotuff · Chronica und Geburtsbuch des durchlauchtigsten/hochgebornnen/koniglichen/und fürstlichen Hauses/der Hertzogen vnd Churfursten zw Sachsen · SLUB, Mscr. Dresd.J.116

Konige Sighard zu Sachssen, Fursten zu engern, Osnaburgk, und hern zu Iburgk bis uff E. Churf. Gn. informa und gestalt eines naturlichen Baumes, mit vleis zusammen gebracht, Und habe auch die Sipstemme der personen, mit roten linien vorzeichnet, Uff das man als balde erkenen und finden kan, wie nahe ein Jdere persona, der andern, des gebluetes wegen, verwandt gewest.«[41] Tatsächlich handelt es sich um einen Stammbaum, der die Ahnenreihe vom Stammvater Sighard bis in die 25. Generation zu den Kindern Kurfürst Augusts verfolgt. Der Stammbaum erscheint dem Betrachter zunächst in seiner Geometrie recht ungewöhnlich, denn der die Ahnenreihe repräsentierende »Stamm« ist an den rechten Rand gedrängt und entspricht nicht den Erwartungen an einen gerade gewachsenen, symmetrischen Baum. Schaut man genauer, so erkennt man einen Grund hierfür: Es handelt sich nicht um einen Baum, sondern vielmehr ein Rankengewächs.[42] Die Asymmetrie ist vor allem der Aufnahme der ottonischen Verwandtschaft geschuldet, die große Teile des Stammbaums auf der linken Seite in Anspruch nimmt.

Zwar zeigt der Brotuff'sche Prachtstammbaum nüchtern betrachtet die zur Zeit seines Entstehens gängige Ahnenreihe, wie sie bereits zu Zeiten des ernestinischen Kurfürstentums etabliert worden war, und bietet daher kaum inhaltliche Neuerungen bzw. Überraschungen. Auch sollte die Tatsache, dass dieses Werk für die Zeitgenossen durch die neu erschaffene Ahnenreihe des Petrus Albinus, die bald darauf in der Ahnengalerie des »Langen Ganges« im Dresdner Residenzschloss gehängt wurde, an Gewicht verlor, unseren Blick auf dieses wunderbare Kunstwerk nicht verstellen. Der Brotuff'sche Prachtstammbaum harrt einer sorgfältigen wissenschaftlichen Analyse, die einen Vergleich mit großformatigen Stammbäumen[43] des 16. Jahrhunderts einschließt. Doch auch wenn diese noch aussteht, kommt man nicht umhin, in ihm ein großartiges Denkmal für die Bemühungen des Kurfürsten August um die Historiographie Sachsens und die Genealogie seines Hauses zu erkennen.

ANMERKUNGEN

1 Für einen Überblick über entsprechende Aktivitäten der Wettiner im 16. Jahrhundert möchte ich auf meine jüngst im Druck erschienene Dissertation verweisen: Olav Heinemann, Das Herkommen des Hauses Sachsen. Genealogisch-historiographische Arbeit der Wettiner im 16. Jahrhundert, Leipzig 2015. | **2** Die Ahnengalerie des »Langen Ganges« im Residenzschloss sei hier explizit als Beispiel genannt. | **3** Der Anspruch der Albertiner auf die Kurwürde ist ohne ihre Abkunft aus dem Geschlecht der Wettiner schwer vorstellbar. | **4** Gefasst unter dem Begriff »praescriptio immemorialis«. | **5** Cyriakus Spangenberg, Ander Teil des Adelsspiegels, Schmalkalden 1594, S. 21v. | **6** »The overall historical strategy remains the same: to establish the most ancient ancestry possible an to create the most coherent continuity between this mystic beginning and the present.« R. Howard Bloch, Genealogy as a Medieval Mental Structure and Textual Form, in: Grundriß der romanischen Literaturen des Mittelalters, hrsg. von Hans Robert Jauß / Erich Köhler / Hans Ulrich Gumbrecht, Heidelberg 1968, S. 146. | **7** »Wie erbittert das Ringen um Macht und Einfluss gerade innerhalb der verschiedenen Linien einer Dynastie werden konnte, verdeutlichen die innerdynastischen Kriege der Wittelsbacher (Landshuter Erbfolgekrieg 1504/05) und Welfen (Hildesheimer Stiftsfehde 1519–1523) in den ersten Dezennien des 16. Jahrhunderts eindrücklich.[...] Inner- und zwischendynastische Konkurrenz war das Signum der Zeit.« Gabriele Haug-Moritz, Dynastie, Region, Religion. Kurfürst Johann Friedrich, die Herzöge Heinrich und Moritz von Sachsen und der Schmalkaldische Bund von seiner Gründung bis zum Ausbruch des Schmalkaldischen Krieges (1530–1546), in: Glaube & Macht. Sachsen im Europa der Reformationszeit, hrsg. von Eckhart Kluth / Harald Marx, Dresden 2004, S. 114. | **8** Die Vorstellung eines agnatischen »Blutstammes« erinnert stark an die Aristotelische Vererbungslehre, welche die Weitergabe unveränderter Eigenschaften vom Vater auf den Sohn annimmt, und die sog. hämatogene Samenlehre. Vgl. Erna Lesky, Die Zeugungs- und Vererbungslehren der Antike und ihr Nachwirken, Wiesbaden 1950, Sp. 1349–1387. | **9** Universiäts- und Landesbibliothek Darmstadt (ULB TU), Hs-203, Georg Rüxner, der recht blutstam des Churfürstlichen Haus zu Sachsen, S. l., nach 1573. | **10** Zu diesem Werk ausführlich Christina Meckelnborg / Anna-Beate Riecke, Georg Spalatins »Chronik der Sachsen und Thüringer«. Ein historiographisches Großprojekt der Frühen Neuzeit, Köln 2011. | **11** Georg Spalatin, Chronica vnd Herkomen der Churfuerst vnd Fuersten des loeblichen Haus zu Sachssen. Gegen Hertzog Heinrichs zu Braunschweig welcher sich den Juengern nennet herkomen [...] Zusammen getragen Durch Georgium Spalatinum, Wittenberg 1541 (VD16 S 7401). | **12** Moritz von Sachsen, Vnnser von Gotts genaden Moritzes Hertzogen zu Sachssen [...] Erklerunge wie wir der Christlichen Religion geneigt Vnnd welcher vrsach halben wir Vns wider die Kayserliche Maiestat nicht eingelassen noch vmbgehn haben kœnnen Vns vmb Vnsers Vettern Lande anzunehemen, Leipzig 1546, fol. D3v (VD16 S 808, VD16 ZV 22103). | **13** Ebd. fol. A3r. | **14** Die Grabsteine Friedrichs des Gebissenen, seiner Ehefrau Elisabeth aus dem Katharinenkloster Eisenach sowie weitere Grabsteine aus dem zu diesem Zeitpunkt bereits aufgelösten Kloster Reinhardsbrunn. | **15** Sächsische Landesbibliothek – Staats- und Universitätsbiblithek (SLUB), Inv.-Nr. SLUB/KS A13534, Hiob Magdeburg, Duringische und Meisnische Landtaffel; vgl. auch Woldemar Lippert, Das sächsische Stammbuch, in: Neues Archiv für sächsische Geschichte und Alterthümer 12 (1891), S. 80. Entstehungsort der Karte war wohl die Meißnische Fürstenschule. | **16** »Furnemsten Berge und Stette davon die abtheilung dieser Landtaffel genommen.« | **17** Amtsvorgängergalerien unterliegen keiner genealogischen Ordnung. Amtsvorgänger können Ahnen sein, müssen es allerdings nicht, wie das Beispiel der unter Friedrich dem Weisen entstandenen und im Schloss Wittenberg erstmals gehängten Galerie zeigt. | **18** Andreas Meinhard, Dialogus illustrate ac Augustissime urbis Albiorene vulgo Vittenberg dicte, Situm, Amenitatem ac Illustrationem docens, Leipzig 1508. | **19** Ein Inventar mit dem Titel »Ex arce Torgensi«, welches die Galerie in zwei Listen wiedergibt, hat sich erhalten. SLUB, Mscr. Dresd. Q 155. | **20** An dieser Stelle nunmehr der Bruch zwischen den Kurfürsten ernestinischer und denen albertinischer Linie, wobei der chronologische Sprung zurück (Johann Friedrich war bis 1547 Kurfürst, Albrecht der Beherzte bereits 1500 verstorben) anscheinend kein Problem darstellte. | **21** Friedrich von Sachsen bzw. von Wettin, 36. Hochmeister des Deutschen Ordens (gest. 1510), jüngster Sohn Albrechts des Beherzten. | **22** Johann Agricola, Abcontrafactur Vnd Bildnis aller Groshertzogen Chur vnd Fürsten welche vom Jare nach Christi Geburt 842. bis auff das jtzige 1563. Jar das Land Sachssen löblich vnd Christlich regieret haben, Wittenberg 1563 (VD16 A 1036; VD16 A 1037). | **23** SLUB, Mscr. Dresd. R99. Edition: Georg Agricola, Die Sippschaft des Hauses zu Sachsen, in: Georg Agricola, Vermischte Schriften II, hrsg. von Hans Prescher, Berlin 1962. | **24** Aus dem Jahr 1562 stammt ein kurfürstliches Begnadigungsschreiben (22. Februar 1562), in dem Kurfürst August Georg Fabricius 500 Gulden für die Anfertigung einer Genealogie zuweist. Darin steht explizit, was von diesem gefordert wurde: »solch wergk der Genealogia zum ford(er)lichsten als moglich zue fertig[en] Ins wergk und zum ende, zue bring[en] und wen so inn lateinische sprach bracht, daran zu sein, und zue helff[en] das sie inn die deutzsche sprache vertirt«. Sächsisches Staatsarchiv, Hauptstaatsarchiv Dresden (StA-D), 10024, Loc. 04482/01, fol. 3; »Und Im wergk ist, die Genealogia des stambs, der herzog[en] und churfürst[en] zue Sachss[en] Inmass[en] dieselbe der hochgelerte, her Georgius Agricola zue kemptnitz selig angefang, ordentlich zuebeschreybenn, An derselben auch albereit, vj drei [Streichung; »drei« darüber geschrieben] theil gefertiget, Und und[er]thenigklich[en] [verderbt] die ubrigen vier theil solche [Streichung] zum sond[er]lichst[en] Inn lateinischer sprach zu fertig(en) [Streichung] und zu bring[en]«. Ebd., fol. 6. | **25** »Scripsit rerum Mysnicarum libros 5. quorum 1. est de Electoribus Saxon. II. de Marchionibus Mynsiae, tres posteriores de vrbe Mysnia, vna cum Epitome ex Chronico Siffridi Mysnensis. Genealogiam Saxonicam sub manibus habuit librorum nouem. Absolut autem sunt septem atq[ue] in aulam Illustrissimam missi, qui fere nunc interierunt. Ich hab sie bisher noch nicht alle können zusehen bekommen.« Petrus Albinus, Meißnische Land vnd Berg-Chronica, Dresden 1590, S. 366. Das Werk wurde 1597 von Jacob Fabricius, Sohn des Georg Fabricius, herausgegeben. Georg Fabricius, Georgii Fabricii Cemnicensis Originum Illustrissimae Stirpis Saxonicae Libri Septem, Jena 1597. | **26** Dreißig Genealogien von den Makedonen über die Seleukiden bis zu den persischen und ägyptischen Königen. Er veröffentlichte diese später vereint in seinem vierbändigen Hauptwerk, welches ihm höchstes Ansehen einbrachte. Reiner Reineck, Syntagma De familiis, quae in monarchiis tribus prioribus rerum potitae sunt, Basel 1574–1580. | **27** Eine Geschichte der Markgrafschaft Meißen, eine Abhandlung über die Billunger. Weiterhin gab er eine Edition des Werkes von Widukind von Corvey heraus. | **28** Reiner Reineck, Widechindi, Regis Saxonum, Dynastae Angrivariorum, et Illustriss. Stirpis Saxonicae, Multarumque Aliarum Praepotentium Familiarum, Conditoris, Effigies, Insignia, Versus Epitaphii, Frankfurt a. d. Oder 1581 (VD16 ZV 13038). | **29** Immatrikulation an der Universität Leipzig im Sommersemester 1513, an der Leucorea im Mai 1518. | **30** Der Fürst übergab laut Brotuff »im Jahre Christi tausent fünffhundert vnd sechs vnd vierzigsten / mir etliche alte Sechsische / Wendische und Merckische verzeichnis / Annales / Chronicken / Wopenbücher / Genealogien / Stambeume / Todtenbücher / Oberschrifft der Grabsteine / Epitaphia / Keyserliche und[d] Fürstliche Stiftungsbrieffe / Lehenbrieffe / Vertrege / vnd andere bewerte Historicos und Scriptores / was ich selbst des dings nicht gehabt / vnd viel mehr andere Schriffte / vnd verzeichnis«. Ernst Brotuff, Genealogia Und Chronica des Durchleuchtigen Hochgebornen Königlichen und Fürstlichen Hauses der Fürsten zu Anhalt, Amberg 1602, Vorwort. | **31** SLUB, Mscr. Dresd. J. 116. Bezüglich genauer bibliographischer Angaben hierzu Franz Schnorr von Carolsfeld, Katalog der Handschriften der Sächsischen Landesbibliothek zu Dresden, Bd. 2. Enthaltend die Abtheilungen Mscr. Dresd. J–M, Leipzig 1883, ND Dresden 1981, S. 73 f. Brotuff gibt selbst an, 15 Jahre mit diesem Werk beschäftigt gewesen zu sein: [...] »solch Wergk mit grosser muhe und arbeit, dorüber ich lenger dan funffzehen Jahr zugebracht, Durch Gottes hülffe volnbracht«. SLUB Mscr. Dresd. J.116, fol. A. | **32** Christian Schoettgen, Nachricht von Ernst Brotuffs Leben, Dresden 1745, S. 9, Nr. 12. Gustav Sommerfeldt ordnet die Zahlung der 500 Gulden dem von Ernst Brotuff gefertigten Prachtstammbaum zu. Darin irrt er, wie der Text der Anweisung Kurfürst Augusts klar zeigt: »[...] haben wir ihm zu Gnaden bewilliget, daß ihme, seiner Mühe halben, welche er in Verfertigung seiner Sächs. Chronica oder Stammbuchs und sonsten aufgewendet, und seine Nahrung darüber versäumet und fahren lassen, vor alle seine Forderungen 500. fl. Müntz gereicht werden sollen«. Ebd. | **33** SLUB, Mscr. Dresd. K 70. Hierzu Schnorr von Carolsfeld, Katalog der Handschriften, Bd. 2 (wie Anm. 31), S. 209. | **34** SLUB, Mscr. Dresd. R 56. Hierzu Ludwig Schmidt, Katalog der Handschriften der Sächsischen Landesbibliothek zu Dresden, Bd. 3, Enthaltend die Abteilungen N–R, a–d, Leipzig 1906, ND Dresden 1982, S. 310 f. | **35** StA-D, 10024, Loc. 8224/21. | **36** »wirt vj ellen in die lenge und v ellen in die breithe«. Ebd., fol. 14r. | **37** SLUB, Mscr. Dresd. J 13m. Hierzu Schnorr von Carolsfeld, Katalog der Handschriften, Bd. 2 (wie Anm. 31), S. 4 f. | **38** »[Kurfürst August] überwies dem Verfasser eine Verehrung von 100 Gulden, und das ermutigte diesen, Ende 1562 dem Kurfürsten einen mit gemalten Wappen versehenen Stammbaum des Hauses, angeblich aus den seltensten Originalquellen zusammengestellt, vorzulegen; er schlug vor, ihn auf Pergament malen, auf bretterne Tafeln heften und in einem fürstlichen Saale zur Schau stellen zu lassen. Mehrere Jahre ziehen sich die Verhandlungen darüber hin; zur Ausführung ist Brotuffs Plan nicht gekommen, doch gewährte der Kurfürst ihm den ansehnlichen Betrag von 500 Gulden für seine Bemühungen und Auslagen.« Hubert Ermisch, Die Wettiner und die Landesgeschichte, Dresden 1900, S. 17 f. | **39** Gustav Sommerfeldt, Ein Meisterwerk sächsischer Stammtafelmalerei von Wilhelm Gulden, Kunstmaler in Leipzig, und sein Gönner Ernst Brotuff zu Merseburg 1564, in: Roland. Archiv für Stamm- u. Wappenkunde 22 (1921); Ders., Meißenland in den literarischen Übersichten und Geschichtsdarstellungen des 16. Jahrhunderts, in: Neues Archiv für sächsische Geschichte und Altertumskunde 43 (1922), S. 50. | **40** StA-D, 10024, Loc. 08224/15. | **41** Ebd., fol. 5. | **42** Durchaus keine ungewöhnliche Bildlösung; man denke z. B. an die Ehrenpforte Kaiser Maximilians. | **43** Als mögliche Vergleichsobjekte seien hier, ohne Anspruch auf Vollständigkeit, aufgeführt: Bayerisches Nationalmuseum, Inv.-Nr. NN 1001, Stammbaum aller Fürsten des Hauses Wittelsbach, um 1501; Bayerische Staatsbibliothek, MS Cod. icon. 387, Johannes Basilius Herold, Tabula Palatinorum, Basel 1556; Herzog August Bibliothek Wolfenbüttel, Graph A4 19, Prachtstammbaum des braunschweig-lüneburgischen Welfenhauses von Franz Algermann, 1584; Augustinermuseum Freiburg i. Br., David Wolleber / David Schmidlin [?], Stammbaum der Herzöge von Zähringen und Grafen von Freiburg, 1593.

FRANK AURICH, LARS SPREER

Ein wettinischer Prachtstammbaum auf Pergament

Die von Olav Heinemann beschriebene Auffindesituation im Jahr 2011[1] war nicht nur für den Wissenschaftler, auch für die beteiligten Mitarbeiter der Handschriftensammlung der Sächsischen Landesbibliothek – Staats- und Universitätsbibliothek Dresden (im Folgenden SLUB) ein höchst ungewöhnlicher und spannungsvoller Moment. Die hinzugezogenen Restauratoren nahmen sich des Objekts an und begannen unter speziellen Bedingungen (70 Prozent relative Feuchte und 19 Grad Celsius Raumtemperatur) den Stammbaum behutsam und schrittweise zu entfalten. Schnell war klar, dass es sich um ein besonderes Stück handelt und dass damit eine sehr anspruchsvolle restauratorische Aufgabe verbunden war. Der Stammbaum[2] war in Längs- und Querrichtung im Dreibruch-Leporellofalz gefaltet. Dadurch sind 16 Felder im Format 55/57/61/57 mal 31/35/44/42 Zentimeter entstanden. Es folgte zunächst ein mehrmonatiges kontrolliertes Aushängen des Brotuff'schen Stammbaums unter entsprechenden klimatischen Bedingungen, sodass zwar zunächst keine reguläre Benutzung für den interessierten Wissenschaftler, aber zumindest eine Betrachtung ermöglicht wurde. In der Folgezeit wurde in der Restaurierungswerkstatt der SLUB eine ausführliche Zustandsanalyse vorgenommen und ein Konservierungs- und Restaurierungskonzept entworfen.

Die Nachweissituation

Man darf davon ausgehen, dass der Stammbaum nach der Übergabe an Kurfürst August (1526–1586) im Jahr 1564 an einem repräsentativen Ort im Dresdner Schloss gehangen hat. Der genaue Ort dieser ersten Hängung ist nicht bekannt. Ab 1587 wird der Stammbaum bis in das 17. Jahrhundert hinein in den Inventaren der Kunstkammer[3] und nach der Neuordnung der kurfürstlichen Sammlungen im 18. Jahrhundert in den Katalogen der Kurfürstlichen Bibliothek[4] durchgängig verzeichnet.

Noch 1587, ein Jahr nach dem Tod Kurfürst Augusts und dem Jahr der Anfertigung des ersten Inventars der Kunstkammer am sächsischen Hof, wurde der Stammbaum im Schloss ausgestellt, auch wenn der im Inventar beschriebene Ort »[…] In dem außwendigen vorsaal zwischen der kunststuben und librarey«[5] nicht sonderlich repräsentativ anmutet. Spätestens 1619 war der Stammbaum noch immer im Schloss, jetzt aber im »kleinen Gemach gegen den Schlosshofe« untergebracht. Der im Inventar eingetragene Hinweis auf eine Unterbringung »im anderen grünen Schrank«[6] legt nahe, dass das großformatige Pergament zur Aufbewahrung gefaltet werden musste. Mit großer Wahrscheinlichkeit wurde die oben beschriebene Faltung demnach bereits vor etwa 400 Jahren vorgenommen.

Abb. 1
Ernst Brotuff · Stammbaum und Geburtslinien des gantzen hochlöblichen Churfürtslichen und Fürstlichen Hauses … der hertzoge Churfursten und Fursten zw Sachssen (Detail) · Dresden, 1564 · Pergament, Deckfarben · 234,7 × 153,5 cm · SLUB, Mscr.Dresd.J.13.m

Abb. 2
Detail des Brotuff'schen Stammbaums mit der Miniatur des Auftraggebers Kurfürst August

Das Material

Brotuff hatte das zur Anfertigung des Stammbaums nötige Pergament im Jahr 1563 in 21 Stücken in Leipzig erworben.[7] Die Analyse der vorliegenden Materialstruktur zeigt, dass der Stammbaum tatsächlich aus 17 Teilen zusammengesetzt ist, die jeweils unterschiedlich überlappend verklebt sind:

- Acht große Pergamentnutzen bilden den mittleren Teil.
- Vier weitere Nutzen schließen sich an, jeweils zwei davon sind oben und unten angesetzt.
- Ein zusammengesetzter Pergamentstreifen aus fünf Teilen verbreitert den Pergamentplan auf der rechten Seite.
- Die zwei unteren großen Nutzen des mittleren Teils sind jeweils an den Außenseiten mit einem schmalen Pergamentstreifen in Keilform ergänzt.

Zusätzlich sind die Längsseiten mit schmalen Pergamentstreifen verstärkt, offensichtlich, um seitliche Verwerfungen zu vermeiden. Brotuff nennt in seinen Briefen an Kurfürst August mehrfach zwei Stammbäume, einen großen mit einer Größe von »vj ellen in die lenge und v ellen in die breithe«[8] sowie einen kleinen, der sich über »drithalbe od[er] drei ellen in die lenge nit erstrecken«[9] soll. Nach heutiger Quellenlage bleibt hinsichtlich der genannten Abmessungen ein nicht aufzulösender Widerspruch. Brotuffs Angaben zufolge hätte der größere Stammbaum 3,40 mal 2,83 Meter umfasst, während der kleinere nicht länger als 1,99 Meter bzw. 1,70 Meter werden sollte.[10] Die tatsächlichen, mit dem einzigen erhaltenen Dresdner Exemplar Mscr.Dresd.J.13.m vorliegenden Maße bewegen sich aber mit 2347 mal 1535 Millimeter genau dazwischen.

Historische Hängung

Ernst Brotuff empfahl dem Auftraggeber im Brief vom 19. Dezember 1563 Details zur Hängung. Dafür sollte man den Stammbaum »auf drey Rahmen spannen, aufleymen, mit hülzern cleinen Nageln in der mitten anheften«[11]. Die Anbringung ist in dieser Weise offensichtlich auch erfolgt, denn noch heute sind Materialverstärkung durch Einschlagen des Randbereichs und in diesem jeweils oben und unten in kurzen Abständen Löcher zur Montage erkennbar.

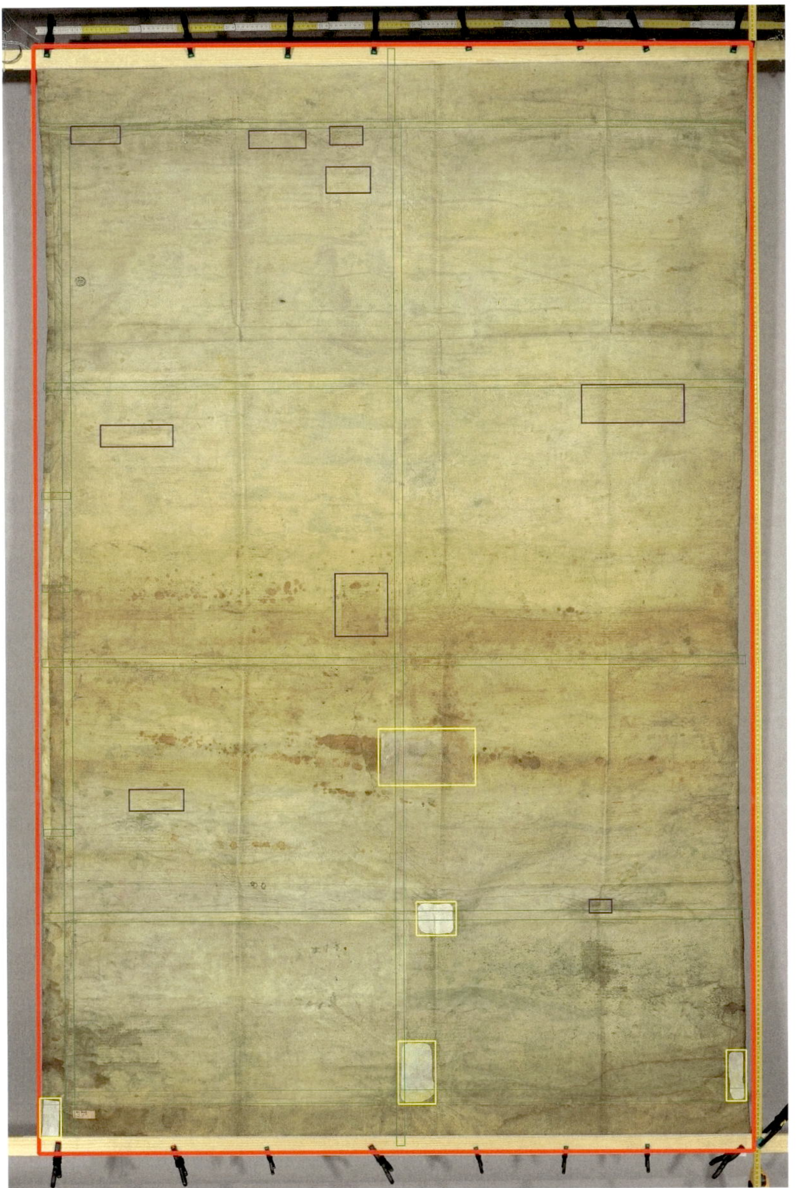

Brotuff'scher Stammbaum

Abb. 3 Gesamtansicht
Abb. 4 Rückansicht. Die grünen Linien zeigen die Struktur der Pergamentnutzen. Zeitgenössische Korrekturen sind lila markiert. Im unteren Teil sind vier jüngere und ursprünglich weiße Ausbesserungen erkennbar.
Abb. 5 Detail des Randbereiches mit Loch zur Montage

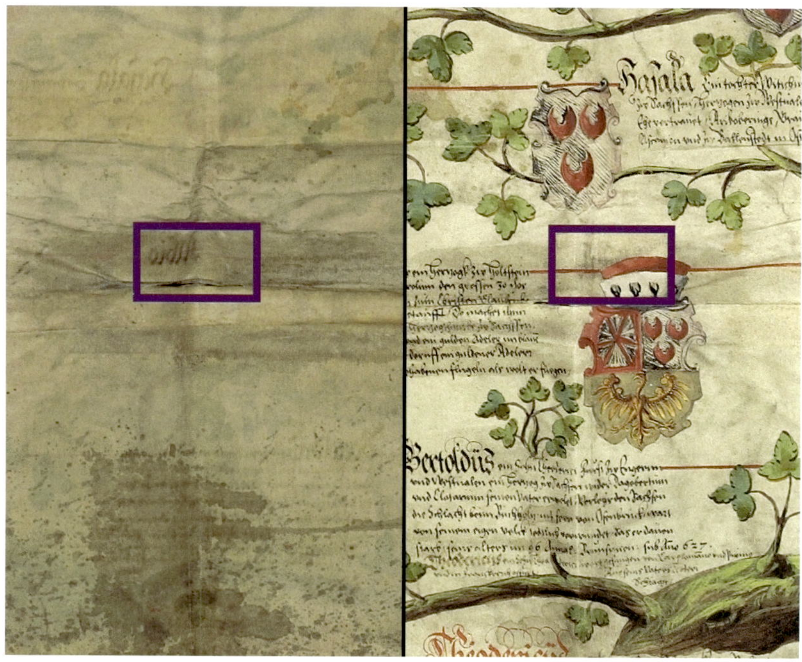

Abb. 6 Brotuff'scher Stammbaum, zeitgenössische Korrektur durch Übermalung (links: Rückseite, rechts: Vorderseite)

Zeitgenössische Veränderungen

Es wurden in neun Bereichen zeitgenössische Überklebungen bzw. Korrekturen aus Pergament festgestellt. Bei einer Korrektur in der Mitte des Stammbaums ist der zu berichtigende Abschnitt herausgeschnitten und anschließend mit Pergament überlappend ergänzt worden. In jüngerer Zeit wurden vier Fehlstellen ergänzt. Es bleibt eine Aufgabe weiterer Forschung, die Inhalte der Korrekturen festzustellen und so mögliche Motive für diese Eingriffe zu erfahren.

Die Beteiligten

Neben dem schon genannten und aus Merseburg stammenden Ernst Brotuff waren der Leipziger Maler Wilhelm Gulden (nachgewiesen 1548–1571), ein weiterer Malergeselle sowie der Schreiber Christoph Ultzsch (nachgewiesen 1564) mit der Anfertigung des Stammbaums befasst. Wilhelm Gulden fertigte nach eigenen Angaben zusammen mit seinem Gesellen und dem Schreiber in 26 Wochen über 400 Bilder und Wappen für den Stammbaum und forderte dafür in seinem Brief an Brotuff vom 20. Februar 1564 seine gerechte Entlohnung.[12]

Die Digitalisierung

Die Digitalisierung im Juni 2015 ist sowohl Bestandteil des Konservierungskonzepts als auch Teil der Öffentlichkeitsarbeit der Sammlungen der SLUB. Zu diesem Zweck erfolgte unter kontrollierten raumklimatischen Bedingungen ein an klassischer Reproduktionstechnik angelehnter Aufbau in reflexionsfreier und farbneutraler Umgebung. Zur Reduktion von Verwerfungen wurde der hängende Stammbaum während der Digitalisierung kontrolliert beschwert. Bei der Digitalisierung kam eine Kamera PhaseOne 645 mit 60 Megapixel Rückteil P65+ sowie einer Blitzbeleuchtung mit vier Leuchten zum Einsatz. Die Größe der erzielten Dateien (mit Farbkeil) liegt bei etwa 180 Megabyte je Aufnahme.

Restauratorische Aspekte

Ausgehend von der eingangs erwähnten Zustandsanalyse beinhaltet das restauratorisch-konservatorische Konzept folgende Schwerpunkte:

- Reinigung:
  - fachgerechte Trockenreinigung
- Reduzierung der Verwerfungen:
  - Konditionierung und anschließende Reduktion der Falzungen, eventuell durch kontrolliertes Spannen sowie Beschweren unter kontrollierten raumklimatischen Bedingungen
- Fehlstellenergänzung und Sicherung von Rissen:
  - Sicherung bzw. Stabilisierung der Fehlstellen; Festlegung auf eine Materialart zur klassischen Ergänzung
- Zustandsanalyse von Farbschichten:
  - besondere Beachtung des mechanischen Abriebs von Malschichten sowie partiell abplatzender Farbmittel
- Mögliche weitere Schritte sind unter Beachtung des mechanischen Abriebs von Malschichten sowie partiell abplatzender Farbmittel:
  - Konsolidierung der Malschichten mit einer Festigungslösung aus Haugenblase
  - Abstimmung zur stellenweisen Retusche

Zur künftigen Aufbewahrung bestehen folgende konservatorische Vorgaben:

- Die Lagerung soll objektschonend sein sowie Staub- und Lichteintrag auf das Objekt minimieren.
- Es wird eine Pufferung von eventuell auftretenden Klimaschwankungen angestrebt.

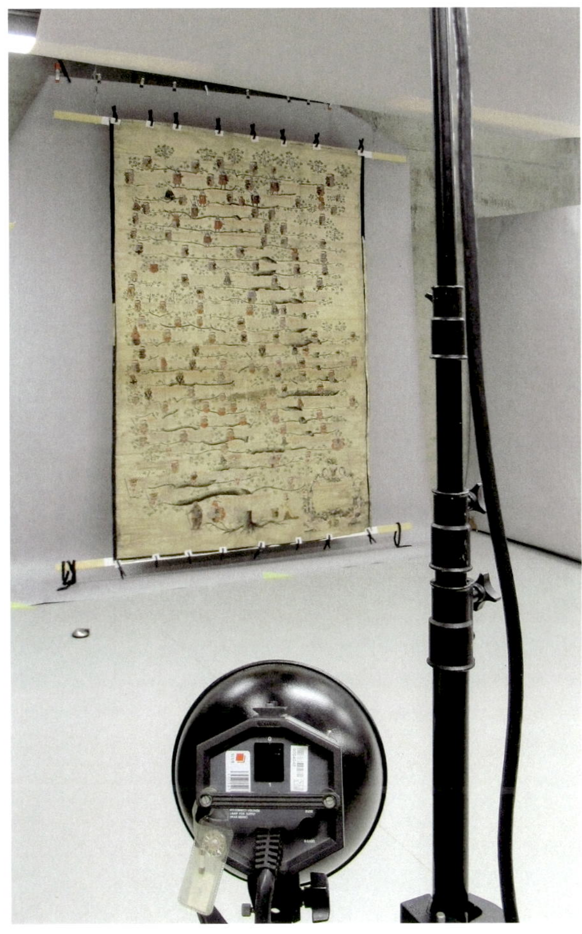

Abb. 6
Brotuff'scher Stammbaum, Aufbau zur Reproduktion in reflexionsfreier und farbneutraler Umgebung

- Es soll eine Abstimmung mit den Lagergegebenheiten in den Magazinen erfolgen.
- Es wird der Einsatz kleb- und schadstoffarmer Umverpackung beabsichtigt.
- Es soll auf eine gute physische Handhabbarkeit des Objekts geachtet werden.

Die Variantendiskussion über ein restauratorisches Konzept zur Lagerung des Stammbaums ist noch nicht abgeschlossen. Derzeit wird durch die SLUB eine gerollte Aufbewahrung mit einer den Abrieb verhindernden Schutzauflage in Erwägung gezogen. Die Aufbewahrung soll dann in einem ganzseitig geschlossenen Schutzbehältnis aus Mikrowellen-Archivkarton erfolgen. Ausgehend von dem Aufbewahrungskonzept und den Erkenntnissen aus der Konditionierung des Objekts einschließlich der Reaktion der Falzungsbereiche wird ein Konzept für künftige Präsentationen zum Beispiel zu Ausstellungszwecken erarbeitet werden.

ANMERKUNGEN

1 Dazu und zur Vorgeschichte der Anfertigung des Stammbaums durch den Historiker Ernst Brotuff (um 1497–1565) siehe den Beitrag von Olav Heinemann in diesem Band. | **2** Sächsische Landesbibliothek – Staats- und Universitätsbibliothek (SLUB), Mscr.Dresd.J.13.m: Stambaum und Geburts-Linien des gantzen hochloblichen Churfurstlichen vnd Furstlichen hauses [...] Der Churfursten vnd Fursten zw Sachssen [...] Durch Ernstum Brotuff Sindicum der Stadt Marssburgk an der Sahla Anno Christi 1563 des 22 tages Octobris beschriebenn. | **3** Die Inventare der kurfürstlich-sächsischen Kunstkammer in Dresden, hrsg. im Auftrag der Staatlichen Kunstsammlungen Dresden von Dirk Syndram und Martina Minning, Dresden 2010, hier: Das Inventar von 1587, fol. 288r; Das Inventar von 1619, fol. 498r–499r; Das Inventar von 1640, fol. 241r. | **4** Carl August Scheureck, Catalogus Manuscriptorum Bibliothecae Electoralis, o.O. 1755 [Ms.] Signatur SLUB: Bibl.Arch.I.B, Vol. 132, Nr. 78. (Online-Ausgabe: http://digital.slub-dresden.de/werkansicht/dlf/2673/19/0/); Franz Schnorr von Carolsfeld, Katalog der Handschriften der Sächsischen Landesbibliothek zu Dresden, Bd. 2.: Enthaltend die Abtheilungen Mscr. Dresd. J–M, Leipzig 1883, ND Dresden 1981, S. 4–5; Titelaufnahme in der Datenbank »Manuscripta Mediaevalia« (Online-Ausgabe: www.manuscripta-mediaevalia.de/dokumente/html/obj40175307). | **5** Inventar der Kunstkammer 1587 (wie Anm. 2), fol. 288r. | **6** Inventar der Kunstkammer 1619 (wie Anm. 2), fol. 498r–499r. | **7** Sächsisches Staatsarchiv, Hauptstaatsarchiv Dresden (im Folgenden StA-D), 10024, Loc. 8224, fol. 14. | **8** Ebd. | **9** Ebd., fol. 14v. Die Nennung zweier Pergamentexemplare ebenso in: ebd., fol. 22. | **10** Vgl. Alte Meß- und Währungssysteme aus dem deutschen Sprachgebiet. Was Familien- und Lokalgeschichtsforscher suchen, gesammelt und bearbeitet von Fritz Verdenhalven, 2., wesentlich vermehrte und völlig überarbeitete Aufl. der Schrift »Alte Maße, Münzen und Gewichte aus dem deutschen Sprachgebiet«, Neustadt an der Aisch 1998, S. 16–17. Die Dresdner / Leipziger / sächsische Elle entspricht demnach 56,7 Zentimeter. | **11** StA-D, 10024, Loc. 8224, fol. 20. | **12** Ebd., fol. 28–29. Zu Christoph Ultzsch vgl. ebd., fol. 21; zu Wilhelm Gulden vgl. Allgemeines Lexikon der bildenden Künstler von der Antike bis zur Gegenwart, begründet von Ulrich Thieme und Felix Becker, hier Bd. 15: Gresse–Hanselmann, Leipzig 1922, S. 328 ff.; vgl. ebenso Gustav Sommerfeld, Ein Meisterwerk sächsischer Stammtafelmalerei von Wilhelm Gulden, Kunstmaler in Leipzig, und sein Gönner Ernst Brotuff zu Merseburg 1564, in: Roland. Archiv für Stamm- und Wappenkunde 22 (1921), H. 1, S. 1–2.

HOLGER SCHUCKELT

Kurfürst August von Sachsen und die Hochzeitspolitik König Eriks XIV. von Schweden

Das Sächsische Hauptstaatsarchiv in Dresden verwahrt unter seinen unermesslichen Schätzen an Dokumenten aus der sächsischen und europäischen Geschichte einen Brief, der eigentlich nie hätte dorthin kommen sollen. Geschrieben wurde er am 15. Oktober 1563 im Auftrag von König Erik XIV. von Schweden und war adressiert an Königin Elizabeth I. von England.[1] Die beiden 30-jährigen Monarchen saßen damals seit fünf beziehungsweise drei Jahren auf dem Thron und unterhielten einen über längere Zeit andauernden, regen Schriftverkehr. Ihre Briefe befinden sich heute in erster Linie in Archiven in Großbritannien, Schweden und Dänemark. Eine Ausnahme – noch dazu eine hochinteressante – bildet das Schreiben in Dresden. Worum es in diesem Brief geht, was der Hintergrund für das Aufsetzen dieses Schriftstückes war, weshalb es in Dresden landete und welche Rolle das Kurfürstenpaar August und Anna von Sachsen in dieser Geschichte spielten, all das soll in folgendem Beitrag aufgezeigt werden.

Erik XIV., der älteste Sohn des Königs Gustav I. Wasa von Schweden und dessen erster Frau, Katharina von Sachsen-Lauenburg, wurde am 13. Dezember 1533 in Stockholm geboren. Erst zehn Jahre zuvor hatte Schweden, welches seit 1397 als Mitglied der Kalmarer Union von dänischen Unionskönigen regiert wurde, im Ergebnis des Befreiungskrieges gegen Dänemark seine Unabhängigkeit erlangt. Am 6. Juni 1523 wählte man Gustav, der die Aufständischen kommandiert hatte, auf dem Reichstag von Strängnäs zum König. 17 Jahre später wandelte sich Schweden auf dessen Betreiben zur Erbmonarchie, was 1540 gesetzlich verankert wurde. Rechtmäßiger Thronfolger war fortan der erstgeborene Sohn des regierenden Königs. Umso wichtiger war es nun für das schwedische Herrscherhaus, die Dynastie durch eine standesgemäße Eheschließung des Thronerben zu sichern.

In diesem Zusammenhang wandte sich Eriks Großmutter, Katharina von Braunschweig-Wolfenbüttel, 1556 an ihre in Dresden lebende Enkelin, Anna von Dänemark (seit 1548 Gemahlin Herzog Augusts von Sachsen und seit 1553 Kurfürstin). Erik XIV. war ein Vetter Annas und des Königs Frederik II. von Dänemark und Norwegen. Seine Mutter, Katharina von Sachsen-Lauenburg, und die Mutter von Anna und Frederik II., Dorothea von Sachsen-Lauenburg (Gemahlin des Königs Christian III. von Dänemark und Norwegen), waren Schwestern. Der sächsischen Kurfürstin berichtete Katharina, dass sie anstelle ihres Schwiegersohnes, des schwedischen Königs, wegen der Suche nach einer geeigneten Braut für den Thronfolger an sie schreibe.[2] König Gustav I. Wasa von Schweden habe einen Diener namens Lazarus Müller abgefertigt, der sich auf den Weg nach Dresden begeben solle, um diesbezüglich Gespräche über Anna von Sachsen, die Tochter des verstorbenen Kurfürsten Moritz von Sachsen und Nichte des regierenden Kurfürsten August, zu führen. Am 15. Juli 1556 bestätigte Augusts Gemahlin, Kurfürstin Anna von Sachsen, ihrer Großmutter, dass der schwedische Abgesandte in Dresden eingetroffen sei, das Fräulein Anna bereits hat sehen können und ein Portrait derselben mit nach Schweden bringen werde.[3] Offenbar war man von sächsischer Seite gegenüber einer noch engeren dynastischen Verbindung mit dem schwedischen Königshaus nicht abgeneigt.

Trotzdem ging es mit den Eheverhandlungen nicht so recht voran. Erik ließ am 6. September 1557 seine Großmutter wissen, dass eine Ehe eine wohlüberlegte und lebenslange Angelegenheit sei und er sich, nur das aus Dresden geschickte »schlechte ebenbildt, und todte gemelde«[4] in der Hand, nicht für eine Verbindung mit der sächsischen Prinzessin entscheiden könne. Erst am Neujahrstag 1558 schrieb Katharina ihrerseits erneut an das sächsische Kurfürstenpaar. Sie teilte mit, dass Erik sich weder für noch gegen eine Hochzeit mit Anna von Sachsen entschieden habe und dass er darum bitte, Anna zusammen mit anderen deutschen und insbesondere hessischen Prinzessinnen in Begleitung seiner Großmutter zu ihm nach Schweden zu schicken.[5] Dieses Ansinnen stieß in Dresden auf keine Gegenliebe. Am 1. Februar 1558 schrieben Kurfürst August von Sachsen und seine Gemahlin schließlich an Katharina von Braunschweig-Wolfenbüttel, dass man ihren Brief zusammen mit der Abschrift des Briefes des schwedischen Thronfolgers erhalten habe.[6] Bezüglich des Wunsches Eriks XIV. teilten sie mit, dass derartige Praktiken, Prinzessinnen zur Begutachtung durch den Bräutigam an ferne Orte zu entsenden, in deutschen Landen nicht üblich seien, weshalb sie ihre Nichte nicht auf die beschwerliche Reise nach Schweden schicken wollen. Dass das Kurfürstenpaar eine Verbindung mit dem schwedischen Königshaus nicht vollends verworfen hatte, bekräftigten sie mit der Bekundung ihres Willens, trotz der unangebrachten Forderung Eriks weiter über die Hochzeit nachzudenken.

Dennoch wurden die Eheverhandlungen mit Kursachsen bald darauf abgebrochen. Offenbar verfolgte Erik XIV. inzwischen bedeutendere Pläne, hatten doch noch während des Schriftwechsels mit August und Anna von Sachsen Verhandlungen bezüglich einer Hochzeit des schwedischen Thronfolgers mit Prinzessin Elizabeth von England begonnen. Schon im Herbst 1557 nahm die Werbung um die Hand der damals 24-jährigen Elizabeth, auf deren baldige Thronbesteigung zu dieser Zeit noch absolut nichts hindeutete, ihren Anfang. Möglicherweise auch aus diesem Grund war Gustav I. Wasa anfangs von einer dynastischen Verbindung Schwedens mit England nicht begeistert. Vielleicht sah er aber auch nur voraus, dass dies unweigerlich zum neuerlichen Konflikt mit Dänemark führen würde. Schließlich gab er dem Drängen Eriks aber nach und entsandte Unterhändler zu Königin Mary I. von England, der älteren Halbschwester von Elizabeth, nach London. Obwohl Elizabeth von Anfang an klar machte, dass sie nicht heiraten wolle, dauerten die Bemühungen Eriks XIV. um ihre Hand insgesamt mehr als sechs Jahre an und wurden, nachdem Königin Mary I. von England am 17. November 1558 kinderlos starb und Elizabeth I. die Thronfolge antrat, sogar noch intensiviert.

Einen ersten Höhepunkt erlebten die Hochzeitsverhandlungen, die anfangs nur schriftlich beziehungsweise durch Sekretäre des schwedischen Königs geführt wurden, im Herbst 1559. Um der geplanten Gesandtschaft noch mehr Gewicht zu verleihen, überzeugte Erik seinen Vater, auch seinen jüngeren Bruder, Herzog Johan von Finnland, nach London zu entsenden. Am 16. September erreichte dieser mit seinem Gefolge die englische Küste und reiste über Harwich nach Westminster, wo es ab Mitte Oktober zu mehrwöchigen Gesprächen mit Königin Elizabeth I. von England kam.

Die Schlüsse, die beide Seiten aus diesen Verhandlungen zogen, waren durchaus verschieden. Während Elizabeth bereits am 8. November 1559 an den schwedischen König und an Erik schrieb,[7] dass sie letzteren zwar nicht heiraten, dennoch aber gute Beziehungen zu Schweden unterhalten wolle und dass sie hoffe, Prinz Erik würde möglichst bald eine geeignete Braut finden, stellte Johan die Gespräche nach seiner Rückkehr dergestalt dar, dass er alles zur Zufriedenheit seines Bruders geregelt habe. Darüber hinaus bestärkte er seinen Bruder sogar noch in dessen Absicht, persönlich nach England zu reisen. Entsprechend fiel die Reaktion Eriks aus, der – getäuscht über die wahren Intentionen von Elizabeth – seiner »Angebeteten« am 30. Dezember 1559 schrieb, er wolle persönlich zu ihr nach London kommen, um den Weg für die Hochzeit zu ebnen.[8]

Diese konträre Wahrnehmung der Realität hatte auch in der Folgezeit Bestand. Während Elizabeth am 25. Februar 1560 erneut an Erik schrieb,[9] dass sie ihn nicht heiraten wolle, dass es auch nichts damit zu tun habe, ihn noch nicht persönlich gesehen zu haben, und dass Erik seine Zeit nicht damit verschwenden solle, auf sie zu warten, bereitete dieser sich ungehindert darauf vor, Elizabeth zu besuchen. Zwar versuchte der schwedische König, seinen Sohn von dessen unvernünftigen Vorhaben abzuhalten, doch Gustavs Kräfte schwanden zusehends und Erik missachtete die Ratschläge seines Vaters. Im Juni 1560 war der körperliche Verfall von Gustav I. Wasa so weit vorangeschritten und sein Tod so nahe, dass er sich von den schwedischen Reichsständen verabschiedete sowie sein Testament verlesen ließ. Erik machte unterdessen seine Heiratsabsicht mit der Königin von England öffentlich und traf letzte Vorbereitungen für die Reise nach London. Am 24. August nahm er Abschied von seinem Vater und brach an Bord der »Elephant«, des größten Kriegsschiffes auf der Ostsee, auf.

Erik war auf seiner Reise nach England noch nicht weit gekommen, als ihn die Nachricht vom Tod seines Vaters erreichte. Er kehrte um und ließ sich auf seinem Weg nach Stockholm von den schwedischen Ständen huldigen. Am 30. November hielt er Einzug in der Hauptstadt. Nachdem

Erik sich um die wichtigsten Angelegenheiten des Landes gekümmert hatte, schrieb er Elizabeth Mitte Dezember 1560, dass er sich bereits auf dem Weg zu ihr befunden habe, als er vom Tod seines Vaters erfuhr. Nun sei er selbst König von Schweden und an seiner Liebe zu ihr habe sich nichts geändert. Zwischenzeitlich wolle er eine Gesandtschaft zu ihr schicken, um dann im folgenden Frühjahr selbst zu ihr zu kommen. Geplant war, dass er diese Reise dann schon als gekrönter schwedischer König antreten würde. Doch die Krönung verzögerte sich und wurde – mit einer Pracht, wie sie nie zuvor in Schweden gesehen wurde – erst am 29. Juni 1561 in Uppsala vollzogen.

Anschließend setzte Erik seine Anstrengungen, die Hand der Königin von England zu erlangen, unvermindert fort. Nachdem er Gesandte nach London geschickt hatte, ging er in Begleitung seiner beiden Brüder Magnus und Karl an Bord einer aus 14 Kriegsschiffen bestehenden Flotte. Erneut stand dieses Unternehmen aber unter keinem guten Stern. Am 31. August 1561 hatte man Segel gesetzt, musste aber in Folge ungünstiger Winde umkehren. Auch ein zweiter Anlauf am nächsten Tag scheiterte am stürmischen Westwind. Da mehrere Schiffe vom Kurs abgekommen und für einige Zeit unauffindbar waren, rieten die Kapitäne dem König davon ab, einen weiteren Versuch im Herbst zu star-

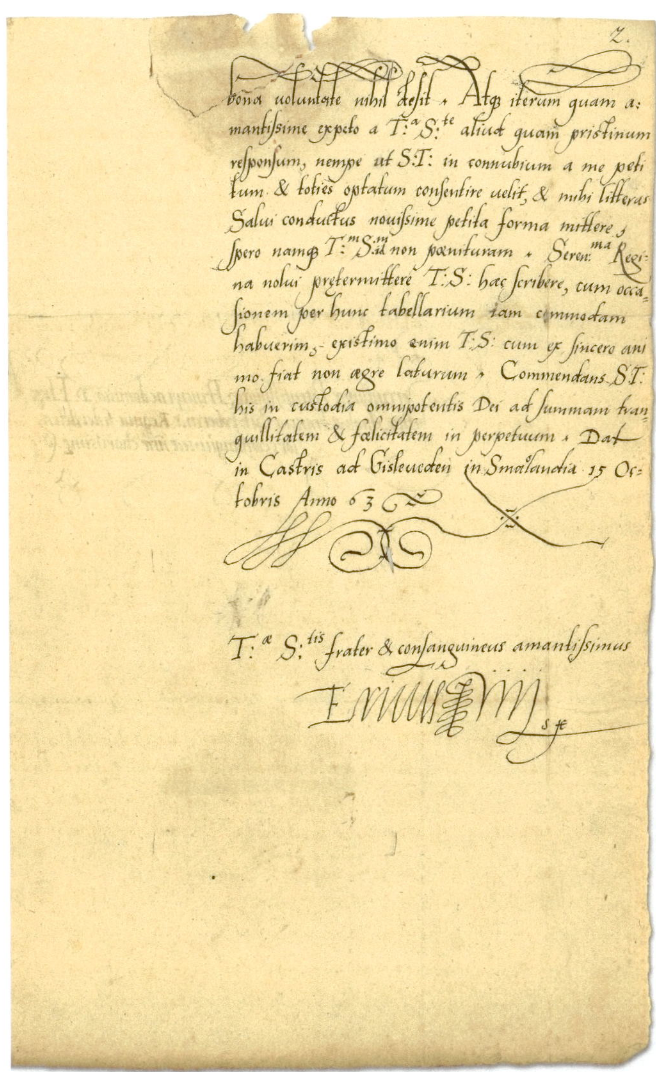

2.

bona uoluntate nihil desit. Atque iterum quam a-
mantissime expeto a T:a S:te aliud quam pristinum
responsum, nempe ut S.T: in connubium a me peti
tum & toties optatum consentire uelit, & mihi litteras
Salui conductus nouissime petita forma mittere,
spero namque T:m S:m non poeniturum. Seren:ma Regi-
na nolui pretermittere T:S: hac scribere, cum occa-
sionem per hunc tabellarium tam commodam
habuerim, existimo enim T:S: cum ex sincero ani
mo fiat non aegre laturum. Commendans S.T:
his in custodia omnipotentis Dei ad summam tran
quillitatem & foelicitatem in perpetuum. Dat
in Castris ad Gisleuedeu in Smalandia 15 Oc-
tobris Anno 63

T:ae S:tis frater & consanguineus amantissimus

Abb. 1–3
Brief König Eriks XIV. von Schweden an Königin Elizabeth I. von England · StA-D, Geheimer Rat (Geheimes Archiv) Loc. 10426/47, Bl. 1a–2a

ten. Wieder schrieb Erik an Elizabeth, dass er seine Reise zu ihr verschieben müsse und dass er im kommenden Frühjahr erneut zu ihr aufbrechen werde, wenn er bis dahin ein Signal von ihr erhalten hätte, dass seine Werbung nicht vergebens sei.[10]

Parallel zu seinen Bemühungen, Königin Elizabeth I. von England zu heiraten, hielt Erik XIV. auch um die Hand der Königin von Schottland und der Tochter des Landgrafen Philipp I. von Hessen an. Königin Mary I. Stuart von Schottland war seit Dezember 1560 verwitwet. Bereits im November 1561, also nur wenige Wochen nach seiner abgebrochenen Reise zu Elizabeth, hatte Erik Gesandte nach Edinburgh geschickt, um Gespräche über eine mögliche Hochzeit mit Mary zu führen. Am englischen Hof war man über diese Entwicklung bestens informiert. Und obwohl Elizabeth an einer Hochzeit mit Erik kein Interesse hatte, wurden Komplikationen zwischen Schottland und England befürchtet. Eriks Anstrengungen, eine standesgemäße Braut für sich zu finden, nahmen immer chaotischere Züge an. Während seine Gesandten im Frühjahr 1562 in Edinburgh über eine dynastische Verbindung Schwedens mit Schottland verhandelten, gab er auch seine Hoffnung auf die Königin von England nicht auf. Dabei schreckte er nicht einmal vor Mord zurück, als es darum ging, Robert Dudley – den vermeintlich

Abb. 4
Brief König Eriks XIV. von Schweden an Königin Elizabeth I. von England (Detail: Siegel) · StA-D, Geheimer Rat (Geheimes Archiv) Loc. 10426/47

größten Konkurrenten in der Gunst von Elizabeth I. – aus dem Weg zu räumen.[11] Und schließlich schickte Erik im September 1562 auch noch Gesandte nach Kassel, deren Auftrag es war, um die Hand Christines von Hessen anzuhalten. Auch diese Verhandlungen, auf die gleich noch eingegangen wird, zogen sich in die Länge. Rückblickend auf all diese Vorgänge stellt sich die Frage, ob sich Erik auf keine Seite richtig konzentrieren konnte, da er an mehreren Höfen gleichzeitig verhandeln ließ. Offenbar wollte er sich alle Optionen offen halten und war daher auch nicht sonderlich verärgert, als ihn Königin Mary I. von Schottland, deren Ehemann, König François II. von Frankreich, im Dezember 1560 gestorben war, vertröstete, da sie noch in Trauer sei.

Mit seinen mehrgleisigen Verhandlungen schuf sich Erik zusehends Probleme. Bereits im Oktober 1562 war man in London darüber informiert, dass der schwedische König auch in Kassel Ehegespräche führen ließ. Etwa zur gleichen Zeit schrieb dieser erneut an die englische Königin, dass seine Liebe zu ihr unvermindert und er bereit sei, all sein Vermögen, sein Königreich und sogar sein Leben in ihre Hände zu legen.[12] Dennoch ließ er die Verhandlungen in Kassel fortsetzen, selbst als er erfuhr, dass Elizabeth dies nicht verborgen geblieben war.[13]

Letztendlich trugen die Eheverhandlungen Eriks XIV. auch zum Ausbruch des sogenannten »Dreikronenkrieges« zwischen Schweden und Dänemark bei. Das Verhältnis des dänischen Königs Frederik II. zu seinem Vetter, König Erik XIV. von Schweden, war schon durch den Streit um die drei Kronen in den Wappen beider Königreiche und durch das beiderseitige Streben nach der Vorherrschaft auf der Ostsee angespannt. Dänemark war in keiner Weise an einem Erstarken Schwedens interessiert, weshalb eine dynastische Verbindung Schwedens mit England oder Schottland, die einer Umklammerung Dänemarks gleichgekommen wäre, um jeden Preis verhindert werden musste. Auch die Verhandlungen Schwedens in Kassel waren Frederik ein Dorn im Auge. Das vierstündige Gefecht zwischen zwölf schwedischen Kriegsschiffen, die mit Heiratsvermittlern Eriks XIV. für die Gespräche in Kassel auf dem Weg nach Rostock waren, und der dänischen Flotte am 30. Mai 1563 bei Bornholm wurde zum Auslöser des bis 1570 andauernden Krieges zwischen Dänemark und Schweden.[14] Kurfürst August von Sachsen engagierte sich zusammen mit Landgraf Philipp von Hessen intensiv, jedoch vergeblich für Friedensgespräche zwischen beiden Kriegsparteien. Dies ist aber bereits ein anderes Thema, welches hier nicht weiter verfolgt werden soll.[15] Das Gleiche trifft auch auf den sogenannten »Herkulesharnisch« zu, den Erik XIV. im Zusammenhang mit seinen Brautwerbungen am 7. April 1563 beim Antwerpener Goldschmied Eliseus Libaerts in Auftrag gab und der heute zu den bedeutendsten Kunstwerken der Dresdner Rüstkammer zählt.[16]

Soweit zur Vorgeschichte des anfangs erwähnten Briefes im Sächsischen Hauptstaatsarchiv in Dresden. Erik XIV. hatte mittlerweile kaum noch Hoffnungen, dass Elizabeth I. positiv auf seine Werbungen reagieren würde. Als potentielle Partner im Krieg gegen den jeweils anderen bemühten sich Frederik und Erik jedoch gleichermaßen um die Gunst der Königin von England. Durch die mehrgleisig geführten Eheverhandlungen in die Enge getrieben, verfasste Erik am 15. Oktober 1563, als schwedische Unterhändler sowohl in Edinburgh als auch in Kassel noch immer die Pläne ihres Königs zu einem guten Ende zu bringen suchten, diesen bemerkenswerten Brief, mit dem er sich wegen der bekanntgewordenen Verhandlungen in Schottland und Hessen bei Elizabeth I. rechtfertigen wollte. Der originale, lateinisch geschriebene Brief Eriks XIV. an Elizabeth I.[17] ist in Dresden ebenso erhalten wie eine zeitgenössische Übersetzung ins Deutsche,[18] auf die sich alle weiteren Angaben zu diesem Schreiben im Folgenden stützen.

Spätestens mit diesem Brief begann der letzte Akt der Regierung König Eriks XIV. von Schweden, und auch Kurfürst August von Sachsen betrat wieder die Bühne dieser Geschichte. Als Kurier für das brisante Schreiben hatte Erik den Engländer Anthony Wastlin gewählt, der sich zu dieser Zeit am schwedischen Hof aufhielt. Wastlin begab sich mit

Abb. 5
Eliseus Libaerts · Harnisch für Mann und Ross, sogenannter Herkulesharnisch · Antwerpen, 1563–1565 · Eisen getrieben, geätzt, poliert und vergoldet, Futter: roter Seidensamt · Rüstkammer, Staatliche Kunstsammlungen Dresden, Inv.-Nr. M 100

Briefen des Königs im Gepäck an Bord eines Schiffes und wollte nach London reisen. Doch er kam nicht weit. In den Gewässern vor Gotland wurde sein Schiff von der dänischen Flotte abgefangen, und Wastlin gelangte in die Hände des Befehlshabers von Visby. Von dort aus brachte man ihn nach Kopenhagen, wo er am 20. März 1564 im Rathaus eindringlich verhört wurde. Das Protokoll dieser Befragung[19] schickte Frederik II. auch an Kurfürst August von Sachsen. Darin äußerte sich Wastlin dahingehend, dass er ein englischer Kaufmann und kein Diener des schwedischen Königs sei. Er habe den Auftrag des schwedischen Königs, Briefe an die Königin von England zu transportieren, nur angenommen, um Schweden verlassen und in die Heimat reisen zu können. Darüber hinaus habe er keine Befehle und beabsichtige auch nicht, zurück nach Schweden zu reisen. Als das Schiff von den Dänen angegriffen wurde, wollte der schwedische Kapitän die Briefe des Königs über Bord werfen, was Wastlin angeblich verhindert habe. Damit nicht genug. Er selbst – so behauptete er – überzeugte den Kommandanten von Visby, ihn mit den Briefen zum König von Dänemark nach Kopenhagen zu schicken.

Natürlich wollte der Gefangene mit dieser Aussage nur seinen Kopf aus der Schlinge ziehen, wofür ihm sicher alle Mittel recht waren. Aber auch ein weiteres Schriftstück lässt am Wahrheitsgehalt seiner Antworten zweifeln. Im Reichsarchiv in Kopenhagen befindet sich eine Bestallung Eriks XIV. für Anthony Wastlin, die ein vollkommen anderes Bild von dessen Rolle entstehen lässt.[20] Darin erteilte der König dem Engländer, den er als einen verschwiegenen Mann und seine Vertrauensperson bezeichnete, umfangreiche Vollmachten. So konnte dieser beispielsweise auf Kosten des schwedischen Königs Soldaten und Seeleute anwerben und er erhielt die Aufsicht über Schiffe und deren Ladung. Auch handelte es sich dabei nicht um einen einmaligen Auftrag, wie es Wastlin bei der Befragung hinzustellen versuchte. Laut der Bestallung sollte er die ihm übertragenen Aufgaben sowohl in Kriegs- als auch in Friedenszeiten erfüllen.

Viel wichtiger als die zumindest zweifelhaften Aussagen Wastlins und alle anderen Dinge, die durch das gekaperte schwedische Schiff in den Besitz Frederiks II. gelangten, war für den dänischen König der Brief seines Feindes an die Königin von England. Durch ihn hatte er nun ein Pfand in der Hand, mit dem er bei geschickter Vorgehensweise sowohl die schwedisch-englischen als auch die schwedisch-hessischen Gespräche zu einem sofortigen Ende bringen konnte. Doch was war das Brisante dieses Schriftstückes, das Frederik II. so viel Macht in die Hände spielte?

Zu Beginn des Briefes unterstrich Erik seine Bedrücktheit darüber, dass Elizabeth nicht nur den Hochzeitsverhandlungen gegenüber abgeneigt sei, sondern auch, dass sie offenbar ein freundschaftliches Nebeneinander ihrer beiden Reiche nicht gutheißen würde. Auslöser für diese unterkühlte Stimmung war seiner Meinung nach pure Verleumdung, da jemand der Königin – angeblich fälschlicherweise – berichtet habe, dass er bezüglich seiner Eheschließung noch andere Eisen im Feuer warm halte. Anschließend beteuerte Erik, dass die Verhandlungen mit Königin Mary I. von Schottland überhaupt nicht für ihn, sondern für eine Verbindung mit seinem jüngeren Bruder Johan gedacht waren. Andererseits – so fuhr er in seinem Schreiben fort – waren die Gespräche in Kassel nie ernst gemeint, sondern nur ein Versuch, die wahren Gefühle Elizabeths ihm gegenüber auszuloten. Dies war demnach lediglich eine Folge seiner Eifersucht wegen Robert Dudleys Nähe zur Königin. Am Ende seines Briefes ging Erik schließlich darauf ein, dass er vernommen habe, Elizabeth wäre auf Drängen ihrer Untertanen nun endlich gewillt, sich zu vermählen. Die Schuld für die bisherige Ablehnung der Königin von England bei sich selbst suchend, bekräftigte er seinen Wunsch, Elizabeth würde seiner Werbung doch noch nachgeben und sich mit ihm verehelichen.

Frederik II. überlegte genau, wie er mit dem Beweis für Eriks Verlogenheit umgehen sollte. Unbedingt musste vermieden werden, dass Zweifel an der Echtheit des Briefes aufkamen. Für seinen diplomatischen Schachzug benötigte er daher einen allseits geachteten Partner, den er in seinem Schwager, Kurfürst August von Sachsen, fand. August war nicht nur durch die Hochzeit mit Anna von Dänemark ein Bündnispartner Frederiks II., er war auch in Folge der 1558 abgebrochenen Ehegespräche nicht sonderlich gut auf Erik XIV. zu sprechen. Frederiks Plan bestand darin, den originalen Brief des schwedischen Königs an Elizabeth I. nach Dresden zu Kurfürst August von Sachsen zu schicken, damit dieser das Schriftstück an Landgraf Philipp von Hessen nach Kassel weiterleiten konnte. Unverzüglich setzte August diesen davon in Kenntnis, dass er ein hoch brisantes Schreiben in den Händen halte, welches für die Eheverhandlungen mit Schweden von größter Bedeutung wäre. Natürlich stieß diese Nachricht auf das Interesse des Landgrafen. Ende Januar 1564 bat Philipp daher den Kurfürsten von Sachsen darum, ihm das Original des Schriftstückes zugänglich zu machen, um es auf seine Echtheit prüfen zu können.[21]

Genau zu dieser Zeit überschlugen sich die Ereignisse, und die Situation verschärfte sich zusehends. Am 6. Februar

1564 traf Caspar Paselik, ein Gesandter des dänischen Königs, in Kassel ein und überreichte dem Landgrafen Philipp von Hessen eine Kopie des Briefes von Erik XIV. an Elizabeth I. Offenbar noch am selben Tag kamen auch erneut schwedische Gesandte – Kanzler Nils Guldenstern, Georg Freiherr von Gera, Lazarus Müller und Herman Brauser – an den hessischen Hof, um die Gespräche über die Eheschließung des schwedischen Königs mit der Tochter des Landgrafen zu einem guten Ende zu bringen. Ihnen wollte Philipp, der wegen des Verhaltens Eriks XIV. empört war, das verräterische Schreiben ihres eigenen Königs unter die Nase halten. Aus dieser Konstellation heraus entwickelte sich in den folgenden Tagen eine rege Korrespondenz zwischen Kassel und Dresden, die an dieser Stelle nur kurz angerissen werden kann.

Am 7. Februar 1564 berichtete Wilhelm von Hessen dem Kurfürsten von Sachsen, dass am späten Abend des vorangegangenen Tages schwedische Gesandte eingetroffen seien und dass sein Vater diese hinhalten wolle, um die Gespräche zu verzögern.[22] Wilhelm bat – wie er betonte, zum dritten Mal[23] – Kurfürst August von Sachsen, das originale Schriftstück nach Kassel zu schicken. Zwei Briefe ähnlichen Inhalts verfasste parallel dazu auch der Gesandte des dänischen Königs.[24] Entweder reagierte Kurfürst August von Sachsen auf diese neuerlichen Ersuchen sofort, oder aber sein Diener befand sich bereits auf dem Weg nach Kassel. Tatsache ist jedenfalls, dass Valerius Crakau, den August mit dieser ebenso wichtigen wie brisanten Mission betraut hatte, nur wenig später zusammen mit dem Brief Eriks XIV. in Kassel eintraf. In einem leider unvollständig datierten, aber wohl am 17. Februar 1564 verfassten Schreiben berichtete dieser dem sächsischen Kurfürsten, dass er das Original des Briefes dem Landgrafen bereits vorgelegt habe, dass auch die Echtheitsprüfung im Beisein des Landgrafen, seines Kanzlers und Sekretärs positiv verlaufen sei und dass Philipp die Hochzeitsverhandlungen mit den schwedischen Gesandten als beendet erklärt habe. Bereits am folgenden Tag wolle der Landgraf von Hessen den schwedischen Gesandten ein entsprechendes Schreiben überreichen.[25] Dieser letzte Passus lässt zumindest auf den 17. Februar schließen, da sich Landgraf Philipp von Hessen und dessen Sohn Wilhelm am 19. Februar bei Kurfürst August von Sachsen für dessen Unterstützung bedankten und in diesen Schreiben auch erwähnten, dass tags zuvor den schwedischen Gesandten ein abschlägiges Antwortschreiben übergeben worden sei.[26] Philipp betonte ausdrücklich, dass der Brief Eriks XIV. anhand des Siegels und der Schrift eindeutig für echt befunden wurde und man die Verhandlungen mit den schwedischen Gesandten augenblicklich beendet habe. Außerdem informierte er August auch darüber, dass er den König von Dänemark schriftlich darum gebeten habe, den Brief Eriks in Dresden verwahren zu lassen, damit sowohl der König als auch der Landgraf bei Bedarf Zugriff hätten. Den Kurfürsten bat er schließlich, das Schreiben bis zur Entscheidung Frederiks II. sicher zu verwahren. Wilhelm erwähnte in seinem Brief darüber hinaus, dass er das Schreiben des schwedischen Königs mit dem Sekretär Augusts, der bei allen Gesprächen zugegen war und darüber berichten wird, zurück nach Dresden schicke.

Auch Kurfürst August von Sachsen wandte sich abschließend am 5. März 1564 an König Frederik II. von Dänemark. Bis dahin war es versäumt oder absichtlich vermieden worden, diesen davon in Kenntnis zu setzen, dass der Kurfürst das schwedische Schreiben nach Kassel geschickt hatte. Nun endlich informierte er Frederik darüber, dass der Brief zwischenzeitlich in Kassel gewesen war, dass er dort für echt befunden, den schwedischen Gesandten gezeigt und anschließend wieder nach Dresden geschickt wurde.[27] August bat seinen Schwager um Anweisungen, was mit dem Schreiben geschehen solle. Die diesbezügliche Meinung Frederiks deckte sich offenbar mit dem Vorschlag Philipps von Hessen, denn bis auf den heutigen Tag befindet sich der schicksalshafte Brief König Eriks XIV. von Schweden an Königin Elizabeth I. von England im Sächsischen Hauptstaatsarchiv in Dresden.

Die übrige Geschichte Eriks XIV. ist schnell erzählt. Landgraf Philipp von Hessen hatte zeitgleich mit der Absage an Erik XIV. einen Brief an Elizabeth I. geschickt, um diese über die neuesten Vorgänge zu informieren.[28] Auch Frederik II., der sich bis zu diesem Zeitpunkt eher zurückgehalten hatte, schrieb nun an die englische Königin.[29] Am 5. März 1564 informierte er Elizabeth darüber, dass im Winter durch dänische Truppen ein Schiff gekapert worden sei, auf dem sich zwei an sie gerichtete Briefe des schwedischen Königs befunden hatten. Während das eine Schreiben die Bitte Eriks an Elizabeth beinhaltete, ihn bei seinem Kampf gegen Dänemark zu unterstützen, handelte es sich bei dem zweiten um die Rechtfertigung Eriks XIV. vom 15. Oktober 1563. Elizabeth nahm – offenbar ohne es Frederik übel zu nehmen – zur Kenntnis, dass er an sie gerichtete Schreiben an Dritte weitergeleitet hatte. Dessen Bemühungen, nun seinerseits ein militärisches Bündnis mit England zu schließen, wies sie jedoch entschieden zurück. Elizabeth I. hielt sich aus dem Konflikt zwischen Frederik II. und Erik XIV. heraus und blieb im »Dreikronenkrieg« weitestgehend neutral.

Für Erik hatte sich der Himmel indessen verdunkelt. Sein eigener Brief war die Ursache dafür, dass die Eheverhandlungen in Kassel abgebrochen wurden und seine mit diesem Schreiben konfrontierten Gesandten unverrichteter Dinge die Heimreise antreten mussten. Zwar versuchte er, die Gemüter zu besänftigen, doch all seine Mühen waren vergebens, und auch die Gespräche in London wurden unverzüglich beendet. In dieser Situation wurde Erik nun von seinen Reichsständen – wie zuvor Elizabeth durch das englische Parlament – unter Druck gesetzt, sich endlich den königlichen Erfordernissen zu widmen und zu heiraten. Ein letztes Mal bemühte sich Erik daraufhin, eine standesgemäße Gemahlin in einem der bedeutenden Länder Europas zu finden. Aus dynastischem Kalkül fiel sein Blick im Mai 1565 auf Renée von Lothringen, eine Enkelin Christians II., des 1523 abgesetzten Königs von Dänemark, Norwegen und Schweden, gegen den Eriks Vater im schwedischen Befreiungskrieg gekämpft hatte. Obwohl die schwedischen Gesandten in Lothringen noch im Dezember 1565 guter Hoffnung waren, dass es bald zu einer Eheschließung käme, wurden auch diese Verhandlungen bald darauf erfolglos abgebrochen.

König Erik XIV. von Schweden wurde an den Höfen ganz Europas allmählich zum Gespött. So wusste man beispielsweise zu berichten, dass er zwar in jedem nur erdenklichen Herrscherhaus nach einer geeigneten Braut für sich Ausschau halte, aber »bei allen fände er Fehler: Eine war zu bleich, eine andere zu mager, eine dritte zu weiß, eine vierte zu schwach – keine war gut genug für ihn«.[30] Erst am Ende der jahrelangen Suche fand Erik sein persönliches Glück, welches gleichzeitig aber auch die Schwelle zum Untergang darstellte. Karin Månsdotter, eine Kammerzofe von Eriks Schwester Elisabeth, wurde zu seiner Geliebten. Vor dem Hintergrund der bereits 1565 erteilten Zusage des schwedischen Adels, dass man auch eine Schwedin – aber von adeliger Abstammung – als Königin akzeptieren würde, ließen sich Erik und Karin, die aus einfachen Verhältnissen stammte, am 13. Juli 1567 heimlich trauen. Ihre gemeinsame Tochter war damals schon neun Monate alt und Karin erneut schwanger. Immer mehr entglitt Erik die Führung seines Reiches. Letztlich machte er ein Jahr nach der Hochzeit die Verbindung mit Karin Månsdotter offiziell und ließ sie am 5. Juli 1568 zur Königin von Schweden krönen. Damit schien er den Bogen jedoch überspannt zu haben. Unter dem schwedischen Adel, der die neue Königin größtenteils nicht anerkannte, kam es zum Aufstand. Im September 1568 nahm man ihn gefangen, und sein jüngerer Bruder kam als König Johan III. auf den schwedischen Thron. Erik XIV. starb als Gefangener seines Bruders am 26. Februar 1577 auf Schloss Örbyhus in der Nähe von Uppsala.

Kurfürst August von Sachsen war in dieser Episode der Geschichte eine wichtige Rolle zuteil geworden. Als Zünglein an der Waage hatte er – selbst im Hintergrund bleibend – die Entwicklung Europas maßgeblich beeinflusst. Ohne sein Zutun wären die Hochzeitspläne Eriks XIV. möglicherweise nicht gescheitert und dieser damit auf dem schwedischen Thron verblieben. Der »Dreikronenkrieg« hätte vermutlich einen anderen Ausgang und die gesamte Geschichte des nördlichen Europas einen vollkommen anderen Verlauf genommen. Der überlieferte Schriftverkehr zwischen Stockholm, London, Kopenhagen, Kassel und Dresden zeigt im Zusammenhang damit, welch große Rolle verwandtschaftliche Beziehungen und dynastisches Kalkül in der internationalen Politik dieser Zeit spielten. Kurfürst August von Sachsen erwies sich in all dem als verlässlicher Partner seiner Verbündeten und bedeutender Machtfaktor der europäischen Politik. Nicht zuletzt dadurch erlebte Kursachsen während seiner Regierungsjahre eine erste große Blüte mit Auswirkungen bis auf den heutigen Tag.

ANMERKUNGEN

1 Brief König Eriks XIV. von Schweden an Königin Elizabeth I. von England vom 15. Oktober 1563, Sächsisches Staatsarchiv, Hauptstaatsarchiv Dresden (StA-D), 10024, Geheimer Rat (Geheimes Archiv) Loc. 10426/47. | **2** Brief Katharinas von Braunschweig-Wolfenbüttel an Kurfürstin Anna von Sachsen vom »achten Dage viti« 1556, StA-D, 10024, Geheimer Rat (Geheimes Archiv) Loc. 10426/2, fol. 1v–2r mit eigelegter Credenz des schwedischen Königs vom 6. April 1556, ebd., fol. 3v. | **3** Brief von Kurfürstin Anna von Sachsen an Katharina von Braunschweig-Wolfenbüttel vom 15. Juli 1556, ebd., fol. 4v–5v. | **4** Brief Eriks XIV. an seine Großmutter Katharina von Braunschweig-Wolfenbüttel vom 6. September 1557, ebd., fol. 10v–14r. | **5** Zwei Briefe Katharinas von Braunschweig-Wolfenbüttel an Kurfürst August von Sachsen und dessen Gemahlin, Kurfürstin Anna von Sachsen, vom 1. Januar 1558, ebd., fol. 6v–9v. | **6** Zwei Briefe des Kurfürsten August von Sachsen und seiner Gemahlin Anna an Katharina von Braunschweig-Wolfenbüttel vom 1. Februar 1558, ebd., fol. 15v f. | **7** Joseph Stevenson (Hrsg.), Calendar of state papers, foreign series, of the reign of Elizabeth – Volume 2: 1559–1560, London 1865, Nr. 204, Brief von Elizabeth I. an Gustav I. Wasa, Entwurf von William Cecil vom 8. November 1559 und Nr. 208, Brief von Elizabeth I. an Erik XIV. Entwurf von William Cecil vom

8. November 1559. | **8** Olof von Dalins, Geschichte des Reiches Schweden, 3. Bd., Rostock / Greifswald 1763, S. 382–383. | **9** Stevenson, Calendar (wie Anm. 7), Nr. 766, Brief von Elizabeth I. an Erik XIV. vom 25. Februar 1560. | **10** Ebd., Nr. 579, Brief von Erik XIV. an Elizabeth I. vom September 1560 (bzw. 1561). Irrtümlich ist der Brief mit 1560 datiert, bezieht sich aber auf Ereignisse, die erst 1561 passierten. | **11** Siehe hierzu: Holger Schuckelt und Sabine Wilde, Triumph und Begehr. Prunkharnische des flämischen Goldschmieds Eliseus Libaerts im Dienste fürstlicher Selbstdarstellung, Schätze des Dresdner Residenzschlosses, Bd. 1, Köln 2014, S. 37. | **12** Stevenson, Calendar (wie Anm. 7), Volume 5: 1562, London 1867, Nr. 948, Brief von Erik XIV. an Elizabeth I. vom 31. Oktober 1562. | **13** Stevenson, Calendar (wie Anm. 7), Volume 6: 1563, London 1869, Nr. 278, Brief von Elizabeth I. an Erik XIV. vom 10. Februar 1563. | **14** Siehe hierzu Schuckelt / Wilde, Triumph und Begehr (wie Anm. 11), S. 39 ff. | **15** Ebd., S. 43 f. | **16** Rüstkammer, Staatliche Kunstsammlungen Dresden, Inv.-Nr. M 100; Siehe hierzu ausführlich Schuckelt / Wilde, Triumph und Begehr (wie Anm. 11). | **17** Wie Anm. 1. | **18** Zeitgenössische Übersetzung des Briefes von Erik XIV. an Elizabeth I. vom 15. Oktober 1563, StA-D, 10024, Geheimer Rat (Geheimes Archiv) Loc. 10426/2, fol. 34 f.: »Wir Erich der Vierzehend von Gottes gnaden zu Schweden Der Gotten und Wendenn König, [...] Der Durchlauchtigsten [...] Fürstin und Braven Frauen Elisabethen zu Engelland, Franckreich und [Ye] land Königin, Beschützerin des glaubens unser liebsten [...] unsern gruss glüg und alles gutte / Durchlauchtigste [...] Königin. / Ich binn sehr [...] als Ich vorschienen Jares Euer Durchlauchtigkeit Brieue bej meinem [...] empfangen habe, welche mir fast alle Eurer [...] gunst und liebe abgeschnitten. Dann dieselbigen mir nicht allein alle bequemigkeit dardurch die Heiratshandel erhalten werden benommen, sondern auch andere gar geringschatzige fürhung gutter gemeinschaft abgeschlagen. Warumb aber Euer Durchlauchtigkeit Damals alß verletzt und gegen mir bewegt geweßen, Das wird meines erachtens boße verleimbder verursacht haben, welche villeicht mogen berichtet haben, Das Ich eine andere Heirat vorhatte, Und das [...] / Wie Ich E. G. zu schrifften erklere. Welche doch Eurer Durchlauchtigkeit wo sie mir geneigten willen zu dem [...] Handel bringen viel andern erfarren wurdn. Dan wie falsch dies sej das dieselbigen meiner fürhabend Heirat halben mit Königin zu Schotten E. Durch. Verlangt haben eingebildet worden Die Schotten selbst nicht leugnen konnen, Sintemahl Ich dieselbig Königin nicht für mich sondern für meinen Bruder begert habe. / Eben alß Ich dies auch d Warheit gemeß [...] von des Landtgrauen tochter gesagt haben So Ich doch dasselbig mehr Euer G. gemüth und bestendigkeit gegen mir zu erfarren, Dan einiger andren [...] gethan habe. Dann den falsche [eiffer] Den Ich des Roberti halben [...] hat viel verursacht, welche erzaigung gegen mir, Ich hin widerrumb mit Des Landtgraven tochter habe wollen vorgebenn. Gleichermassen aber [...] so sie von gedachten Robert gesagt ohne Zweifel falsch und erdichtet ist. Also hat er auch eine gelegenheit mit dem [...] von Des Landtgraven tochter ausgegeben haben. Goth straffe die so solche gerüchte ausbringen. Dann Ich hare Jtzo Euer Dt. viel anders nach rühmen Das Ich mich auch E. G. bestendigkeit und gunst gegen mir [...] Und hette nimmermehr geglaubt das eine [...] Fraw In der gantzen weld sein sollte die mir zu gefallen so lang wartten ad unverheirat bleiben sollte. [...] will E. D. sich [...] Zu Iren schrifften haben vernehmen lassen das sie entlich auff leittlich ansuchen Irer Unterthanen entschlossen ware sich Zuverehlichen. Welche dan ein gutt Anzaigung ist das E. G. (wie zu viel fürgegeben) von natur nicht einen abschew füren [...] haben. Aber wan Ich bej mir eigentlich bwahre, [...] Ich doch so lange ohne antwort auffgezogen binn, So muste Ich bekennen, Das die schuld etzlicher massen mein aigen sej, weil Ich sobaldt geglaubt Das E.Dt. lieb gegen mir so leichtlich konnte vorändert werden, Das Ich auch mir E.Dt. Hulde durch [un]gereumbte [un]zimbliche mittell erwerben wollen. / Aber wie man pflegt zu sagen, Das die leut nach entpfangenen schaden vielziger werden, So will Ich auch künftig nicht allen leuten, Die Diesen Handel gern wollten [...] glauben gebn, Sondern willmich viel mehr bevleissigen Das Zu allem so zu befürderung Deß Handels dienstlich an meinem guttenn willen [...] mangeln soll. / Und bin Derhalben abermals einer andern antwort als d vorigen von E.Dt. freuntlich gewertig. Nemlich Das E.Dt. Iren Willen In die offt gesuchte und von mir gewinschte Heirat geben Und mir [...]leitsbrieue In d form wie Ich die nahemals [...] schicken wollte. / Dann Ich verhoffe Es werde E.Dt. nicht [...] Durchlauchtigste Königin, Ich habe nicht unterlassen wollen, E.Dt. diese ding zu schreiben weill mir so gutte gelegenheit bej Diesem bequemen [...], Dan Ich versehe mich weill es aus treuem Hertzen geschieht, sie werde es nicht ubell auffnehmen. / Befehle E.Dt. hirmit In den schutz des almechtigen Gottes zu gutten [...] und [einig ...] Dat Im weldlaager bej [...] Zu Sehmaland den 15. Octob. A. 63 / Euer Dt. liebster [Brud] und Ohm. Ericus«. | **19** Befragungsprotokoll des Rates der Stadt Kopenhagen vom 20. März 1564, StA-D, 10024, Geheimer Rat (Geheimes Archiv), Loc. 7978/3 (Lesefilmaufnahme Nr. E 154). | **20** Bestallung Eriks XIV. für Anthony Wastlin vom 17. November 1563, Rigsarkivet Kopenhaven, 300 Danske Kancelli Udenrigske afdeling, 1559–1573 Opsnappede svenske breve fra Syvårskrigens tid, Nr. 2, 1559–1563. | **21** Brief von Wilhelm von Hessen an August von Sachsen vom 31. Januar 1564, StA-D, 10024, Geheimer Rat (Geheimes Archiv), Loc. 10426/2, fol. 41. | **22** Brief von Wilhelm von Hessen an August von Sachsen vom 7. Februar 1564, ebd., fol. 45. | **23** Mit dieser Angabe bezog sich Wilhelm von Hessen auf seinen Brief vom 31. Januar 1564 (siehe Anm. 21) und auf ein weiteres, leider undatiertes Schreiben gleichen Inhalts. Ebd., fol. 42. | **24** Brief von Caspar Paselik an August von Sachsen vom [?] 1564, ebd., fol. 43 f., und Brief von Caspar Paselik an August von Sachsen vom [7. Februar ?] 1564, ebd., fol. 46 f. | **25** Brief von Valerius Crakau an August von Sachsen vom [17.] Februar [1564], ebd., fol. 48 f. | **26** Brief Philipps von Hessen an August von Sachsen vom 19. Februar 1564, ebd., fol. 50 f., mit beiliegender Kopie des Absageschreibens an Erik XIV. vom 18. Februar 1564 (fol. 52–70) und Brief Wilhelms von Hessen an August von Sachsen vom 19. Februar 1564, ebd., fol. 71. | **27** Brief Augusts von Sachsen an Frederik II. vom 5. März 1564; Ebd., fol. 72 f. | **28** Brief Philipps von Hessen an Elizabeth I. vom 18. Februar 1564; Stevenson, Calendar (wie Anm. 7), Volume 7: 1564–1565, London 1870, Nr. 166. | **29** Brief von Frederik II. an Elizabeth I. vom 5. März 1564, ebd., Nr. 218. | **30** Jörg-Peter Findeisen, Die schwedische Monarchie – Von den Vikingerherrschern zu den modernen Monarchen, Band I: 950–1611, Kiel 2010, S. 363.

II · WIRTSCHAFT, VERWALTUNG UND KIRCHENREGIMENT

Anhaltisch.
Anhaltisch.

CHRISTIAN HEINKER

Kontrollieren oder Delegieren? Zur Interaktion Kurfürst Augusts mit seinen Geheimen Räten

Das 16. Jahrhundert war eine von vielfältigen Umformungen und Weichenstellungen geprägte Zeit, die wiederum auf die folgenden Jahrhunderte regelrecht strukturbildend gewirkt haben. So ist dieses Jahrhundert, das allgemein – besonders und zurzeit – stark unter reformationsgeschichtlichem Aspekt betrachtet wird, auch auf dem langen Weg der frühneuzeitlichen Staatsbildung entscheidend gewesen. Die Entstehung des frühmodernen Staates hatte ihre Wurzeln vor allem im Finanz-, genauer im Schuldenwesen des spätmittelalterlichen Fürsten, der seine Einnahmen bzw. Ausgaben nicht mehr zur Deckung bringen konnte und die »Großen« des Landes, also die Stände, über die Steuergesetzgebung zum Finanzausgleich mit heranziehen musste. Allerdings war das eigentliche Regieren im Rahmen der sogenannten mittelalterlichen Kanzleiherrschaft noch relativ überschaubar und geschah auf eine aus heutiger Sicht provisorische Art und Weise. Die spätmittelalterlichen Räte bzw. Kanzlisten mussten jederzeit abrufbereit und sich mit dem Fürsten auf Reisen begeben können, da die Phase der Residenzbildung noch keineswegs abgeschlossen war.[1] Selbst in Kursachsen war dies erst 15 Jahre nach dem Tod Kurfürst Augusts (1526–1586) der Fall, als 1601 alle zentralen Ratsgremien mit der Ansiedlung in Dresden immobil wurden. Welche Bedeutung in der Regierungszeit Augusts und darüber hinaus neben Dresden gerade Torgau besaß, zeigt der Umstand, dass hier alle regulären kursächsischen Landtage zwischen 1555 und 1628 stattfanden. So kann man Torgau durchaus als heimliche Hauptstadt Sachsens in der zweiten Hälfte des 16. Jahrhunderts betrachten.[2]

Der bis ins 16. Jahrhundert bestehende Ad-hoc-Charakter der Kanzleiherrschaft bekam im Jahrhundert der Reformation entscheidende Impulse zu einer Strukturverfestigung mit festeren Zuständigkeiten, die sich dann für das Ratspersonal der Frühen Neuzeit insgesamt als dauerhaft erweisen sollten. Durch allmähliche Professionalisierung der Ratseliten in zunehmend ausdifferenzierten Universitätslandschaften, durch Effizienzsteigerung und starkes quantitatives Anwachsen der Aufgaben wurde die Bürokratisierung der kursächsischen Ratskollegien in erheblichem Maße vorangetrieben und so der frühmodernen Staatsbildung in Kursachsen die Richtung gewiesen. All dies brachte natürlich auch neue Anforderungen, ja Zwänge hervor. Die Amtsbürden der zum Teil neuen Ratskollegien erforderten, dass diese mit – im Jargon der Zeit – geeigneten Subjekten bestückt werden konnten. Der Fürst des 16. Jahrhunderts war also vermehrt gehalten, sich auf die Suche nach geeignetem Ratspersonal zu begeben, und dies nach zunehmend strengeren Qualifikationskriterien.

Die Rolle Kursachsens im Reich des 16. Jahrhunderts war dabei etwas Besonderes: Wie wohl nie zuvor und nie danach – selbst nicht unter dem so populären August dem Starken (1670–1733) – war sein politischer Einfluss größer, und dies trotz der konfessionellen Differenzen zum Reichsoberhaupt. Hier verdeutlicht sich einerseits die große Bedeutung persönlicher Kontakte und langjährigen Umgangs über konfessionelle Grenzen hinweg, andererseits manifestiert sich darin das politische Gewicht des bedeutendsten Kurfürstentums im Reich. So ist das 16. Jahrhundert mit Recht als das wohl »sächsischste« Jahrhundert hervorgehoben worden.[3]

Die im Grunde genommen als »Jugendfreundschaft« zu bezeichnende Beziehung Kurfürst Augusts zum späteren Kaiser Maximilian II. (1527–1576)[4] – beide trennte nur ein Geburtsjahr – ließ den nunmehrigen sächsischen Kurfürsten zwischen 1564 und 1576 im Kurfürstenrat als »Scharnier zwischen Kaiser und Reichsständen« und als wichtigsten »inneren« Rat des Kaisers erscheinen.[5]

Auch in wirtschafts- und finanzpolitischer Hinsicht vermochte es Kurfürst August, Sachsen auf einer bedeutenden Ebene zu halten. In einem Säkulum, das von ständiger Geldnot aller Fürsten geprägt war – man denke an das Beispiel König Philipps II. von Spanien (1527–1598), der in seiner Regierungszeit drei Staatsbankrotte erklären musste –, gelang es August als einem von wenigen Fürsten, einen Staatsschatz anzusparen. Bei seinem Tod waren allein Barmittel in Höhe von zwei Millionen Talern vorhanden. Hier ist es von entscheidender Bedeutung, dass unter Kurfürst August ein penibles und genaues Rechnungswesen geführt bzw. erweitert wurde, in dem jeder Vorgang mit bürokratischer Genauigkeit und Sorgfalt belegt werden musste.[6]

Typologie frühneuzeitlichen Regierungshandelns

Dieses Vorgehen sollte auch die Zusammenarbeit Augusts mit den Mitgliedern seiner Ratskollegien prägen: Genauigkeit, Gewissenhaftigkeit bis hin zur Pedanterie, penible Buchführung und Rechnungslegung erforderten letztlich immer wieder Kontrolle und riefen damit den Typus des autokratischen Herrschers hervor, der diese Vorgänge in seinen Händen behalten wollte. Misslungene Spekulationsgeschäfte auf Kosten des Kurfürsten oder der Rentkammer konnten ebenso wie Unterschlagungen genau belegt werden. 1580 erhängte sich der kursächsische Rentkammermeister Hans Harrer (um 1530–1580), obwohl – oder vielleicht gerade weil – die kursächsische Kammer in guter Ordnung stand.[7]

Insgesamt gesehen wurde der Herrscher im Verlauf der Frühen Neuzeit, in dem die frühmoderne Staatsbildung zumindest in Europa wohl die wichtigste Strukturkomponente gewesen ist, im Grunde genommen in seinem Regierungshandeln immer inkompetenter, da er durch die Vielzahl und Komplexität der politischen Materien gezwungen war, zu delegieren. Er musste vermehrt Herrschaftswissen abgeben und sich auf einen Stab treuer, loyaler Mitarbeiter verlassen können. Daher waren diese Personenbeziehungen zwischen dem Herrscher und seinen Räten von eminent wichtiger Bedeutung für die frühneuzeitliche Staatsbildung.

Die beiden Grundformen des Regierens – einerseits Kontrollieren, andererseits Delegieren – spielen für die Beurteilung eines Fürsten und seiner Politik eine große Rolle und führen tief hinein in den Bereich der Mentalitätsgeschichte. Weitaus häufiger ist dabei der Herrscher anzutreffen, der alles seiner Kontrolle unterwerfen wollte und sich akribisch um möglichst jedes Detail kümmerte. Napoleon Bonaparte (1769–1821) wäre hier zu nennen, der, obwohl häufig in Feldlagern bei seinen Truppen anwesend, in die Amtsbereiche seiner Minister hineinregierte. Weitere Beispiele bietet die preußische Geschichte vor allem des 18. Jahrhunderts, wo insbesondere der als »Soldatenkönig« bekannt gewordene Friedrich Wilhelm I. (1688–1740) mit seinen berüchtigten »Kabinettsordres« in die Arbeit seiner Ratskollegien eingriff. Auch sein Sohn König Friedrich II. (1712–1786) war nicht frei von diesem autokratisch-kontrollierenden Regierungshandeln, aller Rhetorik vom Fürsten als erstem Diener seines Staates zum Trotz.

Der eher seltenere Typus des Herrschers, der delegiert, ist erst im 19. Jahrhundert in größerem Maß zu finden. Dies hat vor allem strukturelle Gründe. Wer delegiert, gibt oftmals – durchaus intentional – die Verantwortung ab. Aber Delegieren ist auch ein zweischneidiges Schwert. Wer delegiert, muss sich zuweilen den Vorwurf der Führungsschwäche gefallen lassen. Heutzutage, bei oft als »flache Hierarchien« apostrophierten Führungsstrukturen, mag das ein Vorteil sein – in der Frühen Neuzeit, allzumal im 16. Jahrhundert, wäre dies einem Herrscher, von dem Führungsstärke erwartet wurde, wohl als Misswirtschaft ausgelegt worden. Indessen ist die gesamte Geschichte der frühneuzeitlichen Politik in Europa in den Kontext eines allmählichen Zurückdrängens des Herrschers von den eigentlichen Regierungsgeschäften eingeordnet worden.[8] So konnte es dazu kommen, dass die Fürstengeneration des späten 16. Jahrhunderts als wenig entscheidungsfreudig charakterisiert wurde,[9] auch weil die Räte in Kursachsen erstaunlich früh entscheidendes Fachwissen in den Ratskollegien für sich reklamieren konnten. Unter Kurfürst August konnte von diesem allgemeinen Wissenstransfer auf die Räte jedoch noch keine Rede sein. Seinem Arbeitseifer bzw. seiner Kontrollwut scheint selbst sein als keineswegs gering zu veranschlagender Alkoholkonsum keinen Abbruch getan zu haben (Kurfürstin Anna bemühte sich immer wieder, diverse Gelage zu verhindern).

Fallbeispiele zur Personalpolitik Kurfürst Augusts

Welche Bedeutung die Finanzen bzw. das Kammerwesen bei der Umformung der spätmittelalterlichen Fürstenherrschaft im 16. Jahrhundert gehabt haben, zeigt sich exemplarisch an der ersten hier behandelten Personalie: dem schon unter Kurfürst Moritz (1521–1553) als Kanzler fungierenden Ulrich von Mordeisen (1519–1572).[10] Dieser aus einer Leipziger Kaufmannsfamilie stammende Rat hatte den juristischen Doktorgrad erworben, war also ein Prototyp des im 16. Jahrhundert vermehrt nachgefragten professionalisierten Rates. Er war an der Ausarbeitung des Passauer Vertrages von 1552 beteiligt, hielt engen Kontakt zu Philipp Melanchthon (1497–1560) und fungierte zeitweilig als Ordinarius der Juristischen Fakultät der Universität Leipzig. Nachdem August an die Regierung gelangt war, stieg Mordeisen zum bedeutendsten Rat Kursachsens auf. Von kursächsischer Seite war er an der Abfassung des Augsburger Religionsfriedens 1555 beteiligt. Auch im für Kursachsen wichtigen Regal der Bergsachen erwarb er sich hohe Kompetenzen.

Mordeisens Ernennung zum persönlichen Rat des Kurfürsten August bildete für den Verfassungshistoriker Gerhard Oestreich gar eine neue Qualitätsstufe im kursächsischen Behördenaufbau.[11] Als Geheimer Kammerrat, also in einer Art Doppelfunktion in der Reichs- und Außenpolitik sowie auf dem Gebiet der Finanzen, dem »nervus rerum« frühmoderner Politik, besaß er Ressortzuständigkeiten bzw. Verhandlungsspielräume, wie sie vor ihm noch kein sächsischer Rat innegehabt hatte. Kurfürst August konnte und wollte zunächst also durchaus delegieren. Welche Vertrauensstellung Mordeisen bei ihm genoss, lässt sich auch anhand der Anzahl der an ihn überschriebenen Dörfer herausstellen: Berbersdorf, Bräunsdorf, Goßberg, Großschirma, Großvoigtsberg, Kaltofen, Kleinschirma, Kleinvoigtsberg, Kleinwaltersdorf, Langhennersdorf, Loßnitz, Mobendorf, Seifersdorf, Poppendorf und Reichenbach.

Umso tiefer war Mordeisens Sturz im Jahr 1565. Über Meinungsverschiedenheiten mit der »Landesmutter« Anna gestolpert, sah er sich vom Kurfürsten aller Ämter enthoben und unter Hausarrest gestellt. Abseits aller individuellen Besonderheiten zeichnete sich hier erstmals ein Muster im Umgang Kurfürst Augusts mit seinen Räten ab: Ein einzelner Rat steigt zur beherrschenden Figur mit weitgehenden Kompetenzen auf und fällt dann plötzlich unter zum Teil undurchsichtigen Umständen in Ungnade. Die Peripetie, die diesem Wechselspiel zugrunde lag, trägt fast schon theaterhafte Züge. Das Misstrauen Kurfürst Augusts, aber auch seine Wankelmütigkeit und die damit zusammenhängende leichte Beeinflussbarkeit zeigten sich hier erstmals in exemplarischer Weise.

Noch folgenreicher gestaltete sich dieses Verhalten von August im Fall des Rates Georg Cracow (1525–1575).[12] Diese aus Pommern stammende, nicht nur in der Jurisprudenz äußerst gebildete Persönlichkeit hatte seit 1547 die Professur für Mathematik und Griechisch an der Universität Greifswald inne und unterrichtete als einer der ersten Universitätslehrer Geometrie. Nach einem Jurastudium in Wittenberg erhielt er 1555 an dieser Universität eine Professur für römisches Recht und stieg schon bald zum vertrauten Kammerrat und, nach dem Sturz Ulrich von Mordeisens, zum Kanzler auf. Wie eng sich die Zusammenarbeit des Kurfürsten mit seinem »Geheimen Kammerrat« gestaltete, mag man an der Bezeichnung »Dicker Doktor« ablesen, wie August seinen Günstling zuweilen titulierte. Der Schwiegersohn Johannes Bugenhagens (1485–1558) nahm schon bald eine Spitzenstellung in der kursächsischen Politik ein, die so unter Kurfürst August kein Rat mehr erreichen sollte. Bei der Belagerung Gothas im Zuge der sogenannten Grumbachschen Händel[13] führte Cracow durch seine Gegnerschaft zu Christian Brück (um 1516–1567) die Hinrichtung dieses gothaischen Kanzlers mit herbei. Hierbei wie auch durch seine führende Mitarbeit an den Konstitutionen von 1572,[14] die als eine gelungene Melange aus dem einheimischen Sachsenspiegelrecht und dem seit dem 16. Jahrhundert verstärkt rezipierten römischen Recht zu betrachten sind und somit zunehmende Rechtssicherheit herbeiführten, stellte Cracow seine außergewöhnlichen Talente und profunden Rechtskenntnisse unter Beweis – und wendete diese auch an.

Ebenso muss indessen betont werden, dass die herausragende Stellung Cracows – und noch dazu als Landfremder – und das offen zur Schau getragene Vertrauen Kurfürst Augusts viele Neider und Missgünstige am Hof hervorrief. Wieder scheint Kurfürstin Anna (1532–1585)[15] beim Sturz von Cracow zumindest im Hintergrund eine Rolle gespielt zu haben, denn die Verfolgung der sogenannten Philippisten beziehungsweise Kryptocalvinisten ab 1574, die zur Inhaftierung oder Flucht einer ganzen Reihe von Räten führte, ist mit der bis dahin eher nachlässigen Haltung Kurfürst Augusts in Religionshändeln nicht zu vereinbaren.[16] Der über sein grundständiges Misstrauen und seinen Argwohn leicht zu beeinflussende Kurfürst nutzte schließlich die, aus seiner Sicht, Gunst der Stunde, um in einem mit äußerster Wucht geführten personalen Rundumschlag mit Cracow an der Spitze Räte zu stürzen, die angeblich sein Vertrauen missbraucht hatten. Cracow ereilte das schlimme Schicksal, in der Haft auf der Leipziger Pleißenburg wohl an den Folgen von Folter zu sterben. Kurfürst August hatte in seinem Bedürfnis, konfessionell einheitliches Ratspersonal zu schaffen, keine Bedenken, einen seiner ihm auch persönlich nahestehenden Ratgeber förmlich ans Messer zu liefern.

Abb. 1
Lucas Cranach d. J. · Epitaph für Johannes Bugenhagen (Die Taufe Christi im Jordan, Ausschnitt mit dem Portrait des kurfürstlichen Rates Georg Cracow im Zentrum der Abbildung) · 1560 · Öl auf Lindenholz · 111 × 157 cm · Evangelische Stadtkirche St. Marien Wittenberg

Abb. 2
Zacharias Wehme · Kurfürst August von Sachsen · Dresden, 1586 · Öl auf Leinwand · 122 × 94 cm · Rüstkammer, Staatliche Kunstsammlungen Dresden, Inv. Nr. H 208

Die Gründung des Geheimen Rates

Zeitgleich mit den Umstürzen von 1574 wurde ein neues zentrales Ratsgremium ins Leben gerufen: der Geheime Rat als oberstes Kollektivgremium.[17] Personalpolitisch sind die Motive unverkennbar, die Kurfürst August zu diesem Schritt bewogen haben. Mit ihm sollte die erneute Vorrangstellung eines einzelnen Mannes verhindert und somit die kurfürstliche Macht gestärkt werden. Die bisherige Forschung hat die Zusammenhänge, die zum Sturz Cracows und anderer Politiker im Zuge der Kryptocalvinisten-Verfolgung und zur Gründung des Geheimen Rates führten, kaum beachtet. Der Schlüssel liegt im Naturell Kurfürst Augusts. Sein zum Teil wahnhaftes Misstrauen und der Wille, die Vorherrschaft *eines* Rates hinfort nicht mehr zuzulassen, führten 1574 ad hoc mit dem Geheimen Rat zur Gründung eines Gremiums, das bisher nur im Haus Habsburg existierte.[18] In der Folgezeit konnte der in Kursachsen etablierte Geheime Rat rasch zum Vorbild für andere Reichsterritorien avancieren, da das Regieren aus einem mehrköpfigen Kreis den Erfordernissen der Zeit entsprach.

Personalpolitisch kamen indessen selbst im Geheimen Rat, der ja per definitionem ein Kollektivorgan darstellte, die alten Strukturen der Vorherrschaft einer Person wieder zum Vorschein. Es war Lorenz (Laurentius) Lindemann (1520–1585),[19] der im Ratsgremium unmittelbar nach der Gründung für zwei Jahre in die erste Reihe drängte und am Sturz seines Vorgängers Cracow wohl nicht ganz unschuldig war. Eine Tandemlösung vor 1574 mit Cracow als eindeutig dominierendem Part hatte zur Rivalität der beiden Juristen geführt – eine Situation, von der Lindemann dann 1574 profitieren konnte. Mit den Universitäten Wittenberg, Leipzig, Frankfurt a. d. Oder, wo er zum Doktor promovierte, und Greifswald, wo er zum Professor des römischen Rechts und Rektor berufen wurde, hatte Lindemann eine Universitätskarriere absolviert und war zugleich auch Rat des Herzogs von Pommern gewesen – ein professionelles Schwergewicht also. Der wohl noch immer meistunterschätzte Rat Kurfürst Augusts wurde außerdem Professor für Kirchenrecht an der Universität Wittenberg. Seine Ratskarriere in Kursachsen verlief demgegenüber nicht so steil. 1558 wurde Lindemann Hofrat und Vizekanzler, bis er schließlich ab 1562 ausschließlich am Dresdner Hof zu finden ist. Der Aufstieg in die Hofgesellschaft war mit der Erhebung in den Adelsstand verbunden.

Der verstärkte Kampf innerhalb religionspolitischer Händel gegen vermeintliche Calvinisten sollte sich indessen schon bald gegen Lindemann selbst richten, der durch seine vielfältigen Kompetenzen in fast allen Politikbereichen sogar kurzzeitig als das Rückgrat des Geheimen Rates angesehen werden kann. So verhandelte er 1574 mit der Universität Wittenberg über angebliche Abweichungen von der Lehre Luthers. Diese Multifunktionalität als Theologe, Jurist und Politiker sollte Lindemann jedoch schon bald zum Verhängnis werden, da ihm seine Stellungnahmen zu religionspolitischen Fragen von Kurfürst August, der sich in seinen Eifer gegen vermeintliche Abweichler hineinsteigerte und zur Verfolgung der Calvinisten als von Gott beauftragt sah, zum Nachteil ausgelegt wurden. Mit dem Vorwurf, Lindemann habe ihm, Kurfürst August, »calvinistische« Ratschläge erteilt,[20] wurde er aus dem Geheimen Rat entfernt und vom Hof verbannt, blieb aber Vertreter der Landstände und nahm an Obersächsischen Kreistagen teil. Dabei hatte sich Lindemann lediglich gegen ein neu zusammengestelltes Corpus von theologischen Lehrschriften ausgesprochen. Mit der Verbannung vom Hof fiel der Sturz Lindemanns vergleichsweise mild aus, da Kurfürst August gegen eine solch angesehene Persönlichkeit anscheinend subtiler vorgehen musste.

Ebenso wie Lindemann ab 1574 als Geheimer Rat fungierend, aber zunächst in dessen Schatten, vollzog sich der Aufstieg des Finanzfachmannes Hans von Bernstein (1525–1589).[21] Seit 1566 Obersteuereinnehmer und seit 1570 Bergrat, konnte Bernstein in der von ihm seit 1578 geführten Kammer, also der obersten Finanzbehörde Kursachsens, durch seine Fachkenntnis derart dominieren, dass es in seiner Zeit als Kammer- und Geheimrat gleichsam eine Personalunion zwischen geheimen Sachen und Finanzen gegeben hat, die erst mit seinem Tod endgültig getrennt wurden. Hans von Bernstein hatte offenbar das Karriereende seiner Amtskollegen und die Umstände, die jeweils dazu geführt hatten, genau beobachtet, denn er ging sehr geschickt vor und nahm auch als Ständevertreter Rücksicht auf die verschiedenen Mächte- und Interessengruppierungen. Außenpolitik und Religionshändel tastete Bernstein nicht an, sodass Kurfürst August regelrecht einen Grund suchen musste, um den ihm zu mächtig und einflussreich gewordenen Kammer- und Geheimrat auf ein wesentlich geringeres Maß an politischer Einflussnahme stutzen zu können. Atmosphärische Störungen des Landtages von

1582 bezüglich der Steuerverhandlungen gaben August Anlass, Bernstein 1583 sowohl vom Posten als Geheimer Rat als auch von der vorsitzenden Funktion in der Finanzverwaltung zu entfernen. Wie einflussreich Bernstein dennoch war, zeigte sich nach dem Tod Kurfürst Augusts 1586, als Bernstein in alle Ämter wiedereingesetzt wurde. Bis zu seinem Tod 1589 blieb er wichtigste Bezugsperson des Kurfürsten in der kursächsischen Innen- und Finanzpolitik.

Fazit

Die vier wichtigsten Protagonisten bzw. Räte der Regierungszeit Kurfürst Augusts stiegen allesamt schnell, zuweilen rasant auf, konnten sich eine gewisse Zeit im Zenit ihrer Machtposition halten, um aus meist undurchsichtigen, inszenierten oder unter fadenscheinigen Gründen plötzlich gestürzt zu werden. Die Liste der rasch entfernten Beamten beziehungsweise Räte von Kurfürst August ließe sich fortsetzen. 1575 wurden mit Hieronymus Kiesewetter (1512–1586) und Jan von Zeschau ebenfalls zwei Räte plötzlich entlassen.

War Kurfürst August also nur ein Fürst, der, getrieben von Misstrauen, sein Personal bestallte und entließ, wie es ihm gerade in den Sinn kam? August beherrschte das Delegieren von wichtigen Regierungsangelegenheiten durchaus. War es demnach nur zeitweises Desinteresse? Die in sich ähnliche Struktur von Aufstieg und Fall seiner vier wichtigsten Räte gibt einen tiefen Einblick in das Naturell eines Kurfürsten, auf dessen Politik es im nach den Habsburger Landen wichtigsten Territorium des Alten Reiches im Reformationsjahrhundert wesentlich ankam. Doch schon vor 1600 begann der Einfluss Kursachsens im Reich spürbar nachzulassen. Im Agieren Kurfürst Augusts mit oder gegen seine Räte mutet vieles noch althergebracht an. Dem unvoreingenommenen Betrachter könnte August als ein Fürst erscheinen, der aus seinen persönlichen Launen heraus mit Autokratie und pathologischem Misstrauen ihm einst Nahestehende verfolgte. So muss trotz Anerkennung aller langfristigen Weichenstellungen und Modernisierungen, die in Kursachsen seit der Mitte des 16. Jahrhunderts ins Werk gesetzt wurden, bilanziert werden, dass August der wohl letzte Herrscher in Sachsen gewesen ist, der aus persönlichen (Rache-)Motiven heraus fast nach Gutdünken schalten und walten konnte.

Einen wie auch immer gearteten Frühabsolutismus wird man daraus indessen nicht ableiten können. Zu sehr waren die Machtstrukturen gerade unter August mit den kursächsischen Landständen verflochten, er konnte nur mit seinen Ständen und nicht gegen sie erfolgreich Politik gestalten. Eines zeigt sich im Umgang des Kurfürsten mit seinen Räten eben auch: Wenngleich die Beweggründe für das Fallenlassen eines Rates oft übertrieben waren, so stellten sie andererseits das zunehmend eigenständige Handeln der Räte auf verschiedenen Ebenen unter Beweis. Sie waren keineswegs bloße Befehlsempfänger des Herrschers mehr und konnten diesen, über lange Zeiträume der Frühen Moderne betrachtet, bezüglich Fachwissen und politischer Kompetenz allmählich in die Defensive drängen.

Im Umgang mit seinen Räten findet die schwierige Mentalität Kurfürst Augusts ihren exemplarischen Ausdruck. Ganz ohne Zweifel gilt dieser kursächsische Herrscher mit Recht als der große Innenpolitiker Sachsens im 16. Jahrhundert, aber das ältere Bild von »Vater August« hat in letzter Zeit doch eine dringend nötige Korrektur erfahren.[22] Das »Kontrollieren« und »Delegieren« beherrschte Kurfürst August durchaus – nur, dass der abrupte Wechsel zwischen beiden grundsätzlichen Regierungsformen bei ihm viel zu ausgeprägt war.

ANMERKUNGEN

1 Vgl. Brigitte Streich, Zwischen Reiseherrschaft und Residenzbildung. Der Wettinische Hof im späten Mittelalter (Mitteldeutsche Forschungen 101), Köln / Wien 1989. | **2** Vgl. Karlheinz Blaschke, Torgau – die sächsische Stadt, in: Sächsische Heimatblätter 50 (2004), Heft 1, S. 8–16. | **3** Wohl vor allem durch die überragende Regentenfigur Moritz von Sachsen, der die Kurwürde in machiavellistischer Manier ins albertinische Sachsen holte. Vgl. Manfred Rudersdorf, Kursachsen im politischen System des Alten Reiches. Staatsbildung, Religionspolitik und dynastische Rivalität im Zeichen der wettinischen Weichenstellung von 1547, in: Neues Archiv für sächsische Geschichte 80 (2009), S. 105–127, hier S. 108. | **4** Vgl. Maximilian Lanzinner, Friedenssicherung und politische Einheit des Reiches unter Kaiser Maximilian II. (1564–1576) (Schriftenreihe der Historischen Kommission bei der Bayerischen Akademie der Wissenschaften 45), Göttingen 1993. | **5** Vgl. Axel Gotthard, Cardo Imperii – Das Kurfürstenkollegium im spätmittelalterlichen und frühneuzeitlichen Reichsverband, in: Die Kaisermacher. Frankfurt am Main und die Goldene Bulle 1356–1806. Aufsätze, hrsg. von Evelyn Brockhoff / Michael Matthäus, Frankfurt a. M. 2006, S. 130–139. | **6** Durch die Einrichtung des Kammergemachs (1555) wurde eine obere Kontrollinstanz geschaffen, der alle Finanzbeamten Kursachsens unterlagen. Vgl. Uwe Schirmer, Kursächsische Staatsfinanzen (1456–1656). Strukturen – Verfassung – Funktionseliten (Quellen und Forschungen zur sächsischen Geschichte 28), Stuttgart 2006, S. 597 f. Kurfürst August stellte hier indessen sein chronisches Misstrauen erstmals in größerem Umfang unter

Beweis und löste schon 1563 das Kammergemach wieder auf, um die kurfürstlichen Finanzen selbst zu verwalten. | **7** Vgl. ebd., S. 634 f., 796. Harrer hatte sich im Pfefferhandel massiv verspekuliert und schuldete der kurfürstlichen Rentkammer 130 000 Gulden. | **8** In vollem Umfang freilich erst in der zweiten Hälfte des 18. Jahrhunderts. | **9** Vgl. Heinrich von Treitschke, Historische und politische Aufsätze, Bd. 2: Die Einheitsbestrebungen zertheilter Völker, 7. Aufl., Leipzig 1913, S. 412. – Demnach behaupteten an den Höfen Jagd- und Saufteufel, verflucht von den Predigern, ihr altes Regiment. Kurfürst August von Sachsen wird immerhin noch bescheinigt, ein »tüchtiger Domänenwirth und verständiger Verwaltungsmann« gewesen zu sein. | **10** Vgl. Theodor Distel, Mordeisen, Ulrich von, in: ADB 22, Leipzig 1885, S. 216–218; Johannes Herrmann, Mordeisen, Ulrich von, in: NDB 18, Berlin 1997, S. 90 f. | **11** Vgl. Gerhard Oestreich, Das persönliche Regiment der deutschen Fürsten am Beginn der Neuzeit, in: Ders., Geist und Gestalt des frühmodernen Staates. Ausgewählte Aufsätze, Berlin 1969, S. 201–234, hier S. 210 f. (erstmalig erschienen in: Die Welt als Geschichte 1 (1935), S. 218–237, 300–316). | **12** Vgl. Theodor Muther, Cracow, Georg, in: ADB 4, Leipzig 1876, S. 540–543; Hellmut Kretzschmar, Cracov, Georg, in: NDB 3, Berlin 1957, S. 385 f. | **13** Vgl. Volker Press, Wilhelm von Grumbach und die deutsche Adelskrise der 1560er Jahre, in: Blätter für deutsche Landesgeschichte 113 (1977), S. 396–431. Die Grumbachschen Händel stellten den letzten Bruch des Allgemeinen Landfriedens dar. | **14** Vgl. den Beitrag von Martina Schattkowsky in diesem Band. | **15** Vgl. Katrin Keller, Kurfürstin Anna von Sachsen (1532–1585), Regensburg 2010; sowie den Beitrag der Autorin in diesem Band. | **16** Kurfürstin Anna stand der lutherischen Orthodoxie sehr nahe, was am Hof bekannt war, und besaß zumindest indirekten Einfluss auf die Personalpolitik, welche ab 1574 unter explizit orthodox-lutherischem Vorzeichen betrieben wurde. Die am kursächsischen Hof kursierende, in spöttischem Tonfall gehaltene Schrift »Gynaikokratie« über die angebliche »Weiberherrschaft« am Hof lässt Parteien und Frontstellungen unter Räten und Höflingen stärker hervortreten. Vgl. dazu auch Hans-Peter Hasse, Zensur theologischer Bücher in Kursachsen im konfessionellen Zeitalter. Studien zur kursächsischen Literatur- und Religionspolitik in den Jahren 1569 bis 1575 (Arbeiten zur Kirchen- und Theologiegeschichte 5), Leipzig 2000, S. 250–257. Als ziemlich sicher erscheint hingegen die Instrumentalisierung der Religionsfrage, um missliebige Räte loszuwerden. | **17** Zur Fernwirkung dieses Ratskollegiums, das sich im 17. Jahrhundert zur obersten Zentralbehörde Kursachsens entwickelte, vgl. Christian Heinker, Die Bürde des Amtes – die Würde des Titels. Der kursächsische Geheime Rat im 17. Jahrhundert (Schriften zur sächsischen Geschichte und Volkskunde 48), Leipzig 2015. | **18** Vgl. Heinz Noflatscher, Räte und Herrscher. Politische Eliten an den Habsburgerhöfen der österreichischen Länder 1480–1530 (Beiträge zur Sozial- und Verfassungsgeschichte des Alten Reichs 14/Veröffentlichungen des Instituts für Europäische Geschichte Mainz, Abteilung Universalgeschichte 161), Mainz 1999. | **19** Vgl. Hasse, Zensur (wie Anm. 16), S. 278–304. | **20** Vgl. ebd., S. 300. – Auch hier wurde der Calvinismus-Verdacht instrumentalisiert. | **21** Vgl. Schirmer, Staatsfinanzen (wie Anm. 6), S. 677–682. | **22** Vgl. Jens Bruning, August (1553–1586), in: Die Herrscher Sachsens. Markgrafen, Kurfürsten, Könige 1089–1918, hrsg. von Frank-Lothar Kroll (Beck'sche Reihe 1739), 1. Aufl., München 2007, S. 110–125.

MARTINA SCHATTKOWSKY

Die sächsischen Konstitutionen von 1572. Ein Gesetzeswerk zwischen Bauernschutz und Herrschaftskompromiss

Zweifellos steht die Regierungszeit von Kurfürst August für ein überaus erfolgreiches Kapitel des sächsischen Kurstaates.[1] Die unter dem Fürstenpaar Anna und August von Sachsen vorangetriebene Modernisierung staatlicher Herrschaftspraxis war allenthalben greifbar: Zentralbehörden wurden ausgebaut, Maßnahmen zur Wirtschaftsförderung ergriffen, und die landesherrliche Gesetzgebung wurde intensiviert.[2] Juristische Meilensteine waren 1559 die endgültige Durchsetzung des *Privilegium de non appellando et de non evocando*, also das Recht der letzten Instanz gegenüber dem Reichskammergericht, die Schaffung des Dresdner Appellationsgerichts sowie die Konstitutionen von 1572 – eine Gesetzessammlung, deren lokale Strahlkraft speziell im Bereich adliger Rittergüter im Mittelpunkt der folgenden Ausführungen steht.[3]

So viel scheint klar: Wenn es um den inneren Ausbau des Landes ging, erwies sich der volkstümlich als »Vater August« stilisierte Kurfürst nicht minder als ein pragmatischer und – wie es Jens Bruning ausdrückte – »scharf kalkulierender Machtpolitiker«.[4] Dies zeigte sich nicht zuletzt bei Fragen von Recht und Gesetz. Unter Kurfürst August avancierte die landesherrliche Gesetzgebung endgültig zum Instrument der Staatsbildung. Dahinter standen nun keinesfalls nur machtpolitische und fiskalische Interessen des Landesfürsten,[5] sondern zugleich auch ein spezifisches Herrschafts- und Amtsverständnis, das eine besondere Verpflichtung zur Rechtswahrung mit einschloss.

Finanziell und politisch relativ unabhängig, gilt Kurfürst August als Prototyp einer patriarchalischen Landesvätergeneration, die sich – orientiert am Bild des treu sorgenden Hausvaters (und der Fürstin als Hausmutter) – um beides kümmerte: um die fürsorgliche Verwaltung des Landes ebenso wie um das Wohl und Seelenheil der Untertanen.[6] Dies kam nicht von ungefähr. Im Einklang mit Luthers Lehre war im 16. Jahrhundert der Gedanke des Gemeinwohls als zentraler Handlungsmaßstab weit verbreitet.[7] Zum Amtsverständnis gehörte es, als protestantischer Landesherr eine Art Vorbildfunktion zu übernehmen.[8] Dies verpflichtete Herrschaft zu einer – aus zeitgenössischer Sicht – »gerechten Regierung«,[9] die die Untertanen zu schützen und Störungen der öffentlichen Ordnung oder Missstände zu beseitigen hatte. Dazu zählten gleichermaßen die Rechtssetzung und die Rechtsdurchsetzung.

Der Landesherr als Wahrer von Recht und Gesetz! Unter Kurfürst August erfuhr die landesherrliche Gesetzgebung eine bis dahin kaum gekannte Dichte und Spezialisierung: Für jeweils einzelne Sachgebiete erging damals eine wahre Flut an Mandaten, Reskripten und Ordnungen. Beispiele dafür sind die Bergordnungen von 1554, 1571 und 1575, die Münzordnung von 1558, die Kirchen- und Schulordnung von 1580[10] und schließlich die Konstitutionen von 1572 – ein Gesetzeswerk, das traditionelles sächsisches Recht mit modernen, am römischen Recht orientierten Festlegungen vereinigte.[11] Gerade hier wird in besonderem Maße greifbar, was die Forschung gemeinhin als Territorialisierung umschreibt – ein Prozess, der eng verbunden ist mit Vorgängen der Verrechtlichung und dem – allerdings nicht mehr ganz unumstrittenen – Konzept der Sozialdisziplinierung.[12] In diesen Zusammenhang gehört überdies der – mittlerweile ebenso kontrovers diskutierte – Vorgang der Konfessionalisierung.[13] Waren doch innere Herrschaftskonsolidierung und territorialer Ausbau des Kurstaates im 16. Jahrhundert nicht zu trennen von der Reformation und der Etablierung einer evangelischen Landeskirche und des landesherrlichen Kirchenregiments.[14]

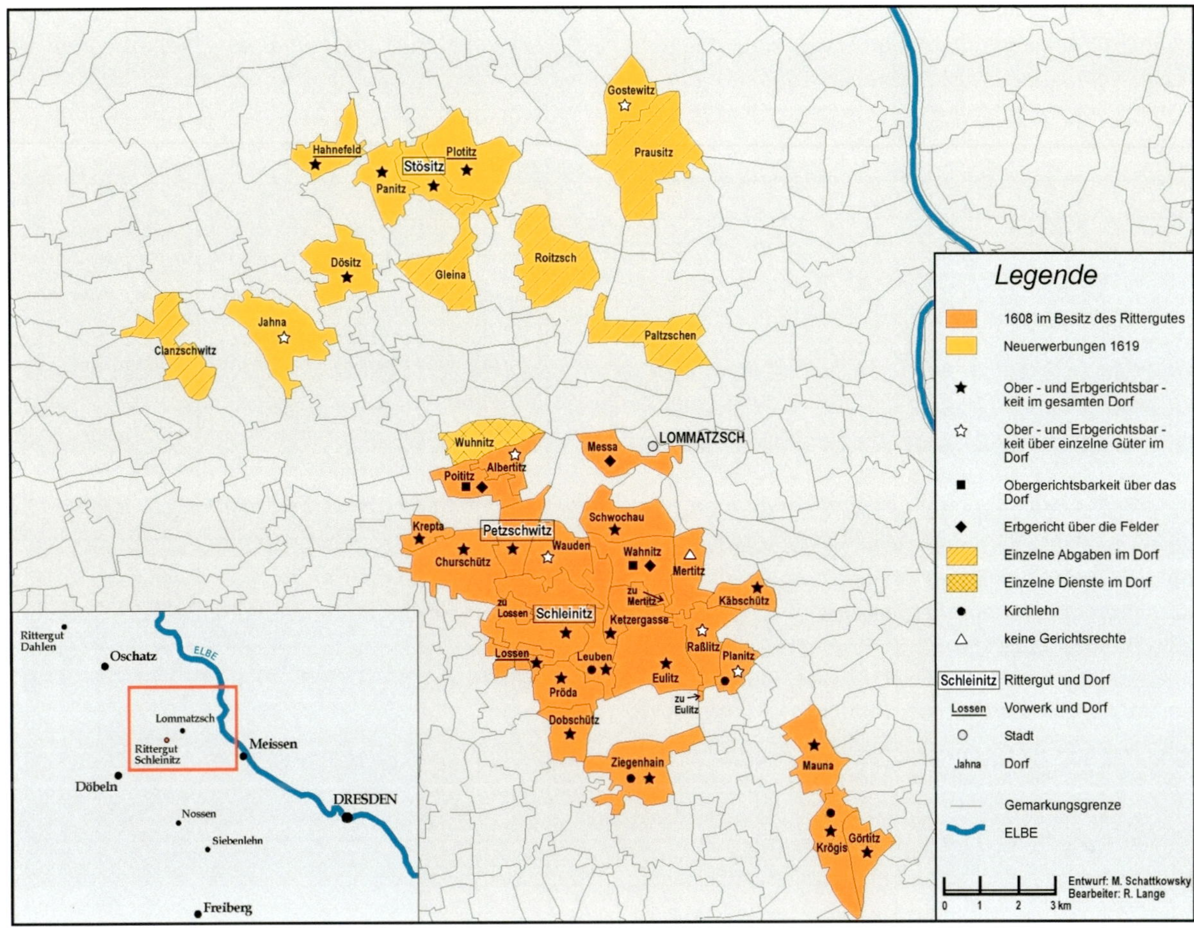

Abb. 1
Karte des Rittergutes Schleinitz

Besonders unter Kurfürst August erfassten landesherrliche Aufsicht und Kontrolle den Alltag in Stadt und Land und reichten bald weit hinein in die Kommunen und Gemeinden, in die Zünfte sowie in die Grund- und Gerichtsherrschaften – zumindest aus normativer Sicht, so wäre zu ergänzen. Wie es hingegen um die Praxis, also um die konkrete Wirkungsmächtigkeit solcher staatlichen Zugriffe auf der Lokalebene aussah, ist kaum einmal untersucht worden. Dabei lässt sich die Vorbildwirkung der Landesgesetzgebung punktuell durchaus nachvollziehen – so etwa im Fall adliger Rittergüter. Ein Blick in die Akten der Gutsarchive belegt, dass die Regulierungswut des Landesfürsten schon bald auch den landsässigen Adel erfasste.

Nehmen wir etwa das Rittergut Schleinitz in der Lommatzscher Pflege.[15] Auch in diesem ertragreichen, im Kern geschlossenen Rittergutsbesitz bemühten sich die Grundherren seit der zweiten Hälfte des 16. Jahrhunderts um eine Rationalisierung und Modernisierung ihrer Herrschaftspraxis. Wie sehr die damaligen Rittergutsbesitzer Abraham von Schleinitz und sein Nachfolger Christoph von Loß ihrem Landesherrn in puncto Rechtssetzung nacheiferten, zeigt ein breit gefächertes Schriftgut, das die unterschiedlichsten Lebens- und Wirtschaftsbereiche des Rittergutes und seiner Bewohner bis hin zu den herrschaftlichen Beamten regeln sollte – dies alles mit dem Ziel, die eigene Herrschaft in ihrer sozialen und rechtlichen Komplexität zu erfassen und effizienter zu durchdringen.[16] Im Schleinitzer Gutsarchiv finden wir aus dieser Zeit neben zahlreichen Inventaren, Erb- und Rechnungsbüchern, Gerichts- und Hospitalordnungen[17] auch Verzeichnisse von Ernteausfällen infolge von Unwettern[18], Regeln für den Kirchenbesuch oder Mandate gegen die Ausbreitung der Pest[19]. Auch dörfliches Recht blieb davon nicht unbeeinflusst. Wie überall im Lande rückten in Schleinitz nach 1572 die schriftlich überlieferten Dorfordnungen in den Fokus der Grundherren.[20] Alte dörfliche Rechtssatzungen wurden unter obrigkeitlichem Einfluss verschriftlicht bzw. umgeformt.[21]

Unübersehbar ist, dass die Landesgesetze auch für diese lokalen Satzungen einen wichtigen normativen Referenzpunkt darstellten.[22] Dies bestätigt ein Blick in die beiden Schleinitzer Gerichtsordnungen von 1580 und 1616.[23] Gleich mehrere Artikel verweisen ausdrücklich auf die »churfürstlich sächsische Constitution«, so beispielsweise bei der Androhung von Gefängnisstrafen im Fall von »Kinder verbrechen an Eltern«, bei Nichtbeachtung von Fristen bei der Übernahme von Lehen, bei Verursachung von Aufläufen und verleumderischen Reden oder bei Verstößen im Fischfang. Parallel zur Landesgesetzgebung schlossen auch die beiden Schleinitzer Ordnungen Regeln zum bäuerlichen Familien- und Sexualleben ein. So gab es Strafrichtlinien für »uneinige Eheleute, die nicht mehr bey einander wohnen«, für Delikte wie »das schwechen einer Junggfrau«, selbst bei nachfolgender Eheschließung, oder bei unmoralischen Vorfällen in Spinnstuben.[24]

Der Fall Schleinitz lässt keinen Zweifel daran, dass die normative Strahlkraft der Konstitutionen von 1572 bis auf die Ebene lokaler Herrschaftsträger reichte. Verwunderlich ist dies nicht. Viele Artikel der landesherrlichen Konstitutionen betrafen insbesondere die ländliche Lebenswelt und tangierten die lokale Herrschaftsausübung ganz unmittelbar. Tatsächlich gilt das von Kurfürst August mitgestaltete Gesetzeswerk von 1572 in der Forschung als Inbegriff des landesherrlichen Bauernschutzes und als Motor für den Prozess der »Verrechtlichung sozialer Konflikte«.[25] Will man dem nachgehen, müssen zunächst Anliegen und Werdegang der Konstitutionen betrachtet werden.

CODEX AUGUSTEUS, Oder Neuvermehrtes CORPUS JURIS SAXONICI, Worinnen Die in dem Churfürstenthum Sachsen und darzu gehörigen Landen, Auch denen Marggrafthümern Ober- und Nieder-Lausitz, publicirte und ergangene CONSTITUTIONES, DECISIONES, MANDATA und Verordnungen enthalten, Nebst einem ELENCHO, dienlichen Summarien und vollkommenen Registern, Mit Ihrer Königlichen Majestät in Pohlen, als Churfürstens zu Sachsen, Allergnädigster Bewilligung ans Licht gegeben und in richtige Ordnung gebracht von Johann Christian Lünig. Mit Königlicher und Chur-Fürstl. Sächsischer Freyheit. LEIPZIG, Verlegts Johann Friedrich Gleditschens seel. Sohn, 1724.

Abb. 2 Titelblatt des Codex Augusteus, in: Johann Christian Lünig (Hrsg.), Codex Augusteus oder Neuvermehrtes Corpus iuris Saxonici, 2 Bde., Leipzig 1724, hier Bd. 1

Zur Entstehungsgeschichte der Konstitutionen von 1572

Fest steht: Gesellschaftlicher und wirtschaftlicher Wandel seit dem Spätmittelalter und die größer werdende Zahl an Rechtsgeschäften führten dazu, dass das mittelalterliche sächsische Recht bald nicht mehr den neuen Anforderungen frühneuzeitlicher Territorialstaatlichkeit genügte.[26] Eine Schlüsselfigur in den Debatten um Rechtsfragen war der kurfürstliche Rat, Kanzler und Oberhofrichter Dr. Melchior von Osse, der wohl profundeste Kenner des kursächsischen Gerichtswesens.[27] Der akademisch gebildete Osse verfügte über hervorragende Kenntnisse der Verwaltungs- und Gerichtspraxis des Kurstaates, die er im Dienst ernestinischer und albertinischer Fürsten, so unter Herzog Georg, Herzog bzw. Kurfürst Moritz und Kurfürst Johann Friedrich (1532–1547), aber auch als Hofrichter bei den Grafen von Henneberg erworben hatte.[28]

Eine seiner wichtigsten Schriften befindet sich gleich in zwei Exemplaren im Aktenbestand des Schleinitzer Gutsarchivs: das *Politische Testament* von 1555.[29] In dieser Denkschrift für Kurfürst August legte Osse seine Ratschläge für eine »gottselige, weysliche, vornünftige und rechtmessige Justicien« nieder.[30] Aus der Sicht eines gebildeten und zugleich praxiserfahrenen Hofrichters in Leipzig untersuchte er darin den Zustand von Justiz und Verwaltung des sächsischen Kurstaates um die Mitte des 16. Jahrhunderts und listete Mängel des sächsischen Gerichtswesens, seiner verschiedenen Institutionen und der Justizpersonen auf. Beim Kurfürsten fand er damit ein offenes Ohr.

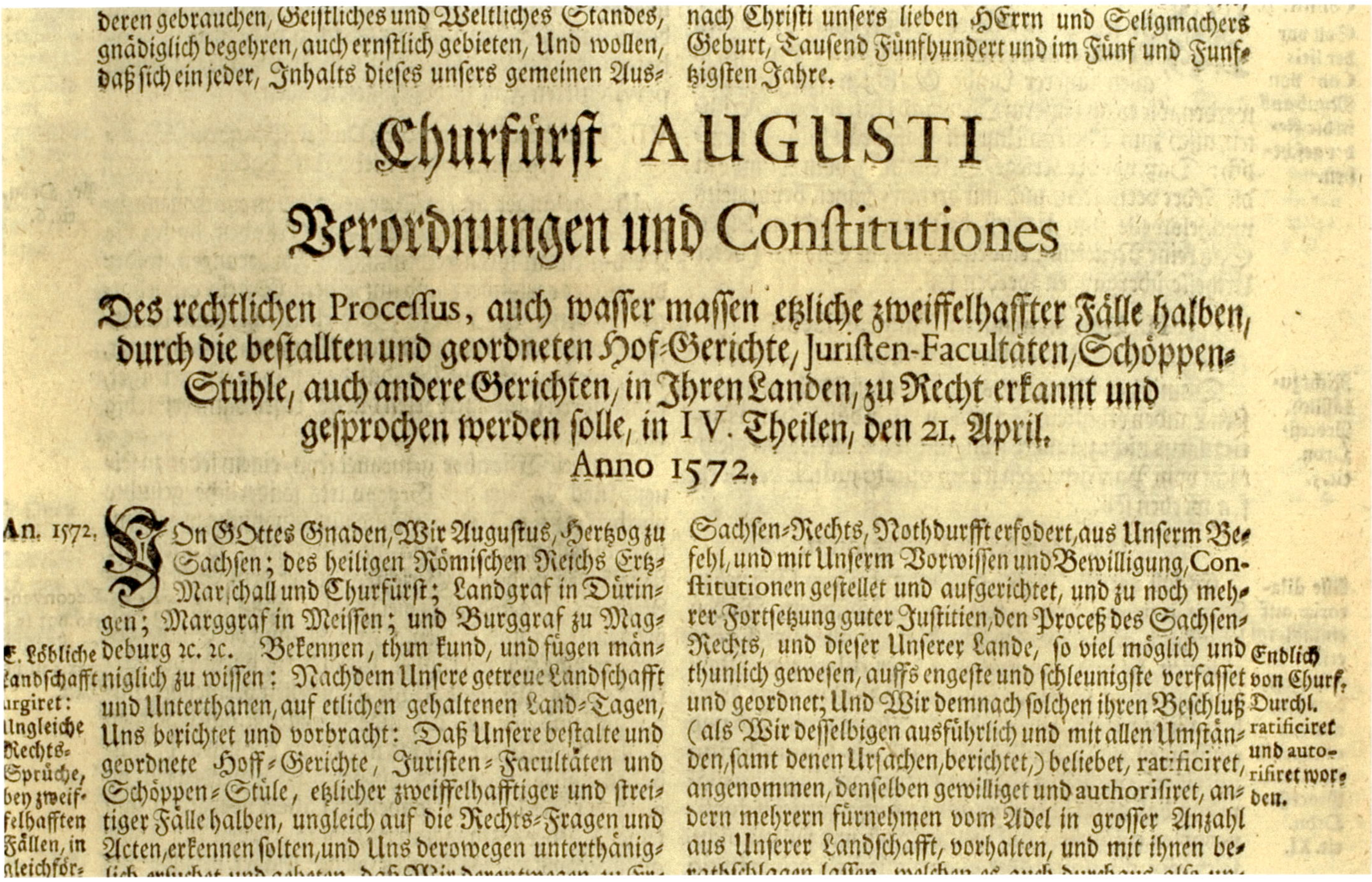

deren gebrauchen, Geistliches und Weltliches Standes, gnädiglich begehren, auch ernstlich gebieten, Und wollen, daß sich ein jeder, Inhalts dieses unsers gemeinen Aus- nach Christi unsers lieben HErrn und Seligmachers Geburt, Tausend Fünfhundert und im Fünf und Funfzigsten Jahre.

Churfürst AUGUSTI Verordnungen und Constitutiones

Des rechtlichen Processus, auch wasser massen etzliche zweiffelhaffter Fälle halben, durch die bestallten und geordneten Hof-Gerichte, Juristen-Facultäten, Schöppen-Stühle, auch andere Gerichten, in Ihren Landen, zu Recht erkannt und gesprochen werden solle, in IV. Theilen, den 21. April, Anno 1572.

An. 1572. VOn GOttes Gnaden, Wir Augustus, Hertzog zu Sachsen; des heiligen Römischen Reichs Ertz-Marschall und Churfürst; Landgraf in Düringen; Marggraf in Meissen; und Burggraf zu Magdeburg rc. rc. Bekennen, thun kund, und fügen männiglich zu wissen: Nachdem Unsere getreue Landschafft und Unterthanen, auf etlichen gehaltenen Land-Tagen, Uns berichtet und vorbracht: Daß Unsere bestalte und geordnete Hoff-Gerichte, Juristen-Facultäten und Schöppen-Stüle, etzlicher zweiffelhafftiger und streitiger Fälle halben, ungleich auf die Rechts-Fragen und Acten, erkennen solten, und Uns derowegen unterthänig- […] Sachsen-Rechts, Nothdurfft erfodert, aus Unserm Befehl, und mit Unserm Vorwissen und Bewilligung, Constitutionen gestellet und aufgerichtet, und zu noch mehrer Fortsetzung guter Justitien, den Proceß des Sachsen-Rechts, und dieser Unserer Lande, so viel möglich und thunlich gewesen, auffs engeste und schleunigste verfasset und geordnet; Und Wir demnach solchen ihren Beschluß (als Wir desselbigen ausführlich und mit allen Umständen, samt denen Ursachen, berichtet,) beliebet, ratificiret, angenommen, denselben gewilliget und authorisiret, andern mehrern fürnehmen vom Adel in grosser Anzahl aus Unserer Landschafft, vorhalten, und mit ihnen be-

E. Löbliche Landschafft urgiret: Ungleiche Rechts-Sprüche, bey zweiffelhafften Fällen, in gleichför-

Endlich von Churf. Durchl. ratificiret und autorisiret worden.

Abb. 3 Konstitutionen von 1572, in: Johann Christian Lünig (Hrsg.), Codex Augusteus oder Neuvermehrtes Corpus iuris Saxonici, 2 Bde., Leipzig 1724, hier Bd. 1, Sp. 73 f.

Als sich um die Mitte des 16. Jahrhunderts noch dazu Beschwerden über sich widersprechende Urteile der Landesgerichte häuften,[31] trat Kurfürst August in Aktion. Auf dem Landtag von 1565 griff er die entsprechenden Bedenken der Städte unter dem Punkt »Erledigung der Landgebrechen« auf und ordnete eine Sammlung der Streitfälle an.[32] Bereits auf dem nächsten Landtag 1570 lagen erste Ergebnisse vor. Es konnte bekannt gegeben werden, dass die Gelehrten der Universitäten Wittenberg und Leipzig ihre Bedenken zu zahlreichen Fällen zusammengetragen hatten. Schon 1571 berief der Kurfürst dann Vertreter beider Fakultäten zu einem Konvent nach Leipzig, um schließlich auf einem weiteren Treffen 1572 in Meißen einen Entwurf der Konstitutionen mit 249 »Quästionen« zu diskutieren.

Bemerkenswert ist, auf welch breiter Basis die Debatten geführt wurden. In Meißen war neben den Juristen auch eine Reihe der kurfürstlichen Hofräte dabei. Einbezogen waren schließlich – bis auf die Städte[33] – auch die Landstände. So wurde der Entwurf dem Engeren und Weiteren Ausschuss der politisch einflussreichen Ritterschaft unterbreitet.[34] Das heißt: Auch der hier vertretene landsässige Adel hat die Konstitutionen letztlich mitgetragen – ungeachtet einiger Paragraphen, die für ihn – wie noch zu sehen sein wird – durchaus unvorteilhaft waren.

Die Schlussredaktion des Gesetzentwurfs übertrug Kurfürst August dem Juristen und Kanzler Georg Cracow, wobei der Landesherr nachweislich persönlich Einfluss nahm.[35] Eine Sache war ihm besonders wichtig: Das Gesetz sollte in deutscher Sprache abgefasst sein, damit »die Untertanen sich besser über Recht und Unrecht unterrichten und vorfallende Streitigkeiten umso eher geschlichtet werden könnten«.[36]

Schließlich wurden die Konstitutionen per Reskript vom 21. April 1572 durch den Kurfürsten publiziert und wenig

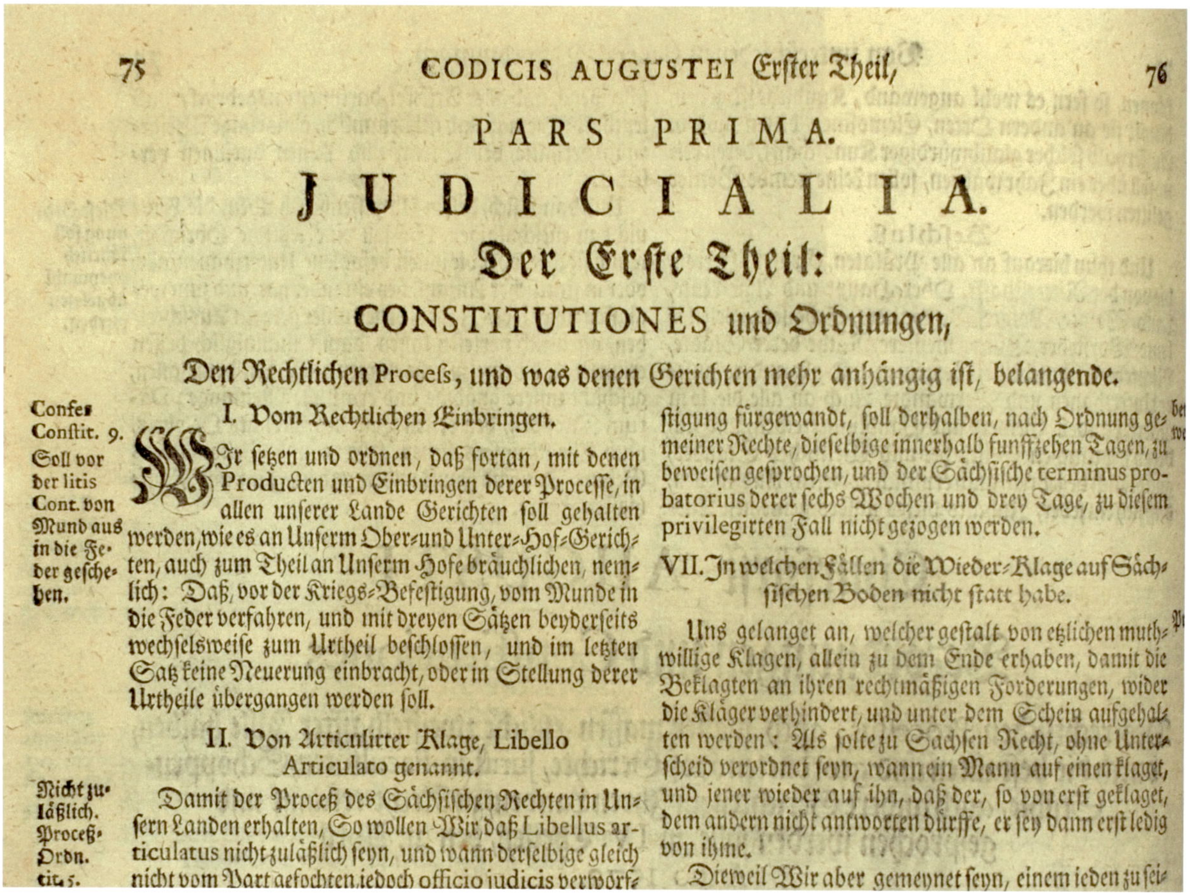

75 CODICIS AUGUSTEI Erster Theil, 76

PARS PRIMA.

JUDICIALIA.

Der Erste Theil:

CONSTITUTIONES und Ordnungen,

Den Rechtlichen Procefs, und was denen Gerichten mehr anhängig ist, belangende.

I. Vom Rechtlichen Einbringen.

Confer. Constit. 9. Soll vor der litis Cont. von Mund aus in die Feder geschehen.

Wir setzen und ordnen, daß fortan, mit denen Producten und Einbringen derer Processe, in allen unserer Lande Gerichten soll gehalten werden, wie es an Unserm Ober- und Unter-Hof-Gerichten, auch zum Theil an Unserm Hofe bräuchlichen, nemlich: Daß, vor der Kriegs-Befestigung, vom Munde in die Feder verfahren, und mit dreyen Sätzen beyderseits wechselsweise zum Urtheil beschlossen, und im letzten Satz keine Neuerung einbracht, oder in Stellung derer Urtheile übergangen werden soll.

II. Von Articulirter Klage, Libello Articulato genannt.

Nicht zulässlich. Proceß-Ordn. tit. 5.

Damit der Proceß des Sächsischen Rechten in Unsern Landen erhalten, So wollen Wir, daß Libellus articulatus nicht zuläßlich seyn, und wann derselbige gleich nicht vom Part gefochten, jedoch officio iudicis verworf-

stigung fürgewandt, soll derhalben, nach Ordnung gemeiner Rechte, dieselbige innerhalb funffzehen Tagen, zu beweisen gesprochen, und der Sächsische terminus probatorius derer sechs Wochen und drey Tage, zu diesem privilegirten Fall nicht gezogen werden.

VII. In welchen Fällen die Wieder-Klage auf Sächsischen Boden nicht statt habe.

Uns gelanget an, welcher gestalt von etzlichen muthwillige Klagen, allein zu dem Ende erhaben, damit die Beklagten an ihren rechtmäßigen Forderungen, wider die Kläger verhindert, und unter dem Schein aufgehalten werden: Als solte zu Sachsen Recht, ohne Unterscheid verordnet seyn, wann ein Mann auf einen klaget, und jener wieder auf ihn, daß der, so von erst geklaget, dem andern nicht antworten dürffe, er sey dann erst ledig von ihme.

Dieweil Wir aber gemeynet seyn, einem ieden zu sei-

Abb. 4 Konstitutionen, Teil 1, in: Johann Christian Lünig (Hrsg.), Codex Augusteus oder Neuvermehrtes Corpus iuris Saxonici, 2 Bde., Leipzig 1724, hier Bd. 1, Sp. 75 f.

später in Form von handgeschriebenen, eigenhändig von ihm unterzeichneten Exemplaren den Hofgerichten, Juristenfakultäten und Schöffenstühlen eröffnet. Für die Drucklegung erfolgte noch eine besondere Redaktion,[37] bevor das Werk dann im Sommer 1572 an alle gerichtlichen Unterbehörden geschickt wurde. Die Konstitutionen fanden 1724 Aufnahme in der als *Codex Augusteus* bekannt gewordenen Sammlung von Rechtsvorschriften sächsischer Landesherren, herausgegeben von Johann Christian Lünig.[38]

Die Konstitutionen bestehen aus vier Teilen: Zivilprozess, Verträge, Erbrecht einschließlich Lehninvestitur und Strafrecht sowie neun *Constitutiones separatae*. Keine Gesetzeskraft erlangten die sogenannten *Constitutiones ineditae*, die man aber den Schöffenstühlen und Juristenfakultäten als Richtlinien zusandte.[39]

Das Gesetzeswerk von 1572 sollte 300 Jahre gültig bleiben. Es handelt sich hierbei zwar nicht um eine Kodifikation des sächsischen Rechts im Sinne zeitgenössischer Gerichtsordnungen, vielmehr sind es Einzelentscheidungen von Streitfragen in der Rechtsanwendung, die den Gang der Rechtsbildung festgelegt haben.[40] Dennoch ist die herausragende Bedeutung dieses Werkes unbestritten. Damit wurde in Kursachsen geltendes Recht erstmals zusammengefasst und der Anschluss an römisches Recht hergestellt. Der dezidierte Anspruch des Landesfürsten war klar formuliert: Man wolle damit »zu Erhaltung und Fortsetzung der Justitien und gleichförmiges Rechtens, in Unseren Landen gebührlich Einsehen vernehmen, anstellen, und die Dinge zu rechter Richtigkeit und Gewissheit bringen«.[41]

So stellten die Konstitutionen letztlich einen wichtigen Schritt hin zu einer territorialen Vereinheitlichung des Rechtsgebrauchs in Kursachsen dar und waren zugleich vorbildhaft für andere deutsche Territorien im Hinblick auf eine gelehrte Rechtsprechung.[42]

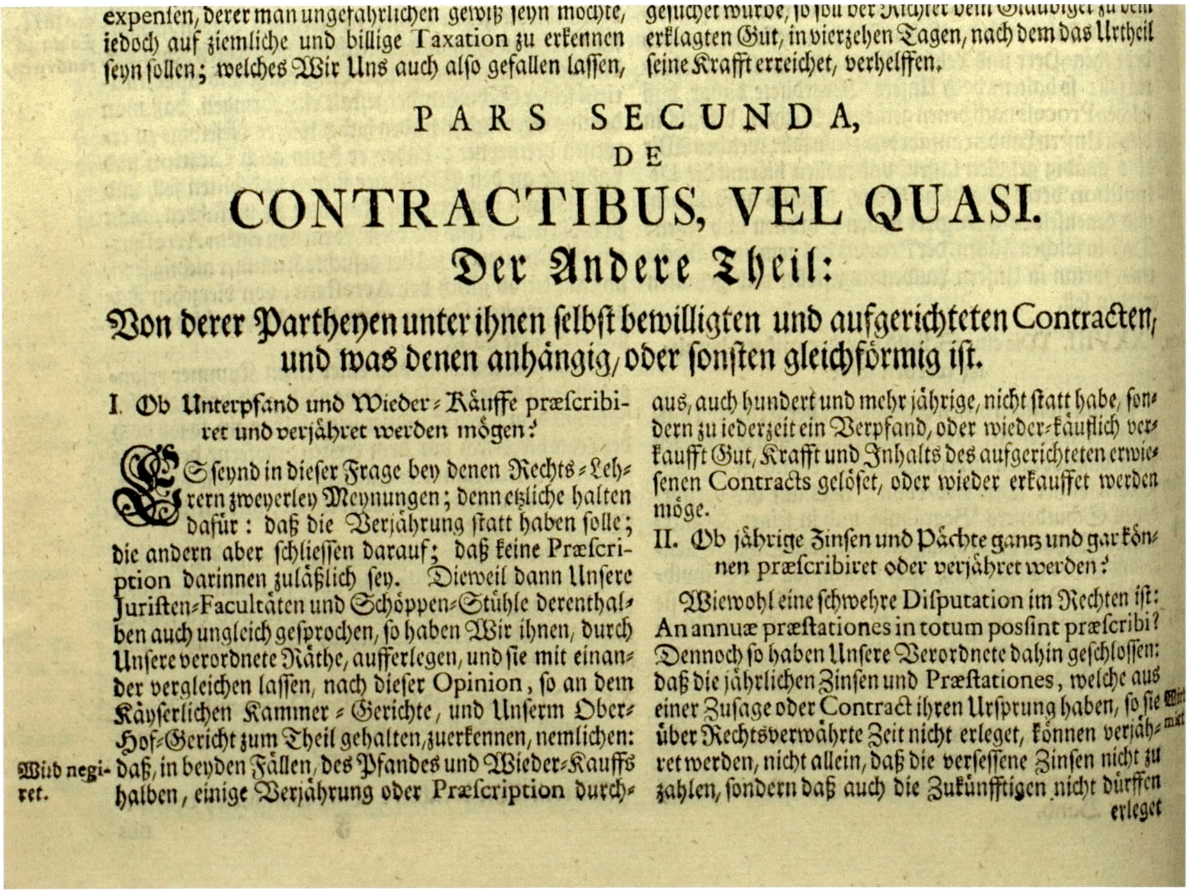

expensen, derer man ungefährlichen gewiß seyn möchte, iedoch auf ziemliche und billige Taxation zu erkennen seyn sollen; welches Wir Uns auch also gefallen lassen,

gesuchet würde, so soll der Richter dem Gläubiger zu dem erklagten Gut, in vierzehen Tagen, nach dem das Urtheil seine Krafft erreichet, verhelffen.

PARS SECUNDA, DE

CONTRACTIBUS, VEL QUASI.

Der Andere Theil:

Von derer Parthenen unter ihnen selbst bewilligten und aufgerichteten Contracten, und was denen anhängig, oder sonsten gleichförmig ist.

I. Ob Unterpfand und Wieder-Käuffe præscribiret und verjähret werden mögen?

Es seynd in dieser Frage bey denen Rechts-Lehrern zweyerley Meynungen; denn etzliche halten dafür: daß die Verjährung statt haben solle; die andern aber schliessen darauf; daß keine Præscription darinnen zuläßlich sey. Dieweil dann Unsere Juristen-Facultäten und Schöppen-Stühle derenthalben auch ungleich gesprochen, so haben Wir ihnen, durch Unsere verordnete Räthe, aufferlegen, und sie mit einander vergleichen lassen, nach dieser Opinion, so an dem Käyserlichen Kammer-Gerichte, und Unserm Ober-Hof-Gericht zum Theil gehalten, zuerkennen, nemlichen: daß, in beyden Fällen, des Pfandes und Wieder-Kauffs halben, einige Verjährung oder Præscription durchaus, auch hundert und mehr jährige, nicht statt habe, sondern zu iederzeit ein Verpfand, oder wieder-käuflich verkaufft Gut, Krafft und Inhalts des aufgerichteten erwiesenen Contracts gelöset, oder wieder erkauffet werden möge.

Wird negiret.

II. Ob jährige Zinsen und Pächte gantz und gar können præscribiret oder verjähret werden?

Wiewohl eine schwehre Disputation im Rechten ist: An annuæ præstationes in totum possint præscribi? Dennoch so haben Unsere Verordnete dahin geschlossen: daß die jährlichen Zinsen und Præstationes, welche aus einer Zusage oder Contract ihren Ursprung haben, so sie über Rechtsverwährte Zeit nicht erleget, können verjähret werden, nicht allein, daß die versessene Zinsen nicht zu zahlen, sondern daß auch die Zukünfftigen nicht dürffen erleget

Abb. 5 Konstitutionen, Teil 2, in: Johann Christian Lünig (Hrsg.), Codex Augusteus oder Neuvermehrtes Corpus iuris Saxonici, 2 Bde., Leipzig 1724, hier Bd. 1, Sp. 83 f.

Landesgesetz und Bauernschutz

Auch wenn der Bauernschutz kein ausdrücklich erklärtes Ziel der Konstitutionen war, wurden hier gleichwohl Normen und Rechtsverfahren implementiert, die dann in der Rechtsnutzung Schutzmechanismen in Gang setzten.[43] Dies war keineswegs selbstverständlich. Während etwa Rittergutsbesitzer in Mecklenburg zur gleichen Zeit von einer schwachen Landesherrschaft weitgehende Zugriffsrechte auf ihre Untertanen gesetzlich bestätigt bekamen,[44] wurde in Kursachsen per Gesetz das volle Eigentum der Bauern an ihren Gütern festgestellt, die Erhöhung von Diensten und Abgaben eingeschränkt und die Erweiterung von Rittergutsbesitz auf Kosten von Bauernland untersagt.[45]

Besonders in der Frage des sogenannten Bauernlegens setzten die Konstitutionen hohe juristische Hürden, und zwar eindeutig zugunsten der Bauern. Natürlich stand dahinter auch ein vitales kurfürstliches Interesse an einem leistungsfähigen Bauernstand, der als Steuerzahler für die Finanzierung der territorialstaatlichen Politik unerlässlich war.[46] So durfte der Grundherr einen Bauern selbst bei Zinsrückständen nicht seines Gutes entledigen, sondern ihn laut Gesetz lediglich in Höhe des fälligen Zinses pfänden.[47] Man ging sogar noch weiter: Die Zinsgüter (»bona censitica«) wurden – undenkbar in benachbarten Gutsherrschaftsgebieten – in das volle Eigentum der Inhaber gestellt und konnten als solche wegen rückständiger Zinsen nicht mehr eingezogen werden.[48] Der Zinsberechtigte war ausschließlich auf den Weg einer Privatklage angewiesen, um seine Schulden einzutreiben. Selbst im Fall der schlechter gestellten Erbzinsgüter hatten die genannten Konstitutionen den Brauch festgeschrieben, dass ein Erbzinsmann keineswegs seines Gutes verlustig gehen sollte, wenn er etwa drei Jahre den Zins nicht entrichtet hatte, nen Oertern, do es anders nicht herkommen, ihnen Käſe und Brod gegeben werde. Es kan aber auch, zur Zeit derer Vheden, denen Leuten aufferleget werden, daß ſich, So laſſen Wir Uns ſolches auch alſo gefallen; und werden, Unſere Gerichte, die Urtheile darauf zu richten und zu ſtellen wiſſen.

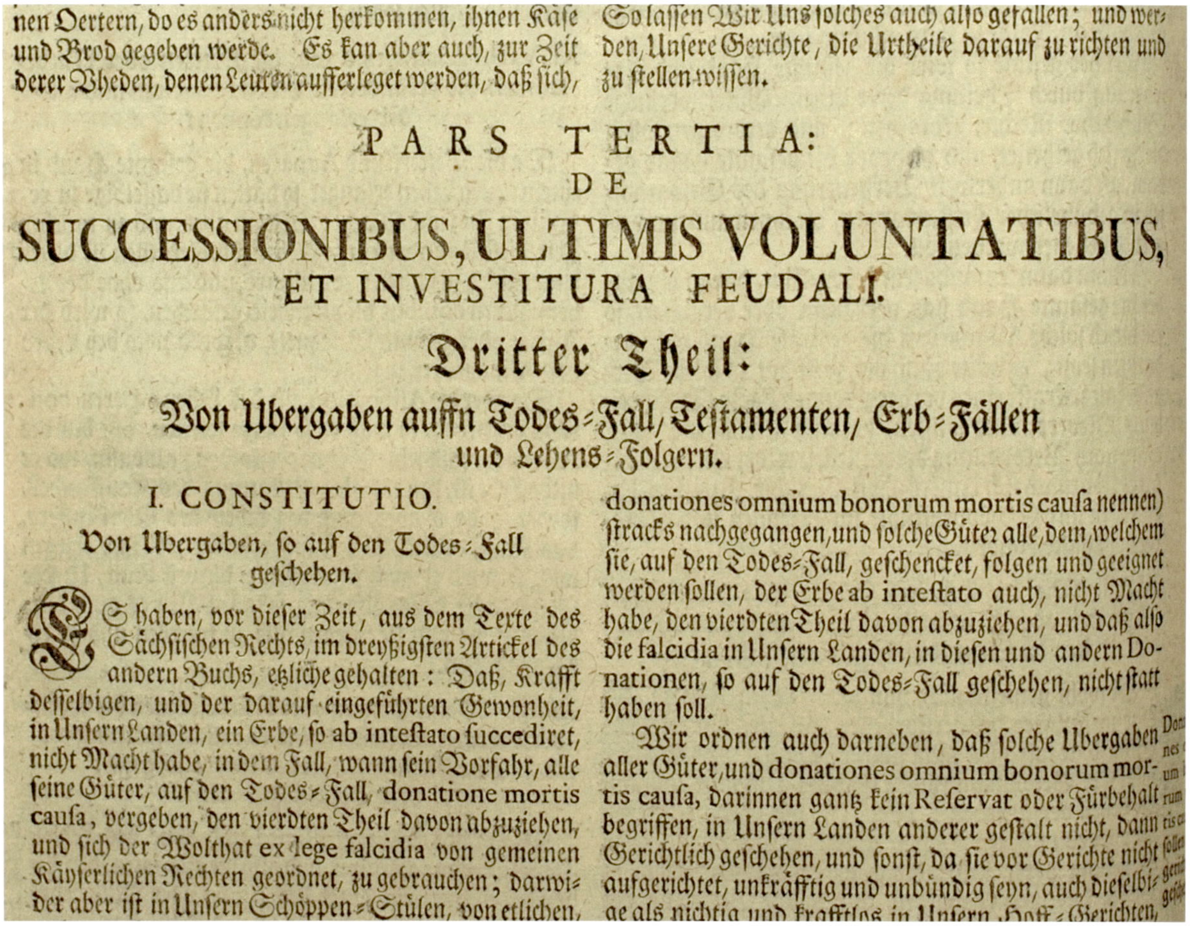

PARS TERTIA:
DE
SUCCESSIONIBUS, ULTIMIS VOLUNTATIBUS,
ET INVESTITURA FEUDALI.

Dritter Theil:

Von Ubergaben auffn Todes-Fall, Teſtamenten, Erb-Fällen und Lehens-Folgern.

I. CONSTITUTIO.

Von Ubergaben, ſo auf den Todes-Fall geſchehen.

Es haben, vor dieſer Zeit, aus dem Texte des Sächſiſchen Rechts, im dreyßigſten Articel des andern Buchs, etzliche gehalten: Daß, Krafft deſſelbigen, und der darauf eingeführten Gewonheit, in Unſern Landen, ein Erbe, ſo ab inteſtato ſuccediret, nicht Macht habe, in dem Fall, wann ſein Vorfahr, alle ſeine Güter, auf den Todes-Fall, donatione mortis cauſa, vergeben, den vierdten Theil davon abzuziehen, und ſich der Wolthat ex lege falcidia von gemeinen Käyſerlichen Rechten geordnet, zu gebrauchen; darwider aber iſt in Unſern Schöppen-Stülen, von etlichen, donationes omnium bonorum mortis cauſa nennen) ſtracks nachgegangen, und ſolche Güter alle, dem, welchem ſie, auf den Todes-Fall, geſchencket, folgen und geeignet werden ſollen, der Erbe ab inteſtato auch, nicht Macht habe, den vierdten Theil davon abzuziehen, und daß alſo die falcidia in Unſern Landen, in dieſen und andern Donationen, ſo auf den Todes-Fall geſchehen, nicht ſtatt haben ſoll.

Wir ordnen auch darneben, daß ſolche Ubergaben aller Güter, und donationes omnium bonorum mortis cauſa, darinnen gantz kein Reſervat oder Fürbehalt begriffen, in Unſern Landen anderer geſtalt nicht, dann Gerichtlich geſchehen, und ſonſt, da ſie vor Gerichte nicht aufgerichtet, unkräfftig und unbündig ſeyn, auch dieſelbige als nichtig und krafftlos in Unſern Hoff-Gerichten,

Abb. 6 Konstitutionen, Teil 3, in: Johann Christian Lünig (Hrsg.), Codex Augusteus oder Neuvermehrtes Corpus iuris Saxonici, 2 Bde., Leipzig 1724, hier Bd. 1. Sp. 103 f.

sondern dass der Grundherr erst einen ordentlichen Prozess anstrengen und ein rechtskräftiges Urteil abwarten musste.[49] Noch einmal sei betont, dass auch dies offenbar die Billigung der adligen Stände des Landtags gefunden hatte.

Von kaum zu unterschätzender Bedeutung waren die in den Konstitutionen festgelegten Neuerungen im Rechtsverfahren, das sich nunmehr an römisch-rechtlichen Prinzipien orientierte. Vor allem die Festlegung der durchgängigen Schriftlichkeit im Prozess bot den Bauern auf lange Sicht mehr Rechtssicherheit als mündlich überliefertes Herkommen. Althergebrachtes Gewohnheitsrecht wurde durch den Gang zu Gericht schriftlich fixiert und verlor die ausschließliche Interpretierbarkeit zugunsten der Grundherren. Das hatte tiefgreifende Folgen: In Kursachsen waren es fortan die Rittergutsbesitzer, die dem Gericht Beweise für die Rechtmäßigkeit ihrer Forderungen liefern mussten. So wird in den Konstitutionen – um ein Beispiel zu nennen – den Grundherren strikt untersagt, »Lehnware an Oertern« zu erheben, wo es bislang ungebräuchlich war.[50] Ausdrücklich verweist der Gesetzgeber auf »Verträge, Herkommen und Verjährung«, die der Empfangsberechtigte vorzulegen hatte.[51]

Mit Nachdruck sei bereits an dieser Stelle darauf verwiesen, dass solche Rechtssatzungen allein obrigkeitliche Verstöße gegen bäuerliches Recht natürlich nicht durchweg verhindern konnten, zumal sich sogar der Landesherr selbst bei der Bewirtschaftung seiner Kammergüter teilweise über die eigenen Verfügungen hinwegsetzte.[52] Schon von daher verbietet sich ausgehend von der Gesetzesnorm ein seynd gleich dieselbigen, des Orts, da sich der Fall zugetragen, oder anderswo, iedoch gleichwohl derer Enden, da man sich solchen iniqui juris nicht gebrauchet, gesessen.

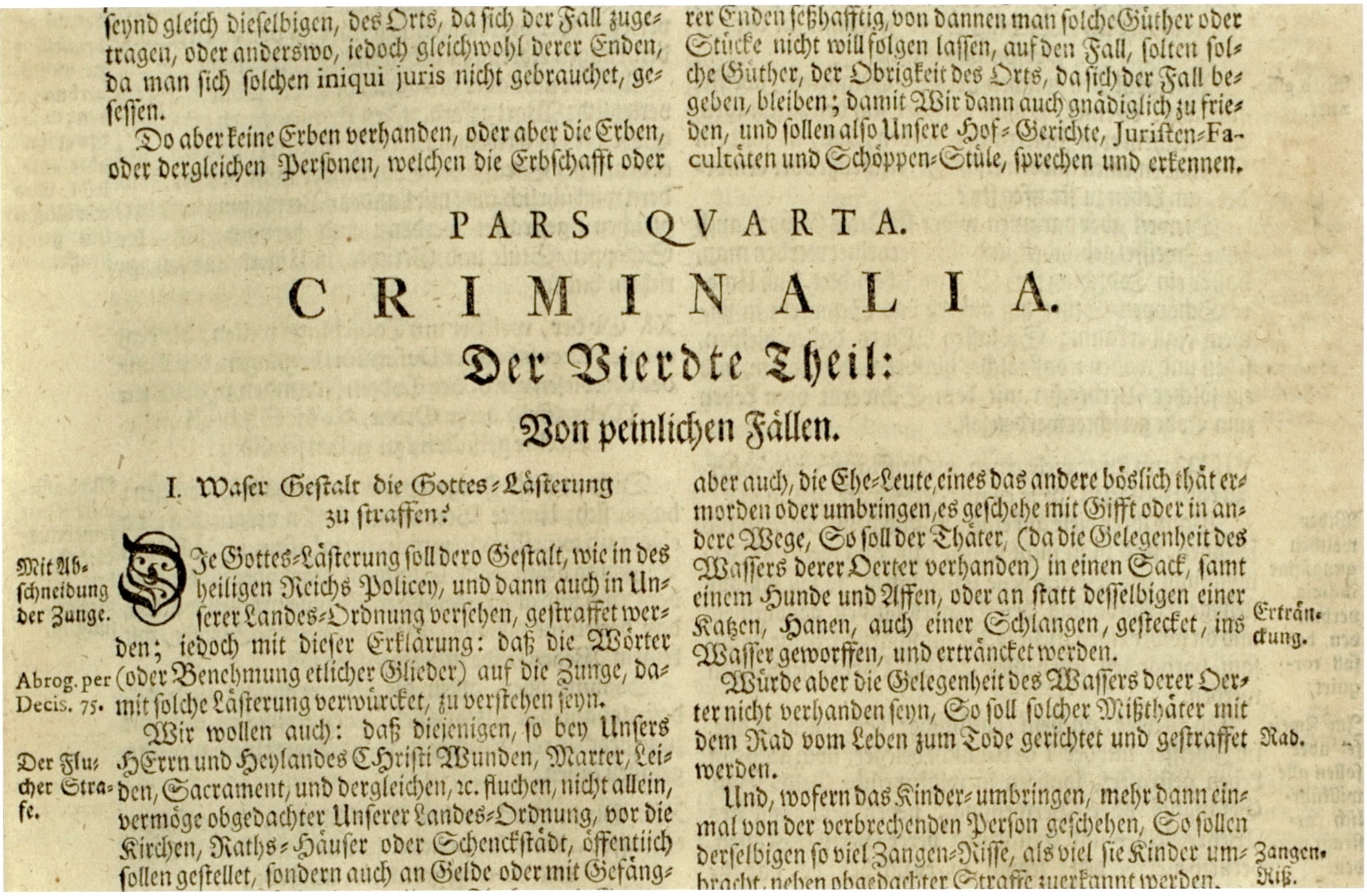

Do aber keine Erben verhanden, oder aber die Erben, oder dergleichen Personen, welchen die Erbschafft oder rer Enden seßhafftig, von dannen man solche Güther oder Stücke nicht will folgen lassen, auf den Fall, solten solche Güther, der Obrigkeit des Orts, da sich der Fall begeben, bleiben; damit Wir dann auch gnädiglich zu frieden, und sollen also Unsere Hof-Gerichte, Juristen-Facultäten und Schöppen-Stüle, sprechen und erkennen.

PARS QVARTA.

CRIMINALIA.

Der Vierdte Theil:

Von peinlichen Fällen.

I. Waser Gestalt die Gottes-Lästerung zu straffen?

Mit Abschneidung der Zunge.

Die Gottes-Lästerung soll dero Gestalt, wie in des heiligen Reichs Policey, und dann auch in Unserer Landes-Ordnung versehen, gestraffet werden; iedoch mit dieser Erklärung: daß die Wörter (oder Benehmung etlicher Glieder) auf die Zunge, damit solche Lästerung verwürcket, zu verstehen seyn.

Abrog. per Decis. 75.

Der Flucher Strafe.

Wir wollen auch: daß diejenigen, so bey Unsers HErrn und Heylandes Christi Wunden, Marter, Leiden, Sacrament, und dergleichen, rc. fluchen, nicht allein, vermöge obgedachter Unserer Landes-Ordnung, vor die Kirchen, Raths-Häuser oder Schenckstädt, öffentlich sollen gestellet, sondern auch an Gelde oder mit Gefäng-

aber auch, die Ehe-Leute, eines das andere böslich thät ermorden oder umbringen, es geschehe mit Gifft oder in andere Wege, So soll der Thäter, (da die Gelegenheit des Wassers derer Oerter verhanden) in einen Sack, samt einem Hunde und Affen, oder an statt desselbigen einer Katzen, Hanen, auch einer Schlangen, gestecket, ins Wasser geworffen, und ertränckt werden. Ertränckung.

Würde aber die Gelegenheit des Wassers derer Oerter nicht verhanden seyn, So soll solcher Mißthäter mit dem Rad vom Leben zum Tode gerichtet und gestraffet werden. Rad.

Und, wofern das Kinder-umbringen, mehr dann einmal von der verbrechenden Person geschehen, So sollen derselbigen so viel Zangen-Risse, als viel sie Kinder umbracht, neben obgedachter Straffe zuerkannt werden. Zangen-Riß.

Abb. 7 Konstitutionen, Teil 4, in: Johann Christian Lünig (Hrsg.), Codex Augusteus oder Neuvermehrtes Corpus iuris Saxonici, 2 Bde., Leipzig 1724, hier Bd. 1, Sp. 117 f.

Rückschluss auf die Rechtspraxis. Dennoch war es keinesfalls zu unterschätzen, dass die sächsische Landesherrschaft die bäuerlichen Rechte per Gesetz gestärkt hat – dies gerade in einer Situation, als Tendenzen zu einer Verschlechterung des bäuerlichen Besitz- und Personenrechts nicht zu übersehen waren.[53]

Letztlich jedoch blieb die bäuerliche Situation in Kursachsen vergleichsweise günstig. Das heißt: Das Bauernlegen hielt sich in Grenzen, und noch im 17. und 18. Jahrhundert dominierten selbst bei Rittergutsbauern persönliche Freiheit, freie Vererblichkeit der Bauerngüter sowie auf den Besitz und nicht auf die Person bezogene Grundlasten.[54] Auswüchse einer ostelbischen Gutsherrschaft wie in Teilen Mecklenburgs, Brandenburgs oder der Oberlausitz gab es in Sachsen nicht.

War dies auch den Konstitutionen zu verdanken? Konnte das Gesetzeswerk tatsächlich die Herrschaftsausübung der lokalen Grundherren beeinflussen? Betrachten wir dazu einige konkrete Rechtsfälle im Bereich des Rittergutes Schleinitz. Auf diese Weise gerät nun die Rechtspraxis in das Blickfeld.

Der bereits genannte Abraham von Schleinitz ist dafür ein gutes Beispiel. Dieser Grund- und Gerichtsherr hat – dies lässt sich wohl mit Fug und Recht feststellen – am eigenen Leibe erfahren, was »Verrechtlichung sozialer Konflikte« bedeutet. Als Abraham 1580 das verschuldete und durch häufige Besitzerwechsel in Mitleidenschaft gezogene Stammgut der Familie von Schleinitz übernahm, traf er mit seiner Inanspruchnahme bäuerlicher Leistungen auf eine regelrechte Prozesswut seiner Untertanen. Sie wollten

– so der Vorwurf des Grundherrn – »ungeachtet alles vorschlagens und suchens, außerhalben Rechtens in nichts willigen und eingehen«, sondern »stelleten es auff das künfftige itzo Trinitatis Hoffgerichtsurthell, das solte ihnen wohl und wehe thun«.[55] So kam es seit 1588 bis zwei Wochen vor Abrahams Tod 1594 fast ununterbrochen zu Gerichtsprozessen vor dem Leipziger Oberhofgericht. »Gönnenn mier auch etwa nicht Gottes segen unnd meine Wohlfart«, so hört man förmlich Abrahams Stoßseufzer, »sonndernn woltenn mich auß gefaßten neidt viel lieber im verterbung sich aber aller Zinßenn und dienste lediegk unnd frey wißenn, wie sie dann bißher solche ihre schuldige Zinßenn unnd dienste mit höchstenn unnfleiß unnd unwillenn verrichtet«.[56]

Alles hatte mit einem Streit mit Bauern aus drei Schleinitzer Dörfern um den morgendlichen Beginn der Ackerdienste auf den Gutsfeldern begonnen. Um es vorwegzunehmen: Erst reichlich sechs Jahre später sollten die Kontroversen mit einem Hofgerichtsurteil ein vorläufiges Ende finden. Allerdings ging es dann schon nicht mehr allein um den Dienstbeginn, sondern um einen ganzen Klagekatalog mit 18 Streitpunkten. Die Bauern beschwerten sich über Fron- und Baudienste, Geldabgaben, herrschaftliches Hutungsrecht und Lehngeld. Der Schleinitzer Grundherr klagte seinerseits über die schlechte bzw. unpünktliche Ausführung oder Verweigerung von Frondiensten sowie über ausstehende Geldabgaben. Hinzu kamen Klagen über Unkosten durch die notwendig gewordene Anstellung von Lohngesinde, hohe Gerichtskosten und Missachtung von Herrschaftsautorität. Doch nicht nur der Umfang der Klageschriften, auch die Zahl der Kläger war inzwischen regelrecht explodiert: 1594 prozessierten nicht nur die Untertanen aus drei Dörfern, sondern es hatten sich unterdessen die Bauern aus sämtlichen Schleinitzer Dörfern angeschlossen.

Dementsprechend groß ist auch der Berg an Gerichtsakten, den dieser Prozessmarathon vor dem Leipziger Oberhofgericht hervorgebracht hat. Umfangreiche Akten zeichnen den Prozessverlauf detailliert nach. Klageschriften, Zeugenverhörprotokolle, Kommissionsberichte und Urteilsbegründungen ermöglichen Einblicke in die Argumentation der Konfliktparteien und Gerichte.

Fest steht, dass sich die Bitt- und Klageschriften der Schleinitzer Rittergutsuntertanen an vielen Stellen ausdrücklich auf die Landesgesetzgebung berufen und von einem festen Vertrauen auf landesherrliche Unterstützung geprägt sind. Die Erfolgsquote vor Gericht gab ihnen immerhin Recht: In den zwischen 1588 und 1594 lückenlos zu verfolgenden Gerichtsprozessen vor dem Leipziger Oberhofgericht fielen die ergangenen Urteile und Vergleiche mit deutlicher Mehrheit zugunsten der bäuerlichen Prozesspartei aus.

Überblickt man den Prozessverlauf, lässt sich gut nachvollziehen, wie schwierig es für adlige Rittergutsbesitzer sein konnte, ihr Anliegen bei den Richtern des Leipziger Oberhofgerichts, die ja teilweise selbst adlig waren, erfolgreich durchzubringen und juristisch einwandfreie Beweismittel vorzulegen. So bekam Abraham von Schleinitz wiederholt von seinem Anwalt zu hören, dass das Oberhofgericht den Untertanen verschiedene Forderungen »noch zur zeit nicht ufferlegen« wolle, da er sie bislang – wie es hieß – »nicht gnugsam ausgefuhret« hätte.[57] An anderer Stelle schrieb der Anwalt, dass dem Gericht hinsichtlich der strittigen Unkosten »nichts hat gefallen wollen«, sodass deswegen eine erneute Klage anzustrengen wäre.[58] Alternativ wurde geraten, zur Beweisfindung eine Untersuchungskommission einzuberufen und ein Zeugenverhör anzustellen.

Auch in anderen Fällen war die Beweislage für den Grundherrn kompliziert – so etwa beim Streit um den Dienstbeginn auf den Gutsfeldern. Als sich die Untertanen 1588 mit einer Supplik an den Landesherrn wandten, da Abraham von Schleinitz kurzerhand ihre Pferde gepfändet hatte, folgte aus Dresden die klare Anweisung: »Hierauf ist unser begehren du wollest Clegern ihre Pferde unvorlenget und ohne endgeldt wiederumb folgen lassen, auch sonsten mitt newerung wieder billigkeit nicht belegen, hettest du aber deiner weigerung erhebliche Ursachen furtzuwenden, uns solichs mit gelegenheit berichten.«[59] Abraham von Schleinitz musste nun reagieren und die Rechtmäßigkeit der Pfändung nachweisen.

Noch schwieriger war die Beweisführung, wenn es um Fragen des bäuerlichen Besitzrechts und des sogenannten Bauernlegens ging. Dies bekam auch Abraham von Schleinitz zu spüren, als er 1584 für seine Schafhaltung im Dorf Leuben ein Bauerngut für 800 Gulden kaufte. Dies rief sofort seine widerspenstigen Untertanen auf den Plan, die nun die auf diesem Gut lastenden Dienste mit übernehmen sollten. Allerdings – dies ist zu betonen – blieb der Erwerb von Bauernland in Schleinitz so singulär, dass das Leubener Gut in den Quellen fortan zumeist nur noch als »das ausgekaufte bauer guth« bezeichnet wurde. Um kaum einen anderen Streitpunkt wurde derart verbissen gerungen.[60] 1593 hat das Leipziger Oberhofgericht dann auch diesen Punkt zugunsten der bäuerlichen Kläger entschieden und Abraham von Schleinitz dazu verpflichtet, das Leubener Bauerngut wieder neu zu besetzen.

Insgesamt steht fest: Die Erweiterung herrschaftlicher Eigenwirtschaften auf Kosten von Bauernland blieb in Schleinitz – wie auch sonst in Kursachsen – vergleichsweise gering. Entsprechenden Versuchen seitens der Grundherren waren nicht zuletzt aufgrund der Gesetzeslage und der intensiven Rechtsnutzung der Untertanen enge Grenzen gesetzt.

Schlussüberlegungen

War Kurfürst August – so könnte man fragen – ein paternalistischer Bauernfreund und Bezähmer des landsässigen Adels?

Vor allem im Vergleich zu den östlichen Nachbarterritorien wäre dieser zugespitzten These durchaus zuzustimmen. Letztlich haben die Konstitutionen den rechtlichen Widerstand der Bauern legitimiert und einen nicht zu unterschätzenden juristischen Beistand gegen (tatsächliche oder vermeintliche) herrschaftliche Übermächtigung gewährt. Dennoch greift insgesamt das Erklärungsmodell »obrigkeitlicher Bauernschutz und Disziplinierung des Adels« zu kurz. Die bauernschützende Wirkung der Gesetzgebung war eben nicht allein von der starken Machtposition des Kurfürsten August abhängig, der veränderte Normen einführen und deren Umsetzung auch absichern konnte. Bauernschutz ließ sich nicht einfach so von oben verordnen. Genauso wichtig waren die Justiznutzung und Klageaktivität der Untertanen, die Schutzmaßnahmen überhaupt erst in Gang setzten. Die Forschung spricht hier von einem enkulturativen Lerneffekt, vom Verinnerlichen und Aneignen von Erfahrungen.[61]

Zu hinterfragen ist aber auch ein Disziplinierungseffekt beim Adel. Auf Seiten der adligen Grundherren war die Resonanz auf die Verrechtlichung von Konflikten durchaus zwiespältig. Einerseits sahen sie sich mehr und mehr gezwungen, in Konfliktfällen den für sie risikoreicheren Rechtsweg zu nutzen, der mehr Spielraum für staatliche Einwirkungen eröffnete.[62] Auch prägte sich dieser Weg bei ihnen als besonders kosten- und zeitintensive Variante des Konfliktaustrags ein. So verwundert es kaum, dass Rittergutsbesitzer wie Abraham von Schleinitz eher außergerichtliche Vergleiche anstrebten. Gerichtsprozesse bedeuteten hohe Prozesskosten und Schmälerung herrschaftlicher Autorität. Allein schon das Erstellen aufwendiger Klageschriften wurde als belastend empfunden und entsprechend artikuliert.

Andererseits haben auch die Grundherren – sofern es in ihrem Interesse war – ganz selbstverständlich die Landesgerichte genutzt, um ihre ungehorsamen Untertanen zur Räson zu bringen. Landesherrliche Unterstützung war dann herzlich willkommen. Abraham von Schleinitz etwa bat seinen Landesherrn des Öfteren, er möge den Untertanen befehlen lassen, die Arbeit willig und mit Fleiß zu verrichten. Taktisch geschickt fügte er dann meist hinzu, dass er dadurch in der Lage wäre, die »felder [zu besäen], mein guth durch Gottes segenn desto reichlicher [zu] genießen und E. Churf. Gn. die pflichtigenn Ritterdienst desto treulicher [zu] leisten«.[63]

Dem landsässigen Adel boten sich mit dem Rechtsweg also Vor- und Nachteile: Einerseits gingen damit wesentliche grundherrliche Schutzfunktionen auf den Territorialstaat über, andererseits geriet die Landesherrschaft im Gegenzug immer öfter in die Situation, den Grundherren die Leistungen der Untertanen zu garantieren.[64]

Davon abgesehen profitierte der Landadel auch in manch anderer Hinsicht von den Konstitutionen. Nicht umsonst beruft sich das Gesetzeswerk in verschiedenen Punkten dezidiert auf ritterschaftliche Gewohnheitsrechte. Ein gutes Beispiel dafür ist die Festschreibung der Baudienste zum Vorteil der Rittergutsbesitzer – in einer Zeit, als sich viele Adlige anschickten, durch ihre Schlossbauten neue repräsentative Maßstäbe zu setzen.[65]

Bleibt als Fazit: Kurfürst August hat mit seinen Konstitutionen nicht nur ein Stück Rechtsgeschichte geschrieben, es ist ihm damit zugleich gelungen, einen Kompromiss mit den adligen Ständen herzustellen. So wie der Kurfürst auf der einen Seite grundherrliche Rechte zugunsten der bäuerlichen Untertanen beschnitt, hat er die Landstände andererseits jedoch nicht »mit überzogen-ehrgeizigen Kodifikationsplänen« [66] verschreckt. Seine Gesetzgebung war so gesehen ein wichtiges Mittel landesherrlicher Legitimations- und Stabilitätsstiftung. Der Rechtsweg sollte die einzige legitime Form des Konfliktaustrags sein und mögliche Unruhen systemstabilisierend kanalisieren. Dies lässt sich ganz im Sinne Martin Luthers einordnen, der seinerzeit den Herrschern vor Augen geführt hatte, dass gesetzliche Maßnahmen gegen Verwerfungen im Gemeinwesen ein adäquates Instrument des christlichen Regierens sind: »Daß alßo eyn furst ynn seynem hertzen sich seyner gewalt und uberkeyt eussere und nehme sich an der Notturfft seyner unterthanen und handle darynnen, als were es seyn eygen notturfft.«[67] Die Konstitutionen des Kurfürsten August hätten Luther wohl durchaus überzeugt.

ANMERKUNGEN

1 Vgl. generell zu diesem Themenkomplex die Beiträge von Karlheinz Blaschke zur behördengeschichtlichen Entwicklung des sächsischen Territorialstaates in: Beiträge zur Verfassungs- und Verwaltungsgeschichte Sachsens. Ausgewählte Aufsätze von Karlheinz Blaschke aus Anlaß seines 75. Geburtstages (Schriften zur sächsischen Geschichte und Volkskunde 5), hrsg. von Uwe Schirmer / André Thieme, Leipzig 2002; sowie Uwe Schirmer, Grundzüge, Aufgaben und Probleme einer Staatsbildungs- und Staatsfinanzgeschichte in Sachsen. Vom Spätmittelalter bis in die Augusteische Zeit, in: Neues Archiv für sächsische Geschichte 67 (1996), S. 31–70; Reiner Groß, Geschichte Sachsens, Berlin 2001; Katrin Keller, Landesgeschichte Sachsen (UTB 2291), Stuttgart 2002. | **2** Vgl. dazu Jens Bruning, Landesvater oder Reichspolitiker? Kurfürst August von Sachsen und sein Regiment in Dresden 1553–1586, in: Figuren und Strukturen. Historische Essays für Hartmut Zwahr zum 65. Geburtstag, hrsg. von Manfred Hettling, München 2002, S. 205–224; Ders., August, in: Sächsische Biografie, hrsg. vom Institut für Sächsische Geschichte und Volkskunde e. V., wiss. Leitung Martina Schattkowsky, Online-Ausgabe, www.isgv.de/saebi (10. 12. 2015). | **3** Vgl. Karlheinz Blaschke, Das kursächsische Appellationsgericht 1559–1835 und sein Archiv, in: Zeitschrift der Savigny-Stiftung für Rechtsgeschichte, Germanistische Abteilung 84 (1967), S. 329–354; hier zitiert nach Neudruck in: Schirmer / Thieme, Verfassungs- und Verwaltungsgeschichte Sachsens (wie Anm. 1), S. 405–435, hier S. 408 f.; als Überblick vgl. Heiner Lück, Die kursächsische Gerichtsverfassung 1423–1550 (Forschungen zur deutschen Rechtsgeschichte 17), Köln 1997. | **4** Bruning, August, in: Sächsische Biografie (wie Anm. 2). | **5** Vgl. Winfried Schulze, Die veränderte Bedeutung sozialer Konflikte im 16. und 17. Jahrhundert, in: Der Deutsche Bauernkrieg 1524–1526, hrsg. von Hans-Ulrich Wehler, Göttingen 1975, S. 277–302, hier S. 282. | **6** Vgl. Manfred Rudersdorf, Die Generation der lutherischen Landesväter im Reich. Bausteine zu einer Typologie der deutschen Reformationsfürsten, in: Die Territorien des Reichs im Zeitalter der Reformation und Konfessionalisierung. Land und Konfession 1500–1650, Bd. 2: Der Nordosten (Katholisches Leben und Kirchenreform im Zeitalter der Glaubensspaltung 50), hrsg. von Anton Schindling / Walter Ziegler, Münster 1990, S. 137–170, hier S. 153 ff. | **7** Vgl. dazu etwa Wieland Held, Zum Verhältnis adliger Grundherren und bäuerlicher Grundholden im Sachsen der beginnenden Frühneuzeit, in: NASG 66 (1995), S. 103–126, hier S. 110 f. | **8** Vgl. Rudersdorf, Die Generation der lutherischen Landesväter (wie Anm. 6), S. 153 ff. | **9** In diesem Sinne Winfried Schulze, »Geben Aufruhr und Aufstand Anlaß zu neuen heilsamen Gesetzen.« Beobachtungen über die Wirkungen bäuerlichen Widerstandes in der Frühen Neuzeit, in: Aufstände, Revolten, Prozesse. Beiträge zu bäuerlichen Widerstandsbewegungen im frühneuzeitlichen Europa (Geschichte und Gesellschaft, Bochumer Historische Studien 27), hrsg. von Dems., Stuttgart 1983, S. 261–285, hier S. 278 f. | **10** Vgl. Keller, Landesgeschichte Sachsen (wie Anm. 1), S. 136. | **11** Siehe bei Johann Christian Lünig (Hrsg.), Codex Augusteus oder Neuvermehrtes Corpus iuris Saxonici, 2 Bde., Leipzig 1724, hier Bd. 1, Sp. 73–137; Gerhard Buchda, Kursächsische Konstitutionen, in: Handwörterbuch zur deutschen Rechtsgeschichte, Bd. 2, hrsg. von Adalbert Erler, Berlin 1978, Sp. 1304–1310. | **12** Vgl. Wolfgang Reinhard, Sozialdisziplinierung – Konfessionalisierung – Modernisierung. Ein historiografischer Diskurs, in: Die Frühe Neuzeit in der Geschichtswissenschaft. Forschungstendenzen und Forschungserträge, hrsg. von Nada Boškovska Leimgruber, Paderborn / München / Wien / Zürich 1997, S. 39–55, hier S. 55; siehe auch Sabine Vogel, Sozialdisziplinierung als Forschungsbegriff?, in: Frühneuzeit-Info 8 (1997), H. 2, S. 190–193. | **13** Zum Konzept der Konfessionalisierung vgl. insbesondere Heinz Schilling, Die Konfessionalisierung im Reich. Religiöser und gesellschaftlicher Wandel in Deutschland zwischen 1555 und 1620, in: Historische Zeitschrift 246 (1988), S. 1–45; Heinrich Richard Schmidt, Konfessionalisierung im 16. Jahrhundert (Enzyklopädie Deutscher Geschichte 12), München 1992, besonders S. 1 f. | **14** Vgl. Karlheinz Blaschke, Wechselwirkung zwischen der Reformation und dem Aufbau des Territorialstaates, in: Der Staat 9 (1970), S. 347–364, hier zitiert nach Neudruck in: Schirmer / Thieme, Verfassungs- und Verwaltungsgeschichte Sachsens (wie Anm. 1), S. 435–452; Günther Wartenberg, Landesherrschaft und Reformation. Moritz von Sachsen und die albertinische Kirchenpolitik bis 1546, Weimar 1988; Heribert Smolinsky, Albertinisches Sachsen, in: Schindling / Ziegler, Die Territorien des Reichs (wie Anm. 6), S. 8–32. | **15** Vgl. Martina Schattkowsky, Zwischen Rittergut, Residenz und Reich. Die Lebenswelt des kursächsischen Adligen Christoph von Loß (1574–1620) (Schriften zur sächsischen Geschichte und Volkskunde 20), Leipzig 2007. | **16** Ähnliche Beobachtungen zur Ausweitung von Schriftlichkeit zeigten sich etwa auch in der Verwaltung oberfränkischer Adelsgüter. Vgl. Klaus Rupprecht, Herrschaftsintensivierung und Verwaltungsaufbau ritterschaftlicher Familien Frankens im 16. Jahrhundert. Das Beispiel Guttenberg, in: Rittersitze. Facetten adligen Lebens im Alten Reich (Kraichtaler Kolloquien 3), hrsg. von Kurt Andermann, Tübingen 2002, S. 111–141, hier S. 134 ff. | **17** Vgl. Pfarrarchiv Leuben (im Folgenden PFAL), Hospitalordnung, 1613. | **18** Vgl. PFAL, Instrumentum ad perpetuam rei memoriam, uber den Wetterschaden so sich den Sontag Trinitatis zu Schleinitz zugetragen und begeben, aufgerichtet den 20 Junii Ao 1607. | **19** Vgl. Sächsisches Staatsarchiv, Hauptstaatsarchiv Dresden (im Folgenden StA-D), Grundherrschaft (im Folgenden Gh.) Schleinitz, Nr. 1748 und 1298. | **20** Vgl. Karl Heinz Quirin, Herrschaft und Gemeinde nach mitteldeutschen Quellen des 12. bis 18. Jahrhunderts, Göttingen 1952, S. 50. | **21** Vgl. Karlheinz Blaschke, Dorfgemeinde und Stadtgemeinde in Sachsen zwischen 1300 und 1800, in: Landgemeinde und Stadtgemeinde in Mitteleuropa. Ein struktureller Vergleich, Mitteleuropa (Historische Zeitschrift, Beiheft 13), hrsg. von Peter Blickle, München 1991, S. 119–143; hier zitiert nach Neudruck in: Schirmer / Thieme, Verfassungs- und Verwaltungsgeschichte Sachsens (wie Anm. 1), S. 207–229, hier S. 219 f. | **22** Vgl. so auch bei Bernd Schildt, Dorfordnungen und landesherrliche Gesetzgebung in Thüringen. Die Bedeutung des Rechts für die »friedliche« Lösung sozialer Konflikte im frühneuzeitlichen Dorf, in: Staat und Recht 7 (1990), S. 598–604, hier S. 599. – Im Unterschied dazu hat Jan Peters für seinen brandenburgischen Untersuchungsbereich einen entsprechenden landesherrlichen Einfluss auf dörfliches Recht nicht feststellen können. Vgl. Jan Peters, Inszenierung von Gutsherrschaft im 16. Jahrhundert: Matthias von Saldern auf Plattenburg-Wilsnack (Prignitz), in: Konflikt und Kontrolle in Gutsherrschaftsgesellschaften. Über Resistenz- und Herrschaftsverhalten in ländlichen Sozialgebilden der Frühen Neuzeit (Veröffentlichungen des Max-Planck-Instituts für Geschichte 120), hrsg. von Dems., Göttingen 1995, S. 248–286, hier S. 281. | **23** Beide Ordnungen befinden sich im PFAL, Gerichts Ordnunge etzlicher Mengel und Gebrechen, so denen Unterthanen welche nach Schleinitz gehören, vor Alters und noch jährl. vorgehalten und uf die Gerichts Tage vorgelesen zu werden domit sich niemand Unwissenheit zu entschuldigen haben möge, 1580; Gerichts Rügen derer Undterthanen so zum Rittergutte Schleinitz undt uff jeden Grichts Stuehll, dorzue sie vor langer alter zeithero gehörig, undt itzo bey gehegten Gerichte vor mir Martin Weimern dieser zeit Schössern des orts von newen wieder einbrachtt wordenn, Ao. 1616. | **24** PFAL, Gerichts Rügen 1616. | **25** Schulze, Soziale Konflikte im 16. und 17. Jahrhundert (wie Anm. 5); Ders., Beobachtungen über die Wirkungen bäuerlichen Widerstandes (wie Anm. 9), S. 261–285. | **26** Vgl. Manfred Reißner, Bauer und Advokat im spätfeudalen Kursachsen, in: Wissenschaftliche Zeitschrift der Universität Rostock, Gesellschafts- und sprachwissenschaftliche Reihe 21 (1972), H. 1, Teil 1, S. 37–44, hier S. 41. | **27** Vgl. Gerhard Lingelbach, Der »Codex Augusteus« – zu Entstehung, Inhalt und Wirkungsgeschichte einer (fast) vergessenen Rechtssammlung, in: Recht – Idee – Geschichte. Beiträge zur Rechts- und Ideengeschichte für Rolf Lieberwirth anlässlich seines 80. Geburtstages, hrsg. von Heiner Lück / Berndt Schild, Köln / Weimar / Wien 2000, S. 249–274; hier S. 264 f.; siehe dazu auch Oswald Artur Hecker (Hrsg.), Schriften Dr. Melchiors von Osse. Mit einem Lebensabriß und einem Anhange von Briefen und Akten (Aus den Schriften der Sächsischen Kommission für Geschichte 26), Leipzig / Berlin 1922; Heiner Lück, Melchior von Osses und Christian Thomasius' Kritik am Gerichtswesen des frühmodernen Staates, in: Europa in der Frühen Neuzeit, Festschrift für Günter Mühlpfordt, Bd. 5, hrsg. von Erich Donnert, Köln / Weimar / Wien 1999, S. 187–198. | **28** Vgl. Lück, Melchior von Osse (wie Anm. 27), S. 191. | **29** StA-D, Gh. Schleinitz, Nr. 1384 und 1385; gedruckt bei: D. Melchiors von Osse Testament Gegen Hertzog Augusto Churfürsten zu Sachsen Sr. Churfürstl. Gnaden Räthen und Landschafften 1556, [...], hrsg. von Christian Thomasius, Halle a. d. Saale 1717; sowie Melchior von Osse, Politisches Testament, in: Hecker, Schriften Dr. Melchiors von Osse (wie Anm. 27), S. 269–475. | **30** Hier zitiert nach StA-D, Gh. Schleinitz, Nr. 1384 und 1385. | **31** Siehe Lünig, Codex Augusteus I (wie Anm. 11), Sp. 74 ff. | **32** Zum Folgenden vgl. besonders Lingelbach, Codex Augusteus (wie Anm. 27), S. 269 ff. | **33** Vgl. ebd., S. 270. | **34** Vgl. Buchda, Kursächsische Konstitutionen (wie Anm. 11), Sp. 1305 f. | **35** Vgl. Alexander Kamcke, Die Bedeutung der Bauernschutzgesetzgebung des Kurfürsten August (1555–1586) für die Gestaltung der bäuerlichen Rechtsverhältnisse Sachsens im 16. Jahrhundert, Diss. Leipzig 1941, S. 6. | **36** Zitiert nach ebd. | **37** Vgl. dazu Lingelbach, Codex Augusteus (wie Anm. 27), S. 270. | **38** Lünig, Codex Augusteus I (wie Anm. 11); Lingelbach, Codex Augusteus (wie Anm. 27). | **39** Vgl. Kamcke, Bauernschutzgesetzgebung (wie Anm. 35), S. 6. | **40** Vgl. ebd., S. 6 f. | **41** Lünig, Codex Augusteus I (wie Anm. 11), Sp. 73. | **42** Vgl. Lingelbach, Codex Augusteus (wie Anm. 27), S. 267 f.; Keller, Landesgeschichte Sachsen (wie Anm. 1), S. 136. | **43** Einen solchen Ansatz verfolgt das Enkulturationsparadigma, das stärker den Aspekt der Justiznutzung und Instrumentalisierung obrigkeitlicher Institutionen durch die Untertanen hervorhebt. Bezogen vor allem auf die Strafjustiz vgl. Martin Dinges, Justiznutzung als soziale Kontrolle in der frühen Neuzeit, in: Kriminalitätsgeschichte. Beiträge zur Sozial- und Kulturgeschichte der Vormoderne (Konflikte und Kultur – Historische Perspektiven 1), hrsg. von Andreas Blauert / Gerd Schwerhoff, Konstanz 2000, S. 503–544; sowie Ulrike Gleixner, Rechtsfindung zwischen Machtbeziehungen, Konfliktregelung und Friedenssicherung. Historische Kriminalitätsforschung und Agrargeschichte in der Frühen Neuzeit, in: Agrargeschichte. Positionen und Perspektiven (Quellen und Forschungen zur Agrargeschichte 44), hrsg. von Werner Troßbach / Clemens Zimmermann, Stuttgart 1998, S. 57–71, hier S. 58 f. | **44** Ernst Münch hat in seinen Untersuchungen auf das bereits um 1587 selbstverständlich in Anspruch genommene Recht eines jeden »dominus« zur Absetzung seiner Bauern, »nudi coloni« genannt, »zu seiner eigenen Gelegenheit« hingewiesen. Vgl. Ernst Münch, Mecklenburg und das Problem der Leibeigenschaft, in: Leibeigenschaft. Bäuerliche Unfreiheit in der frühen Neuzeit (Potsdamer Studien zur Geschichte der ländlichen Gesellschaft 3), hrsg. von Jan Klußmann, Köln / Weimar / Wien 2003, S. 3–19, hier S. 13. | **45** Vgl. Kamcke, Bauernschutzgesetzgebung (wie Anm. 35), S. 7. | **46** Vgl. Schulze, Soziale Konflikte im 16. und 17. Jahrhundert (wie Anm. 5), S. 282. | **47** Vgl. dazu Kamcke, Bauernschutzgesetzgebung (wie Anm. 35), S. 21 ff. | **48** Vgl. Lünig, Codex Augusteus I (wie Anm. 11), Sp. 98 f. – In benachbarten anhaltischen Gebieten führte landesherrliche Gesetzgebung nicht zu derartig weit reichenden Festschreibungen des bäuerlichen Erbrechts. Vgl. dazu Albert Kraaz, Bauerngut und Frondienste in Anhalt vom 16. bis zum 19. Jahrhundert, Jena 1898, S. 119 ff. | **49** Vgl. Lünig, Codex Augusteus I (wie Anm. 11), Sp. 98. | **50** Ebd., Sp. 131 f. | **51** Vgl. ebd., Sp. 131; siehe auch Friedrich Lütge, Die mitteldeutsche Grundherrschaft und ihre Auflösung (Quellen und Forschungen zur Agrargeschichte 4), 2. erw. Aufl., Stuttgart 1957, S. 149. | **52** Vgl. Herbert Helbig, Der Adel in Kursachsen, Deutscher Adel 1555–1740. Büdinger Vorträge 1964 (Schriften zur Problematik der deutschen Führungsschichten in der Neuzeit 2), hrsg. von Hellmuth Rössler, Darmstadt 1965, S. 216–258, hier S. 256; Karlheinz Blaschke, Das Bauernlegen in Sachsen, in: Vierteljahrschrift für Sozial- und Wirtschaftsgeschichte 42 (1955), H. 2, S. 97–116, hier S. 112. | **53** Vgl. Martina Schattkowsky, Mit den Mitteln des Rechts. Studien zum Konfliktaustrag in einem sächsischen Rittergut, in: Tel Aviver Jahrbuch für deutsche Geschichte 22 (1993), S. 293–311. | **54** Friedrich Johannes Haun etwa hat in Auswertung von Johann Gottlieb Klingners »Sammlungen zum Dorf- und Baurenrechte« darauf verwiesen, dass in Kursachsen von ostelbischer Erbuntertänigkeit keine Rede sein kann, falls man nicht »die sehr milde Form des rechtlich auf zwei Jahre beschränkten Gesindedienstzwanges« als Keim dazu betrachten will. So konnte der sächsische Bauer »jederzeit sein Gut verkaufen, wenn er einen tüchtigen Ersatzmann stellt, er darf mit oder ohne Zahlung von Abzugsgeld fortziehen, wohin es ihm beliebt, und kann seine Kinder zur Erlernung von Handwerken u.s.w. in die Stadt schicken.« Vgl. Friedrich Johannes Haun, Bauer und Gutsherr in Kursachsen. Schilderung der ländlichen Wirtschaft und Verfassung im 16., 17. und 18. Jahrhundert (Abhandlungen aus dem staatswissenschaftlichen Seminar zu Strassburg IX), Straßburg 1892, S. 163. | **55** StA-D, Gh. Schleinitz, Nr. 431, Hoffgericht Crucis Ao 90. | **56** StA-D, Gh. Schleinitz, Nr. 429, 6. 11. 1590. | **57** StA-D, Gh. Schleinitz, Nr. 429, Brief vom 11. 10. 1588. | **58** StA-D, Gh. Schleinitz, Nr. 429, Brief vom 15. 10. 1590. | **59** StA-D, Gh. Schleinitz, Nr. 429, Brief vom 25. 4. 1588. | **60** StA-D, Appellationsgericht, Nr. 10423, 1784–1786. | **61** Vgl. Dinges, Justiznutzung als soziale Kontrolle (wie Anm. 43). | **62** Vgl. Schulze, Beobachtungen über die Wirkungen bäuerlichen Widerstandes (wie Anm. 9), S. 272. | **63** StA-D, Gh. Schleinitz, Nr. 429, Brief vom 11. 5. 1588. Ergänzungen in eckigen Klammern durch die Verf. | **64** Vgl. Winfried Schulze, Bäuerlicher Widerstand und feudale Herrschaft in der frühen Neuzeit (Neuzeit im Aufbau 6), Stuttgart / Bad Cannstadt 1980, S. 64. | **65** Vgl. Lünig, Codex Augusteus I (wie Anm. 11), Sp. 63. | **66** Lingelbach, Codex Augusteus (wie Anm. 27), S. 272. | **67** WA, Bd. 11, S. 229–281, hier S. 273.

URSULA SCHLUDE

Fürstliche Agrardiskurse. Momente von Wissenschaft in einem nichtgelehrten Milieu

Umweltgeschichtlich betrachtet sind Diskurse der Landwirtschaft des 16. Jahrhunderts im »solaren« Zeitalter angesiedelt, ihre Grundlage waren Sonnenenergie und gering mechanisierte Arbeit von Mensch und Tier. Im Vergleich mit den »fossilen« Diskursen der industriellen Landwirtschaft, die Produktionssteigerung durch Maschinerie und synthetischen Dünger in Aussicht stellten und ökologische Folgen lange Zeit außer Acht lassen konnten, erscheinen die vorindustriell solaren Diskurse weniger eingreifend und »moralischer«, weil sie den Nutzen und die Grenzen gegebener Ressourcen dringender reflektieren mussten. Ihre ökologischen Appelle wandten sich deshalb auch direkt an die Produzierenden, nicht wie vergleichbare Appelle der industriekritischen Diskurse heute an die Adresse der Endverbraucher, deren Kaufverhalten den freiwilligen Rückbau industrieller Produktion einleiten soll, wie sich etwa in der aktuellen Debatte über die Wiedereinführung des sogenannten Zweinutzungshuhns zum Wohl der »Bruderküken« zeigt oder in der Ablehnung der Massenhaltung des Rinds wegen seines Ausstoßes von Methan. Auf solchen Umwegen sind Agrardiskurse der Frühen Neuzeit in gewisser Weise wieder tonangebend geworden.

Nicht zwingend müssen diese aber alternativlos und generationenüberdauernd oder immer ethisch korrekt gedacht werden. Auch im 16. Jahrhundert gab es Raubbau, schöpferisches Profitstreben und Konkurrenz. Regionale Diversität weckte Neugier. Fast jeder Mensch war noch mit agrarischer Produktion befasst, entsprechend vielfältig waren die Meinungen. Wenn es keine Anzeichen für Industrialisierung der Landwirtschaft gab, so doch für das Ausreizen natürlicher Potentiale. Am Dresdner Hof des Kurfürsten August und der Kurfürstin Anna interessierte man sich für Produktivität in allen Facetten und stellte dafür wissenschaftliche Fragen, um 1570 konkret nach Optionen der »Aufrüstung« des Großviehbestands. Das Rind als »Klimakiller« war noch kein Thema.

Agrardiskurs und Landesökonomie

So merkwürdig es sich anhört, ein fürstliches Herrscherpaar des 16. Jahrhunderts kümmerte sich um Äcker, Wiesen, Obstgärten, Weinberge, Fischteiche und Wälder. Der Dresdner Hof war eben auch ein (land)wirtschaftliches Großunternehmen mit über hundert im ganzen Land auf Amtsbezirke und Residenzen verteilten Wirtschaftshöfen, die »Vorwerke« hießen. Die natürlichen Liegenschaften gaben Anlass zu professionellen Diskursen, etwa zur Frage, ob es gut sei, wenn die fürstlichen Getreidefelder »im Gemenge«, also neben und zwischen den Äckern der zum Amt gehörenden Dörfer lagen und nach lokaler Feldordnung bearbeitet wurden, meist im dreijährigen Wechsel von Wintergetreide, Sommergetreide und Brache, oder ob die »unvermengten«, in geschlossener Fläche liegenden besser fruchteten, weil sie abweichend von der Norm intensiver bebaut werden konnten. Auch über das Tierreich gab es Diskurse. Ein Vorwerk war ausgestattet mit Pferden, Rinder- und Schafherden, Federvieh und Bienenstöcken. Schweine wurden bei den fürstlichen Mühlen gehalten wegen der Futterkleie, die beim Mahlen anfiel – eine nachvollziehbare Lösung einer Zeit, die die Kartoffel nicht kannte. Der herrschaftliche Diskurs hingegen, der sich um die Frage bildete, wie landwirtschaftliche Betriebe in dieser hohen Zahl zu führen seien, scheint unverändert aktuell (Stichwort Outsourcing): Sollte man die Vorwerke selbstständigen Pächterfamilien überlassen oder »auf Rechnung« (gegen Lohn) arbeitende »Käsemütter« und »Vögte« einsetzen, die im direkten Kontakt mit Fürst und Fürstin und ihren Verwaltern standen? Letzteres war die bessere Lösung, wollte man Einfluss nehmen und Wissen implementieren.

Landwirtschaft war eine nicht zu unterschätzende materielle Basis fürstlicher Herrschaft, Rohstoffressource (für Bauholz, Leder, Leinen, Wolle, Talg, Wachs) und Nahrungsquelle in einem. Der Hof versorgte sich weitgehend selbst,

Abb. 1
Daniel Bretschneider d. Ä. · Contrafactur des Ringkrennens undt anderer ritterspiel so uff Christiani (I) gehalten worden (Variation von Rinderrassen. Aus der Motivfolge Bauernhochzeit beim Festumzug anlässlich der Hochzeit des Kronprinzen Christian mit Markgräfin Sophie von Brandenburg am 25. April 1582) · 1582 · 246 × 330 cm · SLUB, Mscr. Dresd. K 1

auch bei Aufenthalten im Ausland. Wenn Kurfürstin Anna (1532–1585) im April 1566 beim Reichstag in Augsburg von ihrer Hofmeisterin die erste »Frühlingsbutter« aus dem Dresdner Vorwerk Ostra anforderte,[1] hatte sie einen Diskurs der Zeit im Blick: Im April wurden die Kälber entwöhnt, die Milch der Kühe durfte jetzt erst anderweitig genutzt werden.[2]

Bei aller Selbstversorgung kaufte man am Dresdner Hof auch fremdländische Luxuswaren ein: Pelze aus Russland, feineres Leinen aus Brabant, Spitzen und Seidenstoffe aus Venedig, exotische Lebensmittel wie Granatäpfel, Olivenöl, Parmesankäse und ausländische Weine.[3] Das hatte Tradition. Wegen seiner stabilen Münze galt Sachsen als attraktiver Handelspartner. Volkswirtschaftlich gesehen war dieser Vorteil zwiespältig, weil es – so ein intelligenter Einwurf damals – die Menschen im Land »faul« mache. Um 1530 waren in Sachsen drei anonyme wirtschaftspolitische Flugschriften verbreitet worden. In subtiler Argumentation, die als fiktiver Disput zwischen den beiden rivalisierenden sächsischen Landesteilen konstruiert war, stellten sie die Frage, ob das reiche Land seine Münze abwerten, dadurch den Importgroßhandel schmälern und im Gegenzug die heimische Wirtschaft stimulieren solle.[4] Die Partei des (noch katholischen) albertinischen Sachsen sprach sich für einen hohen Münzwert und die Beibehaltung der Importgeschäfte aus und damit auch zugunsten der jüdischen Fernhandelshäuser in Leipzig, die diese betrieben. Das (protestantische) kurfürstlich-ernestinische Sachsen argumentierte für Münzabwertung und Ankurbelung der Warenproduktion im eigenen Land, vertrat also einen »merkantilistischen« Standpunkt (avant la lettre). Jahrzehnte später, 1566/67, nach hohen Kriegsausgaben,[5] war der mittlerweile nicht mehr altkirchliche und kurfürstlich erhöhte albertinische Hof in Dresden in einer Situation, die es dringlich machte, die eigene Landwirtschaft besser zu nutzen. Der Getreidepreis in Europa stand hoch, das Nachdenken über

Abb. 2 Daniel Bretschneider d. Ä. · Contrafactur des Ringkrennens undt anderer ritterspiel so uff Christiani (I) gehalten worden (Säende Frau auf einem Pfluggerät. Aus der Motivfolge Bauernhochzeit beim Festumzug anlässlich der Hochzeit des Kronprinzen Christian mit Markgräfin Sophie von Brandenburg am 25. April 1582) · 1582 · 246 × 330 cm · SLUB, Mscr. Dresd. K 1

Landwirtschaft in – wenn man so will – merkantilistischer Absicht konnte sich lohnen. Ein kurfürstliches Reskript zeigte 1568 den Entschluss an, die Landwirtschaft selbst zu beaufsichtigen und Pachtverträge aufzulösen. Man entschied sich gegen das Outsourcing und für Eigenwirtschaft auf der Domäne.

Agrarische Leistungsbilanz im festlichen Bild

Jahre später, 1582, veranstaltete der Dresdner Hof zur Hochzeit Prinzessin Sophies von Brandenburg (1568–1622) mit Kronprinz Christian von Sachsen (1560–1591) eine »Invention«. Der Festumzug unter der Regie des Hofkünstlers Giovanni Maria Nosseni (1544–1620) führte den Schaulustigen in feiner Inszenierung allegorische und satirische Motivreihen vor, außerdem wurde das Leben im Kurfürstentum dargestellt, so präsentierten sich dort unter anderem Bergbau, Handel und Landwirtschaft. Die kostümierten adligen, männlichen Festgäste begleiteten den Zug reitend oder übernahmen selbst Rollen, das zeigt das Bildprotokoll, das der Dresdner Maler Daniel Bretschneider (um 1548–nach 1623) anfertigte; über einzelnen Figuren sind Namen eingetragen.[6] Gastgeber Kurfürst August (1526–1586) nahm als Reiter in der Themengruppe Landwirtschaft teil. Ein Motiv dieser Sektion, an siebter Stelle, war die Bauernhochzeit (vgl. Abb. 1) .[7] Für dieses wird ein Wagen aus Korbgeflecht von vier Rindern gezogen, die drei, vielleicht auch vier unterschiedliche Rassen des europäischen Hausrinds verkörpern. Das bläulich getönte Tier, es ähnelt einer in Lettland heute noch heimischen Rasse,[8] könnte eine »schabanische« Kuh darstellen, die im Dresdner Vorwerk Ostra neben den »holsteinischen« – aus der Heimat Kurfürstin Annas importierten – und den sächsischen »einheimischen« Tieren gehalten wurde.[9] Das Motiv der Bauernhochzeit, eine Anspielung auch auf die zu feiernde Fürstenhochzeit, informierte mit solchen Details über den Stand der Dinge in der fürstlichen Wirtschaft und den Austausch der lebenden Produktionsmittel, zeigte nebenbei auch die weitreichenden Beziehungen der nach Sachsen eingeheirateten Prinzessin von Dänemark[10] und vermochte entsprechende Erwartungen an die nunmehr einheiratende Braut Sophie zu wecken.[11]

Dem Hochzeitswagen folgend, setzt die landwirtschaftliche Bildreihe fort mit einem Pfluggerät, in dem eine Getreide säende Dame sitzt, konnotierbar als Allegorie der römischen Ceres oder der griechischen Demeter (vgl. Abb. 2).[12] Möglicherweise war die Figur auch als Hommage an die Kurfürstin gedacht. Der Pflug, dessen ungewöhnliche Sitzfunktion technischer Fantasie entsprungen sein mag, stellt mit seinen auffällig geschwungenen Führungsgriffen wiederum einen konkreten Dresdner Bezug her, denn eben dieses Detail findet sich bei Pflugmodellen, die in einer Zeichnung erhalten sind, die Herzog Julius von Braunschweig-Wolfenbüttel (1528–1589) an den kursächsischen Hof übermittelte.[13]

Die unrealistische Kombination von Pflügen und Säen, scheinbar mühelose Landarbeit im Zeitraffer, mag als gewitzter »utopischer« Diskurs verstanden worden sein von denjenigen, die etwas vom Pflügen und Säen verstanden.[14] Insgesamt konnte sich aus den in diesen Motiven aufscheinenden Agrardiskursen – Viehzucht, Bodenbearbeitung, Feldbestellung – für das Festpublikum eine instruktive Situation ergeben. Sie verwies auf Personen, genauer auf Experten im höfischen Umfeld, zuallererst das kurfürstliche Paar August und Anna, das seinen ökonomischen wie intellektuellen Beitrag zum wirtschaftlichen Wohl der Herrschaft bereits erbracht sah und dies womöglich so auch festgehalten haben wollte, bevor die nächste Generation regieren würde.[15] Wie hier Landwirtschaft als Element eines staatlichen Festes des 16. Jahrhunderts erscheint, hat wirtschafts- und wissenschaftshistorische Aussagekraft.

Höfische Wissenschaft und New Science

Es fällt auf, dass die Geschichte wissenschaftlicher Praxis am frühneuzeitlichen Fürstenhof auf ganz bestimmte »höfische Künste« konzentriert ist, die Landwirtschaft findet sich nicht darunter. Im Kontext der frühesten Sammlung technischer Objekte in der Dresdner Kunstkammer sind dies einerseits Wissensgebiete, die sich als zukunftsweisend positionieren lassen, wie Astronomie, Bergbautechnik, Geodäsie oder Optik, zum andern die eher nicht zukunftsweisenden, aber aus kulturgeschichtlichen Gründen interessanten Wissenspraktiken Astrologie, Alchemie und, in älterer Darstellung, die Orakelkunst des sogenannten Punktierens, auch Geomantie oder Geomantik genannt.[16] Ganz offensichtlich hat der Kontrast von rationaler Physik / Mechanik einerseits und spielerisch-irrationaler Esoterik andererseits Faszination auf die Historiographie ausgeübt. Nachvollziehbar ist, dass die polare Konfigurierung von wissenschaftlich-rationaler und esoterisch-irrationaler Praxis es erlaubte, dem fürstlichen Hof der Frühen Neuzeit eine ganz bestimmte wissenschaftshistorische Position zuzuweisen, gleichsam als Station auf dem Scheideweg zwischen »unwissenschaftlichem« Mittelalter und »wissenschaftlicher« Neuzeit. Der wissenschaftlich neugierige »Prince Practitioner« kann in seinem Interesse für Astronomie oder Physik der Erzählung des New Science, der neuen Natur-Wissenschaft des nachfolgenden 17. Jahrhunderts und ihrer Protagonisten, als Vorgeschichte beigesellt werden.[17] Hingegen verweisen prognostische Praktiken und alchemistische Suche nach der »Quintessenz« auf die antineuzeitliche Schattenseite des Fürsten.

Weniger spektakuläre, aber zivilgesellschaftlich funktionelle Fachgebiete wie Landwirtschaft / Ökonomie oder Pharmazie / Destillation kommen in dieser Konfiguration nicht vor. Erst in jüngster Zeit hat man begonnen, sie als wissenschaftliche Praxis des Hofs zu thematisieren.[18] Das bipolare Bild vom Wissenschaftsstandort fürstlicher Hof lässt sich an diesen Beispielen insofern dekonstruieren, als diese keine besondere wissenschaftshistorische Signifikanz aufweisen, weder in der Vorläuferrolle einer »wissenschaftlichen Revolution« des 17. Jahrhunderts noch als Relikte vorangehender, vermeintlich unwissenschaftlicher Zeitalter.[19] Mangels eindeutiger Positionierung befindet sich frühneuzeitliches Agrarwissen im Status wissenschaftshistorischer Neutralität. Und doch muss es in seiner Zeit von großer Relevanz gewesen sein, denn es wurde heftig verschriftet und diskursiviert. Eine auf Kurfürstin Anna und Amtskolleginnen fokussierte Analyse im Dresdner Kontext hat gezeigt: Agrarwissenschaft am fürstlichen Hof war ein »heterosoziales« und geselliges Phänomen, praktiziert von Männern und Frauen der höfischen Elite, in der Kooperation von Kurfürstin und Kurfürst mit ihren Untergebenen, bäuerlichen und bürgerlichen Ideenlieferant/inn/en, adligen Expert/inn/en und Gelehrten wie auch im brieflichen und persönlichen Kontakt mit befreundeten fürstlichen Höfen.[20] Im Fach Pharmazie / Destillation verhält es sich ähnlich. Die Dresdner Fürstin ist hier im Verbund mit Äbtissinnen und weltlichen Kolleginnen als pharmazeutisch und (al)chemisch experimentierende »Princess Practitioner« sichtbar geworden.[21]

Dass diese Szenarien erst in jüngster Zeit wahrgenommen wurden, trotz guter Überlieferung und früheren Verweisen auf sie, hängt wohl damit zusammen, dass sie in der historiographischen Perspektive einer linearen Einbindung der fürstlichen Wissenschaft in die »homosozial« strukturierte und auf die Theoriepotentiale der Physik fokussierte Wissenschaftsgeschichte der Neuzeit nicht passend erschienen, sei es aufgrund bestimmter Charakteristiken wie Alltäglichkeit und Nützlichkeit oder wegen der Präsenz adliger Akteurinnen, die als Phänomen von Diskontinuität hätte eingeordnet werden müssen. Auch sind beide Fachgebiete als höfische Wissenschaft zu wenig erforscht, als dass sie wegen einer wie auch immer indizierten theoretischen Potenz für spätere Stadien des Wissens bereits wissenschaftsgeschichtliche Bedeutung hätten erlangen können. Sicherlich liegt der Grund für ihre (Wieder-)Entdeckung darin, dass Forscherinnen von heute nach Akteurinnen von damals gesucht haben und so auf höfische Künste stießen, die einst präsenter waren, als die neuere Historiographie zu erkennen gibt, und die gewissermaßen doppelte Spuren hinterließen, weil sie zu ihrer Zeit noch im Kontext einer dynastischen, auf Fürst und Fürstin gleichermaßen bezogenen Signifikanz notiert waren. Augenscheinlich wird dies in älteren Bestandsaufnahmen der Dresdner Sammlungen, in denen die fürstlichen Gartengeräte, darunter auch das symbolisch aufgeladene Objekt des Kernsetzers, jeweils Fürst und Fürstin zugeordnet waren.[22] Markiert wurde so eine »wissenschaftliche Gemeinschaft«[23] im Umfeld des kursächsischen Hofs, die einer – um es neudeutsch salopp zu sagen – »ge-genderten« Realität der Wissenspraxis noch Respekt erwies im Sinne einer Perspektive auf die geschlechterbezogene Doppeltheit geistiger Ressourcen.[24] Diese Realität und diese Denkweise der Frühen Neuzeit scheint wissenschaftshistorisch längst vergessen, wie sich unter anderem in der geänderten, diese Doppelung nicht mehr akzentuierenden musealen Präsentation zeigt.

Die Fachgebiete Landwirtschaft und Pharmazie repräsentieren mithin die Geschichte der höfischen Wissenschaft in einer offeneren und wenig bekannten Weise. Sie entziehen sich der historisch determinierenden Interpretation und begünstigen Vorstellungen, wonach am fürstlichen Hof eine noch nicht wirklich erforschte, eigentümlich heterogene wissenschaftliche Praxis anzutreffen ist, die unterschiedliche technische Disziplinen bediente und jeweils in einer »wild« oder arbiträr erscheinenden Mischung variabler Rezepturen kreativ und vor allem im geselligen interaktiven Kollektiv wissenschaftliche Methoden und Heuristik entwickelte. Am Beispiel der Landwirtschaft lässt sich dies für Dresden aufgrund der hohen »diskursiven« Qualität der schriftlichen Überlieferung gut darlegen.

Landwirtschaft als »höfische Kunst« sehen

Für die Geschichte der Agrarwissenschaft ist der frühneuzeitliche Kontext der höfischen Künste eine gute Orientierung, denn man weiß wenig über die damalige agrarische Forschungspraxis. Bisher hat man versucht, diesen Mangel durch eine Geschichte der »landwirtschaftlichen Literatur« wettzumachen, die sich bis in die Neuzeit auf die kanonisierten Schriften der Antike berief. Griechische und römische Autoren (Xenophon, Aristoteles, Hesiod, Vergil, Cato, Varro, Plinius, Columella, Geoponica, Palladius) wurden rezipiert sowie handschriftlich und in Drucken verbreitet; als Prototyp kann das Bearbeitungswerk des italienischen Humanisten Piero de Crescenzi (1230/33–1320/21), *Ruralia Commoda*, aus dem 13. Jahrhundert gelten, das 1471 in Augsburg gedruckt wurde und auf Deutsch erstmals 1493 in Speyer erschien. Es findet sich in einer weiteren deutschsprachigen Ausgabe von 1518 neben anderen Übersetzungswerken schon im ersten Katalog (1574) gedruckter Bücher der Dresdner Hofbibliothek, »des Kurfürsten und seiner Gemahlin Anna Bibliothek«,[25] wie es im 19. Jahrhundert noch hieß. Unter den Rubriken »Gartenbuchlein Feldbaw und Haushaltunge« sind die deutschsprachigen und »welschen«, unter »Philosophica und Historica« die lateinischen Agrar- und Naturlehrbücher und zeitgenössische Literaturübersichten (Joachim Camerarius d. J.) sowie unter »Medicina« die zum Teil illuminierten pflanzenkundlichen Schriften aufgeführt (Otto Brunfels, Leonhart Fuchs, Petrus Andrea Mathiolus, Hildegardis), an prominenter Stelle des Katalogs, unter Nr. 1, das handschriftliche Unikat des Torgauer Arztes Johann Kentmann (1518–1574).[26] Im Bestand der Handbibliothek der Kurfürstin[27] ist eine fokussierte Auswahl verzeichnet, unter Nr. 21 die *Naturlicher historien V. Bucher* von Plinius d. Ä. (23/24–79) und unter Nr. 226 die Werke des Holländers Rembertus Dodonäus (1516/17–1585) Historia Florum und *Historia Frumentorum Leguminum* von 1568, in denen erstmals auch landwirtschaftliche Nutzpflanzen botanisch beschrieben sind; dieses inhaltliche

Profil einer Arbeitsbibliothek ist für sich genommen schon ein Dresdner Agrardiskurs.

Die humanistisch bearbeiteten Agrarschriften der Antike gelangten in reduzierter und kompilierter Form in die sogenannte Hausväterliteratur, die Ökonomik des 17. Jahrhunderts, und in den neuzeitlichen Lehrkanon und damit auch an die Universität.[28] Zeitgenössische, empirisch forschende Praxis ist darin möglicherweise im Ergebnis erfasst, aber nicht als solche dokumentiert. Dies nun für einen fürstlichen Hof des 16. Jahrhunderts nachweisen zu können, ist ein Gewinn für die Agrargeschichte. Es erlaubt, den normierenden Lehrtexten eine zweite Textrealität gegenüberzustellen, die wissenschaftliches Tun aufzeigt. Es ist zugleich ein erhellender Befund für das Paradigma der wissenschaftlichen Praxis »nichtgelehrter«[29] Individuen der Frühen Neuzeit, das der Wiener Philosoph Edgar Zilsel (1891–1944) seinerzeit entwarf, um die Wissenschaftsgeschichte auf sozialhistorischer Basis neu auszurichten. Mit seiner kühnen Dreiteilung der intellektuell Kreativen des 16. Jahrhunderts in »nichtgelehrte Künstler-Ingenieure«, (gelehrte) »Humanisten« und »scholastische Gelehrte« gewichtete er die außeruniversitär forschende Intelligenz, das heißt die naturwissenschaftlich-technische und die freigeistig-philologische, zweifach, wobei er männliche Akteure implizierte.[30] Neuere, aus Zilsels Konzept hervorgegangene wissenschaftshistorische Ansätze wie »Gender and Science« und »Science in Context« haben es für methodisch sinnvoll erachtet, die Forschungspraxis nichtgelehrter Frauen und Männer im Verband frühneuzeitlicher Haushalte aus dem zu erschließen, was sie herstellten, erwirtschafteten, organisierten, sei es in der zünftigen Werkstatt, im »astronomischen« Haushalt, im Montanunternehmen, Handelshaus oder eben auch in der Landwirtschaft.[31]

Als Ort der Elite haben der fürstliche Hof des 16. Jahrhunderts ebenso wie die adlige Gutswirtschaft – im Unterschied zum Bauernhof – viel »pragmatische Schriftlichkeit« aufzuweisen, diese diente administrativ-operativen und technisch-produktiven Zwecken.[32] Über die darin dokumentierten wissensbezogenen Aktivitäten kann Landwirtschaft als höfische Kunst im Sinne nichtgelehrter wissenschaftlicher Praxis verstehbar werden, wobei im Dresdner Kontext zu sehen ist, dass auch gelehrte Praktiken (in der von Edgar Zilsel geprägten Bedeutung) vorkommen, etwa die Rezeption der schon erwähnten antiken Literatur[33] oder die Einbeziehung gelehrter Beiträger der Universitäten Leipzig und Wittenberg in die Forschungsfragen des Dresdner Hofs. Ob und wie sich die gleichermaßen natur- wie wirtschaftswissenschaftlich profilierte und heterosozial organisierte höfische Kunst der Landwirtschaft von anderen Wissenschaftspraktiken (und anderen Disziplinen) der Zeit abhob – um bei der Dreiteilung Edgar Zilsels zu bleiben: von der gelehrten Praxis der homosozial/klerikal organisierten Universität und von der des humanistischen Haushalts, in dem auch die gelehrte Frau, »uxor docta«, als Akteurin präsent war[34] –, ist aufgrund der für Dresden charakteristischen Vielfalt höfischer Texte zum Agrarthema eine durchaus vielversprechende wissenschaftshistorische Fragestellung. Vielleicht erweist sich diese Perspektive auch als sinnvoll für andere höfische Künste, für die »rationalen« wie die »esoterischen«, um zu verstehen, auf welche Produktionen diese Künste abzielten und welche Hilfsmittel dafür in Anwendung kamen.

Dresdner Erscheinungsformen agrarischer Texte

Dokumente zur fürstlichen Landwirtschaft des 16. Jahrhunderts werden in der Regel unter wirtschaftlich-funktionellen Aspekten gedeutet, im Sinne der These, dass der Fürst in nachreformatorischer Zeit dem Ideal des weltlich legitimierten, ökonomisch handelnden Herrschers folgt.[35] Die administrative Schriftlichkeit erklärt sich daraus. Dass sie auch Wissenspraxis berührt, liegt beim Streben nach wirtschaftlicher Kompetenz nahe. Für Dresden finden sich dafür Anknüpfungspunkte: Kurfürstin Anna als Ökonomin und Pflanzenkundige, Kurfürst August als Ökonom;[36] außerdem die Thesen im Zusammenhang mit der Edition der anonymen, in der Zeit von 1570 bis 1577 entstandenen Dresdner Handschrift über die Verwaltung eines Vorwerks, die erst im 19. Jahrhundert entdeckt wurde.[37] Die *Haushaltung in Vorwerken* kann als erste eigenständige Landwirtschaftsschrift in deutscher Sprache gelten,[38] sie greift antike und humanistische Gestaltungselemente auf und »füllt« sie mit kursächsisch zeitgenössischen Sachverhalten. Obwohl sie selbst nie gedruckt wurde, finden sich Spuren von ihr in späteren gedruckten Werken, zudem wurde die Abhandlung in handschriftlichen Kopien weitergegeben und rezipiert.[39] Zusammen mit den im 16. Jahrhundert gedruckten humanistischen Übersetzungen der antiken Schriften zum Thema begründete sie eine deutsche wissenschaftliche Fachsprache der Landwirtschaft. Literarisch nicht ambitioniert, als Sammlung von Notaten, Abschriften und Kompilaten deutbar, die in zwölf Kapiteln Themen der Gutswirtschaft behandelt, hat sie eine pragmatisch »unfertige« Machart, die ihren wissenschaftlichen Wert noch erhöht.

Die Schrift ist nicht autorisiert und lässt so, im Unterschied zu den »Ruhm und Unsterblichkeit«[40] anstrebenden humanistischen Werken, keine auffällige Geltungsambition erkennen. Möglicherweise war eine Verrätselung der Auftraggeberschaft beziehungsweise der kollektiven Autorschaft bewusst angestrebt. Die Jahresangabe 1569, laut Datierung der im IX. Kapitel »Fischerei« eingefügten Fischpreisliste des Dresdner Marktes sowie des am Ende der Schrift angefügten Arbeitskalenders, könnte als »Erfolgsmeldung« für die 1568 erfolgte Umstellung auf Eigenwirtschaft gesetzt worden sein.[41] Zu den Eigentümlichkeiten der *Haushaltung* gehört ihre bildliche Ausstattung. Von den zehn Aquarellen, die einzelnen Kapiteln vorangestellt sind, findet sich auf dem Titelblatt des fünften Kapitels »Gärtnerei«, in der Mitte des Werks, das einzige Motiv mit deutlich hervorgehobenen menschlichen Figuren (vgl. Abb. 3): eine herrschaftliche Frau (rechts stehend), die einen (links gebückt stehenden) Gärtner beim Schneiden von Baumschösslingen beaufsichtigt; die sonstigen Bildelemente sind schematisch-lehrhaft als Abfolge eines gartenbaulichen Prozesses gesetzt.[42]

Von dem Nürnberger Kupferstecher Balthasar Jenichen (gest. 1599) ist zeitnah ein Lebensalter-Zyklus (weiblich/männlich) nachgewiesen; Darstellung, Kleidung und Haltung der weiblichen Figur in der vorliegenden Abbildung sind der »Dreißigjährigen Frau« des Zyklus deutlich nachempfunden.[43] Kurfürstin Anna war 1569 im Alter von 37 Jahren; im Oktober 1569 brachte sie ihr 13. Kind zur Welt, dem »nur« noch zwei weitere folgen sollten.[44] Sie hatte das budgetäre Ergebnis des ersten Wirtschaftsjahres mit Sorge erwartet, als (Mit-)Urheberin der Umstellungsinitiative fühlte sie sich verantwortlich.[45] Spätestens seit 1567, das zeigt Kurfürstin Annas Korrespondenz mit Markgräfin Katharina von Brandenburg-Küstrin, geb. Herzogin von Braunschweig-Wolfenbüttel (1518–1574), wurden am Dresdner Hof Materialien für ein Lehrwerk gesammelt.[46]

Eine zweite Dresdner Handschrift von 1571 über die *Visitation der kurfürstlichen Vorwerke*, die 1940 in Crimmitschau aufgefunden wurde,[47] macht die Verbindung von landwirtschaftlicher Praxis und Agrarforschung am Dresdner Hof noch besser greifbar, weil ihr Autor Abraham von Thumbshirn (1535–1593) in seiner Doppelfunktion als Hofmeister der Kurfürstin und späterer Verwalter der kursächsischen Domäne identifiziert ist.[48] In dieser »empirischen« Forschungsarbeit finden sich auf wenige Fragen fokussierte serielle Beurteilungen von etwa der Hälfte der kurfürstlichen Vorwerke sowie konkrete Antworten auf die 1568 von Kurfürstin Anna gestellte Forschungsfrage, »wieviel Ochsen in unßeren forwergen unter zubringen und zu halten sein mochten«,[49] die im heutigen Sprachgebrauch auf die Berechnung des optimalen Tierbestands, des ausgewogenen Verhältnisses der Anzahl der »Großvieheinheiten« pro Weidefläche, abzielte, das heißt, die Konsolidierung des kurfürstlichen Tierbestands durch Zukauf und Umverteilung beabsichtigte. Werden in der *Visitation* hierfür konkrete Zahlen geliefert, ist das Thema in der *Haushaltung in Vorwerken* zu einer mathematischen Regel komprimiert, mit der das Optimum berechnet werden kann. Der Vorgang zeigt, dass wissenschaftliche Praxis am Dresdner Hof in der Zusammenschau verschiedener Textmodi als »forschungslogischer Prozess« (Frage, Empirie, Norm) nachzuweisen ist.

Die Korrespondenz der Kurfürstin Anna von 1568 und die Dokumentation der Vorwerksverwaltung von 1569 bis 1571 berühren immer auch wissenschaftliche Fragen. In der sich gegenseitig ergänzenden Kommunikation von Kurfürst und Kurfürstin mit den Verwaltern im fast täglichen Vollzug wird Agrar(wissens)praxis in geradezu paradigmatischer Weise anschaulich im Sinne des von Heide Wunder geprägten Konzepts des »herrschaftlichen Arbeitspaars«.[50] Auch das kurfürstliche Reskript zur Umstellung der Vorwerksbewirtschaftung von 1568 und die Bestallungsschreiben für die neu eingesetzten Verwalter in fünf kursächsischen Kreisen lassen Strategien des Forschens erkennen, etwa im Auftrag zur Erfassung der Ressourcen der Vorwerke oder im Entschluss, vorwerksübergreifende Ressorts mit einheitlicher Budgetierung zu bilden (Teichwirtschaft und Weinberge), die unter Aufsicht von Kurfürstin Anna standen. Diese Archivalien und zeitlich kongruente Textfragmente in der Sächsischen Landesbibliothek – Staats- und Universitätsbibliothek Dresden ergeben im Verein mit den Titelaufnahmen der kurfürstlichen Kataloge eine Vielfalt von Textarten, die Forschungsprozesse im Vollzug und in variablen Stadien abbildet.[51]

Ein fürstlicher Hof – viele Diskurse – mehrere heuristische Modelle

Auch wenn es mittlerweile breiter verwendet wird, sei daran erinnert, dass das Konzept des Diskurses ein wissenschaftshistorisches ist.[52] Sein Vorteil liegt in der »Erlaubnis«, wissensbezogene Aussagensysteme distanziert zu betrachten, ohne sie gleich teleologisch einordnen zu müssen. Michel Foucault (1926–1984) untersuchte so die gedruckten Werke homosozialer gelehrter Milieus der Neuzeit (Botanik, Psychiatrie, Wirtschaftstheorie). Die Dresdner

Abb. 3
Herrschaftliche Frau und Gärtner beim Schneiden von Baumschösslingen, Illustration zum Kapitel »Gartnerey« in der anonymen Handschrift »Haushaltung in Forwergen« (Ausschnitt) · um 1570 · Feder, Tusche, Wasserfarben · 87×145 mm · SLUB, Msc. Dresd. R 5m, fol. 131

Agrardiskurse repräsentieren eine ältere Zeitstufe und einen nichtgelehrten Kontext – es sind landwirtschafts- und wirtschaftsbezogene Aussagen, die intern am kursächsischen Hof handschriftlich erschienen. Ihre spezifische Heuristik (Kunst des Findens von Lösungen) und ihre Denkweise(n) sind wissenschaftlich mehrdeutig.

Agrarwissenschaft ist an sich ein hybrides, interdisziplinär angelegtes Fachgebiet, davon zeugen schon die Versuche der Antike, die richtige Systematik zu finden. Auch die Varianz der Buchtitel in den kursächsischen Katalogen, insbesondere der Handbibliothek der Kurfürstin, veranschaulicht es: *Christliche Ökonomik* und *Fürstenspiegel* thematisieren die Rolle von Fürst und Fürstin für die Wirtschaft des Landes unter »Corporate Governance«-Aspekten, die noch heute zum betriebswirtschaftlichen Repertoire gehören.[53] *Kräuterbücher* und *Naturgeschichten* geben Orientierung in der unübersichtlichen Pflanzen- und Tierwelt. Titel wie *Ackerbau* oder *Feldbestellung* sind technischer Art, berühren aber auch ontologische Topoi wie Bodenfruchtbarkeit und feinstofflich-chemische Zusammenhänge. Dass unter den Dresdner Agrardiskursen mindestens drei »heuristische Modelle« auszumachen sind, die sich unterschiedlicher Methoden bedienen, verweist auf eine hybride Wissensproduktion, die überaus kreativ und »wild« anmutet. Letztlich ist sie aber dem komplexen Wissensstoff der Landwirtschaft selbst geschuldet, die heuristische Differenzierung trägt dem nur Rechnung. Eben diese Konvergenz ist wissenschaftshistorisch sensationell und beweist »heuristische Rationalität«.

Vom »empirisch-mathematischen« Modell war bereits die Rede. Kurfürstin Annas Frage nach den Ausschöpfungsmöglichkeiten der für die Viehhaltung nutzbaren Bodenflächen der Vorwerke (Wiese, Weide und brachliegende Felder) wurde von ihrem Hofmeister Abraham von Thumbshirn in der *Visitation der Vorwerke* mit konkreten Schätzungen beantwortet. Er muss dazu über entsprechendes Erfahrungswissen verfügt haben, auch die Frage der Kurfürstin setzt dies voraus. Die schriftlich fixierte mathematische Grenzwertformel, wie sie in der Dresdner *Haushaltung in Vorwerken* im Kapitel »Viehzucht« erscheint,[54] ist für das 16. Jahrhundert, soweit bekannt, einmalig. In der Wissenschaftsgeschichte wurde sie bisher frühestens in der sogenannten rationellen Landwirtschaft des 18. Jahrhunderts verortet. Als Ergebnis von Messen, Zählen und Verhältnisbestimmung wird mit ihr eine allgemeine (falsifizierbare) Aussage getroffen, wie sie in der modernen Forschungslogik üblich ist.

Das zweite Modell der Dresdner Findekunst ist im Sinne des 16. Jahrhunderts das »gelehrt naturphilosophische«. Es findet sich in gutachterlichen Fragmenten des Wittenberger Gelehrten und Hofarztes Caspar Peucer (1525–1602) und seines an der Universität Leipzig lehrenden italienischen Kollegen Simon Simoni (1522–1602). Nach dem Prinzip der »complexiones«- und »humores«-Lehre der galenischen Medizin (warm, kalt, trocken, feucht) nehmen sie Stellung zu den Qualitäten von Mist, Samen, Boden, Jahreszeiten und Aussaatzeitpunkten, auch zu der Frage, was das Wesen der Pflanzennahrung sei, verfolgen also ontologische Fragen.[55] Die Gutachten wurden von Kurfürst August angefordert, der eigene Überlegungen zu den »complexiones« des Baumlaubs beisteuerte; er weist sich dadurch als im Sinne der zeitgenössischen Gelehrsamkeit Gebildeter aus. Das galenische Konzept ist heute wissenschaftlich nicht mehr anerkannt – es findet sich noch in der anthroposophischen Lehre des biologisch-dynamischen Landbaus und in alternativen Heilverfahren. Dennoch sind die ärztlichen Gutachten wissenschaftlich im Sinne eines nach scholastischer Darlegungsart in komprimierten Lehrsätzen ausgeführten Transfers aus gelehrtem Wissen der Antike an den Dresdner Hof und auch im Sinne einer sprachlich-philologischen (humanistischen) Wissenschaftsleistung, denn die »doctores« bezogen sich auf Auszüge aus lateinischen und griechischen Agrartexten und mussten deutsche/sächsische Begriffe dafür entwickeln.

Eine Anwendung beziehungsweise Überprüfung dieser gelehrten Aussagen kann im Befehl der Kurfürstin gesehen werden, den sie im Herbst 1570 zur Düngung der abgeernteten Äcker gab, nämlich die Felder »unterschiedlich« mit Kuh- und Schafmist zu düngen und die Erträge im künftigen Jahr bezogen auf diese Differenz zu erfassen.[56] Die »complexiones«-Gutachten, die noch andere Mistsorten aufführen, klassifizieren Schafmist als warm/trocken, Kuhmist als warm/feucht. Dass der Feldversuch sich nur auf die Mistarten bezieht, die in der sächsischen Landwirtschaft relevant waren, liegt nahe; auch im bäuerlichen Erfahrungswissen mag es einen Begriff von ihrer unterschiedlichen Qualität gegeben haben. Aber die Absicht, es genau wissen zu wollen, zeigt das Bemühen um eine eigene höfische Transferleistung aus gelehrtem universitärem Wissen, dem ein kreativer »realistischer« Akzent verliehen wird: Reduktion der Variablen und metrisch-mathematische Präzisierung nach dem schon beschriebenen ersten heuristischen Modell. Eine Vollzugsmeldung des Düngebefehls ist aus den *Gebirgischen Vorwerken* nachweisbar (vgl. Abb. 4) . Die Auflistung der Flächen, die mit Schafmist, Mist vom »melkend Vieh« und Rindermist gedüngt wurden,[57] vertieft die angeordnete Differenzierung sogar noch subtilerweise und lehrt uns, dass im 16. Jahrhundert Milchviehhaltung (»melkend vieh«) und Fleischproduktion betrieblich noch nicht getrennt waren und dass Vorwerksverwalter die »wissenschaftlichen Befehle« der Herrschaft zu variieren wussten. Ergebnisse des Experiments in Form von Ertragsvergleichen sind, soweit bekannt, archivalisch nicht nachzuweisen.[58]

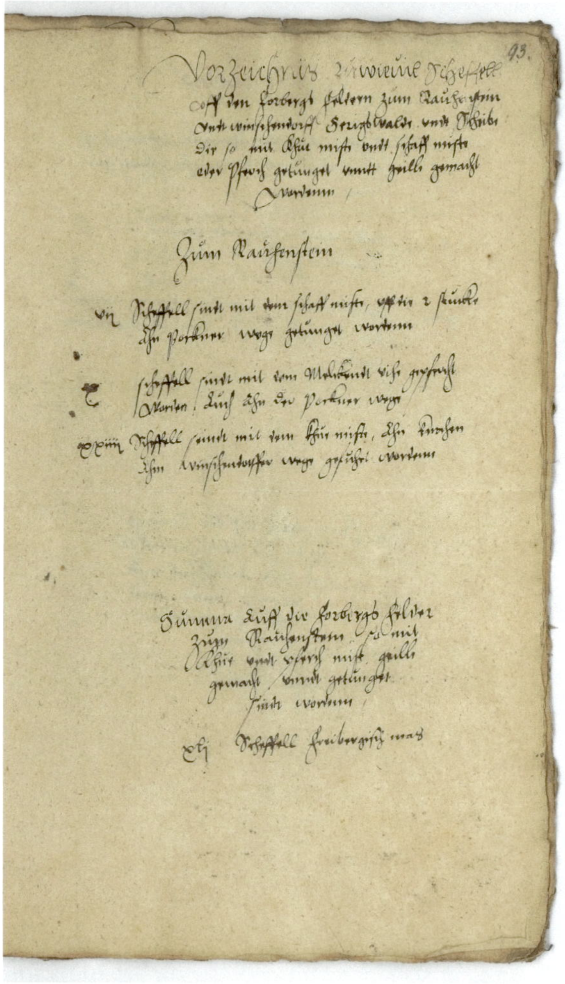

Abb. 4 Verzeichnis unterschiedlich gedüngter Felder auf den Vorwerken Rauenstein, Wünschendorf, Geringswalde und Scheibe, beigelegt dem Schreiben des Friedrich von der Ölßnitz (Zwickau) an Kurfürstin Anna · 8.12.1570 · StA-D, Copial 356c (Copial über gebirgische Forwerge 1569–1570), fol. 93

Das dritte, »geomantisch/aleatorische« Modell würde heute schwerlich als wissenschaftlich durchgehen. Dennoch – und das ist umso erhellender – ist ihm in einigen Dresdner Agrardiskursen die Qualität einer wissenschaftlichen »Kunst des Fragens« nicht abzusprechen. Das sogenannte Punktieren oder die Geomantie, ein prognostisches Verfahren, bei dem ein schnell hingeworfenes Bild aus wahllos gesetzten Punkten nach einer Tabelle von Punktemustern im Bezug zu Planeten, Sternzeichen und Elementen interpretiert wird, ist in einigen Foliobänden der Dresdner Kunstkammerbibliothek des 16. Jahrhunderts als esoterische Praxis des Dresdner Hofs breit vertreten.[59] *Das Vierde buch Nein* enthält eine Serie von Frageformularen, die sich auf den Nutzen, heute würde man sagen die Rendite, von sechs wirtschaftlichen Betätigungsfeldern beziehen: »Ackerbau«, »Landgüter«, »Händel«, »Wahre«, »Zinse« und »Bergwerg«.[60] In jedem Formular werden jeweils zwei Revenuen in wechselnder Konfiguration einander gegenübergestellt, das Orakelverfahren ist mehrfach relational angelegt. Für unseren Zusammenhang aufschlussreich ist, dass Landwirtschaft in zwei Optionen auftritt, nämlich Land selbst zu bewirtschaften (»Ackerbau«) oder in Verpachtung zu geben (»Landgüter«). Die Entscheidung, die 1568 am Dresdner Hof gefällt wurde, für Eigenwirtschaft auf den kurfürstlichen Gütern, spiegelt diese Gegenüberstellung. Auch die anderen Oppositionen, die mit »Handel«, »Warenproduktion«, »Geldwirtschaft« und »Bergbau« kombiniert sind, lassen an Probleme der Landesökonomie denken und an Zielsetzungen der sächsischen Münzschriften. Politische Ökonomen späterer Zeit haben die Qualität unterschiedlicher Revenuen herausgearbeitet, Karl Marx (1818–1883) entwickelte dafür den Begriff der »Profitrate« von Produktionssphären. Exakt prognostizierbar sind ihre Konjunkturen bis heute nicht.

Die Dresdner Formulare dienten offensichtlich als Nachschlagtabelle, Ergebnisse verzeichnen sie nicht. Ihre Kategorien sind aussagekräftige Indizien für systemisches Wirtschaftsdenken. Dass wirtschaftspolitische Lösungen und Orientierung für Investitionen mit Hilfe der Geomantie gesucht wurden, spricht für die Einsicht, dass Wirtschaftswissenschaft andere Methoden braucht als gelehrt-philologische und exakt metrisch-mathematische Methoden (noch) nicht zur Verfügung standen. Die Ausschlusslogik macht Sinn. Die Heuristik der geomantischen Befragung deshalb als wissenschaftlich zu charakterisieren, ist sicher gewagt. Interpretiert man sie als Praxis zur Entwicklung von Fragen für Probleme, die zum gegebenen Zeitpunkt mit anderen Methoden als nicht lösbar erscheinen, ist ihr diese Qualität nicht abzusprechen. Das prognostische Verfahren stellt gleichsam eine heuristische Projektionsfläche dar, auf die bezogen Fragen und Probleme definiert und fixiert werden können. Spieltheoretische Ansätze sind in der Wirtschaftstheorie im Übrigen auch heute wieder aktuell.

Viele andere Diskurse wären noch erwähnenswert, die mithilfe des Orakels formuliert wurden, zum Beispiel personalpolitische, die Zuverlässigkeit und Qualität der Menschen am Hof betreffende Fragen, so etwa zu Abraham von Thumbshirn oder zu dem später in Ungnade gefallenen Wittenberger Gelehrten und Leibarzt der Fürstin, Caspar Peucer.[61] Auch wenn manche der ausufernden Prognosen zu landwirtschaftlichen Produkten nicht mehr ohne Weiteres nachvollziehbar sind, etwa die Frage, ob »die glatten oder runtzelten Borschdorffer«[62] besser seien, zeugen sie vom entschiedenen fürstlichen Willen, die Dinge wissenschaftlich in den Griff zu bekommen und sich dafür in unterschiedliche »methodische Zonen« zu begeben.[63]

Christliche Skepsis als Korrektiv

Dem mutigen Crossing der Wissensweisen am Dresdner Hof aus empirisch-mathematischer, philologischer und spielerisch-prognostischer Quelle sei hypothetisch ein viertes heuristisches Modell hinzugefügt, das sich nicht durch ergebnisorientiertes Wissenwollen auszeichnet, diesem im Gegenteil eine skeptische Haltung korrigierend entgegenstellt und Grenzen setzt.[64] Spuren des Modells finden sich bei Kurfürstin Anna, die sich, wie zu sehen war, gleichwohl wissenschaftlich neugierig und »wissenschaftsgläubig« gab und auch den paganen prognostischen Praktiken nicht abgeneigt war.[65] Es scheint, als habe sie sich des gottgläubigen Vorbehalts immer dann »bedient«, wenn es um natürliche und menschliche Unwägbarkeiten ging, denen durch wissendes Eingreifen und Kontrolle nicht beizukommen war, symptomatisch etwa im Kommentar zum regenreichen Sommer 1569: »Was dan die Cf. Kemnitzer Schloßwiesen belangent, dieweil das schedliche gewitter vns nicht alleine, sondern viel armen leutt ahn dem wiesen vnd heu schaden gethan. So verhoff wir zu dem almechtige Gott ehr werde desto reichlich vnd besser graß gnediglich wachssen lassen.«[66] Wachstum und Produktivität sind in diesem Moment kein weltlich-wissenschaftliches Thema. Auch in der Instruktion des Personals scheint bei aller Akribie der Anweisungen die Kontrolle durch Gott unverzicht-

Abb. 5
Caspar Meuser · Gebetbuch der Kurfürstin Anna von Sachsen mit Prachteinband in Herzform · 1577 · Einband: Kalbsleder mit Goldprägung, Schnüre in Schwarz und Gelb · 18,5 × 20 cm · SLUB, Inv.-Nr. KA 575

bar, das zeigen die Texte der Bestallungen der Jahre 1568/69, die mutmaßlich von Kurfürst und Kurfürstin gemeinsam konzipiert wurden; sie sind bestückt mit Gottesanrufungen.[67] Von der Kurfürstin ist auch das Gebet für einen Vorwerksverwalter überliefert.[68] Beten als weltliche Überlebenspraxis, auch im Hinblick auf das Gelingen von Kommunikation zwischen Ungleichen, scheint in der Herrschaftsposition der Fürstin besonders verankert (vgl. Abb. 5).

In der Zusammenschau von empirischen, administrativen, geomantischen und heidnisch-naturphilosophischen Agrardiskursen kann das Setzen auf Gottes Mitwirken als Korrektiv und als Methode des Zweifels zum Zweck guter Landwirtschaft gesehen werden. Gewissermaßen ein Gesamtbild dieser unterschiedlichen »Forschungsansätze« (Geomantie ausgenommen) gibt der schon erwähnte Befehl Kurfürstin Annas zum unterschiedlichen Düngen der Felder; er sei hier im Wortlaut wiedergegeben, seiner semantischen Dichte wegen: »Ferner hat vnser hertz liebster Herr vnd gemahl bevholen, das Du hinfuro Jherlichen mit vleiß auftzeichnen wollest, wieviel scheffel getreidicht, doch vnderschiedlichen Du heuer vber windter vff Deine bevholene Forwergsfelder in Kue vnd Schafmist hast aussehen lassen, wieviel schock daraus ahn Jderm ort durch gottes segen vff das nechstkünfftige Jhar wils Gott ahn windter getreydicht vnderschiedlich erwachsen, vnd nach wieviel scheffel.«[69] Im Vergleich mit sonstigen Befehlen der Kurfürstin fällt auf, dass die Anordnung ungewöhnlicherweise mit Verweis auf Kurfürst August erteilt wird, entgegen der sonst üblichen einvernehmlichen Sprechhaltung (»uns«, »wir«). Das Vorwerk Ostra ist als Herrschaftsbereich Kurfürstin Annas definiert,[70] der Befehl erscheint durch die Hervorhebung deshalb unter gewissem Vorbehalt der Gemahlin geäußert worden zu sein, die zweifache Gottesanrufung (Skepsis) unterstreicht dies möglicherweise. Vielleicht verbirgt sich darin auch Kritik am Ausgangspunkt des Befehls, den »gelehrten« Mist-Gutachten, die nachweislich durch Kurfürst August angefordert wurden. Der ontologische Forschungsansatz, so scheint es, machte der Fürstin Probleme, ganz im Gegensatz zu ihrer eigenen »empirischen« Forschungsfrage nach dem optimalen Tierbestand. Die Unterschiedlichkeit von Schaf- und Kuhmist ergründen zu wollen, erschien ihr möglicherweise sinnlos. Fast scheint es, als teilte sie diese Meinung mit dem Vorwerksverwalter Daniel Hardtmann, demgegenüber sie deshalb der Anordnung mit der Autorität des Gemahls Nachdruck verleihen musste.

Die Zielsetzung des Befehls ist dennoch plural angelegt, denn die Methode, mit der die Unterschiedlichkeit festgestellt werden sollte, ist metrisch-mathematisch, geht also über die gelehrten Gutachten hinaus, die ihrerseits keine Mengen- oder Produktivitätsaussagen machen. Der Befehl stellt so gleichsam eine Synthese aus mehreren am Dresdner Hof vollzogenen Forschungsansätzen dar und kann als Exempel für einen Kompromiss beziehungsweise für Optimierung genommen werden, in der sich der Widerstreit von Personen spiegelt. Da Ergebnisse aus diesem »Feldversuch«, der, soweit bekannt, für das 16. Jahrhundert ein einmaliges (dokumentiertes) Phänomen darstellt, nicht eruiert werden konnten, nur die Ausführung des Düngebefehls an anderem Ort ist bezeugt,[71] muss offen bleiben, ob es tatsächlich zu einem Vergleich der Erträge aus unterschiedlich gedüngten Feldern gekommen ist oder ob die Zweifel an der Sache überwogen und Kurfürstin Anna auf Überprüfung verzichtete.[72] Denn im Frühjahr 1571, mit der Übertragung der Vorwerksverwaltung an Abraham von Thumbshirn, nahm Kurfürst August Abstand von der direkten Aufsicht über die Landwirtschaft, er war ihrer überdrüssig geworden, »nachdeme vnns, vnnd vnser geliebten Gemahl etwas vnbequem furgefallen, die bestellung vnnd haußhaltung vnserer forwerge, allein in vnserer selbst eigenenn versorgung zu haben, vnnd damit teglich vberlauffenn zu werdenn«.[73] Die Kurfürstin arbeitete fortan mit Abraham von Thumbshirn zusammen und erteilte ihm sogleich den Auftrag, die Vorwerke zu visitieren. Eine Aufstellung über Erträge aus »unterschiedlich gedüngten« Feldern findet sich darin nicht.[74] Die in christlicher Rhetorik angedeutete Skepsis Kurfürstin Annas, unterstützt möglicherweise von der Skepsis des »weltlichen« Experten von Thumbshirn, hatte den »gelehrten Mistgutachten« den Wind aus den Segeln genommen.

Zusammenfassung

Die landwirtschaftliche Praxis eines fürstlichen Hofs des 16. Jahrhunderts mit dem Diskurskonzept Michel Foucaults zu erschließen, eröffnet eine wissenschaftshistorische Perspektive auf Wissensgebiete und Akteur/innen, die gemeinhin nicht in den großen Erzählungen der Wissenschaftsgeschichte vorkommen. Die »solaren« Agrardiskurse der vorindustriellen Landwirtschaft erscheinen vielfältig dokumentiert, sobald man sie aus administrativen Quellen und handschriftlichen Produktionen im Umfeld eines Hofs herauszulesen beginnt. Insofern müssen die wissenschaftlichen Befunde für den kursächsischen Hof nicht als Ausnahmephänomen gesehen werden.

Der fürstliche Hof als »Labor für die Generierung von Wissen«[75] hatte im 16. Jahrhundert zwar bereits eine lange Tradition, er wurde bisher aber vor allem als Ort des fürstlichen Mäzenatentums für Gelehrte begriffen. Im Dresdner Kontext kann gezeigt werden, wie Wissenschaft in direktem Zusammenhang mit den Erfordernissen der höfischen Ökonomie vor Ort und vorrangig von Nichtgelehrten praktiziert wurde. Dass dabei ganz unterschiedliche Forschungsansätze zum Vorschein kommen, der empirisch-mathematische, der philologisch/scholastisch-gelehrte und der esoterisch-geomantische, spricht nicht nur für die Kreativität der Beteiligten, sondern auch für die Reflexion der Angemessenheit von Methoden, deren Pluralität im Falle der Landwirtschaft im Wissensstoff selbst angelegt ist. Die Beispiele machen deutlich, dass am kursächsischen Hof »heuristische Rationalität« vorherrschte, die auch für die esoterische Praxis der Geomantie gilt. Ob der fürstliche Hof als besonders kreativer Ort angesehen werden kann, vor allem im Hinblick auf die technischen Künste, lässt sich nur im Vergleich mit anderen technischen Wissenschaftsstandorten (Handwerk, Handelsunternehmen) beurteilen. Die unterschiedlichen »weltanschaulichen« Haltungen, wie sie am Dresdner Hof zutage treten, pagane, christliche, technisch-mathematische, sprechen für eine offene Wissenschaftsatmosphäre, die an den Universitäten der Zeit so nicht gegeben war.

Es fällt auf, dass am fürstlichen Hof eklektisch vorgegangen wurde. Alle Wissensressourcen, so scheint es, wurden aufgeboten, auch die von Untergebenen, fürstlichen Freundinnen und Freunden und bürgerlichen Korrespondenzpartner/innen. Die Dresdner Befunde relativieren für das Fachgebiet Landwirtschaft so auch den Wert des Wissens, wie es in zeitgenössischen Druckwerken erscheint, und sie repräsentieren, in Abhebung zur Universität, eine geschlechtlich nicht markierte Wissenschaftskultur, wie sie noch bis ins 18. Jahrhundert fortbestand.

Nicht übersehen werden darf, dass es sich bei der höfischen Wissenschaft um eine »Befehlswissenschaft« handelte, die in die herrschaftlichen Bedürfnisse eingebunden war. Es dürfte einen Gelehrten wie Caspar Peucer nicht amüsiert haben, dass er Gutachten über die Qualität von Mist erstellen sollte.

ANMERKUNGEN

1 Vgl. Karl von Weber, Anna, Churfürstin zu Sachsen, geboren aus Königlichem Stamm Dänemark. Ein Lebens- und Sittenbild aus dem 16. Jahrhundert, Leipzig 1865, S. 139. | **2** Die Regel findet sich in der Dresdner Handschrift über die Gutswirtschaft: Sächsische Landesbibliothek – Staats- und Universitätsbibliothek Dresden (im Folgenden SLUB), Mscr.Dresd.R 5m Haushaltung in forwergen, 1569, fol. 248; in der Druckausgabe vgl. Hubert Ermisch / Robert Wuttke (Hrsg.), Haushaltung in Vorwerken. Ein landwirtschaftliches Lehrbuch aus der Zeit des Kurfürsten August von Sachsen, Leipzig 1910, S. 251. | **3** Vgl. Uwe Schirmer, Kursächsische Staatsfinanzen (1456–1656), Strukturen – Verfassung – Funktionseliten (Quellen und Forschungen zur sächsischen Geschichte 28), Stuttgart 2006, S. 647; Weber, Churfürstin (wie Anm. 1), S. 102 und 112. | **4** Schrift I und III stellen die albertinische Position dar, Schrift II die ernestinische, vgl. Walther Lotz (Hrsg.), Die drei Flugschriften über den Münzstreit der sächsischen Albertiner und Ernestiner um 1530, Leipzig 1893. Für neuere Editionen vgl. Hans J. Stadermann, Der Streit um gutes Geld in Vergangenheit und Gegenwart. Enthaltend drei Flugschriften über den Münzstreit der sächsischen Albertiner und Ernestiner um 1530 nach der Ausgabe von Walther Lotz (1893), Tübingen 1999; Bertram Schefold, Wirtschaft und Geld im Zeitalter der Reformation, in: Vademecum zu drei klassischen Schriften frühneuzeitlicher Münzpolitik, hrsg. von Bertram Schefold, Düsseldorf 2000, S. 1–36. Die zeitliche Kongruenz mit dem sogenannten Monopol-Streit von 1530 ist auffällig. Zur Auseinandersetzung zwischen Martin Luther (1483–1546) und dem Augsburger Humanisten Conrad Peutinger (1465–1547) vgl. Peter Burschel / Mark Häberlein, Familie, Geld und Eigennutz. Patrizier und Großkaufleute im Augsburg des 16. Jahrhunderts, in: »Kurzweil viel ohn Maß und Ziel«. Alltag und Festtag auf den Augsburger Monatsbildern der Renaissance, hrsg. vom Deutschen Historischen Museum Berlin, München 1994, S. 48–65, hier S. 61 f. | **5** Die Kosten für die Belagerung Gothas überstiegen den jährlichen Etat des Hofs um ein Fünffaches, vgl. Schirmer, Staatsfinanzen (wie Anm. 3), S. 639 und 642. | **6** Vgl. SLUB, Mscr.Dresd.K 1, Daniel Bretschneider, Invention 1582; animierte Motive daraus sind zu sehen in der Dokumentation: Ursula Schlude (Buch und Regie), Die Hofhalterin – Kurfürstin Anna von Sachsen (Frauen der Renaissance 1, Sendereihe Geschichte Mit Frauen), WDR 2000. | **7** Vgl. Friedrich Sieber, Volk und volkstümliche Motivik im Festwerk des Barocks. Dargest. an Dresdner Bildquellen (Veröffentlichungen des Instituts für deutsche Volkskunde 21), Berlin 1960, S. 26. | **8** Freundlicher Hinweis von Thomas Wyrwoll, Frankfurt a. M. (Experte für Darstellungen des Rinds in der Felsmalerei). | **9** So benannt im Briefwechsel Kurfürstin Annas mit dem Verwalter von Ostra, vgl. Sächsisches Staatsarchiv, Hauptstaatsarchiv Dresden (im Folgenden StA-D), Geheimes Archiv, Loc. 7375-5, Daniel Hardtmann vbergebene Arttickel vnd darauff erfolgete Antwortt In Vorwerkssachen Anno 1569 und 1570, fol. 45rv und 47rv. Die »schabanische« Rasse stamme »aus Schamaiten«, sagt Johann Falke, Die Geschichte des Kurfürsten August von Sachsen in volkswirtschaftlicher Beziehung, Leipzig 1868, S. 103; »aus Litauen« vgl. Wilhelm Abel, Geschichte der deutschen Landwirtschaft vom frühen Mittelalter bis zum 19. Jahrhundert, 3., neubearbeitete Aufl., Stuttgart 1978, S. 179. | **10** Ins Baltikum und nach Russland hatte Anna Kontakt über ihren Bruder Magnus (1540–1583), Gemahl der Nichte Zar Ivans IV. und (Titular-) König von Livland, vgl. Günther Stökl, Russische Geschichte. Von den Anfängen bis zur Gegenwart, 3., erweiterte Aufl, Stuttgart 1973, S. 242. | **11** Den »fremden« Prinzessinnen verdankte das patrilinear-exogamische Heiratssystem des Hochadels Impulse aller Art, anschaulich gewürdigt wird dies in der genealogischen Karte des Hiob von Magdeburg (1518–1595) von 1566: Am rechten Bildrand aufsteigend sind die Portraits der eingeheirateten Herzoginnen, links die der albertinischen Herzöge angeordnet; vgl. auch den Beitrag von Olav Heinemann in diesem Band. | **12** Sieber, Volkstümliche Motivik (wie Anm. 7), S. 26, benennt das Motiv »Frau auf Pflug oder Sämaschine«. | **13** Sie datieren von 1569, vgl. StA-D, Geheimes Archiv, Loc. 4481/1, fol. 253v und 254r; für einen Hinweis auf den Transfer vgl. Ludwig Mollwo, Markgraf Hans von Küstrin, Hildesheim / Leipzig 1926, S. 566. | **14** Ähnlich verdichtete Darstellungen bäuerlicher Arbeit und die Semantik des Pflugs in stadtbürgerlichen Bildproduktionen des 15. Jahrhunderts thematisiert in anderem Kontext: Dorothee Rippmann, Liebe, Geschlechterverhältnis und komplementäre Welten. Überlegungen zum Spätmittelalter, in: Zeitschrift für Agrargeschichte und Agrarsoziologie 56 (2008), H. 1, S. 11–32, hier S. 20 und 27. | **15** Sowohl die Kurfürstin als auch der Kurfürst ergriffen 1582/83 erbschaftsbezogene ökonomische Maßnahmen: Kurfürst August erhöhte in seinem Testament das Barschaftserbe für seine Gemahlin noch einmal beträchtlich, vgl. Karl von Weber, Des Kurfürsten August »letzter Wille und väterliche Ermahnung« an seinen Sohn Christian, in: Archiv für die Sächsische Geschichte 4 (1866), S. 396–403. Kurfürstin Anna legte eine Stiftung auf für Pensionen der kursächsischen Pastoren und für die Versorgung von Pastorenwitwen im Umfang von 100 000 Gulden zu fünf Prozent Zinsen, vgl. Sechs und vierzig Leichenpredigten, Leipzig 1588, S. 270. Wie finanzbewusst der Dresdner Hof inzwischen geworden war, analysiert Schirmer, Kursächsische Staatsfinanzen (wie Anm. 3), S. 641: 1582/83 waren die Ausgaben des Hofs die geringsten überhaupt während der Regierungszeit, gegenüber den höchsten im Jahr 1565/66. | **16** Vgl. Sven Dupré / Michael Korey, The Use and Re-Use of Optical Intruments: Creating Knowledge in the Dresden Kunstkammer, in: Who Needs Scientific Instruments. Conference on Scientific Instruments and their Users 20–22 October 2005 (Communication of the National Museum for the History of Science and Medicine »Museum Boerhaave« 315), hrsg. von Bart Grob, Leiden 2005, S. 75–80; Barbara Marx, Selbstentwurf und Kanon. Zur Instituierung der fürstlichen Kunstkammern als konfessionelle Differenz, in: Geltungsgeschichten. Über die Stabilisierung und Legitimierung institutioneller Ordnungen, hrsg. von Gert Melville und Hans Vorländer, Köln / Weimar / Wien 2002, S.149–180; Joachim Menzhausen, Kurfürst Augusts Kunstkammer. Eine Analyse des Inventars von 1587, in: Neues Archiv für sächsische Geschichte 66 (1995), S. 147–156; Otto Richter, Die Punktirbücher des Kurfürsten August von Sachsen, in: Forschungen der Deutschen Geschichte 20 (1880), S. 13–35; Helen Watanabe-O'Kelly, Court Culture in Dresden. From Renaissance to Baroque, Basingstoke / New York 2002. | **17** Vgl. Bruce T. Moran, German Prince-Practitioners. Aspects in the Development of Courtly Science, Technology, and Procedures in the Renaissance, in: Technology and Culture. The International Quarterly of the Society for the History of Technology 22 (1981), H. 2, S. 253–274, hier S. 253f. Seine Befunde beziehen sich vor allem auf die im Vergleich zu Dresden etwas späteren naturwissenschaftlichen Forschungen am Hof Hessen-Kassel (Botanik, Alchemie, Astrologie); ausführliche Darstellung vgl. Ders., Science at the Court of Hesse-Kassel. Informal Communication, Collaboration and the Role of the Prince Practitioner in the Sixteenth Century (Thesis University of California), Los Angeles 1978. Freundlicher Hinweis von Michael Korey, Dresden. | **18** Vgl. Gundula Grebner, Zum Zusammenhang von Sozialformation und Wissensform. Naturwissen am staufischen Hof in Süditalien, in: Erziehung und Bildung bei Hofe. 7. Symposium der Residenzen-Kommission der Akademie der Wissenschaften in Göttingen (Residenzenforschung 13), hrsg. von Werner Paravicini und Jörg Wettlaufer, Stuttgart 2002, S. 193–214; Ursula Schlude, Agrarexpertin am fürstlichen Hof. Überlegungen zur Sozial- und Geschlechtergeschichte des Agrarwissens in der Frühen Neuzeit, in: Zeitschrift für Agrargeschichte und Agrarsoziologie 56 (2008), H. 1, S. 33–48; Alisha Rankin, Becoming an Expert Practitioner. Court Experimentalism and the Medical Skills of Anna of Saxony (1532–1585), in: Isis 98 (2007), H. 1, S. 23–53. | **19** Wie fragil und wechselhaft die Zäsurvorstellungen für den Beginn der »Wissensgesellschaft« sind, diskutiert: Frank Rexroth, Systemvertrauen und Expertenskepsis. Die Utopie vom maßgeschneiderten Wissen in den Kulturen des 12. bis 16. Jahrhunderts, in: Wissen, maßgeschneidert. Experten und Expertenkulturen im Europa der Vormoderne (Historische Zeitschrift, Beiheft, N. F. 57), hrsg. von Björn Reich, Frank Rexroth und Matthias Roick, München 2012, S. 12–44. | **20** Vgl. Schlude, Agrarexpertin (wie Anm. 18), S. 44ff. | **21** Vgl. Rankin, Expert Practitioner (wie Anm. 18); und Heinz Peickert, Gräfin Dorothea von Mansfeld und Kurfürstin Anna von Sachsen. Zwei deutsche Arzneimittelfabrikantinnen des 16. Jahrhunderts, in: Apotheker-Zeitung. Zeitschrift des Deutschen Apotheker-Vereins 6 (1933), S. 87–89. | **22** Vgl. die von 1937 stammenden Photographien der Ensembles aus dem Dresdner Historischen Museum (Deutsche Fotothek/SLUB); die Abbildung der Geräte Kurfürstin Annas in: Jagdschloß Annaburg. Eine geschichtliche Wanderung, hrsg. vom Verein für Heimatgeschichte und Denkmalpflege Annaburg, Horb a. N. 1994, S. 51; der Kernsetzer des Kurfürsten hat ein der Kurfürstin zugeordnetes Pendantobjekt von 1572 (vgl. Dresdner Rüstkammer, Inv.-Nr. P 96). Die Destillierhäuser und -geräte in Annaburg wurden noch in der Zuordnung zu Kurfürstin Anna beschrieben von Johann K. Kunckel von Löwenstern, Collegium Physico-Chemicum Experimentale, Hamburg / Leipzig 1722, S. 592, zitiert nach Peickert, Gräfin (wie Anm. 18); textilwerksbezogene Objekte der Fürstin wie Spindeln und Stickrahmen fehlen in neueren Bestandsaufnahmen der Kunstkammer (vgl. Anm. 15), sie sind noch ausgewiesen in Franz Otto Stichart, Galerie der sächsischen Fürstinnen. Biographische Skizzen sämmtlicher Ahnfrauen des Königlichen Hauses Sachsen, Leipzig 1857, S. 274. | **23** Vgl. Thomas S. Kuhn, The Structure of Scientific Revolution, 2. Aufl., Chicago 1962. | **24** Vgl. Monika Mommertz, Geschlecht als Markierung, Ressource und Tracer. Neue Nützlichkeiten einer Kategorie am Beispiel der Wissenschaftsgeschichte der Frühen Neuzeit, in: Grenzen und Grenzüberschreitungen. Bilanz und Perspektiven der Frühneuzeitforschung (Frühneuzeit-Impulse 1), hrsg. von Christine Roll, Frank Pohle und Matthias Myrczek, Köln / Weimar / Wien 2010, S. 573–594. Dass die »doppelte Perspektive« nur infolge gezielten forscherischen Interesses sichtbar wird, zeigen auch Analysen der politischen Praxis der Fürstin im Dresdner Kontext, vgl. den Beitrag von Katrin Keller in diesem Band und Pernille Arenfeldt, The Political Role of the Female Consort in Protestant Germany, 1550–1585. Anna of Saxony as »Mater Patriae« (Dissertation European University Institute), Florenz 2006. | **25** Falke, Geschichte (wie Anm. 9), S. 98. | **26** Vgl. SLUB, Mscr.Dresd.I Ba, 20, Registratur der bucher in des Churfürsten zu Saxen liberey zur Annaburg, 1574, fol. 88 (deutschsprachige Titel), fol. 100, 103 (lateinische) und fol. 107–108 (Botanik / lateinische Titel). Hans-Peter Hasse identifizierte 81 Kräuter- und Arzneibücher, vgl. Ders., Zensur theologischer Bücher in Kursachsen im konfessionellen Zeitalter. Studien zur kursächsischen Literatur- und Religionspolitik in den Jahren 1569–1575 (Arbeiten zur Kirchen-und Theologiegeschichte 5), Leipzig 2000, S. 244. Das in Torgau hergestellte und dem Kurfürsten dedizierte Werk von Johann Kentmann und David Redtel von 1563 befindet sich im Zimelien-Zimmer der SLUB; originell ist seine Behandlung des regionalen Pflanzenbestands, vgl. Hansjochen Hancke, Ein Kräuterbuch und sein Umfeld, in: Das Kräuterbuch des Johannes Kentmann von 1563, hrsg. von Thomas Bürger, München 2004, S. 8–15. | **27** Vgl. SLUB, Mscr.Dresd.I Ba, 24 a, Registratur über gnädigsten frauen Anna churfürstin zu Sachsen bucher, 1588. Der Katalog enthält 500 – mehrheitlich theologische – Titel, etwa zehn Prozent sind Handschriften, was für eine aktive Arbeitsbibliothek spricht; etwa vierzig Titel betreffen politische Ökonomie, Landwirtschaft, Haushalt, Kochkunst, Heilkunde und Botanik. | **28** Einen Lehrstuhl für Politik nach der Lehre des Aristoteles (darin auch Ökonomie) stiftete Kurfürst August 1580 an der Universität Leipzig, vgl. Carl N. Fraas, Geschichte der Landbau- und Forstwissenschaften. Seit dem sechzehnten Jahrhundert bis zur Gegenwart, München 1865, S. 93; die ersten Lehrstühle für Kameralistik sind in Halle und Frankfurt (Oder) ab 1727 nachgewiesen, vgl. ebd. S. 97. | **29** »Nichtgelehrt« meint im 16. Jahrhundert nicht weniger, aber auch nicht mehr, als dass solche Personen nicht latein- und griechischkundig, nicht in der Lektüre der antiken und scholastischen Texte unterrichtet und/oder keine Theologen waren; anderes Fachwissen tangiert diese Definition nicht. | **30** Vgl. Edgar Zilsel, The Sociological Roots of Science, in: American Journal of Sociology 47 (1942), S. 544–562, kommentiert von Wolfgang Krohn, Zur soziologischen Interpretation der neuzeitlichen Wissenschaft, in: Edgar Zilsel. Die sozialen Ursprünge der neuzeitlichen Wissenschaft, hrsg. von Wolfgang Krohn, Frankfurt a. M. 1976, S. 7–43, hier S. 23–29. | **31** Vgl. Monika Mommertz, Die »Leistungen« der Differenz. Für eine andere Wissenschaftsgeschichte der Frühen Neuzeit und des beginnenden 19. Jahrhunderts, in: Frauen in der Wissenschaft – Frauen an der TU Dresden. Tagung aus Anlass der Zulassung von Frauen zum Studium in Dresden vor 100 Jahren (Dresdner Beiträge zur Geschlechterforschung in Geschichte, Kultur und Literatur 1), hrsg. von Hildegard Küllchen u. a., Leipzig 2010, S. 35–78, hier S. 46 ff.; Dies., Das Wissen »auslocken«. Eine Skizze zur Geschichte der epistemologischen Produktivität von Grenzüberschreitung, Transfer und Grenzziehung zwischen Universität und Gesellschaft, in: Theorie versus Praxis? Perspektiven auf ein Missverständnis, hrsg. von Christine Böckelmann, Yuka Nakamura und Daniel Tröhler, Zürich 2006, S. 19–51; Dies., Schattenökonomie der Wissenschaft. Geschlechterordnung und Arbeitssysteme in der Astronomie der Berliner Akademie der Wissenschaften im 18. Jahrhundert, in: Frauen in Akademie und Wissenschaft. Arbeitsorte und Forschungspraktiken 1700–2000 (Berlin-Brandenburgische Akademie der Wissenschaften, Forschungsberichte 10), hrsg. von Theresa Wobbe, Berlin 2002, S. 31–63; Ursula Schlude, Weibliche Wissenskulturen, in: Enzyklopädie der Neuzeit, Bd. 14: Vater-Wirtschaftswachstum, hrsg. von Friedrich Jaeger, Stuttgart / Weimar 2012, Sp. 752–759. Zum sächsischen Bergbau »mit Frauen« vgl. Wolfgang Lorenz, Barbara Uthmann und ihre Familie, in: Barbara Uthmann und ihre Zeit (1514–1575). Beiträge des Kolloquiums »Die soziale Rolle der Frau in Sachsen im 16. Jahrhundert« am 24. April 2004 in Annaberg-Buchholz, hrsg. von der Stadtverwaltung Annaberg-Buchholz und der Sächsischen Landesstelle für Volkskultur, Annaberg-Buchholz / Schneeberg 2004, S. 43–52. | **32** Ein seltenes Indiz für bäuerliche Schriftlichkeit des 16. Jahrhunderts in Friesland vgl. Abel, Deutsche Landwirtschaft (wie Anm. 9), S. 175. Die Schriftlichkeit der ritterlichen Gutswirtschaften steht der des fürstlichen Hofs allenfalls an Menge, nicht aber an Strukturiertheit nach, vgl. für Sachsen: Martina Schattkowsky, Zwischen Rittergut, Residenz und Reich. Die Lebenswelt des kursächsischen Adligen Christoph von Loß (1574–1620) (Schriften zur sächsischen Geschichte und Volkskunde 20), Leipzig 2007, insbesondere S. 69–178. | **33** Auf kurfürstliche Plinius-Lektüre lässt sich ein Befehl zur Anreicherung des Mists mit Farnkraut beziehen, aus der Lektüre des Agrarwerks von de Crescenzi die Idee eines Arbeitskalenders in der Dresdner Agrarschrift *Haushaltung in Vorwerken*, vgl. Schlude, Agrarexpertin (wie Anm. 18), S. 37 f. und S. 46 f. | **34** Vgl. Ursula Hess, Lateinischer Dialog und gelehrte Partnerschaft. Frauen als humanistische Leitbilder in Deutschland (1500–1550), in: Deutsche Literatur von Frauen, Bd. 1.: Vom Mittelalter bis zum Ende des 18. Jahrhunderts, hrsg. von Gisela Brinker-Gabler, München 1988, S. 113–148. | **35** Vgl. Falke, Geschichte (wie Anm. 9), S. 57–129. Das Argument findet sich in einer Reihe von Studien und Editionen zum fürstlichen Wirtschaftshandeln im 16. Jahrhundert unter anderem für die Territorien Braunschweig-Lüneburg, Braunschweig-Wolfenbüttel, Hessen-Kassel, Preußen und Neumark, vgl. Schlude, Agrarexpertin (wie Anm. 18), S. 38 f. | **36** Vgl. Weber, Churfürstin (wie Anm. 1), S. 127–162 (Vierter Abschnitt: »Gärten und Landwirtschaft«); und Falke, Geschichte (wie Anm. 9). | **37** Vgl. Ermisch / Wuttke, Haushaltung (wie Anm. 2), S. XIII–XXIII, insbesondere S. XXI; zu ihrer Entdeckung in Weimar vgl. August V. Richard, Licht und Schatten. Ein Beitrag zur Culturgeschichte von Sachsen und Thüringen im XVI. Jahrhundert, Leipzig 1861, S. 236–242; zur Entdeckung von zwei weiteren Varianten vgl. Anm. 39. | **38** Die Deutschsprachigkeit ist ausschlaggebendes Kriterium für diesen Rang, denn zeitgleich erschien das lateinische, poetisch-literarische Werk des deutschen Humanisten Konrad Heresbach, Rei Rusticae libri quatuor, Köln 1570, das im ersten Katalog der Dresdner Bibliothek aufgeführt ist; 1577 wurde es ins Englische übersetzt, eine vollständige deutsche Übersetzung liegt nicht vor. | **39** Eine dritte Variante der Schrift ist nach 1945 in Berlin aufgetaucht, vgl. Kurt Lindner, Deutsche Jagdtraktate des 15. und 16. Jahrhunderts, Teil I (Quellen zur Geschichte der Jagd 5), Berlin 1959, S. 60 ff.; diese und eine vierte Variante des 16. Jahrhunderts, die unlängst auf einer deutschen Auktion erschien, befinden sich in Privatbesitz; freundlicher Hinweis des Sammlers Rolf Schlenker, Radolfzell. Kurt Lindners Synopsis zufolge handelt es sich bei der Dresdner Handschrift (wie Anm. 2) nicht um die Urschrift. | **40** Vgl. Krohn, Ursprünge (wie Anm. 30), S. 55. | **41** Auch die Beschreibung der Aufgaben des Vorwerksverwalters im ersten Kapitel verweist auf 1569; sie ist identisch mit der Bestallung des Verwalters Adam von Strageditz für die Vorwerke Stolpen und Hohnstein, die am 1. Mai 1569 erfolgte, vgl. Falke, Geschichte (wie Anm. 9), S. 84. | **42** Die Schriftzüge im Bild – links »Setz Garten« (?), rechts »Ich kann sie nicht mahl(en)« – finden sich nur in der Dresdner Variante der Handschrift (wie Anm. 2). | **43** Vgl. Hollstein's German Engravings, Etchings and Woodcuts 1400–1700, vol. XV B (Balthasar Jenichen to David Kendel), Rotterdam 1986, S. 99, Nr. 278–287: Ten Stages of Life of Man, Nr. 288–297: Ten Stages of Life of Woman; Nachweis Frauen-Zyklus: Berlin-W (Kupferstichkabinett). | **44** Die Information sei angeführt, um die hohe Integration des »Weiblichen« im Handeln der Eliten des 16. Jahrhunderts zu betonen; eine (fürstliche) Schwangerschaft ist unter dieser Prämisse als geistig/produktive Handlung zu sehen wie der Abschluss eines politischen Vertrags oder eine unternehmerische Initiative. | **45** Vgl. Schlude, Agrarexpertin (wie Anm. 18), S. 42 f. | **46** Ebd. S. 46 f. | **47** Vgl. Harm Wiemann (Hrsg.), Bericht über die Visitation der kurfürstlichen Vorwerke im Jahre 1571 von Abraham Thumbshirn, Crimmitschau 1940; die Archivalie (zuletzt Heimatmuseum Crimmitschau) ist nicht mehr nachweisbar; Kopien von drei Visitationen sind enthalten in: StA-D, Finanzarchiv 10038, Kopiale, die Vorwerke, Teiche, Mühlen u. a. eigentümliche Güter Betr. (1568–1609), Bd. II (1570–1571), fol. 187–190. | **48** Vgl. Uwe John, Haushaltung im Dienste des Fürsten. Abraham von Thumbshirn als Hofmeister und Domänenverwalter Kurfürst Augusts und Kurfürstin Annas, in: Landesgeschichte als Herausforderung und Programm. Karlheinz Blaschke zum 70. Geburtstag (Quellen und Forschungen zur sächsischen Geschichte 15), hrsg. von Uwe John / Josef Matzerath, Stuttgart 1997, S. 381–401. | **49** StA-D, Geheimes Archiv, Copial Nr. 513, fol. 83a, Schreiben Kurfürstin Anna an den kursächsischen Hausmarschall Hans von Auerswald, 9. Juli 1568; vgl. Schlude, Agrarexpertin (wie Anm. 18), S. 47. | **50** Vgl. Heide Wunder / Helga Zöttlein / Barbara Hoffmann, Konfession, Religiosität und politisches Handeln von Frauen vom ausgehenden 16. bis zum Beginn des 18. Jahrhunderts, in: Zeitsprünge. Forschungen zur Frühen Neuzeit 1 (1997), H. 1, S. 75–98, hier S. 87 f. | **51** Medienbezogen und wissenschaftslogisch untersucht werden Textsorten in Ursula Schlude, Naturwissen und Schriftlichkeit. Warum eine Fürstin des 16. Jahrhunderts nicht auf den Mont Ventoux steigt und die Natur exakter begreift als die »philologischen« Landwirte, in: »Die Natur ist überall bey uns«. Mensch und Natur in der Frühen Neuzeit, hrsg. von Sophie Ruppel und Aline Steinbrecher, Zürich 2009, S. 95–108. Alle genannten Textarten wurden in einer Teilstudie des Göttinger Forschungsprojekts »Agrarpionierinnen« (Leitung: Heide Inhetveen) von Albrecht Hoch und Ursula Schlude erschlossen; zur Projektskizze vgl. Ursula Schlude / Heide Inhetveen, Kursachsen – agrargeschichtlich – weiblich. Ein Göttinger Forschungsprojekt über Kurfürstin Anna von Sachsen (1532–1585), in: Neues Archiv für sächsische Geschichte 74/75 (2004), S. 423–429; Teilergebnisse vgl. Schlude, Agrarexpertin (wie Anm. 18); Dies., »Cultiver selon de bonnes règles et avec profit«. La création d'un savoir agricole à la cour de l'électeur de Saxe à Dresde, 1567–1571, in: Elites et progrès agricole XVIe – XXe siècle, hrsg. von Nadine Vivier, Rennes 2009, S. 59–81. | **52** Vgl. Michel Foucault, Archäologie des Wissens, Frankfurt a. M. 1973 (Original: L'archéologie du savoir, Paris 1969); eine pointierte Zusammenfassung des Konzepts im Disput zwischen Gegner und Befürworter im V. Kapitel, ebd., S. 283–301. | **53** Einzelne Werke vgl. Schlude, Agrarexpertin (wie Anm. 18), S. 41 f. | **54** Vgl. ebd., S. 47. | **55** Vgl. D. Casparn Peucers bedencken die bestellung d(er) velde belangende, in: SLUB, Mscr.Dresd.K 68, Varia Oeconomica, fol. 54–55; Doctor Simonij Bedenkens von Sath und Ackerbau, ebd., fol. 56–61; Simonis zweiter Bericht, ebd., fol. 48–49. Die Datierung ist nach Aktenlage vor 1571. Zu Kurfürst Augusts Beitrag (ohne Titel) vgl. SLUB, Mscr.Dresd.K 19, Vermischte Niederschriften von der Hand des Kurfürsten August, fol. 11–12 und 58. | **56** Vgl. StA-D, Geheimes Archiv, Loc. 7375-5, fol. 29b, Kurfürstin Anna an den Verwalter des Vorwerks Ostra, Daniel Hardtmann, 21. Oktober 1570; Schlude, Agrarexpertin (wie Anm. 18), S. 36. | **57** StA-D, Geheimes Archiv, Copial 356 c (Copial über gebirgische Forwerge 1569–1570), fol. 93, Verzeichnis unterschiedlich gedüngter Felder der Vorwerke Rauenstein, Wünschendorf, Geringswalde und Scheibe, beigelegt dem Schreiben: Friedrich von der Ölßnitz (Zwickau) an Kurfürstin Anna, 8. Dezember 1570. | **58** Eine ältere agrargeschichtliche Studie kolportiert die Feststellung, ohne Nachweis, dass in der Dresdner *Haushaltung in Vorwerken* Schafmist als »doppelt so gut« wie Kuhmist eingestuft werde, vgl. Boleslaus Durasewicz, Beiträge zur Geschichte der Landwirtschaft Kursachsens im 16. Jahrhundert, Diss. Heidelberg 1900, S. 30. Sie lässt sich nicht bestätigen, scheint jedoch mit dem geschilderten Mistexperiment kompatibel. | **59** Vgl. Richter, Punktirbücher (wie Anm. 16). Er attestiert der Geomantie in Dresden eine gemeinsame Praxis von Kurfürstin und Kurfürst. Die Foliobände befinden sich heute in der SLUB. Landwirtschaftliche Fragestellungen finden sich in: SLUB, Mscr.Dresd.N 37, Varia Geomantica, SLUB Mscr.Dresd.K 19, Vermischte Niederschriften von der Hand des Kurfürsten August und SLUB, Mscr.Dresd.N 10, Das Vierde buch Nein. Helt in sich Ackerbau, Landgüter, Händel, Wahre, Zinse, Bergwerg, alle Mineralia, Saltzquelle, Kalck vnd Steinbrüche vnd die Potentaten in Franckreich. Ein geomantisches Lehrschema mit Punktiermustern ist abgedruckt in Heinrich Cornelius Agrippa von Nettesheim, De Occulta Philosophia: 3 Bücher über die Magie (1567), Nördlingen 1987, S. 326. | **60** Das Vierde buch Nein (wie Anm. 59). | **61** Vgl. Varia Geomantica (wie Anm. 59), fol. 21 und 24. | **62** Richter, Punktirbücher (wie Anm. 16), S. 17. Es handelt sich um eine regionale Apfelsorte. | **63** Auch politische und administrative Fragestellungen wurden mithilfe der Geomantie bearbeitet, das zeigen zahlreiche Diskurse in den erwähnten Foliobänden (wie Anm. 59). Ein Forschungsprojekt der Dresdner Historikerin Ulrike Ludwig zu dieser Thematik ist derzeit in Vorbereitung. | **64** Zur Skepsis als schöpferisch kreative Praxis im wissenschaftlichen Vorgehen vgl. Rexroth, Systemvertrauen (wie Anm. 19), S. 21. Dass sich in christlicher Glaubenshaltung skeptisches Potential entfalten kann, scheint in aufklärerischer Perspektive zwar paradox, sei aber hier im Dresdner Kontext hypothetisch behauptet. | **65** Vgl. Anm. 58. Auch die überlieferte Kritik Kurfürstin Annas an der Astrologie als Praxis, die »die Sterne über den Schöpfer stelle«, vgl. Weber, Churfürstin (wie Anm. 1), S. 281, wirkt so, als sei sie selbst im Zwiespalt gewesen und müsse sich zur Raison rufen. | **66** Copial über gebirgische Forwerge (wie Anm. 57), fol. 20, Schreiben Kurfürstin Anna an Vorwerksverwalter Friedrich von der Ölßnitz, 29. Juli 1569. | **67** Vgl. die Musterbestallung in der *Haushaltung in Vorwerken* (wie Anm. 41). | **68** Vgl. Christian Gerber, Die II. Historie. Von der Durchlauchtigen Chur=Fürstin Anna, Chur=Fürst Augusti ersten Gemahlin, in: Historia derer Wiedergebohrenen in Sachsen Dritter Theil, hrsg. von Ders., Dresden 1727, S. 19–32, hier S. 30–32. | **69** StA-D, Geheimes Archiv, Loc. 7375-5, fol. 29b, Kurfürstin Anna an den Verwalter des Vorwerks Ostra, Daniel Hardtmann, 21. Oktober 1570. | **70** Vgl. Schlude, Agrarexpertin (wie Anm. 18), S. 39. | **71** Vgl. Anm. 57 und Abb. 4. | **72** Zur Legendenbildung im Dresdner Kontext über die Differenz von Schaf- und Kuhmist vgl. Anm. 58. | **73** So die Einleitung zur Bestallung von Abraham Thumbshirn, vgl. StA-D, Loc. 32961, Gen. 1918, Nr. 1, zitiert nach Uwe John, Abraham von Thumbshirn als kursächsischer Domänenverwalter und Agrarschriftsteller, Diplomarbeit Leipzig 1990, S. 57–60, hier S. 57. | **74** Zur Visitation der in der Vollzugsmeldung genannten »gebirgischen« Vorwerke vgl. Wiemann, Visitation (wie Anm. 47), S. 74–78. | **75** Rexroth, Systemvertrauen (wie Anm. 19), S. 29.

PETER WIEGAND

Landesaufnahme und Finanzstaat unter Kurfürst August und seinen Nachfolgern

August von Sachsen gilt als »der richtige Mann für den Übergang [...] von der spätmittelalterlichen Landesherrschaft zum neuzeitlichen Staat«.[1] Mit dem Ausbau der kurfürstlichen Zentralverwaltung führte er die Reformen seines Bruders Moritz fort[2] und legte einen Schwerpunkt seiner Herrschaft auf die Entwicklung der Wirtschaft.[3] Als »lutherischer Landesvater« pflegte er einen Regierungsstil, der durch ökonomisches Denken und intensive Aktenarbeit geprägt war.[4] Sein großes Interesse an wissenschaftlich-technischen Innovationen machte ihn zum »prince practitioner«,[5] der seine eigenhändig erworbenen Fertigkeiten als Ingenieur, Kunsthandwerker oder Geomant wo nur irgend möglich in den Dienst der Verwaltung stellte. Zu den Fachgebieten, die den Wettiner besonders faszinierten, zählten Kartographie und Geodäsie, die als klassisches Herrschaftswissen von besonderem Wert für einen Landesfürsten waren.[6]

Dieses überkommene Bild vom »Vater August«[7] hat die Forschung inzwischen an einigen Stellen differenziert und ergänzt. So sind mittlerweile die Reichs- und Konfessionspolitik des Kurfürsten[8] und die enge Zusammenarbeit mit seiner Ehefrau, die eine eigenständige Rolle in der Landesverwaltung spielte, stärker in den Blick geraten.[9] Betont wurden jüngst auch die Grenzen von Augusts patriarchalischem Regiment: Angesichts einer rasant anwachsenden Verwaltungsschriftlichkeit war die Arbeitskraft des Herrschers oft überfordert, sodass etwa sein mehrfach unternommener Versuch, die Kammerbehörden persönlich zu überwachen, zum Scheitern verurteilt war. Notorisches Misstrauen und eine zwischen Delegation und Kontrolle schwankende Personalpolitik, die alle Felder des Regierens in der geheimen Sphäre halten wollte, behinderten grundlegende organisatorische Reformen. Augusts Wirtschaftspolitik führte zwar zu beachtlichen Einnahmen, doch ging dies mit erhöhten Ausgaben und einem stetig wachsenden Schuldenstand einher. Nicht zuletzt verliefen einige der handelspolitischen Projekte des Kurfürsten defizitär.[10]

Als besonders effizient gilt hingegen nach wie vor die Verwaltung der kurfürstlichen Ämter, insbesondere der Kammergüter, deren Zahl August zielstrebig erweiterte. Grundherrliche Einkünfte und Erträge aus der Forst- und Landwirtschaft stiegen während seiner Herrschaft kontinuierlich an.[11] Zu den Ursachen dieser erfolgreichen Entwicklung gehören der gezielte Ausbau agrarischen Fachwissens, dem sich nicht zuletzt Kurfürstin Anna widmete,[12] aber auch die systematische Erfassung des Landesvermögens, die generell als eine wichtige Voraussetzung für das erfolgreiche Regieren im frühmodernen Finanzstaat, vor allem in seiner Entwicklungsstufe als »Domänenstaat«, gilt.[13] Die Grundlage hierfür hatte bereits Kurfürst Moritz mit der flächendeckenden Anlage der Amtserbbücher geschaffen, in denen Einkünfte und Gerechtsame der landesherrlichen Ämter registriert wurden.[14] Hier ist die Frage zu stellen, in welcher Form sein Bruder und Nachfolger diese Ansätze zu einer umfassenden Landesaufnahme – als Instrument einer rationalen Herrschaft[15] – weiterverfolgt und ausgebaut hat.

Dabei interessiert vor allem, inwieweit es August gelang, den für die frühneuzeitliche Landesaufnahme typischen »Medienverbund«[16] aus tabellarischer Erfassung, narrativer Beschreibung und kartographischer Darstellung zu schaffen, an dem es zu Beginn seiner Regierung noch fehlte. In anderen Territorien ging die Erstellung landesherrlicher Urbare unmittelbar mit kartographischen Arbeiten einher, etwa in Hessen-Kassel bei der Landesvermessung durch Arnold Mercator (1537–1587), die Landgraf Wilhelm IV. (1532–1592) zusammen mit der Anlage seines »Ökonomischen Staats« (1585) in Auftrag gab.[17] Auch in Württemberg war die Tätigkeit des Landmessers Georg Gadner (1522–1605) eng mit einer Renovation der herzoglichen Lagerbücher verbunden.[18] Dabei verschafften »Indexikalität« und »ikonisches Potential« der Karte eine »semiotische Überlegenheit« gegenüber schriftlichen Verwaltungsunterlagen.[19] Neben der bildlichen Darstellung topographischen Wissens diente diese auch der symbolischen Visualisierung und Repräsentation fürstlicher Herrschaft.[20] Umfassten Landesaufnahmen zugleich eine gelehrte Landesbeschreibung, trug dies zur Ausbildung eines historisch-geographisch determinierten Landesbewusstseins bei. Zu den prominentesten Beispielen humanistisch ausgerichteter Landesaufnahmen zählen etwa die zwischen 1554 und 1563 erstellten bayerischen Landtafeln Philipp Apians (1531–1589) oder ab 1607 die Kartierung der Landgrafschaft Hessen-Kassel durch den später auch in Kursachsen tätigen Wilhelm Dilich (1571/72–1650/1655).[21]

Ob die Entwicklung im albertinischen Sachsen ebenfalls in Richtung einer medial integrierten Landesaufnahme verlief, soll hier genauer untersucht werden. Und noch ein weiterer Aspekt ist zu klären: August gilt als Wegbereiter der ersten umfassenden Vermessung Kursachsens, die sein Sohn, Christian I. (1560–1591) ab 1586 ins Werk setzte.[22] Er hat bereits selbst eine Reihe amtlicher Einzelkarten in Auftrag gegeben, doch ist kaum etwas darüber bekannt, zu welchem Zweck er auf eine mathematisch exakte Darstellung seines Landes hinarbeitete.[23] Die Kartographiegeschichte betrachtet August vor allem als technologiebegeisterten Geodäten,[24] während sein eigenhändiges Vermessen und Kartieren unter kulturhistorischem Blickwinkel als ein Akt performativer Herrschaftsrepräsentation interpretiert werden kann.[25] Der ökonomische und administrative Hintergrund seiner Bemühungen um eine Landesaufnahme, vor allem die Frage, inwieweit die Produktion von Karten mit der andernorts üblichen Erfassung fiskalischen Wissens in Form von Amtsbüchern und Akten korrespondierte, wurde dagegen noch kaum untersucht, obwohl bereits Rudolf Kötzschke die amtliche kursächsische Kartographie am Ende des 16. Jahrhunderts als Pendant zu den bereits eine Generation zuvor angelegten Amtserbbüchern deutete.[26]

Es geht hier also darum, die kursächsische Landesaufnahme unter Kurfürst August und seinen Nachfolgern als Dokument pragmatischer Schriftlichkeit wahrzunehmen.[27] Damit stellt sich letztlich die Frage, inwieweit der wirtschaftliche Erfolg von Augusts Ämter- und Domänenverwaltung durch die gezielte Erfassung administrativer »Basisinformation«[28] erklärt werden kann. Zu beurteilen ist dabei, ob der Kurfürst das Innovationspotential, das eine systematische Landesaufnahme bot, voll ausgeschöpft hat und sich auch in dieser Hinsicht als das »organisatorische Talent«[29] erweist, als das ihn die ältere Forschung sieht. Hierzu sei zunächst ein genauerer Blick auf die Entwicklung der kursächsischen Landesaufnahme seit etwa 1550 geworfen, danach deren Charakter als Verbundwerk von Karte und Kanzleischriftgut analysiert und abschließend die Frage nach ihrer Bedeutung für die Wirtschaftspolitik Kurfürst Augusts gestellt.

Zur Entwicklung der kursächsischen Landesaufnahme seit 1550

Die Übertragung der sächsischen Kurwürde auf die albertinischen Wettiner im Jahr 1547 und die Erweiterung ihres Territoriums durch die Kurlande um Wittenberg bildeten den Hintergrund für die bereits erwähnte Neuerfassung der Einkünfte und Gerechtsame in den landesherrlichen Ämtern in Form der sogenannten Amtserbbücher. Der zum Kurfürsten arrivierte Herzog Moritz konnte hier an vereinzelte ältere Vorarbeiten anknüpfen, die bis in die Anfänge des 16. Jahrhundert zurückgingen, hat sich zweifellos aber auch am Vorbild anderer Territorien orientiert, wie etwa dem Herzogtum Württemberg, wo man seit 1537 eine umfassende Renovation der landesherrlichen Lagerbücher betrieb, oder auch an dem dynastisch eng mit Kursachsen verbundenen Hessen, wo Landgraf Philipp seit etwa 1535 eine mit Vermessungsarbeiten verbundene Neuaufnahme der Salbücher forcierte.[30]

Die systematische Anlage der wettinischen Amtsurbare, die der 1549 zum Rentmeister ernannte Barthel Lauterbach (1515–1578) organisierte, war bis 1553 weitgehend abgeschlossen.[31] Zu einer kartographischen Landesaufnahme kam es damals jedoch noch nicht. Die Vermessung der Herrschaft Schwarzenberg, die Moritz im Jahr 1550 anordnete – sie gilt als Prototyp der amtlichen Kartographie Kursachsens –, diente vor allem dazu, die Teilung der Herrschaft zu dokumentieren, deren südliche Gebiete mit den Bergrevieren um Platten und Gottesgab infolge des Schmalkaldischen Kriegs an Böhmen abgetreten werden mussten. Die Arbeiten führte der Leipziger Mathematikprofessor Johannes Hommel, genannt Humelius (1518–1562), mithilfe des Annaberger Markscheiders Georg Öder II. (1511/12–1581) durch.[32] Eine erste Fassung der hierauf gefertigten Karte gilt als verloren. Erhalten ist jedoch eine topographisch verdichtete Version aus der Feder Öders von 1551. Das ganz nach der Art einer Landtafel gestaltete Werk steht zwar im

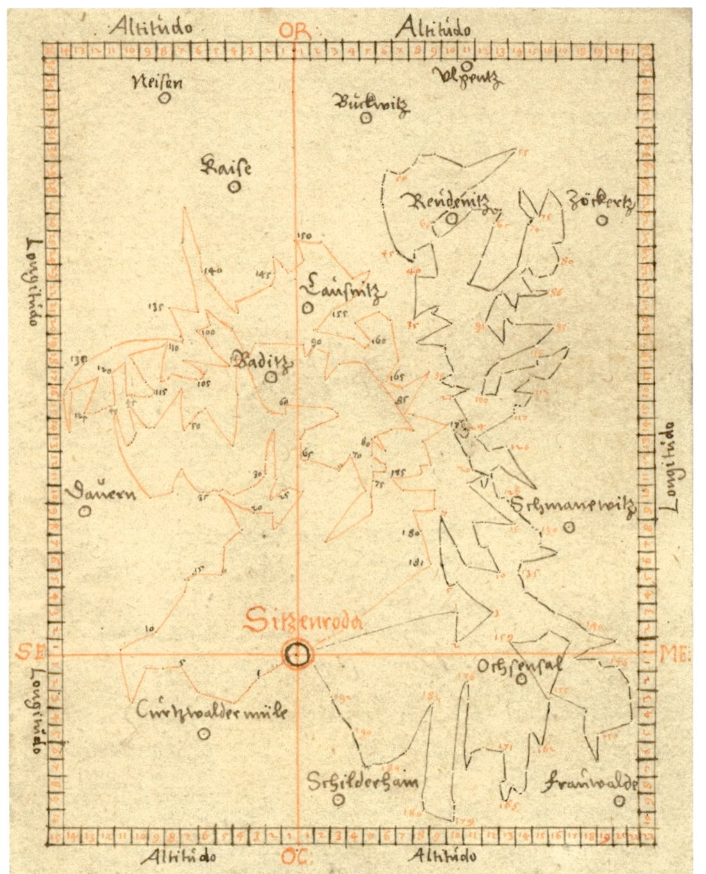

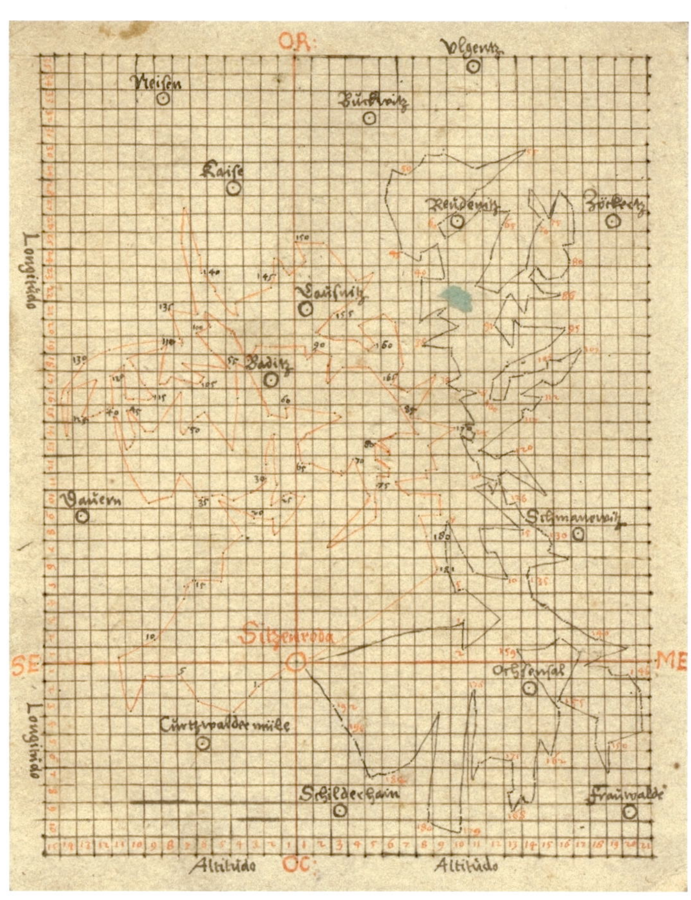

Abb. 1 a und b Kurfürst August von Sachsen · Karten der Sitzenrodaer (Dahlener) Heide · um 1570 · StA-D, 12884 Karten und Risse, Schr. 1, F. 18, Nr. 12R, S

Kontext der von Moritz betriebenen Anlage von Erbbüchern – das Urbar für Schwarzenberg stammt aus dem gleichen Jahr –, doch ist ein engerer funktioneller Zusammenhang nicht zu belegen.

Auf Johannes Humelius und Georg Öder II. griff auch Kurfürst August zurück, als er schon bald nach seinem Herrschaftsantritt die Vermessung von Domänengut in Angriff nahm. Wie in anderen Territorien widmeten sich diese Arbeiten zunächst den landesherrlichen Forsten. 1555 wurde Humelius mit der Aufnahme der Amtswaldungen betraut, 1557 folgte der Auftrag zu einer systematischen Kartierung landesherrlicher Forst- und Jagdgebiete. Auch Öder, im gleichen Jahr mit derselben Aufgabe versehen, könnte an den damals entstandenen Karten mitgewirkt haben.[33] Nach dem Tod von Humelius übernahm er die Aufgabe der Forstvermessung allein. 1565 trat sein gleichnamiger Sohn, Georg Öder III. (um 1535–1587), in Augusts Dienste. Dieser hat in den Jahren um 1570 eine Vielzahl landesherrlicher Wälder und Jagdreviere vermessen. Neben Dutzenden großmaßstäbigen Plänen kurfürstlicher Jagdstallungen entstanden damals die sogenannten Forstzeichenbücher, eine Serie aufwendig gestalteter Unikatdrucke, die aus nichts anderem als den Listen der von Öder vorgenommenen Strecken- und Winkelmessungen in den kurfürstlichen Wäldern bestehen.[34]

Daneben regte August eine Reihe von Gelehrtenkarten an. Dabei zeigt sich, dass er an einer Publikation topographischer Darstellungen seines Territoriums durchaus interessiert war, wenn diese nur seinen Qualitätsvorstellungen genügten. So legte der Mathematiker und Astronom Bartholomäus Scultetus (1540–1614) dem Landesherrn 1568 eine Karte der Mark Meißen und der Lausitzen vor, die erst gedruckt werden durfte, nachdem die von August kritisierten Fehler behoben waren. Um 1570 hatte sich am Dresdner Hof so eine Auffassung durchgesetzt, die sorgfältig zwischen den zur Publikation vorgesehenen Kartenwerken und den großmaßstäbigen, der Geheimhaltung unterliegenden Manuskriptkarten der kursächsischen Verwaltung unterschied.[35]

Ähnlich handhabte man es damals auch in Bayern, wo Herzog Albrecht V. (1528–1579) im Jahr 1566 die bayerischen Landtafeln Philipp Apians in einer verkleinerten Fassung zum Druck bringen ließ, die ursprüngliche Aufnahme jedoch unter Verschluss hielt. In dieser Zeit scheint sich auch August mit dem Gedanken einer umfassenden Landesaufnahme befasst zu haben. 1568 versuchte er, Apian, der ihm ein Exemplar seiner gedruckten Landtafeln dediziert hatte, an die Universität Leipzig zu berufen, jedoch ohne Erfolg. Bereits 1566 hatte der Kartograph Tilemann Stella (1525–1589) für August eine Anleitung zur Aufnahme der landesherrlichen Ämter verfasst, die vorsah, auf der Grundlage einer Vermessung Karten für Verwaltungszwecke zu fertigen und sie durch einen schriftlichen *Lanndt- und Amptbericht* zu ergänzen, der Angaben umfassen sollte, wie sie bereits in den kursächschen Amtserbbüchern zu finden waren. Dieses Programm, das Stella schon bei seiner Landesaufnahme im Herzogtum Zweibrücken 1563 umgesetzt hatte, wurde jedoch nicht verwirklicht.[36]

Dabei stand das kartographische Wissen am kurfürstlichen Hof in diesen Jahren auf höchstem Niveau. Dies ist nicht zuletzt auf die technologische Förderung zurückzuführen, die der Kurfürst seinen Landmessern angedeihen ließ. Hier kam der seit etwa 1560 entstehenden Kunstkammer im Dresdner Schloss eine wichtige Rolle zu. Geodätische Instrumente bildeten einen ihrer Bestandsschwerpunkte. Die Schaustücke standen nicht nur dem Kurfürsten, sondern auch seinen Markscheidern für den praktischen Gebrauch zur Verfügung. Daneben fungierte die Kunstkammer als Ort des Wissenstransfers: Mit Humelius und Georg Öder II. waren von Anfang an zwei Geodäten in ihrem Umfeld tätig. Auch begleitete der erste Kunstkämmerer David Uslaub (1545–1616) August seit 1572 regelmäßig bei dessen Vermessungsarbeiten. 1576 versuchte der Kurfürst sogar, Tilemann Stella an den Hof zu berufen, allerdings ohne Erfolg.[37]

Zugleich war die Kunstkammer eine Referenzsammlung für kartographische Musterstücke. Gezeigt wurden hier die Werke, die der Kurfürst selbst geschaffen hatte, darunter großmaßstäbige Forstkarten oder eine in Landtafelmanier gehaltene topographische Übersichtsdarstellung Kursachsens in 16 Einzelblättern. Aber auch Arbeiten von Georg Öder III. und seinem um 1575 in kurfürstliche Dienste getretenen Bruder Matthias Öder (gest. 1614) zählten zum Kunstkammerbestand. Unter ihnen ragt ein Stück heraus – eine 1582 entstandene, prachtvoll ausgeführte Darstellung des Schwarzenberger Forstreviers aus der Feder Matthias Öders, die in Maßstab und Darstellungsmanier bereits der späteren kartographischen Landesaufnahme vorgreift. Nach dem Kunstkammerinventar von 1619 hing sie an prominenter Stelle, gleich beim Eingang des ersten Raums der Kammer, wo sie dem Besucher den hohen Entwicklungsgrad der sächsischen Vermessungskunst vor Augen führte.[38]

Ungeachtet dieser geballten Kompetenz verblieb das Projekt einer umfassenden kartographischen Landesaufnahme unter August im Stadium des Experiments, für das die Kunstkammer als Labor, der Kurfürst selbst als einer der wichtigsten Entwickler fungierte. August beschränkte sich bis zu seinem Tod darauf, seinen Landmessern, unter denen Matthias Öder inzwischen eine führende Rolle einnahm, kleinere lokale Arbeiten zu übertragen. Die Tatsache, dass erst sein Sohn, Christian I., den Befehl zur Fertigung einer »mappe unsers ganzen landes umbkreiß« erteilte,[39] sollte freilich nicht überbewertet werden, denn auch dem Kuradministrator Friedrich Wilhelm (1562–1602) galt August später als der eigentliche spiritus rector dieses Projekts.[40] Doch ändert dies nichts an der Tatsache, dass dieser einen derartigen organisatorischen Kraftakt bis zuletzt scheute.

Wenige Wochen nach Augusts Tod begann Matthias Öder mit den Arbeiten im Gelände, die ihn, seit etwa 1595 unterstützt von seinem Neffen Balthasar Zimmermann (1570–1633/34), durch weite Teile des Kurfürstentums führten. Bis zu Zimmermanns Tod war das Vorhaben nicht abgeschlossen. Trotzdem stellen der *Ur*-Öder (Maßstab 1 : 13 333) und seine Verkleinerung, der Öder-*Zimmermann* (1 : 53 333), eine gigantische Arbeitsleistung dar. Die Kartenwerke decken nach heutiger Überlieferung etwa 64 Prozent der historischen Landesfläche Kursachsens ab. Sie entstanden auf der Basis zahlloser, mit Kette und Kompass durchgeführter Strecken- und Winkelmessungen, enthalten vor allem Herrschafts-, Gemarkungs- und Flurgrenzen und liefern ein auch nach modernen Begriffen sehr genaues Landschaftsbild. Aufgrund der Aufnahmemethode und des großen Maßstabs hat man sie als einen »nach den Regeln der niederen Geodäsie entworfene[n] riesige[n] Markscheider- oder Feldmesserriß des ganzen Landes« bezeichnet.[41] Eine topographische Übersicht im strengen Sinn bieten sie freilich nicht. Schon dies unterscheidet die kursächsische Landesaufnahme stark von anderen Vorhaben ihrer Art.

Abb. 2
»Ur-Öder«, Bl. 367/368:
Gegend östlich von Wolfen
(1 : 13 333) · um 1600 · StA-D,
12884 Karten und Risse,
Schr. R, F. 7, Nr. 367/368

368
Vorwerck Wach-
sendorff
Landtgraben.
Schefferey
Ziegelscheün
Die Pfeler marck.
Die Bletzer-
ey.
Der Dallgast.
Die Beßnitzer
Marck.
Anhaltisch.
Die Mulda.
Stedtlein Neuen
Beßnitz anhaldisch
Anhaltisch.

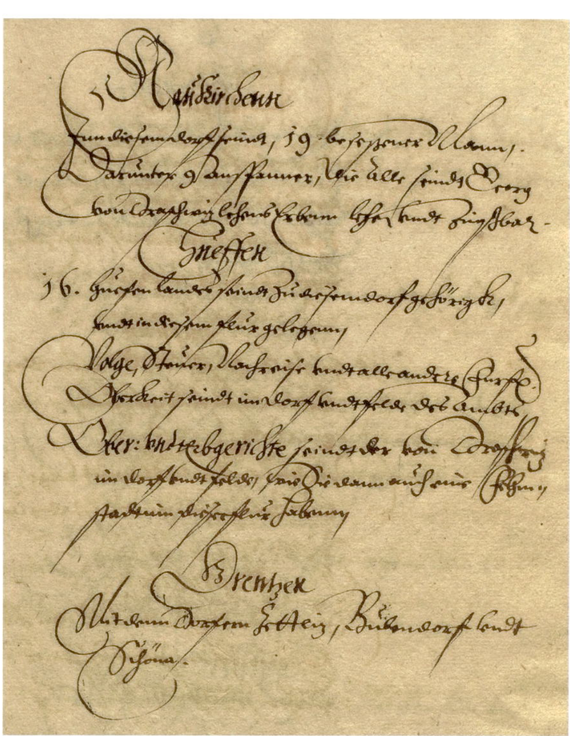

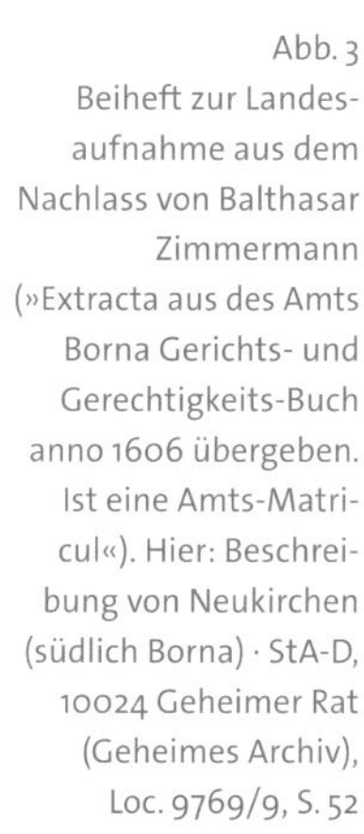

Abb. 3
Beiheft zur Landesaufnahme aus dem Nachlass von Balthasar Zimmermann (»Extracta aus des Amts Borna Gerichts- und Gerechtigkeits-Buch anno 1606 übergeben. Ist eine Amts-Matricul«). Hier: Beschreibung von Neukirchen (südlich Borna) · StA-D, 10024 Geheimer Rat (Geheimes Archiv), Loc. 9769/9, S. 52 (Ausschnitt)

Ihr Alleinstellungsmerkmal ist ihr thematischer Gehalt. Neben den Herrschaftsgrenzen bilden die rund 900 überlieferten Kartenblätter vor allem umfangreiches Verwaltungswissen in Form statistischer Legenden ab. Zu den Dörfern werden oftmals die Zahl der Ansässigen, die Eigentums- und die Gerichtsverhältnisse genannt. Daneben sind Schäfereien, Förstereien, Mühlen, bäuerliche Laßgüter und anderes erfasst. Vereinzelt ist sogar der Bewuchs, in den Forsten die Holzqualität erwähnt. Auch dieser gleichsam mikroökonomische Fokus findet sich in anderen zeitgenössischen Landesaufnahmen so nicht. Die landesherrlichen Domänen und das Ämtervermögen wurden durch Flächenkolorit und farbige Symbole vielfach vom übrigen grundherrlichen Besitz abgehoben. Aber auch dieser war grundsätzlich in die geodätische und statistische Erfassung mit einbezogen. So steht die Karte zugleich für die Verfassungsentwicklung Kursachsens, die im Lauf des 16. Jahrhunderts zu einer vollständigen Einbezirkung des Adels in die landesherrliche Administration geführt hatte. Dieser von Karlheinz Blaschke als »Verämterung« bezeichnete Prozess[42] war zu Beginn des 17. Jahrhunderts, etwa gleichzeitig mit der Landesaufnahme, abgeschlossen. Letztere bildete ihn nicht nur ab, sondern trug selbst zu seiner Vollendung bei, indem sie die »Durchsetzung der Landeshoheit [...] gegenüber anderen mediaten Herrschaftsträgern« bildlich festschrieb.[43]

Die kursächsische Landesaufnahme als Verbund von Karte und Kanzleischriftgut

Angesichts der Fülle an fiskalischen Informationen, die in der Öder-Zimmermann'schen Landesaufnahme enthalten sind, stellt sich die Frage, inwieweit die im kurfürstlichen Auftrag erstellten Karten – hier und auch schon in früheren Jahren – mit der buchförmigen Erfassung von Verwaltungswissen verknüpft waren. Dabei ist von dem Befund auszugehen, dass sich die thematischen Angaben des Öder-Zimmermann'schen Kartenwerks, inklusive der hier im Vordergrund stehenden Grenzdarstellungen, weitgehend mit jenen Daten überschneiden, die auch in den Amtserbbüchern erfasst wurden. Für die Regierungszeit Augusts hingegen lässt sich eine derart enge Beziehung zwischen Karte und Urbar allenfalls in Ansätzen nachweisen.

Unter Augusts Herrschaft kam es zwar zu einem rasanten Anwachsen der Schriftlichkeit, insbesondere in der Verwaltung der Ämter,[44] doch handelt es sich bei diesen Unterlagen vor allem um serielle Überlieferung, entstanden während des administrativen Vollzugs, eher selten um systematisch aggregierte und strukturierte Daten wie im Fall der Amtserbbücher. Die vorherrschenden Typen urbariellen Schriftguts unter August sind der »Extrakt« und das »Spezialverzeichnis«, was bedeutet, dass summarische Verzeichnisse des Ämtervermögens meist nach speziellen thematischen Gesichtspunkten differenziert angelegt wurden – ganz ähnlich wie es etwa die gleichzeitig begonnene »Verwaltungsstatistik« Landgraf Wilhelms IV. von Hessen-Kassel tat.[45]

So nahm etwa Barthel Lauterbach nur wenige Tage nach dem Herrschaftsantritt Augusts eine Art von Eröffnungsinventur sämtlicher Ämter vor.[46] 1557 entstanden Verzeichnisse der Amtswaldungen, Jagden[47] und Fischgewässer, im gleichen Jahr verfasste Lauterbach einen Bericht über die Holzflößen, um 1563 entstand eine Reihe von Weinbergsinventaren. Bereits 1564 legte die Rentkammer summarische Rechenschaft über die bislang erreichte *Besserung der Ämter* ab.[48] Zwischen 1571 und 1574 entstand erneut eine Reihe von Teichverzeichnissen. Daneben sind Listen bäuerlicher Laßgüter, von Mühlen, Eisenhämmern und anderen Gerechtsamen erhalten.[49] Beim Blick auf die Überlieferung entsteht der Eindruck, dass sich die Rentbeamten und Schösser zwar nach und nach mit verschiedenen Sektoren der Ämterwirtschaft befassten, dass es aber zu einer strukturierten Zusammenfassung dieser Daten in Form einer Erneuerung der Amtserbbücher gekommen wäre, ist nicht zu ersehen. Dabei scheint man dies durchaus als Desiderat

Abb. 4
Beschreibung von Neukirchen (südlich Borna) als Legende in Blatt 168 des »Ur-Öder« · StA-D, 12884 Karten und Risse, Schr. R, F. 3, Nr. 168/169 (Ausschnitt)

empfunden zu haben, wie ein Promemoria Barthel Lauterbachs (*Mängel und Beschwerden der kurfürstlich sächsischen Rentkammer und Ämter*) aus dem Jahr 1570 erahnen lässt, dessen Gravamina vielfach – direkt oder indirekt – auf einen Mangel an »Basisinformationen« zielen, wie sie nur durch eine systematische Landesaufnahme zu beschaffen waren.[50]

Ein systematisches Vorgehen lässt sich hier insoweit erkennen, als etwa der Erfassung der Amtswaldungen 1557 eine Reihe von Holzordnungen für einzelne Ämter folgten, die 1560 in eine landesweite Holzordnung mündeten.[51] Ähnliches geschah nach der Erfassung der Fischgewässer zwischen 1571 und 1574, der im Jahr 1575 einige Fischordnungen folgten. Ein Bezug zur Kartographie bestand insofern, als die 1557 einsetzenden Aktivitäten zur Erfassung der Amtswälder zeitlich mit dem Auftrag zur Forstvermessung an Johannes Humelius und Georg Öder II. zusammenfallen und es gleichzeitig zu einer umfassenden Berainung der Waldungen durch die zuständigen Förster kam. Eine Reihe von Teichmessungen, die Matthias Öder ab 1576 unternahm,[52] dürften im Zusammenhang mit der vorausgegangen Erfassung der Fischgewässer stehen. All diese Arbeiten sind für sich genommen beachtlich und zeugen von einer hohen Arbeitskraft der Rentkammer und der Ämter. Es ist jedoch nicht belegbar, dass die statistische und die kartographische Datenerhebung unmittelbar miteinander verknüpft gewesen wären.[53]

Im Hinblick auf den »Medienverbund«, der für eine Landesaufnahme im umfassenden Sinn charakteristisch war, änderte sich dies erst unter Christian I., als dieser 1586 den Beginn flächendeckender Vermessungsarbeiten anordnete. Inzwischen wissen wir, dass Matthias Öder und Balthasar Zimmermann für die Herstellung ihrer mit fiskalischen Daten gespickten Karten gezielt auf die Unterlagen der Rentverwaltung zurückgreifen konnten. So erhielt Öder für seine Tätigkeit im Amt Mutzschen 1598 einen Extrakt aus dem Amtserbbuch zur Verfügung gestellt. Die Daten gingen in den *Ur-Öder* ein und wurden nach den vor Ort erhobenen Befunden korrigiert. Vereinzelt flossen sie auch in die Unterlagen der Rentkammer zurück. In diesem Kontext ist bemerkenswert, dass Christian I. nun auch wieder eine größere Zahl neuer Amtserbbücher anlegen ließ. Dies dürfte nicht zuletzt mit seiner Initiative zu einer umfassenden Landesvermessung in Zusammenhang stehen.[54]

Neue Quellenfunde lassen die koordinierte Arbeitsweise noch klarer zutage treten. Ein bislang unbeachtetes Nachlassinventar von Balthasar Zimmermann aus dem Jahr 1634 führt neben den Karten der Landesaufnahme auch buchförmige Unterlagen der Landmesser auf. Ein Teil davon ist bis heute erhalten. Es handelt sich um eine umfangreiche Serie schmaler Bände, die – meist unter dem Titel *Eigentümliche Güter im Amt N. N.* – für jedes Amt die landesherrlichen Dörfer, deren Gerichtsverhältnisse, verschiedentlich auch die Zahl der ansässigen Untertanen, Forsten, Angaben zur Holzqualität, Teiche, Fischereien, Mühlen und anderes Zubehör, vereinzelt sogar Verzeichnisse des schrift- und amtsässigen Adels aufführen, allerdings in sehr unterschiedlicher Ausführlichkeit und Qualität.

Die Verzeichnisse, in der Regel als Pergamentkladden fest gebunden, stammen ursprünglich aus der Rentkammer, wurden in mehreren Fällen nachweislich aus den Amtserbbüchern extrahiert und sind später von Öder und Zimmermann ergänzt und verbessert, in Einzelfällen auch mit Vermessungsprotokollen und kleinen Kartenskizzen angereichert worden.[55] Manche Einträge finden sich wörtlich in den Legenden der Karten wieder, bei anderen weichen die Angaben von denen der Karten ab. Hier wurden die Informationen vermutlich während der Vermessungsarbeiten vor Ort neu erfasst und gingen unmittelbar in die Karten ein. So waren die Hefte zwar mehr kartographisches Arbeitsmittel als statistisches Beiwerk zu den Kartenblättern – sie bilden gleichsam eine Art von Kümmerform urbariellen Schriftguts –, machen aber deutlich, dass auch die kursächsische Landesaufnahme um 1600 im »Medienverbund« von Karte und Kanzleischriftgut funktionierte, wie es in anderen Territorien üblich war.

Die Landesaufnahme – ein Instrument der Wirtschaftspolitik Kurfürst Augusts?

Was folgt aus diesen Befunden für die Beurteilung der Wirtschaftsverwaltung Kurfürst Augusts? Die Erträge aus Ämtern und Domänen, deren Erfassung die Landesaufnahme vor allem dienen sollte, machten am Ende seiner Regierungszeit rund ein Drittel der Gesamteinnahmen des Staatsfiskus aus und waren etwa dreimal so hoch wie unter seinem Vorgänger.[56] Dazu hatte August seit seinem Herrschaftsantritt zielstrebig Grundherrschaften aufgekauft[57] – eine Praxis, die auch seine Nachfolger fortsetzten. Ab 1569 begann der Herrscher zudem, die Bewirtschaftung der Domänen verstärkt in Eigenregie zu betreiben. Hierbei spielten auch die Kurfürstin Anna und ihr Hofmeister Abraham von Thumbshirn (1535–1593) eine wichtige Rolle. Letzterer bemühte sich als Domäneninspektor erfolgreich um eine effiziente Verwaltung der kurfürstlichen Vorwerke. Tatsächlich stiegen deren Erträge nun deutlich an, insbesondere im Bereich der Getreide- und der Holzproduktion.[58]

Das Bedürfnis nach ständiger Besserung der Land- und Forstwirtschaft war umso größer, als die Staatsschulden während Augusts Herrschaft stetig anstiegen,[59] die haushälterische Flexibilität an anderer Stelle beschränkt wurde – die Verwaltung von Trank- und Landsteuer ging 1552, endgültig 1570 an die Stände über[60] – und sich der Versuch, durch »kostenintensive Wirtschaftsprojekte« neue Geldquellen zu erschließen, etwa in der Salzproduktion oder im Pfefferhandel, mehrfach als Zuschussgeschäft entpuppte.[61] Während die Tranksteuer als eine der wichtigsten Einnahmequellen in den 1580er Jahren konjunkturbedingt einbrach, bildeten Ämter und Domänen immer ein solides Fundament der kursächsischen Finanzen. Es verwundert daher nicht, dass August gerade im Bereich der Forstwirtschaft, die eine der Säulen des Landeshaushaltes darstellte, mit Meliorisierungsprojekten wie Vermessungsarbeiten, der statistischen Erfassung des Bestandes und der Erstellung von Holzordnungen ansetzte. Auch in anderen Ländern wie Württemberg bildeten die landesherrlichen Wälder den Ausgangspunkt für die Landesaufnahme.[62]

Dem folgte, wie oben beschrieben, eine konsequente Inventarisierung anderer Sektoren wie des Floßwesens, der Jagden, der Fisch- und Teichwirtschaft und des Weinbaus. Insofern lässt sich feststellen, dass die Erhebung von fiskalischen »Basisinformationen« systematisch vorangetrieben wurde und sicher auch für die guten Erträge der Ämter und Domänen mitverantwortlich war, wenngleich der Anteil, den eine geordnete pragmatische Schriftlichkeit an der Effizienz der Verwaltung hatte, kaum zu beziffern ist. Andererseits muss konstatiert werden, dass dieses System nach wie vor mit Defiziten behaftet war, wie etwa der zitierte Bericht Lauterbachs aus dem Jahr 1570 anklingen lässt.[63] Das administrative Optimierungspotential, das August damals noch nicht voll ausgeschöpft hatte, lag eben, wie die Entwicklung in anderen Territorien belegt, unter anderem in einer Verbindung von tabellarischer Landesaufnahme und kartographischer Darstellung.

Nachdem sich Abraham von Thumbshirn in seinem Visitationsbericht von 1571, der sich um eine strukturierte Bestandsaufnahme der landesherrlichen Güter bemühte, noch ganz auf verbale Beschreibungen beschränken musste,[64] intensivierte der Kurfürst zwar seitdem seine Bemühungen um eine geodätische Erfassung des Domänenbesitzes, vor

Abb. 5
Balthasar Zimmermann · Rittergut Kühnitzsch bei Wurzen, 1623, 1 : 3 333 · StA-D, 12884 Karten und Risse, Schr. 2, F. 32b, Nr. 5 (Ausschnitt)

allem mit der Unterstützung Georg Öders III. und dessen Bruder Matthias, doch blieb dies weiterhin auf Einzelaufträge beschränkt. Separate Kartierungen kurfürstlicher Vorwerke sind aus der Zeit bis 1586 nur wenige bekannt. Mit Blick auf das vermeintliche »Organisationstalent« Augusts[65] ist daher zu konstatieren, dass er dem »Medienverbund« von Karte und Amtsbuch zwar den Weg bereitet hat, den letzten Schritt hin zu dessen flächendeckendem Einsatz aber nicht zu gehen vermochte.

Erst unter Christian I. ist ein engerer Konnex zwischen kartographischer Darstellung und und Amtsurbar zu erkennen, was sich in den gerade beschriebenen Arbeitsheften Öders und Zimmermanns spiegelt, aber auch in der Tatsache niederschlägt, dass es nun, parallel zur Landesvermessung, wieder verstärkt zur Anlage neuer Amtserbbücher kam. Auch hierin spiegelt sich deren weitgehende thematische Überschneidung mit dem Öder-Zimmermann'schen Kartenwerk. Dabei war die 1586 begonnene kartographische Landesaufnahme ganz auf die Bedürfnisse der kurfürstlichen Ämter- und Domänenwirtschaft zugeschnitten. Seinen Höhepunkt erreichte dies in den ersten Regierungsjahren Johann Georgs I. (1611–1656), der ebenfalls an der schon von Kurfürst August verfolgten Linie festhielt, den Umfang des Domänenbesitzes durch den gezielten Ankauf kleinerer Grundherrschaften zu vergrößern.[66] Bezeichnenderweise konzentrierte sich die kartographische Landesaufnahme damals vollends auf die Erfassung der kurfürstlichen Vorwerke. Ab 1611 schuf Balthasar Zimmermann eine Reihe von Karten einzelner Herrschaften im nochmals vergrößerten Maßstab von 1 : 3 333 bis 1 : 6 666. Den Anlass hierfür gab zumeist der kurz zuvor vollzogene Erwerb durch den Kurfürsten. Die Flurkarten stellen den Bestand an Feldern, Wiesen, Teichen und Forsten inklusive der wirtschaftlichen Nutzung der Flächen dar, liefern also eine Art kartographischer Eröffnungsbilanz des jeweiligen Kammerguts.

Die thematische Ausrichtung und ihr großer Maßstab lassen die Karten von Öder und Zimmermann somit bereits als eine Art von frühem Kataster erscheinen.[67] Mit dem Blick auf ähnliche, deutlich später begonnene Projekte in anderen Territorien wie den Magdeburger Kammeratlas (ab 1690)[68] oder die Landesaufnahme in Schwedisch-Vorpommern (ab 1692)[69] erweist sich die kursächsische Landesvermessung ihrer Zeit also um einiges voraus. Entsprechend schnell dürfte sie freilich auch an Aktualität verloren haben. Nach dem Tod Balthasar Zimmermanns fanden keine Korrekturen und Überarbeitungen des Kartenwerks mehr statt, das, außer für spätere Landmessergenerationen, bald keinen großen Gebrauchswert mehr besaß. Bezeichnend ist in diesem Zusammenhang, dass mit dem Auslaufen des Öder-Zimmermann'schen Projekts auch das Zeitalter der Amtserbbücher endete. Zu einer Renovation der Amtsurbare kam es nach 1630 nur noch in wenigen Einzelfällen. Auch hierin unterscheidet sich die erste kursächsische Landesaufnahme von denjenigen anderer Länder, die paradoxerweise gerade wegen ihrer kleinmaßstäbigen Ungenauigkeit über längere Phasen hinweg als diachrones Medium fungieren konnten.

Warum es Kurfürst August nicht mehr gelang, das Vorhaben einer flächendeckenden, Karte und Urbar verbindenden Landesaufnahme zu realisieren, lässt sich nur schwer beantworten. Die Tatsache, dass Christian I. den Befehl hierzu bereits kurz nach dem Tod seines Vaters erteilt hat – er datiert auf den 6. Juli 1586, August starb am 11. Februar –, dürfte aber auf einen gewissen Reformstau hindeuten, der wohl nicht zuletzt dadurch zu erklären ist, dass August seit 1583 – zum wiederholten Mal – die Leitung der Finanzverwaltung persönlich an sich gezogen hatte und damit überfordert war, was sich unter anderem in bald sinkenden Ämtereinnahmen spiegelte.[70] Dass Christian I. nach seinem Regierungsantritt sofort das von seinem Vater entlassene Kammerpersonal[71] zurückberief, spricht in diesem Kontext für sich. Es ist wohl dem 1583 in Ungnade gefallenen, von Christian rehabilitierten Finanzexperten Hans von Bernstein (1525–1589) zu verdanken,[72] dass die Landesaufnahme zu einer der ersten Reformmaßnahmen des neuen Herrschers wurde. Tatsächlich konnten die Einnahmen der Ämter und Domänen hiernach rasch wieder gesteigert werden. Dass freilich auch die Ausgaben für Hof und Verwaltung unter Christian erheblich wuchsen und der Staatshaushalt nur dank der Rücklagen aus Augusts »Geheimer Verwahrung« stabil blieb, steht auf einem anderen Blatt.[73]

Anhang

Verzeichnis der statistischen Beihefte zum Öder-Zimmermann'schen Kartenwerk

Nach dem Nachlassinventar Balthasar Zimmermanns von 1634 (StA-D, 11269 Hauptzeughaus, Nr. 744, Bl. 6r-11r: *Verzeichnuße undterschiedener ambter in Churfurstenthumb Sachßen eigenthumblicher gütter, ezlicher deren außmeßung, sambt ihren grenzen und gerechtigkeiten, in folio, nach den kreißen eingetheilet*). Soweit einzelne Hefte im Bestand des Hauptstaatsarchivs Dresden noch ermittelt werden konnten, ist die heute gültige Signatur beigefügt. Einzelne Hefte sind erhalten, aber im Nachlassverzeichnis nicht genannt.

I. Kurkreis
1. Amt Gommern und Plötzky
2. Amt Elbenau und Schloss Ranis
3. Amt Belzig und Rabenstein
4. Amt Wittenberg
5. Amt Seyda
6. Amt Schweinitz
7. Amt Schlieben
8. Amt Liebenwerda
9. Dobrilugkische Berainung
10. Amt Bitterfeld
11. Amt Gräfenhainichen [10024, Loc. 9769/29]

II. Thüringischer Kreis
1. Amt Sangerhausen (Kloster Sittichenbach)
2. Amt [Langen-]Salza
3. Amt Weißensee
4. Amt Eckartsberga
5. Amt Freyburg
6. Schul-Amt Pforta
7. Naumburg (Kloster St. Georg)
8. Amt Weißenfels (Erbbuchregistratur)
9. Stift Zeitz
10. Amt Merseburg
11. Amt Lützen
12. Amt Schkeuditz
13. Amt Lauchstedt

III. Meißnischer Kreis
1. Amt Torgau
2. Amt Oschatz [10024, Loc. 9770/5]
3. Amt Meißen [10024, Loc. 9769/27]
4. Amt Mühlberg
5. Amt [Großen-]Hain [10024, Loc. 9769/18]
6. Amt Moritzburg [10024, Loc. 9770/1]
7. Amt Dresden [10024, Loc. 9769/12]
8. Amt Radeberg [10024, Loc. 9770/15]
9. Amt Stolpen, 1588 [10024, Loc. 9769/20]
10. Amt Pirna
11. Amt Hohnstein [10024, Loc. 9769/20]
12. Amt Senftenberg

IV. Leipziger und Osterländischer Kreis
1. Amt Petersberg
2. Amt Zörbig
3. Amt Delitzsch
4. Amt Leipzig [10024, Loc. 9769/23]
5. Amt Wurzen [10024, Loc. 9770/23]
6. Amt Eilenburg
7. Amt Mutzschen [10024, Loc. 9770/2]
8. Amt Düben
9. Amt Rochlitz, 1591 [10024, Loc. 9770/16]
10. Amt Colditz [10024, Loc. 9769/11]
11. Amt Leisnig [10024, Loc. 9769/24]
12. Amt Pegau [10024, Loc. 9770/7]
13. Amt Borna [10024, Loc. 9769/9]

V. Erzgebirgischer Kreis
1. Amt Dippoldiswalde [10024, Loc. 9769/14]
2. Amt Tharandt [10024, Loc. 9769/32]
3. Amt Nossen [10024, Loc. 9770/4]
4. Amt Freiberg [10024, Loc. 9769/15]
5. Amt Lauterstein [10024, Loc. 9769/22]
6. Amt Lichtenwalde
7. Amt Augustusburg [10024, Loc. 9769/8]
8. Amt Frankenberg
9. Amt Sachsenburg
10. Amt Chemnitz [10024, Loc. 9769/10]
11. Amt Stollberg [10024, Loc. 9770/18]
12. Amt Wiesenburg
13. Amt Wolkenstein
14. Amt Grünhain [10024, Loc. 9769/16]
15. Amt Schwarzenberg, Crottendorf und erkaufte Plaunitzische Güter, 1612 [10024, Loc. 9770/17]

VI. Vogtländischer Kreis und assekurierte Ämter
1. Amt Weida

[Nicht im Verzeichnis erwähnt: Amt Plauen (10024, Loc. 9770/10)]

ANMERKUNGEN

1 Jens Bruning, Landesvater oder Reichspolitiker? Kurfürst August von Sachsen und sein Regiment in Dresden 1553–1586, in: Figuren und Strukturen. Historische Essays für Hartmut Zwahr zum 65. Geburtstag, hrsg. von Manfred Hettling / Uwe Schirmer / Susanne Schötz, München 2002, S. 205–224, hier S. 210. | **2** Rudolf Kötzschke, Die Landesverwaltungsreform im Kurstaat Sachsen unter Kurfürst Moritz 1547/48, in: Zeitschrift des Vereins für Thüringische Geschichte und Altertumskunde N. F. 34 (1940), S. 191–217. | **3** Johannes Falke, Die Geschichte des Kurfürsten August von Sachsen in volkswirthschaftlicher Beziehung, Leipzig 1868; Uwe Schirmer, Kursächsische Staatsfinanzen (1456–1656). Strukturen – Verfassung – Funktionseliten (Quellen und Forschungen zur sächsischen Geschichte 28), Leipzig / Stuttgart 2006, S. 597–675. | **4** Manfred Rudersdorf, Die Generation der lutherischen Landesväter im Reich, in: Die Territorien des Reichs im Zeitalter der Reformation und Konfessionalisierung, Land und Konfession 1500–1650, hrsg. von Anton Schindling / Walther Ziegler, Bd. 7: Bilanz – Forschungsperspektiven – Register (Katholisches Leben und Kirchenreform im Zeitalter der Glaubensspaltung 57), Münster 1997, S. 137–170, hier

S. 156. | **5** Bruce T. Moran, German Prince-Practitioners. Aspects of Development of Courtly Science, Technology, and Procedures in Renaissance, in: Technology and Culture 22 (1981), S. 253–274, hier S. 262, 267. | **6** Vgl. zuletzt etwa Dirk Syndram, Die Anfänge der Dresdner Kunstkammer, in: Die kurfürstlich-sächsische Kunstkammer in Dresden. Geschichte einer Sammlung, hrsg. von Dems./Martina Minning, Dresden 2012, S. 15–38; Ulrike Ludwig, Hellsichtige Entscheidungen. Kurfürst August von Sachsen (1526–1586) und die Geomantie als Strategie im politischen Alltagsgeschäft, Archiv für Kulturgeschichte 97 (2015), S. 109–127; Peter Wiegand, Ein »manregister unser landtschafft«. Die kursächsische Landesaufnahme des 16. Jahrhunderts als Herrschaftsinstrument und Repräsentationsmedium, in: Kurfürstliche Koordinaten. Landesvermessung und Herrschaftsvisualisierung um 1600 (Schriften zur sächsischen Geschichte und Volkskunde 46), hrsg. von Ingrid Baumgärtner / Lena Thiel, Leipzig 2014, S. 107–146, hier S. 114–124. | **7** Reiner Groß, Kurfürst August von Sachsen. Repräsentant frühneuzeitlicher Landesherrschaft in Kursachsen, in: Dresdner Hefte 9 (1986), S. 2–12; Karl Czok/Ders., Das Kurfürstentum, die sächsisch-polnische Union und die Staatsreform (1547–1789), in: Sächsische Geschichte, Weimar 1989, S. 208–296, hier S. 228 ff.; Karl Czok, Kurfürst August I. von Sachsen (1526–1586), in: Kaiser – König – Kardinal. Deutsche Fürsten 1500–1800, hrsg. von Rolf Straubel / Ulman Weiß, Leipzig 1991, S. 115–123; Jens Bruning, August (1553–1586), in: Die Herrscher Sachsens. Markgrafen, Kurfürsten und Könige 1089–1918, hrsg. von Frank-Lothar Kroll (Beck'sche Reihe 1739), 2., durchges. Aufl., München 2013, S. 110–125, 331–333; Ders., August, in: Sächsische Biografie, hrsg. vom Institut für Sächsische Geschichte und Volkskunde e.V., bearb. von Martina Schattkowsky, Online-Ausgabe: www.isgv.de/saebi (18. 6. 2015). | **8** Bruning, Landesvater oder Reichspolitiker? (wie Anm. 1), S. 210–224. | **9** Katrin Keller, Kurfürstin Anna von Sachsen (1532 – 1585). Von Möglichkeiten und Grenzen einer »Landesmutter«, in: Das Frauenzimmer. Die Frau bei Hofe in Spätmittelalter und früher Neuzeit, hrsg. von Jan Hirschbiegel / Werner Paravicini (Residenzenforschung 11), Stuttgart 2000, S. 263–285; Dies., Kurfürstin Anna von Sachsen (1532–1585), Regensburg 2010, S. 72 ff.; Ursula Schlude, Agrarexpertin am fürstlichen Hof. Überlegungen zur Sozial- und Geschlechtergeschichte des Agrarwissens in der Frühen Neuzeit, in: Zeitschrift für Agrargeschichte und Agrarsoziologie 56 (1/2008), S. 33–48; Dies./Heide Inhetveen, Kursachsen – agrargeschichtlich – weiblich. Ein Göttinger Forschungsprojekt über Kurfürstin Anna von Sachsen (1532–1585), in: Neues Archiv für sächsische Geschichte 74/75 (2004), S. 423–429. | **10** Schirmer, Staatsfinanzen (wie Anm. 3), S. 626–635; Christian Heinker, Die Bürde des Amtes – die Würde des Titels. Der kursächsische Geheime Rat im 17. Jahrhundert (Schriften zur sächsischen Geschichte und Volkskunde, 48), Leipzig 2015, S. 47 ff., 54 ff. | **11** Dazu im Einzelnen siehe Anm. 47–52. | **12** Vgl. dazu die in Anm. 9 genannte Literatur sowie den Beitrag von Ursula Schlude in diesem Band. | **13** Susanne Friedrich, »Zu nothdürfftiger information«. Herrschaftlich veranlasste Landeserfassungen des 16. und 17. Jahrhunderts im Alten Reich, in: Information in der Frühen Neuzeit. Status, Bestände, Strategien (Pluralisierung & Autorität, 16), hrsg. von Arndt Brendecke u. a., Münster 2008, S. 301–334. Zu den Begriffen »Finanzstaat« und »Domänenstaat« Thomas Winkelbauer, Nervus rerum Austriacraum. Zur Finanzgeschichte der Habsburgermonarchie um 1700, in: Die Habsburgermonarchie 1620–1740, hrsg. von Petr Mat'a / Dems., Stuttgart 2006, S. 179–215, hier S. 184 f. | **14** Kötzschke, Landesverwaltungsreform (wie Anm. 2), S. 203–207; André Thieme, Die kursächsischen Amtserbbücher aus der Mitte des 16. Jahrhunderts und ihre digitale Erfassung, in: Neues Archiv für sächsische Geschichte 74/75 (2003/04), S. 413–422. | **15** Im Sinne Max Webers: Ders., Wirtschaft und Gesellschaft. Grundriss der verstehenden Soziologie, besorgt von Johannes Winckelmann, 5. rev. Aufl., Tübingen 2002, S. 124 f. | **16** Friedrich, Landeserfassungen (wie Anm. 13), S. 306. | **17** Ludwig Zimmermann, Der Ökonomische Staat Landgraf Wilhelms IV., Bd. 1: Der hessische Territorialstaat im Jahrhundert der Reformation (Veröffentlichungen der Historischen Kommission für Hessen und Waldeck 17, 1), Marburg 1933, S. 127; Ingrid Baumgärtner, Wilhelm Dilich und die Landtafeln hessischer Ämter, in: Wilhelm Dilich. Landtafeln hessischer Ämter zwischen Rhein und Weser 1607–1625, hrsg. von Dies./Martina Stercken / Axel Halle, Kassel 2001, S. 9–35, hier S. 11. | **18** Margaretha Bull-Reichenmiller, »Beritten, beschrieben und gerissen«. Georg Gadner und sein kartographisches Werk 1559–1602, Stuttgart 1996, S. 24. | **19** Winfried Nöth, Die Karte und ihre Territorien in der Geschichte der Kartographie, in: Text – Bild – Karte. Kartographien der Vormoderne (Rombach Wissenschaften, Litterae, 105), hrsg. von Jürg Glauser / Christian Kiening, Freiburg / Br. 2007, S. 39–68, hier S. 65. | **20** Dazu Joachim Bahlcke, Landesherrschaft, Territorien und Staat in der frühen Neuzeit (Enzyklopädie deutscher Geschichte, 91), München 2012, S. 11; Martina Stercken, Repräsentation, Verortung und Legitimation von Herrschaft. Karten als politische Medien im Spätmittelalter und in der Frühen Neuzeit, in: Baumgärtner/Dies./Halle, Wilhelm Dilich (wie Anm. 17), S. 37–52; am Beispiel des albertinischen Sachsen Wiegand, Landesaufnahme (wie Anm. 6), S. 135–146. | **21** Baumgärtner, Wilhelm Dilich (wie Anm. 17), S. 16–23. | **22** Fritz Bönisch, Die erste kursächsische Landesaufnahme ausgeführt von Matthias Öder und Balthasar Zimmermann von 1586 bis in die Anfangszeit des Dreißigjährigen Krieges (Atlas zur Geschichte und Landeskunde von Sachsen. Beiheft H 4.1, H 4.2), Leipzig/Dresden 2002. | **23** Einen Bezug zwischen Augusts Wirtschaftspolitik und seinen kartographischen Initiativen deuten Falke, Geschichte (wie Anm. 3), S. 145, und Groß, Kurfürst August (wie Anm. 7), S. 8, sowie Ders., Geschichte Sachsens, Leipzig 2001, S. 78 f., an, führen den Gedanken aber nicht weiter aus. | **24** Wolfram Dolz, Kurfürst August von Sachsen (1533 – 1586) als Vermesser und Kartograph, in: Dresdner Kunstblätter 51 (2007), S. 25–35; Ders., Kurfürst August als Geodät und Kartograph, in: Baumgärtner/Thiel, Fürstliche Koordinaten (wie Anm. 6), S. 69–86. | **25** Wiegand, Landesaufnahme (wie Anm. 6), S. 117 f., 120–122. | **26** Rudolf Kötzschke, Die Entwicklung des Flurbuch- und Flurkartenwesens in Sachsen, in: Ländliche Siedlung und Agrarwesen in Sachsen (Forschungen zur deutschen Landeskunde 77), hrsg. von Dems./Herbert Helbig, Remagen 1953, S. 22–60, hier S. 31. | **27** Zu diesem Begriff Kurt Andermann, Pragmatische Schriftlichkeit, in: Höfe und Residenzen im spätmittelalterlichen Reich, Bd. 3: Hof und Schrift (Residenzenforschung, 15,3), hrsg. von Werner Paravicini, bearb. von Jan Hirschbiegel und Jörg Wettlaufer, Ostfildern 2007, S. 37–60. | **28** Friedrich, Landeserfassungen (wie Anm. 13), S. 302. | **29** Hubert Ermisch/Robert Wuttke (Hrsg.), Haushaltung in Vorwerken. Ein landwirtschaftliches Lehrbuch aus der Zeit des Kurfürsten August von Sachsen (Schriften der Königlich Sächsischen Kommission für Geschichte 19), Leipzig 1910, S. XIII. | **30** Zimmermann, Territorialstaat (wie Anm. 17), S. 120–123. | **31** Schirmer, Staatsfinanzen (wie Anm. 3), S. 532. | **32** Hierzu zuletzt Frank Reichert, Die kurfürstlich-sächsischen Markscheider Georg Öder die Jüngeren sen. und jun., in: Baumgärtner/Thiel, Kurfürstliche Koordinaten (wie Anm. 6), S. 147–185, hier S. 156–159. | **33** Hierzu und zur Genealogie der Familie Öder Reichert, Markscheider (wie Anm. 32), S. 159 f. und passim. | **34** Reichert, Markscheider (wie Anm. 32), S. 173–178; Wiegand, Landesaufnahme (wie Anm. 6), S. 115–117. | **35** Wiegand, Landesaufnahme (wie Anm. 6), S. 119 f. | **36** Ebd., S. 133 f. | **37** Ebd., S. 115 f., 123 f. | **38** Ebd., S. 143 f. | **39** Sächsisches Staatsarchiv – Hauptstaatsarchiv Dresden [StA-D], 10004 Kopiale, Nr. 535, Bl. 267r–v; Bönisch, Landesaufnahme (wie Anm. 22), S. 6. | **40** Wiegand, Landesaufnahme (wie Anm. 6), S. 143 f. | **41** Bönisch, Landesaufnahme (wie Anm. 22), S. 31. | **42** Karlheinz Blaschke, Die Ausbreitung des Staates in Sachsen und der Ausbau seiner räumlichen Verwaltungsbezirke, in: Blätter für deutsche Landesgeschichte 91 (1954), S. 74–109, zitiert nach dem Wiederabdruck in: Ders., Beiträge zur Verfassungs- und Verwaltungsgeschichte Sachsens (Schriften zur sächsischen Geschichte und Volkskunde, 5), Leipzig 2002, S. 29–62, hier S. 37–44. | **43** Gerhard Streich, Johannes Mellinger und die Anfänge der Regionalkartographie und der amtlichen Landesaufnahmen in den deutschen Territorien, in: Johannes Mellinger. Atlas des Fürstentums Lüneburg um 1600 (Veröffentlichungen des Instituts für Historische Landesforschung der Universität Göttingen 41), hrsg. von Peter Aufgebauer u. a., Bielefeld 2001, S. 27–44, hier S. 27. | **44** Genannt seien etwa die im Bestand 10076 (Rechnungen der Hof- und Staatsbehörden) des Hauptstaatsarchivs Dresden überlieferten Serien der Intradenrechnungen der Ämter und der Forstrechnungen der Ämter, die unter August einsetzen. | **45** Zimmerman, Territorialstaat (wie Anm. 17), S. 128–156, hier der Begriff der »Verwaltungsstatistik«. | **46** StA-D, 10036 Finanzarchiv, Loc. 32443, Rep. 20, Gen., Nr. 3 (Befehl vom 27. Juli 1553). Erfasst wurden hier das Mobiliar und die Vorräte an Naturalien. | **47** StA-D, 10036 Finanzarchiv, Loc. 38134, Rep. XVIII, Nr. 1a. | **48** StA-D, 10024 Geheimer Rat (Geheimes Archiv), Loc. 7358/6. | **49** Die Unterlagen finden sich in StA-D, 10036 Finanzarchiv, unter verschiedenen Signaturen. | **50** StA-D, 10024 Geheimer Rat (Geheimes Archiv), Loc. 7287/2, hier insbesondere der Abschnitt über »Kammer und Ämter«, Bl. 4v–6r, etwa Bl. 4v: *Weil allerley suchungen gescheen, dieselben uf erkundung, bericht oder bedencken zu stellen.* Vgl. auch Anm. 28. | **51** StA-D, 10036 Finanzarchiv, Rep. 9, 18 und 62; dazu Falke, Kurfürst August (wie Anm. 3), S. 129 ff.; Bernd Bendix, Geschichte des Staatlichen Forstamtes Tornau von den Anfängen bis 1949. Ein Beitrag zur Erforschung des Landschaftsraumes Dübener Heide, Halle 2001, S. 36 ff.; Horst Torke, Historische Grenzen und Grenzzeichen in der Sächsischen Schweiz (Reihe Weiß-Grün 27), Dresden 2002, S. 35 ff. | **52** Bönisch, Landesaufnahme (wie Anm. 22), S. 8 f. | **53** Ob das 1557 entstandene »*Vorzaichnus des Churfürsten zu Sachssen* […] *heiden, welde unnd geholtze* […], *wie diesem genandt, wie das holtz darinnen verkauft, was inn etlichen nehest vorgangenen jaren doraus geleset und wie die forster dorauf jarlich untterhelten werden sollen*«, tatsächlich, wie vermutet wurde, von Georg Öder II. stammt und damit als »Fundament« seiner Forstvermessung bezeichnet werden kann, ist zweifelhaft; Reichert, Markscheider (wie Anm. 32), S. 160. | **54** Wiegand, Landesaufnahme (wie Anm. 6), S. 132 f. Zwischen 1587 und 1591 ließ die Kammer zudem Hufenverzeichnisse mit den Jagd- und Spanndiensten der bäuerlichen Besitzer zusammenstellen; vgl. z. B. StA-D, 10024 Geheimer Rat (Geheimes Archiv), Loc. 7359/3; 10036 Finanzarchiv Rep. A 25a II, IV, Nr. 2701, Loc. 38138, Rep. 18, Gen. Nr. 44. | **55** Vgl. die Zusammenstellung im Anhang zu diesem Beitrag. | **56** Schirmer, Staatsfinanzen (wie Anm. 3), S. 620. | **57** Ebd., S. 617, 629. | **58** Falke, Geschichte (wie Anm. 3), S. 85 f.; Uwe John, Haushaltung im Dienste des Fürsten. Abraham von Thumbshirn als Hofmeister und Domänenverwalter Kurfürst Augusts und Kurfürstin Annas, in: Landesgeschichte als Herausforderung und Programm. Karlheinz Blaschke zum 70. Geburtstag, hrsg. von Dems./Josef Matzerath, Stuttgart 1997, S. 381–401, hier S. 387–390; Schirmer, Staatsfinanzen (wie Anm. 3), S. 616 ff., 627 ff.; ferner Otto Böhme, Entwicklung der Landwirtschaft auf den Königlich Sächsischen Domänen. Beitrag zur Geschichte der Landwirtschaft auf Grund archivarischen Materials, Berlin 1890, S. 20 ff. Zur Biographie Thumbshirns John, ebd., S. 384–387; vgl. auch Gertrud Schröder-Lembcke (Hrsg.), Martin Grosser. Anleitung zu der Landwirtschaft. Abraham von Thumbshirn. Oeconomia. Zwei frühe deutsche Landwirtschaftsschriften (Quellen und Forschungen zur Agrargeschichte 12), Stuttgart 1965, S. 6 f. | **59** Schirmer, Staatsfinanzen (wie Anm. 3), S. 636 ff., 658 ff. | **60** Dies ist der Ausgangspunkt für die Entstehung des mit ständischen und landesherrlichen Räten besetzten Obersteuerkollegiums und damit einer duplizitären Steuerverwaltung (endültig seit 1570); ebd., S. 600 ff., 606 ff. | **61** Ebd., S. 613 f., 626 f.; S. 629 ff. zur Erfolglosigkeit der »frühmerkantilistischen« Salinenpolitik Augusts; S. 632 ff. zum gescheiterten Pfefferhandelprojekt; ähnlich S. 638 (»Projektmacherei«); S. 640 (»fragwürdige Projekte«), S. 656. | **62** Zu Georg Gadners ab 1585 entstandener Chorographia Ducatus Wirtembergici vgl. Rudolf Kiess, Die Rolle der Forsten im Aufbau des württembergischen Territoriums bis ins 16. Jahrhundert (Veröffentlichungen der Kommission für geschichtliche Landeskunde in Baden-Württemberg, Reihe B, Bd. 2), Stuttgart 1958, S. 130 ff. Hier kartierte man unter anderem – wie später auch bei der Öder-Zimmermann'schen Landesaufnahme – die Angaben zur Flächengröße; Ruthardt Oehme/Lothar Zögner, Tilemann Stella (1525–1589). Der Kartograph der Ämter Zweibrücken und Kirkel des Herzogtums Pfalz-Zweibrücken. Leben und Werk zwischen Wittenberg, Mecklenburg und Zweibrücken (Quellen zur Geschichte der deutschen Kartographie, 6), Lüneburg 1989, S. 52. Zu Braunschweig vgl. Ernst Pitz, Landeskulturtechnik, Markscheide- und Vermessungswesen im Herzogtum Braunschweig bis zum Ende des 18. Jahrhunderts (Veröffentlichungen der Niedersächsischen Archivverwaltung, 23), Göttingen 1967, S. 50 ff., 95 ff., 140 ff. | **63** Wie Anm. 50. | **64** Harm Wiemann, Bericht über die Visitation der kurfürstlichen Vorwerke im Jahre 1571 von Abraham Thumbshirn, Crimmitschau 1940. Der Bericht steht in Zusammenhang mit verschiedenen etwa gleichzeitig von Kurfürst August veranlassten agrartheoretischen Schriften, darunter der »Haushaltung in Vorwerken« von etwa 1569/70 (ed. Ermisch/Wuttke, wie Anm. 29, hier S. xix ff.) und der »Oeconomia« Thumbshirns, die 1616 auch im Druck erschien; Schröder-Lembcke, Martin Grosser (wie Anm. 58), S. 5 ff. | **65** Neben den Teichmessungen Matthias Öders (wie Anm. 52) existieren undatierte Aufnahmen, die Georg Öder III. oder Matthias Öder zugeschrieben werden, für die Vorwerke Hohnstein (StA-D 12884, Schr. 4, F. 48, Nr. 8a–h), Lohmen (ebd., Schr. 4, F. 48, Nr. 6c), Malter (ebd., Schr. 4, F. 49, Nr. 13i, (Groß-)Rennersdorf bei Stolpen (ebd., Schr. 1, F. 16, Nr. 12a–h), Ruppendorf bei Dippoldiswalde (ebd., Schr. 4, F. 49, Nr. 1a–e, 7, 9Bc, Bd, 11a–f, 12A–R, 13x–aa) und Ulberndorf bei Dippoldiswalde (ebd., Schr. 4, F. 49, Nr. 13h). Wie Anm. 29. | **66** Schirmer, Staatsfinanzen (wie Anm. 3), S. 696. | **67** Peter H. Meurer, Cartography in the German Lands 1450–1650, in: The History of Cartography, Bd. 3, hrsg. von David Woodward, Chicago/London 2007, S. 1172–1245, hier S. 1228 (»an early version of cadastral mapping«). | **68** Ulrike Höroldt/Jörn Weinert (Red.), Kartenblattbeschreibungen zu Friedrich August Fiedler, Atlas Camerae Magdeburgensis (Magdeburger Kammeratlas), Halle 2012, S. 9 ff. | **69** Carl Drolshagen, Die schwedische Landesaufnahme und Hufenmatrikel von Vorpommern als ältestes deutsches Kataster. Nach den deutschen und schwedischen Quellen, 2 Bde., Greifswald 1920–1923; Michael Busch u. a. (Hrsg.), Die schwedische Landesaufnahme von Pommern 1692–1709. Perspektiven eines Editionsprojekts. Beiträge des Workshops am 9. und 10. Oktober 2009 im Pommerschen Landesmuseum Greifswald (Die schwedische Landesaufnahme von Vorpommern 1692–1709. Sonderband 2), Kiel 2011. | **70** Schirmer, Staatsfinanzen (wie Anm. 3), S. 599 f., 676 ff. Der »stets mißtrauische Fürst« (S. 599) löste das 1555 eingerichtete Kammergemach 1563 auf und überwachte die Finanzen unter maßgeblicher Unterstützung von Barthel Lauterbach selbst. Seit 1573 wirkte auch Hans von Bernstein an seiner Seite. 1578 nahm das Kammergemach wegen der Überlastung des Kurfürsten seine Arbeit unter der Leitung Bernsteins wieder auf. 1583 stand die Finanzverwaltung erneut unter der persönlichen Aufsicht des Kurfürsten. | **71** Schirmer, Staatsfinanzen (wie Anm. 3), S. 679 ff.; dazu auch Heinker, Geheimer Rat (wie Anm. 10), S. 50 f. | **72** Bönisch, Landesaufnahme (wie Anm. 22), S. 6; Schirmer, Staatsfinanzen (wie Anm. 3), S. 677 f. | **73** Ebd., S. 687 ff., 694 ff.

FRANK METASCH

Vom Guldengroschen zum Reichstaler. Die sächsische Münzpolitik unter Kurfürst August

Abb. 1 (oben) Sächsischer Goldgulden (1500–1504) · Herzog Georg von Sachsen und Herzog Heinrich von Sachsen (gemeinschaftlich) · Sachsen für Friesland, o. J. · Gold, geprägt · D 23,9 mm, 3,266 g · Münzkabinett, Staatliche Kunstsammlungen Dresden, Inv.-Nr. AGA3159

Auch im Alten Reich des 16. Jahrhunderts bildete wertstabiles Geld eine wesentliche Grundlage sowohl für die wirtschaftliche als auch die gesellschaftliche Stabilität eines Landes. Schlechtes Geld behinderte nicht nur die ökonomische Entwicklung, es störte ebenso nachhaltig den sozialen Frieden. Sicherlich nicht ohne Grund trafen gerade an der Wende vom Spätmittelalter zur Frühen Neuzeit die Beschwerdeschriften über das zunehmend schlechte Geldwesen im Reich zeitgleich mit einer Vielzahl von sozialen Unruhen zusammen, angefangen vom lokalen Aufstand bis hin zum überregionalen Krieg. Schlechtes Geld allein mag nicht ursächlich für all diese Konflikte verantwortlich gewesen sein, mit seinen weitreichenden wirtschaftlichen und sozialen Folgen besaß es nichtsdestotrotz eine hohe destabilisierende Kraft.[1]

Selbst das so silberreiche Kurfürstentum Sachsen mit seinen optimalen Ausgangsbedingungen für eine Politik des harten Geldes[2] blieb nicht von massiven Münzbeschwerden und -problemen verschont. Beständig waren die Wettiner im 16. Jahrhundert bestrebt, ihr Münzwesen stabil zu halten und insbesondere vor dem Eindringen schlechten, sprich unterwertig ausgebrachten und damit wertinstabilen, Geldes zu schützen. Dennoch galt das Warengeldprinzip, demzufolge eine Münze so viel wert war, wie sie Edelmetall in sich trug. Verbunden ist diese sächsische Stabilitätspolitik vor allem mit einem Namen:[3] dem von 1553 bis 1586 regierenden Kurfürsten August.

Bei der Ausrichtung seiner Geld- und Währungspolitik hatte der sächsische Kurfürst aber nicht nur auf die Belange seines eigenen Landes Rücksicht zu nehmen, er stand auch dem Reich gegenüber in einer besonderen Verantwortung. Schließlich war August nicht einfach nur der Münzherr irgendeines deutschen Staates. Sein Land war zeitweise der bedeutendste deutsche Silberproduzent und bei seinem Regierungsantritt die »monetär stärkste Macht im Reich«.[4]

Das ganze 16. Jahrhundert über zeitigte die sächsische Münzpolitik Folgen, die weit über die eigenen Grenzen hinausreichten. Doch trotz seiner monetären Führungsrolle und seiner vermeintlich so kaiserhörigen Außenpolitik[5] gehörte ausgerechnet August zu denjenigen münzprägenden Ständen im Reich, die erst sehr spät der von den Habsburgern forcierten Reichsmünzordnung beitraten. Im Folgenden soll die Münzpolitik Kurfürst Augusts im Spannungsfeld von eigenem Kurfürstentum und Reich nachgezeichnet werden.[6] Da der Regierungswechsel 1553 zu keinem Bruch, sondern zu einer konsequenten Fortsetzung der bisherigen sächsischen Geld- und Währungspolitik führte, ist zuvor auf die grundlegenden monetären Veränderungen in Sachsen und im Reich seit der Jahrhundertwende einzugehen.

Zwischen Kurfürstentum und Reich: Die sächsische Münzpolitik in der ersten Hälfte des 16. Jahrhunderts

Die territoriale Zersplitterung des Reiches hatte auch im Münzwesen deutliche Spuren hinterlassen. Zu Beginn des 16. Jahrhunderts arbeiteten im Reich rund 500 Münzstätten, die mehr als siebzig verschiedene Währungen in Umlauf brachten.[7] Die vielen unterschiedlichen Geldsorten, die innerhalb der nicht klar abgegrenzten Währungsräume kursierten, gestalteten sich im einheimischen Zahlungsverkehr ebenso schwierig wie im grenzüberschreitenden Handel. Die Kaufleute griffen daher vor allem auf den rheinischen Goldgulden zurück, der sich weit über das Reich hinaus zur Leitmünze entwickelte und den entsprechend viele Münzstände für die eigene Goldprägung zum Vorbild nahmen[8] – so auch Sachsen, wo insbesondere für den Geldverkehr auf den Leipziger Messen die Anbindung an diesen überregionalen Goldstandard notwendig war.[9]

Der enorme Anstieg der Silberförderung in den mitteleuropäischen Hauptabbaugebieten führte nun im ausgehenden 15. Jahrhundert zu der Idee, in Form von Großsilbermünzen ein wertgleiches Äquivalent zu den so wichtigen, aber raren Goldmünzen zu schaffen. Vor allem Sachsen mit seiner umfangreichen Prägetätigkeit und seinem ausgeklügelten, allen monetären Anforderungen entsprechenden Münzsystem verhalf dem neuen Großsilbergeld zum Durchbruch.[10]

Die sächsischen Großsilbermünzen im Wert eines rheinischen Goldguldens waren zwar nicht die ersten ihrer Art, jedoch die ersten in einem nennenswerten Umfang geprägten. Die heutige, vom Bildmotiv der herunterklappbaren Mütze abgeleitete Bezeichnung als »Klappmützentaler« kommt diesen Geldstücken eigentlich noch gar nicht zu, denn noch war es bis zum Taler ein weiter Weg.[11] In Anlehnung an den bislang als größte Silbermünze geprägten Groschen – mit den sogenannten Schreckenbergern waren 1498 sogar Dreigroschenstücke eingeführt worden – hieß der neue silberne Gulden in der sächsischen Münzordnung vom 17. Mai 1500 nur »Groschen so einen Gulden tut«, woraus die Bezeichnung Guldengroschen hervorging.[12] Namengebend für den Taler waren dann aber nicht die sächsischen, sondern die seit 1519/20 im böhmischen Joachimsthal in ungeheuren Mengen geprägten Guldengroschen, die sich im Sprachgebrauch erst zum Joachimsthaler und dann zum Taler verkürzten. Offiziell hielten die Bezeichnungen Guldengroschen und Taler in Sachsen erst mit den Münzordnungen von 1534 bzw. von 1571 Einzug.[13]

Zu den politischen Strukturreformen im Reich gehörte seit der Wahl Karls V. 1519 das von kaiserlicher Seite mit Nachdruck verfolgte Ziel, eine reichseinheitliche Währung zu schaffen.[14] Einen ersten Anlauf hierfür unternahm Karl V. 1524 in Esslingen.[15] Angestrebt war eine bimetallische Währung, bei der die goldenen Gulden wertgleich zu den neuen – hier als Guldiner bezeichneten – Großsilbermünzen sein sollten. Obwohl auch die Reichsstände den notwendigen Münzreformen »grundsätzlich positiv« gegenüberstanden,[16] scheiterte das Ganze bereits nach kurzer Zeit. Nur wenige Münzstände prägten wirklich nach den Vorgaben des Reiches.

Auch dem zweiten Vorstoß Karls V., 1551 in Augsburg, wurde nicht der erhoffte Erfolg zuteil.[17] Hatte Karl V. 1524 letztlich noch vor der monetären Macht der rheinischen und sächsischen Kurfürsten kapituliert und insbesondere deren Interessen bedient, so war die Reichsmünzordnung von 1551 ganz auf die Habsburger selbst ausgerichtet. 1524 dienten beispielsweise für den Reichsguldiner die silbernen sächsischen Gulden zu 21 Groschen als Grundlage, »die damit faktisch offizielle Reichswährung wurden«. 1551 hingegen zählte der Guldiner ganz nach österreichischem Vorbild 72 Kreuzer.[18]

Sachsen hatte 1524 trotz aller Zugeständnisse die Reichsmünzordnung abgelehnt, weil die dort definierten Standards – etwa das im Vergleich zum Gold unterbewertete Silber – den eigenen Interessen als silberförderndes Land widersprachen und die Stabilität der eigenen Währung bedroht hätten.[19] 1551 wurde nun das Kurfürstentum von den Habsburgern, wie alle konkurrierenden Münzstände, dadurch unter Druck gesetzt, dass die sächsischen Guldengroschen einen Zwangskurs von 68 Kreuzern erhielten, der ganz bewusst unter ihrem wirklichen Wert von 69,1 Kreuzern lag.[20] Sie wären also früher oder später als billiges Silber in irgendeinem Schmelztiegel gelandet. Die Rechnung des Kaisers ging jedoch nicht auf. Gerade in Norddeutschland hielt man sich nicht an die Vorgaben des Reiches und handelte die weitaus häufiger geprägten sächsischen Guldengroschen – die statt 21 mittlerweile 24 Groschen zählten – trotz des geringeren Silbergehalts wertgleich mit den Reichsguldinern zu 72 Kreuzern.[21] Somit lohnte es sich

Abb. 2 (unten) Sächsischer Gulden (1499–1507), sogenannter Klappmützentaler · Kurfürst Friedrich III. von Sachsen/Herzog Georg/Herzog Johann (gemeinschaftlich) · Sachsen, o. J. · Silber · D 41,6 mm, 28,79 g · Münzkabinett, Staatliche Kunstsammlungen Dresden, Inv.-Nr. 2010/120

plötzlich, das gehaltvollere Reichsgeld auszusortieren und einzuschmelzen. Als Konsequenz verdrängten die Guldengroschen den Reichsguldiner, womit letztlich auch die neue Reichsmünzordnung daran scheiterte, eine einheitliche Reichswährung zu etablieren.[22]

Zu den wenigen Reichsständen, von denen die Augsburger Münzordnung von 1551 überhaupt angenommen wurde, gehörten kurzzeitig und sicherlich nicht ohne politisches Kalkül die im Schmalkaldischen Krieg dem Kaiser unterlegenen Ernestiner.[23] Ausgerechnet die Söhne des in kaiserlicher Gefangenschaft sitzenden Johann Friedrich prägten das neue Geld, und das sogar fünf Jahre vor den Habsburgern selbst.[24] Der vom Kaiser hingegen für seine militärische Unterstützung mit der Kurwürde belohnte neue albertinische Kurfürst Moritz trat der Reichsmünzordnung nicht bei. Denn dann hätte er nicht nur eine Abwertung des sächsischen Geldes hinnehmen müssen, das Kurfürstentum hätte auch seine monetäre Führungsrolle sowie seine selbstständige Münzpolitik zugunsten des Kaisers aufgegeben. Gerade letztere Punkte dürften nach dem Schmalkaldischen Krieg kaum noch mit Moritz' politischem Selbstverständnis und seinem Streben nach reichsständischer Libertät vereinbar gewesen sein.[25]

Abb. 3
Reichsguldiner · Kurfürst Johann Friedrich I. von Sachsen · Sachsen-Gotha, 1552 · Silber · D 40,5 mm, 28,731 g · Münzkabinett, Staatliche Kunstsammlungen Dresden, Inv.-Nr. AHB4749

Die unterschiedliche münzpolitische Ausrichtung der beiden wettinischen Linien ist es noch in weiterer Hinsicht wert, näher betrachtet zu werden. Während die Albertiner im Kampf gegen das eindringende schlechte Geld und die dadurch bedrohte Stabilität der sächsischen Währung konsequent jegliche Herabsetzung des Silbergehalts ablehnten, wollten die Ernestiner bereits seit Längerem das Geld gerade über Reduktionen am Feingehalt schützen.

Gemäß den Bestimmungen der Leipziger Teilung hatten Ernestiner und Albertiner das Berg- und Münzwesen seit 1485 gemeinsam betrieben.[26] Als in Reaktion auf die beim rheinischen Goldgulden einsetzende Verringerung des Feingehalts eigentlich auch die als Äquivalent gedachten Silbergulden hätten reduziert werden müssen, sprach sich der ernestinische Kurfürst Johann der Beständige nach 1525 für eine deutliche Herabsetzung des Silbergehalts der sächsischen Münzen aus, beim Gulden und seinen Teilstücken beispielsweise von 930,56 auf 875 Promille.[27] Diese Reduktion um 6 Prozent war für zeitgenössische Verhältnisse erheblich: Bei der Reichsmünzordnung von 1524 etwa wurde befürchtet, dass bei den Großsilbermünzen »bereits eine Gewichtsdifferenz von etwa einem Prozent des Feingewichts ausreichen würde, um das Wirken des Greshamschen Gesetzes einzuleiten und damit das Münzsystem zu destabilisieren«.[28]

Der albertinische Herzog Georg wollte jedoch keiner Verschlechterung zustimmen, sodass es zur sogenannten Münztrennung kam und beide Linien ab 1530 ihr eigenes Geld prägten.[29] Erst durch den Druck der Landstände, die in Sachsen bei Veränderungen an der Münzverfassung ein Mitspracherecht besaßen,[30] fanden beide Linien einen Kompromiss und kehrten 1534 zur gemeinsamen Prägung zurück.[31] Beim Feingehalt traf man sich mit 902,78 Promille in der Mitte, wobei gleichzeitig der Wert der nunmehr offiziell als Guldengroschen bezeichneten Leitmünze von 21 auf 22 Groschen heraufgesetzt wurde. Spätestens damit war in Sachsen endgültig die Abkopplung vom rheinischen Goldgulden zu 21 Groschen vollzogen. Doch mit dem Eindringen schlechten ausländischen Kleingeldes stieg trotz aller Stabilisierungsbemühungen der Wettiner der Wert des Guldengroschens in den nächsten Jahren weiter an. In den Münzordnungen wurde sein Wert 1541 kurzzeitig mit 25 und 1542 dann langfristig mit 24 Groschen festgesetzt.[32]

Auch heute noch führen die veränderten Wertverhältnisse immer wieder zu Verwirrungen, da der in den Rechnungen weiterhin mit 21 Groschen gezählte Rechnungsgulden nun von dem 24 Groschen zählenden, als Münze ausgeprägten Guldengroschen und späteren (Rechnungs-) Taler unterschieden werden muss. Zudem zeigt sich, dass für eine stabile Münzpolitik zwei Ebenen zu berücksichtigen waren: die Währung und das Geld. Als Geld werden auch im Folgenden die einzelnen ausgeprägten Münznominale verstanden, die durch die Währung in ein bestimmtes Verhältnis zueinander gesetzt werden, also: 1 Guldengroschen = 24 Groschen, 1 Groschen = 12 Pfennige usw.[33] Wie die Entwicklungen beim Guldengroschen deutlich zeigen, spiegeln die in den Münzordnungen definierten Wertverhältnisse zwischen den einzelnen Nominalen dabei nur die angestrebte Norm wider, in der Praxis hingegen waren sie »grundsätzlich verhandelbar« und damit variabel.[34]

Die sächsischen Münzherren standen also hinsichtlich der Stabilität ihrer Währung vor einem doppelten Problem. Einerseits mussten sie den Wert der einzelnen Geldsorten mittels des Feingehalts stabilisieren, und andererseits mussten sie auch deren gegenseitiges Verhältnis im Münzsystem im Gleichgewicht halten. Das Dilemma gestaltete sich hierbei folgendermaßen: Entsprechend der unterschiedlichen Produktionskosten – die Herstellung eines einzelnen Pfennigs verursachte ungefähr den gleichen Arbeitsaufwand wie der 288 Mal so wertvolle Guldengroschen[35] – enthielten die Münzen, je kleiner ihr Nominal war, umso weniger Silber. Um die sächsische Währung stabil zu halten, mussten auch die in der Herstellung deutlich teureren, kleineren Nominale mit einem unverhältnismäßig hohen Silberanteil versehen werden. Damit wurde die Kleingeldprägung aber nicht nur zum finanziellen Verlustgeschäft,[36] sondern das viel zu werthaltige Kleingeld verschwand gemäß dem Greshamschen Gesetz[37] beinahe zwangsläufig aus dem Umlauf.

Um das Ganze an einem Zahlenbeispiel zu verdeutlichen: Bei einem Raugewicht von 29,23 Gramm besaß der Guldengroschen 1534 ein Feingewicht von 26,39 Gramm Silber, was dem bereits erwähnten Feingehalt von 902,78 Promille entsprach.[38] Der (Zins-)Groschen als 22. Teil des Guldengroschens besaß zwar nur noch einen Feingehalt von 469 Promille, dieser bedeutete aber bei einem Raugewicht von 2,66 Gramm einen Silberanteil von 1,25 Gramm. 22 Groschen enthielten somit rein rechnerisch 27,5 Gramm reines Silber, über ein Gramm mehr als der gleichwertige Guldengroschen. Bei einem solchen Verhältnis landete auch der sächsische Groschen schnell in den ausländischen Schmelztiegeln.

Wurde jedoch der Silbergehalt des Mittel- und Kleingeldes reduziert, dann verschob sich ihr Wertverhältnis zu den höheren Nominalen, da dann für einen gleichbleibend hochwertigen Guldengroschen mehr schlechte Groschen oder Pfennige bezahlt werden mussten. Auch das Kleingeld hochwertig auszuprägen, war wiederum nicht nur mit hohen Kosten verbunden, es hatte überhaupt nur dann eine Aussicht auf Erfolg, wenn enorme Mengen produziert wurden. Sachsen hat diesen Weg zwar zu Beginn seiner Großsilberwährung beschritten,[39] konnte damit aber nicht verhindern, dass aus dem Ausland – wo oftmals zwar nach sächsischem Vorbild die großen, nicht aber die kostenintensiveren kleinen Nominale guthaltig ausgemünzt wurden – schlechtes Kleingeld regelrecht einschwemmte und die guten sächsischen Münzen verdrängte. Der zeitgenössische Kleingeldmangel, der sich schon um 1500 zu einem »durchaus gravierende[n] und systemdestabilisierende[n] Problem« entwickelt hatte[40] und über den 1540 selbst ein Martin Luther als einer der reichsten Wittenberger Bürger klagte,[41] bezog sich daher sicherlich nicht auf einen generellen Mangel an kleinen Münzen, sondern vielmehr auf das Fehlen guthaltigen, seiner Funktion als Wertaufbewahrungsmittel gerecht werdenden Kleingeldes.[42]

Die soziale Sprengkraft des Mangels an gutem Kleingeld lag nun aber mit darin begründet, dass der überwiegende Teil der Bevölkerung fast ausschließlich mit kleineren und mittleren Geldstücken in Berührung kam. Ein Gulden, egal ob nun in goldener oder silberner Form, war ein Nominal, das die meisten Menschen im 16. Jahrhundert wohl nie in der Hand hielten. Ein Schneider- oder Müllergeselle mit weit unter 10 Gulden Jahreseinkommen[43] hatte also erst einmal kaum etwas davon, wenn die groben Münzen wertstabil blieben, ihre in schlechtem Geld ausgezahlten Löhne aber immer mehr an Kaufkraft verloren. Das hochwertige Kleingeld, wie 1541 von den Wettinern beim Dreipfennigstück und den Groschen beschlossen,[44] einfach nicht mehr zu prägen, stellte keine Lösung dar, sondern führte in einen Teufelskreis: Der bestehende Kleingeldmangel wurde nur noch verstärkt, und die Bevölkerung musste zwangsläufig auf die schlechteren fremden Münzen zurückgreifen.

Ob nun die Ernestiner mit ihrer Abwertungspolitik oder die Albertiner mit ihrem Festhalten am harten Geld die richtige Verteidigungsstrategie gewählt haben, lässt sich aus ökonomischer Sicht unterschiedlich beurteilen.[45] Letztendlich führten die beiden gegensätzlichen Auffassungen dazu, dass die gemeinsame Münzprägung auch nach der Beilegung des Münzstreites von 1534 keinen langen Bestand hatte.[46] Ohne einen entsprechenden Hinweis reduzierte der ernestinische Kurfürst Johann Friedrich seine Guldengroschen um ca. 7 Promille, woraufhin Moritz, als Zeichen für die von ihm beibehaltene Qualität, die in seinem Landesteil geschlagenen Münzen mit den Anfangsbuchstaben seiner beiden Münzstätten Annaberg und Freiberg kennzeichnete.

1547 endete dann für die Ernestiner mit der Niederlage bei Mühlberg nicht nur die Zeit als sächsische Kurfürsten, sondern auch die der gemeinsamen wettinischen Prägung. Ab jetzt gingen beide Linien im Münzwesen endgültig getrennte Wege, da den Albertinern zusammen mit der Kurwürde auch sämtliche Silbergruben und Münzstätten übertragen wurden. Am 27. März 1549 erließ der zum Kurfürsten aufgestiegene Moritz für die albertinischen Lande eine neue Münzordnung.[47] Am Guldengroschen und seinen Teilstücken wurden keine Veränderungen vorgenommen. Um aber Groschen, Dreier und Pfennige gegen Einwechslungen zu schützen, wurden sie leicht abgewertet, der Groschen von 469 auf 454,86 Promille, Dreier und Pfennige von 250 auf 243,06 Promille. Die Augsburger Reichsmünzordnung des Jahres 1551 nahm Moritz in der ihm noch verbliebenen Regierungszeit nicht mehr an.

Die sächsische Münzpolitik unter Kurfürst August 1553 bis 1586

Als im Juli 1553 unerwartet August für seinen in der Schlacht bei Sievershausen tödlich verwundeten Bruder Moritz an die Regierung gelangte, beließ er das Münzwesen so, wie er es vorgefunden hatte. Zunächst einmal warteten drängendere, seine Herrschaft akut bedrohende außen- und innenpolitische Probleme auf eine Lösung. Erst nach der Einigung mit Markgraf Albrecht Alcibiades von Brandenburg-Kulmbach im September 1553, dem Ausgleich mit den Ernestinern im Naumburger Vertrag vom Februar 1554 und dem Augsburger Religionsfrieden vom September 1555 konnte sich August »dem inneren Landesausbau und hier insbesondere der Behördenorganisation und dem Finanzwesen widmen«.[48] Die in den nächsten Jahren beispielsweise durch den Aufkauf von Grundherrschaften und Forsten wesentlich vorangetriebene Arrondierung des kursächsischen Territoriums sowie der Kriegszug gegen Wilhelm von Grumbach 1567 ließen jedoch die ohnehin schon drückende Schuldenlast, die Kurfürst Moritz hinterlassen hatte, bis Dezember 1571 auf die Rekordsumme von über 3,14 Millionen Gulden steigen.[49] August musste also nicht nur darauf achten, seine Einnahmen zu erhöhen, er durfte auch seine Kreditwürdigkeit nicht verspielen – und hierzu zählte auch, Geld und Währung stabil zu halten.

Von den Staatseinnahmen her ist Sachsen unter Kurfürst August als »Krösus« unter den Reichsterritorien zu betrachten. Vor allem die enormen Bargeldreserven, die August dank seiner doch »weitestgehend erfolgreiche[n] Finanzpolitik« vorrätig halten konnte, räumten ihm politische Handlungsmöglichkeiten ein, die denen aller anderen Territorien überlegen waren.[50] Doch woher stammten diese Einnahmen und welchen Stellenwert nahm hierbei das Münzwesen ein? Selbst in der numismatischen Literatur schwingt immer wieder die Auffassung mit, bei der Münzprägung wären Gewinne zu erzielen gewesen, auf die kein Landesherr gerne verzichtete und die daher wesentlich deren Münzpolitik mitbestimmt hätten. In einem kurzen Exkurs soll daher die Bedeutung des aus der Münzprägung gezogenen Schlagschatzes als Handlungsmoment der sächsischen Geldpolitik unter Kurfürst August hinterfragt werden.

Bargeld und Kredit: Die Bedeutung des Münz- und Montanwesens für die kurfürstliche Schatzkammer

Mit mittleren jährlichen Staatseinnahmen von rund 866 000 Gulden zählte Sachsen unter Kurfürst August zu den wohlhabendsten Territorien im Reich.[51] Die Bedeutung des noch eng miteinander verbundenen Berg- und Münzwesens[52] für den Staatshaushalt war dabei jedoch rückläufig.[53] Steigende Kosten bei der Erzförderung auf der einen, sinkende Silbererträge auf der anderen Seite führten zu einem kontinuierlichen Rückgang der aus dem Montan- und Münzwesen gezogenen Einnahmen. Deren Anteil am Staatshaushalt sank so während der Regierungszeit Augusts von zuvor über 25 auf unter 10 Prozent. Sie waren also nicht mehr zu vergleichen mit den Einnahmen aus den Ämtern oder den Steuern, die zusammen beinahe 70 Prozent des Staatsetats erbrachten.

Den mit Abstand größten Posten beim Berg- und Münzwesen bildeten mit einem mittleren Jahresertrag von 60 230 Gulden die Einnahmen aus dem Bergzehnten.[54] Der Gewinn aus der Münzprägung, der sogenannte Schlagschatz, fiel zwischen 1567 und 1586 mit einem Jahresmittel von rund 8 200 Gulden schon deutlich bescheidener aus. Nach dem Tod Kurfürst Augusts erbrachten Berg- und Münzwesen in den 1590er Jahren nicht einmal mehr zwei Prozent des Staatshaushalts,[55] und der Münzgewinn sollte bis 1606 sogar auf beinahe zu vernachlässigende 2 199 Gulden zurückgehen.[56]

Keinesfalls kann also die sächsische Münzpolitik auf eine einfache Erhöhung des Schlagschatzes ausgerichtet gewesen sein. Es wird vielmehr der ökonomische wie gesellschaftliche Stabilitätsfaktor im Vordergrund gestanden haben, selbst wenn dafür mitunter sogar Verluste bei der Münzprägung in Kauf genommen werden mussten. Eine solche Politik konnten sich die sächsischen Fürsten aber nur leisten, weil sie nicht wie die meisten deutschen Münzstände darauf angewiesen waren, ihr Silber auf dem freien Markt einzukaufen. Dem sächsischen Bergrecht gemäß musste den Wettinern das gesamte in ihren Landen geförderte Silber zu einem Festpreis verkauft werden. Mit diesem Silbermonopol sicherten sich die sächsischen Fürsten einen stabilen, von Angebot und Nachfrage weitgehend unabhängigen Silberpreis sowie größere Handlungsspielräume im Bereich der Münzpolitik.[57]

Hinter dem nur kleinen Schlagschatz verbirgt sich auch unter Kurfürst August dennoch eine gewaltige Münzprägetätigkeit, die zwischen 1572 und 1586 einen Jahresschnitt von über 480 000 Gulden erreichte.[58] Umgerechnet entsprach diese Zahl, je nach ausgeprägtem Nominal, einem Mindestgewicht von jährlich 14 Tonnen neuer Münzen. Dieses viele neue Geld floss nicht allein in Land und Bergbau zurück, ein nicht geringer Teil verblieb wohl auch in der kurfürstlichen Schatzkammer.[59] Dort bildete der ungewöhnlich hohe Bargeldbestand lange Zeit Augusts »wichtigstes finanzpolitisches Instrument« sowie ein »politisches Faustpfand«, das er jederzeit ganz nach Bedarf einsetzen konnte. Als August beispielsweise infolge der Grumbachschen Händel mit dem Vollzug der Reichsacht gegen den ernestinischen Herzog Johann Friedrich II. von Sachsen-Coburg-Eisenach betraut wurde, schoss er 1567 die dafür notwendigen Gelder kurzerhand aus seiner Schatzkammer vor.[60] Ohne größere Verzögerung konnte er so diese Bedrohung seiner Herrschaft militärisch aus dem Weg räumen. Den zeitgenössischen Modernisierungen im Geldverkehr, insbesondere in Form des Giralgeldes, stand August hingegen noch »skeptisch« gegenüber, auch wenn er sie selbst geschickt einzusetzen wusste.[61]

Bei Augusts Tod 1586 beliefen sich die Bargeldbestände auf die ungeheure Summe von 1,825 Millionen Gulden in Gold- und Silbermünzen.[62] Zu Recht verweist Uwe Schirmer jedoch darauf, dass das »Anhäufen« dieses Schatzes »nicht automatisch mit einer erfolgreichen Haushaltsführung« gleichzusetzen ist. Schließlich entzog der Kurfürst den Staatskassen damit das eigentlich dringend benötigte Bargeld, und auch die gut gefüllte Schatzkammer darf nicht darüber hinwegtäuschen, dass sich der sächsische Staatshaushalt unter August weiterhin in einer angespannten Lage befand und auf dem Land beständig weitaus höhere Schulden lasteten, zuletzt immer noch bis zu 2,4 Millionen Gulden.[63]

Leitlinien der sächsischen Münzpolitik unter Kurfürst August

Nicht nur die hohen Kredite, die August vor allem bei seinen Landständen, und hier insbesondere beim Adel, aufgenommen hatte,[64] erforderten es, das sächsische Geld stabil zu halten. Sowohl für den Kurfürsten als auch für die Stände bildete eine geordnete Währung das Rückgrat für die wirtschaftliche und politische Stabilität ihres Landes.[65] Eine instabile Währung und die damit einhergehende Geldentwertung hätten nicht nur die Kreditwürdigkeit des hoch verschuldeten Landes gesenkt und den so wichtigen Handelsplatz Leipzig[66] schwer in Mitleidenschaft gezogen, sie hätten auch die für weite Teile der Bevölkerung so drückenden Preissteigerungen, insbesondere beim Brotgetreide, weiter angefacht.[67]

Dieses notwendige Bemühen um Stabilität klingt in Augusts Geld- und Währungspolitik in vielfältiger Weise an. Paul Arnold hat vier Leitlinien herausgearbeitet, von denen die sächsische Münzpolitik unter Kurfürst August gekennzeichnet war:[68]

1. Die Sicherung eines möglichst großen Umlaufgebietes für die guthaltigen sächsischen Münzen.
2. Die Verhinderung des Einwechselns der sächsischen gegen schlechte auswärtige Münzen.
3. Die Ablehnung von Verringerungen am Feingehalt des sächsischen Geldes.
4. Die Angleichung des sächsischen Münzwesens an das des Reiches.

Die sächsische Münzpolitik im Schatten der Reichsmünzordnungen

Wie bereits angesprochen nahm Kurfürst August nach seinem Regierungsantritt im Juli 1553 erst einmal keine Änderungen am Münzwesen vor. Dass trotz der anstehenden außenpolitischen Schwierigkeiten bereits im Oktober 1554 eine neue kursächsische Bergordnung erlassen wurde, die dem Bergwesen mit seinen rückläufigen Einnahmen neue Impulse verleihen sollte,[69] unterstreicht den gesamtökonomischen Stellenwert des Montanwesens, ohne das Sachsen auch seine monetäre Führungsrolle nicht hätte behaupten können.

Hinsichtlich der Reichsmünzordnung von 1551 dürfte August keine wesentlich andere Position vertreten haben als sein Bruder Moritz. Offiziell wurde hierzu in der neuen sächsischen Landesordnung vom 1. Oktober 1555 publiziert, dass von dem »etwas besser[en]« sächsischen Münzfuß mit Rücksicht auf »Bergwerke und Lande« nicht abgewichen werden könne.[70] Solange das sächsische Münzwesen nicht seiner überregionalen Bedeutung gemäß stärker berücksichtigt würde, war August auch weiterhin nicht zu Verhandlungen mit Kaiser und Reich bereit. Diese Politik korrespondierte mit der ablehnenden Haltung der Landstände, die sich unter anderem im März 1557 auf dem Torgauer Landtag offen gegen die Reichsmünzordnung aussprachen und den Kurfürsten – von dem sie befürchteten, er könnte »in Geheim dennoch« vom Kaiser gewonnen werden – erneut aufforderten, keine Veränderungen am sächsischen Geld vorzunehmen.[71]

Wie bedroht zu diesem Zeitpunkt jedoch die sächsische Währung durch die Münzverhältnisse im Reich war, verdeutlichen die entsprechenden Schutzmaßnahmen in der Landesordnung von 1555.[72] Neben dem Verbot allen ausländischen Kleingeldes bis hoch zum Groschen wurde für alle gröberen Sorten auf der Grundlage deren Silbergehalts das Wertverhältnis zum sächsischen Geld bestimmt (valviert). Jede einzelne Abweichung vom festgesetzten Wert wurde mit einer Strafe von 50 Gulden sanktioniert. Auch das Aussortieren der guten sächsischen Münzen musste weiterhin unter Strafe gestellt werden, und nicht zuletzt forderte August von seinen Münzmeistern und Münzwardeinen, zukünftig quartalsweise über die Qualität der umlaufenden fremden Münzen informiert zu werden.

Eine erste tiefgreifende Veränderung im sächsischen Münzwesen erfolgte bereits im Jahr darauf. Gegen den Widerspruch der Stadt Freiberg wurde 1556 die dortige traditionsreiche Münzstätte nach Dresden verlegt. Auch die beiden anderen noch verbliebenen Prägestätten in Annaberg und Schneeberg verloren daraufhin an Bedeutung und wurden 1558 bzw. 1570 aufgehoben.[73] Mit der Errichtung einer zentralen Münzstätte[74] in unmittelbarer Nähe des Residenzschlosses erhoffte sich der in Finanzangelegenheiten »stets misstrauische« Kurfürst[75] wohl vor allem eine straffere Organisation und bessere, »höchsteigenhändig[e]«[76] Kontrolle des aus seiner Sicht viel zu unrentablen und von Missständen – bis hin zur eigenmächtigen Verringerung des Silbergehalts durch die Münzmeister – gezeichneten Münzbetriebs. Zugleich ist die Verlegung der Hauptmünzstätte aus »dem Zentrum der sächsischen Bergadministration«[77] in die Residenzstadt Ausdruck für die 1556 eingeleitete »wirtschaftliche und organisatorische Trennung des Münzwesens vom Berg- und Hüttenwesen«.[78]

Und noch weitere Neuerungen zur Verbesserung und zum Schutz des sächsischen Münzwesens sollten folgen. Am 27. September 1558 erließ August für Kursachsen eine neue Münzordnung.[79] Noch immer hatte er sich, trotz weiterer Verhandlungen mit dem Kaiser, nicht zur Annahme der Reichsmünzordnung bewegen lassen. Eine Reaktion darauf war aber sicherlich, dass August zwar den Feingehalt seines Guldengroschens (902,78 Promille) nicht antastete, dennoch aber dessen Gewicht um 1,83 Gramm verringerte und sich somit den 1551 für das Reich definierten Standards annäherte. Beim sächsischen Guldengroschen halbierte sich so, mit einem nunmehrigen Wert von rund 68,5 Kreuzern, die bisherige Differenz zu den 1551 festgesetzten 68 Kreuzern.[80] Beim Kleingeld kam aber auch der sächsische Kurfürst nicht mehr umhin, im Kampf gegen das eindringende schlechte Geld deutliche Reduktionen vorzunehmen: beim Groschen beispielsweise von 454,86 auf 406,25 Promille und beim Pfennig von 243,06 auf 230,09 Promille.

Inhaltlich erreichte die Münzordnung grundsätzlich eine neue Qualität. Auf der einen Seite spiegelte ein »reichgegliedertes Münzsystem« mit nunmehr zehn verschiedenen Nominalen die monetären Anforderungen der »hochentwickelte[n]« sächsischen Wirtschaft wider, und auf der anderen Seite wurden eben nicht nur die Münzen, sondern auch der Münzbetrieb bis hin zur Bezahlung des Münzstättenpersonals detailliert geregelt.[81] Zur »Rationalisierung des Münzbetriebes« folgten in den nächsten Jahren weitere Neuerungen, von denen hier vor allem die Einführung eines sogenannten Münzdruckwerks hervorgehoben werden soll.[82] Die damit einsetzende, maschinell unterstützte Münzprägung war nicht nur kostengünstiger, sie ermöglichte gerade bei den Großsilbermünzen überhaupt erst eine gleichbleibende Prägequalität. Bei der bisherigen, manuellen Hammerprägung war man bereits an die Grenzen menschlicher Kraft und handwerklichen Könnens gestoßen.

1559 unternahm Kaiser Ferdinand I. in Augsburg einen erneuten Anlauf, um in Sachen Reichswährung endlich zu einer Einigung zu gelangen.[83] Die neue Reichsmünzordnung vom 28. Juli 1559 hob unter anderem die bisherige Bimetallwährung auf, da ein festes Verhältnis vom Gold- zum Silbergulden einfach nicht den Verhältnissen im Reich entsprach, wo man zwar über reiche Silbervorkommen, allerdings kaum über Gold verfügte.[84] Als neue Reichsgoldmünze wurde der Dukat zugelassen, der im weiteren Verlauf des 16. Jahrhunderts den rheinischen Gulden in seiner Funktion als goldene Leitmünze ablöste.[85] Weiterhin gab es eine Abkehr vom Reichsguldiner zu 72 Kreuzern. Ausgemünzt wurde nun als neuer Reichsgulden der bisherige Rechnungsguldiner zu 60 Kreuzern. Auf Reichsebene waren somit, im Gegensatz zu Sachsen, Rechnungsgulden und umlaufende Guldenmünze wieder identisch.

Neben dem Reichsgulden kam es zur Zulassung von acht regionalen Währungen, die in ein festes Verhältnis zum Kreuzer gesetzt wurden.[86] Die weitere Ausprägung aller anderen, nicht erwähnten Münzsorten wurde unter Strafe gestellt. Vorrangig richtete sich dieses Verbot wohl gegen die sächsischen Guldengroschen und deren Dominanz in der nördlichen Reichshälfte.[87] Die regelmäßige Kontrolle über die Einhaltung der Münzordnung wurde in die Hände der zehn Reichskreise gelegt, so wie Münzangelegenheiten zukünftig überhaupt »in erster Linie Kreispolitik sein« sollten.[88]

Obwohl sich die neue Reichsmünzordnung diesmal als deutlich dauerhafter erwies und ihr weitaus mehr Münzstände als noch 1551 folgten,[89] blieb ihr Sachsen fern, da wiederum keine Rücksicht auf die gerade in Norddeutschland monetär beherrschende Stellung des Kurfürstentums genommen wurde und die Festsetzung der Guldengroschen auf 68 Kreuzer immer noch einer, wenn auch geringfügigen Abwertung entsprach. Und noch weitere Gründe dürften eine gewichtige Rolle gespielt haben. So widerstrebte es August wohl, die traditionelle sächsische Gulden-Groschen-Währung durch eine neue Zählung in Kreuzern zu ersetzen, und es soll Probleme mit den schon 1524 vorgeschriebenen Vereinheitlichungen im Münzbild gegeben haben.[90] Dass auf der Hauptseite des Reichsgeldes einheitlich die Titulatur des Kaisers und der Reichsadler abzubilden waren, betrachtete jedenfalls nicht nur August als einen kaiserlichen Angriff auf die Libertät der Reichsfürsten.[91]

Erst unter dem 1564 zum Kaiser gewählten Maximilian II. wurde auf die Interessen des mittlerweile »politisch tonangebende[n] Reichsstand[es]«[92] Rücksicht genommen. Möglicherweise war man auf der Reichsebene nun doch wieder zu der Erkenntnis gelangt, dass angesichts der beherrschenden Stellung des sächsischen Guldengroschens in den nieder- und mitteldeutschen Ländern bei einem weiteren Fernbleiben Kursachsens der langfristige Gesamterfolg der Reichsmünzordnung auf dem Spiel stand.[93]

Die 1566 auf dem Augsburger Reichstag erlassene Novelle zur Reichsmünzordnung von 1559 erhob jetzt auch den sächsischen Guldengroschen – nunmehr als Taler bezeichnet – zur offiziellen Reichsmünze.[94] Ihr Wert wurde weiterhin mit 68 Kreuzern festgesetzt, um aber der bisherigen Abwertung entgegenzuwirken, wurde ihr Feingehalt, bei einer geringfügigen Erhöhung des Raugewichts, von 902,78 auf 888,89 Promille reduziert.

Die »stillschweigende« Annahme der Reichsmünzordnung durch Kursachsen 1571

Trotz allen Entgegenkommens trat der sächsische Kurfürst der modifizierten Reichsmünzordnung 1566 immer noch nicht bei. Dieser Schritt ist insofern nur schwierig nachzuvollziehen, da die sächsische Währung zunehmend unter Druck geriet. Mit der weiteren Ausbreitung des Reichsmünzfußes liefen die sächsischen Guldengroschen Gefahr, mit den leichteren Reichsmünzen aufgekauft und verdrängt zu werden. In seinem Münzmandat vom 20. Juni 1569 kam August daher nicht umhin, das überhandnehmende Auswechseln der sächsischen Münzen – nicht nur durch »fremde Händler«, sondern auch die »eigenen Untertanen« – anzuprangern.[95]

Warum Sachsen auch nach den Anpassungen von 1566 weiterhin sein Geld nicht nach dem Reichsmünzfuß ausprägte, dafür bietet die Forschungsliteratur keine abschließende Erklärung. Insbesondere zwei Thesen erscheinen plausibel: Erstens, dass August in dieser »kurzen Phase der Distanzierung vom habsburgischen Kaiserhaus und einem etwas offensiveren Kurs« der sächsischen Reichspolitik in den Jahren 1568 bis 1572[96] seine selbstständige Münzpolitik noch immer nicht zugunsten von Kaiser und Reich aufgeben wollte, sich aber – wie von Paul Arnold vertreten[97] – als kreisausschreibender Fürst und Kreisoberst letztlich nicht mehr der angeordneten Durchsetzung der Reichsmünzordnung im obersächsischen Kreis entziehen konnte. Oder aber zweitens, dass er ohne Zustimmung seiner Landstände keine Änderungen am sächsischen Münzfuß vorzunehmen vermochte und daher die 1559 in der Reichsmünzordnung festgelegte Erhebung der Münzsachen von einer Landes- zur Kreisangelegenheit nutzte, um – wie von Walther Haupt angeführt – »die wachsende Macht seiner Stände zu brechen«. Denn mit der Übernahme der Reichsmünzordnung »lag die Entscheidung in allen Münzfragen bei den Ständen des Obersächsischen Kreises; die sächsische Landschaft hatte von jetzt ab nur noch gelegentlich eine begutachtende Stimme«.[98]

Der zunehmende innen- und finanzpolitische Einfluss der Landstände infolge der seit Augusts Regierungsantritt beständig gestiegenen Staatsverschuldung ist als retardierendes Moment bei der Annahme der Reichsmünzordnung durchaus in Erwägung zu ziehen.[99] Wie bereits geschildert, hatte die Schuldenlast des Kurfürsten zu dieser Zeit ein bislang unbekanntes Rekordniveau erreicht. August musste also auf seine wichtigsten Gläubiger Rücksicht nehmen, und unter denen überwog wohl die Angst, der Kurfürst könnte die bei ihnen in harter Münze aufgenommenen Kredite mit dem leichteren Reichsgeld verzinsen und tilgen.

Auf dem nächsten Landtag im September und Oktober 1570 in Torgau waren die auf über 3,1 Millionen Gulden angestiegenen Staatsschulden ein wichtiges Thema.[100] Mit der Bereitschaft der kursächsischen Stände, die gesamte Schuldenlast zu übernehmen, gelang August dabei eine vollständige Umschuldung. Auf der einen Seite war die kurfürstliche Kammer damit auf einen Schlag schuldenfrei, auf der anderen Seite gewannen die Stände mit der ihnen zusätzlich zur Tranksteuer noch übertragenen Landsteuer und dem 1571 zur Schuldenbedienung und Steuerverwaltung eingerichteten, paritätisch mit jeweils vier landesherrlichen und vier ständischen Vertretern besetzten Obersteuerkollegium einen deutlich größeren finanzpolitischen Einfluss. Entsprechend ist nachvollziehbar, dass sich die Landstände in Torgau mit der Übernahme der Landesschulden gleichzeitig gegen die vom Kurfürsten angekündigten weiteren Verhandlungen mit dem Kaiser aussprachen und stattdessen eine strikte Beibehaltung der bisherigen Münzverhältnisse forderten.[101]

Egal aus welchem Grund, ob nun als willkommene Hinhaltetaktik gegenüber dem Reich oder aus notwendiger innenpolitischer Rücksichtnahme, der Kurfürst setzte sich über die unveränderte Position seiner Landstände zu diesem Zeitpunkt noch nicht hinweg. Da aber das weitere Festhalten an den sächsischen Münzverhältnissen die Gefahr des eindringenden schlechten Geldes nicht bannen konnte,[102] ist vielleicht auch beim sächsischen Kurfürsten die Erkenntnis gereift, dass nur bei einem gemeinsamen Vorgehen auf Reichsebene Verbesserungen im Geldwesen möglich waren, notfalls eben ohne die Zustimmung der eigenen Stände.

Abb. 4 Vorderseite des sächsischen Guldengroschens und des sächsischen Reichstalers · Kurfürst August von Sachsen · Sachsen, 1571 · Silber · D 39,9 mm/39,9 mm, 28,630 g/29,216 g · Münzkabinett, Staatliche Kunstsammlungen Dresden, Inv.-Nr. AGB5554 und 2012/134

Schon ein Jahr vor dem Torgauer Landtag von 1570 hatte August jedenfalls auf dem obersächsischen Kreistag in Jüterbog erklärt, sich trotz seiner Bedenken gegen die Reichsmünzordnung nicht in den Weg stellen zu wollen, »was den andern Ständen dieses Kreises zu Gutem gereichen möchte«.[103] Zwei Jahre später, am 8. April 1571, informierte August in seinem Mandat gegen »die geringhaltige fremde Münze«[104] nun auch darüber, einen Kreis- und Valvationstag[105] ausgeschrieben zu haben, um sich dort – wie 1570 auf dem letzten Reichstag in Speyer gefordert – mit den Kreisständen über eine gemeinsame Valvation, also eine verbindliche Wertfestsetzung der einheimischen und fremden Münzen zu verständigen. Mit diesem Schritt ist letztendlich

»stillschweigend« der sächsische Beitritt zur Reichsmünzordnung vorbereitet worden.[106] Denn auf ihrem ersten Probationstag beschlossen im Juni 1571 die obersächsischen Kreisstände in Leipzig, »fortan« gemäß der Reichsmünzordnung zu prägen.[107] Seinen endgültigen Beitritt vollzog der obersächsische Reichskreis zwar zusammen mit dem niedersächsischen erst am 26. April 1572 in Lüneburg,[108] schon im Jahr zuvor aber hatte Sachsen sein erstes Geld im Reichsmünzfuß ausgebracht. Bezeichnenderweise informierte über diese grundlegende Neuausrichtung des sächsischen Münzwesens keine neue Münzordnung, sondern am 22. Dezember 1571 nur ein »Ferneres Münzedikt«, mit dem die Einwechslung der »verbotenen Münzsorten« gegen die neue »gute Münze nach des Reiches Schrot und Korn« angeordnet wurde.[109]

Erfolg oder Scheitern? Sachsens Geld nach der Einführung des Reichsmünzfußes

Für die sächsische Währung – deren Leitmünze jetzt nicht mehr Guldengroschen, sondern nach dem Vorbild des Reiches Taler hieß – bedeutete die Einführung des Reichsmünzfußes unter anderem eine Verringerung der ausgeprägten Nominale von zwölf auf sieben.[110] Am Silbergehalt der Münzen änderte sich, zumindest in absoluten Zahlen gerechnet, kaum etwas.[111] Und auch das Münzbild blieb weitestgehend das alte, da Sachsen das reichseinheitliche Gepräge nicht übernahm, sondern als Zeichen, dass die eigenen Münzen ab nun dem Reichsstandard entsprachen, alle mit einem kleinen Reichsapfel versah.[112] Beinahe in aller Stille war so 1571 aus dem sächsischen Guldengroschen doch noch der deutsche Reichstaler geworden.

Trotz aller Erfolge zeigte die Reichsmünzordnung schwere Mängel, die der Bewahrung geordneter Münzverhältnisse langfristig entgegenstanden.[113] Vor allem der eigentlich als Schutzmaßnahme gedachte hohe Silbergehalt der Kleinmünzen »verkehrte sich in das Gegenteil«.[114] Angesichts steigender Silberpreise und hoher Produktionskosten konnten die Münzherren, um Verlusten vorzubeugen, nur ihr Kleingeld verschlechtern oder aber gänzlich auf dessen Prägung verzichten, beides mit den entsprechenden wirtschaftlichen und sozialen Folgen. Gefördert wurde die Umgehung des Reichsmünzfußes mit der Bestimmung, dass die Münzstände die Silberausbeute ihres eigenen Landes nicht in den Kreismünzstätten, sondern in den eigenen Bergmünzstätten verarbeiten durften.[115] Sehr oft wurden daher nur die lukrativen groben Sorten nach dem Reichsmünzfuß geprägt und bei den kleineren und mittleren Sorten hingegen ein eigener, schlechterer (Landes-)Münzfuß verwendet.[116]

Auch Sachsen konnte sich, wie wohl alle obersächsischen Kreisstände,[117] dieser folgenschweren Entwicklung nicht entziehen. Während das Kurfürstentum bei der Prägung seiner Reichstaler, wie zu erwarten, Gewinn erwirtschaftete, war bereits die Herstellung der Groschen und ganz zu schweigen der Dreier und Pfennige mit deutlichen Verlusten verbunden.[118] Hatte Sachsen seine Großsilberwährung zeitweise durch enorme Mengen guthaltigen Kleingeldes gestützt, so war dessen Produktion seit dem Regierungsantritt Kurfürst Augusts wohl bereits deutlich zurückgegangen[119] und erreichte seit der Annahme der Reichsmünzordnung einen wahren Tiefpunkt. Rund 6,1 Millionen ausgeprägten Reichstalern standen zwischen 1572 und 1588 nur noch 167 650 Reichsgroschen und keine 3 000 Reichspfennige mehr gegenüber.[120] Deutlicher können die Zahlen nicht sprechen: In Sachsen bewährte sich die Reichsmünzordnung ebenfalls nur bei den groben Sorten, bei dem so wichtigen Kleingeld hingegen musste selbst das so silberreiche Kurfürstentum resignieren.[121] Auch weiterhin kursierte unterwertiges Geld im Land, das die Stabilität der sächsischen Währung bedrohte und dazu führte, dass die guten sächsischen Taler mit einem Aufgeld gehandelt wurden bzw. aus dem Umlauf verschwanden.[122] Auf dem Leipziger Probationstag vom 9. Mai 1583 wurde beispielsweise berichtet, dass auf der letzten Leipziger Messe von all den 1582 geschlagenen sächsischen Münzen »fast nichts zu sehen gewesen« sei.[123] Zum Höhepunkt dieser Entwicklung, der Kipper- und Wipperinflation der Jahre 1621/22, war auch in Sachsen das nach einem eigenen Landesmünzfuß ausgebrachte Kleingeld so schlecht, dass für einen guten Taler zuletzt statt regulär 24 bis zu 300 Groschen gezahlt werden mussten.[124]

Ebenso wie am Problem des schlechten Kleingeldes ist die Reichsmünzordnung am übergeordneten Ziel, im gesamten Reich eine einheitliche Währung zu schaffen, »im Wesentlichen« gescheitert.[125] Auch nach 1559/66 traten nicht alle Reichsstände der Reichsmünzordnung bei – das habsburgische Österreich verließ sie 1573 sogar wieder[126] –, und die Währungsverhältnisse, insbesondere beim Kleingeld, waren nicht wirklich einfacher geworden.[127] Mit dem Gulden zu 60 Kreuzern im Süden und dem Taler zu 24 Groschen im Norden konkurrierten weiterhin zwei starke Währungen im Reich. Vor allem die von Sachsen ausgehenden Reichstaler sollten jedoch innerhalb »kürzester Zeit« den Reichsgulden verdrängen und sich im ganzen Reich zur Leitmünze und zum allgemein »anerkannte[n] Wertmesser« in all dem noch bestehenden »Münz- und Währungswirrwarr« entwickeln.[128]

ANMERKUNGEN

1 Vgl. die entsprechende Arbeitsthese und die Arbeitsergebnisse bei Philipp Robinson Rössner, Deflation – Devaluation – Rebellion. Geld im Zeitalter der Reformation (Vierteljahrschrift für Sozial- und Wirtschaftsgeschichte, Beihefte 219), Stuttgart 2012, hier u. a. S. 15–19, 59, 93–95, 152 f., 631, 634, 664 sowie insbes. Kapitel IV und V. | **2** Vgl. ebd. S. 42 f., 315 f., 344–346, 451 f. | **3** Vgl. Uwe Schirmer, Kursächsische Staatsfinanzen (1456–1656). Strukturen – Verfassung – Funktionseliten (Quellen und Forschungen zur sächsischen Geschichte 28), Stuttgart 2006, S. 618. | **4** Niklot Klüßendorf, Numismatik und Geldgeschichte. Basiswissen für Mittelalter und Neuzeit, Peine 2015, S. 91. Auch Tristan Weber, Die sächsische Münzprägung von 1500 bis 1571. Eine quantitative Studie, ohne Ort 2010, S. 97, kommt zum Schluss, dass »die sächsische Münzprägung zwischen 1500 und 1571 die wahrscheinlich bedeutendste im Heiligen Römischen Reich« war und sogar die der Habsburger in diesem Zeitraum »eher übertraf«. Den Berechnungen Paul Arnolds zufolge förderte Sachsen allein zwischen 1485 und 1539 knapp 350 Tonnen Silber; vgl. Paul Arnold, Das sächsische Münzwesen in der ersten Hälfte des 16. Jahrhunderts – die Wechselbeziehungen zwischen Bergbau und Münzpolitik in Sachsen, in: Georgius Agricola – 500 Jahre, hrsg. von Friedrich Naumann, Basel/Boston/Berlin 1994, S. 416–422, hier S. 417. | **5** Zur notwendigen Revision dieser weitverbreiteten Forschungssicht vgl. Jens Bruning, August (1553–1586), in: Die Herrscher Sachsens. Markgrafen, Kurfürsten, Könige 1089–1918, hrsg. von Frank-Lothar Kroll (Beck'sche Reihe 1739), 2., durchges. Aufl., München 2013, S. 100–125, 333–335, hier S. 119. | **6** Zur sächsischen Münzgeschichte unter Kurfürst August existieren recht ausführliche Überblicksdarstellungen, begonnen bei Johann Friedrich Klotzsch, Versuch einer Chur-Sächsischen Münzgeschichte. Von den ältesten bis auf jetzige Zeiten, 2 Teile, Chemnitz 1779/80, hier Teil 1, S. 319–383, über Johannes Falke, Die Geschichte des Kurfürsten August von Sachsen in volkswirthschaftlicher Beziehung, Leipzig 1868, S. 28–56, bis hin zu dem immer noch als Standardwerk zitierten Walther Haupt, Sächsische Münzkunde (Arbeits- und Forschungsberichte zur sächsischen Bodendenkmalpflege, Beiheft 10), Berlin 1974, S. 120–128. Insbesondere sei aber auf die folgenden neueren, Walther Haupt zum Teil revidierenden Arbeiten verwiesen: Paul Arnold, Kurfürst August und das Sächsische Münzwesen, in: Dresdner Hefte 9 (1986), S. 13–25; Ders., Die sächsische Talerwährung von 1500 bis 1763, in: Schweizerische Numismatische Rundschau 59 (1980), S. 50–94, hier S. 67–72; Weber, Sächsische Münzprägung (wie Anm. 4), S. 84–91. – Auf dieser Literaturgrundlage können die Veränderungen an den sächsischen Münzen detailliert nachvollzogen werden, Hintergründe und Ziele der jeweiligen Entscheidungen sind jedoch nur bedingt zu fassen. Zu diesem allgemeinen Forschungsdesiderat der deutschen Geldgeschichte vgl. Hans-Jürgen Gerhard, Neuere deutsche Forschungen zur Geld- und Währungsgeschichte der Frühen Neuzeit. Fragen – Ansätze – Erkenntnisse, in: Vierteljahrschrift für Sozial- und Wirtschaftsgeschichte 83 (1996), S. 216–230, hier S. 230. Speziell zum Forschungsstand der sächsischen Geldgeschichte des 16. Jahrhunderts vgl. auch Rössner, Geld im Zeitalter der Reformation (wie Anm. 1), S. 86–88. | **7** Vgl. Oliver Volckart, Die Reichsmünzordnung von 1559. Das Scheitern reichseinheitlichen Geldes, in: Schlüsselereignisse der deutschen Bankengeschichte, hrsg. von Dieter Lindenlaub/Carsten Burhop/Joachim Scholtyseck, Stuttgart 2013, S. 26–37, hier S. 26 f.; vgl. auch Bernd Sprenger, Das Geld der Deutschen. Geldgeschichte Deutschlands von den Anfängen bis zur Gegenwart, 3., aktual. und erw. Aufl., Paderborn u. a. 2002, S. 81. | **8** Vgl. Klüßendorf, Numismatik und Geldgeschichte (wie Anm. 4), S. 87; Bernd Kluge, Numismatik des Mittelalters, Bd. 1: Handbuch und Thesaurus Nummorum Medii Aevi (Österreichische Akademie der Wissenschaften, Sitzungsberichte der philosophisch-historischen Klasse 769; Veröffentlichungen der Numismatischen Kommission 45), Wien 2007, S. 116 f. | **9** Zur Prägung von Goldgulden in Leipzig vgl. Jan-Erik Becker, Die landesherrliche Münzstätte, in: Geschichte der Stadt Leipzig, Bd. 1: Von den Anfängen bis zur Reformation, hrsg. von Enno Bünz, Leipzig 2015, S. 234–237, 830 f. | **10** Vgl. Arnold, Die sächsische Talerwährung (wie Anm. 6), S. 52–60. | **11** Vgl. beispielsweise neben ebd., S. 60, auch Lothar Wendler, Der Taler hat Geburtstag. Sachsen und seine Messestadt standen Pate bei der »Geburt« des Talers, in: Sächsische Heimatblätter 38 (1992), S. 99–103. | **12** Zitiert nach Weber, Sächsische Münzprägung (wie Anm. 4), S. 7. Bei Klotzsch, Versuch einer Chur-Sächsischen Münzgeschichte (wie Anm. 6), S. 6, wiedergegeben als »ein Groschen für einen Gülden«. | **13** Vgl. Paul Arnold/Werner Quellmalz, Sächsisch-thüringische Bergbaugepräge. Gewinnung und Verhüttung von Gold, Silber und Kupfer im Spiegel der Münzen und Medaillen, Leipzig 1978, S. 42. In der Literatur werden die Namen (Silber-)Gulden, Guldengroschen und (Reichs-)Taler zumeist synonym verwendet, was zu Missverständnissen führen kann. Im Folgenden werden daher die Bezeichnungen aus der jeweils gültigen sächsischen Münzordnung übernommen. | **14** Vgl. mit einer Analyse der verschiedenen Hypothesen zum Scheitern dieser Politik: Volckart, Reichsmünzordnung (wie Anm. 7); sowie als allgemeiner Überblick Friedrich Freiherr von Schrötter, Das Münzwesen des Deutschen Reichs von 1500 bis 1566, in: Jahrbuch für Gesetzgebung, Verwaltung und Volkswirtschaft im Deutschen Reich 35 (1911), H. 4, S. 129–172, 36 (1912), H. 1, S. 99–126. | **15** Vgl. Volckart, Reichsmünzordnung (wie Anm. 7), S. 28 f.; Rössner, Geld im Zeitalter der Reformation (wie Anm. 1), S. 612–618; H. Thomas Christmann, Die Reichsmünzordnungen und deren Umsetzung durch die Reichskreise, in: Währungsunionen. Beiträge zur Geschichte überregionaler Münz- und Geldpolitik (Numismatische Studien 15), hrsg. von Reiner Cunz, Hamburg 2002, S. 197–219, hier S. 201–204; Arnold, Kurfürst August (wie Anm. 6), S. 20; Haupt, Sächsische Münzkunde (wie Anm. 6), S. 108 f. | **16** Christmann, Reichsmünzordnungen (wie Anm. 15), S. 199. | **17** Vgl. Volckart, Reichsmünzordnung (wie Anm. 7), S. 29 f. Speziell für Sachsen vgl. Weber, Sächsische Münzprägung (wie Anm. 4), S. 78–80; Arnold, Kurfürst August (wie Anm. 6), S. 21 f.; Haupt, Sächsische Münzkunde (wie Anm. 6), S. 121 f. | **18** Vgl. Volckart, Reichsmünzordnung (wie Anm. 7), S. 29. | **19** So entsprachen etwa die für den Reichsstandard zugrunde gelegten Guldengroschen der sächsischen Münzordnung von 1500 nicht mehr den aktuellen Verhältnissen in Sachsen, wo es vermutlich schon 1505 zu einer geringfügigen Reduktion des Feingehalts von 937,5 auf 930,56 ‰ gekommen war; vgl. Arnold, Die sächsische Talerwährung (wie Anm. 6), S. 58. | **20** Vgl. die Aufstellung bei Weber, Sächsische Münzprägung (wie Anm. 4), S. 79. | **21** Wahrscheinlich wurde bei Zahlungen einfach die zeitgenössische Umrechnung (1 Kreuzer = 3 Pfennige) genutzt, sodass der sächsische Guldengroschen à 24 Groschen – ohne Berücksichtigung des geringeren Silbergehalts – ebenfalls mit 72 Kreuzern gerechnet und damit um fast 3 Kreuzer zu hoch bewertet wurde. | **22** Vgl. Volckart, Reichsmünzordnung (wie Anm. 7), S. 29 f. | **23** Vgl. Lothar Koppe, Die sächsisch-ernestinischen Münzen 1551 bis 1573, Regenstauf 2004, S. 18–22. | **24** Vgl. Weber, Sächsische Münzprägung (wie Anm. 4), S. 92. | **25** Zum Bestreben von Kurfürst Moritz, eine selbstständige Landespolitik gegenüber der hegemonialen Reichspolitik Karls V. zu behaupten, vgl. Manfred Rudersdorf, Moritz 1541/47–1553, in: Kroll, Die Herrscher Sachsens (wie Anm. 5), S. 90–109, hier u. a. S. 90, 101 f.; Johannes Herrmann, Moritz von Sachsen (1521–1553). Landes-, Reichs- und Friedensfürst, Beucha 2003, u. a. S. 97, 226,

246; Ders., Moritz von Sachsen – Persönlichkeit und politische Entscheidungen, in: Moritz von Sachsen – Ein Fürst der Reformationszeit zwischen Territorium und Reich (Quellen und Forschungen zur sächsischen Geschichte 29), hrsg. von Karlheinz Blaschke, Stuttgart 2007, S. 119–132, hier S. 130. | **26** Vgl. z. B. Arnold, Die sächsische Talerwährung (wie Anm. 6), S. 50 f. | **27** Zur besseren Lesbarkeit wird im Folgenden der Feingehalt der Münzen immer in Tausendstel angegeben. Für die zeitgenössischen Angaben in Lot und Grän vgl. z. B. die Tabellen bei Arnold, Die sächsische Talerwährung (wie Anm. 6); weitere Tabellen zum Feingehalt zeitgenössischer Münzfüße bietet Lothar Schumacher, Entwicklung ausgewählter Münzfüße von 1338 bis 1566 und deren Silberanteil in den Großmünzen, in: »daz silber gehort yn die muncze czu Friberg«. Die Münzstätte Freiberg von den Anfängen bis zu ihrer Aufhebung 1556 durch Kurfürst August von Sachsen, hrsg. von Hans Friebe/Christel Grau, 2 Bde., Freiberg 2007/10, hier Bd. 2, S. 271–284. | **28** Eckart Schremmer, Währungsunionen und stabiles Geld in Münzgeldsystemen mit integriertem Papiergeld. Lehren aus der Geschichte?, St. Katharinen 1999, S. 9 f. – Die Wirkung des nach Thomas Gresham (1519–1579) benannten »Greshamschen Gesetzes«, demzufolge schlechtes Geld immer das gute Geld verdrängt, weil bei gleichem Nenn-, aber unterschiedlichem Metallwert die werthaltigeren Münzen gehortet und aussortiert werden, ist bereits mehrfach angesprochen worden; vgl. beispielsweise John H. Munro, Artikel: Greshamsches Gesetz, in: Von Aktie bis Zoll. Ein historisches Lexikon des Geldes, hrsg. von Michael North, München 1995, S. 146 f. | **29** Zur Münztrennung vgl. Weber, Sächsische Münzprägung (wie Anm. 4), S. 52–59; Arnold, Die sächsische Talerwährung (wie Anm. 6), S. 61–67; Haupt, Sächsische Münzkunde (wie Anm. 6), S. 109–112; Woldemar Goerlitz, Staat und Stände unter den Herzögen Albrecht und Georg 1485–1539 (Sächsische Landtagsakten 1), Leipzig 1928, S. 333–345. | **30** Vgl. Haupt, Sächsische Münzkunde (wie Anm. 6), S. 110. | **31** Zur gemeinsamen Münzordnung vom 20. Januar 1534 vgl. Weber, Sächsische Münzprägung (wie Anm. 4), S. 59 f.; Arnold, Die sächsische Talerwährung (wie Anm. 6), S. 63 f.; Haupt, Sächsische Münzkunde (wie Anm. 6), S. 113 f. | **32** Vgl. Arnold, Die sächsische Talerwährung (wie Anm. 6), S. 65 f. | **33** Diese verkürzte Definition erscheint für die vorliegende Untersuchung hinreichend. Für eine weiter greifende Definition des Geldes inklusive Wechseln und Buchgeld sowie der Währung als »Verfassung oder Ordnung des Geldwesens eines Landes [...], d. h. alle Regelungen hinsichtlich der Geldschöpfung, des Zahlungsverkehrs und der Wertbeziehungen im Inland und mit dem Ausland«, vgl. Gerhard, Forschungen zur Geld- und Währungsgeschichte (wie Anm. 6), S. 216 f., sowie zur schwierigen »Verwendung moderner Terminologien wie Geldpolitik, Münzpolitik, Stabilitätspolitik« Rössner, Geld im Zeitalter der Reformation (wie Anm. 1), S. 335 f. | **34** Ebd., S. 315, vgl. ferner ebd., S. 25–28, 52–55, 379 f., 387, 564–567, 638 f.; Konrad Schneider, Artikel: Valvation, in: North, Von Aktie bis Zoll (wie Anm. 28), S. 405 f., hier S. 406. | **35** Vgl. Rössner, Geld im Zeitalter der Reformation (wie Anm. 1), S. 80, 341. | **36** Vgl. Weber, Sächsische Münzprägung (wie Anm. 4), S. 60. | **37** Vgl. Anm. 28. | **38** Die Berechnungen basieren auf der bei Arnold, Die sächsische Talerwährung (wie Anm. 6), S. 64, angegebenen Tabelle zur Münzordnung von 1534. | **39** Zur Vorbereitung der neuen Großsilberwährung wurden beispielsweise allein von Ostern 1497 bis Ostern 1498 in Schneeberg über 6 Millionen Pfennige geprägt; vgl. Arnold, Die sächsische Talerwährung (wie Anm. 6), S. 55. Rössner, Geld im Zeitalter der Reformation (wie Anm. 1), S. 170, geht hingegen davon aus, dass zwischen 1490 und 1520 »praktisch keine neuen sächsischen Pfennige geschlagen wurden«, »es also unbestreitbar einen Mangel zumindest an originär sächsischem Kleingeld gegeben haben wird«; vgl. auch ebd. S. 573, 646. Möglicherweise stützt sich Rössner hier auf die Aussage eines Münzmeisters von 1521, dass in Sachsen seit gut dreißig Jahren keine Pfennige mehr geprägt worden seien. Dieser Zeitraum ist sicherlich um gut eine Dekade zu lang wiedergegeben, für die ersten beiden Jahrzehnte des 16. Jahrhunderts ist aber auch Weber, Sächsische Münzprägung (wie Anm. 4), S. 13, zufolge davon auszugehen, dass nur Nominale ab dem Groschen aufwärts geprägt worden sind. | **40** Rössner, Geld im Zeitalter der Reformation (wie Anm. 1), S. 30, vgl. auch S. 490 f. | **41** Vgl. Hendrik Mäkeler, Martin Luther und das Geld, in: Reformatio in Numis. Luther und die Reformation auf Münzen und Medaillen, hrsg. von Elisabeth Doerk, Regensburg 2014, S. 32–39, hier insbes. S. 36 f.; Philipp Robinson Rössner, Luther – Ein tüchtiger Ökonom? Über die monetären Ursprünge der Deutschen Reformation, in: Zeitschrift für Historische Forschung 42 (2015), S. 37–74, hier S. 39. | **42** Vgl. Rössner, Geld im Zeitalter der Reformation (wie Anm. 1), S. 30 f., 170, 475, 573. | **43** Vgl. ebd., S. 502, die Aufstellung von oberdeutschen Jahreseinkommen um 1500. Selbst als gut verdienender Bäcker- oder Metzgermeister verfügte man im Jahr über nicht mehr als 30 bis 40 Gulden. | **44** Vgl. Arnold, Die sächsische Talerwährung (wie Anm. 6), S. 65 f. | **45** Vgl. Weber, Sächsische Münzprägung (wie Anm. 4), S. 54. | **46** Vgl. Arnold, Die sächsische Talerwährung (wie Anm. 6), S. 66 f.; Haupt, Sächsische Münzkunde (wie Anm. 6), S. 114–116. | **47** Vgl. Arnold, Kurfürst August (wie Anm. 6), S. 17 f.; Ders., Die sächsische Talerwährung (wie Anm. 6), S. 66 f.; Haupt, Sächsische Münzkunde (wie Anm. 6), S. 119 f., abgedruckt in: Codex Augusteus, Leipzig 1724, Bd. 2, Sp. 749–754. | **48** Vgl. Bruning, August (wie Anm. 5), S. 113 f. | **49** Vgl. Uwe Schirmer, Die Staatsverschuldung Kursachsens im 16. Jahrhundert. Anmerkungen zur sozialen, regionalen und institutionellen Herkunft der Gläubiger, in: Das »Blut des Staatskörpers«. Forschungen und Perspektiven zur Finanzgeschichte der Frühen Neuzeit (Historische Zeitschrift, Beiheft 56), hrsg. von Peter Rauscher/Andrea Serles/Thomas Winkelbauer, München 2012, S. 391–434, hier S. 416 f. | **50** Vgl. Bruning, August (wie Anm. 5), S. 116. | **51** Zu den Staatseinnahmen unter Kurfürst August vgl. Schirmer, Kursächsische Staatsfinanzen (wie Anm. 3), S. 612–636, sowie die tabellarische Zusammenstellung auf S. 917. | **52** Zur engen Abhängigkeit von Bergbau und Münzwesen in Sachsen vgl. Arnold, Das sächsische Münzwesen (wie Anm. 4); Ders., Silberproduktion und Münzprägung in Kursachsen während der Talerzeit – der Einfluß des Bergbaus auf das sächsische Münzwesen während der Talerperiode, in: Numismatische Hefte 14 (1984), S. 5–12, 65–68; Ders./Quellmalz, Sächsisch-thüringische Bergbaugepräge (wie Anm. 13), S. 10–14. – Zu den Aufgaben der sächsischen Bergmünzstätten gehörte es neben der Münzprägung daher auch, »den Bergämtern das Geld für den Silberkauf, die Bezahlung der Löhne und Gehälter der Bergarbeiter und -beamten sowie die Ausbeute- und Verlagszahlung zur Verfügung [zu] stellen«; Arnold, Kurfürst August (wie Anm. 6), S. 15. | **53** Vgl. Schirmer, Kursächsische Staatsfinanzen (wie Anm. 3), S. 620–623. | **54** Zu den Staatseinnahmen aus dem Montan- und Münzwesen vgl. ebd. | **55** Vgl. ebd., S. 920. | **56** Vgl. Haupt, Sächsische Münzkunde (wie Anm. 6), S. 129. | **57** Vgl. z. B. Arnold, Kurfürst August (wie Anm. 6), S. 14 f.; Rössner, Geld im Zeitalter der Reformation (wie Anm. 1), S. 406. | **58** Vgl. Schirmer, Kursächsische Staatsfinanzen (wie Anm. 3), S. 621, Anm. 473. | **59** Zur offenen Frage, »wohin jene gewaltigen Mengen an frisch geschlagenem Bargeld transferiert worden sind«, vgl. ebd., S. 622 f. | **60** Ebd., S. 600, 623 f. | **61** Ebd., S. 600. – Beispielsweise gewährte Kurfürst August 1566/67 dem Obersteuerkollegium in Form von Buchgeld Kredite »mit einem Volumen von insgesamt 1 Million Gulden«, die er sich »natürlich mit hartem Silbergeld« verzinsen ließ; vgl. Schirmer, Die Staatsverschuldung Kursachsens (wie Anm. 49), S. 425. | **62** Vgl. Schirmer, Kursächsische Staatsfinanzen (wie Anm. 3), S. 624. | **63** Vgl. ebd., S. 661–663; Schirmer, Die Staatsverschuldung Kursachsens (wie Anm. 49), S. 404–424. | **64** Vgl. Schirmer, Die Staatsverschuldung Kursachsens (wie Anm. 49), S. 418–423. | **65** Als Bezieher von Abgaben und Steuern war den Ständen und dem Landesherrn ganz besonders an stabilen Geldverhältnissen gelegen. Zudem stellte wertstabiles Geld eine wesentliche Voraussetzung für eine funktionierende Verwaltung und den reibungslosen Ablauf der gesamtwirtschaftlichen Tätigkeiten dar; vgl. Rössner, Geld im Zeitalter der Reformation (wie Anm. 1), S. 375. | **66** Neben dem Silberbergbau war der Leipziger Messehandel ein weiteres Standbein der wirtschaftlichen Macht Sachsens. Unter Kurfürst August stieg Leipzig sogar zur »bedeutendste[n] Handelsstadt in Mitteldeutschland und darüber im Heiligen Römischen Reich Deutscher Nation« auf; Arnold, Kurfürst August (wie Anm. 6), S. 13 f.; vgl. auch Ders., Die sächsische Talerwährung (wie Anm. 6), S. 51. | **67** Vgl. Schirmer, Kursächsische Staatsfinanzen (wie Anm. 3), S. 618. | **68** Vgl. Arnold, Kurfürst August (wie Anm. 6), S. 16. | **69** Vgl. ebd., S. 15. | **70** Abgedruckt in: Codex Augusteus (wie Anm. 47), Bd. 1, Sp. 43–74, hier Sp. 58. | **71** Vgl. Klotzsch, Versuch einer Chur-Sächsischen Münzgeschichte (wie Anm. 6), S. 342. | **72** Vgl. Codex Augusteus (wie Anm. 47), Bd. 1, Sp. 58 f. | **73** Vgl. Hans Friebe, Die frühneuzeitliche Münzstätte Freiberg bis zu ihrer Aufhebung 1556, in: Ders./Grau, Die Münzstätte Freiberg (wie Anm. 27), Bd. 1, S. 55–66, hier S. 82–84; vgl. auch ebd., Anlage 12, S. 166–173. | **74** Zur neuen Dresdner Münzstätte, die 1738 dem Bau der katholischen Hofkirche weichen musste, vgl. Arnold/Quellmalz, Sächsisch-thüringische Bergbaugepräge (wie Anm. 13), S. 95 f. | **75** Schirmer, Kursächsische Staatsfinanzen (wie Anm. 3), S. 599. | **76** Friebe, Die frühneuzeitliche Münzstätte Freiberg (wie Anm. 73), S. 82. | **77** Arnold, Kurfürst August (wie Anm. 6), S. 14. | **78** Schirmer, Kursächsische Staatsfinanzen (wie Anm. 3), S. 621. In diesem Sinne bereits auch Klotzsch, Versuch einer Chur-Sächsischen Münzgeschichte (wie Anm. 6), S. 341. | **79** Abgedruckt in: Codex Augusteus (wie Anm. 47), Bd. 2, Sp. 753–760; vgl. auch Weber, Sächsische Münzprägung (wie Anm. 4), S. 86 f.; Arnold, Kurfürst August (wie Anm. 6), S. 18 f.; Ders., Die sächsische Talerwährung (wie Anm. 6), S. 67 f.; Haupt, Sächsische Münzkunde (wie Anm. 6), S. 122, 124. | **80** Vgl. Weber, Sächsische Münzprägung (wie Anm. 4), S. 86. | **81** Vgl. Arnold, Kurfürst August (wie Anm. 6), S. 18 f. | **82** Vgl. ebd., S. 23–25. Vgl. auch die Miszelle von Johannes Falke in: Archiv für die Sächsische Geschichte 5 (1867), S. 326–328; Ders., Geschichte des Kurfürsten August (wie Anm. 6), S. 55 f. | **83** Vgl. Weber, Sächsische Münzprägung (wie Anm. 4), S. 89–91; Arnold, Kurfürst August (wie Anm. 6), S. 21 f.; Haupt, Sächsische Münzkunde (wie Anm. 6), S. 124, 126. | **84** Vgl. Volckart, Reichsmünzordnung (wie Anm. 7), S. 30. Zu den geringen Goldvorkommen in Sachsen vgl. Arnold/Quellmalz, Sächsisch-thüringische Bergbaugepräge (wie Anm. 13), S. 35–37, 39. | **85** Vgl. Sprenger, Das Geld der Deutschen (wie Anm. 7), S. 102. | **86** Vgl. Volckart, Reichsmünzordnung (wie Anm. 7), S. 30. | **87** Vgl. Niklot Klüßendorf, Kleine Münz- und Geldgeschichte von Hessen in Mittelalter und Neuzeit (Veröffentlichungen der Historischen Kommission für Hessen 18/2), Marburg 2012, S. 71 f.; Arnold, Die sächsische Talerwährung (wie Anm. 6), S. 70. Volckart, Reichsmünzordnung (wie Anm. 7), S. 30, spricht hingegen davon, dass die Reichsmünzordnung die Weiterprägung der sächsischen Guldengroschen »offen« ließ. | **88** Vgl. Arnold, Kurfürst August (wie Anm. 6), S. 22. Zur münzrelevanten Arbeit der Reichskreise vgl. auch Christmann, Reichsmünzordnungen (wie Anm. 15), S. 208–212; Arnold, Die Reichskreise und ihre Bedeutung für die deutsche Münzgeschichte, in: Friebe/Grau, Die Münzstätte Freiberg (wie Anm. 27), Bd. 2, S. 219–226. | **89** Vgl. Volckart, Reichsmünzordnung (wie Anm. 7), S. 30. | **90** Vgl. Klotzsch, Versuch einer Chur-Sächsischen Münzgeschichte (wie Anm. 6), S. 356–358; Arnold, Die sächsische Talerwährung (wie Anm. 6), S. 70. | **91** Vgl. Haupt, Sächsische Münzkunde (wie Anm. 6), S. 124. Für die Inhaber des Münzregals gehörte die Verwendung des eigenen Bildnisses als einem symbolischen Herrschaftszeichen zu den vier »hauptsächliche[n] Motivationen« für die Münzprägung; vgl. Rössner, Geld im Zeitalter der Reformation (wie Anm. 1), S. 375. | **92** Bruning, August (wie Anm. 5), S. 119. | **93** Vgl. Klotzsch, Versuch einer Chur-Sächsischen Münzgeschichte (wie Anm. 6), S. 358 f. | **94** Vgl. Weber, Sächsische Münzprägung (wie Anm. 4), S. 90 f.; Arnold, Kurfürst August (wie Anm. 6), S. 22. | **95** Vgl. Codex Augusteus (wie Anm. 47), Bd. 2, Sp. 901–904; mit verschiedenen Beispielen zum Fälschen und Auswechseln sächsischer Münzen: Falke, Geschichte (wie Anm. 6), S. 36–38. | **96** Bruning, August (wie Anm. 5), S. 121. | **97** Vgl. Arnold, Kurfürst August (wie Anm. 6), S. 22. | **98** Haupt, Sächsische Münzkunde (wie Anm. 6), S. 127. | **99** Zum Einfluss der Landstände auf die sächsische Innenpolitik unter Kurfürst August vgl. Uwe Schirmer, Der landständische Einfluß auf die Politik der Herzöge und Kurfürsten von Sachsen von 1541 bis 1586 – Fürstengewalt und Ständerecht, in: Die sächsischen Kurfürsten während des Religionsfriedens von 1555 bis 1618 (Quellen und Forschungen zur sächsischen Geschichte 31), hrsg. von Helmar Junghans, Stuttgart 2007, S. 263–278, hier insbes. S. 277. | **100** Vgl. Schirmer, Die Staatsverschuldung Kursachsens (wie Anm. 49), S. 416, 425. | **101** Zur Position der Landstände 1570 hinsichtlich Veränderungen an der Münzverfassung vgl. Klotzsch, Versuch einer Chur-Sächsischen Münzgeschichte (wie Anm. 6), S. 361–363. | **102** Beispielsweise musste im Münzedikt vom 27. Dezember 1570 noch einmal das Verbot aller nicht dem sächsischen Münzfuß entsprechenden Münzen erneuert werden, abgedruckt in: Codex Augusteus (wie Anm. 47), Bd. 2, Sp. 903–906. | **103** Vgl. Falke, Geschichte (wie Anm. 6), S. 39. | **104** Vgl. Codex Augusteus (wie Anm. 47), Bd. 2, Sp. 905 f. | **105** Solche Kreis- und Valvationstage, die sogenannten Probationstage, sollten laut Reichsmünzordnung zweimal jährlich zur Kontrolle und zur Valvation (Tarifierung) der umlaufenden Münzen abgehalten werden. | **106** Zitiert nach Arnold, Kurfürst August (wie Anm. 6), S. 22, und Haupt, Sächsische Münzkunde (wie Anm. 6), S. 127. Vgl. auch die ausführliche Beschreibung bei Falke, Geschichte (wie Anm. 6), S. 39–42. | **107** Vgl. ebd., S. 39 f. | **108** Vgl. Arnold, Kurfürst August (wie Anm. 6), S. 22 f., Anm. 19. | **109** Abgedruckt in: Codex Augusteus (wie Anm. 47), Bd. 2, Sp. 907–910. – Die noch gültigen Münzen wurden zusammen mit ihrem Wert in einem speziellen »Valvationsbüchlein« publiziert. Der dort abgebildete sächsische Taler datiert allerdings noch auf das Jahr 1570 und trägt entsprechend noch keinen Reichsapfel; vgl. Klaus Heinz, Ein sächsisches Münzvalvationsbüchlein aus der Zeit des Kurfürsten August, in: Numismatische Hefte 20 (1986), S. 21–34, hier S. 24. Möglicherweise lag dem Holzstecher für die Münzabbildungen einfach noch keiner der neuen Reichstaler des Jahres 1571 vor. Zugleich belegt das Valvationsbüchlein damit, dass die alten Guldengroschen natürlich weiterhin als vollwertige Taler galten. Aufgrund ihres höheren Feingewichts dürften sie aber sukzessive durch die neuen Reichstaler verdrängt worden sein. | **110** Beispielsweise wurden keine Schreckenberger und keine Heller (halbe Pfennige) mehr geprägt; vgl. die Aufstellungen bei Arnold, Die sächsische Talerwährung (wie Anm. 6), S. 68, 71 f. | **111** Wie bereits angesprochen wurde beim Taler und seinen Teilstücken der Feingehalt von 902,78 auf 888,89 ‰ reduziert, sodass sich mit der gleichzeitig vorgenommenen Raugewichtsänderung beim Taler der Silbergehalt von 26,19 auf 25,98 Gramm verringerte. Pfennige, Dreier und Groschen enthielten zwar weiterhin beinahe exakt die gleiche Menge Silber wie bisher, aufgrund der deutlicheren Gewichtsreduzierungen verschob sich jedoch entsprechend ihr Feingehalt: Da beispielsweise der Groschen nach den Vorgaben des Reiches in Sachsen nicht mehr 2,66, sondern nur noch 2,15 Gramm wog, stieg sein Feingehalt, bei einem gleichgebliebenen Silberanteil von 1,08/1,07 Gramm, von 426,25 auf 500 ‰; berechnet auf der Grundlage von Arnold, Die sächsische Talerwährung (wie Anm. 6), S. 68, 71. | **112** Die Novelle zur Reichsmünzordnung führte 1566 keine Vorschriften mehr hinsichtlich des bisher geforderten reichseinheitlichen Münzbildes an. Der damit legitimierte »Dualismus der Reichsmünzen mit und ohne festgelegtem Bildprogramm gab den reglementierteren Sorten beim Selbstbewusstsein der Reichsstände nur geringe Überlebensaussichten«; Christmann, Reichsmünzordnungen (wie Anm. 15), S. 206 f. | **113** Vgl. Arnold, Die sächsische Talerwährung (wie Anm. 6), S. 72; Ders., Kurfürst August (wie Anm. 6), S. 25; Haupt, Sächsische Münzkunde (wie Anm. 6), S. 128. | **114** Vgl. Christmann, Reichsmünzordnungen (wie Anm. 15), S. 208. | **115** Vgl. Arnold, Die sächsische Talerwährung (wie Anm. 6), S. 71. | **116** Vgl. Michael North, Kleine Geschichte des Geldes. Vom Mittelalter bis heute (Beck'sche Reihe 1895), München 2009, S. 82 f. | **117** Bei seiner Beschreibung der obersächsischen Probationstage schildert Falke, Geschichte (wie Anm. 6), S. 42–54, auch detailliert die selbst bei den eigenen Kreisständen aufgedeckten Missstände am Münzfuß. | **118** Für die Ausprägung von 100 Mark Feinsilber in Reichstalern errechnete der Dresdner Münzmeister 1606 noch einen Gewinn von 14 Gulden, 17 Groschen und 10,5 Pfennigen, dem bei einer Ausprägung in Dreiern aber bereits ein Verlust von 46 Gulden, 6 Groschen und 11 Pfennigen gegenüberstand; vgl. Arnold, Die sächsische Talerwährung (wie Anm. 6), S. 73. | **119** Vgl. Weber, Sächsische Münzprägung (wie Anm. 4), S. 85. Den größten Auswurf an guthaltigem Kleingeld gab es während der Münztrennung von 1528/30 bis 1534; vgl. ebd., S. 58. | **120** Vgl. Arnold, Kurfürst August (wie Anm. 6), S. 25. | **121** Dieser Befund stützt auch für die zweite Hälfte des 16. Jahrhunderts die von Rössner, Geld im Zeitalter der Reformation (wie Anm. 1), S. 404–406, für seinen Untersuchungszeitraum 1470–1540 aufgestellte These, dass wenn selbst »Gebiete wie Sachsen nicht der allgemeinen Devaluationstendenz beim umlaufenden Pfennig- und Groschengeld Herr werden konnten«, die im Reich »feststellbare Geldverschlechterungstendenz« systemimmanent, also geradezu eine »historische Gesetzmäßigkeit« war. | **122** Das Verbot minderwertiger Münzen sowie des Einwechselns und Einschmelzens der sächsischen Münzen musste in den Folgejahren mehrfach wiederholt werden. Vgl. das entsprechende Münzedikt vom 4. Dezember 1573, die Publikation des Reichsmandates vom 16. Februar 1577 und das Mandat vom 6. Mai 1583, abgedruckt in: Codex Augusteus (wie Anm. 47), Bd. 2, Sp. 761–764, 911–916. Vgl. auch Falke, Geschichte (wie Anm. 6), S. 42–52. | **123** Zitiert nach ebd., S. 52. | **124** Vgl. Arnold, Die sächsische Talerwährung (wie Anm. 6), S. 74. | **125** Vgl. Volckart, Reichsmünzordnung (wie Anm. 7), S. 27; Konrad Schneider, Hatten die Reichsmünzordnungen eine Aussicht auf Erfolg?, in: Jahrbuch für Numismatik und Geldgeschichte 61 (2011), S. 183–224, hier S. 183. | **126** Vgl. Christmann, Reichsmünzordnungen (wie Anm. 15), S. 207. | **127** Vgl. Volckart, Reichsmünzordnung (wie Anm. 7), S. 31 f. | **128** Zitiert nach Arnold, Kurfürst August (wie Anm. 6), S. 23, und Sprenger, Das Geld der Deutschen (wie Anm. 7), S. 103. Zur gegenteiligen Auffassung, dass »das Kernstück der neuen Ordnung, der Reichstaler, kein besonderer Erfolg« war, vgl. Schneider, Reichsmünzordnungen (wie Anm. 125), S. 193.

HANS-PETER HASSE

Lutherisches Konfessionsbewusstsein und Kirchenpolitik des Kurfürsten August von Sachsen

Es ist ein eigentümliches Phänomen, dass Kurfürst August von Sachsen in der Beachtung und Bewertung durch die Historiographie deutlich hinter seinem älteren Bruder Moritz von Sachsen (1521–1553) zurücksteht. Das gilt zuerst für die Erschließung der Quellen, die im Falle von Moritz in einer respektablen Edition vorliegen,[1] während die unvergleichlich umfangreichere August-Korrespondenz immer noch nahezu unerschlossen in den Archiven schlummert. Es wäre eine Aufgabe, einmal zu untersuchen, wie es zu dieser Disproportion bei der Bewertung der beiden aufeinanderfolgenden Kurfürstenbrüder gekommen ist und was das für die Wahrnehmung ihrer jeweiligen historischen Rolle bedeutet. Im Gegensatz zu diesem Befund lässt sich in den letzten 15 Jahren jedoch ein verstärktes Interesse an Kurfürst August beobachten.[2] Das betrifft insbesondere auch die Religionspolitik, die mit diesem Beitrag thematisiert wird.

Das Selbstverständnis des Kurfürsten im Hinblick auf seine Religionspolitik und sein lutherisches Konfessionsbewusstsein visualisiert eine Medaille des 1574 an den Dresdner Hof berufenen Medailleurs Tobis Wolff (gest. nach 1600), die auf die dramatischen Ereignisse des Jahres 1574 Bezug nimmt, als Kurfürst August gegen sogenannte Kryptocalvinisten in seinem Territorium vorging.[3] Die Vorderseite zeigt links ein Portrait Augusts, der seinen linken Arm auf die Schultern des Kurfürsten Johann Georg von Brandenburg (1525–1598) legt und diesem mit der Rechten ein versiegeltes Schreiben reicht. Oben ist das Motto zu lesen: »Conserva apud nos verbum tuum, Domine« (Erhalte bei uns dein Wort, Herr). Das ist zweifellos ein Zitat des Luther-Liedes »Erhalt uns, Herr, bei deinem Wort« (1543).[4] Allerdings ist der Text des Luther-Liedes nicht ganz exakt wiedergegeben. Exakt wäre es, wenn die beiden Wörter »apud« und »nos« in der Reihenfolge vertauscht werden, also: »Conserva nos apud verbum tuum, Domine.«

Hat der Medailleur hier einen Fehler gemacht? Das ist wohl auszuschließen. Eher ist anzunehmen, dass der Erfinder der Inschrift hier geschickt mit dem Luther-Text gespielt hat. Der Text ist eindeutig als Luther-Text erkennbar, jedoch mit einer kleinen Sinnverschiebung. Die Textversion der Medaille ergibt einen spezifischen Sinn, wenn man annimmt, dass sich das »Conserva apud nos verbum tuum, Domine« auf die beiden Territorien Kursachsen und Kurbrandenburg bezieht, die durch die beiden Kurfürsten auf der Medaille repräsentiert werden. Dann wäre die Inschrift ein Gebet der beiden Fürsten, »bei uns«, in den beiden Territorien, das Wort Gottes und die wahre Kirchenlehre zu erhalten. Wenn die Vermutung richtig ist, dass das versiegelte Schriftstück in den Händen der Fürsten als ein Hinweis auf die lutherische Konkordienformel (1577) oder auf eine frühere Textversion (das Torgische oder Bergische Buch) zu verstehen ist, wird dadurch die Allianz der Fürsten in der Religionsfrage visualisiert, die sich hier in der Rolle der Beschützer der wahren Kirchenlehre präsentieren. Beide Fürsten hatten 1577 gemeinsam mit anderen Fürsten und Vertretern von Reichsstädten und Territorien die Konkordienformel unterzeichnet. Nach langen Verhandlungen war dieses Lehrdokument ausgehandelt worden, das die nach Luthers Tod aufgekommenen Lehrstreitigkeiten innerhalb des Luthertums schlichten sollte. Dieser Text erlangte in vielen lutherischen Kirchen den Rang eines Bekenntnisses. Zusammen mit der Augsburgischen Konfession (1530), Texten Luthers und weiteren Bekenntnisschriften wurde die Konkordienformel in das »Konkordienbuch« (1580) aufgenommen, das bis heute von den lutherischen Kirchen als normatives Lehrbekenntnis rezipiert wird.[5]

Auf der Rückseite der Medaille ist angedeutet, dass dem von Kurfürst August geförderten Konkordienwerk erhebliche Auseinandersetzungen vorausgingen. August steht im

Harnisch auf einem Felsen, der durch eine Inschrift lokalisiert wird: Schloss Hartenfels. Mit der Rechten schultert er sein Kurschwert. In der Linken hat er eine Waage, die unten das Jesuskind zeigt mit dem Schriftband »Die Allmacht«. In der anderen Waagschale, die nach oben schnellt, sitzen vier Personen, dazu die Inschrift »Die Vernunft«. Sie werden als zu leicht befunden. Daran kann auch der Teufel nichts ändern, der versucht, den oberen Waagbalken nach unten zu drücken. Die Personen in der oberen Waagschale sind die sogenannten Kryptocalvinisten, die 1574 in Kursachsen entlassen oder eingekerkert wurden. Im Rahmen dieser Aktion verloren namhafte Gelehrte an den kursächsischen Universitäten und führende Räte am Dresdner Hof ihre Ämter.[6] Wie einst Josua nach dem Tod des Mose von Gott beauftragt wurde, das Gottesvolk in das verheißene Land zu führen, sah sich Kurfürst August jetzt in der Rolle eines »neuen Josua« bei der Verteidigung der lutherischen Lehre in seinem Territorium. Die Inschrift zitiert das auf Josua bezogene Gotteswort, das im Kontext des 16. Jahrhunderts als göttliche Legitimation für das religionspolitische Handeln des sächsischen Fürsten interpretiert wurde: »Confide, non derelinquam te« (Sei zuversichtlich, ich werde dich nicht verlassen; vgl. Josua 1, 5).[7] Das Wort Gottes, das eigentlich Josua, dem Nachfolger des Mose, gilt, wird hier auf August bezogen. Er soll auf Gott vertrauen. Gott wird ihn nicht verlassen bei seinem Bestreben, die Lehre Martin Luthers als Norm der kursächsischen Kirche zu etablieren und eine scharfe Abgrenzung vom reformierten Bekenntnis zu vollziehen. In der Inschrift unten wird die Stelle aus dem Lukas-Evangelium zitiert, wo der Engel Maria die Geburt Jesu ankündigt und ihr sagt, dass Elisabeth einen Sohn bekommen wird, obwohl sie als unfruchtbar gilt – so das Zitat: »Apud deum non est impossibile ullum verbum« (Lukas 1, 37), wörtlich übersetzt: Bei Gott ist nicht kraftlos ein jedes Wort. Luther übersetzt freier: »Bei Gott ist kein Ding unmöglich.« Das entscheidende Stichwort ist »verbum«. Das Wort korrespondiert mit dem Zitat des Luther-Liedes: »Erhalt uns, Herr, bei deinem Wort.« Das Wort Gottes wird mit dem Bibelzitat aus Lukas 1 als kräftig und wirkmächtig herausgestellt. Das ist genuin lutherische Wort-Theologie.

Das Wort (verbum) ist auch das Bezugswort in der Unterschrift, mit der auf der Rückseite der Medaille noch einmal der Luther-Choral zitiert wird: »Conserva apud nos verbum tuum, Domine.« (Erhalte bei uns dein Wort, Herr); dazu die Datierung »1574«. Gemeint ist nicht das Jahr, in dem die Medaille gefertigt wurde (1577), sondern das Ereignis, auf das sich die Szene bezieht: das Verhör der »Krypto-

Abb. 1
Tobias Wolff · Medaille auf den Torgauer Konvent 1574/1577 · Dresden 1574 · Silber · D 68,7 mm, 60,97 g · Münzkabinett, Staatliche Kunstsammlungen Dresden, Inv.-Nr. BGB8822

calvinisten« in Torgau im Juni 1574, das deren Entlassung und Verfolgung in Kursachsen einleitete – eine einschneidende Wende in der kursächsischen Religionspolitik.

Die Verfolgungswelle traf die geistige und politische Elite des Landes empfindlich. Zahlreiche Pfarrer, Theologieprofessoren, Juristen, Räte und Angehörige des kursächsischen Hofes verloren ihre Ämter, wurden gefangen gesetzt oder ausgewiesen. Der damals einflussreichste kursächsische Rat Georg Cracow (1525–1575) starb qualvoll in der Haft nach erlittener Folter. Zu den prominenten Gefangenen gehörte auch Caspar Peucer (1525–1602), der als kursächsischer Leibarzt und Medizinprofessor in Wittenberg berühmt wurde und der als Schwiegersohn Melanchthons in das Netz der »Philippisten«, der Schüler und Freunde Melanchthons, fest eingebunden war. Gerade diese Gruppe der »Philippisten« traf der Vorwurf des Kryptocalvinismus, indem ihnen Verrat an der Sache Luthers und heimliches »Paktieren« (Konspiration) mit den Calvinisten im Ausland unterstellt wurde.

Vertreter dieser Gruppe befinden sich in der oberen Waagschale. Dass es sich hier um Theologen handelt, wie es manche Katalogbeschreibungen sagen, lässt sich nicht beweisen, doch liegt es nahe, denn mit den Inschriften an den Waagschalen werden Schlagworte der theologischen Kontroverse zitiert. Bei der unteren Schale mit dem Jesuskind steht »Allmacht«, also Omnipotentia. Tatsächlich war das ein Schlagwort im Abendmahlsstreit und in der damit verbundenen christologischen Kontroverse. Die Frage, wie es sein kann, dass der Leib Christi im Abendmahl real präsent ist, wurde beantwortet mit dem Theologumenon der Ubiquität. Die Allgegenwart der menschlichen Natur Christi macht die Realpräsenz Christi in den Elementen des Abendmahles möglich. Auf diese Vorstellung bezieht sich das Schlagwort »Allmacht« in der Inschrift der Medaille.

Die Theologen, die mit Vernunftgründen gegen eine substanzhaft verstandene Realpräsenz Christi in den Elementen von Brot und Wein argumentieren und nicht anerkennen wollen, dass die menschliche Natur »ubique« (überall) sein kann, befinden sich in der oberen Waagschale. Sie werden als zu leicht befunden und sind auf der Seite des Teufels. So könnte man diese Szene und die Polarität von »Allmacht« und »Vernunft« interpretieren vor dem Hintergrund der theologischen Auseinandersetzung, die zur Ausschaltung der »Kryptocalvinisten« führte, um den polemischen Begriff zu verwenden, der selbstverständlich noch nichts darüber aussagt, ob und in welchem Maße von den kursächsischen Theologen tatsächlich genuin calvinistische Positionen vertreten wurden. Vieles spricht dafür, dass es sich hier um eine melanchthonische Theologie handelt. Die Wittenberger Theologen argumentierten vor allem mit Zitaten aus den Schriften Melanchthons, nicht jedoch mit Argumenten Calvins.

Ikonographisch gehört das Motiv der Waage zur Justitia. Kurfürst August erscheint hier somit als Richter in einer theologischen Kontroverse. Eigentlich sah sich der Kurfürst nicht in dieser Rolle. Es gibt Aussagen des Fürsten, die belegen, dass er sich nicht anmaßen wollte, selbst Richter zu sein bei theologischen Streitfragen. Als weltliche Obrigkeit bekannte er sich lediglich zur Rolle eines »Nutricius ecclesiae« – also eines »Pflegers« und Ernährers der Kirche. Das ist ein geläufiges Epitheton in den Leichenpredigten auf August.[8] In dieser Rolle hatte ein Fürst als ein theologischer Laie die eigenen Grenzen zu wahren und theologische Urteile den Theologen zu überlassen.

Auch wenn das für Kurfürst August vom Grundsatz her selbstverständlich war, entstand 1574 eine Situation, in der sich der Fürst genötigt sah, nicht nur zum Schwert, sondern auch zur Waage zu greifen. Am Hof des Kurfürsten wurde ein Dissens der Hofprediger Georg Listhenius (1532–1596) und Christian Schütz (1526–1594) offen auf der Kanzel ausgetragen, die sich gegenseitig falsche Lehre vorwarfen.[9] Wer konnte und sollte bei diesem Streit Richter sein? Normalerweise wären für die Beurteilung theologischer Streitfragen die führenden Theologen an den kursächsischen Universitäten zuständig gewesen. Kurfürst August hatte jedoch das Vertrauen in seine Theologen – vor allem in Wittenberg – verloren. Weil keine Instanz vorhanden war, die den Streit entscheiden und den Konsens unter den Theologen wiederherstellen konnte, sah es Kurfürst August als seine Aufgabe an, in dieser Sache zu handeln. Es ist keine Frage, dass die Demonstration der Abgrenzung vom Calvinismus und die rigorose »Säuberungswelle« am kursächsischen Hof, in den Kirchen und an den Universitäten vor allem vom Kurfürsten selbst initiiert wurden.

Dem Sturz der Philippisten 1574 folgte ein umfassendes Reformwerk, das der lutherischen Konfession und Verfassung der kursächsischen Kirche auf Dauer das Fundament geben sollte: Das war einerseits das Konkordienwerk, realisiert und gestaltet durch den 1576 aus dem württembergischen »Ausland« nach Kursachsen berufenen Jakob Andreae (1528–1590), Theologieprofessor und Kanzler an der Universität Tübingen, jetzt »Generalinspektor« über das Kirchen-, Schul- und Universitätswesen in Kursachsen und Organisator des Konkordienwerkes. Es ist wichtig zu sehen, dass hier zwei Prozesse parallel und synchron in den Jahren 1576 bis 1580 betrieben wurden: zum einen die Reformulierung und Sicherung der theologischen Bekenntnisgrundlagen in der Konkordienformel (1577) und im Konkordienbuch, das 1580 im Druck erschien, und parallel dazu die Reform von Kirchen, Universitäten und Schulen, die 1580 mit einer Publikation der neuen Ordnungen abgeschlossen wurde: Kirchenordnung, Schulordnung und Universitätsordnung. In diesem Zusammenhang stellt sich die Frage, in welchem Maße der Kurfürst selbst Inspirator und treibende Kraft in diesem Prozess gewesen ist. Das ist nicht leicht festzustellen, weil das Konkordienwerk und auch die neuen Ordnungen für Kirchen und Schulen im gemeinsamen Wirken des Kurfürsten mit seinen Beratern entstanden sind, unter denen in dieser Zeit Jakob Andreae eine Schlüsselposition innehatte. Daneben waren auch die Geheimen Räte als Berater und Koordinatoren beteiligt. Was man als »die Religionspolitik« Kursachsens bezeichnet, muss retrospektiv als Ergebnis eines Zusammenwirkens von vielen Funktionsträgern in einem Netzwerk angesehen werden.

Welche Funktion und welchen Einfluss hatte in diesem Netzwerk der Kurfürst selbst? In der Regel lässt sich eine solche Frage schwer beantworten, weil dazu meist die Quellen fehlen. Gespräche wurden bei den Audienzen nicht dokumentiert. Aus den Akten lässt sich normalerweise die »vox ipsissima« des Fürsten nicht herausdestillieren. Im Fall des Kurfürsten August verhält es sich jedoch anders, weil von ihm zahlreiche Autographen vorhanden sind, die etwas darüber aussagen, was er gedacht und formuliert hat. Dazu gehören nicht nur die vom ihm verfassten Texte, sondern auch Marginalien von seiner Hand in einschlägigen Akten. Kurfürst August »las mit der Feder«, wichtige Dokumente kommentierte er kritisch und hinterließ dabei Glossen mit seiner unverwechselbaren Handschrift. Im Folgenden sollen exemplarisch einige Autographen des Kurfürsten vorgestellt werden, die etwas über sein religionspolitisches Denken und Handeln aussagen.[10]

Zu den in Dresden erhaltenen Autographen des Kurfürsten August gehört ein »Memorial« vom 21. Oktober 1575, das den Beginn des Anschlusses Kursachsens an das lutherische Konkordienwerk betrifft.[11] Der entscheidende Impuls, sich an das Konkordienwerk anzuschließen, ging vom Kurfürsten selbst aus. Am 21. November 1575 setzte er mit eigener Hand ein »Memorial« auf, eine Art Positionspapier, mit dem August seine eigenen Absichten und seine Einschätzung des Konkordienplanes zu Papier brachte. Die Spaltung der Protestanten in »Sekten« sah er als ein Werk des Teufels an. Der Kurfürst war zu der Meinung gelangt, dass Gott ihn mit der Aufgabe betraut habe, sich um eine Einung der Lutheraner auf der Basis der Augsburgischen Konfession zu bemühen. In dem Memorial heißt es: »Als ich gesehen und erfahren, mit was Geschwindigkeit der Teufel durch seine Diener, die Calvinisten, Flacianer und was derselben Sekten mehr [sind], nunmehr eine gute Zeit lang hier ist umgangen, auch das Werk an sich selber in Frankreich und Niederlanden genugsam ausweiset [gemeint sind die Religionskriege], zu welchem Ende [Zweck] der Teufel sich solche Werkzeuge an allen Orten erwählt und anrichtet, so habe ich nicht unterlassen können, für dieser Lande Wohlfahrt, darüber mich Gott itzo gesetzt, auch sorgfältig zu sein und wie diesem Übel durch Gottes Gnade und zeitigen Rat in Ehre ihnen besser abzuhelfen, nachzudenken [...].«[12]

Das Herbeiführen einer Einigung schien dem Kurfürsten »schier unmöglich« zu sein, da jedes Land sein eigenes Corpus doctrinae habe. Aufgrund der »Verbitterung« und »Verwirrung« der Theologen sei zu befürchten, dass die Nachkommen von der »reinen Lehre« abgebracht werden. Die Erfahrung habe gezeigt, dass die Theologen von sich aus nicht in der Lage seien, durch Kolloquien oder Synoden zu einem Vergleich zu kommen. Der Kurfürst sah es deshalb als seine Pflicht an, von sich aus etwas zu unternehmen. Eine Formulierung in dem Begleitschreiben an die Geheimen Räte zeigt, dass Kurfürst August es als seine Aufgabe ansah, stellvertretend für ein nicht vorhandenes Oberhaupt der evangelischen Kirche zu handeln: »[...] obwohl billich eine jede Obrigkeit Scheu tragen sollte, sich unter die ehrgeizigen, verwirrten und halsstarrigen Gemüter der Theologen zu mengen, so habe ich doch bei mir die Sorge, wenn [...] (weil kein Papst unter uns ist) die Obrigkeit nicht selbst beizeiten eingreift, es würde keine Besserung, sondern mehr Schaden und Nachteil, so unsere Nachkommen mit Schmerzen erfahren würden, daraus zu erwarten sein [...].«[13] Das Memorial Augusts bezeugt, dass die Initialzündung für die Beteiligung Kursachsens am Konkordienwerk nicht von den Räten oder Hofpredigern ausging, der Impuls kam vielmehr vom Kurfürsten selbst. Die entscheidende Proposition, das Memorial, hatte der Kurfürst an seinem Schreibpult mit eigener Hand aufgesetzt.

Interessant ist, dass die Geheimen Räte die Initiative des Kurfürsten kritisch sahen. Ihr schriftliches Gutachten zu dem Plan, verfasst von Dr. Lorenz Lindemann (1520–1585), war eindeutig ablehnend. Kurfürst August setzte sich mit dem Gutachten des Geheimen Rates intensiv auseinander. Das beweisen die Glossen, die der Kurfürst mit eigener Hand an den Rand schrieb. Mit einer längeren Glosse äußerte sich August zum ersten Artikel des Gutachtens, in dem die Räte ausführlich die Zusammengehörigkeit Luthers und Melanchthons begründeten. Damit bezogen sie eine klare

Position gegen die von Gnesiolutheranern vorgetragene Kritik, Melanchthon habe sich mit seiner Lehre – insbesondere bei der Abendmahlslehre – von Luther entfernt. Die Räte konstatierten demgegenüber die Übereinstimmung Luthers und Melanchthons in der theologischen Lehre. Zu diesem Votum notierte Kurfürst August: »Was das erste Präsuppositum anlanget, wiewohl ich nicht alle Bücher Lutheri des gleichen auch Philippi nicht gelesen, so habe ich mich doch berichten lassen, dass sie beide in der Substanz der Lehre einig sein sollen. Mir als einem Laien ist es zu iudizieren viel zu hoch. Ich stelle es aber mit euch dahin, und Gott, der allmächtige, der ein Herzenskundiger aller Menschen ist, weiß am besten, ob diese beiden Männer im Artikel des Sakraments in einerlei Verstand gewesen, daran denn gar viele Leute zweifeln – auch ihrer viele, die fast immerzu bei Philippo gewesen, ihm ein anderes Zeugnis geben.«[14]

Die Glosse zeigt, dass der Kurfürst das Votum der Räte kritisch las und – durchaus zutreffend – informiert war über Unterschiede beim Abendmahlsverständnis der Reformatoren. Offensichtlich neigte der Kurfürst dazu, sich der Melanchthon-Kritik anzuschließen, wie sie etwa sein Hofprediger Georg Listhenius vertrat.

Mit einer anderen Glosse sprach der Kurfürst seine Befürchtung aus, dass Melanchthons Autorität über die Autorität Luthers gestellt werden könnte. Das Nebeneinander der Reformatoren wollte er lieber so bestimmt wissen, dass Melanchthon als »Gehilfe« Luthers anzusehen sei. Er war der Meinung, dass nur die bis zu Luthers Tod publizierten Schriften Melanchthons als normativ für die Predigt angesehen werden sollten. Spätere Schriften hätten keine normative Geltung. Der Meinung der Räte, dass die calvinistische Lehre in Kursachsen jetzt – im November 1575 – »ausgerottet« sei, widersprach der Kurfürst vehement. Sein Misstrauen richtete sich nach wie vor gegen potentielle »heimliche« Calvinisten in seinem Herrschaftsbereich: »Wie die calvinische Lehre in diesen Landen ausgerottet [sei], das mag Gott wissen, das sehe ich aber wohl, dass noch gar viel heimliche Nicodemus hier und anderswo im Vorrat, welche ihre Ohren auf ihren Erlöser zu Heidelberg spitzen und immerzu auf trübe Wetter in diesen Landen hoffen, davor sie doch ihr Herr, dem sie dienen, behüten soll [damit meint der Kurfürst sich selbst] und wollte meins Teils 1 000 000 fl. darum schuldig sein, dass wir aller Calvinisten in diesen Landen aus dem Grunde lossein mochten.«[15]

Nicht in allen Punkten gingen die Meinungen der Räte und des Kurfürsten auseinander. In der kritischen Beurteilung der Uneinigkeit der Theologen stimmten sie überein. Die Räte stellten eine Liste mit Namen von führenden Theologen konfessionsverwandter Territorien auf, die alle »verdächtig« seien. Während die Räte in diesem Befund einen Grund sahen, dass ein Konkordienwerk mit solchen Theologen nicht möglich sei, notierte Kurfürst August dazu am Rand: »Darauf gebührt einem jeden Herren zu sehen, dass er seiner Theologen mächtig sei.«[16] Mit dieser Glosse brachte der Kurfürst pointiert seine Meinung auf den Punkt, dass er im Fall von Uneinigkeit der Theologen die Obrigkeit in der Pflicht sah einzugreifen. Die Glosse zeigt zugleich das Unverständnis des Fürsten für einen »freien« theologischen Diskurs. Er sah sich ex officio von Gott dazu beauftragt, für Einigkeit und Konsens in der theologischen Lehre zu sorgen und den Streit zu unterbinden. Die Räte und der Kurfürst aber waren sich darin einig, dass die Verhandlung der theologischen Fragen bei den Konkordiengesprächen den Theologen überlassen bleiben soll. Politische Räte sollten bei den Gesprächen nicht anwesend sein. Allerdings meinten die Räte und auch der Kurfürst, dass ohne die »Autorität« der Fürsten eine Einigung nicht herbeigeführt werden könne. Die Räte empfahlen, dass die Fürsten bei der Unterredung der Theologen anwesend sein sollten, »denn die Präsentia principum gibt den Theologen mehr Furcht, Liebe und Autorität denn irgend etwas anderes«.[17] Dem stimmte der Kurfürst in einer Randglosse vorbehaltlos zu: »Solches ist in alle Wege vonnöten und kann anders nichts Fruchtbarliches ausgerichtet werden.«[18]

Die Glossen des Kurfürsten zum Gutachten seiner Räte zeigen, dass er sich kritisch, selbstbewusst und genau mit ihren Argumenten auseinandersetzte. Seine Entscheidung, sich dem Konkordienwerk anzuschließen, stand längst fest. So teilte er seinen Räten am Ende mit: Entweder sie sind bereit, das Konkordienwerk mitzutragen, oder sie sollten um ihre Entlassung bitten. »Ich will es also haben und ordne es also [...] wer einer anderen Meinung ist, der setze seinen Stab weiter [...] es gehört sich doch mehr auf Gottes Ehre denn auf sterbliche Menschen Respect zu haben.«[19] Diese Bemerkung zeigt, dass der Kurfürst seine religionspolitischen Vorstellungen entschlossen umsetzte. Will man im geschilderten kritischen Umgang mit den Räten eine Tendenz sehen, dann muss dem Kurfürsten ein erheblicher Eigenanteil bei der Gestaltung der kursächsischen Religionspolitik zugestanden werden.

Bekannt sind die Interessen des Kurfürsten für Mantik und Prognostik. Keineswegs ließ er sich bei politischen Entscheidungen blind von mantischen Voraussagen leiten, doch suchte er Gewissheit und Bestätigung seiner Entscheidungen durch Studien dieser Art, insbesondere durch die Geomantie.[20] Da der Kurfürst auch zu religions- und personalpolitischen Fragen geomantische Berechnungen anstellte, kann diese eigentümliche Seite der Persönlichkeit des Fürsten hier nicht übergangen werden. Wie kaum eine andere Quelle gestatten die geomantischen Aufzeichnungen des Kurfürsten einen Einblick in seine Gedankenwelt. Die von Kurfürst August selbst geschriebenen Texte zeigen, dass sein Anticalvinismus eine psychologische Komponente enthält. In den Jahren nach dem Sturz der Philippisten steigerte sich das Misstrauen des Fürsten, es könnte noch weitere »Kryptocalvinisten« am Hof und in seinem Herrschaftsbereich geben. Sein ausgeprägter Calvinistenhass brach immer dann hervor, wenn er an der Integrität von Personen zweifelte. Einen Eindruck davon vermitteln die »Punktierbücher« des Kurfürsten, die einen Teil der geomantischen Handschriften im Nachlass des Fürsten ausmachen.

Das Prinzip der geomantischen Technik beruht darauf, dass zunächst eine Frage gestellt wird, die zu beantworten ist. Danach werden mit einer Nadel Punkte in ein Blatt Papier gestochen, aus denen dann »Figuren« gebildet werden, denen bestimmte Berechnungen zugrunde liegen. Am Ende wird eine Zahl ermittelt (»Radix«), deren Bedeutung für die Beantwortung der gestellten Frage ausschlaggebend ist. Es handelt sich um ein relativ willkürliches Verfahren, das leicht zur gewünschten Antwort führt und für Deutungen reichlichen Spielraum lässt. Signifikant sind die Fragen des Kurfürsten und die Deutungen (»iudicia«), die er jeweils unter die Zeichnungen mit den »Figuren« schrieb. Die Fragen, über die sich der Kurfürst mit Hilfe der Geomantie Gewissheit verschaffen wollte, betrafen unterschiedliche Bereiche: Politik, Personalangelegenheiten, Alltag, Familie und vieles andere. Oft ging es nur darum, mit Hilfe der Geomantie eine bereits getroffene Entscheidung oder eine vorgefasste Meinung zu bestätigen. Die geomantischen Fragen, die Kurfürst August im Frühjahr 1576 formulierte, ergeben ein buntes Bild: So wollte er wissen, wie die Wahl des polnischen Königs ausgeht und ob ein Ausländer gewählt wird; ob sich die Tochter Anna vom Fieber erholt; ob die Verhandlungen des Reichstages verlängert werden; ob der Herzog von Bayern den Reichstag besuchen wird; ob der Kurfürst von Brandenburg wieder heiratet; ob die Tochter Elisabeth, Frau des Pfalzgrafen Casimir, schwanger sei; ob er den Reichstag besuchen müsse; ob er Glück bei der Vogeljagd haben werde usw. Allein für den Zeitraum 1576 bis 1580 wurden über tausend solcher Fragen gezählt. Nur ein Beispiel soll an dieser Stelle vorgestellt werden, das die schon erwähnte Zusammenkunft der Konkordientheologen in Torgau im Mai 1576 betrifft.[21]

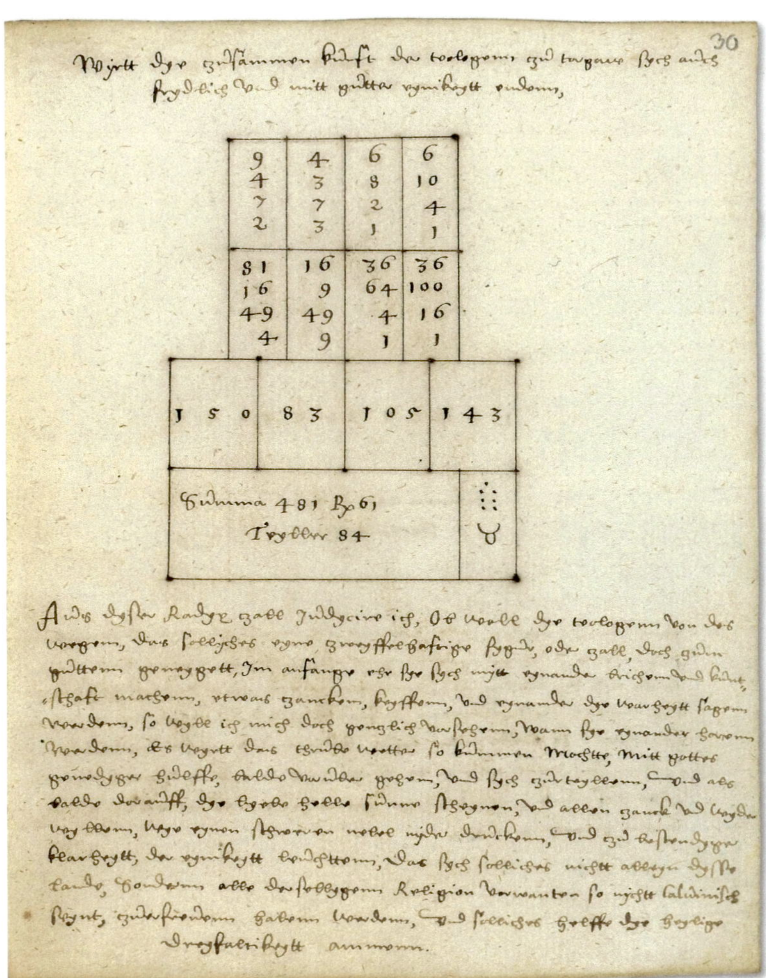

9 4 7 2	4 3 7 3	6 8 2 1	6 10 4 1
81 16 49 4	16 9 49 9	36 64 4 1	36 100 16 1
150	83	105	143

Abb. 2
Kurfürst August von Sachsen · Geomantische Studie zum Ausgang der Konkordienverhandlungen im Mai 1576 in Torgau · SLUB, Mscr. Dresd.K 338, Bl. 30r.

Der Kurfürst stellte sich mit Blick auf die bevorstehenden Konkordienverhandlungen die Frage: »Wird die Zusammenkunft der Theologen zu Torgau sich auch friedlich und mit guter Einigkeit enden?« Die Antwort der Zahlen notierte der Kurfürst unter der Figur. Da die Zahl »zweifelhaft«, aber »zum Gutgen geneigt« sei, sei daraus zu schließen, dass die Theologen am Anfang etwas »zanken, keifen und einander die Wahrheit sagen«, doch werde sich dann das »trübe Wetter« legen und mit Gottes Hilfe vorübergehen. Die aufgehende Sonne werde allen Zank und »schweren Nebel« niederdrücken und dann zur »beständigen Klarheit der Einheit« leuchten. Gemeint war hier die Einheit aller lutherischen »Religionsverwandten«, die »nicht calvinisch« sind. Die guten Wetteraussichten über Torgau galten also nicht den Calvinisten.

Das Konkordienwerk wurde synchron und parallel mit der Reform der Schulen und Universitäten betrieben. Kurfürst August verfolgte den Prozess der Universitätsreform aufmerksam und kritisch. Vehement wies er Gegner der Reform zurück. Das zeigt eine Stellungnahme von seiner Hand, mit der er auf die Kritik der kursächsischen Landstände, Konsistorien und Universitäten reagierte, die die Reformvorschläge von Jakob Andreae ablehnten.[22] Darauf schrieb der Kurfürst mit eigener Hand einen Text, dem die Erregung des Fürsten über das kritische Votum der Universitäten anzumerken ist. Diese hätten angefangen, darüber zu »disputieren«, und würden alles daransetzen, »das Werk« zu hintertreiben. Sie wollten sich nicht regieren lassen, keine »gute nützliche Ordnung« dulden und lieber »unreformiert« sein. Der Kurfürst ging nicht auf Details der Universitätsordnung ein, sondern er schilderte, was ihn zu dieser Reform veranlasste. Deutlich tritt dabei das konfessionelle Motiv hervor: die Rückbesinnung auf Luther und die Abgrenzung vom Calvinismus. Nach der Meinung des Kurfürsten begannen die »Irrtümer« an den Universitäten nach Luthers Tod. Der Kurfürst beklagt den Verlust der Autorität des Reformators: »Es ist aber leider der Mangel, daß jetzo kein Doktor Martinus lebet, der wußte, wie er sich gegenüber seiner Obrigkeit und auch seinen Diszipeln [Schülern] verhalten sollte, und hat der fromme teure Mann mit seinem Tode alle gute Ordnung, die er selber war, hinweg genommen, und sind zu seiner Zeit weder in der Religion noch auf den Universitäten in diesen Landen Mißbräuche eingerissen. Als sich aber nach seinem Tode alsbald Leute gefunden, die sich deuchten, sie könnten und wüßten in ihrem Sinne viel mehr, als Doktor Luther je gelernet, da ist stracks der Hoffahrtsteufel bei ihnen eingezogen, der sie dahin geleitet, dass sie in der Lehre auf unrechte Meinung sich gelegt und den Calvinismus mit Gewalt bei sich einschleichen lassen, wie er sich dann nach Philippi [Melanchthons] Tode alsbald durch seinen Anhang bei den Ohren [habe] sehen lassen. Weil aber solche verführerische Lehre von denen, so sie getrieben, nie öffentlich bekannt hat werden wollen, so haben sie auch den Leuten, so ihre Tück nicht gewußt, leicht die Augen zukleben können, wie mir dann selbst von ihnen widerfahren. Als mir aber unser Herrgott durch besondere Mittel zu erkennen gegeben, was auf den Universitäten und zum Teil in etlichen Kirchen für falsche Lehr eingerissen, hat mir meines Amtes halben nicht anders gebühren wollen, ein ernstlich Einsehen zu haben, wie denn auch geschehen.«[23]

Der Kurfürst fährt fort: Sein Leben lang sei er der calvinischen Lehre »spinnefeind« gewesen. Deshalb habe er sich

vorgenommen, die Kirchen und Schulen zu »reinigen« und »reine« Lehrer und Professoren anzustellen. Da das Feuer noch nicht ganz gelöscht sei und sich immer noch mit seinen Funken sehen lasse, habe er dafür gesorgt, dass eine Ordnung gemacht wird, damit dieser Irrtum rechtzeitig erkannt wird und »solches Feuer, ehe es weiter um sich fresse, rechtzeitig gedämpft« wird. Zur Haltung der Universitäten, die Reform abzulehnen, bemerkte der Kurfürst: Er hätte es lieber gesehen, dass es keiner neuen Ordnung bedurft hätte. So wären ihm viel Arbeit und graue Haare erspart geblieben. Über 73 000 Gulden wende er jährlich für die Kirchen und Schulen auf. Nun frage er sich, ob das Geld auch so, wie es angeordnet ist, verwendet wird. Den Universitäten wirft er vor, durch ihren »Unfleiß«, und weil sie sich selbst für Herren gehalten haben, sei die »calvinische Lehre« in das Land gebracht worden, wodurch »sie uns von der reinen Lehre abführen und uns mit Leib und Seele ins Teufels Rachen stecken wollen«. Deshalb wolle er nun »allezeit ein wachend Auge« auf sie haben. Er wolle darauf sehen, dass keiner mehr von sich halte, als ihm zukommt. »Denn ich wollte keinen kleinen noch großen Kurfursten in diesen Landen neben mir, so lange ich das Leben hätte, dulden oder leiden.« Ebenso wolle er es nicht zulassen, dass die Professoren durch »sonderliche Praktiken« die »arme und unschuldige Jugend« zum Aufruhr aufhetzen. Diese Gründe, so heißt es am Schluss, hätten ihn bewogen, eine »Besserung« und »Änderung« vorzunehmen. Im Namen der Heiligen Dreifaltigkeit sei er entschlossen, dieses Werk umzusetzen, mit dem er nichts anderes suche als Gottes Ehre und die Erziehung frommer, gelehrter, geistlicher und weltlicher Männer, die den Kirchen, Schulen und Regimenten nützlich sein können. Auch bei »mutwilliger Halsstarrigkeit und Hoffahrt« lasse er sich davon nicht abhalten. Das zitierte Autograph des Kurfürsten ist ein sprechendes Zeugnis für das autokratische und konfessionelle Selbstverständnis des Fürsten, der Kritik an der Universitätsreform, die er als Rückführung zu den Glaubensfundamenten Martin Luthers ansah, nicht zuließ.

Als letztes Beispiel soll eine Quelle vorgestellt werden, die als Autograph des Kurfürsten nicht mehr erhalten ist, doch ist der Text zuverlässig bezeugt. Es handelt sich um einen Bucheintrag, den der Kurfürst in eine Bibel schrieb und der als ein Glaubensbekenntnis des Fürsten angesehen werden kann. Nikolaus Selnecker (1530–1592) hat in seiner Leichenpredigt zum Tod des Kurfürsten August (1586) einige Selbstzeugnisse des Fürsten zitiert, um damit dessen Frömmigkeit zu illustrieren. Auch wenn diese Zitate – entsprechend der Gattung – zum Zweck des Fürstenlobs ausgewählt wurden, kann an ihrer Authentizität kein Zweifel bestehen, da Selnecker ausdrücklich sagt, dass diese Texte vom Kurfürsten mit eigener Hand geschrieben wurden. Selnecker berichtet, Kurfürst August habe im Jahr 1581 eine »verdächtige« lateinische Bibel aus der Schlosskapelle entfernen lassen und durch eine »schöne herrliche Lutherische Bibel« ersetzt. In diese Bibel schrieb er folgende Zeilen: »Ich habe mich von Jugend auf zu der heiligen Biblia und zu der Augsburgischen Confession bekennet, dabei gedenke ich auch mit Gottes Hilfe und gnaden zu sterben. Weil ich denn gesehen, dass in meiner Hofkirchen eine Calvinische Biblia vorhanden, so M.C.S. [Magister Christian Schütz] für sich und ohne mein Vorwissen darein gebracht hat, so habe ich solche heraus genommen und D. Martin Luthers Version an die stelle selbst gelegt, des gleichen auch die Formulam Concordiae [Konkordienformel], und habe das gnedige vertrauen zu meinen Seelsorgern und Praedicanten, sie werden sich als treue Pastores in liebe und einigkeit unter sich jetzt und künftig erzeigen und die Lehre, dazu sie sich bisher bekennet, ihres höchsten vermögens und fleisses fortsetzen und sich nicht davon schrecken oder abhalten lassen, so lieb ihnen ihrer Seelen heil und seligkeit ist. Actum Dresden den 12. Martij / Anno 1581.«[24] Dieser Bucheintrag des Kurfürsten ist ein klares Bekenntnis zur Lehre Martin Luthers und zur Konkordienformel.

Abb. 3a und b Kernsetzer des Kurfürsten August von Sachsen mit der Inschrift: »Erhalt uns Herr bei deinem Wort« · vermutlich Dresden, datiert 1572 · Messing · L 110,6 cm · Rüstkammer, Staatliche Kunstsammlungen Dresden, Inv.-Nr. P 96

Zu den Quellen, die etwas über die persönliche Frömmigkeit des Kurfürsten aussagen, gehört das 1568 in der Dresdner Schlossdruckerei gedruckte »Betbüchlein« von Kurfürst August, das zur Gattung der Fürstengebetbücher gehört.[25] Vermutlich sind einige Gebete in diesem vom Kurfürsten selbst formuliert worden. Die Publikation ist buchgeschichtlich bedeutsam, da es sich um einen »Privatdruck« des Kurfürsten handelt, von dem nur wenige Exemplare bekannt sind. Das »Betbüchlein« wurde offenbar nur in einer geringen Auflage als Pergamentdruck hergestellt und war nicht für die Öffentlichkeit bestimmt. Keinesfalls sollte der Eindruck entstehen, als sei ein vom Kurfürsten selbst zusammengestelltes Gebetbuch offiziell in Kursachsen eingeführt worden. Hinweise in der Korrespondenz sprechen dafür, dass der »Privatdruck« nur intern als Geschenk weitergegeben wurde und nicht auf den Buchmarkt gelangte. Obwohl es sich bei diesem Buch um eine Kompilation von Gebeten unterschiedlicher Herkunft handelt, lässt sich die gestaltende Hand des Kurfürsten erkennen. In den fast durchweg in der Ich-Form formulierten Gebeten wird immer wieder die Situation eines Regenten reflektiert.

Zu den Texten, die wohl von August selbst verfasst wurden, gehört ein Gebet im Anschluss an die Luther-Lieder »Erhalt uns, Herr, bei deinem Wort« und »Verleih uns Frieden gnädiglich«.[26] In dem Gebet dankt der Kurfürst Gott dafür, dass er ihn als »Welt Regenten« und »Pfleger und Nährer« seiner »herzlieben« Kirche eingesetzt habe. Dann folgt die Bitte: »Weil ich dann zu dem hohen Amt viel zu schwach und gering bin an allem, was dazu gehört, bitte ich dich herzlich, du wollest mir ein rein Herz durch den Glauben an meinen Herrn Jesum Christ und auch heiligen Mut, Sinn und Begierde verleihen, dass ich nicht suche noch begehre, denn das in deinem Wort mir erlaubt und vorgetragen wird. Hierzu gehört, dass ich zu deinem lieben Wort, das allein wahrhaftig ist und alles heiliget, herzliche Lust und Liebe habe und mich darin übe Tag und Nacht, damit ich nicht allein zu meiner Seligkeit die Wahrheit daraus erkenne und lerne, sondern auch meinen lieben Untertanen zum besten, rechte Lehre mit christlicher Mildigkeit fördere und mit gebührlichem Ernst schütze, dagegen auch falscher Lehre steuere und wehre, wie sichs gebührt […].« Die betonte Aussage, dabei immer das Wort Gottes zu suchen und zu lieben, wurde durch das Luther-Lied inspiriert (»Erhalt uns, Herr, bei deinem Wort«), das auch auf der oben beschriebenen Medaille von Tobias Wolff zitiert wird. Das Gebet ist somit ein Beleg für das betont lutherische Selbstverständnis des Fürsten auch im Kontext der privaten Frömmigkeit.

Das lutherische Konfessionsbewusstsein von Kurfürst August wurzelt einerseits in der persönlichen Frömmigkeit des Fürsten, für die sich der Luther-Bezug exemplarisch an dem Gebet zu dem zitierten Luther-Lied nachweisen lässt. Indem das Lied auch auf Medaillen und anderen Kunstgegenständen des Kurfürsten erscheint, wird das Luther-Lied zum repräsentativen Ausweis des lutherischen Konfessionsbewusstseins des Fürsten, das – wie im Fall der Medaille von Tobias Wolff – nicht nur die Luther-Rezeption öffentlich demonstriert, sondern auch die Abgrenzung vom Calvinismus zum religionspolitischen Programm erklärt. Das in Silber gegossene Luther-Lied auf der oben beschriebenen Medaille scheint für den Fürsten eine besondere Bedeutung gehabt zu haben, denn er ließ es auch auf seinem Kernsetzer in Messing treiben und gravieren.[27] In der Kunstkammer wurden in vier grünen Schränken Gartengeräte aufbewahrt, darunter neben Spaten, Pflanzhölzern, Harken, Hacken, Raupenscheren und Freilandzirkeln auch Kernsetzer, die dafür verwendet wurden, Obstkerne ohne lästiges Bücken in die mit einem Pflanzholz vorbereiteten Löcher zu setzen. Auf einem Kernsetzer aus Messing (1572) findet sich auf dem Rand des Trichters das Luther-Zitat: »Erhalt uns, Herr, bei deinem Wort.« Man kann die Symbolik vollenden durch den Bezug auf das biblische Gleichnis vom Sämann, bei dem der Same das Wort Gottes bedeutet (Matthäus 13, 23). Damit wird der kunstvoll gestaltete Kernsetzer zum Credo eines Fürsten, der auch beim Setzen von Obstbaumkernen demonstrieren wollte, dass er sich dem Wort Gottes und der Reformation Martin Luthers verpflichtet fühlte.

ANMERKUNGEN

1 Politische Korrespondenz des Herzogs und Kurfürsten Moritz von Sachsen, 6 Bde., Leipzig 1900–Berlin 2006. | **2** Pars pro toto seien hier genannt: Jens Bruning, Caspar Peucer und Kurfürst August. Grundlinien kursächsischer Reichs- und Konfessionspolitik nach dem Augsburger Religionsfrieden (1555–1586), in: Caspar Peucer (1525–1602). Wissenschaft, Glaube und Politik im konfessionellen Zeitalter, hrsg. von Hans-Peter Hasse/Günther Wartenberg, Leipzig 2004, S. 157–174; Hans-Peter Hasse, »Es ist leider der Mangel, daß itzo kein Doktor Martinus lebet!«. Bildungspolitik im 16. Jahrhundert: Kurfürst August von Sachsen und die Universität Wittenberg, in: »Recht lehren ist nicht die geringste Wohltat«. Wittenberg als Bildungszentrum 1502–2002. Lernen und Leben auf Luthers Grund und Boden, hrsg. von Peter Freybe/Evangelisches Predigerseminar Lutherstadt Wittenberg (Wittenberger Sonntagsvorlesungen), Wittenberg 2002, S. 126–156; Johannes Hund, Die Religionspolitik Kurfürst Augusts von Sachsen auf dem Weg zur Konkordienformel, in: Luther und die Fürsten. Selbstdarstellung und Selbstverständnis des Herrschers im Zeitalter der Reformation. Aufsatzband, hrsg. von den Staatlichen Kunstsammlungen Dresden/Dirk Syndram/Yvonne Wirth/Doreen Zerbe, Dresden 2014, S. 187–199. | **3** Medaille von Tobias Wolff auf den Torgauer Konvent 1574/1577, abgebildet und beschrieben in: Erhalt uns, Herr, pei deinem Wort. Glaubensbekenntnisse auf kurfürstlichen Prunkwaffen und Kunstgegenständen der Reformationszeit, hrsg. von Dirk Syndram/Jutta Charlotte von Bloh/Christoph Münchow/Staatliche Kunstsammlungen Dresden, Rüstkammer, Grünes Gewölbe, Dresden 2011, S. 122 f. (mit einer Erläuterung der Medaille von Hans-Peter Hasse, ebd., S. 132). Die Medaille ist außerdem abgebildet und beschrieben in: Luther und die Fürsten. Selbstdarstellung und Selbstverständnis des Herrschers im Zeitalter der Reformation. Katalog, hrsg. von den Staatlichen Kunstsammlungen Dresden/Dirk Syndram/Yvonne Wirth/Iris Yvonne Wagner, Dresden 2015, S. 154 (Nr. 85). Zur Problematik des sog. Kryptocalvinismus in Kursachsen vgl. Hans-Peter Hasse, Zensur theologischer Bücher in Kursachsen im konfessionellen Zeitalter. Studien zur kursächsischen Literatur- und Religionspolitik in den Jahren 1569 bis 1575, Leipzig 2000; Ders., Paul Krell (1531–1579). Melanchthons »Enarratio Symboli Nicaeni« (1550) und der Sturz des Philippismus in Kursachsen im Jahre 1574, in: Heinz Scheible (Hrsg.), Melanchthon in seinen Schülern. Vorträge, gehalten anläßlich eines Arbeitsgespräches vom 21. bis 23. Juni 1995 in der Herzog August Bibliothek Wolfenbüttel, Wiesbaden 1997, S. 427–463; Ernst Koch, Der kursächsische Philippismus und seine Krise in den 1560er und 1570er Jahren, in: Heinz Schilling (Hrsg.), Die reformierte Konfessionalisierung in Deuschland – Das Problem der »Zweiten Reformation«. Wissenschaftliches Symposium des Vereins für Reformationsgeschichte 1985, Gütersloh 1986, S. 60–77; Ders., Auseinandersetzungen um die Autorität von Philipp Melanchthon und Martin Luther in Kursachsen im Vorfeld der Konkordienformel von 1577, Lutherjahrbuch 59 (1992), S. 128–159; Helmar Junghans, Kryptocalvinismus, in: Theologische Realenzyklopädie 20, hrsg. von Gerhad Krause, Berlin 1990, S. 123–129; Ulrike Ludwig, Philippismus und orthodoxes Luthertum an der Universität Wittenberg. Die Rolle Jakob Andreäs im lutherischen Konfessionalisierungsprozess Kursachsens (1576–1580), Münster 2009, hier zum Sturz des Philippismus: S. 78–10; Irene Crusius, »Nicht calvinisch, nicht lutherisch«. Zu Humanismus, Philippismus und Kryptocalvinismus in Sachsen am Ende des 16. Jahrhunderts, in: Archiv für Reformationsgeschichte 99 (2008), S. 139–174. | **4** Vgl. die Edition in: Luthers geistliche Lieder und Kirchengesänge, bearb. von Markus Jenny, Köln/Wien 1985 (Archiv zur Weimarer Ausgabe der Werke Martin Luthers. Texte und Untersuchungen 4), S. 304 f. (Nr. 38) mit der Einleitung S. 118 f. | **5** Die Bekenntnisschriften der evangelisch-lutherischen Kirche, hrsg. im Gedenkjahr der Augsburgischen Konfession 1930, 9., unveränd. Aufl. Göttingen 1982; Die Bekenntnisschriften der Evangelisch-Lutherischen Kirche. Vollständige Neuedition, hrsg. von Irene Dingel im Auftrag der Evangelischen Kirche in Deutschland, Göttingen 2014. | **6** Vgl. zusätzlich zu der in Anm. 3 angegebenen Literatur: Robert Calinich, Kampf und Untergang des Melanchthonismus in Kursachsen in den Jahren 1570 bis 1574 und die Schicksale seiner vornehmsten Häupter/aus den Quellen des königlichen Hauptstaatsarchivs zu Dresden bearbeitet von Dr. Phil. Robert Calinich, Leipzig 1866; August Kluckhohn, Der Sturz der Kryptocalvinisten in Sachsen 1574, Historische Zeitschrift 18 (1867), S. 77–127. | **7** Das »Confide« gehört nicht zum Bibelzitat. | **8** Sechs und Viertzig Leichpredigten, Gehalten bey den Begrebnüssen und trawrigen Begengnüssen des Durchlauchtigsten, Hochgebornen Fürsten und Herrn, Herrn Augusti, Hertzogen zu Sachsen, des Heiligen Römischen Reichs Ertzmarschalln unnd Churfürsten, Landgraven in Dürigen, Marggraven zu Meissen und Burggraven zu Magdeburg etc. Und der Durchlauchtigsten, Hochgebornen Fürsten und Frawen, Frawen Anna, geborne aus Königlichem Stamm Dennemarck, weyland Hertzogin zu Sachsen, Churfürstein [...], durch ihre Churf. Gn. Professorn, Hofeprediger, Superintendenten und andere vornehme Kirchendiener dieser und etlicher benachtbarten Landen [...] Leipzig: Johann Beyer 1588; Exemplar: Dresden, SLUB, H. Sax. C 704. | **9** Vgl. dazu Hasse, Zensur (wie Anm. 3), S. 304–319. | **10** Die Quellennachweise zu den folgenden Ausführungen sind zu finden bei Hasse, Zensur (wie Anm. 3), S. 214–250. Einige Autographen des Kurfürsten August sind im Katalog der Torgauer Ausstellung (2014) dokumentiert: Luther und die Fürsten, Katalog (wie Anm. 3), S. 316 f. (Nr. 242: Bekenntnis vom Abendmahl); S. 317 (Nr. 243: Gebet); S. 158 (Nr. 89: Regierungsgrundsätze). | **11** Vgl. zum Folgenden Hasse, Zensur (wie Anm. 3), S. 234–239. Die Zitate aus den Originalquellen wurden in den folgenden Ausführungen entsprechend der heute üblichen Orthographie behutsam normalisiert. | **12** StA-D, Loc. 10303, Concordia I, Bl. 5 f.; zitiert nach Hasse, Zensur (wie Anm. 3), S. 235. | **13** Ebd. | **14** StA-D, Loc. 10303, Concordia I, Bl. 12v; zit. nach Hasse, Zensur (wie Anm. 3), S. 236. | **15** StA-D, Loc. 10303, Concordia I, Bl. 20r; zit. nach Hasse, Zensur (wie Anm. 3), S. 238, Anm. 115. Die biblische Gestalt des Nikodemus (Joh 3, 1–21) ist an sich nicht Typus eines Verräters, sondern er ist ein Anhänger Jesu unter den Pharisäern. Der Kurfürst spielt hier darauf an, dass Nikodemus nachts zu Jesus kommt, um mit ihm zu reden, er steht hier also negativ für diejenigen, die im Dunkeln agieren – gewissermaßen ist damit Nikodemus Typus für das kryptische Handeln. | **16** StA-D, Loc. 10303, Concordia I, Bl. 22r; zitiert nach Hasse, Zensur (wie Anm. 3), S. 238. | **17** StA-D, Loc. 10303, Concordia I, Bl. 28v/ 29r; zitiert nach Hasse, Zensur (wie Anm. 3), S. 238. | **18** Ebd. | **19** StA-D, Loc. 10303, Concordia I, Bl. 25v; zitiert nach Hasse, Zensur (wie Anm. 3), S. 239. | **20** Vgl. dazu und zum Folgenden ausführlich: Hasse, Zensur (wie Anm. 3), S. 228–234; Ulrike Ludwig, Hellsichtige Entscheidungen. Kurfürst August von Sachsen (1526–1586) und die Geomantie als Strategie im politischen Alltagsgeschäft, in: Archiv für Kulturgeschichte 97 (2015), S. 109–127. | **21** Geomantische Studie von Kurfürst August: SLUB, Mscr.Dresd.K 338, Bl. 30r; vgl. die Abbildung in: Hasse, Zensur (wie Anm. 3), S. 482, Abb. 10. | **22** Der undatierte Text mit dem Titel »Entlyche Erklerunck meines gemuttes« bezieht sich auf die Erklärung der Landstände, die am 16. Februar 1579 an den Kurfürsten übergeben wurde; vgl. dazu Frank Ludwig, Die Entstehung der kursächsischen Schulordnung von 1580 auf Grund archivalischer Studien, Berlin 1907 (Gesellschaft für Deutsche Erziehungs- und Schulgeschichte 13), S. 86–98. Vermutlich hat Kurfürst August wenig später den Text verfasst, der als Autograph überliefert ist; StA-D, Geheimes Archiv, Loc. 7435/3, Kirchen- und Schulordnung 1580, 112r–113v; vgl. die Zusammenfassung bei Ludwig (ebd.), S. 98–100, und zum Vorgang Hasse, »Es ist leider der Mangel« (wie Anm. 2), S. 145–147. | **23** Vgl. zu diesem behutsam modernisierten Zitat die Abbildung des Autographs bei Hasse: »Es ist leider der Mangel ..«. (wie Anm. 2), S. 145; Quelle: StA-D, Geheimes Archiv, Loc. 7435/ 3, Kirchen- und Schulordnung 1580, 112r. | **24** Nikolaus Selnecker: Eine christliche Leichpredigt Bey dem trawrigem öffentlichem Begengnis des [...] Fürsten und Herrn Augusti Hertzogen zu Sachsen [...] Gethan zu Leiptzig den 20. Februarii 1581. Erfurt: Johann Beck 1586; VD 16, S 5484; Exemplar: SLUB, H.Sax.C.697.f., Bl. C 1r; zitiert bei Hasse, Zensur (wie Anm. 3), S. 223. | **25** Betbu[e]chlin des Churfu[e]rsten zu Sachsen Hertzogen Augusti: etc. [...]. Dresden: Matthes Stoeckel 1568. Das in der SLUB Dresden registrierte Exemplar ist verschollen (Kriegsverlust); Exemplar: Gotha, Forschungsbibliothek: Theol. 659/20R. Weitere Angaben zu diesem Druck bei Hasse, Zensur (wie Anm. 3), S. 223–225. | **26** Betbu[e]chlin ... (wie Anm. 25), Gebet Nr. XVII. | **27** Vgl. die Beschreibung und Abbildung des Kernsetzers in: Erhalt uns, Herr, pei deinem Wort (wie Anm. 3), S. 104–107 (Nr. 22).

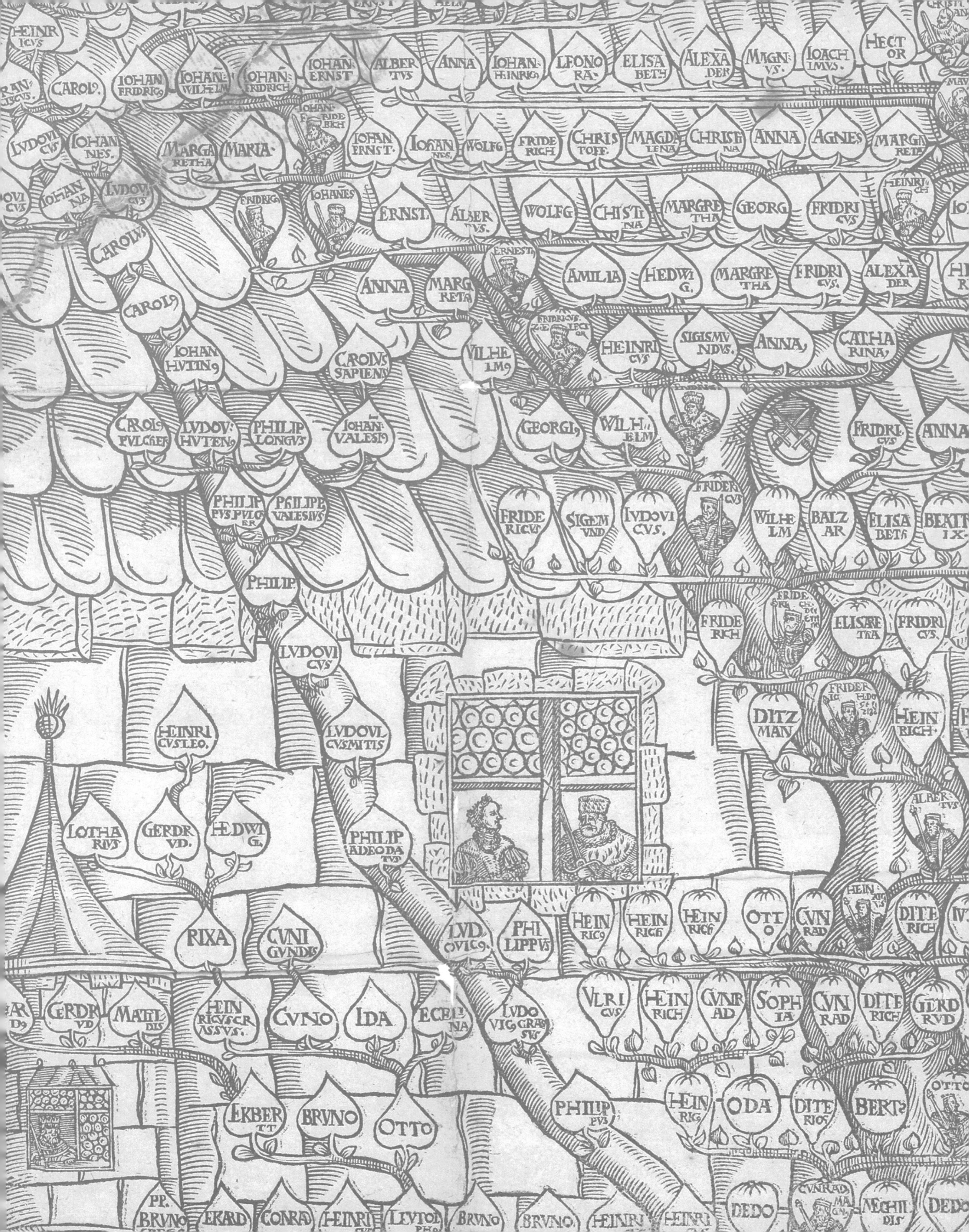
CAROLUS
CAROLUS
IOHAN HUTINUS
CAROLUS SAPIENS
CAROLUS PULCHER
LUDOV HUTENUS
PHILIP LONGUS
IOHAN VALESIUS
PHILIPPUS PULCHER
PHILIPP VALESIUS
PHILIP
LUDOVICUS
LUDOVICUS MITIS
HEINRICUS LEO
LOTHARIUS
GERDRUD
HEDWIG
PHILIP ADEODATUS
RIXA
CUNIGUNDIS
LUDOVICUS
PHILIPPUS
HEINRICUS CRASSUS
CUNO
IDA
LUDOVIC CRASSUS
EKBERT
BRUNO
OTTO
PHILIPPUS
ERNST
ALBERTUS
WOLFG
CHISTINA
MARGRETHA
GEORG
FRIDRICUS
AMILIA
HEDWIG
MARGRETHA
FRIDRICUS
ALEXADER
ANNA
MARGRETA
HEINRICUS
SIGISMUNDUS
ANNA
CATHARINA
WILHELMUS
GEORGI
WILHELM
FRIDRICUS
ANNA
FRIDERICUS
SIGEMUND
LUDOVICUS
WILHELM
BALZAR
FRIDERICH
FRIDRICUS
DITZMAN
HEINRICH
HEINRICUS
HEINRICH
HEINRICH
OTTO
CUNRAD
DITERICH
ULRICUS
HEINRICH
CUNRAD
SOPHIA
CUNRAD
DITERICH
GERDRUD
HEINRICUS
ODA
DITERICUS
DEDO
DEDO
IOHAN ERNST
ALBERTUS
ANNA
IOHAN HEINRICUS
LEONORA
ELISABETH
ALEXADER
MAGNUS
IOACHIMUS
HECTOR
IOHAN ERNST
IOHANNES
WOLFG
FRIDERICH
CHRISTOFF
MAGDALENA
CHRISTINA
ANNA
AGNES
MARGARETA
MARGARETHA
MARIA
CAROLUS

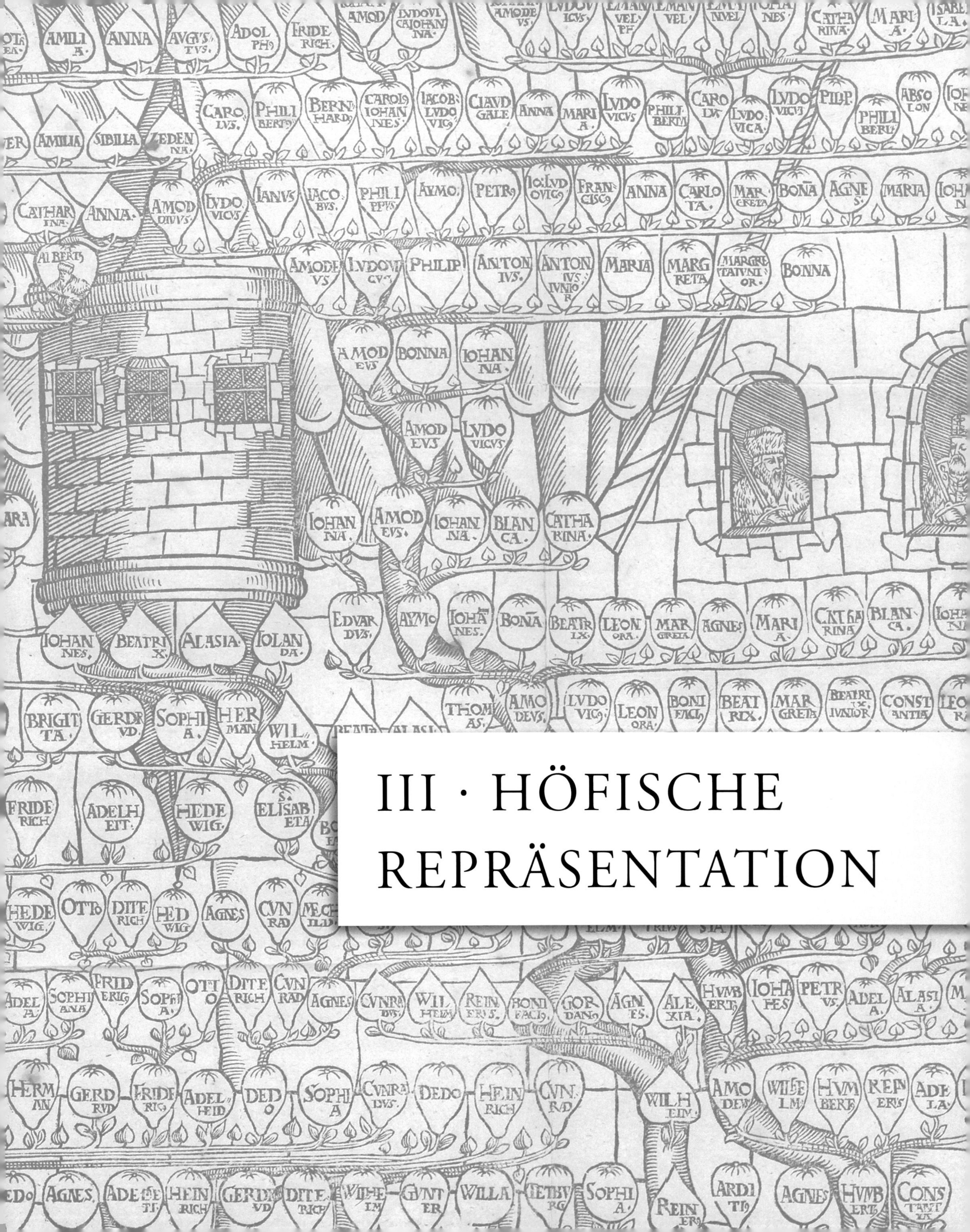

III · HÖFISCHE REPRÄSENTATION

MATTHIAS MÜLLER

Ein Jagdschloss als Objekt der Herrschaftskunst. Der Neubau von Schloss Augustusburg und das Vermächtnis Kurfürst Augusts von Sachsen in der Architektur

Bauen für den Fürstenruhm und die Frage nach dem architektonischen Anspruchsniveau im Schlossbau unter Kurfürst August

In seinen Briefen an Friedrich II. von Preußen äußert sich der französische Philosoph Voltaire auch über das Verhältnis von Baukunst und Herrschaft. Demnach, so Voltaire, müsse sich ein mächtiger Fürst auch an den unter ihm errichteten Bauwerken messen lassen. Nur ein Fürst, der als Bauherr prächtiger Architektur in Erscheinung tritt, sei der Aufgabe gerecht geworden, seiner Regentschaft sichtbaren Glanz und seinem Nachruhm Unsterblichkeit zu verleihen und darüber hinaus auch den übrigen Künsten zu einer Blüte zu verhelfen (»un prince qui bâtit fait nécessairement fleurir les autres arts«).[1] Friedrich II. erwähnt den Nachruhm durch monumentale Architektur 1754 in einem Brief an seine Schwester Wilhelmine und äußert mit Blick auf die Ruinen des römischen Kaiserreichs: »Die tiefe Verehrung für die Römer läßt uns die Trümmer und Überreste ihrer großen Bauten mit Ehrfurcht betrachten.«[2] Diese letztlich auf die Antike selbst zurückgehende Vorstellung vom fürstlichen Bauherrn als Sinnbild des erfolgreichen, guten, die Wissenschaften und Künste fördernden Regenten zieht sich wie ein Topos durch die Generationen europäischer Herrscher. Bereits unter Karl dem Großen oder Friedrich II. von Hohenstaufen waren Bauunternehmungen Teil der Herrscherpanegyrik. Und im 14. Jahrhundert prägte die Vorstellung vom bauenden und damit dem Wohl seines Landes dienenden König nach Ausweis der Schriftquellen explizit das staatspolitische, damals in besonderer Weise von einer Aristoteles-Rezeption bestimmte Denken in Frankreich.[3] Ein anschauliches Beispiel hierfür ist ein Bericht in den *Grandes Chroniques de France* über den Besuch Kaiser Karls IV. beim französischen König Karl V. 1378 in Paris. In diesem Bericht wird das Lob auf die Baupolitik des französischen Königs angestimmt, und es werden die in seinem Auftrag errichteten Städte, Schlösser und Klöster – darunter auch Vincennes – ganz im Sinne von Aristoteles als Ausdruck einer klugen, dem Wohl des Landes dienenden Regentschaft bewertet. Denselben Bericht hat wiederum die Biographin Karls V., Christine de Pisan, in ihre berühmte, um 1400 verfasste Biographie des französischen Königs integriert und würdigt darüber hinaus in eigenen Worten den Sinn des Königs für die Künste und die Architektur. Vor allem mit Bezug auf Paris und Vincennes bezeichnet sie Karl V. als »vray architecteur et deviseur certain et prudent ordeneur«.[4]

Fragen wir vor diesem Hintergrund nach den Verhältnissen im kurfürstlichen Sachsen in der zweiten Hälfte des 16. Jahrhunderts, so wird die Antwort auf den ersten Blick zwiespältig ausfallen. So hat bereits die ältere Forschung – allen voran Steffen Delang[5] – zu Recht darauf hingewiesen, dass unter Kurfürst August zwar eine Reihe von durchaus ansehnlichen Bauprojekten für Residenz-, Jagd- und Lustschlösser umgesetzt wurden, die meisten davon aber – wie an den Beispielen der Schlösser in Nossen, Stolpen oder Colditz zu sehen – nur Umbau- und Erweiterungsmaßnahmen bereits bestehender Bauwerke waren. Diese wurden auch keineswegs nach dem Vorbild der italienischen Renaissancearchitektur modernisiert, was neben einer Regularisierung und Vereinheitlichung der Gebäudeanlagen auch die Verwendung eines italienischen Dekors bedeutet hätte, sondern behielten ihr aus dem Mittelalter tradiertes uneinheitliches, pasticciohaftes Erscheinungsbild sowie die einfache Ausschmückung auch in den neuen, unter Kurfürst August hinzugefügten Bauabschnitten des späten 16. Jahrhunderts bei. Selbst eine weitgehend neu errichtete Anlage wie Schloss Freudenstein am Stadtrand von Freiberg oder das anstelle des abgerissenen Jagdschlosses Friedrichs des Weisen in der Lochau ab 1572 vollkommen neu erbaute Jagdschloss Annaburg lassen außer dem regelmäßigen Grundriss keinerlei Bezugspunkte zu den theoriegeleiteten Vorstellungen der italienischen Renaissancearchitektur erkennen, sondern stehen erkennbar in der Tradition älterer deutscher Schlossarchitektur.

Allerdings zeichnet sich speziell Schloss Annaburg, das neben seiner Funktion als Lust- und Jagdschloss auch als Witwensitz von Kurfürstin Anna dienen sollte,[6] durch seine regelmäßig an den Eckpunkten angebrachten turmartigen Pavillonbauten aus, die eine systematische Inszenierung von Blicken in die Landschaft ermöglichen. Diese Besonderheit verbindet Schloss Annaburg mit vergleichbaren Architekturen älterer kursächsischer Schlösser, darunter – als Inkunabeln – Schloss Albrechtsburg oberhalb von Meißen und das aufwendige Residenzschloss Johann Friedrichs des Großmütigen in Torgau.[7] Zusammen mit weiteren zeitgenössischen Ausblicksarchitekturen in den Schlössern anderer Fürsten bzw. Könige, etwa in Heidelberg, Neuburg a. D. und Prag, scheinen diese Schlösser eine Forderung in den Villenbriefen von Plinius dem Jüngeren zu rezipieren, nach der die Innenräume einer herrschaftlichen Villa nach möglichst drei Seiten mit Ausblicksachsen in die umgebende Landschaft auszustatten seien.[8] Dass ein solcher Bezug zu einem antiken Modell ländlicher Herrschaftsarchitektur durchaus mehr als Spekulation sein dürfte, belegt die Bedeutung von Plinius' Villenbriefen in den Humanistenkreisen des 15. und 16. Jahrhunderts und das Vorhandensein von Plinius-Ausgaben in den fürstlichen Bibliotheken. Gerade im Fall von Schloss Annaburg ergäbe eine solche Plinius-Rezeption Sinn, entspricht doch ihre Funktion als Lust- und Jagdschloss durchaus derjenigen einer herrschaftlichen Landvilla in der römischen Antike.[9]

Schloss Annaburg weist somit bei näherem Hinsehen eine durchaus anspruchsvolle, in gewissen Grenzen sogar theoriegeleitete Konzeption auf, doch ragt unter den von Kurfürst August zu verantwortenden und bei aller Stattlichkeit überwiegend unspektakulären Bauprojekten ein Bauwerk allein schon wegen seiner auffälligen Architektur heraus: Es ist die nach dem Kurfürsten selbst benannte Augustusburg am Rande des westlichen Erzgebirges bei Flöha, nicht weit von Chemnitz, die August ab 1568 anstelle einer älteren, jedoch weitgehend ruinösen Burganlage, der sogenannten Schellenburg, vollkommen neu errichten ließ.[10] Bis heute gilt die Augustusburg mit ihrer markanten, imposanten Architektur als eine Ausnahmeerscheinung in ihrer Zeit, und dies nicht nur für Sachsen, sondern für das Reich insgesamt. Doch genügt Schloss Augustusburg, um den eingangs zitierten, seit der Antike tradierten Anspruch zu erfüllen, fürstliche Magnifizenz und gute Regentschaft im Medium der Baukunst sichtbar zu machen? Oder trifft nicht vielmehr das Urteil Steffen Delangs zu, der 1987 in seinem für die Würdigung der Baupolitik Augusts immer noch wichtigen Aufsatz mit Bedauern feststellte, dass »durch die Beschränkung auf oft nur durchschnittliche ästhetische und funktionale Ansprüche und das Fehlen einer Orientierung an der Spitze der Architekturentwicklung in Europa […] die sächsische Schloßbaukunst ihre führende Rolle im Reich ein[büßte]«?[11]

Abb. 1
Schloss Annaburg bei Torgau, Ansicht des Hinterschlosses

Die Frage, weshalb sich Kurfürst August von Sachsen und damit einer der mächtigsten Fürsten des damaligen Europa nur in einem sehr beschränkten Rahmen durch anspruchsvolle, innovative Baukunst profilieren wollte und stattdessen überwiegend auf Vorhandenes, Tradiertes zurückgriff, ist nicht leicht zu beantworten, zumal auch die Schriftquellen hier keine zufriedenstellende Auskunft geben. Die architektonische Zurückhaltung des Kurfürsten fällt umso mehr auf, da ausgerechnet in seiner Zeit auch nördlich der Alpen alle theoretischen und praktischen Kenntnisse über die italienische Renaissancearchitektur vorhanden waren bzw. durch italienische Experten gewissermaßen eingekauft werden konnten (was ja bereits Augusts Vorgänger Moritz tat). Die Frage nach den Hinter-

Abb. 2
Schloss Augustusburg bei Flöha, Gesamtansicht von oben mit der zur Talseite hin gelegenen Schlosskapelle

gründen einer derart verhaltenen Baupolitik ist auch deswegen von einiger Bedeutung, da sich August ansonsten durch eine bereits von den Zeitgenossen bewunderte Bildung und Gelehrsamkeit auszeichnete, die ihn auf den Gebieten der Ökonomie, der Landesverwaltung und in besonderer Weise in den Naturwissenschaften zu einem anerkannten Spezialisten werden ließen.[12] Wenn wir bedenken, dass August an der Konstruktion hochkomplexer mechanischer Apparate beteiligt war und als Miterfinder eines der ältesten Wegstreckenzählers – gewissermaßen das erste Navigationsgerät der Welt – gelten darf,[13] erstaunt es umso mehr, dass dieser kultivierte und gebildete Herrscher ausgerechnet die Baukunst mit solcher Zurückhaltung betrieb und nur Schloss Augustusburg damals den Anspruch eines auch überregional bedeutenden Bauwerks erfüllen konnte.

Im Rahmen des Üblichen: Versuch einer Neubewertung der Schlossbaupolitik Kurfürst Augusts im Vergleich zu seinen Vorgängern

Das solchermaßen beschriebene Rätsel soll im Folgenden ein wenig aufgelöst und dabei neben einer Neubewertung der offenkundig überwiegend konservativen, in Traditionen verhafteten Baupolitik auch die Bedeutung von Schloss Augustusburg, das wichtigste Bauprojekt des Kurfürsten, auf der Grundlage der bisherigen Interpretationen einer erneuten Analyse unterzogen werden. Dabei werden die das Bild von Augusts Baupolitik dominierenden Umbaumaßnahmen bereits vorhandener älterer Schlösser zugleich in ein angemessenes Verhältnis zum exponierten Neubau von Schloss Augustusburg gesetzt. Denn der vorherrschende Eindruck, dass unter Kurfürst August im Unterschied zu seinen Vorgängern deutlich weniger innovative und überregional anspruchsvolle Schlossbauprojekte realisiert worden seien, scheint mir bei näherem Hinsehen zu trügen. So wurden weder unter Moritz von Sachsen noch unter dessen Vorgängern im Kurfürstenamt – von Friedrich dem Weisen und Johann dem Beständigen bis Johann Friedrich dem Großmütigen – jeweils mehr als ein auch überregional herausragendes Bauprojekt verwirklicht. Unter Friedrich dem Weisen und seinem Mitregenten Johann dem Beständigen ist vor allem das Wittenberger Residenzschloss mit seiner anspruchsvollen Innenausstattung als architekturgeschichtliche Leistung zu nennen, während sich Johann Friedrich der Großmütige in erster Linie mit dem außergewöhnlich großzügigen Neubau von Schloss Torgau – dessen älterer Baubestand allerdings miteinbezogen wurde – ein

Abb. 3
Schloss Güstrow in Mecklenburg-Vorpommern

Denkmal setzte. Moritz wiederum versuchte mit der Erweiterung des Dresdner Schlosses zum neuen kurfürstlichen Residenzschloss und mit dem Ausbau Dresdens zur Festung architektonische Maßstäbe im Reich zu setzen. Hinzu kommen bei allen genannten Kurfürsten verschiedene Jagdschlösser, von denen allerdings nur Schloss Lochau, das heutige Schloss Annaburg (dessen ursprüngliche, unter Friedrich dem Weisen realisierte Gestalt wir leider nicht zweifelsfrei kennen), Schloss Fröhliche Wiederkunft (als symbolträchtiger Wohnsitz des entmachteten Johann Friedrich des Großmütigen[14]) und Schloss Moritzburg (dessen partiellen Erhalt der Kernanlage des 16. Jahrhunderts wir der persönlichen Direktive Augusts des Starken verdanken[15]) architektonische Strahlkraft zu entwickeln vermochten. Die meisten anderen Bauprojekte erschöpften sich – wie für Nossen, Stolpen oder Colditz bereits genannt – in der Modernisierung vorhandener spätmittelalterlicher Burgen und Schlösser, was auch gar nicht weiter verwundert, da dies – nicht nur im Reich – die Regel fürstlicher Baupolitik war.[16] Selbst ein weitgehender Neubau wie das unter Herzog Ulrich III. von Mecklenburg errichtete Schloss Güstrow folgte ab 1556 dem tradierten Bild des aus mehreren Bauten und Bauabschnitten zusammengesetzten deutschen Fürstenschlosses.[17] Denn zum einen war es ein zwar ungeschriebenes, in fürstlichen Korrespondenzen, Teilungsurkunden und Chroniken gleichwohl immer wieder formuliertes Gesetz, dass mit dem architektonischen Erbe der Vorväter sorgsam umzugehen sei, da sich in ihm die Altehrwürdigkeit eines Adelsgeschlechts ausdrücken würde und die jahrhundertealten Burgen und Schlösser somit wie steinerne Stammbäume aufzufassen seien. Dies wird sehr anschaulich in einem Stammbaum der Grafen von Mansfeld von 1704 mit den Schlössern von Querfurt und Mansfeld als Ausgangspunkte der Stammbäume vorgeführt,[18] kommt aber auch schon in einer Darstellung des von Lorenz Faust erarbeiteten sächsischen Stammbaums von 1588, der sich vor einer Schlossfassade als Sinnbild des fürstlichen Hauses erhebt, zum Ausdruck.[19] Und zum anderen achteten besonders die deutschen Fürsten – trotz gelegentlicher Anfälle von Verschwendungssucht – auf einen überwiegend sparsamen Umgang mit den Materialressourcen, was sich auch in den seit dem 16. Jahrhundert flächendeckend verbreiteten Hofordnungen zum Bauwesen widerspiegelt. Dort werden die Baumeister und für das Bauwesen zuständigen Räte wiederholt dazu ermahnt, bei Bauvorhaben so viel wie möglich von der vorhandenen Substanz weiter zu nutzen und wertvolles Baumaterial nicht achtlos auf den Schutt werfen zu lassen.[20]

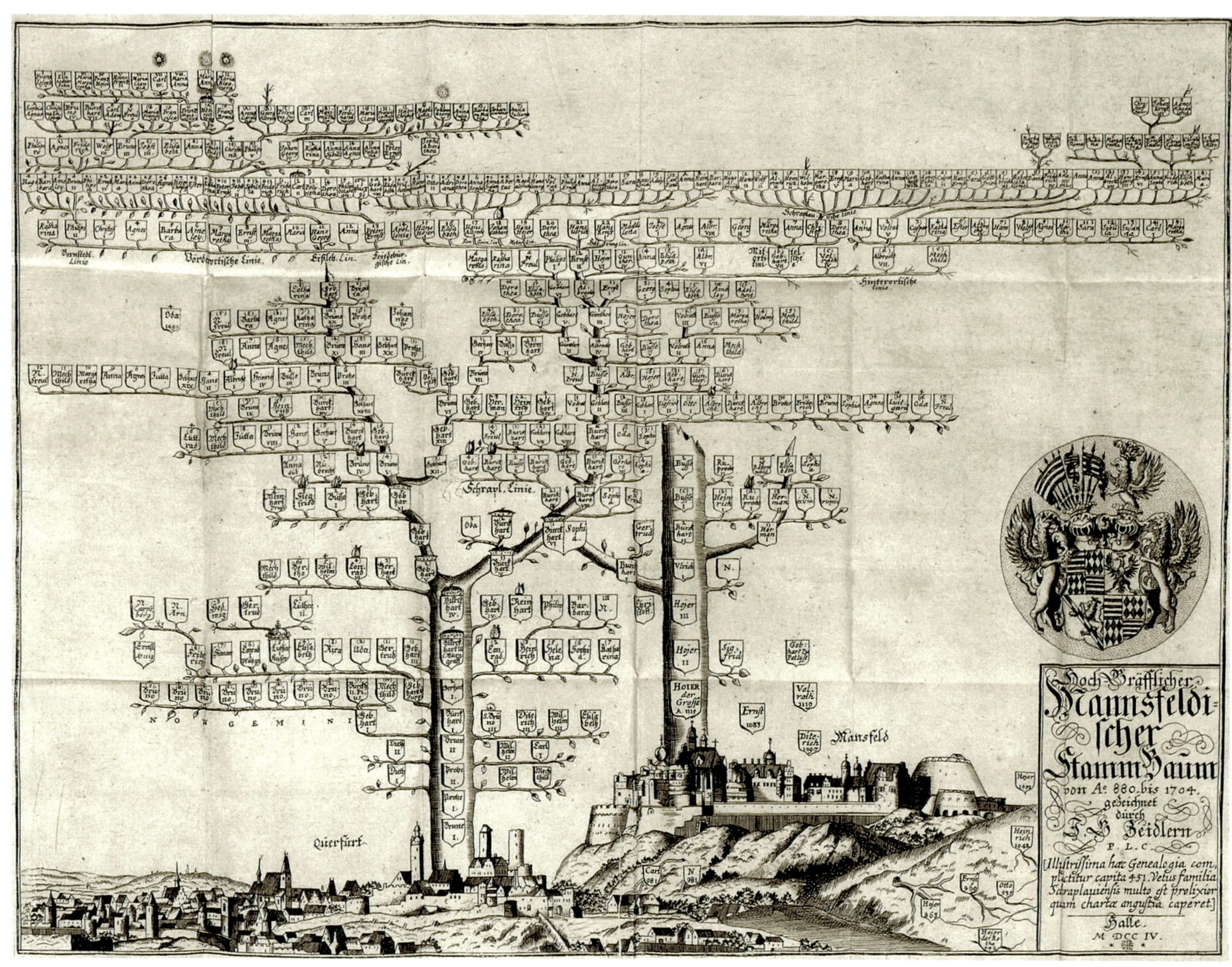

Abb. 4
Johann Gottfried Zeidler · Acht hundert jähriger an einander hangender Stammbaum Des Uralten Hochlöblichen Helden-Hauses Der Hochgebohrnen Graffen und Herren zu Mannsfeld · Halle, 1704 · Universitäts- und Landesbibliothek Sachsen-Anhalt

Wenn wir diese Fakten mit den Bauleistungen und dem Bauverhalten von Kurfürst August vergleichen, werden wir feststellen, dass August sich mit seinen Bauprojekten weder zu verstecken brauchte noch aus dem Rahmen des Üblichen fiel. Er fügte sich vielmehr nahtlos ein, indem er sich einerseits als sorgsamer Hausvater und ökonomisch denkender Landes- und Bauherr erwies und sich andererseits mit Schloss Augustusburg auf architektonischem Gebiet dennoch ein glanzvolles Denkmal für seine Kompetenz als Architekturkenner und Architekturliebhaber zu setzen wusste. Schloss Augustusburg liegt dabei auf einer Linie mit Schloss Albrechtsburg in Meißen, dem Wittenberger Residenzschloss mit der monumentalen Schlosskirche für die Reliquiensammlung, Schloss Torgau mit dem Neuen Saalbau und dem ingeniösen Großen Wendelstein von Konrad Krebs sowie der prachtvollen Erweiterung des Dresdner Residenzschlosses mit seinen originellen italianisierenden Sgraffito-Fassaden. Alle diese Schlossbauten sollten nach dem Willen ihrer kurfürstlichen Auftraggeber künstlerische und politische Programmarchitektur verkörpern und den politischen oder konfessionellen Status des jeweiligen Kurfürsten in den sächsischen Kurlanden wie im Reich mit den Mitteln der Baukunst demonstrativ vor Augen stellen. Nicht ohne Grund wird das Wittenberger Schloss von den Zeitge-

Abb. 5
Lorenz Faust · Genealogia ducum Saxoniae (Sächsischer Stammbaum) · Dresden, 1588 · Einblattdruck, Bayerische Staatbibliothek München

nossen mit einem »königlichen Schloss« verglichen[21] und das Torgauer Schloss für geeignet gehalten, als Sitz eines Königs zu dienen, während das erweiterte Dresdner Schloss durch seine anspruchsvolle Gestalt und das Bildprogramm seiner Fassaden mit aller Macht die Rechtmäßigkeit der auf die Albertiner übertragenen Kurwürde propagierte.[22] Daher ist es wichtig zu fragen, welche Bedeutung Schloss Augustusburg für Kurfürst August in dieser Folge politisch bedeutsamer kursächsischer Schlösser besaß, womit ich mich im Folgenden diesem aufwendigsten, anspruchsvollsten und vor allem persönlichsten Schlossbau Kurfürst Augusts zuwenden möchte.

Schloss Augustusburg als kurfürstliche »Programmarchitektur«: die politischen Hintergründe der Entstehung und die Verbindungen zum Gothaer Schloss Grimmenstein

Um zu verstehen, wie es zu diesem Ausnahmebauwerk unter den von August initiierten Bauprojekten kam, müssen wir uns kurz die Ausgangs- und Rahmenbedingungen vergegenwärtigen. Den Entschluss zum Neubau der traditionsreichen Burg Schellenberg, die durch Angriffe ernestinischer Truppen im Schmalkaldischen Krieg 1547 und einen nachfolgenden Blitzschlag stark beschädigt worden war, fasste August bereits während der Belagerung der zur Festung ausgebauten Burg Grimmenstein oberhalb von Gotha.[23] Hier genoss der politisch einflussreiche Ritter Wilhelm von Grumbach, Anführer der deutschen Ritteropposition gegen die kaiserliche Zentralgewalt, die Gastfreundschaft von Herzog Johann Friedrich II., Sohn des berühmten und entmachteten sächsischen Kurfürsten Johann Friedrich I. (der Großmütige).[24] Diese Gastfreundschaft gewährte Herzog Johann Friedrich II. bekanntermaßen keineswegs selbstlos, sondern versprach sich durch eine Unterstützung der ritterschaftlichen Revolten gegen Kaiser Maximilian II. zugleich einen Sieg in eigener Sache. Diese war seit dem Sturz seines Vaters als sächsischer Kurfürst durch Kaiser Karl V. im Jahr 1547 maßgeblich von der Hoffnung auf eine Rückübertragung der sächsischen Kurfürstenwürde auf die ernestinischen Wettiner bestimmt. Dass Johann Friedrich II. dabei weniger auf politisch-militärischen Sachverstand vertraute als vielmehr auf den obskuren Rat eines populären Engelsehers, Hans Tausendschön, hörte, der vor seiner Karriere als Hellseher einst Viehhirte gewesen war, zeigt den desolaten Zustand der Politikberatung, der der Herzog damals ausgeliefert war und die sein eigenes Ende bald besiegeln sollte. Für den amtierenden Kurfürsten August war hingegen sehr schnell die Gefahr eines solchen Bündnisses auch für ihn selbst deutlich geworden, hätte ein Sieg der Ritteropposition gegen den Kaiser doch zugleich die Position Herzog Johann Friedrichs II. im Reich gestärkt und eine Rückübertragung der Kurwürde auf die Nachfolger Johann Friedrichs des Großmütigen – und das wäre in diesem Fall dessen Sohn Johann Friedrich II. selbst gewesen – zu einer realistischen Option werden lassen. Diese Option hätte wiederum zwangsläufig die Entmachtung von Kurfürst August bewirkt, mit unübersehbaren Folgen für die seit nunmehr zwanzig Jahren einigermaßen befriedeten kursächsischen Länder des wettinischen Fürstenhauses. Mit anderen Worten: Der Ausgang der Belagerung von Burg Grimmenstein oberhalb von Gotha, wo sich die Anführer der Aufrührer gegen den Kaiser und seine ihm ergebenen Fürsten, darunter auch Kurfürst August, verschanzt hatten, entschied auch über das politische Schicksal von August, weshalb dieser den kaiserlichen Auftrag, den von Grumbach und Johann Friedrich II. geprobten Aufstand mit militärischen Mitteln niederzuschlagen, auch umgehend ausführte. Das Ergebnis ist bekannt: Nach monatelanger Belagerung, die Ende Dezember 1566 begonnen hatte, mussten die Opponenten am 11. April 1567 aufgeben; Wilhelm von Grumbach wurde gefoltert und hingerichtet. Ein ähnliches Schicksal ereilte viele Mittelsmänner, Berater und politischen Drahtzieher – darunter auch der Kanzler Christian Brück –, die nach schweren Folterverhören auf dem Gothaer Marktplatz öffentlich entehrt, hingerichtet und gevierteilt wurden, während Johann Friedrich II. in lebenslange kaiserliche Gefangenschaft geriet. Die Folgen dieser innenpolitischen Erschütterungen sollte auch Lucas Cranach d. J. in Weimar zu spüren bekommen, als er und seine Familie kurzfristig in den Verdacht oppositioneller Sympathien gerieten, da eine Schwester Cranachs d. J., Barbara, mit dem hingerichteten Kanzler Christian Brück verheiratet gewesen war.[25]

In dieses von Kurfürst August initiierte Abschreckungsszenario wurde schließlich auch die Architektur als öffentlichkeitswirksames Medium einbezogen und die prächtige, nach der nur partiellen Schleifung von 1547 bereits wieder zu einem imposanten Festungsschloss aufgerüstete Burg Grimmenstein dem Erdboden gleichgemacht. Zudem wurde verfügt, dass sie nicht wieder aufgebaut, sondern auf ihrem Grund und Boden künftig nur noch eine Viehweide betrieben werden dürfe. Und wie es sich für das medienbewusste 16. Jahrhundert gehörte, ließ August schließlich wie ein römischer Imperator einen Gedenktaler auf seinen umfassenden Sieg prägen. Während die Rückseite der Münze den Anlass ihrer Prägung nennt (»Als im Jahre 1567 die Stadt Gotha eingenommen, die Strafe an den geächteten belagerten Reichsfeinden vollzogen und die übrigen in die Flucht geschlagen worden, ließ August, Herzog zu Sachsen und Kurfürst, [diese Münze] machen«), verkündet die Vorderseite unter dem Bild zweier monumentaler gekreuzter Kurschwerter triumphierend: »Tandem bona causa triumphat« (Endlich [Am Ende] siegt die gute Sache).[26]

Genau dieser triumphale Gedenktaler bildet nun aber auch das Verbindungsglied zwischen dem Gothaer Schloss Grimmenstein und dem im gleichen Jahr 1567 planerisch begonnenen Schloss Augustusburg. Denn dieses sollte mit seinem prachtvollen Erscheinungsbild nicht nur das bewusste Gegenbild zu der dem Erdboden gleichgemachten Burg Grimmenstein sein, sondern wurde bei der Grundsteinlegung am 30. Mai 1568 sogar mit einem Exemplar des Gedenktalers ausgestattet, indem dieser im Grundstein der Augustusburg vermauert wurde.[27] Somit gründete sich ihr Fundament sprichwörtlich auf dem historischen Sieg Kurfürst Augusts in Gotha und der totalen Vernichtung des dortigen monumentalen Festungsschlosses, an dessen Stelle nun gewissermaßen Schloss Augustusburg tritt. Am Ort seiner Errichtung ersetzt Schloss Augustusburg jedoch die 1547 von ernestinischen Truppen beschädigte und seitdem ruinöse Burg Schellenberg, womit ein weiterer Bezug zu den politisch besiegten Ernestinern vorhanden war und symbolträchtig genutzt werden konnte. Es trifft daher fraglos zu, Schloss Augustusburg als ein Siegesmal Kurfürst Augusts zu bezeichnen, zumal auch der Kurfürst selbst in der Urkunde der Grundsteinlegung darauf hinweist, dass er das neuerrichtete Schloss »zu einem ewigen Gedächtniss des gemachten Friedens zu bauen verordnet«[28] habe. Doch welcher Art sollte dieses Siegesmal sein und welchen Aspekt der von Kurfürst August vertretenen fürstlichen Herrschaft sollte es mittels der Architektur (und auch der bildlichen Ausstattung der Innenräume) zum Ausdruck bringen? Sollte es nur der Aspekt des Militärischen, also der siegreichen kaiserlich-fürstlichen Zentralgewalt sein, oder sollten mit der intendierten Aussage auch andere Aspekte von Augusts Herrschaftsverständnis und Herrschaftsstatus angesprochen werden, solche, die möglicherweise sogar seine eigene Persönlichkeit mit ihren individuellen Interessen betrafen? Hierüber hat sich die bisherige Forschung bislang nur wenige Gedanken gemacht,[29] sodass es sinnvoll erscheint, für diesen Fragenkomplex im Folgenden wenigstens skizzenhaft nach einer Antwort zu suchen.

Schloss Augustusburg als Objekt fürstlicher Kunstfertigkeit und als Sinnbild des militärisch überlegenen Fürsten

Die Suche nach Antworten beginnt mit einer weiteren Frage: Wer war der Architekt von Schloss Augustusburg, von wem stammt der Entwurf? Der von August zum Baumeister bestellte Leipziger Bürgermeister Hieronymus Lotter kann es jedenfalls nicht gewesen sein, wie auch die Quellen bestätigen, die davon berichten, dass der Kurfürst dem Bürgermeister ein Holzmodell des neuen Schlosses als Grundlage für den Entwurf überreichte.[30] Von wem dieses Modell entworfen wurde, ist leider nicht überliefert.[31] Lotter war lediglich der administrative Verwalter des Bauprojekts, nicht aber dessen kreativer Urheber; dafür fehlte ihm auch schlichtweg die Kompetenz. Nach knapp vier Jahren fiel er bei August wegen massiver Bauverzögerungen und ungelöster Bauprobleme in Ungnade und wurde 1572 von dem italienischen Adligen und professionellen Festungsbaumeister Rochus Graf zu Lynar abgelöst, der allerdings nichts Wesentliches mehr am Bauentwurf ändern, sondern nur den Bauprozess optimieren konnte.[32] Warum schweigen sich die sonst so auskunftsfreudigen Quellen zum Schlossbau ausgerechnet über den entwerfenden Architekten aus? Vermutlich deshalb, weil es einen solchen im engeren, professionell verstandenen Sinne nicht gegeben hat. Vielmehr scheint es Kurfürst August selbst gewesen zu sein, der den Grundentwurf entwickelt, möglicherweise sogar gezeichnet hat und dann auf dieser Basis das Holzmodell anfertigen ließ.[33] Anregungen hierzu könnte er durch publizierte mathematische Grundrisse des italienischen Architekten und Architekturtheoretikers Sebastiano Serlio erhalten haben, dessen Schriften, allen voran die damals bereits publizierten Teile der »Sieben Bücher zur Architektur«, sich auch in der Bibliothek des Kurfürsten befanden.[34] Auf eine weitere damals aktuelle und auch für die Planungen der Augustusburg sehr wahrscheinlich maßgebliche Gattung von Architekturtraktaten wird nachfolgend eingegangen werden. Dass August – wenn die Vermutung seiner Autorschaft zutrifft – den Entwurf seines neuen Schlosses nicht ohne Unterstützung durch professionelle Architekten – wie etwa den Baumeister Hans Irmscher – realisiert hat, versteht sich von selbst. Dies wäre auch die gängige Praxis bei Fürsten, die sich selbst als Architekten, Künstler oder Handwerker betätigten, was im frühneuzeitlichen Europa – wie neueste Studien eindrucksvoll belegen[35] – eher die Regel als die Ausnahme gewesen ist. Ziel dieser fürstlichen Entwurfs- und Handwerkstätigkeit war ganz wesentlich die Erziehung und Ausbildung des Regenten

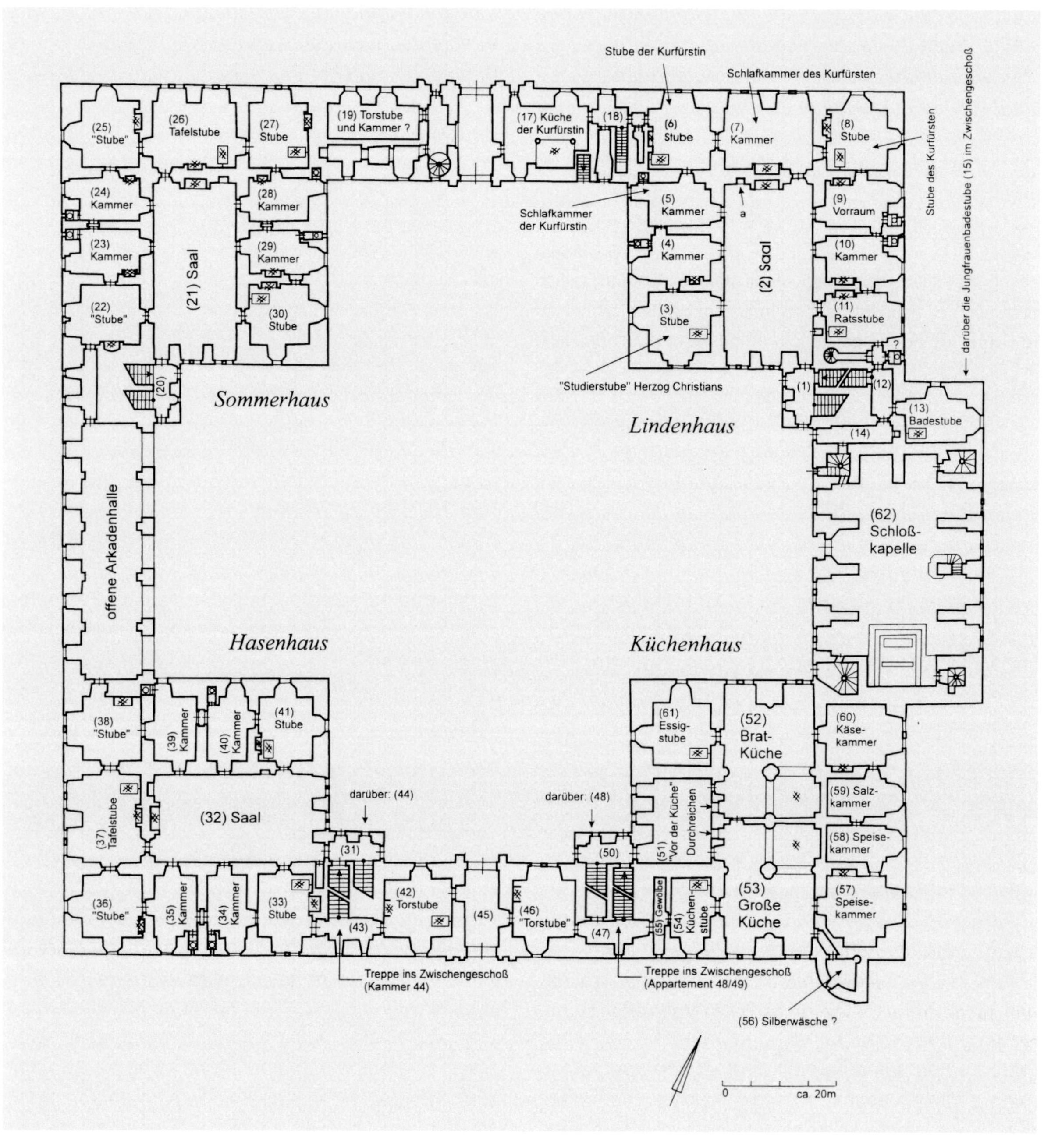

Abb. 6
Schloss Augustusburg bei Flöha, Grundriss des Erdgeschosses mit eingezeichneten Raumfunktionen (nach Stefan Hoppe)

zur Abgabe eines eigenständigen, professionellen Urteils in Bau- und Kunstangelegenheiten, was angesichts der hohen symbolischen Bedeutung von Architektur, Kunst und Kunsthandwerk für den politischen und kulturellen Status eines Fürstenhofs im konkurrierenden Umfeld der deutschen wie europäischen Höfe von nicht geringer Bedeutung war. Ob August eine solche professionelle Unterstützung schon in der Entwurfsphase durch den bereits genannten italienischen Festungsbaumeister Rochus Graf von Lynar erhielt, muss Hypothese bleiben. Bezeichnend ist jedoch, dass nach der Entbindung Hieronymus Lotters von seinem Amt als Bauverwalter mit Rochus Graf von Lynar sofort ein ausgewiesener professioneller Architekt mit dem Weiterbau von Schloss Augustusburg beauftragt wurde.

Für den Grundentwurf dürften aber bereits die am Dresdner Hof von August beschäftigten Mathematiker oder Experten wie der Leipziger Mathematikprofessor Valentin Thau[36] ausreichende Hilfestellung geleistet haben. Denn eine Festungsarchitektur im strengen Sinne ist das Schloss ja keineswegs.[37] Sein Grundkonzept fasziniert daher vor allem im Grundriss zunächst durch seine strenge Regelhaftigkeit auf der Basis des Quadrats, das sich außer im Gesamtgrundriss nicht zuletzt in den vier Eckpavillons manifestiert. Da diese Eckpavillons über die Außenmauern nicht vorspringen, entsteht im Innenhof des Schlosses ein im Grundriss auffälliges regelmäßiges bzw. gleichseitiges Kreuz. Aus dieser äußerst strengen Grundform darf nur die Schlosskapelle ausbrechen und sich – eingefügt zwischen zwei Eckpavillons – mit ihrem längsrechteckigen Baukörper nach außen vorschieben. Diese geradezu landschaftsbeherrschende Exposition der Schlosskapelle (vgl. auch Abb. 2) ist so auffällig, dass die in der Forschung vorgenommene Deutung als Sinnbild für August als Oberhaupt der evangelischen Landeskirche und Schutzmacht der Protestanten der Intention des Bauherrn entsprechen dürfte.[38] Darüber wurde jedoch übersehen, dass vermutlich auch der Grundriss selbst in seiner mathematischen Strenge als ein Sinnbild des Fürsten verstanden werden sollte, ein Sinnbild, das allerdings nicht so sehr die religiösen als vielmehr die militärischen Aspekte der Fürstenherrschaft veranschaulichte.

Inwiefern könnte die im Grundriss erkennbare Demonstration mathematischer Fertigkeiten als Sinnbild des militärisch überlegenen Fürsten gedient haben? Die Antwort finden wir in den zeitgenössischen theoretischen Schriften zum Festungsbau, den sogenannten Festungstraktaten, die die Kenntnisse und Anwendung mathematisch-arithmetischer und geometrischer Berechnungsverfahren – neben Kenntnissen in Geo- und Topographie – zu einer Voraussetzung für einen nach wissenschaftlichen Maßstäben betriebenen modernen Festungsbau erhoben. Hierüber hat jüngst Stefan Bürger eine grundlegende Studie vorgelegt, deren Ergebnisse auch für unsere Fragestellung von Interesse sind.[39] So formulierte im Alten Reich Albrecht Dürer als erster den Anspruch mathematischer Kenntnisse in seinem 1527 in Nürnberg veröffentlichten und Standards setzenden Werk *Etliche Underricht zu befestigung der Stett Schloß und flecken*. In Dürers Nachfolge traten im 16. Jahrhundert eine ganze Reihe von Architektur- und Festungsbautheoretiker, darunter auch der ursprünglich als Mediziner tätige Walter Ryff, der für die deutsche Traktatliteratur in seiner 1547 publizierten Abhandlung über die »Baukunst« erstmals systematisch eine wissenschaftliche Methode anwandte und die Mathematik zur Grundlage aller Theorie erklärte.[40] Wichtig ist, dass diese Schriften nicht nur für die Spezialisten, sondern explizit auch für die Fürsten gedacht waren, um ihnen, als letztlichen Entscheidungsträgern, wissenschaftlich abgesicherte Informationen an die Hand zu geben.

Diese im Reich und noch mehr in Italien forcierte Mathematisierung und Verwissenschaftlichung der Architektur und des Festungsbaus musste ganz den persönlichen Interessen Kurfürst Augusts entgegengekommen sein, hatte sich doch August – außer in der Drechselkunst – auf den Gebieten des Festungsbaus, der Landvermessung und der Kartographie nachweislich fundierte Kenntnisse angeeignet. Diese machten ihn zu einem der profiliertesten Auftraggeber von dafür geeigneten Apparaturen: Erinnert sei nur an die Zeichnungs- und Messinstrumente sowie nochmals an seinen legendären, im Mathematisch-Physikalischen Salon des Dresdner Zwingers aufbewahrten und nach Anregungen Vitruvs konstruierten Wegstreckenzähler für die Reisenavigation.[41] Daher spricht viel für die Annahme, dass August mit dem vermutlich auf ihn selbst zurückgehenden Grundrissentwurf für Schloss Augustusburg neben der Demonstration einer nach wissenschaftlichen Kriterien entwickelten festungsartigen Architektur vor allem auch sich selbst als Beherrscher der mathematisch-geometrischen Wissenschaften verewigen wollte. In diesem Sinne wäre Schloss Augustusburg in seiner realisierten Gestalt zunächst als ein Objekt fürstlicher Kunstfertigkeit zu verstehen, ganz so, wie es auch die Drechselstücke und mechanischen Apparate und Uhren in der Dresdner Kunstkammer sein sollten. Die Symbolsprache der mathematisch generierten Form bestimmt aber auch die Aussage des Schlosses als Siegesmal über den politisch unbotmäßigen Ritter Grumbach und seinen Verbündeten Herzog Johann Friedrich II. Denn in diesem Kontext wird das Schloss zu einem Sinnbild für die Beherrschung der wissenschaftlichen Grundfertigkeiten des Festungsbaus durch Kurfürst August, der sich damit selbst ein sowohl sinnlich erfahrbares als auch intellektuell zu reflektierendes Denkmal als Sieger über die Rebellion seiner politischen Gegner gesetzt hat. Es sollte zugleich ein Denkmal für den siegreichen »Erzmarschall des Reiches« und Stellvertreter des Kaisers sein, den August als sächsischer Kurfürst qua Amtes ebenfalls verkörperte. Darauf spielt auch die Urkunde zur Grundsteinlegung an, wenn sie mit dem Hinweis beginnt, dass Kaiser Maximilian II. Kurfürst August als »Oberfeldherrn erwählet« hatte und die Belagerung Gothas in kaiserlichem Auftrag geschah.[42]

Abb. 7
Augustusburg bei Flöha, Außenfassade vom Wirtschaftshof aus gesehen

Lustschloss, Jagdschloss, Festung? Zum Typus von Schloss Augustusburg und seiner ikonographischen Aussage

Doch ist Schloss Augustusburg überhaupt eine Festung? Damit komme ich abschließend zur Frage nach dem Typus des von August auf dem Schellenberg neu errichteten Schlosses. Denn im strengen Sinne entspricht das Schloss natürlich keiner Festung, da diese, um militärisch überhaupt einen Sinn zu ergeben, sich – wie es Stefan Bürger in seiner Studie formuliert hat – gewissermaßen »unsichtbar« machen und daher – wieder in den Worten Bürgers – »hinsichtlich der Leitung des Blicks wie ›Halbleiter‹« fungieren müsse.[43] Eine Festung erfüllte dann am besten ihren Zweck, wenn der potentielle Feind sie nicht sah – ganz so, wie in unserer Zeit Raketenbasen von Atomwaffen, deren Anzahl selbst die Geheimdienste nur schwer sicher ermitteln können. Dieser Forderung nach Unsichtbarkeit widerspricht nun Schloss Augustusburg auf den ersten Blick, weshalb es auch eher dem Typus des »befestigten Bergschlosses« entspricht. Dessen Charakteristikum ist die nur partielle Übernahme einzelner Formen und Elemente aus dem Festungsbau, die einem im Prinzip konventionellen Schlossbau lediglich angefügt wurden.[44] Zu diesen nur applizierten Elementen, die gleichwohl – ähnlich wie der mathematisch durchkonstruierte Grundriss – auf den systematisch ausgeführten Festungsbau und seine militärische Überlegenheit verweisen sollen, gehören das am Außenbau rundum geböschte, vollkommen glatte Mauerwerk (das im Bereich von Sockelmauer und aufgehendem Mauerwerk der Gebäude durch ein Cordon-Gesims markiert wird, vgl. Abb. 2), die zur Land- und Hofseite weitgehend glatt und schmucklos, mit nur wenig Dekorum aufgeführten Außenwände und schließlich das wie ein Festungsvorwerk gestaltete Torhaus mit Zwinger und Graben, über den ursprünglich eine Zugbrücke den Weg zum Schloss bildete. Dieses festungsartig vorgeschobene Torhaus genauso wie die festungsartige Grabenanlage mögen kleineren Überfällen und Belagerungen Stand gehalten haben, doch den Schutz einer echten Festung vermochten sie auf keinen Fall zu bieten. Sie sind daher eher als architektonische Symbolpolitik zu verstehen, deren militärische Bildhaftigkeit wichtiger war als ihre militärische Funktionalität.[45]

Wie aber, so möchte ich abschließend als Frage in den Raum stellen, passt diese solchermaßen in Szene gesetzte

Abb. 8 Augustusburg bei Flöha, Torhaus mit Zwinger und Graben (Ansicht der zum Schloss gewandten Innenseite)

militärische Bildhaftigkeit zu einem Schloss, dass seit Bestehen der alten Burg Schellenburg den sächsischen Herzögen und Kurfürsten vor allem als ein Jagdschloss diente? Wäre hier nicht eher ein Schloss von »lustigem [d.i. vergnüglich-heiter, Anm. M.M.] Aussehen« geeignet, wie es auch in manchen Beschreibungen anderer Jagdschlösser genannt wird? Einem solchen Aussehen würde das unter Moritz von Sachsen begonnene, von August vollendete und unter August dem Starken nochmals veränderte Jagdschloss Moritzburg bei Dresden wesentlich besser entsprechen, als das mit ernsthaft-strenger Miene das Erzgebirge und Chemnitzer Land beherrschende Jagdschloss Augustusburg. Bei diesem konnte nur die einstmals vorhandene, spielerisch-heiter durch eine Vielzahl von Kaminschornsteinen und turmartigen Dächern aufgelockerte Dachlandschaft Assoziationen an ein Lustschloss wecken (vgl. Abb. 2 u. 7 mit teilweise rekonstruierten Dachaufbauten).[46] Dennoch war es keineswegs abwegig, auch ein fürstliches Jagdschloss mit Elementen des Festungsbaus auszustatten. Dies konnte dann sinnvoll sein, wenn der fürstliche Bauherr auch außerhalb seiner Residenz, im eher zwanglosen Bereich der Jagd- und Lustschlösser, seinen Status als Landesherr (dem allein das Befestigungsrecht im Land zustand) oder seine kaiserlichen Privilegien anzeigen wollte.[47] Dies trifft auch auf Schloss Augustusburg zu. Denn Kurfürst August war nicht nur »Reichserzmarschall« und damit Stellvertreter des Kaisers in militärischen Angelegenheiten, sondern er war darüber hinaus – was häufig vergessen wird – auch der »Erzjägermeister des Reiches« und damit der Stellvertreter des Kaisers in allen mit Jagdrechten und -privilegien verbundenen Angelegenheiten des Reiches. Auf diese äußerst mächtige und prestigeträchtige Funktion, die ebenfalls mit dem sächsischen Kurfürstenamt verbunden war, hat kürzlich wieder Heiko Laß aufmerksam gemacht und in diesem Zusammenhang auch auf das Jagdschloss Fröhliche Wiederkunft verwiesen, das niemand Geringerer als der Vorvorgänger Augusts im Kurfürstenamt, Johann Friedrich I., der Großmütige, zwischen 1547 und 1552 in Thüringen hat errichten lassen.[48] Johann Friedrich beauftragte diesen Schlossneubau aus der kaiserlichen Gefangenschaft heraus und demonstrierte gerade mit der Bauaufgabe Jagdschloss, so die überzeugende Deutung von Heiko Laß, seinen weiterhin bestehenden Anspruch als sächsischer Landesherr und Kurfürst, zu dessen Privilegien auch das Reichsjägermeisteramt gehörte.

In Kenntnis der Bedeutung des Jagdschlosses »Fröhliche Wiederkunft« als Denkmal für den politischen Selbstbehauptungswillen des im Schmalkaldischen Krieg gestürzten Kurfürsten, der seinem Jagdschloss nicht zufällig einen Namen verlieh, der auf seine angestrebte Rückkehr verwies, können wir nun auch für Schloss Augustusburg einen weiteren, neuen Sinnhorizont konstatieren: Als persönlichste Architektur Kurfürst Augusts ist es gewissermaßen das programmatische Pendant zum Jagdschloss Fröhliche Wiederkunft des entmachteten sächsischen Kurfürsten aus ernestinischem Haus. Und so wie Johann Friedrich mit seinem Jagdschloss in einer für ihn gefährlichen Situation seinen ehemaligen politischen Status und seine Privilegien durch den Akt des herrschaftlichen Bauens zu demonstrieren versuchte, erkannte August nach der Überwindung einer für ihn ebenfalls heiklen politischen Krise die Möglichkeit, im Neubau des Jagdschlosses auf dem Schellenberg nicht nur einfach den militärisch wiederhergestellten Landfrieden, sondern zugleich auch die Privilegien eines kaiserlichen »Reichserzmarschalls« und »Reichserzjägermeisters« in einem eindrucksvollen architektonischen Bild für seinen fürstlichen Nachruhm in Erinnerung zu halten.

ANMERKUNGEN

1 Voltaire an Friedrich II., 12. August 1739, zitiert nach: Friedrich der Große, Discours de l'utilité des sciences et des arts dans un état, in: Œuvres de Frédéric le Grand, 30 Bde., hrsg. von Johann D. E. Preuss, Berlin 1846–1856, Bd. 21, S. 348. | **2** Friedrich II. an Wilhelmine, 21. 11. 1754, zitiert nach: Friedrich der Große und Wilhelmine von Bayreuth, Bd. II: Briefe der Königszeit 1740–1758, hrsg. von Gustav Berthold Volz, übersetzt von Friedrich von Oppeln-Bronikowski, Berlin/Leipzig 1926, S. 283. | **3** Wolfgang Brückle, Civitas terrena. Staatsrepräsentation und politischer Aristotelismus in der französischen Kunst 1270–1380, München/Berlin 2005. | **4** Zitiert nach Brückle, Civitas terrena (wie Anm. 3), S. 176. Zur Deutung siehe ebd., S. 176–178. | **5** Steffen Delang, Zur Entwicklung der sächsischen Schloßarchitektur während der Herrschaft Kurfürst Augusts, in: Sächsische Heimatblätter 33 (1987), S. 18–21. | **6** Angelica Dülberg, Residenzen und Refugien. Die Schlösser in Torgau, Dresden, Annaburg, Augustusburg und Prettin, in: Mit Fortuna übers Meer. Sachsen und Dänemark – Ehen und Allianzen im Spiegel der Kunst (1548–1709), hrsg. von Jutta Kappel/Claudia Brink, Berlin/München 2009, S. 47–53. | **7** Systematisch ausgeführt wird dieser Aspekt bei Stephan Hoppe, Art. «Blickregie«, in: Höfe und Residenzen im spätmittelalterlichen Reich. Bilder und Begriffe, Bd. 1: Begriffe, hrsg. von Werner Paravicini (Residenzenforschung, Bd. 15. II), Ostfildern 2005, S. 449–453. Siehe auch Ders., Das renaissancezeitliche Schloss und sein Umland. Der architekturgebundene Fächerblick als epochenspezifische Herrschaftsgeste, in: Die Vielschichtigkeit der Straße. Kontinuität und Wandel im Mittelalter und der frühen Neuzeit, hrsg. von Kornelia Holzner-Tobisch/Thomas Kühtreiber/Gertrud Blaschitz, Wien 2012, S. 303–329. | **8** Stephan Hoppe, Die Wittelsbacher Residenzen in Landshut und Neuburg an der Donau in den Netzwerken des Kulturtransfers, in: Kulturtransfer am Fürstenhof. Höfische Austauschprozesse und ihre Medien im Zeitalter Kaiser Maximilians I. (Schriften zur Residenzkultur, vol. 9), hrsg. von Matthias Müller/Karl-Heinz Spieß/Udo Friedrich, Berlin 2013, S. 139–159, zu Plinius siehe S. 150. | **9** Erste grundlegende Überlegungen hierzu finden sich bei Stephan Hoppe, Anatomy of an Early »Villa« in Central Europe. The Schloss and Garden of the Saxon Elector Frederick the Wise in Lochau (Annaburg) according to the 1519 Report of Hans Herzheimer, in: Maisons des champs dans l'Europe de la Renaissance, hrsg. von Monique Chatenet, Paris 2006, S. 159–170. | **10** Zur Baugeschichte siehe zusammenfassend Eva-Maria Seng, Architektur und Ausstattung von Schloss Augustusburg als politisches Vermächtnis eines »guten Regiments« und »guter Ordnung«, in: Bau + Kunst, Festschrift für Jürgen Paul, hrsg. von Gilbert Lupfer/Konstanze Rudert, Dresden 2000, S. 296–309; Britta Günther, Schloss Augustusburg, Leipzig 2000. Siehe auch Stephan Hoppe, Die funktionale und räumliche Struktur des frühen Schloßbaus in Mitteldeutschland. Untersucht an Beispielen landesherrlicher Bauten der Zeit zwischen 1470–1570, Köln 1996, S. 293 ff. und S. 358 ff. Zum Stand der älteren Forschung siehe Schloss Augustusburg 1572–1972: Baugeschichte und denkmalpflegerische Instandsetzung, hrsg. vom Museum Augustusburg in Verbindung mit dem Institut für Denkmalpflege, Arbeitsstelle Dresden. Beiträge von Hans-Joachim Krause, Heinrich Magirius und Kristin-Barbara Ostmann, Augustusburg (u. a.) 1972; Lutz Unbehaun, Leben und Schaffen des kurfürstlichen Baumeisters Hieronymus Lotter. Ein Beitrag zur Architekturgeschichte des 16. Jahrhunderts in Mitteldeutschland, Dissertation A an der Karl-Marx-Universität Leipzig, Sektion Kultur- und Kunstwissenschaft, Fachbereich Kunstwissenschaft, Leipzig 1983, S. 113–139, sowie – da ohne Berücksichtigung der jüngeren kunsthistorischen Forschung – die Festschrift Schellenberg – Augustusburg. Beiträge zur 800-jährigen Geschichte, Augustusburg 2006, S. 31–37. | **11** Delang, Entwicklung der sächsischen Schloßarchitektur (wie Anm. 5), S. 21. | **12** Zur historischen Bedeutung Augusts siehe auch – mit ausführlichen Literaturhinweisen – den Überblicksartikel von Jens Bruning, August, in: Sächsische Biografie, hrsg. vom Institut für Sächsische Geschichte und Volkskunde e. V., bearb. von Martina Schattkowsky, Online-Ausgabe: www.isgv.de/saebi (11. 1. 2016). | **13** Max Engelmann, Die Wegmesser des Kurfürsten August von Sachsen, in: Mitteilungen aus den Sächsischen Kunstsammlungen VI (1915), S. 11–43; Wolfram Dolz, Kurfürst August von Sachsen (1553–1586) als Vermesser und Kartograph, in: Dresdener Kunstblätter 51 (2007), S. 25–35; Ders. (Hrsg.), Genau messen=Herrschaft verorten: das Reißgemach von Kurfürst August, ein Zentrum der Geodäsie und Kartographie (Katalog zur Ausstellung des Mathematisch-Physikalischen Salons im Sponsel-Raum des Neuen Grünen Gewölbes, 23. September 2010 – 23. Januar 2011), München/Berlin 2010. | **14** Zur Funktion und politischen Bedeutung dieses Schlosses siehe zuletzt Heiko Laß, Jagd- und Lustschlösser. Kunst und Kultur zweier landesherrlicher Bauaufgaben. Dargestellt an thüringischen Bauten des 17. und 18. Jahrhunderts, Petersberg 2006, S. 200, sowie Kat. Nr. 82. | **15** Heinrich Magirius, Historische Monumente im augusteischen Dresden, in: Matthäus Daniel Pöppelmann (1662–1736) und die Architektur der Zeit Augusts des Starken, hrsg. von Kurt Milde unter Mitarbeit von Klaus Mertens und Gudrun Stenke. Dresden 1991, S. 207–219. | **16** Siehe hierzu Matthias Müller, Das Schloß als Bild des Fürsten. Herrschaftliche Metaphorik in der Residenzarchitektur des Alten Reichs (1470–1618), Göttingen 2004. | **17** Stephan Hoppe, Die ursprüngliche Raumorganisation des Güstrower Schlosses und ihr Verhältnis zum mitteldeutschen Schloßbau. Zugleich Beobachtungen zum »Historismus« und zur »Erinnerungskultur« im 16. Jahrhundert, in: Burgen und frühe Schlösser in Thüringen und seinen Nachbarländern, hrsg. von der Wartburg-Gesellschaft (Forschungen zu Burgen und Schlössern, Bd. 5), München 2000, S. 129–148; Matthias Müller, Die Tradition als subversive Kraft. Beobachtungen zur Rezeption italienischer Renaissanceelemente im französischen und deutschen Schloßbau, in: Wege zur Renaissance. Beobachtungen zu den Anfängen neuzeitlicher Kunstauffassung im Rheinland und den Nachbargebieten um 1500 (Sigurd Greven-Kolloquium zur Renaissanceforschung), hrsg.

von Norbert Nußbaum/Claudia Euskirchen/Stephan Hoppe, Köln 2003, S. 133–165. | **18** Den illustrierten Stammbaum ließ der Theologe und Historiker Johann Gottfried Zeidler für seine Mansfelder Genealogie anfertigen (Johann Gottfried Zeidler, Acht hundert jähriger an einander hangender Stammbaum Des Uralten Hochlöblichen Helden-Hauses Der Hochgebohrnen Graffen und Herren zu Mannsfeld, Halle, Saale 1703). Die Stammbäume wachsen unmittelbar aus den Schlossanlagen von Mansfeld und Querfurt heraus und definieren diese dadurch sprichwörtlich als Stammhäuser des Mansfelder Grafengeschlechts. | **19** Zu Lorenz Faust und seiner sächsischen Genealogie siehe Olav Heinemann, Das Herkommen des Hauses Sachsen. Genealogisch-historiographische Arbeit der Wettiner im 16. Jahrhundert (Schriften zur sächsischen Geschichte und Volkskunde, Bd. 51), Leipzig 2015, S. 252 f. Für den Hinweis auf den Einblattdruck mit Fausts sächsischem Stammbaum danke ich Dr. Olav Heinemann (Essen). | **20** Zu Beispielen siehe die edierten Hofordnungen bei Arthur Kern, Deutsche Hofordnungen des 16. und 17. Jahrhunderts (Denkmäler der deutschen Kulturgeschichte, II. Abt.), 2 Bde., Berlin 1905 und 1907. | **21** 1508 lässt Andreas Meinhard in seinem »Dialogus« den Studenten Reinhard über das Wittenberger Schloss sagen: *»Es ist wirklich ein königlicher Hof und durchaus vergleichbar mit allem, was ich kenne«* (Andreas Meinhard, Dialogus illustrate et augustissime urbis Albiorene vulgo Vittenberg dicte, Leipzig 1508, hier zitiert nach der Ausgabe: Andreas Meinhard, Über die Lage, die Schönheit und den Ruhm der hochberühmten, herrlichen Stadt Albioris, gemeinhin Wittenberg genannt. Ein Dialog, herausgegeben für diejenigen, die ihre Lehrzeit in den edlen Wissenschaften beginnen, aus dem Lateinischen übersetzt von Martin Treu, Leipzig 1986, S. 158). Im gleichen Jahr charakterisiert der kursächsische Hofpoet Georg Daripinus Sibutus in einem lateinischen Gedicht auf eine 1508 in Wittenberg abgehaltene Festlichkeit das Wittenberger Schloss als königlich: Das Schloss rage »wie auf Tarpeischem Felsen mit seinen königlichen Dächern und Türmen empor« (Carmen ad Ioannen Fridericum, ducem Saxoniae, pro primo suo aduentu in vrben Albiorenam, Wittenberg 1508); siehe hierzu Franz Matsche, Lucas Cranachs mythologische Darstellungen, in: Lucas Cranach. Ein Maler-Unternehmer aus Franken, hrsg. von Claus Grimm/Johannes Erichsen/Evamaria Brockhoff (Veröffentlichungen zur Bayerischen Geschichte und Kultur, Nr. 26/94, hrsg. vom Haus der Bayerischen Geschichte), Regensburg 1994, S. 78–88, hier S. 79 ff. | **22** Siehe hierzu Ulrike Heckner, Im Dienst von Fürsten und Reformation. Fassadenmalerei an den Schlössern in Dresden und Neuburg an der Donau im 16. Jahrhundert, München/Berlin 1995, S. 26–60. | **23** Dass August den Entschluss für den Neubau von Burg Schellenberg bereits zu diesem frühen Zeitpunkt fasste, geht aus einem Schreiben vom 9. April 1567 an seinen auf dem Schellenberg residierenden Amtmann Urban Schmidt hervor. Siehe: Beschreibende Darstellung der älteren Bau- und Kunstdenkmäler des Königreichs Sachsen, H. 6: Amtshauptmannschaft Flöha, bearb. von Richard Steche, Dresden 1886, S. 7. | **24** Zu den Vorgängen und ihrer historischen Bewertung siehe grundlegend Volker Press, Wilhelm von Grumbach und die deutsche Adelskrise der 1560er Jahre, in: Blätter für deutsche Landesgeschichte 113 (1977), S. 396–431; zu Wilhelm von Grumbach siehe Edwin Hamberger, Wilhelm von Grumbach, ein fränkischer Reichsritter (Rimparer Geschichtsblätter, Bd. 5), Rimpar 2007. Siehe auch die Würdigung der Vorgänge durch Heinemann, Das Herkommen des Hauses Sachsen (wie Anm. 19), S. 213–240. | **25** Siehe hierzu Dietrich Lücke, Die Cranach-Familie in den Grumbach'schen Händeln, in: Lucas Cranach der Jüngere und die Reformation der Bilder, hrsg. von Elke A. Werner/Anne Eusterschulte/Gunnar Heydenreich, München 2015, S. 53–61. | **26** Übersetzungen nach Walter Haupt, Sächsische Münzkunde, Berlin 1974, S. 275 und 279. | **27** Nach den Angaben des ausführenden Baumeisters und Leipziger Bürgermeisters Hieronymus Lotter erfolgte die Einmauerung auf dessen eigene Anordnung, doch sicherlich nicht ohne Einverständnis des Kurfürsten. Johann Gottlieb Harnisch, Chronik über Schellenberg-Augustusburg, Schellenberg 1860, S. 46. | **28** Der vollständige Text der Urkunde zur Grundsteinlegung ist abgedruckt bei Harnisch, Chronik (wie Anm. 27), S. 45 f., sowie in: Beschreibende Darstellung (wie Anm. 23), S. 10 f. | **29** Heinemann, Das Herkommen des Hauses Sachsen (wie Anm. 19), S. 267–270, betont in seiner jüngst erschienen grundlegenden Dissertation über die genealogisch-historiographischen Arbeiten der Wettiner im 16. Jahrhundert die Bedeutung der Augustusburg als Denkmal albertinischer Genealogie. So wurde Schloss Augustusburg nicht nur mit einer aufwendigen, in einem eigenen Architekturtrakt untergebrachten Ahnengalerie ausgestattet, sondern diese Galerie wurde zudem in der von den Ernestinern begründeten Tradition und Form der Amtsvorgängergalerien entworfen, wodurch sich die neuen, seit 1547 amtierenden Kurfürsten der albertinischen Linie seit Moritz nahtlos in die kurfürstliche Amtsfolge der entmachteten Ernestiner einreihen konnten. Mithilfe der Ahnengalerie konnte Kurfürst August somit Schloss Augustusburg auch zu einem Denkmal seiner eigenen Legitimation als rechtmäßig regierender sächsischer Kurfürst ausgestalten. Auf diesen wichtigen Aspekt kann in vorliegendem Beitrag allerdings nicht weiter eingegangen werden. Ich danke Olav Heinemann für das Gespräch und daraus gewonnene instruktive Einsichten. | **30** Unbehaun, Hieronymus Lotter (wie Anm. 10), S. 113 ff. | **31** Ebd., S. 114, und Krause, Schloss Augustusburg (wie Anm. 10), S. 10, ziehen hierfür folgende Personen in Betracht: den kursächsischen Festungsbaumeister Graf Rochus von Lynar, den kursächsischen Schraubenmacher, Werk- und Zeugmeister Paul Buchner oder – unter Mitwirkung der beiden Erstgenannten – Kurfürst August selbst. Noch entschiedener für eine Urheberschaft Augusts plädieren Walter May, Die wettinischen Schloßbauten des 15. und 16. Jahrhunderts und ihre Bedeutung, in: Sachsen und die Wettiner. Chancen und Realitäten, Dresden 1990, S. 271–277 und Hoppe, Struktur des frühen Schloßbaus (wie Anm. 10), S. 361, dessen Argumente am stärksten überzeugen und in der jüngeren Literatur aufgegriffen werden: Seng, Schloss Augustusburg (wie Anm. 10), S. 297. Im Folgenden sollen sie daher ergänzt und weiter ausgeführt werden. | **32** Harnisch, Chronik (wie Anm. 27), S. 44. | **33** So auch mit guten Argumenten Stephan Hoppe; siehe hierzu Anm.31. | **34** Unbehaun, Hieronymus Lotter (wie Anm. 10), S. 127 f. | **35** Siehe hierzu demnächst die Ergebnisse einer 2014 durchgeführten internationalen Tagung des Rudolstädter Arbeitskreises zur Residenzkultur und der Herzog August Bibliothek Wolfenbüttel: Annette Cremer/Matthias Müller/Klaus Pietschmann (Hrsg.), Fürst und Fürstin als Künstler. Herrschaftliches Künstlertum zwischen Habitus, Norm und Neigung (im Druck). | **36** Dieser half August auch bei der Realisierung eines seiner ersten Wegstreckenmesser. Siehe hierzu Dolz, Kurfürst August (wie Anm. 13), S. 27. | **37** Zur eher zeichenhaften Verwendung von Elementen der Festungsarchitektur bei Schloss Augustusburg siehe Ulrich Schütte, Das Schloß als Wehranlage. Befestigte Schloßbauten der frühen Neuzeit im alten Reich, Darmstadt 1994, S. 70 ff. | **38** Schütte, Das Schloß als Wehranlage (wie Anm. 37); Seng, Schloss Augustusburg (wie Anm. 10), S. 306 f. | **39** Stefan Bürger, Architectura militaris. Festungsbautraktate des 17. Jahrhunderts von Specklin bis Sturm (Kunstwissenschaftliche Studien, Bd. 176), München/Berlin 2013. | **40** Ebd., S. 233–235. | **41** Literaturhinweise siehe Anm. 13. | **42** Wiedergabe der Urkunde bei Harnisch, Chronik (wie Anm. 27), S. 45 f., sowie in: Beschreibende Darstellung (wie Anm. 23), S. 10 f. | **43** Bürger, Architectura militaris (wie Anm. 39), S. 112. | **44** Siehe hierzu Schütte, Das Schloß als Wehranlage (wie Anm. 37), S. 171–251 | **45** Ebd., S. 71, S. 74. | **46** Hierzu auch Müller, Das Schloß als Bild des Fürsten (wie Anm. 16). Heiko Laß hat allerdings darauf hingewiesen, dass es streng genommen keine formale Typologie des Jagdschlosses gibt, da dessen Definition grundsätzlich nur von der Nutzung und Funktionalität (Nähe zu Jagdwäldern etc.) abhing. Siehe: Laß, Jagd- und Lustschlösser (wie Anm. 14), S. 24 | **47** Siehe hierzu Laß, Jagd- und Lustschlösser (wie Anm. 14), S. 188–189. | **48** Ebd., S. 189, S. 200 sowie Kat.-Nr. 82.

DIRK SYNDRAM

August von Sachsen als Sammler. Zwischen persönlicher Neigung und fürstlicher Konvention

Mitte April 1543 kündigte der damals sechzehnjährige Herzog August von Sachsen seinem älteren Bruder Moritz eine Geschenksendung an: »[…] ich schigke e. l. aldo twei instrüment welliche ich mich vorsehe die e. l. werden thuglich sein.«[1] Der im Dresdner Hauptstaatsarchiv erhaltene Brief ist die zeitlich früheste Nachricht über das Interesse des späteren sächsischen Kurfürsten an wissenschaftlichen Instrumenten, für deren Herstellung Nürnberg damals berühmt war. Das Geschenk hat den Beschenkten wohl weniger erfreut als den Schenkenden. Der sechs Jahre ältere Herzog Moritz, der gerade aus seinem ersten Feldzug gegen die Osmanen in Ungarn nach Sachsen zurückgekehrt war, ist nicht für eine besondere Neigung zu Instrumenten bekannt, wohl aber August. Dessen Kunstkammer, die er über 33 Jahre zusammentrug, bestand vor allem aus Objekten, die seine Tätigkeit anregten: aus ebenso schönen wie innovativen Handwerkszeugen, aber auch aus zahlreichen Instrumenten. Das im gleichen Brief 1543 angekündigte Weidmesser dürfte Moritz eher interessiert haben.

Der junge Herzog August war am Sonntag Jubilate 1543, dem dritten Sonntag nach Ostern, im Gefolge des römischen Königs Ferdinand I. in Nürnberg. Dort leitete dieser in Vertretung seines Bruders Kaiser Karl V. den vom 30. Januar bis zum 23. April dauernden Reichstag. Bevor Herzog Moritz im März des Vorjahres für Ferdinand I. mit der Reichsarmee in Ungarn gegen die osmanischen Invasoren in den Krieg zog, hatte er seinen jüngeren Bruder in die Obhut des römischen Königs gegeben. Dieser versicherte dem lutherischen Landesfürsten, August »zu fürstlichen guten Sitten und Tugenden weisen zu lassen«.[2] Der junge sächsische Herzog verbrachte bis zum Herbst 1543 anderthalb ihn prägende Jahre in der Hofstatt des Königs sowie an den habsburgischen Höfen zu Wien und Prag. Gleichzeitig mit ihm erhielten damals die beiden Söhne König Ferdinands, die Erzherzöge Maximilian und Ferdinand, erzieherisch ihren letzten Schliff. Mit dem ein Jahr jüngeren Maximilian, dem späteren Kaiser, und dem drei Jahre jüngeren künftigen Herrscher von Tirol sollte August eine lebenslange, die geographischen Distanzen und konfessionellen Gräben unberührt lassende tiefe Freundschaft verbinden. Die drei jungen Herren teilten in den späteren Jahren auch die Leidenschaft des Sammelns. Sie sollten, jeder auf seine Art, die Sammlungsform der Kunstkammer erheblich prägen. Ferdinand II. von Tirol und August verband zudem die Liebe zum Turnierwesen, das beide damals vor allem am Hof zu Prag kennenlernten.[3] So begründeten August im Residenzschloss zu Dresden und Ferdinand in Prag und später auf Schloss Ambras bei Innsbruck Rüstkammern, die sich zu den prächtigsten ihrer Zeit im Heiligen Römischen Reich deutscher Nation entwickelten.

Der junge sächsische Herzog aus dem Familienzweig der albertinischen Wettiner hatte 1543 bereits mehrfach die Zufälle des Schicksals erfahren. Er wurde am 31. Juli 1526 als dritter Sohn Herzog Heinrichs des Frommen und der Herzogin Katharina von Mecklenburg im Freiberger Schloss geboren und dort altkirchlich getauft. Im Oktober 1533 starb deren zweitgeborener Sohn Severin in Innsbruck, der, wie später August, am Hof König Ferdinands I. erzogen werden sollte. Katharina von Mecklenburg fand damals wohl schon im evangelischen Glauben ihren Trost. Zwischen 1534, als Herzog Heinrich Luther in Torgau predigen hörte, und 1536, als in der Neujahrsmesse zum Jahr 1537 erstmals im Freiberger Dom evangelisch gepredigt wurde, sind Heinrich und Katharina sowie die Söhne Moritz und August und ihre beiden Töchter Sibylle und Sidonie auch öffentlich zum von Luther reformierten Glauben übergetreten. In diesem Jahr

Abb. 1
Pere Juan Poch [Pockh] · Rapier und Dolch · Wien, um 1561/1562 · Geschenk von Kaiser Maximilian II. an Kurfürst August im Jahr 1562 · Rüstkammer, SKD, Inv.-Nr. VI 416/p. 218

1537 wurde Johannes Rivius (1500–1553), ein humanistischer Gelehrter mit gutem Ruf und Rektor der Freiberger Lateinschule, zum Lehrer des elfjährigen Herzogs bestimmt. Drei Jahre später, 1540, wurde August bereits an der Leipziger Universität immatrikuliert. Rivius folgte ihm als sein Fürstenerzieher. Die Universität Leipzig war 1540 in Veränderung begriffen. Nachdem Herzog Georg der Bärtige, der ältere Bruder Heinrichs des Frommen und Anführer der Gegenreformation, nach seinen beiden Söhnen im April 1539 verstorben war, übernahm Heinrich die Herrschaft im gesamten Herzogtum Sachsen und führte dort die Augsburger Konfession als Staatsreligion ein. Im August 1541 starb Heinrich der Fromme; ihm folgte mit Moritz ein kämpferischer und machtbewusster junger Mann, der schnell mit Kurfürst Johann Friedrich dem Großmütigen (1503–1554), seinem Vetter zweiten Grades aus der ernestinischen Linie der Wettiner, in ernsthaften Konflikt geriet.

Für den ebenso pragmatisch wie scharf kalkulierenden Machtpolitiker, als der sich Moritz mehr und mehr erwies, war August ein wichtiger Bestandteil seiner Zukunftsplanung. August wurde nach seiner Rückkehr im Herbst 1543 vom Hof des römischen Königs Ferdinand I. in die Politik seines Bruders einbezogen. Der jüngere Bruder erhielt zunächst keines der ihm im väterlichen Testament zugesprochenen Teilterritorien, sondern nur finanzielle Zuwendungen. Moritz selbst blieb ohne männlichen Erben. Sein einziger Sohn Albrecht starb im Frühjahr 1546 wenige Monate nach seiner Geburt. Nur die 1544 geborene Tochter Anna (1544–1577) überlebte ihren Vater. Auf Wunsch ihres Onkels August sollte sie 1561 Wilhelm den Schweiger (1533–1584), den Statthalter der Niederlande aus dem Hause Oranien-Nassau, heiraten. Mit der Ausrufung des Herzogs Moritz zum Kurfürsten von Sachsen am 4. Juni 1547 im Feldlager der Alliierten des Kaisers zu Wittenberg rückte August zu dessen potentiellem Nachfolger auf. Auf dem fast zehnmonatigen »Geharnischten« Reichstag in Augsburg, auf dem Kaiser Karl V. den Höhepunkt seiner Macht erlebte und den letztlich gescheiterten Versuch unternahm, das politisch wie auch konfessionell gespaltene Reich wieder zu einen, wurde Moritz feierlich in einer öffentlichen Zeremonie mit dem Kurfürstentum Sachsen belehnt und zum Reichserzmarschall erhoben. Am gleichen 24. Februar 1548 sprach der Kaiser auch dessen Bruder August eine Mitbelehnung an der neuen Kurwürde zu. Während Karl V. in den folgenden Monaten mittels des von ihm in Augsburg verfügten »Interim« versuchte, die protestantische Religion zu marginalisieren, sandte Kurfürst Moritz seinen Bruder nach Kopenhagen, um dort um die Hand der sechzehnjährigen Prinzessin Anna zu werben. Es war ein machtpolitischer Schachzug erster Güte, durch eine familiäre Verbindung des lutherischen Königreichs Dänemark-Norwegen mit dem zu neuer Größe und Macht erwachsenem Kurfürstentum Sachsen die protestantische Position im Reich zu stärken. Die Hochzeit fand am 8. Oktober 1548 in der nach Martin Luthers Intention erbauten und von diesem vier Jahre zuvor eingeweihten Kirche des Schlosses Hartenfels zu Torgau statt. Für das junge Paar, das in der bis vor einem Jahr ernestinischen Residenzstadt Torgau vermählt wurde, entwickelte sich die religionspolitisch bedeutsame Eheschließung auch persönlich zu einer sehr guten lutherischen Lebensgemeinschaft. Sie hielt 37 Jahre und führte zu 14 Kindern, von denen allerdings nur vier die Eltern überlebten.

Seit September 1548 ließ Moritz das herzogliche Schloss zu Dresden zum kurfürstlichen Residenzschloss umgestalten und erheblich erweitern; dies auch in Konkurrenz zu Schloss Hartenfels, wobei es letzteres in der Kostbarkeit des Fassadenschmucks – auch aus Kostengründen – nicht erreichte. Dafür wurde es aber mit seiner in Sgraffitotechnik ausgeführten Fassadendekoration zu einem lutherisch-humanistischen Bekenntnisbau. Die Dresdner Residenz war der Legitimationsbau des erst durch die Gnade Kaiser Karls V. in den Rang eines Kurfürsten aufgerückten Moritz – und seines ihn beerbenden Bruders. Nachdem Moritz am 11. Juli 1553 an der Verwundung, die er in der Reiterschlacht von Sievershausen nahe Braunschweig erlitten hatte, verstorben war, ging die Herrschaft in Kursachsen an August über.

In den ersten Jahren war seine Nachfolge im Amt eines sächsischen Kurfürsten durch die ernestinischen Wettiner und durch andere Kräfte erheblich bedroht. Gegen diese Bedrohungen hatte bereits Kurfürst Moritz 1546 mit dem Bau einer starken, auf dem neuartigen Bastionärsystem beruhenden Befestigung seiner Residenzstadt Dresden begonnen. 1555 ließ August an dem gerade im Bau befindlichen Teil der Dresdner Festungsanlage das monumentale »Moritzmonument« errichten (siehe Abb. S. 17) im Beitrag von Manfred Rudersdorf). Es ist eines der ältesten erhaltenen Denkmale für einen Fürsten im öffentlichen Raum, das im Heiligen Römischen Reich entstand. Die Darstellung der Übergabe der Macht in Form des Kurschwertes durch den sterbenden Moritz an seinen Bruder begründet sich durch den Legitimationsdruck, dem sich der junge Kurfürst zu stellen hatte. Es ist zudem das erste Zeugnis der von August nun zunehmend betriebenen fürstlichen »repraesentatio«.

Möglichkeiten zu einer seinem Rang entsprechenden Prachtentfaltung hatte der neue Kurfürst zunächst nur in geringem Maße, denn sein Bruder hatte ihm aufgrund seiner vielen kriegerischen Unternehmungen, die zur Machterringung und -konsolidierung notwendig waren, 1500 000 Gulden Schulden hinterlassen.[4] Bis zum Jahr 1558, als der gerade gewählte Kaiser Ferdinand I. Herzog August offiziell mit der Kurfürstenwürde belehnte, war der sächsische Herrscher intensiv darum bemüht, die Regierungsgewalt über das vergrößerte Sachsen zu erhalten. Bereits im Spätsommer 1553 unternahm er große Anstrengungen, um sich mit seinen ernestinischen Vettern zu vergleichen. Ende Februar 1554 kam es zum Naumburger Vertrag, der ihm und seinen Nachkommen die Kurwürde und die meisten der dazugewonnenen Landesteile des neuen Kursachsens garantierte. Allgemeine reichspolitische Anerkennung gewann er mit dem Augsburger Religionsfrieden vom 29. September 1555, der maßgeblich auf den Einfluss, den August und seine Räte genommen hatten, zurückging. Dies sicherte dem albertinischen Sachsen die Führung in der protestantischen Reichsfraktion. Im selben Jahr 1555, in dem das »Moritzmonument« geschaffen wurde, entstand gleichsam als Siegeszeichen für den ebenso religionspolitischen wie auch den allgemein bedeutenden Landfrieden des Augsburger Reichstagsabschlusses das auf römische Triumphbögen zurückgehende Portal der gerade fertiggestellten Schlosskapelle des Dresdner Residenzschlosses. Mit der Vollendung der Kapelle war der Neubau des Schlosses zur kurfürstlichen Residenz weitgehend abgeschlossen.

Die Anfänge des Sammelns in Dresden

Welche Art Sammlungen sich damals schon im Besitz Augusts befanden und ob dieser bereits in Weißenfels, wo er nach der Hochzeit mit seiner entstehenden Familie residierte, erste Erwerbungen getätigt hat, ist heute nicht mehr festzustellen. Selbstverständlich besaßen Moritz und auch August die zu einer Rüstkammer gehörenden Harnische und Waffen, die sich zum Teil bis heute erhalten haben. Zudem wird für die Dresdner Residenz die Existenz einer bereits auf Herzog Georg zurückgehenden Sammlung von Medaillen und Münzen angenommen.[5] Aus dieser Frühzeit des Sammelns hat sich aber auch das Teilverzeichnis einer bereits unter Herzog Moritz bestehenden Silberkammer erhalten. Das älteste zwischen 1543 bis 1546 geführte Inventar der Silberkammer des Herzogs Moritz von Sachsen nennt neben einer noch nicht sehr großen Anzahl an Stücken von silbernem Tafelgeschirr auch Becher und Pokale aus Jaspis und Bergkristall sowie ein in Silber gefasstes Straußenei.[6] In einem weiteren, im Januar 1546 angelegten Verzeichnis der in einem eisernen Kasten in der Silberkammer verwahrten »kleinoter« des damals noch nicht zum Kurfürsten aufgestiegenen Herzogs finden sich Angaben zu dessen persönlichem Besitz. Neben Schmuckstücken verzeichnet das Schriftstück auch »ein schnecken haus beschlagen und uber gulth« sowie »ein guldene stuf und darbei ein blaues guldenes stuflein von kayserlicher majestät bekommen«. Genannt werden auch mehrere Silberstufen, darunter »eine erz stuf in silber gefast« und »ein schoner corallener zeanck«. Zu den genannten Kostbarkeiten gehörten weiterhin ein »schnecken haus, daraus wechst ein corallener zeanck« und eine »schachtel, darinnen ist ein hasen geweihe«, beides von Menschenhand zusammengefügte »naturalia«. Ein Hasengeweih tauchte später immer wieder in Dresdner Schatzverzeichnissen auf, bis dann zwei solcher Wunderwerke menschlicher Naturnachahmung 1591 auch in der Dresdner Kunstkammer Aufnahme fanden.[7]

Das ein Jahrzehnt zuvor schon nachweisbare Interesse an wissenschaftlichen Instrumenten konnte Kurfürst August nach seinem unvermuteten Amtsantritt nun auch praktisch zum Wohle seiner Herrschaft nutzen. Bereits in seinem ersten Regierungsjahr beauftragte er den aus der erzgebirgischen Bergbaustadt Annaberg stammenden Bergbauvermesser Georg Öder d. J. (um 1511–1581) und den an der Leipziger Universität Mathematik lehrenden Professor Johannes Humelius (1518–1562) mit der Kartierung seines Herrschaftsgebietes. Besonderen Wert legte er dabei auf die kartographische Erfassung der kurfürstlichen Jagdreviere.[8] Weil die beiden Fachleute diese Aufgabe nicht so schnell wie gewünscht erfüllen konnten, ließ er sich persönlich in die Messtechnik einführen und besorgte sich die notwendigen Geräte. Danach begann er wohl damit, höchstselbst Karten der von ihm begehrten Bereiche anzufertigen. Seine Vorliebe sprach sich in den befreundeten Familien- und Adelskreisen herum. So schenkte ihm sein Schwiegervater König Christian III. von Dänemark-Norwegen 1556 eine Bussole, einen Kompass zur Vollkreismessung.[9]

Mit Beginn seiner Herrschaft hatte Kurfürst August nicht nur gute Beziehungen zu den Instrumentenmachern, sondern auch zu den Ingenieuren in Nürnberg aufgenommen. Sein großes Verlangen nach neuester Technologie war dort bereits bekannt, und so verwunderte es niemanden, als er 1554 versuchte, den Schreiner und Schraubenmacher Leonhard Danner (1497/1507 (?)–1586) aus Nürnberg nach Dresden abzuwerben. Der berühmte Künstler-Ingenieur blieb zwar in Nürnberg, es entwickelte sich aber eine über Jahrzehnte andauernde enge Verbindung zwischen Danner und dem Kurfürsten. Danner fertigte für seinen hochgestellten

Abb. 2
Werkstatt Leonhard Danner · Zwei Hobel · Nürnberg, um 1570 · Eisen, geätzt · L 12,8 cm und 12,7 cm · Rüstkammer, Staatliche Kunstsammlungen Dresden, Inv.-Nrn. P 246 und P 247

Kunden nicht nur zahlreiche Werkzeuge an – vom kunstvoll verzierten Hobel bis zur überdimensionierten, außerordentlich prächtigen Drahtziehbank –, er diente August wohl auch als Beschaffer von Objekten anderer Nürnberger Meister sowie begabter Handwerker und Künstler. Spätestens für das Jahr 1556 sind erste Aufträge an ihn belegt.[10] Im November 1559 wurde, sicher auf Vermittlung Danners, dessen Vetter und Mitarbeiter, der Schreiner und Schraubenmacher Paul Buchner (1531–1607), als sächsischer Hofhandwerker vom Kurfürsten bestallt.[11] Buchner, dem in Dresden eine beeindruckende Karriere als Fachberater des Kurfürsten und Ingenieur in »Friedens- und Kriegszeiten« gelang, war sodann als Zeugmacher des zwischen 1559 und 1563 neu errichteten Hauptzeughauses des Kurfürstentums Sachsen tätig. Er schuf nicht nur Sammlungsobjekte für die sich damals im Dresdner Schloss entwickelnde kurfürstliche Werkzeug-, Instrumenten- und Gerätesammlung – die »Kunstkammer« –, er wirkte bald auch für August als Architekt.

Das Interesse des Kurfürsten August an Handwerkzeugen und Instrumenten war für die Fürstengeneration der beginnenden zweiten Hälfte des 16. Jahrhunderts nicht ungewöhnlich. Der sächsische Kurfürst teilte seine Wertschätzung der »instrumenta«, wie sie in der Kategorisierung der Kunstkammern später genannt wurden, mit dem Landgrafen von Hessen, dem Herzog von Braunschweig, dem Kurfürsten von Brandenburg, dem König von Dänemark, dem Herzog von Savoyen, aber auch mit seinen Jugendfreunden Kaiser Maximilian II. und Ferdinand II., dem Statthalter Ferdinands I. in Prag und späteren Erzherzog von Tirol.[12] Die Ambraser Kunstkammer besitzt noch heute einen eindrucksvollen Bestand dieses Nutz- und Sammlungsgutes der Renaissance. Ferdinand II. widmete den eisernen Handwerkszeugen darin einen eigenen Sammlungsschrank, den siebten von insgesamt zwanzig »Kästen«.[13] Dem in München tätigen Sammlungstheoretiker Samuel Quiccheberg erschien das Sammeln von ideen- und schmuckreichen Handwerkszeugen ein legitimes Beschäftigungsfeld. In seinem 1565 veröffentlichten Traktat *Inscriptiones vel Titulu Theatri Amplissimi* überliefert er, dass nicht nur Fürsten, sondern auch deutsche Handwerker-Ingenieure besondere Werkzeuge sammelten. Er berichtete, dass bereits damals in Augsburg, wie gut ein halbes Jahrhundert später von Philipp Hainhofer vermittelt, umfangreiche Werkzeugkästen zusammengestellt wurden. Diese enthielten, so Quiccheberg, alle handwerklichen Instrumente, seien es solche für Uhrmacher, Eisenschmiede, Schreiner, Goldschmiede und andere: »Freilich nicht so, daß einzelne nur etwas, sondern daß alle alles Nötige dort finden.«[14] Quiccheberg sah in diesen komprimierten, technologisch hervorragend gelösten Werkzeugkollektionen ein Neugier und Bewunderung erweckendes Sammlungsgut und vermerkte, dass diese Werkzeugkästen in Augsburg insbesondere für den spanischen Markt hergestellt wurden. Die Vorliebe für kunstvoll verzierte und zugleich funktionale Handwerkszeuge und Instrumente leitet sich daher nicht, wie manche Forscher mit Blick auf die Dresdner Kunstkammer folgerten, aus dem protestantischen Glauben ihrer Sammler her.

Von seinem Herrschaftsantritt 1553 bis zu seinem Tod 1586 schuf Kurfürst August, wie aus dem von seinem Sohn Christian I. in Auftrag gegebenen und 1587 signierten ersten Kunstkammerverzeichnis gefolgert werden kann, ein mit mehr als 7000 einzelnen Werkzeugen und Geräten sowie mit über 400 wissenschaftlichen Instrumenten und Uhren ausgestattetes »technotameion«, das von einer aus zahlreichen Büchern bestehenden Fachbibliothek ergänzt

Abb. 3
Matthias Schwerdtfeger · Klobsäge · Nürnberg, datiert 1564 · Eisen, geätzt, in den Tiefen geschwärzt, teilweise vergoldet · L 162 cm, B 9,6 cm · Rüstkammer, Staatliche Kunstsammlungen Dresden, Inv.-Nr. P 244

wurde.[15] In der Kunstkammer des Kurfürsten August fanden sich, wie aus einer Analyse des genannten Inventars gefolgert werden kann, nur sehr wenige Gemälde, Skulpturen, »ethnographica« und spezielle Kunstkammerstücke. Solche kostbaren Verschmelzungen von »naturalia« und »artificialia«, von besonders seltenen, schönen oder abnormen Hervorbringungen der von Gottes Willen beseelten Natur mit bewunderungswerten Zeugnissen virtuoser Kunstfertigkeit und Schöpferkraft des Menschen, die scheinbar zum Kanon einer Kunstkammer gehörten, wurden auch von August gesammelt, jedoch an anderer Stelle im Schloss verwahrt. Es wird später darauf zurückzukommen sein. Die Dresdner Kunstkammer war unter August eine von Technologie und Schönheit der dafür gefertigten, benutzbaren Gegenstände geprägte kurfürstliche Sammlung und eine der ersten fürstlichen Sammlungen, die diesen Namen trug.

Ob und wenn ja, wann Kurfürst August einen geistigen »Grundstein« für die kursächsische Kunstkammer legte, ist unbekannt. Das vom Kunstkämmerer Tobias Beutel d. Ä. (um 1627–1690) in seiner Beschreibung der damaligen Kunstkammer überlieferte Gründungsjahr 1560 beruht offensichtlich auf einem Fehlschluss des barocken Autors.[16]

Die Entwicklung der Techniksammlung in den 1560er Jahren lässt sich archivalisch recht gut verfolgen. Im März 1561 war Paul Buchner zu seinem Vetter Leonhard Danner nach Nürnberg gereist, um eine von diesem konstruierte Drechselbank und mehrere andere Instrumente abzuholen.[17] Das Bedürfnis des Kurfürsten, selbst Holz oder Elfenbein drechseln zu können, sollte August bis zu seinem Lebensende erfüllen. Erst mit der Ankunft des Münchner Hofdrechslersohnes Georg Wecker im Januar 1578 kam er seinem Ziel entscheidend näher.[18] 1562 erwarb der Kurfürst mehrere Schnellwaagen.[19] 1564 beauftragte er Valentin Thau (1531–1575), den Nachfolger des Mathematikprofessors Humelius in Leipzig, mit der Herstellung von Wegstreckenmessern für Kutschen.[20] Aus dem gleichen Jahr stammt das 162 Zentimeter lange Klobsägeblatt mit geätztem kurfürstlich-sächsischem sowie königlich-dänischem Wappen in Rankenwerk, das der Nürnberger Neberschmied (Werkzeugmacher) Matthias Schwerdtfeger mit der Jahreszahl 1564 versah. Das Meisterstück ist heute das älteste datierbare Werkzeug aus der einstigen Dresdner Kunstkammer.

Im Jahr 1566 ordnete August an, Leonhard Danner möge »etzlich arbeit [...] und allerlei zeug und rustung«, die er in seinem Auftrag angefertigt hatte, aus Nürnberg nach Dresden bringen lassen, und bat ihn, selbst in die sächsische Residenz zu reisen.[21] Bei einem der zu transportierenden Objekte, die diese Reise des Ingenieur-Künstlers erforderten, handelt es sich um die 4,20 Meter lange Drahtziehbank, die sich heute im Musée de la Renaissance im Schloss von Ecouen befindet. Sie war das raumgreifendste und imponierendste Objekt der Kunstkammer, das von Kurfürst August erworben wurde, und sicherlich eines der größten damals für eine fürstliche Kunstkammer geschaffenen Werkzeuge. Bereits im Jahr zuvor hatten Danner und ein heute nicht identifizierbarer Intarsienkünstler mit den Initialen A.M. mit der Herstellung dieses überdimensionierten Arbeitsgerätes begonnen. Der detailreiche und ausgesprochen qualitätsvolle Intarsienschmuck, der fast alle Flächen überzieht, widmet sich zwei Vorlieben des Kurfürsten: der Jagd und dem Turnierwesen. Dieser Schmuck verleiht dem technisch innovativen Werkzeug den Charakter eines symbolreichen, sehr repräsentativen Kunstwerks. Die Drahtziehbank sollte aber nicht allein der Betrachtung dienen, sie war für August ein hochmodernes Gerät zum Ziehen von sehr feinen Silber- und Golddrähten, dessen Attraktivität auch in seiner Benutzbarkeit lag. Spätestens mit der Einrichtung der Drahtziehbank durch Leonhard Danner, ein schon wegen seiner Größe innerhalb des Gebäudes nur mit größtem Aufwand zu versetzender Gegenstand, müssen die Räume zur Aufnahme der sich nun stetig vergrößernden Werkzeugsammlung vom Kurfürsten festgelegt worden sein. Danner hat seine Drahtziehbank 1566 in einem der beiden großen Räume im mittleren Zwerchhaus unter dem Dach des Westflügels im Dresdner Schloss montiert, die dann im ersten Inventar der Sammlung von 1587 als Hauptträume der kurfürstlichen Kunstkammer erkennbar sind. In dieser Sammlung mit deutlich privatem Charakter konnte sich der Landesherr zur aktiven Arbeit als Kartenzeichner, Schreiner, Schlosser, Tischler, Drucker, Münz- und Medaillenhersteller oder auch Drahtzieher zurückziehen, modernste chirurgische Instrumente und kostbar verzierte Handwerkszeuge betrachten und die neuesten Bücher zur Technologie studieren.

Das Jahr 1566, in dem die Dresdner Kunstkammer räumlich definiert wurde, war für Kurfürst August ein triumphales Jahr. Am 23. April 1566 wurde er von Kaiser Maximilian II. auf dem Augsburger Reichstag in einer eindrucksvollen Zeremonie unter freiem Himmel mit der Kurfürstenwürde belehnt. Im folgenden Mai erhielt der sächsische Kurfürst offiziell vom Kaiser den Auftrag, als Befehlshaber eines Reichsexekutionsheeres den Exponenten der mitteldeutschen Adelsopposition, Wilhelm von Grumbach (1503–1567), und dessen Schutzherrn, den Ernestinerherzog Johann Friedrich II. (1529–1595), militärisch zu besiegen und gefangen zu nehmen. Diese Reichsacht wegen des von den beiden gebrochenen Landfriedens war die einzigartige Chance, die ernestinische Linie des Hauses Wettin ein für alle Mal zu schwächen, was mit der Belagerung, Eroberung und völligen Vernichtung des in Gotha befindlichen Schlosses Grimmenstein im Frühjahr 1567 gelang.

Bei der Zerstörung Grimmensteins mit modernem Brechzeug tat sich ein junger Mann hervor, der Dresdner David Uslaub. Diesen hatte der Kurfürst 1560 auf eigene Kosten bei Paul Buchner in die Lehre gegeben. Am 19. März 1572 wurde David Uslaub, nachdem er sich auch an anderer Stelle technisch bewährt hatte, vom Kurfürsten zum ersten »befehlichhaber« der Kunstkammer ernannt. Der Facharbeiter am Kurfürstenhof sollte an erster Stelle alles »von schreinerwerck auch holtzernen und metallischen schrauben« machen, was ihm anbefohlen wurde. Zudem sollte er gemäß der Bestallungsurkunde als eine Art Zeugwart für das als Kunstkammer bezeichnete »technotameion« des Kurfürsten Verantwortung übernehmen. Es heißt dort: »Ferner soll er unsere kunst cammer, darinnen wir allerlei unser astronomische, geometrische, und andere instrument, drehezeugk, mappen contrafacturen, und anders haben, in seinem befehlich registratur und verantwortung haben, wie ime dan daruber ein richtig verzeichnuß und inventarium, in seynem beysein aufgerichtet und zugestaldt werden, dafur er auch haften soll, und zu solcher unser kunst cammer soll er den schlussel haben [...].«[22] David Uslaub übernahm der Bestallungsurkunde zufolge eine existierende Sammlung in seine Verantwortung und Schlüsselgewalt, die er vor Staub, Rost, Schimmel und anderen Unsauberkeiten bewahren und in der er jedes der in dieser Kunstkammer aufbewahrten Objekte »an seinen ort ordnen, legen und hängen« sollte.

Ein »Wissensspeicher« im Sinne eines enzyklopädischen Spiegelbilds göttlicher Schöpfung, eines aus menschlichem Antrieb zusammengefügten Mikrokosmos als Abbild des von Gott geschaffenen Makrokosmos, war die Dresdner Kunstkammer, wie auch die meisten Sammlungen dieser Art im 16. Jahrhundert, sicherlich nicht. Diese Interpretation der individuellen Sammlungsstruktur mit universellem Charakter lässt sich kurz nach 1560 nur auf die Münchner Kunstkammer Herzog Albrechts V. beziehen, deren Aufbewahrungsort, das mächtige Marstall- und Kunstkammergebäude zwischen Altem Hof und Neuveste, von 1563 bis 1567 errichtet wurde. Noch bei seinem Tod im Jahr 1579 wurde Albrecht V. in der Leichenpredigt von seinen Zeitgenossen dafür gerühmt, besonders seltene, schöne oder wunderbare Verbindungen von »ars« und »natura« gesammelt zu haben.[23] Die Gelegenheit, sich an Ort und Stelle über die Sammlungskonzeption seines bayrischen »Vetters« zu informieren, war Kurfürst August von Sachsen durchaus gegeben, denn am 15. Mai 1566 hatte er mit seiner Gemahlin nach dem Reichstag die Residenzstadt München besucht.[24] Besichtigen konnte er die Münchner Kunstkammer allerdings noch nicht. Damals war zwar der Bau des Marstall- und Kunstkammergebäudes schon sehr weit gediehen, die herzogliche Sammlung zog indessen erst nach dem Frühjahr 1568 in die mit circa 1200 Quadratmetern sehr großzügig dimensionierten hellen Räume ein.[25]

Eine andere Leichenpredigt, die des ersten Kunstkämmerers David Uslaub aus dem Jahr 1616, erwähnt erstaunlicher Weise nicht dessen Ernennung zum »befehlichhaber« der Kunstkammer, sondern führt als dessen Aufgaben nach 1572 aus, »daß ihme Ihre Churfürstliche Gnaden nicht nur alleine ihre Instrumenta, so zum abmessen und andern gehoerig und von ihme selbst zum theil angegeben worden sey, untergeben, sondern ihn auch nachmahls also gewuerdiget, daß, da dieselbe ihr Land mehrerstheils ausgemessen, wie denn noch eine Mappa, so Ihre Churfürstliche Gnaden selbst vorfertiget, in der Kunstkammer verhanden, Ihn zu sich auff den Wagen genommen und gantzer vierzehen Jahr uber mit sich gefuehret, wie noch vielen alten Leuten bekand ist«.[26]

Der Kunstkämmerer ging also als vertrauter »Leibdiener« dem Kurfürsten zur Hand bei dessen privaten technischen, wissenschaftlichen und landvermessenden Tätigkeiten. Darüber hinaus dürfte es Uslaub einige Mühe bereitet haben, den Überblick über die in seiner »befehlich registratur und verantwortung« befindlichen Objekte der Kunstkammer zu behalten, denn August scheint sich dieser nicht nur im Dresdner Residenzschloss, sondern auch in seinen anderen Schlössern bedient zu haben.

Baukunst und Sammlungen in der kurfürstlichen »repraesentatio«

Kurfürst August war ein großer Bauherr, und das wirkte sich auch auf seine Sammlungstätigkeit aus. Seit 1559 hatte August damit begonnen, innerhalb Kursachsens und an dessen Rande kleinere autonome Besitzungen des Adels durch Aufkauf unter seine Oberhoheit zu bringen. 1559 wurde vom Kurfürst unter Zwang die Burg Stolpen mit ihrem Amt vom Meißner Bischof im Landtausch erworben. Dieser einsetzende Grunderwerb führte auch zu den ersten Ausbau- und Umbaumaßnahmen des Kurfürsten außerhalb seiner Residenzstadt. 1564 ließ August von dem im Jahr zuvor aus Dänemark nach Sachsen übergesiedelten Maler Heinrich Göding die Burg Stolpen ausmalen. Auch das Schloss Dippoldiswalde, das er 1560 mit der zugehörigen Grundherrschaft erwarb und zu einem kurfürstlichen Amt umwandelte, wurde für seine Bedürfnisse modernisiert. Kurfürst August war vor Friedrich August I. (1670–1733), bekannt als August der Starke, der baufreudigste Kurfürst der albertinischen Wettiner. Während seiner Regierungszeit hat er 17 Schlösser neu gebaut oder umfangreich erneuert.[27] Um die landesherrliche Präsenz der Wettiner in allen Teilen des Territorialstaates sichtbar machen, überzog er nahezu das gesamte Kurfürstentum mit einem dichten Netz von zum Teil noch erhaltenen Schlossanlagen und Jagdsitzen. Zu den Baumaßnahmen gehörten die ehemalige Bischofsburg in Nossen ebenso wie Schloss Colditz oder Schloss Freudenstein, das Schloss seiner Kindheit in Freiberg, das durch Hans Irmisch (1526–1597) eine großzügige Erneuerung erfuhr.

Es war aber auch Augusts persönliche Freude an der Jagd, die ihn dazu veranlasste, als Zeichen herrschaftlicher Macht in vielen Teilen Sachsens große Jagdreviere zu unterhalten. Seit 1320 war das prestigeträchtige Amt des Obrist-Reichs-Jägermeisters an die sächsischen Kurfürsten aus dem Hause Wettin verliehen worden. Dies forderte von jedem Kurfürsten besonders hohe Ausgaben für prunkvolle Jagden. So entstanden unter Kurfürst August zwischen 1555 und 1582 zahlreiche Jagdschlösser. Zudem wurden bereits bestehende Schlösser modernisiert.[28] Unter den neuerrichteten Anwesen ragt das zwischen 1568 und 1573 errichtete Schloss Augustusburg nördlich von Chemnitz heraus. Es entstand dezidiert als Siegeszeichen nach dem großen militärischen Triumph über die ernestinischen Vettern im »Grumbachschen Händel« und scheint in seiner geometrischen Regelhaftigkeit dem Ordnungsgedanken zu folgen, dem sich Kurfürst August in seiner Innen-, Finanz- und Justizpolitik verpflichtet fühlte.[29] Wie in anderen seiner Schlösser erhielt der für die fürstliche Familie vorgesehene Pavillonbau des Lindenhauses eine Drehstube, in welcher der Kurfürst und sein Sohn Christian einer handwerklich-künstlerischen Tätigkeit nachgehen konnten.

War die 1573 vollendete, konsequent vierflügelige Anlage der Augustusburg durchaus dazu geeignet, einen kaiserlichen Besuch zur Jagd aufzunehmen und damit höchste repräsentative Aufgaben zu erfüllen, so schuf sich das Kurfürstenpaar zwischen 1571 und 1573 mit der Annaburg ein privates Familienrefugium.[30] In der nur 15 Kilometer nördlich von Annaburg gelegenen wettinischen Nebenresidenz Torgau mit ihrem prächtigen Schloss hielt Kurfürst August in seiner Regierungszeit mehrere Landtage ab, die die Stadt jeweils für mehrere Monate wieder zum Herrschaftszentrum des Kurfürstentums werden ließen.[31] Die umfangreiche Schlossanlage der Annaburg wurde fast schon programmatisch auf den Grundmauern des um 1500 von Kurfürst Friedrich dem Weisen erbauten und von diesem besonders bevorzugten Schloss Lochau errichtet. Lochau war auch der Sterbeort des fürstlichen Beschützers von Martin Luther und hatte Kurfürst Moritz dazu gedient, mit den Abgesandten des französischen Königs Heinrich II. (1519–1595) die Waffenbrüderschaft gegen Kaiser Karl V. vor dem Fürstenaufstand des Jahres 1552 zu verhandeln.

Annaburg versus Dresden

Für August und die kurfürstliche Familie wurde die neuerrichtete Annaburg zu einem ganz besonderen Wohnsitz. Zwar ließ August in fast jedem seiner Landschlösser zur eigenen Erholung von seinen intensiv geführten Amtsgeschäften eine Drehstube mit Drechselbank einrichten, doch diejenige von Annaburg besaß eine hervorgehobene Bedeutung.[32] Anscheinend war die Drechselkammer, die sich im hoch aufragenden hinteren Schloss in der Ausladung des zweiten Geschosses befand, der bevorzugte Ort für das eigene Arbeiten, denn ein hier eingerichteter gewölbter Raum über dem Tor des Schlosses – und nicht in seinem Residenzschloss in Dresden – diente ihm zu Lebzeiten zur Aufbewahrung der wohl selbst hergestellten elfenbeinernen »stücklein«.[33] Auf Schloss Lichtenburg, das nach der Fertigstellung von Annaburg und nur wenige Kilometer davon entfernt zwischen 1573 und 1582 als Mustergut und weiteres Familienrefugium der Kurfürstenfamilie errichtet wurde, befanden sich gleich zwei Drehstuben.

Ebenso wie die Drechselkammern des Kurfürsten waren die Obst- und Kräutergärten von Annaburg und Lichtenburg, aber auch anderer Landschlösser für die tätige Zerstreuung des Kurfürstenpaares durch Gartenbau und Pflanzenveredelung von großer Bedeutung. Zu diesen Gärten gehörten zum Teil auch Probierhäuser für pharmazeutische und alchimistische Experimente des Kurfürstenpaares. Zudem gehörte zu Annaburg ein eigenes Destillierhaus

Abb. 4
Wilhelm Dilich · Schloss Annaburg · um 1628 · Feder auf Papier · H 17 cm, B 11,1 cm · ehem. Sächsische Landesbibliothek (Kriegsverlust)

mit zwölf Destillieröfen und damit die größte derartige Laboranlage und Brennerei, die von der Kurfürstin zur Herstellung von Arzneien, Kräutermixturen, aber auch Aquavit genutzt wurde.[34]

Schloss Annaburg spielte für die persönliche Sammelleidenschaft des Kurfürsten eine bedeutende Rolle. Das wird schon allein dadurch deutlich, dass der Kurfürst gleich nach Vollendung des Hauptgeschosses im Jahr 1573 seine fürstliche Bibliothek aus Dresden in das Schloss bei Torgau bringen ließ. Dort verblieb sie, ergänzt durch eine hauseigene Druckerei, bis zu seinem Tod. Es entspräche dem humanistischen Geist, wenn, neben den durchaus umfangreichen, mit eigenen Ledereinbänden ausgestatteten Büchern der Bibliothek auch das numismatische Kabinett des Kurfürsten in Annaburg aufbewahrt worden wäre. August hatte die Sammlung an Medaillen und alten Münzen mit fachlicher Unterstützung ausgebaut und verlieh ihr 1573, im Jahr der Transferierung der Bibliothek, nach Annaburg, durch einen von seinem Schreiner und Kunstkämmerer David Uslaub gefertigten Münzschrank eine eigene Systematik.[35] So war das private Refugium von Schloss Annaburg durchaus eine markante Ergänzung zum Dresdner Residenzschloss als Sammlungsort.[36] Man kann davon ausgehen, dass ein Teil der 1587 im Inventar der Dresdner Kunstkammer verzeichneten Kunstkammerobjekte, Elfenbeindrechseleien und vor allem Gartengeräte zuvor in Annaburg und manches vielleicht auch in einer anderen Nebenresidenz benutzt beziehungsweise aufgestellt worden war. Das legt die bereits zitierte Leichenpredigt für David Uslaub von 1616 durchaus nahe, denn dort heißt es über den Kunstkämmerer: »[…] nach Churfuerst Augusti Christmilder gedechtnueß seligen Abschied hat er die Mathematischen Instrumenta und ander Kunststuecke, so hin und wider auff den Churfuerstlichen Häusern gestanden und er in seiner verwahrung gehabt, anhero nach Dreßden bracht und Ihrer Churfürstlichen Gnaden Christiano primo, auch hochlöblichster gedechtnueß, Anno 1587 die Churfuerstliche Kunstkammer allhier, die nunmehr in aller Welt beruffen ist, erstlich angegeben, zu wercke gericht und in diesen Stand bracht, wie sie jetzt ruehmlich zubefinden.«[37]

Auch andere Objekte, die zum Sammlungsbestand der kurfürstlichen Kunstkammer gehören konnten, gelangten

Abb. 5
Wenzel Jamnitzer (Entwurf) und Abraham Jamnitzer (Ausführung) · Statuette der Daphne · Nürnberg, um 1579–1586 · Silber, größtenteils vergoldet, Koralle · H 64,6 cm · Grünes Gewölbe, Staatliche Kunstsammlungen Dresden, Inv.-Nr. IV 260

nach Annaburg. So informierte Dr. Simone Simoni (um 1522–1602), der an der Leipziger Universität Philosophie und Medizin lehrte und ab 1575 Leibarzt des Kurfürsten war, diesen in einem Brief vom 15. Juni 1577 über Präparate von Tierskeletten eines Nürnberger Mediziners, die ihm zum Kauf angeboten wurden. Der Professor war der Meinung, sie würden dem Kurfürst eine »kleine lust« bereiten, weil »man die gottliche weißheit, in zusammensetzung so kleiner thier gebeine so artlich sehen kann«. In seinem Brief fragte er auch an, ob er die präparierten Skelette, die der kurfürstlichen »kunstkammer« würdig seien, »zur Annaburg oder zu Dreßden« aufrichten solle.[38]

Derartige Skelette von Tieren und sogar von Menschen gehörten zu den »naturalia«, die man heute zum kanonischen Bestand einer Kunstkammer zählen würde. In dem gleichen Brief berichtete der italienische Arzt mit internationalen Beziehungen auch, er habe von der Witwe eines Nürnberger Anatoms »die chirurgischen instrument […], welcher e. churf. g. in derselben kunstkammer zu Dreßden, vil nicht hat, die da gehören zu den wunden des heupts, armbrust und buxenschußen; diese kan man vil umb ein leichters von obgedachter wittfrauen bekommen […].«[39]

Das Netzwerk von Geschenken und Ankäufen

Dass das Interesse des Kurfürsten auch in Richtung »artificialia«, also Kunstkammer- und Schatzkunstwerke, ging, belegen einige herausragende Arbeiten, die sich bis heute im Grünen Gewölbe erhalten haben. Die Schreibkassette mit der Allegorie der Philosophie, die 1562 von Wenzel Jamnitzer in Nürnberg geschaffen wurde, ist ein programmatisches Werk der Goldschmiedekunst, das bestens in eine Kunstkammer passen würde, allerdings erst lange nach ihrer Anfertigung und nach dem Tod Augusts in der Dresdner Kunstkammer verzeichnet wurde. Der belehrende Aspekt der auf der kleinen, sehr sorgfältig gearbeiteten Kassette ruhenden Frauengestalt der Philosophie und die Beschriftung der Tafel gehören ebenso zu einem Kunstkammerobjekt wie der Überraschungseffekt, mit dem durch einen verborgenen Verschluss das Fach mit den Schreibutensilien im Sockel geöffnet werden kann. Die Tafel, die die personifizierte »Liebe zur Weisheit« hält, trägt die Inschrift »Litere rebus memorê caducis / Suscitât vitâ monumenta fida / Artiûc condût revocât ad auras / Lapsa sub umbras MDLXII«. Die Macht der Wissenschaft sei es, die auch vergängliche Dinge wieder in die Erinnerung heben könne, der menschlichen Kunst – dies schloss damals auch die Kunstfertigkeit ein – bleibende Denkmäler errichte und selbst Vergessenes wieder ins Bewusstsein bringen würde.[40] Mit diesem trotz seiner eher geringen Größe durchaus monumental wirkenden Kästchen schuf Wenzel Jamnitzer ein Denkmal des menschlichen Geistes. Zugleich befasste er sich auch sinnlich mit dem Wechselspiel zwischen Natur und Kunst: mit dem in Silber gegossenen kleinen Frosch und Käfer sowie dem silbernen Pflanzenzweig in der Bergkristallvase neben der allegorischen Figur. Die Kassette ist erstmals 1586 im Inventar derjenigen Objekte belegt, die Kurfürst Christian I. nach dem Tod seines Vaters in die neue Schatzkammer im Grünen Gewölbe bringen ließ. Sie entstand allerdings in einer Zeit, als Kurfürst August intensive Beziehungen zu den Künstler-Ingenieuren in Nürnberg und auch zu Wenzel Jamnitzer pflegte. 1565 erwarb Paul Buchner bei Wenzel Jamnitzer verschiedene »künstlich instrumentlein«, darunter »drei maßsteblein und ein zirkel«, die eigentlich für Kaiser Maximilian II. bestimmt waren.[41] Die 1568 dem Kurfürsten vom Autor Jamnitzer übersendete Schrift *Perspectiva Corporum Regularium. Das ist, Ein fleißige Fürweisung, Wie die Fünf Regulierten Körper, darvon Plato in Timäo, und Euclides inn sein Elementis Schreibt* wurde nicht nur von August mit erheblichem Geld honoriert und in die Bibliothek der Kunstkammer integriert, sie hatte auch Einfluss auf das künstlerische Werk der Dresdner Elfenbeindrechsler.[42]

Ein weiteres Werk, das von Wenzel Jamnitzer stark beeinflusst wurde, ist die von Abraham Jamnitzer mit seiner Meistermarke versehene, zwischen 1579 und 1586 entstandene Silberstatuette der Daphne mit einem großen Korallenzinken. Sie ist gleichermaßen ein Kunstkammerobjekt par excellence, das in Dresden jedoch ebenfalls Teil der Schatzkammer wurde. Der Sohn Wenzel Jamnitzers, der seit 1579 selbstständig tätig war, wiederholte dabei bis in Einzelheiten eine ältere, mit großem Korallenzinken bekrönte Statuette, die sein Vater zwischen 1570 und 1575 für einen hochgestellten Käufer, vielleicht Kaiser Maximilian II., geschaffen hatte.[43] Jamnitzers Bildidee war nicht nur künstlerisch, sondern auch intellektuell genial. So wie die Nymphe Daphne sich gemäß den Metamorphosen des Ovid von einer menschlichen Gestalt in einen Lorbeerbaum verwandelte, so hatten sich auch die Blutstropfen aus dem von Perseus abgeschlagenen Haupt der Medusa in steinartige Korallen verwandelt. Korallen waren »naturalia«, die nach damaligem Verständnis drei Naturreichen angehörten, den Mineralien, den Tieren und den Pflanzen.

Ebenfalls aus dem Besitz des Kurfürsten August stammt die gläserne Kugel mit dem Sänger Orpheus und kleinem

Uhrwerk. Auch dieses Wunderwerk der Technik und Meisterwerk der Goldschmiedekunst wird im Schatzkammerinventar von 1586 erwähnt. Orpheus galt damals als Symbol göttlicher Harmonie, in deren mathematisch-musikalischen Gesetzen man die treibende Kraft des Kosmos sah. Wie die Daphne ist die Orpheusuhr des Grünen Gewölbes eine Wiederholung einer aus Bergkristall bestehenden, sonst fast gleichartigen Orpheuskugel. Diese wurde wohl nach einem Entwurf des Steinschneiders Valentin Drausch im Auftrag Herzog Albrechts V. von Bayern durch Georg Bernhart in Augsburg geschaffen und diente 1573 als Nikolausgeschenk an Herzogin Anna von Bayern.[44] Die Dresdner Orpheuskugel wurde etwas später wohl für den Erbprinzen Wilhelm von Bayern vom gleichen Goldschmied gefertigt. Dabei ist die Kugel, die den auf einem goldenen Berg umringt von wilden Tieren musizierenden Orpheus einschließt, aus einfacher zu gestaltendem Glas gefertigt und als steigernde Bekrönung wude ihr eine Miniaturuhr aufgesetzt. Es wird angenommen, dass die Dresdner Orpheuskugel während des Reichstages von 1582 als Geschenk des nunmehr als Wilhelm V. herrschenden bayerischen Herzogs in den Besitz des Kurfürsten August gelangte.

Als Herrscher eines reichen Territorialstaates, der über konfessionelle Grenzen hinweg wegen seiner Finanz- und Ordnungspolitik geschätzt wurde, der wegen seiner guten Beziehungen zu Kaiser Maximilian II. und seiner Führungsrolle unter den lutherischen Reichsfürsten von großem Einfluss war, stand Kurfürst August im Mittelpunkt eines weitreichenden Kommunikationssystems. Die intensive Verbindung zwischen den Reichsfürsten, die von Dresden ausging, betraf neben politischen auch persönliche Themen. In Dresden liefen die Fäden der Reichspolitik zusammen, was immer wieder zum Austausch von Geschenken führte. Dies betraf auch die Verbindung zu italienischen Fürstentümern. So werden einige der prächtigen Gefäßobjekte des Grünen Gewölbes aus Bergkristall, wie die um 1580 in der Saracchi-Werkstatt zu Mailand nach einem Entwurf des Annibale Fontana geschaffene Flasche mit der Darstellung aus der Geschichte Noahs, mit der freundschaftlichen Beziehung des Herzogs von Savoyen zu Sachsen in Beziehung gesetzt. Das Savoyer Herzoghaus, das seine Residenz 1563 nach Turin verlegt hatte, leitete sich wie die Wettiner genealogisch von dem Sachsenherzog Widukind her. Dies führte bis ins beginnende 17. Jahrhundert zu umfangreichen Geschenkaustauschen. In den Jahren 1573 und 1574 gingen komplexe, in Dresden geschaffene Werkzeugkästen als Geschenk an den Herzog Emanuel Philibert (1528–1580), der sich mit ansehnlichen Gegengaben bedankte. Dazu gehörten möglicherweise 1576 vier Nachbildungen in Alabaster der von Michelangelo für die Medici-Kapelle geschaffenen vier Tageszeiten.[45] 1578 sandte August seinem italienischen Vetter »einen küchenwagen im feld und auf der jagd zu brauchen, einen wagen, darauf ein instrument zum wegemessen«, einige Gewehre sowie »einen steinernen tisch samt gestell, dazu die steine in unseren lande gebrochen«.[46]

Kurfürst August gelangte aber nicht nur durch Geschenke anderer Fürsten an kunstvolle und außergewöhnliche Objekte für seine wissensspeichernde Kunstkammer. Als Bezugsquelle für Schatzkunst- und Kunstkammerobjekte, für »naturalia« und für »ethnographica«, das zeigen später die Erwerbungen von Christian I. und seiner Söhne, konnten auch die in Leipzig dreimal im Jahr stattfindenden Handelsmessen dienen. Dass der Kurfürst zudem selbst gezielt im Ausland nach Werken für seine Sammlung suchte, dafür steht die Anstellung des Hofgoldschmieds Hieronymus Kramer als Gutachter für Juwelen. Dessen erste Bestallung wurde am 1. Februar 1575 in Annaburg vom Kurfürsten unterschrieben und erfolgte zusammen mit der von vier anderen Fachleuten: eines Hofuhrmachers, eines spanischen Goldschmiedes, eines Steindrehers und eines Verantwortlichen für die kursächsische Silberkammer.[47] Diese Anstellungen neuer Hofdiener erfolgten wohl aufgrund des im April des gleichen Jahres anstehenden Staatsbesuchs Kaiser Maximilians II. mit seiner Familie in Sachsen. Bald schon wurde Kramer für den Kurfürsten auch im Ausland tätig. 1577 erwarb er auf einer Reise nach Lissabon für 2200 Dukaten Juwelen sowie für die Kunstkammer zwei Bilder indianischer Vögel.[48] Seiner erweiterten Aufgabe als kurfürstlicher Agent im Ausland entsprechend, wurde die Bestallung 1578 ergänzt. Danach sollte er: »Insonderheit aber sich zum verschicken es sey in Spanien, Engelandt, Portugal und andere orte ferne und nahe undertheinicklich willick gebrauchen lassen, und was ime an cleinodien, hals und arm banden, ringen, edelgestein, perlen, silber geschir, specerey und anderm zu bestellen und einzukeufen befolen wirt, dasselbe getreulich ausrichten, und mit hochstem fleiß erwegen, und schatzen, was ein jedes under schietlich würdick, und ob solches rechtschaffen kaufmansguth, damit wir von den verkeuffern nicht ubersatzt noch ubervorteilt [...] werden.«[49] Ein Ergebnis dieser Ankaufsreisen hat sich bis heute erhalten. Es handelt sich um eine der damals überaus seltenen Seychellennüsse, wegen ihres Fundortes »Coco de Maladifa« genannt. Die

Abb. 6
Georg Bernhart (Goldschmiedearbeit) · Glaskugel mit musizierendem Orpheus · Augsburg, 1575/76 · Glas, Gold, Email, Brillanten, Rubine, Türkise, Bergkristall, Eisen · H 21,5 cm · Grünes Gewölbe, Staatliche Kunstsammlungen Dresden, Inv.-Nr. VI 19

heute noch im Grünen Gewölbe befindliche Kanne aus einer Halbnuss in Silberfassung erscheint in einer Rechnung Kramers des Jahres 1579 als »Eine cocha de Maldifa in silber eingefast, so für güfft gegen zorn, und melancholia«.[50] Dies ist die wohl erste Erwähnung des Erwerbs einer solch seltenen Nussschale in Europa. Offenbar wurde diese in Silber gefasste Nuss erst zwischen 1624 und 1640 in die Dresdner Kunstkammer gegeben.[51] Eine ungefasste »Cocla de Maladiva« gelangte hingegen bereits unter Kurfürst Christian I. 1590 in die Kunstkammer.[52]

Wo aber wurden diese Kostbarkeiten vorher aufbewahrt? Einen Hinweis darauf könnte die Beschreibung des Besuchs des Kurfürstenpaares beim Kaiserpaar im Jahr 1573 in Wien geben. Maximilian II. hatte einen Teil der Kunstkammer seines Vaters Ferdinand I. geerbt und war selbst ein ambitionierter Sammler. Der Kaiser sammelte selbst durch Vermittlung seiner spanischen Vettern Objekte aus der Neuen Welt, die »indianica«, sowie exotische Tiere und Pflanzen. Er begeisterte sich für Gemälde von Arcimboldo (1526–1593) wie auch für Kostbarkeiten der Natur, so beispielsweise für Bezoare. Als Kurfürst August mit seiner Gemahlin Anna im Februar 1573 mehrere Tage in Wien auf Besuch weilte, ließ es sich Maximilian nicht nehmen, dem Freund seine Sammlung, die aus Gemälden, Uhren, Instrumenten aller Art und anderen Kostbarkeiten bestand, in der Stallburg zu zeigen.[53] Im Gegensatz zur Sammlungskonzeption unter Kaiser Ferdinand I., der 1558 ein eigenes Kunstkammergebäude errichten ließ, gab es 1573 für die Präsentation der Sammlung Maximilians II. in der Wiener Residenz wohl keinen separaten Raum.[54] Vielmehr scheinen der Kaiser und die Kaiserin die Sammlungsstücke in ihren Privaträumen verwahrt zu haben. Es ist durchaus möglich, dass auch Kurfürst August in gleicher Weise wie sein kaiserlicher Freund Gemälde, prunkvolle Uhren wie die ebenso große wie prächtige Planetenuhr von Baldewein, die 1568 nach Dresden gelangte, und auch die oben genannten Werke der Schatzkunst in den Privaträumen seiner Dresdner Residenz verwahrte.[55] Noch für seinen Sohn und dessen Frau war es durchaus üblich, ausgesuchte Kostbarkeiten in einem Sammlungsschrank in der Schlafkammer aufzubewahren.

August zeigte sich in Wien vor allem von den Gemälden Arcimboldos so beeindruckt, dass Maximilian ihm durch den Künstler eine weitere Folge der vier Jahreszeiten anfertigen ließ, die er 1575 bei seinem Gegenbesuch mit nach Dresden brachte.[56] Vielleicht haben August auch Silberarbeiten, die er in der Wiener Hofburg gesehen hat, dazu veranlasst, Kunstwerke wie die Daphne Abraham Jamnitzers

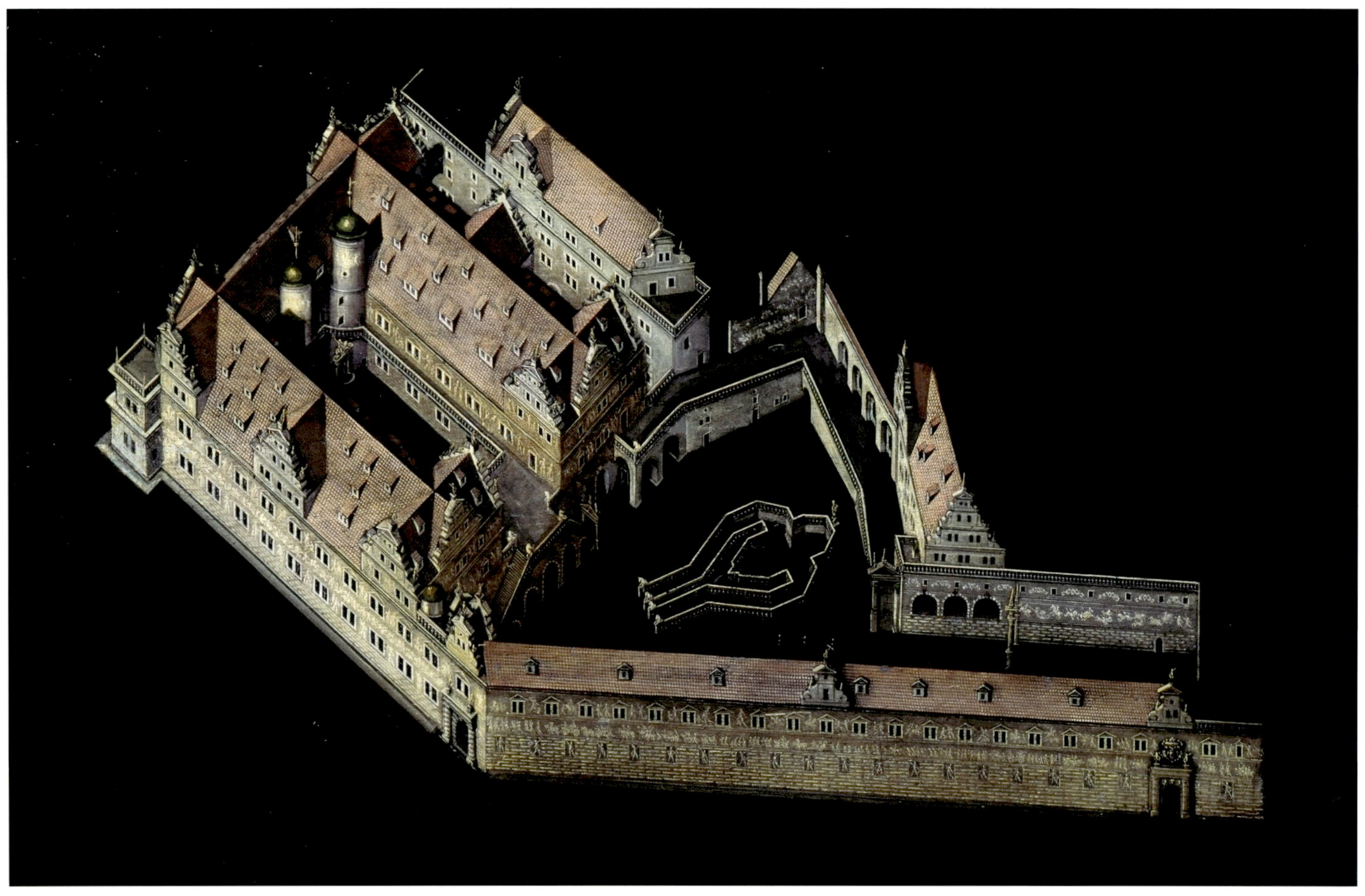

Abb. 7 Andreas Vogel · Der Neue Stall zu Dresden · Dresden, 1623 · Öl auf Holz, 32 × 49,5 cm · Rüstkammer, Staatliche Kunstsammlungen Dresden, Inv.-Nr. H 235

in Nürnberg und Augsburg in Auftrag zu geben. Am Zusammentragen einer Sammlung, die dem heute für die Kunstgeschichte verbindlich erscheinenden Kanon einer Kunstkammer entsprochen hätte, an reichen Beständen aus den Werkgruppen der »artificialia«, »naturalia«, »ethnographica« und »memorabilia« war Kurfürst August nur in geringem Maße interessiert. Die Möglichkeit dazu hätte er gehabt, finanziell sogar eher als beispielsweise die bayerischen Herzöge, die sich damit hoch verschuldeten. Mit Hieronymus Kramer, seinem Ankäufer für ausländische Luxuswaren, vor allem aber mit seinen guten Beziehungen zu Kaiser Maximilian II. und dessen in Ambras zwischen 1576 und 1580 seine Kunstkammer einrichtenden Bruder Ferdinand II. sowie mit seiner freundschaftlicher Verbindung zu Albrecht V. von Bayern hatte er die besten Voraussetzungen dafür, den Wissensspeicher einer fürstlichen Kunstkammer in Dresden zu errichten. Es wurde ein »technotameion«.

Sammeln als Selbstdarstellung – Die kurfürstliche Rüstkammer

Den Mittelpunkt seiner Selbstdarstellung als Sammler bildete für August aber mehr noch als seine Version der Kunstkammer die kurfürstliche Rüstkammer. Persönliche Neigung, standesgemäßes Repräsentationsbedürfnis und finanzielle Möglichkeiten wirkten dabei zusammen. Kurfürst August war ein turnierfreudiger Ritter, der zwischen seinem 18. und seinem 40. Lebensjahr 55 offizielle Scharfrennen absolvierte. Der durch ihn erworbene, sehr kostspielige Bestand der Rüstkammer mit prunkvollen Plattnerarbeiten, Blankwaffen und Feuerwaffen war im Selbstverständnis jener Zeit mehr noch als jede enzyklopädische Kunstkammer dazu geeignet, in der zwischenhöfischen Repräsentationskonkurrenz großen Eindruck zu machen. In seiner Funktion als Erzmarschall des Heiligen Römischen Reiches war der wettinische Kurfürst vor allen Fürsten der ranghöchste Waffenträger. Schon aufgrund dieser gesellschaftlichen Stellung, aber auch durch sein persönliches Selbstverständnis war für August der Aufbau einer beeindruckenden Rüst- und Harnischkammer eine Sache der Ehre. Finanziell boten sich ihm dabei keine Hindernisse. Durch Einnahmen aus Steuern, Kammergütern und Bergbau verfügte Kurfürst August über jährlich etwa 850 000 Gulden und damit über ein Finanzaufkommen, das außer dem Kaiser keinem anderen Reichsfürsten zur Verfügung stand.[57] So konnte er, verglichen mit der Rüstkammer seines Bruders Moritz, den Bestand seiner Prunk- und Turnierwaffensammlung im Laufe seiner Regierungszeit auf ungefähr 1500 Objekte verzehnfachen. Die Harnischkammer, die im Residenzschloss zunächst in den Erdgeschossräumen des Hausmannsturmes untergebracht war, bildete mit der Freifläche des Zwingers westlich vor dem Dresdner Schloss und dem als Turnierplatz konzipierten Großen Schlosshof eine funktionale Einheit. Bis zum Tod Kurfürst Augusts war der Bestand der Rüstkammer in einem solchen Maß angewachsen, dass er verteilt auf mehrere Räume beim Schlossturm sowie in verschiedenen Teilen des Schlosses untergebracht werden musste.[58]

Christian I. erbte nicht nur einen Schatz an 1144 Kostbarkeiten, den er 1586 im zum Tresor gewandelten großen Saal der »neuen schatz cammer« im »grunen gewelb« verschließen ließ. Er besaß auch mit der bis dahin zum aktiven Arbeiten dienenden Kunstkammer unterm Dach des Dresdner Residenzschlosses, der Sammlung an Elfenbeindrechseleien und zahlreichen Geschenken auswärtiger Fürstenhöfe, die sein Vater erhalten hatte und die ihm nun – zu Ehren seines Vaters – zum Herrschaftsantritt aus Italien übersandt wurden, die Grundlage für eine moderne Kunstkammer. Diese wurde von ihm konsequent, dem sich in den 1580er Jahren mehr und mehr etablierenden Kanon für diese Sammlungsform folgend, ausgebaut.

Kurfürst August hatte seinem Sohn bei seinem Tode am 12. Februar 1586 ein Barvermögen von ungefähr 1 800 000 Gulden hinterlassen. Das ermöglichte Christian I., einen vielleicht schon von August gefassten Plan schnell zu realisieren und auf dem Gelände östlich des Georgenbaues einen Stallkomplex, bestehend aus einem Turnierhof, dessen nördliche Flanke zur Stadt hin der Lange Gang mit Ahnengalerie bildete, und einem schlossartigen Stallgebäude, zu errichten.[59] Am 6. Juni 1586 wurde der Grundstein dazu gelegt und das große Bauensemble in nur vier Jahren bis 1590 fertiggestellt. Das Stallgebäude, in dessen Erdgeschoss sich hochmoderne Stallungen befanden und dessen erstes und zweites Geschoss eine Folge von mehr als zwei Dutzend Räumen mit Sammlungsbereichen der Rüstkammer sowie eine Raumfolge mit Repräsentationsgemächern enthielt, war das erste Sammlungsgebäude, das in Dresden errichtet wurde, und besaß die Qualität einer fast schon musealen Präsentation.[60]

ANMERKUNGEN

1 Sächsisches Staatsarchiv, Hauptstaatsarchiv Dresden (im Folgenden StA-D), 10024 (Geheimes Archiv), Loc.8498/10, An Kurfürst Moritz zu Sachsen abgelassene Handschreiben (auch Briefe von Herzog August von Sachsen), 1539–1551, fol. 56r-v. | **2** Sabine Haag (Hrsg.), Dresden & Ambras. Kunstkammerschätze der Renaissance, Katalog Schloss Ambras, Innsbruck, Wien 2012, S. 220, Kat. Nr. 3.15.1 und 3.15.2. | **3** Damian Dombrowski, Dresden-Prag: Italienische Achsen in der zwischenhöflichen Kommunikation, in: Elbflorenz. Italienische Präsenz in Dresden 16.–19. Jahrhundert, hrsg. von Barbara Marx, Dresden 2000, S. 69. | **4** Reiner Groß, Kurfürst August von Sachsen – Repräsentant frühneuzeitlicher Landesherrschaft in Kursachsen, in: Dresdner Hefte 9 (1986), Beiträge zur Kulturgeschichte, S. 2. | **5** Die Staatlichen Sammlungen zu Dresden. Führer mit 24 Abbildungen, hrsg. vom Ministerium für Volksbildung, Dresden/Berlin 1932, S. 228 f. | **6** Das »Inventarium und vortzeichnus was in unsers gnedigen herren herzog Morizen zu Sachsen renth chammer an silber geschyr und andern durch Balthasarn Kelzschen althen chammermeistern in abtretung seins ampts dem neuen Joachim Thilen in beisein Georgen von Karlewizs dinstags nach metardi anno 1543 uber anthworth« erwähnt fünf Schränke der Silberkammer, in denen neben einem »hasen geweihe in einer schachtel« auch ein »straus aie mit silber beschlagen vorgult«, zwei »natter zungen credenz«, ein »steineren trinckgeschyr sanct Elisabeth«, zwei »greifen clauen beschlagen«, ein »becherlein von jaspis« sowie verschiedenartige »cristallen trinckgeschyr« verzeichnet sind, siehe StA-D, 10036 (Finanzarchiv), Loc. 32449, Rep. XX, Dresden, Nr. 88, Silberkammer und Kleinodien, 1541–1711, unfol. [fol. 1r-8v]. | **7** Viktor Hantzsch, Beiträge zur älteren Geschichte der kurfürstlichen Kunstkammer in Dresden, in: Neues Archiv für Sächsische Geschichte und Altertumskunde 23 (1902), S. 239. | **8** Wolfram Dolz, »Was ich mit meinem newerfundenen Instrument zeigen und darthun kann.« Der tätige Fürst und das »Reißgemach« Augusts von Sachsen, das Zentrum der Dresdner Kunstkammer, in: Haag, Dresden & Ambras (wie Anm. 2), S. 55, Anm. 20. | **9** Herbert Wunderlich, Kursächsische Feldmesskunst, artilleristische Richtverfahren und Ballistik im 16. und 17. Jahrhundert. Beiträge zur Geschichte der praktischen Mathematik, der Physik und des Artilleriewesens in der Renaissance unter Zugrundelegung von Instrumenten, Karten, Hand- und Druckschriften des Staatlichen Mathematisch-Physikalischen Salons Dresden (= Veröffentlichungen des Staatlichen Mathematisch-Physikalischen Salons, Forschungsstelle Dresden; 7), Berlin 1977, S. 93, siehe auch: Dirk Syndram, Die Anfänge der Dresdner Kunstkammer, in: Die kurfürstlich-sächsische Kunstkammer in Dresden. Geschichte einer Sammlung, hrsg. von Dirk Syndram/Martina Minning, Dresden 2012, S. 16. | **10** Martina Minning, Der Nürnberger Schreiner und Schraubenmacher Leonhard Danner in Diensten Kurfürst Augusts von Sachsen, in: Dresdener Kunstblätter 52 (2008), S. 5. | **11** Cornelius Gurlitt, Paul Buchner, ein Dresdner Baumeister der Renaissance, in: Dresdner Geschichtsblätter 9 (1900), S. 252; Allgemeines Künstler-Lexikon. Die Bildenden Künstler aller Zeiten und Völker, begr. und mithrsg. von Günther Meisner, Bd. 14,

München/Leipzig 1992ff., S. 684, Stichwort Buchner, Paul (Jutta Bäumel). | **12** Bruce T. Moran, German Prince-Practitioners. Aspects in the Development of Courtly Science, Technology, and Procedures in the Renaissance, in: Technology and Culture 22 (1981), S. 260f. | **13** Elisabeth Scheicher, Die Kunst- und Wunderkammern der Habsburger, Wien/München/Zürich 1979, S. 105ff. | **14** Harriet Roth (Hrsg.), Der Anfang der Museumslehre in Deutschland. Das Traktat »Inscriptiones vel Tituli Theatri Amplissimi« von Samuel Quiccheberg, lateinisch-deutsch, Berlin 2000, S. 128ff., Zeile 334–388, zitiert in deutscher Übersetzung, S. 129ff., Zeile 337–458: »Daß man aber die meisten Schreine dieser Art, vollgestopft mit Werkzeugen jeglicher Art, so aufzustellen pflegt, gereiche zur Bestätigung dessen, daß nicht wenig alljährlich aus unseren Landen so nach Spanien verbracht wird. Ich weiß, wie Anton Maiting solches mit wundervollem Eifer für spanische Prinzen und Grafen in die Wege geleitet hat. Ich habe aber auch anhand dieser Werkzeuge, die in Schreinen und Kisten abgelegt werden sollten, gezeigt, wie alle ordentlich hingelegten Werkzeuge aus irgendeinen solchen Schrein oder einer Kiste mit ausschwenkenden Flügeltüren oder anderen klappbaren Tafeln sofort an irgendeiner Wand oder auf irgendeinem Tisch für den Gebrauch bereitgelegt werden können, wie sie wiederum in diese passend, schnell und bequem zurückgelegt werden können, damit sie einander so wenig wie möglich reiben und abstumpfen [...].« | **15** Joachim Menzhausen, Kurfürst Augusts Kunstkammer. Eine Analyse des Inventars von 1587, in: Jahrbuch der Staatlichen Kunstsammlungen Dresden 17 (1985), S. 26. Im Inventar der Kunstkammer 1587 (StA-D, 10009 [Kunstkammer, Sammlungen, Galerien], Nr. 1), fol. 165r–196v, werden 288 Positionen, zum Teil aus mehreren Titeln bestehend, aufgeführt. | **16** Tobias Beutel d. Ä., Chur = Fürstlicher Sächsischer stets grünender hoher Cedern = Wald / Auf dem grünen Rauten=Grunde Oder kurtze Vorstellung / Der Chur=Fürstl. Sächs. Hohen Regal=Wercke / Nemlich: Der Fürtrefflichen Kunst=Kammer [...] hochschätzbaren unvergleichlich wichtigen Dinge / allhier bey der Residentz Dreßden, Dresden 1671, unpag. [S. 42]. Siehe dazu Syndram, Die Anfänge der Dresdner Kunstkammer (wie Anm. 9), S. 15. | **17** Die Leidenschaft des Kurfürsten für das Drechseln ist eng verbunden mit der *technotheca* in seiner Kunstkammer. Der Wunsch, einen virtuosen Kunstdrechsler an seiner Seite zu haben, wurde zwar erst 1576 durch die Ankunft Georg Weckers aus München erfüllt, lässt sich aber bereits zwanzig Jahre vorher nachweisen. Damals schrieb August an Christoph Kitscher zu Olckenhoven, Forstmeister zu Burghausen: »[...] und wie wohl wir fur die zeit zu dem drehwerg und andern saubern kunsten sonders gute naigung und liebung getragen auch so fern wir von wichtigen geschefften daran nit verhindert noch hetten, so seint wir doch itziger zeit mit dergleichen werckleuten zur notturft versehen. Nichts desteweniger thun wir unß deines unterthenigen erbiethens gnedigst bedancken, vermercken auch solchs von dir zu gutem gefallen und begehren, wo du von obgemeltem drechsler oder andern kunstreichen werckleuthen gute kunststucklein zuwege bringen kanst, du wolltest unß dieselbigen durch unsere rethe zu Regensburg zuschicken [...].« Siehe StA-D, 10004 (Kopiale), Kopial Nr. 300, fol. 343r. | **18** Die Vermittlung Weckers erfolgte durch Herzog Ferdinand von Bayern, den Sohn Albrechts V. Siehe StA-D, 10024 (Geheimes Archiv), Loc.8506/2, Bayern, Herzog Albrechts [V.] und Seiner Fürstlichen Gnaden Söhne Schreiben an Kurfürst August von Sachsen, 1555–1586, fol. 102r-v; Cornelius Gurlitt, Aus den sächsischen Archiven. Drechsler am kursächsischen Hofe, in: Zeitschrift des Badischen Kunstgewerbevereins zu Karlsruhe 4 (1888), S. 79. 1576 kam zudem als Technologietransfer Balthasar Hacker, ein Schüler Danners, als Schraubenmacher und Zeugschmied aus Nürnberg nach Dresden. Siehe Ulrich Thieme/Felix Becker (Hrsg.), Allgemeines Lexikon der bildenden Künste von der Antike bis zur Gegenwart, 37 Bde., Leipzig 1907–1950 (fotomechanischer Nachdruck, Zwickau 1961, Bd. 15, S. 410), Stichwort Hacker, Balthasar (Walter Fries); Allgemeines Künstler-Lexikon. Die Bildenden Künstler aller Zeiten und Völker, begr. und mithrsg. von Günther Meisner, Bd. 67, München/Leipzig 1992ff., S. 152, Stichwort Hacker, Balthasar (Sven Hauschke). | **19** Erich Haenel, Die Drahtziehbank des Kurfürsten August im Musée de Cluny in Paris, in: Mitteilungen aus den sächsischen Kunstsammlungen 5 (1914), S. 40. | **20** Wunderlich, Kursächsische Feldmesskunst (wie Anm. 9), S. 56; Max Engelmann, Mathematische Instrumente von Wenzel Jamnitzer, in: Mitteilungen aus den sächsischen Kunstsammlungen 5, (1914), S. 46. | **21** Minning, Leonhard Danner (wie Anm. 10), S. 5. | **22** StA-D, 10036 (Finanzarchiv), Loc. 32961, Rep. LII, Gen., Nr. 1918b, fol. 13r-v. | **23** Lorenz Seelig, Die Münchner Kunstkammer, in: Die Münchner Kunstkammer, hrsg. von Dorothea Diemer/Peter Diemer/Lorenz Seelig u. a., 3 Bde. (= Bayerischen Akademie der Wissenschaften, Philosophisch-historische Klasse, Abhandlungen; N. F. 129), München 2008, S. 85. Zur Verbindung von »ars« und »natura« in der Münchner Kunstkammer siehe ebd., S. 48. | **24** Ebd., S. 77 und S. 387. | **25** Ebd., S. 2 und S. 83. | **26** Paul Reich, Christiani Officium Stipendium. Bey dem Volckreichen Leichbegängnüß / des [...] Herrn David Ußlaubes / Churf. Sächs. Kunstkämmerers / und Eltesten / fürnehmen Bürgers zu Dreßden / Welcher daselbst / Anno 1616. den 9. Sept. nach Mittage / zwischen 4. und 5. Uhr / im 72. Jahr seines Alters / selig entschlaffen / Und folgends den 13. huius, in seinem Schwiebogen / auff dem Kirchhoff zu lieben Frauen ehrlich begraben worden. Erkläret In der Kirchen zu lieben Frauen, Dresden 1616, fol. 16r. Siehe Christine Nagel, Professionalität und Liebhaberei: die Kunstkämmerer von 1572 bis 1832, in: Syndram/Minning, Die kurfürstlich-sächsische Kunstkammer in Dresden (wie Anm. 9), Anhang II, S. 379. | **27** Steffen Delang, Annaburg und Prettin-Lichtenburg – Zwei wenig beachtete kursächsische Renaissanceschlösser, Teil I: Schloss Annaburg, in: Mitteilungen des Landesvereins Sächsischer Heimatschutz e. V. 2 (2007), S. 6. | **28** Margitta Çoban-Hensel, Kurfürst August von Sachsen als spiritus rector der bildnerischen Schlossausstattungen, in: Kunst und Repräsentation am Dresdner Hof, hrsg. von Barbara Marx, München/Berlin 2005, S. 108–129. | **29** Siehe den Beitrag von M. Müller in diesem Band, S. 184–187. | **30** Delang, Annaburg und Prettin-Lichtenburg (wie Anm. 27), S. 4; Angelica Dülberg, Residenzen und Refugien. Die Schlösser in Torgau, Dresden, Annaburg, Augustusburg und Prettin, in: Mit Fortuna übers Meer. Sachsen und Dänemark – Ehen und Allianzen im Spiegel der Kunst (1548–1709), hrsg. von Jutta Kappel/Claudia Brink, Berlin/München 2009, S. 49. | **31** Dülberg, Die Schlösser in Torgau, Dresden, Annaburg, Augustusburg und Prettin (wie Anm. 29), S. 47. | **32** Im Januar 1576 kam der künftige Hofdrechsler Georg Wecker aus München nach Sachsen, um zunächst auf Schloss Annaburg die defekte Drechselbank zu reparieren und sich die im Dresdner Schloss befindliche Drehbank anzuschauen, Am 13. Mai 1580 erforderte der Kurfürst Georg Wecker zu sich auf die Annaburg und ließ ihm den Auftrag erteilen: »[...] und das der dreßler was er zum drehen bedarf, und hiebevor nicht zur Annaburgk ist, mit sich bringe [...].« Siehe StA-D, 10036 (Finanzarchiv), Spezialreskripte 1580–1591, fol. 39r. | **33** Coban-Hensel, Kurfürst August von Sachsen (wie Anm. 28), S. 123. | **34** Alisha Rankin, »Zu Artney kunsten gutter lust«. Kurfürstin Anna von Sachsen als dilettierende Expertin der Medizin, in: Dresdener Kunstblätter, 2/2016, S. 19–21. | **35** Paul Arnold, Adolf III Occo (1524–1606) und das Dresdner Münzkabinett im 16. Jahrhundert, in: Wissenschaftsgeschichte der Numismatik. Beiträge zum 17. Deutschen Numismatikertag 3.–5. März 1995 in Hannover, hrsg. von Rainer Albert, Speyer 1995, S. 139. | **36** Syndram, Die Anfänge der Dresdner Kunstkammer (wie Anm. 9), S. 15 f., 24 f., S. 29. | **37** Reich, Christiani Officium Stipendium (wie Anm. 26), fol. 16v. | **38** StA-D, 10024 (Geheimes Archiv), Loc. 8523/2, An Kurfürst August zu Sachsen gelangte gemeine Schreiben, anderes Buch, 1574–1577, fol. 335r. | **39** Siehe Christine Nagel, Chirurgische Instrumente in der kurfürstlich-sächsischen Kunstkammer, in: Dresdener Kunstblätter 2 (2017), im Druck. | **40** Übersetzung der lateinischen Inschrift: »Die Wissenschaft verleiht vergänglichen Dingen ein sich erinnerndes Leben, sie errichtet bleibende Denkmäler der Künste, sie ruft zurück ins Licht, was ins Schattenreich gefallen ist 1562«. | **41** Sven Hauschke, Globen und Wissenschaftliche Instrumente. Die europäischen Höfe als Kunden Nürnberger Mathematiker, in: Quasi Centrum Europae. Europa kauft in Nürnberg, 1400–1800, hrsg. von Hermann Maué/Thomas Eser, Germanisches Nationalmuseum Nürnberg, Nürnberg 2002, S. 374. | **42** Ebd., S.376; Engelmann, Mathematische Instrumente von Wenzel Jamnitzer (wie Anm. 20), S. 46. | **43** Die Skulptur der Daphne von Wenzel Jamnitzer befindet sich heute im Musée de la Renaissance in Ecouen. | **44** Die ältere Uhr befindet sich heute in der Kunstkammer des Kunsthistorischen Museums in Wien, Inv.-Nr. KK 1097. | **45** Barbara Marx, Künstlermigration und Kulturkonsum. Florentiner Kulturpolitik im 16. Jahrhundert und die Formierung Dresdens als Elbflorenz, in: Deutschland und Italien in ihren wechselseitigen Beziehungen in der Renaissance, hrsg. von Bodo Guthmüller, Wiesbaden 2000, S. 219, dort mit dem Nachweis StA-D, 10024 (Geheimes Archiv), Loc. 8517/05, fol. 1r. Angezweifelt wurde der Geschenkgeber Emanuele Filiberto von Savoyen durch Antje Scherner, welche feststellte, dass in der angeführten Quelle von Steintafeln, nicht von Skulpturen die Rede ist. Siehe Antje Scherner, Skulpturengeschenke der Medici in der Dresdner Kunstkammer, in: Giambologna in Dresden. Die Geschenke der Medici, hrsg. von Dirk Syndram/Moritz Woelk/Martina Minning, Berlin/München 2006, S. 66. | **46** Jean Louis Sponsel, Das Grüne Gewölbe zu Dresden, Bd. 3, Kleinodien der Goldschmiedekunst, Leipzig 1929, S. 6. | **47** Siehe dazu Syndram, Die Anfänge der Dresdner Kunstkammer (wie Anm. 9), S. 24. | **48** Sponsel, Das Grüne Gewölbe zu Dresden (wie Anm. 46), S. 12. | **49** StA-D, 10036 (Finanzarchiv), Rep. LII, Gen. 1925, Loc. 33342, Registratur über das Bestallungsbuch 1576–1579 u. 1581, fol. 503r–504r. | **50** Verzaichnus, was Ihronimus Kramer, wegen meines gnedigsten herrn, des churfürsten zu Sachsen und burggrauen zu Magdeburgk von den indianischen sachen behalten hat.«, StA-D, 10024 (Geheimes Archiv), Loc. 7411/14, Pfeffer und Gewürzhandel über Portugal mit Ostindien, Verhandlungen mit dem Handelsherren C. Roth zu Augsburg 1579. fol. 69r. | **51** Dirk Weber, »Alles, was fremd, das aus den indias kombt«. Von stummen Zeugen und illustrativen Zeugnissen exotischer Welten in der Dresdner Kunstkammer, in: Syndram/Minning, Die kurfürstlich-sächsische Kunstkammer in Dresden (wie Anm. 9), S. 250. | **52** StA-D, 10009 (Kunstkammer, Sammlungen, Galerien), Nr. 2, Inventar der Kunstkammer 1595, fol. 396r: »1 Indianishe nuß sindt ao. 90. einkommen, wirdt sonst cocla de Maladiva genannt.« | **53** Karl Rudolf, Die Kunstbestrebungen Kaiser Maximilians II. im Spannungsfeld zwischen Madrid und Wien. Untersuchungen zu den Sammlungen der österreichischen und spanischen Habsburger im 16. Jahrhundert, in: Jahrbuch der kunsthistorischen Sammlungen in Wien 91 (1995), S. 166, S. 170, S. 225. Karl Rudolf zitiert im Hinblick auf die persönlichen Führung des Kurfürsten durch den Kaiser den Bericht Ottavio Landis vom 22. Februar 1573 an den kaiserlichen Botschafter in Madrid, Adam von Dietrichstein, der lautet: »Intanto S. Mta. ha dato loro in camera molti passatempi, como in mostrar loro piture et altre cose: et tra l'altre un retratto del Dottor Zasio Iddio gli perdoni, fatto tutto di scritture, di cedoli, di polize, di lettere, et di memoriali; et di un naso di fiori diversi la metà contrafatti netti, et la metà secchi: che stando il naso nel suo essere rappresentava una vaghesta mirabili di fiori, voltato il naso al rovescio mostrava una faccia incredibilmente ridicola. Fin a questa hora si sa che S. Mta. ha dato al Duca un'annello di una strana, et bellissima inventione di prezzo almeno di mille scudi, et un girallo alla Duchesa di almeno quatro mila.« | **54** Syndram, Die Anfänge der Dresdner Kunstkammer (wie Anm. 9), S. 20 f. | **55** Ebd., Anhang II, S. 40–45. | **56** In den »Regesten aus dem Jahrbuch des allerhöchsten Kaiserhauses« findet sich unter dem 28. Juli 1574 der Eintrag: »Josef Arcimboldo, röm. Kais. Maj. Etc. conterfeter und maller, wird für etliche gemäll und arbaith, welche er auf Kaiser Maximilians II. Befehl für den Kurfürsten von Sachsen gefertigt hatte, mit 65 Gulden rheinisch bezahlt.« Siehe Werner Kriegeskorte, Guiseppe Arcimboldo 1527–1593. Ein manieristischer Zauberer, Köln 2004, S. 20. Zur Übergabe 1575 siehe Barbara Marx, Italianità und frühneuzeitliche Hofkultur. Dresden im Kontext, in: Marx, Elbflorenz (wie Anm. 3), S. 8. | **57** Jens Bruning, August, in: Sächsische Biografie, hrsg. vom Institut für Sächsische Geschichte und Volkskunde e.V., bearb. von Martina Schattkowsky, Online-Ausgabe: www.isgv.de/saebi (11. 1. 2016). | **58** Jutta Bäumel, Rüstkammer. Führer durch die ständige Ausstellung im Semperbau, 2. Auflage, Leipzig 2004, S. 10 f. | **59** Die deutsche Übersetzung einer Inschrift über dem Jägertor an der heutigen Augustusstraße lautet nach Weck 1682, S. 54 f.: »Nachdem der Durchleuchtigste Churfürst Herr Augustus Todes verfahren / hat Herr Christian Hertzog zu Sachsen / etc. als ein Erbe der Chur: und anderer Fürstlicher Dignitäten / auch als ein Liebhaber der Tugenden / dieses ansehnliche Hauß zur Stallung der Roße aufbauen / und darbey einen geraumen Platz zu Ritterlichen Übungen verferttigen und anrichten lassen: Die jenigen welche so wohl jetzo / als auch künfftig leben / sollen Ihrer Churfürstlich Durchlaucht viel Glückseligkeit und Friede / so wohl alle Prosperität dero hohen Hauses / und langwierige Gesundheit wünschen / jedoch darbey gedencken dass jegliches Wolfarth mehr auf Gottes als der Menschen Beystand beruhe.« | **60** Im Obergeschoss befanden sich die Schlittenkammer und die Pallienkammer, die bei Turnieren im Stallhof als Rüstgemach genutzt wurden. Im Dachgeschoss konnten zwei Sattelkammern, eine Schwertkammer, die Kurkammer mit den Insignien kurfürstlicher Macht, eine Federkammer mit kostbaren Federbüschen, eine Maultierkammer, die Türkenkammer, mehrere Büchsenkammern und eine Jägerkammer mit Jagdutensilien besichtigt werden.

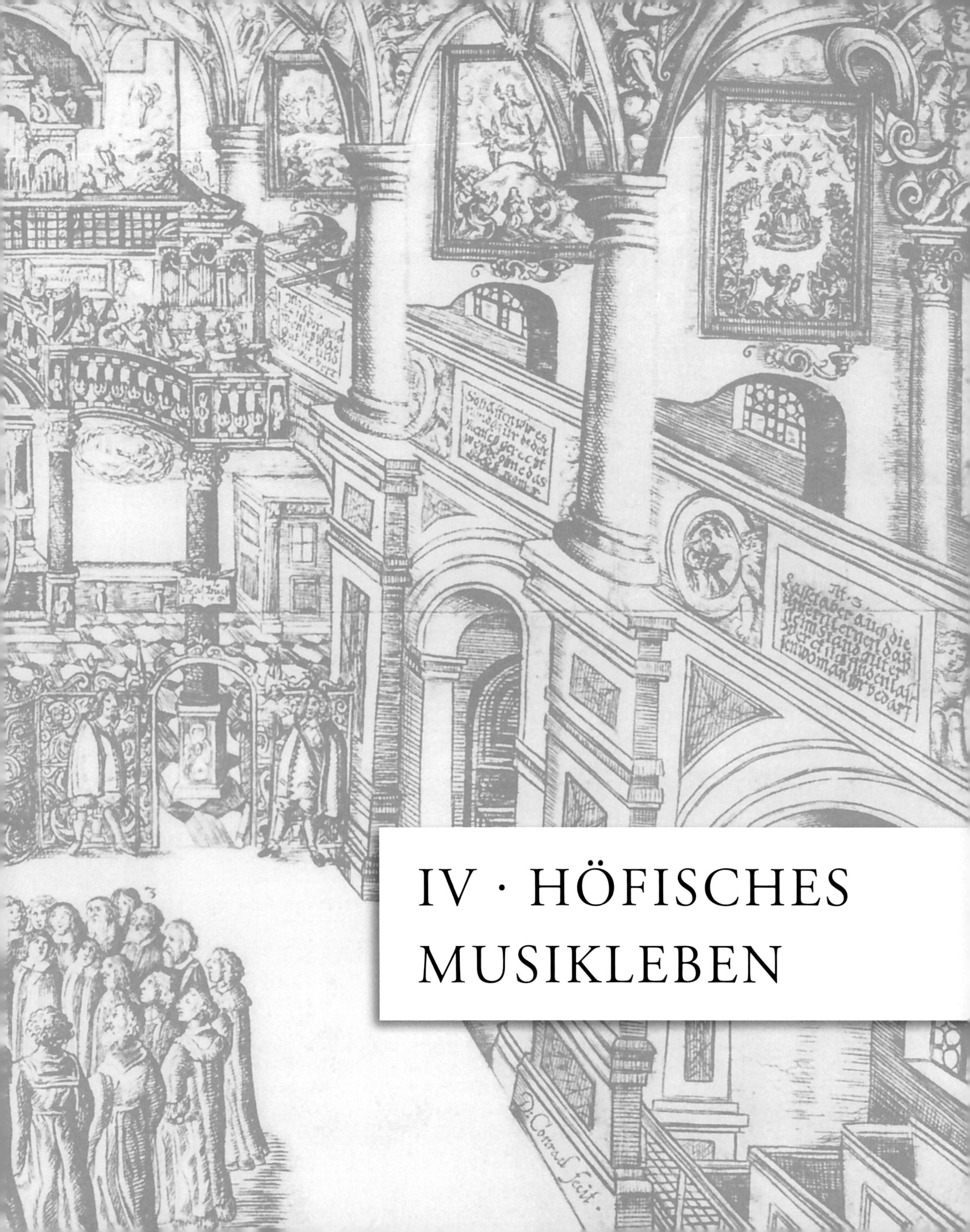

IV · HÖFISCHES MUSIKLEBEN

CHRISTA MARIA RICHTER

Kurator versus Kapellmeister & Knabenlehrer. Kurfürst Augusts Hofkantorei in der Obhut des Hofpredigers Christian Schütz

Es ist unbestritten, dass die 1548 neu gegründete und 1554 bereits »weitberühmte«[1] kursächsische Hofkapelle, die bedeutende Komponisten hervorbringen sollte, zeitlebens einen ausgezeichneten Ruf genoss, weshalb man sie im euphorischen 19. Jahrhundert sogar zur »Mutter der sächsischen Musik«[2] verklärte. Vieles wurde schon über sie geschrieben;[3] die Aufzählung aller Untersuchungen würde mehrere Seiten füllen.[4] Doch schauen wir einmal hinter die Kulissen. Wie erging es der Kapelle in ihrer Anfangszeit wirklich? Sieht man einmal von den stets zu geringen Musikergehältern und den traurigen Einzelschicksalen uneinsichtiger Mitglieder ab, so ließ, wie Kurfürst August (1526–1586) selbst beklagen musste, auch manch eine Musikaufführung sehr zu wünschen übrig. Wie konnte es in solch einem Spitzenensemble von internationalem Rang zu derartigen Ausfällen kommen? Zunächst einmal mangelte es der Kapelle an Homogenität. Allein die wenigen Wochen, die ihr zur Verfügung standen, um sich zu sammeln und sogleich die Festmusik anlässlich der Vermählung Herzog Augusts vorzubereiten, waren sehr kurz. Vergleichbar wenig Zeit blieb dem Kapellmeister Johann Walter (1496–1570) für den weiteren Personal- und Repertoireaufbau, bevor die Hofhaltung nach Kurfürst Moritz' (1521–1553) frühem Tod an seinen Nachfolger überging, denn die Kantorei war erst um 1550/52 nach Dresden umgezogen und mit den Instrumentalisten zusammengeführt worden.[5] Hinzu kamen akute Personalprobleme: theologische, durch das »Leipziger Interim« von 1548 verursachte Zerwürfnisse sowie Zwistigkeiten zwischen den von Walter zusammengestellten deutschen Kantoreimitgliedern einerseits und den bald darauf angeschafften, deutlich besser besoldeten niederländischen Sängern und welschen (italienischen) Instrumentalisten andererseits. Sie ließen nicht nur Walter beizeiten resignieren, sondern sogar die gesamte Kapelle aus den Fugen geraten. So musste der neue Kurfürst feststellen, dass »sich nicht allein allerlei Uneinigkeit, Gezänk, Spaltung und Rottierung unter den alten und neuen Gesellen in der Kantorei zugetragen, sondern [sich] auch etlich unterstanden [haben], einander zu verachten und mündlich und schriftlich an ihren Ehren anzugreifen und zu schmähen, auch bisweilen Gewalt zu brauchen und die Hand aneinanderzulegen« (KO 1555).[6]

Um die Kantorei nicht zur Schande des Kurfürsten gänzlich zerrütten zu lassen, bedurfte sie dringend eines neuen Reglements. Hierzu gehörten vor allem strengere Verbote des Besuchs öffentlicher Tabernen, des »Vollsaufens«, des Fluchens und des Kartenspielens, deren Zuwiderhandlungen fristlose Entlassungen der »Verbrecher«, in harten Fällen sogar bis zur Gefängnishaft,[7] nach sich zogen. Sänger, die von solchen unsittlichen Dingen Kenntnis hatten, aber nicht eingriffen und Meldung erstatteten, sollten ebenfalls bestraft werden. Diese harten Maßnahmen basierten auf der Ansicht, dass gerade Sänger zu leichtsinniger Lebensart neigten. Noch 13 Jahre später findet sich dieselbe Charakterisierung in gleichlautender Formulierung (KO 1568). Ähnlich erging es den übrigens ursprünglich als bildende Künstler angestellten welschen Instrumentalisten, die als »sonderlich unfleißig« galten (KO 1555/68/92).[8] Immerhin wurde nach Kurfürst Augusts Regierungszeit das Strafmaß deutlich gemildert,[9] wenngleich die Probleme auch in den nächsten Generationen bestehen blieben.

Die internen Kapellprobleme, so »ephemer«[10] sie auch gewesen sein mögen, kamen immer wieder zum Vorschein und prägten nicht nur den Alltag der Musiker, sondern stellten auch die Geduld des Landesherrn wiederholt auf eine harte Probe. Obwohl sich der Kurfürst als »geschickter

Gärtner«, unter dem die Kantorei eine ihrer »Blütenperioden«[11] erlebte, alle Mühe gab, schienen die Probleme manchmal kein Ende zu nehmen, und es gibt Hinweise darauf, dass er selbst gar nicht beurteilen konnte, wie es um seine Kapelle bestellt war. So musste er 1566 einräumen, dass »wir [...] nicht wissen können [...] ob wir [...] mehr Tenoristen in unser Kantorei bedürfen«, und auch 1567 wusste er über die desolate Musikausbildung der Kapellknaben nicht Bescheid, obwohl jedermann hören konnte, dass »nicht einer [von ihnen] wohl tüchtig« war.[12]

Gewöhnlich beauftragte der Kurfürst in solchen Fällen den Kurator der Kapelle mit einer entsprechenden Untersuchung. Doch warum ausgerechnet den Kurator, der doch gar kein Musiker, sondern erster Hofprediger war? Konnte dieser dank seiner musikalischen Vorbildung als Geistlicher neben seinen seelsorgerischen Aufgaben die Rolle eines in musikalischen Fragen kompetenten Hofrats wahrnehmen, oder beschränkten sich seine Kapellverpflichtungen auf rein formale Aufgaben wie die Erstellung von Personallisten? Dieser Frage soll der folgende Beitrag anhand exemplarischer Dokumente nachgehen: Welche Aufgaben hatte der Kurator, und wie gestaltete sich seine Position im Verhältnis zu den beiden anderen Kapellleitern, dem Kapellmeister und dem Knabenlehrer? Hat man die musikalische Facette des Hofpredigers, den man bisher kaum als Kurator wahrgenommen hat, vielleicht unterschätzt?

Vorab einige technische Hinweise: Zur besseren Lesbarkeit werden sämtliche Zitate aus den Originaldokumenten und der Literatur der heutigen Schreibweise angepasst. Aus Platzgründen werden Quellen, von denen wiederholt die Rede ist, in Klammern verkürzt wiedergegeben (HO = Hofordnung, KO = Kantoreiordnung).[13] Blattangaben beschränken sich gerenell auf die Gesamtdokumente und Jahreszahlen beziehen sich, soweit nicht anders angegeben, entweder auf diese wiederkehrenden Dokumente oder auf die in der Personenstatistik angegebenen Hofmusikerlisten.

Der Kurator – Teil I

Seinem Namen gemäß – lat. curator = Fürsorger, Pfleger – hatte sich der Kurator um die Belange der Kapellmitglieder zu kümmern und als Vermittler zwischen ihnen und dem Kurfürsten bzw. seinen Räten zu dienen. Der erste Kurator war der kurfürstliche Leibarzt Johann Neefe (1499–1574). Ihm folgte um 1560[14] der Hofprediger Christian Schütz (1526–1592), welcher nach seiner Amtsenthebung 1574 von seinem Amtsnachfolger Martin Mirus (1532–1593) oder zunächst von dem damaligen dritten Hofprediger Johann Triller (1520–1584)[15] abgelöst wurde. Nun müsste man nicht nach den scheinbar rein formalen Aufgaben des Kurators fragen, wäre da nicht die ständige Zunahme seiner Kompetenzen, zumindest im Fall des zweiten Kurators Schütz. Ursprünglich war es allein der Kapellmeister Johann Walter gewesen, der für die Schlichtung von Streitigkeiten zwischen den Kapellmitgliedern zu sorgen hatte. Mit Vorwissen der kurfürstlichen Räte durfte nur er Widersacher aus der Kapelle entlassen und an ihrer Stelle neue Musiker annehmen (KO 1548). Doch wie oft mag Walter von diesem Recht Gebrauch gemacht haben? In Wirklichkeit war er es selbst, der frühzeitig um Entlassung in den Ruhestand bat.[16] Die erste Kantoreiordnung war wohl noch ein recht theoretisches Konstrukt, das einer gründlichen Überarbeitung bedurfte. Deshalb kam es nach Walters Pensionierung 1554 zu diversen Ergänzungen: Anschuldigungen mussten nun in Anwesenheit der gesamten Kapelle öffentlich vorgetragen werden, und neue Bewerber mussten auch dem Kurfürsten gefallen (KO 1555); später wurden noch Hörproben genannt (KO 1568/92). Bald wurde sogar der Kurator, der in der ersten Kantoreiordnung noch mit keinem Wort erwähnt ist, mit Kapellaufgaben betraut:

- Vom ersten Kurator Neefe sind noch rein musikalische Informationen überliefert. So stellte er 1548 für die neue Hofkantorei ein Konvolut an Noten zusammen, mit denen die musikalische Arbeit aufgenommen werden konnte.[17] Für die Vermählung Herzog Augusts in der Torgauer Pfarrkirche ordnete er an, dass die Brautmesse nicht von der Sängerempore aus, wo die Torgauer Stadtkantorei gewöhnlich zu stehen pflegte, sondern »unten mitten in der Kirchen«, also in der Vierung, gesungen wurde, damit man sie besser hören könne.[18]
- 1560 erhielt der zweite Kurator Schütz das Recht, wie der Kapellmeister nach Information der Herrschaft unbeugsame Kapellmitglieder zu ersetzen (Befehl 1560).
- Spätestens 1563, vielleicht schon 1558/60, wurde er mit der Versorgung der Kapellknaben betraut.
- 1566 sollte er über die Aufnahme eines vom Kapellmeister vorgeschlagenen neuen niederländischen Sängers urteilen.[19]
- Seit 1568 sollte er den Knabenlehrer im Fall ungenügender Unterrichtung der Jungen ersetzen und die Gelder, die der Kapellmeister für die Versorgung der Knaben beanspruchte, verwalten. Zudem sollte sich der Kapellmeister nach dessen Anordnungen richten (KO 1568/92).

Abb. 1
Johann Andreas Gleich · Annales Ecclesiastici, Bd. 1, Bildnis des ersten Hofpredigers Christian Schütz · 1651/1751 · Kupferstich · 190 × 144 mm (Platte); 208 × 163 mm (Blatt) · Universitätsbibliothek Leipzig, PSL, Inv.-Nr. 44/16

Diese Liste ließe sich wahrscheinlich durch zahlreiche, nicht mehr erhaltene Belege ergänzen. Man erkennt jedoch bereits an diesen wenigen Beispielen, dass die Befugnisse des Kurators in Personalangelegenheiten immer weiter wuchsen und ihm damit sowohl Knabenlehrer wie Kapellmeister zunehmend unterstellt wurden. Schütz wurde dabei zwar nie als Kurator, sondern stets als Hofprediger – das höchste von ihm bekleidete Amt – angesprochen, aber es steht außer Zweifel, dass er in diesen musikalischen Angelegenheiten als Kurator in Anspruch genommen wurde.

War dies eine gewöhnliche Entwicklung, die lediglich mit dem Anwachsen der Kapelle und der dadurch erforderlich gewordenen Einrichtung einer neuen Verwaltungsebene zusammenhing? Natürlich konnte man nicht erwarten, dass der Kapellmeister seine teils selbst herangeholten Musikerkollegen im Bedarfsfall wieder zu entlassen bereit war oder dass sich jeder Knabenlehrer gleichermaßen dazu eignete, über seine umfassende Unterrichtstätigkeit hinaus auch noch Pflege- und Verwaltungsaufgaben für die Kinder rund um die Uhr zu übernehmen. Man bedurfte also eines Vormunds, der solche Fälle regelte. Andererseits nahm der Kurator Mirus später nicht mehr dieselben Rechte und Pflichten wie sein Vorgänger wahr. Wie kam es also zu den Ermächtigungen des Hofpredigers Schütz? Beschäftigen wir uns einmal genauer mit den Figuren und Strukturen in der Kantorei.

Die Kantorei

Die Übersicht, die die Hofmusikerbestände einiger ausgewählter Jahre auflistet, lässt erkennen, dass Kurfürst Moritz seine Hofmusik 1548 ohne Instrumentalisten (Organist ausgenommen) begonnen hatte; nur ein Lautenist wurde zur Unterrichtung bzw. Unterhaltung der Herrschaft ins Torgauer Hoflager bestellt. Damals beschränkte sich die Kapellmusik gewöhnlich auf das Singen geistlicher Musik (mit Orgelverstärkung); lediglich für besondere Anlässe, wie die fürstliche Vermählung von 1548, wurden Instrumentalisten engagiert. Die sechs welschen Spieler, die Kurfürst Moritz 1549 aus Italien mitbrachte, konnten erst 1553 anlässlich der Karnevalsfestlichkeiten mit den Sängern zusammengeführt werden, denn zunächst waren sie als Künstler an der Ausgestaltung des Dresdner Schlosses beteiligt, während die Kantorei wegen der großen Umbaumaßnahmen und der Errichtung einer neuen Schlosskapelle (seit 1551) noch bis zwischen 1550 und 1552 in Torgau blieb. Deshalb gibt es auch keine Kapellliste aus Kurfürst Moritz' kurzer Regierungszeit, in der beide Ensembles zusammen erscheinen. Mit der bevorstehenden Pensionierung Johann Walters 1554 sah sich Kurfürst August veranlasst, nicht nur nach einem geeigneten Kapellmeister Ausschau zu halten, sondern auch eine niederländische Kantorei zu gründen, die neben den bereits von Kurfürst Moritz angestellten niederländischen Sängern (ein Altist und zwei Knaben)[20] aus dem neuen Kapellmeister Mattheus le Maistre (um 1505–1577) und weiteren Sängern bestand, die offenbar noch zu Walters Zeit nach Dresden kamen.[21] Sie bildeten ein vollstimmiges, von der deutschen Kantorei unabhängiges Ensemble und erscheinen in manchen Personallisten auch als separate Gruppe.

Die Kapellknaben[22], die 1555 kurzzeitig einen einmaligen Höchststand von 16 Personen erreichten, sonst aber weitgehend auf zehn oder acht Personen beschränkt blieben, wirkten neben den erwachsenen Männern (Alt, Tenor, Vagans, Bass) als Diskantisten (höchste Stimme) mit – vergleichbar den Knabenchören an den städtischen Lateinschulen und den mit ihnen verbundenen Stadtkantoreien. Sie wurden wie die Erwachsenen[23] nicht nur aus Dresden, sondern auch aus anderen Regionen und sogar aus dem Ausland gewonnen. Da sie nur bis zu ihrem Stimmbruch mitsingen konnten, finanzierte der Kurfürst ihre zwei- bzw. dreijährige Weiterbildung an den kursächsischen Fürstenschulen (KO 1555/68/92), vornehmlich in Pforta.[24] Anschließend konnten sie auf kurfürstliche Kosten ein Studium an einer kursächsischen Universität aufnehmen, wobei das dritte Jahr nur bei zufriedenstellendem Zeugnis bewilligt wurde.[25] Da nicht alle Knaben wieder als Sänger angenommen werden konnten, wurden sie später zur Übernahme anderer Hofämter verpflichtet (KO 1568/92). Besonders begabte Jungen durften auch auf die gewöhnliche Schulbildung verzichten und sich nach ihrem Stimmbruch weiter zu Sängern oder Spielern ausbilden lassen, zum Teil sogar im Ausland. Nach einer gewissen Einlernzeit spielten sie bereits im Ensemble mit – zum Nutzen der Erwachsenen, die sich gern durch ihre Schüler vertreten ließen.

Die Kantorei wirkte nicht nur in Dresden, sondern begleitete den Kurfürsten selbstverständlich auch auf Reisen. Neben besonderen Ereignissen, bei denen die Instrumentalisten mitwirkten, wurden teilweise nur die Sänger oder sogar nur die Knaben angefordert, zum Beispiel nach Torgau 1562 und Stolpen 1567.[26]

Wie sah der Alltag der Musiker aus? Nach der ursprünglichen Anordnung Kurfürst Moritz' hatten die im Hofkleid zu erscheinenden Sänger täglich einmal vor- und einmal nachmittags aufzuwarten (KO 1548). Kurfürst August legte sich nicht mehr auf bestimmte Tageszeiten fest, sondern verlangte ihren Einsatz, sei es der gesamten Kantorei, sei es ausgewählter Sänger, auf Ansagen (KO 1555/68/92). Hierbei ging es stets um Dienste an der herrschaftlichen Tafel bzw. bei Gastmahlen, denn die weitaus wichtigeren Gottesdienste, denen in den Ordnungen auch mehr Platz eingeräumt wird, fanden zu festgelegten Zeiten statt und kamen zu diesem Pensum noch hinzu. Bei anstehenden Gottesdiensten in der Schlosskapelle sollten sich die Sänger zuvor in der Wohnung des Kapellmeisters versammeln und von dort aus in einer bestimmten Formation zum Schloss laufen (KO 1548/55/68).[27] Da der Auftritt den geordneten Rückzug der Kapelle aus der Schlosskirche einschloss, wurde bald die Ergänzung nötig, dass die Musiker nach dem Dienst in derselben Ordnung zurück zur Wohnung des Kapellmeisters und erst von dort aus nach Hause gehen sollten. Zudem sollten sie während des Dienstes nicht umherlaufen oder die Prädikanten stören (KO 1555/68). Fünf Jahre später wurden erneut die Pünktlichkeit und die Vollständigkeit der Musiker sowie ihr Verbleib in der Kirche während des Gottesdienstes und die gemeinsame Anhörung der Predigt ohne ständiges Aus- und Eingehen gefordert (Befehl 1560). Wiederum weitere acht Jahre später wurde bemängelt, dass die Musiker während des Gottesdienstes die Kirche verließen (KO 1568).[28] Lassen sich derartige, immer wiederkehrende Probleme auf die mangelnde Disziplin einzelner Kapellmitglieder zurückführen, so verweisen andere Anordnungen eher auf Defizite in der Kapellleitung. Damit kommen wir auf den Kapellmeister und den Kapellknabenlehrer zu sprechen.

Kapellmeister

Der Kapellmeister war »Haupt«, »Moderator« und »Regent« der Kapelle. Er dirigierte das Ensemble bei musikalischen Aufführungen, wobei er selbst als Musiker mitwirkte. Zunächst war es ein Bassist: der »Urkantor« Johann Walter, gefolgt von Mattheus Le Maistre, der ebenfalls Sänger war. Er wurde extra aus den Niederlanden geholt und dank seiner überragenden Fähigkeiten dem ebenso begnadeten und bereits in der Kapelle tätigen welschen Instrumentalisten Antonio Scandello (1517–1580) vorgezogen.[29] Mit dem krankheitsbedingten Ausscheiden Le Maistres 1568[30] durfte Scandello dann das Amt übernehmen, wobei er wegen der dann dreifachen Bezahlung (Komponist/Dirigent – Knabenversorger – Instrumentalist) darauf achtete, seinen alten Posten als Instrumentalist behalten zu dürfen.[31]

Zum Dirigieren gehörten selbstverständlich auch die vorherigen Proben. Um täglich »mit kunstreichen und lieblichen Motetten und Gesängen desto herrlicher und prächtiger« aufwarten zu können und nicht ständig »eandem cantilenam« (die alte Leier) singen zu müssen (KO 1555/68/92), hatten die Sänger die schwierigen Stücke möglichst häufig zu »übersingen« (vollstimmig durchzusingen). Dabei sollten sie täglich mindestens eine Stunde an gemeinsamen Gesangsübungen absolvieren und auch sonst, wenn sie der Kapellmeister zum Üben aufforderte, zum Singen erscheinen (KO 1548/55/68). Darüber hinaus wurden die Knaben täglich separat zwei bis drei Stunden im Singen und Notenschreiben unterwiesen (KO 1555/68). Unter Kurfürst August wurde auch der Übungsort genau festgelegt: die Wohnung des Kapellmeisters.

Die vornehmste Aufgabe des Kapellmeisters bestand in der Beschaffung neuer Kompositionen.[32] Entweder komponierte er sie selbst, oder er besorgte fremde Kompositionen durch Abschreiben von Druckausgaben (seltener von Handschriften) und die Anlegung von Stimmbüchern für die Musiker, denn die damaligen kostspieligen Notenausgaben wurden gewöhnlich nur in einem Exemplar angeschafft und mussten zunächst vervielfältigt werden. Dies war eine zeitraubende Arbeit, die aber seit 1560 an einen Notisten delegiert werden konnte, welcher »hinfüro alles, was man in die Kantorei bedarf, notieren«[33] sollte. Freilich entband dies den Kapellmeister nicht von der Verantwortung, für die nötige Qualität und Anzahl der Abschriften Sorge zu tragen. Neben den für die gesamte Kapelle erforderlichen Stücken sollte er später speziell für die Kapellknaben lateinische, deutsche und italienische Stücke »ad æquales« (zu gleich hohen Stimmen) komponieren, die sie alleine vortragen konnten (KO 1568/92).[34]

Schließlich hatte der Kapellmeister die Kapellknaben mit Unterkunft, Nahrung, Kleidung und anderer Notdurft zu versorgen, zumindest zeitweilig. Anfänglich in Torgau hatten die Knaben bei Johann Walter gewohnt und dort auch zusammen mit ihm und ihrem Lehrer Johannes Sangerhaus ihre Mahlzeiten eingenommen, während die anderen erwachsenen Sänger und der Organist in der Hofstube des Torgauer Schlosses speisten (KO 1548). Mit der Anstellung des neuen Kapellmeisters Le Maistre in Dresden änderte sich die Wohnsituation. Von nun an wohnten die Knaben bei ihrem Lehrer Lazarus Lengefeld(er) (KO 1555), da dem niederländischen Kapellmeister eine eigene Wohnung für sich und zwei Knaben, die er aus seiner Heimat mitgebracht hatte (und die vom Unterricht der anderen Knaben ausgeschlossen waren), zustand.[35] Damals wurde auch die Speisung der Knaben ins Schloss verlegt.[36] Spätestens 1563 wurden die Knaben aber dem Hofprediger Christian Schütz übergeben, bei dem sie wohnten und unterrichtet wurden und der sie 1568 wiederum dem neuen Kapellmeister Scandello anvertraute. Ob es stets die Knaben oder ihre Betreuer waren, die jeweils umgezogen sind, um alle unter Dach und Fach zu bringen, bedarf weiterer Forschung. Ebenso bleibt vorerst ungeklärt, wo sich die Unterkünfte befanden, um welche dieser Wohnungen es sich bei dem Haus in der Kleinen Brüdergasse handelte, das der Kurfürst von Hieronymus Altpeck für die Kapellknaben abgekauft hatte,[37] und welches »Cantorei-Haus« sich in der Kundigergasse, der späteren Breitengasse, befand.[38]

Selbstverständlich musste der Kapellmeister mit vorbildlichem christlichem Lebenswandel vorangehen, unparteiisch sein und sich aller Laster, vor allem der Trunkenheit, enthalten. Dazu gehörte auch das Verbot, die Kapellknaben zum Zechen mitzunehmen, was ebenso für den Knabenlehrer galt (Befehl 1560).

Kapellknabenlehrer

Der zur Unterrichtung der Knaben angestellte Lehrer, der in den Akten als »Informator«, »Magister«, »Pädagoge« oder »Präzeptor« erscheint, war für alles zuständig, was zur Erziehung und Ausbildung der Knaben gehörte und über musikalische Fragen hinausging. Er hatte sich ganztägig um sie zu kümmern, sie zu disziplinieren, gemeinsam mit ihnen zum Gottesdienst sowie zur Speisung zu gehen und sie auch auf ihren Reisen zu begleiten. In erster Linie kam es auf die christliche und tugendhafte Erziehung und den Deutsch- und Lateinunterricht an, wobei die individuellen Fertigkeiten der Jungen gefördert werden sollten. Dieses umfassende Aufgabengebiet, verbunden mit der Verpflichtung, unter der Woche auch noch mehrere Predigten zu halten (1558), führte schließlich dazu, dass eine Person angenommen wurde, die nicht in erster Linie musikalische, sondern vor allem geistliche Funktionen bekleidete. So wurde nach den Bestallungen der Tenoristen Johannes Sangerhaus (1548) (neben dem mit liturgischen Funktionen betrauten Bassisten Johannes Cellarius) und Lazarus Lengefeld(er) (1553) der bereits 1558 als dritter Hofprediger eingeführte Lehrer Nicolaus Selnecker (1530–1592) angestellt (1559). Dieser hatte neben der Knabenerziehung allsonnabendlich in der Schlosskapelle zu predigen und die anderen Hofprediger im Bedarfsfall zu vertreten. Hierbei wurde er in der Unterrichtung der Knaben selbst durch einen Gehilfen vertreten. Ferner musste er sich um die Hofkranken kümmern und alle anderen gewöhnlichen geistlichen Ämter verrichten, wobei er selbstverständlich dem ersten Hofprediger untergeben war. Offenbar eignete er sich für noch höhere Aufgaben, denn 1560 wurde er neben der Erweiterung seiner Samstagsgottesdienste auf die Donnerstage sogar als Prinzenerzieher angestellt, verbunden mit zusätzlichen Reisen, auf denen er die Herrschaft begleitete. Da er bei dieser gewaltigen Arbeit nicht mehr seinen täglichen Verpflichtungen den Kapellknaben gegenüber nachkommen konnte, wurde er fortan von dem neuen Kapellknabenlehrer Caspar Wirt (ehemaliger Kantor von Alten-Dresden) unterstützt, wobei er darauf achtzugeben hatte, dass dieser seine Pflichten erfüllte.[39]

Von nun an war es in der Regel wieder ein Tenorist, der für die Erziehung der Knaben zuständig war, angefangen bei Caspar Wirt (1560) über Balthasar Obser (1566) und Peter Scheinpflug (1575) bis hin zu Paul Klein (1582[40]) und Andreas Petermann (1586).

Probleme

Nun kann man den zahlreichen Verordnungen im selben Maß, wie sich aus ihnen der angestrebte Idealzustand der Kapelle rekonstruieren lässt, alles Verbesserungsbedürftige entnehmen. Dabei entsprach es der Natur der Dinge, dass die grundlegenden Probleme ausgerechnet bei den Verantwortlichen, dem Kapellmeister und dem Knabenlehrer, auftauchten. Zunächst einige Beispiele zum Kapellmeister:

- Eine erste generelle Kritik äußerte sich in der Verallgemeinerung, die Niederländer könnten manchmal mit ihren »Koloraturen so gar wohl nicht konkordieren noch den Zuhörern genugtun«. Um Uneinigkeit zu vermeiden, sollten sie deshalb bei zwei- oder dreistimmigen Aufführungen mit den deutschen Sängern gemischt werden (KO 1555/68). Hier ging es indes weniger um die mangelhafte Gesangskunst der Niederländer, denn diese waren ja gerade dank ihrer besonderen musikalischen Qualitäten engagiert worden,[41] und auch die »alten Cantores« (die Deutschen) mussten sich Kritik gefallen lassen und hatten »ein fein lieblich Art mit Kolorieren an sich zu nehmen und ihre Stimmen zu mäßigen«. Der wahre Grund für die Mischung zwischen Deutschen und Niederländern waren die politischen Konflikte: Um Barrieren zwischen beiden Vokalensembles abzubauen, sollten musikalische Darbietungen stets in deutsch-niederländisch gemischter Besetzung durchgeführt werden. Der niederländische Kapellmeister sollte also bei geringstimmigen Werken, bei denen nicht alle Sänger mitwirken konnten, seinen eigenen Leuten keinen Vorzug geben.[42]

- Die täglichen gemeinsamen Übersingstunden der Kantorei sollten nicht zuletzt der Überprüfung der Musikstücke hinsichtlich ihrer Eignung und der Qualität ihrer Abschriften dienen, damit bei den Aufführungen in der Schlosskirche und bei Tafel nichts schiefging (KO 1555/68/92). Diese Aufforderung verweist ebenfalls auf Le Maistre und seine offenbar ungenügend erfüllte Pflicht, geeignetes Notenmaterial anzufertigen und zufriedenstellend einzustudieren.

Beide Probleme müssen allein in der kurzen Zeit zwischen Walters Weggang Ende September bzw. Le Maistres Anstellung im Oktober 1554 und der Ausfertigung der neuen Kantoreiordnung zum Jahreswechsel 1554/55 entstanden sein. Auf Walters Amtszeit dürften sie sich nicht bezogen haben, denn zum einen hat der deutsche »Urkantor« wohl kaum die Niederländer bevorzugt, und zum anderen weisen kurfürstliche Dokumente Walter als besonders gewissenhaften Notenbeschaffer aus.[43] Da diese Forderungen später erneut auftauchen, trafen sie allerdings nicht allein auf Le Maistre, sondern auch auf seine(n) Nachfolger zu. Hier kommt eine Kehrseite ihres Künstlerdaseins zum Vorschein: Im Unterschied zu Johann Walter bevorzugten sie die international immer reichhaltigere frankoflämische Musik und hatten bei all ihrer kreativ-experimentellen Praxistätigkeit keine Zeit mehr für gründlich-ordnende Fleißarbeiten, die von anderen durchgeführt, aber von ihnen selbst nicht immer nachgeprüft werden konnten.

- Auch seinen Komponierpflichten kam Le Maistre nicht genügend nach. So findet sich 1560 die Forderung, er solle fleißiger komponieren, damit nicht ständig »einerlei«, sondern auch etwas »Neugesetztes« gesungen werden könne (Befehl 1560). Einige Jahre später verlangte der Kurfürst erneut, »die besten Gesänge« zu bevorzugen, zumal er verstärkt das »Ingrossieren« (die Notenvervielfältigung) finanziere (KO 1568) – ein Verweis auf den 1560 angestellten Notisten.
- Andererseits mussten Kapellmeister und Notist wiederholt an das Verbot erinnert werden, Stücke heimlich zu vervielfältigen und in Umlauf zu bringen (KO 1568/92).[44]

Wurden diese Formulierungen auch erst nach Le Maistres Pensionierung der neuen Kantoreiordnung einverleibt, so beruhten sie doch auf Erfahrungen, denen man zukünftig vorbeugen wollte.

Nun kann man diesen Kritiken einen triftigen Grund entgegenhalten: Der alternde Kapellmeister Le Maistre litt zunehmend unter Gichtschmerzen und war überhaupt nicht in der Lage, sich um sämtliche ihm obliegende Kapellangelegenheiten zu kümmern. 1565 war er sogar gezwungen, um die Abgabe der Kapellleitung zu bitten, wenn auch unter dem Versprechen, weiterhin Kirchen- und Tafelmusik zu komponieren und, soweit möglich, seine sonstigen Pflichten als Musiker zu erfüllen. Seinem Wunsch nach Entlastung gab der Kurfürst indes, abgesehen von der Bewilligung eines lebenslangen Gnadengeldes, nicht statt; vielmehr hielt er ihn an, nicht nur weiter zu komponieren, sondern auch zu dirigieren und die Knaben im Singen zu unterweisen.[45] Diese Forderung war keineswegs auf den Kranken zugeschnitten und ist auch in späteren Kapellmeisterbestallungen gleichlautend zu lesen.[46]

Kommen wir nun zum Knabenlehrer:

- 1560 wurde Kritik über die unzureichende Disziplinierung und die mangelhafte Betreuung der Knaben während der Gottesdienste und der Mahlzeiten laut (Befehl 1560). Sie ging auf das Konto des neuen Tenoristen und Lehrers Caspar Wirt.
- Bereits 1558 war man auf der Suche nach einem geistlichen Lehrer gewesen, der schließlich in Nicolaus Selnecker gefunden wurde. Dieser »Magister« sollte zugleich die Verwaltung der Speisen- und Getränkegelder für die Knaben übernehmen. Ob Selnecker die Jungen auch bei sich aufgenommen hat, ist ungewiss; in seiner Bestallungsurkunde von 1559 bleibt diese Frage unerörtert. Da er jedoch schon im Folgejahr das Lehramt wieder abgab, bedurfte es ohnehin bald eines neuen Knabenversorgers. Caspar Wirt war aber anscheinend nicht in der Lage, sich ausreichend um die Knaben zu kümmern, obwohl dies so in der Kantoreiordnung von 1555 festgelegt worden war. Denn spätestens 1563, vielleicht schon 1560 oder noch eher, wurde die Entscheidung getroffen, die Versorgung der Jungen in die Hände des Hofpredigers Schütz zu legen. Fortan wurden diesem die Gelder zugewiesen, damit er »die Knaben zur Notdurft […] versorge«[47]. Verständlicherweise beschränkten sich die Summen nicht mehr auf die Kosten für die Nahrungsmittel, sondern erstreckten sich nun auf den gesamten täglichen Bedarf (exklusive Kleidergeld). Bei dieser Konstellation blieb es bis zur Bestallung des neuen Kapellmeisters Scandello, dem Schütz 1568 die Jungen übergab.[48] In diese Phase fällt auch die Amtszeit des nächsten Knabenlehrers Balthasar Obser, der seit 1566 als Tenorist und 1568/74 als Lehrer nachgewiesen ist und ebenfalls nur für die Erziehung, nicht aber für die Versorgung der Knaben zuständig war.

- Als der erkrankte Kapellmeister den Kurfürsten um Entlastung bat, wurde ihm, seiner Familie und seinem Gesinde 1566 immerhin das Kapellknabenhaus (des Hofpredigers) zur Verfügung gestellt, wenn auch nur bis zur Ernennung des neuen Kapellmeisters sowie unter der Bedingung, keine Fremden aufzunehmen und die Knaben nicht zu beeinträchtigen.[49] Le Maistre hatte also keine Erlaubnis, in den Alltag der Jungen einzugreifen. Deshalb trat er im darauffolgenden Jahr erneut an den Kurfürsten heran: Da »unter den Knaben nicht einer wohl tüchtig sei, auf den man sich an der kurfürstlichen Tafel und in der Kirche verlassen könne«, ersuchte er ihn darum, ihm die Kapellknaben zuzueignen, »auf dass sie nicht so jämmerlichen in ihrer blühenden Jugend am Singen, Kolorieren und Komponieren versäumet würden«[50]. Le Maistre wünschte also die Übernahme der Knaben aus der Obhut des Hofpredigers Schütz zu sich, um sie besser betreuen und so wieder musikalisch fit machen zu können. Zum anderen äußerte er auf diese Weise Kritik am Knabenlehrer Obser, der offenbar nicht pflichtgemäß darauf achtete, dass die Knaben zum Unterricht beim Kapellmeister erschienen. Oder war diese Aufgabe an den Hofprediger übergegangen? Dieser Vorfall scheint Le Maistres Pensionierung beschleunigt zu haben, denn bei der 1567 angeordneten,[51] aber wohl noch bis 1568 verzögerten Zusammenführung von Knaben und Kapellmeister, die sicher auch vom Hofprediger begrüßt wurde, bot es sich an, nicht den alten, sondern gleich den neuen Kapellmeister damit zu beauftragen. Dass darüber hinaus die Zeit der Übungen, die der Knabenlehrer in der Kapellmeisterwohnung abzuhalten hatte, auf vier Stunden festgelegt wurde (KO 1568), ist ein weiteres Indiz dafür, dass Obser seinen Lehrpflichten nicht genügend nachgekommen war.

Der Kurator – Teil II

Man sieht: Von einer vorbildlichen Kapellmusikpflege war man weit entfernt; es hatten sich viele gravierende Probleme in der Kantorei angesammelt, die mit den genannten Maßnahmen behoben werden sollten. Doch war dies alles, was der Kurfürst zu diesem Zweck unternahm? Es wird doch kein Zufall sein, dass mit den Problemen in der Kantorei auch die Aufgaben des Kurators wuchsen. Rufen wir uns in Erinnerung:

- Laut Befehl von 1560 – der sich mit nicht weniger als zwölf Kapellproblemen beschäftigt und als Indiz für die (spätestens) damalige Installation des Hofpredigers als Kurator der Kapelle angesehen werden kann – durfte Schütz widerspenstige Kapellmitglieder ersetzen. Hatte diese Maßnahme vielleicht etwas mit der erwähnten Bevorzugung der weniger anpassungsfähigen Niederländer durch Le Maistre und mit einer möglicherweise einseitigen Auswahl neuer Kapellmitglieder zu tun? Schließlich finden sich in der Kapellliste von 1560 tatsächlich zwei neue Niederländer, die zu einem neuen Ungleichgewicht zwischen Deutschen und Niederländern geführt und eine stärkere Kontrolle von außen erforderlich gemacht haben könnten. Auffälligerweise wurde der Kurator 1566 erneut beauftragt, über die Aufnahme eines niederländischen Tenoristen zu urteilen. Auch diesen könnte der Kapellmeister nicht nur deshalb vorgeschlagen haben, weil er einen weiteren Tenoristen benötigte, sondern auch, weil er einen Landsmann unterbringen wollte. Der Kurfürst war es jedenfalls nicht, der Interesse an einem neuen Niederländer zeigte, denn er ließ ja den Kurator darüber entscheiden. Das Fehlen eines solchen Neulings in der nächsten Kapellliste von 1568 scheint für diese These zu sprechen: Der Kurator hatte von seinem Entscheidungsrecht Gebrauch gemacht und den Sänger nach angeordneter Hörprobe abgelehnt.
- Die Übernahme der Knaben aus den Händen des überforderten Lehrers durch den Hofprediger um 1560/63 wurde bereits geschildert. Hierbei hatte man wohl auch darauf Rücksicht genommen, dass Le Maistre aufgrund seiner Erkrankung mit solch einer Aufgabe nicht belastet werden konnte, obwohl dieser später in seiner großen Sorge um die musikalische Bildung der Jungen extra darum bat. Ebenso könnte die fortgesetzte Verwaltung der Knabengelder seit 1568 durch Schütz, als die Knaben gar nicht mehr bei ihm, sondern beim neuen Kapellmeister wohnten, eine Maßnahme zur Entlastung Scandellos gewesen sein, der neben seinem neuen Amt weiterhin als Instrumentalist tätig war und doppelte musikalische Arbeit leistete. Andererseits könnte diese Maßnahme auch als Kontrollmechanismus angesehen werden, denn nun hatte sich Scandello immer, wenn er für die Knaben Geld benötigte, an den Hofprediger zu wenden, also vermutlich fast täglich. Schütz übte somit eine starke Kontrolle über den Alltag des Kapellmeisters aus.
- Auffälligerweise wurde Scandello zudem verpflichtet, sich nach der Kirchenordnung und den Anordnungen des Hofpredigers zu richten. Eigentlich liegt dies nahe, denn ein jeder Kantor der lutherischen Landeskirche hatte sich in Kirchensachen an die Vorgaben des jewei-

ligen Pfarrers hinsichtlich der zeremoniellen Abläufe und der kirchenjahreszeitlich gebundenen Texte zu halten. Gerade deshalb schien eine solche Formulierung in einer der Kirchenordnung unterliegenden Kantoreiordnung überflüssig. Dennoch taucht sie sogar in der nächsten von 1592 unter dem späteren niederländischen Kapellmeister Rogier Michael erneut auf. Ob diese und andere neuartige Floskeln vielleicht Übernahmen aus anderen Kantoreiordnungen waren? Auf alle Fälle war es der Hofprediger, der von ihnen profitierte. Hier ging es wohl um eine weitere konfessionelle Absicherung gegen die immer stärker international ausgerichtete Hofkapelle, und dies, obwohl gerade Scandello von Beginn an als konvertierter Instrumentalist mit den mitteldeutschen Bräuchen am kursächsischen Hof nicht nur bestens vertraut war, sondern sich durch Vertonungen lutherisch-deutscher Texte sogar besonders um sie bemühte.

- Die deutlichste Parallele zwischen der Eindämmung der Kantoreiprobleme und der Einflussnahme durch den Kurator findet sich in der genauen Festlegung der täglichen Mindestunterrichtsdauer für den Knabenlehrer Obser 1568 zur Verhinderung des weiteren Niedergangs der Knabenerziehung einerseits und der gleichzeitigen Autorisierung des Kurators zu dessen Ersetzung bei ungenügender Unterweisung der Jungen (ohne Rücksicht auf mögliche Einwände vonseiten des Kapellmeisters) andererseits.

Nachdem Schütz 1563 sogar Weisung erhalten hatte, ein Inventar über die Musikinstrumente fertigen zu lassen,[52] und er sicher noch zahlreiche andere Befehle in Sachen Hofkapelle erhalten hat, ist nun davon auszugehen, dass er über die Zustände in der Kapelle, sei es bei den großen und den kleinen Sängern, sei es bei den Spielern, bestens im Bild war. Überhaupt ist es nur logisch, dass der als Geistlicher musikalisch geschulte und den Sängern in Kirchensachen ohnehin überstellte erste Hofprediger der geeignetste Mann war, um in der Kapelle Ordnung zu schaffen. Somit wurde er dank des Kuratorenamts nicht nur in Kirchensachen, sondern faktisch auch in Personalangelegenheiten zum Oberhaupt der Kapelle ernannt. Seinen Aufgaben, die je nach Fähigkeit der angestellten Kapellmeister und Knabenlehrer sehr unterschiedlich ausfallen konnten, scheint er in vollem Umfang gerecht geworden zu sein, sonst hätte man ihm diese Kompetenzen nicht übertragen.

Christian Schütz' Blatt wendete sich jedoch mit der Zunahme seiner calvinistischen Umtriebe.[53] Im Juli 1573 hatte er gemeinsam mit Scandello einen Brief verfasst, in dem er den Kurfürsten um die Angleichung der Gehälter zwischen den deutschen und niederländischen Sängern sowie um die Beiordnung eines Beamten, der die Sänger gegebenenfalls bestrafen könne, bat. Dieses Gesuch blieb erfolglos,[54] obwohl doch die Kantoreiordnungen dem Kurator eindeutig zugestanden, die »Notdurft« der Kapelle beim Kurfürsten vorbringen zu dürfen (KO 1555/68/92). Hatte Schütz, dem der Kurfürst bisher Gehör geschenkt hatte, bereits seinen Einfluss verloren, um ein halbes Jahr später ganz in Ungnade zu fallen? Oder war sein Wunsch einfach nur unrealistisch? Wie dem auch sei – eine Stichprobe beim späteren Hofprediger Martin Mirus 1581 zeigt ganz deutlich die starke Veränderlichkeit des Kuratorenamts.

Nachdem Scandello 1580 gestorben war, wurden die Knaben während der mehrmonatigen Vakanz der Kapellmeisterstelle ihrem damaligen Lehrer Peter Scheinpflug überantwortet. Hierfür musste dieser aber erst Gelder vorstrecken und Schulden aufnehmen, um Scandellos Witwe entschädigen und die Knaben übernehmen zu können. Zu allem Unglück brachte es der neue Kapellmeister Giovanni Battista Pinello di Ghirardi (um 1544–1587) fertig, die Knaben ihrem Lehrer durch üble Rede abspenstig zu machen und sich ihre Versorgungsgelder, die Scheinpflug größtenteils noch zustanden, anzumaßen und für fremde Zwecke zu missbrauchen.[55] Wir fragen nun: Wo blieb damals der Kurator, dem doch theoretisch die Verwaltung der Knabengelder oblag? Warum musste sich Scheinpflug aus seinem privaten Umfeld Geld zur Versorgung der Kapellkaben leihen, und warum musste er, mittlerweile resigniert und in Stolpen als Diakon tätig, den Kurfürsten bzw. seine Räte wiederholt ersuchen, in der Sache Pinello einzuschreiten und Mirus entsprechend zu befehligen? Vernachlässigte der Kurator Mirus – in der Quelle ist er als solcher bezeichnet – seine Pflichten, oder hatte sich sein Aufgabengebiet inzwischen geändert? Selbstverständlich gehen wir davon aus, dass Mirus als Kurator der Kapelle keine Fehlbesetzung war. Von seinem Verständnis für Kirchenmusik zeugt nicht nur sein Hofpredigeramt, das er entgegen den späteren calvinistischen Tendenzen unter Kurfürst Christian I. mit lutherischer Standfestigkeit ausübte, solange ihm dies möglich war, sondern auch sein erfolgreiches Engagement für die Kantorei seiner Heimatstadt Weida, die ihm eine kurfürstliche Unterstützung verdankte.[56] Die Kompetenzen des Kurators scheinen also aus anderen Gründen eingeschränkt worden zu sein. Für diese These spricht, dass auch der spätere Lehrer Andreas Petermann die Jungen schlicht »uf den ihnen zugeordneten Deputat« zu versorgen hatte, während von einem Kurator keine Rede mehr ist (KO 1592). Doch wie weit war die Herabsetzung des Kurators gegangen, und hatte sie etwas mit den Intrigen des Hofpredigers Schütz zu tun?

Diese und andere Fragen müssen vorerst unbeantwortet bleiben. So bleibt offen, welcher Kurator in welchem Umfang auf den Personalbestand der Hofkapelle sowie auf den Wortlaut der Kantoreiordnung, vielleicht auch auf die Musik selbst, Einfluss genommen hat und inwieweit sich wer beim Landesherrn und den Räten im Sinne der Kapellmitglieder eingesetzt hat. Die bisherigen, anhand der exemplarischen Quellenauswahl gefundenen Indizien sollten aber ein kleiner Denkanstoß in diese Richtung sein. Immerhin konnten wir feststellen, dass der Hofprediger Christian Schütz so geschickt agierte, dass der Kurfürst ihn mit Rechten und Pflichten ausstattete, die über Obliegenheiten manch eines anderen Kurators weit hinausgingen. Seien wir also gespannt auf zukünftige Erkenntnisse über die Machtverhältnisse zwischen Kapellmitgliedern, Hofpredigern, Hofmarschällen, Landesherren und anderen »Mitspielern« der Dresdner Hofmusik in Kurfürst Augusts wie auch in späterer Zeit.

ANMERKUNGEN

1 Christa Maria Richter, Walter-Dokumente, in: Johann Walter, Torgau und die evangelische Kirchenmusik, hrsg. von Matthias Herrmann (Sächsische Studien zur älteren Musikgeschichte 4), Altenburg 2013, S. 167–316, Dok. 62. | **2** Moritz Fürstenau, Beiträge zur Geschichte der Königlich Sächsischen musikalischen Kapelle, Dresden 1849, S. VI. | **3** Vgl. Matthias Herrmanns Beitrag in diesem Band aus der Perspektive des hauptsächlichen Wirkungsortes der Hofkapelle: der Schlosskapelle. | **4** Im Folgenden wird aus Platzgründen bei allgemein bekannten Tatsachen, die für den vorliegenden Zusammenhang ohne besondere Relevanz sind, auf Quellen- und Literaturangaben verzichtet. | **5** Vgl. Christa Maria Richter, Johann Walter aus Sicht der neu entdeckten Textdokumente, in: Herrmann, Johann Walter (wie Anm. 1), S. 127–165/308–316, hier S. 142 ff. | **6** Vgl. Fürstenau, Beiträge (wie Anm. 2), S. 21. | **7** Inhaftierung eines niederländischen Sängers 1554: Loc. 9713/23, 1 fol.; 1575: Moritz Fürstenau, Die Instrumentalisten und Maler Brüder de Tola und der Kapellmeister Antonius Scandellus. Ein Beitrag zur Kunstgeschichte Sachsens im 16. Jahrhundert, in: Archiv für Sächsische Geschichte 4 (1866), S. 167–203, hier S. 197. | **8** Vgl. Fürstenau, Beiträge (wie Anm. 2), S. 23 f. | **9** Musiker, die dem Dienst fernbleiben mussten, wurden nicht mehr unter Strafe gestellt, sondern sollten dies lediglich zuvor dem Kapellmeister mitteilen, welcher Ausnahmen genehmigen durfte. Gestrichen wurden ferner jene Strafen, die ein Musiker erhielt, wenn er einen strafwürdigen Kollegen nicht rügte und anzeigte. Und schließlich wurden Diensthabende von der Vesper freigestellt. Der Vorentwurf zur KO 1592 enthält zudem eine ausführliche Erinnerung an den Diensteid, die jedoch nicht in die Kantoreiordnung einging. Die Kantoreiordnung von 1592 schien eine ganz neuartige, wenn auch auf der alten Ordnung basierende Regelung des vormundschaftlich regierenden Administrators Friedrich Wilhelm I. von Sachsen-Weimar gewesen zu sein, deren Freizügigkeit jedoch – ähnlich dem Verzicht auf den weiteren Personalausbau – zugleich eine gewisse Beliebigkeit ausstrahlte. Immerhin wurde in der 1594 überarbeiteten Fassung unter Bezugnahme auf den Torgauer Religionseid von 1592 von den Kapellisten die Einhaltung der Augsburgischen Konfession gefordert. Fürstenau, Beiträge (wie Anm. 2), S. 37. | **10** Vgl. Wolfram Steude, Die Dresdner Hofkapelle zwischen Antonio Scandello und Heinrich Schütz (1580–1615), in: Der Klang der Sächsischen Staatskapelle Dresden. Kontinuität und Wandelbarkeit eines Phänomens. Bericht über das Symposium vom 26. bis 27. Oktober 1998 im Rahmen des 450jährigen Jubiläums der Sächsischen Staatskapelle Dresden […], hrsg. von Hans-Günter Ottenberg und Eberhard Steindorf (Dresdner Beiträge zur Musikforschung 1), Hildesheim u.a. 2001, S. 23–45, hier S. 28. | **11** Wilhelm Schäfer, Einige Beiträge zur Geschichte der Kurfürstlichen musikalischen Capelle oder Cantorei unter den Kurfürsten August, Christian I. u. II. u. Johann Georg I. (Nach freundlich überlassenen urkundlichen Mittheilungen des Herrn Kammermusikus Moritz Fürstenau.), in: Sachsen-Chronik für Vergangenheit und Gegenwart […], hrsg. von Wilhelm Schäfer, Dresden 1854, S. 404–451, hier S. 404/412. | **12** Quellen wie Anm. 19 und 50. | **13** Quellentranskriptionen durch die Verfasserin online unter www.quellenlese.de. — KO 1548: Loc. 8687/1, fol. 3–8; Urkunde Nr. 11369, 6 fol.; textkritische Edition in Richter, Walter-Dokumente (wie Anm. 1), Dok. 51. — KO 1555: Loc. 8687/1, fol. 9–26; vgl. Fürstenau, Beiträge (wie Anm. 2), S. 24 ff.; Schäfer, Beiträge (wie Anm. 11), S. 407 f., 413 f., 421; Moritz Fürstenau, Die Cantoreiordnung Kurfürst August's von Sachsen vom Jahre 1555, in: Mittheilungen des Königlich Sächsischen Vereins für Erforschung und Erhaltung vaterländischer Geschichts- und Kunstdenkmale 17 (1867), S. 51–67, hier S. 56 ff. — Befehl an den Hofprediger zur Besserung der Disziplin in der kursächsischen Hofkapelle 1560: Kopial 279, fol. 207 f. — KO 1568: Loc. 32435, Rep. XXVIII, KO Nr. 1, fol. 0–11, 15 f.; KO Nr. 2, 12 fol. (unbearbeitete Fassung). — KO 1592: ebd. (bearbeitete Fassung); vgl. Fürstenau, Beiträge (wie Anm. 2), S. 37, 41. — Vorentwurf der KO 1592: KO Nr. 1, fol. 12 f. | **14** Das bei Fürstenau, Die Cantoreiordnung (wie Anm. 13), S. 67, genannte Jahr 1568, das sich auf die KO 1568 bezieht, ist falsch. | **15** In Fürstenau, Die Instrumentalisten (wie Anm. 7), S. 199, wird Triller als Kurator erwähnt (ohne Nachweis). | **16** Kopial 221, fol. 104; vgl. Richter, Walter-Dokumente (wie Anm. 1), Dok. 64. | **17** Loc. 8687/1, fol. 27r. | **18** Torgauer Stadtchronik, begonnen von Michael Böhme (16. Jh.), fortgeführt im 17./18. Jh., Stadtarchiv Torgau, H 123, S. 179; Teilauszug in: Richter, Walter-Dokumente (wie Anm. 1), Dok. 53. | **19** Kopial 326, fol. 342r. | **20** Vgl. Otto Kade, Mattheus le Maistre, Niederländischer Tonsetzer und Churfürstlich Sächsischer Kapellmeister, geb. 15…, gest. 1577. Ein Beitrag zur Musikgeschichte des 16. Jahrhunderts, nach den Quellen bearbeitet und mit Musikbeilagen versehen, Mainz 1862, S. 8 f.; Fürstenau, Die Cantoreiordnung (wie Anm. 13), S. 54. | **21** Laut Pensionsurkunde sollte Walter noch bis Michaelis 1554 die Kantorei »wiederum in ein richtige Ordnung bringen […], damit die neuen und alten Cantores ihrer Stimm und Art halben zu singen in ein rechte liebliche Konkordanz und Harmonei [ge]bracht werden möchten«. Quelle in Anm. 16. Unverkennbar ist die Bezugnahme einerseits auf musikalische Differenzen zwischen deutschen (»alten«) und niederländischen (»neuen«) Sängern und andererseits auf den besseren Zustand der Kantorei vor Einführung der Niederländer (»wiederum«). Die Bezeichnungen »alt« und »neu«, die sich nicht auf Alter oder Bestallungsdatum der Kapellmitglieder bezogen, blieben auch später in Gebrauch. | **22** Vgl. Schäfer, Beiträge (wie Anm. 11), S. 421 ff.; Fürstenau, Die Instrumentalisten (wie Anm. 7), S. 173 f., 198, 202 f. | **23** Zu den Querverbindungen zum Kreuzchor und seinen Kantoren bzw. den in seinem Notenbestand vertretenen Schreibern (Sebaldus Baumann, Lampertus de Fletin, Jacobus Haupt, Andreas Petermann) siehe Wolfram Steude, Vom Werden des Kreuzchores – Anfänge bis 1720, in: Der Dresdner Kreuzchor. Geschichte und Gegenwart. Wirkungsstätten und

Schule, hrsg. von Dieter Härtwig und Matthias Herrmann, Leipzig 2006, S. 10–55, hier S. 33 ff. | **24** Kopial 279, fol. 12, 14, 44 f.,124 und 213; Kopial 271, fol. 197 f.; Loc. 1838/11, fol. 2–7. Diese Regelung war sicher schon unter Kurfürst Moritz eingeführt worden. 1592 wurde die Garantie auf eine Schulbildung eingeschränkt, indem ein Kapellknabe mindestens drei / vier Jahre in der Hofkapelle gewesen sein und sich gut verhalten haben musste (KO 1592).. | **25** Vgl. Loc. 1838/11, fol. 1; Fürstenau, Beiträge (wie Anm. 2), S. 23. Dies traf freilich nur auf einen geringen Teil der Knaben zu. | **26** Rentkopiale 1562, fol. 532r; Kopial 343, fol. 11r. | **27** Später wurde der Treffpunkt in die Hofstube geändert, von der aus man eine Viertelstunde vor dem geplanten Gottesdienstbeginn geordnet zur Schlosskapelle zu gehen und dort bis zum tatsächlichen Beginn zu warten hatte (KO 1592). | **28** Vgl. Fürstenau, Die Cantoreiordnung (wie Anm. 13), S. 62. Später gingen die Probleme in eine etwas andere Richtung: Die Musiker sollten den Takt besser halten, neben dem Figuralgesang auch die deutschen Lieder ordentlich vor dem Pult singen und sich nicht vor dem Dienst drücken; andererseits sollten Musiker, die keinen Dienst hatten, sich auch nicht beteiligen (KO 1592/ Vorentwurf). | **29** Kade, Mattheus le Maistre (wie Anm. 20), S. 9 f. | **30** Le Maistre selbst wurde auf Lebenszeit pensioniert, wirkte aber weiterhin in der Kapelle mit. In zwei Kapelllisten zwischen 1568 und 1573 erscheint er als alter Kapellmeister bzw. als monatlich bezahltes Kapellmitglied. Vgl. Kade, Mattheus le Maistre (wie Anm. 20), S. 12. | **31** Loc. 32435, Rep. XXVIII, KO Nr. 1, fol. 14; Loc. 33340, Gen. Nr. 1922, fol. 563 f. Vgl. Fürstenau, Die Instrumentalisten (wie Anm. 7), S. 182. | **32** Vgl. Steude, Die Dresdner Hofkapelle (wie Anm. 10), S. 24. | **33** Loc. 32437, Rep. XVIII, HO 4c, Teil 1, fol. 61v. Vermutlich handelte es sich zunächst um den Altisten Moritz Bauerbach, der 1562 auch die Abschrift der scandellischen Gedenkmesse für Kurfürst Moritz anfertigte. Vgl. Fürstenau, Die Instrumentalisten (wie Anm. 7), S. 176, dort als Tenorist bezeichnet. 1560 hatte er zudem den abwesenden Knabenlehrer zu vertreten, indem er die Knaben bei ihren Gängen zum Essen und zum Hof begleitete. Ebd., fol. 61r. | **34** Vgl. Fürstenau, Die Cantoreiordnung (wie Anm. 13), S. 65. | **35** Vgl. dagegen Kade, Mattheus le Maistre (wie Anm. 20), S. 11, wonach die Knaben beim Kapellmeister gewohnt hätten. Später durfte Le Maistre nur noch einen Knaben bei einer anstehenden »Verschickung« behalten (Befehl 1560). | **36** Nachweis 1555: Loc. 32436, Rep. XXVIII, HO Nr. 3b; Loc. 32914, Gen. Nr. 1605, 1 fol. Sie speisten in der Hofstube auf der Ritterseite an einem eigenen Tisch, während den erwachsenen Sängern zwei weitere Tische und auch den Instrumentalisten und den Trompetern jeweils ein eigener Tisch zur Verfügung standen. Der Lautenist durfte bei den Edelknaben speisen. 1568 ist die Kapelle nicht mehr aufgelistet. Kopial 222, fol. 366–377. | **37** 1573 klagte Scandello darüber, dass das Kapellknabenhaus zu klein geworden war, und durfte für die Zeit seines Kapellmeisteramts die ehemalige Wohnung seines verstorbenen Schwiegervaters Benedetto Tola auf der Brüdergasse beziehen. Loc. 37291, Rep. XXII, Dresden, Nr. 198, fol. 117–120. | **38** Schäfer, Beiträge (wie Anm. 11), S. 415. | **39** Loc. 33340, Gen. Nr. 1921, fol. 274 f. und 299–301; Wolfgang Sommer, Die lutherischen Hofprediger in Dresden: Grundzüge ihrer Geschichte und Verkündigung im Kurfürstentum Sachsen, Stuttgart 2006, S. 48 f. Bis zu Wirts Festanstellung wurde kurzzeitig ein weiterer Sänger namens Moritz Bauerbach beauftragt, die Knaben bei ihren Gängen zum Essen und zum Hof zu begleiten. Vgl. Anm. 33. | **40** Loc. 32516, Rep. XXIII, Dresden, Nr. 70, fol. 6r. | **41** Vgl. Kade, Mattheus le Maistre (wie Anm. 20), S. IV, 8, 10. Dass sie nicht nur ihre Stimmen »rektifizieren«, sondern sich auch an die (deutschen) Texte gewöhnen sollten (eine immer wiederholte Forderung), bezog sich lediglich auf ihre Aussprache. Ob sie »wahrscheinlich mehr korrekte Notendrescher als gefühlvolle Vokalisten waren« (Schäfer, Beiträge, wie Anm. 11, S. 413), wird man wohl nie herausfinden können. | **42** Vgl. Fürstenau, Die Cantoreiordnung (wie Anm. 13), S. 63. | **43** Quelle in Anm. 16; KO 1548. | **44** Vgl. 1563: Loc. 32440, Rep. XXVIII, HO Nr. 36, fol. 16r. Später kam das Verbot hinzu, Abschriften, die nicht im Voraus von den Befehlshabern genehmigt worden waren, in Rechnung zu stellen (KO 1592). | **45** Loc. 33340, Gen. Nr. 1922, fol. 205–208. Vgl. Fürstenau, Die Cantoreiordnung (wie Anm. 13), S. 55 f. | **46** Scandello 1568: ebd., fol. 563 f.; vgl. Fürstenau, Die Instrumentalisten (wie Anm. 7), S. 181; Georg Förster 1587: Schäfer, Beiträge (wie Anm. 11), S. 412. Die nachträglich ergänzte Aufforderung, mit dem zukünftigen Kapellmeister Scandello, der ihm als »zugeordneter Moderator« zur Seite gestellt wurde, »in guter Einigkeit« zu leben, bedeutete ebenfalls keine Entlastung. Vgl. Fürstenau, Die Instrumentalisten (wie Anm. 7), S. 180. | **47** Loc. 32440, Rep. XXVIII, HO Nr. 36, fol. 16r. | **48** Quelle in Anm. 56. | **49** Vgl. Fürstenau, Beiträge (wie Anm. 2), S. 27. | **50** Zitiert nach Kade, Mattheus le Maistre (wie Anm. 20), S. 12. Die akuten Mängel in der Musikausbildung der Jungen waren freilich nicht, wie Kade behauptet, auf Le Maistre zurückzuführen. | **51** Kopial 340, fol. 95. | **52** Fürstenau, Die Instrumentalisten (wie Anm. 7), S. 171. | **53** Zu Schütz' Kryptocalvinismus siehe Johann Andreas Gleich, Annales Ecclesiastici, Oder: Gründliche Nachrichten der Reformations-Historie Chur-Sächß. Albertinischer Linie [...], Dresden und Leipzig 1730, Teil 1: 1539–1613, S. 38 ff. | **54** Fürstenau, Die Instrumentalisten (wie Anm. 7), S. 198–200. | **55** Loc. 8687/1, fol. 31–34. | **56** Gleich, Annales Ecclesiastici (wie Anm. 54), S. 314 ff.; Sommer, Die lutherischen Hofprediger (wie Anm. 39), S. 90.

ANHANG

Quellenverzeichnis

(alle Sächsisches Staatsarchiv, Hauptstaatsarchiv Dresden)

10001 Ältere Urkunden

- Nr. 11369: Chur[fürst] Morizens zu Sachßen hoff cantorey ordnung d[atum] Torgau den 22. sept[embris] 1548. Concept

10004 Kopiale

- Kopial 221: Vier vnderschiedliche bucher darinnen allerley begnadung, befreyung, bestallung, vnnd andere offentliche vorschreibung, inn herzog Augusten zu Sachssenn etc. churfürsten nahmen außgangen, von dem 1545 biß vff das 1586 jahr, darunter dieses: Das andere buch von dem 1554 biß vff das 1555 jahr
- Kopial 222: Dritte buch begnadungs vnnd anderer vorschreibung, sey bey churfurst Augusten hochlöblichen regirung vorfertiget, von dem 1554 biß vff das 1570. jahr.
- Kopial 271: Des cammer secretarii Hansen Jenitzen concepta in churfursten Augusti tzw Saxen etc. aigene[n] sachen vom jare 55 biss vffs 57.
- Kopial 279: Copial geistliche lehen und stipendia belangend. item die schulen 1556. 57. 58. 59. 60. 61. 62.[?]
- Kopial 326: Beicopial In gemeinenn sachenn vom jhar 64 bis vffs 67
- Kopial 340: Raise copial a[nn]o 67
- Kopial 343: Copial in churfurst Augusten zu Sachssen namen anno 1567. 68.

10024 Geheimer Rat

- Loc. 4519/3: Churfürst Augusti zu Sachßen geordnete winter kleidung vor dero diener betreffend a[nn]o 1553
- Loc. 7207/5: Inuentarium vber die instrumenta welche vor dieser Zeit dem hoforganisten Christoff Walthern in vorwahrunge gegeben, nunmehr aber nach deßelben absterben Augustus Nörmigern, welcher an seine stelle verordnet vberantwortet worden. Auffgerichtet durch Michael Kronbergern dem eltern, schößern, Rogier Michaeln capellmeistern, vnd Augustus Nörmiger hof organisten zu Dreßden 1593 den 2. aprilis a[nn]o 1593. Vf nachvolgenden beuehl

- Loc. 8678/27: Allerley ausgaben vor herzog Moritzen zu Sachsen hofhaltung item Ungefährlicher anschlag auf 80. pferdte meines gn[ä]d[igen] herrns leibes-rüstung und soviel personen
- Loc. 8679/2: Vorzeichnus des bey churfurst Augusten vnnd churfurst Christianen hochlöblichen regirungen gehalttenen hofstadts, vnnd wie derselbe nach furfallender gelegenheit vermehret vnnd vormindert wordenn. 1554–1589
- Loc. 8687/1: Cantorey-ordnung so churfürst Moritz und churfürst Augustus a[nn]o 1548. und 55. aufrichten laßen, sambt einem inventario über die gesang-bücher, welche damals in der cantorey verhanden gewesen, desgl[eichen] die zur hoff-capelle gehörigen personen und instrumente, deren besoldung und unterhalt belangende, a[nn]o 1581–1693. 1707
- Loc. 9713/23: Einen niederländischen Sänger, der den Gottesdienst gestört betr. 1554

10036 Geheimes Finanzarchiv

- Loc. 1838/11: Fasc[icel] die reception der knaben aus der vormaligen cantorey oder capelle zu Dresden bey der landschule Pforta betref[fend] de a[nn]o 1568 sequ[entibus] Königl[ich] Sächs[isches] Geh[eimes] Finanz Archiv Zusammengetragen im Jahre 1817
- Loc. 32435, Rep. XXVIII, Kantoreiordnung Nr. 1: Churfurstliche sechsische canntoreiordnung vernewert anno etc. 1568
- Loc. 32435, Rep. XXVIII, Kantoreiordnung Nr. 2: Churfurstliche sechssische cantorey ordnung
- Loc. 32436, Rep. XXVIII, Hofordnung Nr. 3b: Hof ordnung 1555
- Loc. 32436, Rep. XXVIII, Hofordnung Nr. 3c: Ordnünge des chürfürsten tzü Sachsenn, hertzogenn Aügüstj etc. vnd burggraüen tzü Magdebürgk was gestaltt aüs sonderlicher vorordenung seiner churfurstlichen gnadenn, die fursten grauen hern, redte, amptleuthe, junckere diener, vnnd andere inn derselben hofhaltung, auch die diner inn s[eine]r churf[ürstlichen] gnaden empternn forderr vnderhaltenn werden sollen [...]
- Loc. 32436, Rep. XXVIII, Hofordnung Nr. 4: Ordnunge des churfursten zw Sachssenn hertzogen Augusti etc. vnnd burggraffen zw Magdeburg was gestalt aus sonderlicher vorordtnung seiner churfurstlichenn gnadenn die furstenn graffenn herren redte amptleutte, juncker, dienere, vnnd andere in der selbenn hoffhaltung, auch die diener in seiner churfurstlichen gnad[en] empternn forderrr vnterhaltenn werden sollen [...]
- Loc. 32437, Rep. XXVIII, Hofordnung Nr. 4a: Ordnunge. des churfursten hertzogen Augusti tzu Sachßen etc. vnd burggrauen tzu Magdeburg newen hoffhaltung. anno Dominj 1558
- Loc. 32437, Rep. XXVIII, Hofordnung Nr. 4b: Neue hof ordnung wie furder alle meins genedigsten herrn etc. diener, vnterhaltung habenn sollen an parem geldt. 1558
- Loc. 32437, Rep. XXVIII, Hofordnung Nr. 4c: [ohne Titel, bestehend aus zwei Teilen]
- Loc. 32439, Rep. XXVIII, Hofordnung Nr. 7b: [ohne Titel; enthaltend dreimal die Hofordnung von 1566]
- Loc. 32440, Rep. XXVIII, Hofordnung Nr. 36: Churfurstlich sächsisch neu hoffbuch eines idern dinstgelds monatlichen besoldung vnd wochentlichen kostgeldes angefangen tzu Torgau den erstenn januarij anno 1563
- Loc: 32516; Rep. XXIII, Dresden, Nr. 070: Acta das personnale bey der evangelischen hofkirche insbesondere die kapellknaben und den kostenaufwand auf ihre unterhaltung betr[effend] de a[nn]o 1555 seq[uentibus]
- Loc. 32673, Gen. Nr. 586: Dienstgeld 1553
- Loc. 32914, Gen. Nr. 1605: Besoldungen derer dienere bey hoffe, samt der jägerey, auch andere auff einen gewißen fuß gesetzte cammer außgaben. 1555
- Loc. 32961, Gen. Nr. 1918b: Bestallungen [1]570–1575
- Loc. 33340, Gen. Nr. 1921: Registratura über bestallungen, auf die jahre: 1548. 1549. 1550. 1551. 1552. 1553. 1554. 1555. 1556. 1557. 1558. 1559. 1560. 1561. 1562. 1563
- Loc. 33340, Gen. Nr. 1922: Registratura über das bestallungs buch anno 1564. 1565. 1566. 1567. 1568. 1569.
- Loc. 33341, Gen. Nr. 1924: Registratura, über das bestallungs buch anno 1575
- Loc. 37291, Rep. XXII, Dresden, Nr. 198: Verschreibung über das Haus zur Wohnung für die Kapellknaben auf der Brudergasse zu Dresden 1573
- Rentkopiale 1562: Kopiale in Rentsachen (1549–1686): 1562

10077 Kollektion Schmid

- Amt Dresden, Bd. X, Nr 282: Den Hofstaat betr[effend] 1580–1721
- Amt Dresden, Bd. X, Nr. 284: Die capelle u[nd] die capelle-knaben betr[effende] d[e] a[nnis] 1592–1773

PERSONENSTATISTIK

(folgende Seiten)

Personalbestand der kursächsischen Hofmusiker 1548–1586

Unberücksichtig blieben die Hofprediger und die »Techniker«: Glöckner, Kalkant, Küster und Notist. Innerhalb der einzelnen Farbgruppen wurden die Namen alphabetisch sortiert. Es kommen nicht alle Musiker vor, die während der Regierungszeit Kurfürst Augusts angestellt waren: Einerseits sind nicht alle Jahre abgedeckt, andererseits gab es manchmal innerhalb eines Jahres mehrere Personalveränderungen, sodass manche Listen einander zeitlich überlagern. Auch die jeweilige Zuordnung zu den einzelnen Farbgruppen ist nicht immer präzise: Zum einen beherrschten manche Musiker mehrere Fächer und konnten z. B. sowohl als Instrumentalisten wie als Trompeter in Erscheinung treten oder die Stimmhöhe wechseln, zum anderen gingen manche Musiker weiteren Tätigkeiten nach, z.B. als Notist oder als Erzieher von Prinzen, Edel- oder Kapellknaben. Die Statistik soll lediglich einen allgemeinen Eindruck von der Veränderlichkeit des Personalbestands vermitteln, deren Ursachen vielfältig sind und sich nicht allein auf die Mitwirkung des Hofpredigers zurückführen lassen.

Quellenangaben

1548/49: wie Anm. 13; Loc. 4519/3, fol. 108–114; vgl. Schäfer, Beiträge (wie Anm. 11), S. 415. — **Herbst 1553:** Loc. 4519/3, fol. 135–169, 175–208, 219–232; Loc. 32673, Gen. 586, 6 fol. — **Frühjahr 1555:** wie Anm. 13. — **Sommer 1555:** Loc. 8679/2, fol. 9–14; Loc. 32673, Gen. Nr. 586, 2 x 3 fol.; Loc. 32914, Gen. Nr. 1605, 7, 18 und 6 fol. — **Herbst 1555:** Loc. 32914, Gen. Nr. 1605, 9, 53, 2 und 31 fol.; vgl. Fürstenau, Die Instrumentalisten (wie Anm. 7), S. 172 f. — **1558:** Loc. 32436–40, Rep. XXVIII, HO Nrn. 3c, 4, 4a, 4b und 4c, Teil 1 (alte Fassung). — **1560:** HO Nr. 4c, Teil 1 (neue Fassung); Teil 2 (alte Fassung). — **1563:** HO Nr. 36, fol. 1–[49]; HO Nr. 4c, Teil 2 (neue Fassung). — **1566:** HO Nr. 7b, Teile 1 und 2. — **1568:** wie Anm. 13. — **1573:** Loc. 8679/2, fol. 2–8. — **Um 1574:** Kollektion Schmid, Amt Dresden, Bd. X, Nr. 282, fol. 109–142 (undatiert, in der Literatur fälschlich auf 1580 bezogen). — **1575/76:** Kollektion Schmid, Amt Dresden, Bd. X, Nr. 284, fol. 43 f.; Loc. 7207/5, fol. 8; Loc. 32961, Gen. Nr. 1918b, fol. 168, 215, 237–248, 250–252, 290, 326 f., 334, 337; Loc. 33341, Gen. Nr. 1924, fol. 687–694; Fürstenau, Die Instrumentalisten (wie Anm. 7), S. 200–202. — **1586:** Loc. 8679/2, fol. 114–154; Loc. 32961, Gen. Nr. 1918b, fol. 249 und 335 f.

39				MATTHEUS LE MAISTRE
38				?
37				?
36				?
35			MATTHEUS LE MAISTRE	?
34			Johann Basener	?
33			Asmus Eichler	?
32			Bartholomäus Gregorius	?
31			Johann Jacobi	?
30			Benedictus Pauli	?
29			Tobias Preller	?
28			Daniel Scheller	?
27			Tobias Schedtler	?
26			Blasius Schlichter	?
25		JOHANN WALTER D. Ä.	Caspar Schütz	?
24		Tobias Baller	Bartholomäus Winckler	?
23		Johann Basener	Thomas Zinck	?
22		Matthias Breu/Preuß	Peter Zubicker	Johann Wircker (erwachsen)
21	JOHANN WALTER D. Ä.	Stephan Breu/Preuß	ein Niederländer	neuer Sänger
20	Matthias Breu/Preuß	Georg Gerig/Gorigk	Johann Basten/Baston	Johann Basten/Baston
19	Stephan Breu/Preuß	Bartholomäus Gregorius	Moritz Bauerbach	Moritz Bauerbach
18	Martin Frommelt	Caspar Kirschnagel	Johann Brüssel/Priesel	Johann Brüssel/Priesel
17	Georg Gerig/Gorigk	Lazarus Köler	Anthonius vom Dorf	Anthonius vom Dorf
16	Johann Gruner	Blasius Schlichter	Heinrich Habermehl	Heinrich Habermehl
15	Andreas Hebler	Abraham Weidlich	Johann Hoffmann	Johann Hoffmann
14	Paul Rotenberger	Wolfgang Bartel	Urbanus Kegeler	Urbanus Kegeler
13	Balthasar Schneider	Moritz Bauerbach	Joachim Stümpel/Stümpfelt	Johann Kramer
12	Johann Wircker	Johann Brüssel/Priesel	Valeri(an)us van Asper	Joachim Stümpel/Stümpfelt
11	Paul Aldus	Johann Hoffmann	Sebaldus Baumann	Sebaldus Baumann
10	Johann Brüssel/Priesel	Urbanus Kegeler	Jacobus Haupt/Heupt	Johannes Leßla
9	Johann Hoffmann	Jacobus Haupt/Heupt	Johann Kramer	Valeri(an)us van Asper
8	Jacobus Haupt/Heupt	Johann Kramer	LAZARUS LENGEFELD(ER)	Jacobus Haupt/Heupt
7	Johann Kramer	LAZARUS LENGEFELD(ER)	Johannes Leßla	LAZARUS LENGEFELD(ER)
6	Johannes Leßla	Johannes Leßla	Jeremias/Hieronymus Müller	Jeremias/Hieronymus Müller
5	Jacob Linck	Jeremias/Hieronymus Müller	Leonhard Seidenschwanz	Leonhard Seidenschwanz
4	JOHANNES SANGERHAUS	Leonhard Seidenschwanz	Johann Behe(i)m/Bohemus	Johann Behe(i)m/Bohemus
3	Johann Cellarius	Johann Behe(i)m/Bohemus	(Er)asmus Franck	(Er)asmus Franck
2	(Er)asmus Franck	(Er)asmus Franck	Erasmus Klewel/Kneul/Künel	Johannes Kempt(n)er
1	Johann Walter d. J.	Johann Walter d. J.	Hans Ruffault	Erasmus Klewel/Kneul/Künel
	1548/49 ► **Kurfürst Moritz (1541/47–1553)**	**Herbst 1553** ► **Kurfürst August (1553–1586)**	**Frühjahr 1555**	**Sommer 1555**
1	Joachim Kell(n)er	Joachim Kell(n)er	Martin Grefenberg	Martin Grefenberg
2	Hans Weiler Lautenist	Galle Philipps	Jacob Mors	Galle Philipps
3	?	Hans Weiler Lautenist	Galle Philipps	Ernst ?/–
4	?	Mattia Besozzi	(Lautenist)	(Lautenist)
5	?	Serbonio Besozzi	?	Mattia Besozzi
6	?	Zacharias Freistein Zinkenist	?	Serbonio Besozzi
7	?	Antonio Scandello	?	Zacharias Freistein Zinkenist
8		Benedetto Tola	?	Antonio Scandello
9		Gabriele Tola	?	Benedetto Tola
10		Quirino Tola	?	Gabriele Tola
11		(Jacob (Jeckel) Rechenberg)	?	Quirino Tola
12		Blanckin/Planckin	?	Engel Scandello/–
13		Nickel Jostel von Eger	?	Hans Krause/Krauß (d. Ä.)
14		Nickel Jostel von Egers Bube	?	Bartel Pfützner d. Ä.
15		Engel (Angelo?) Scandello	?	Bartel Pfützner d. J.
16		Bartel Pfützner d. Ä.	?	Christoph Stöhr
17		Christoph Pfützner	?	Jacob (Jeckel) Rechenberg
18		Senet Quartana	?	Blanckin/Planckin
19		Christoph Stöhr	?	Nickel Jostel von Eger
20			?	Christoph Pfützner
21				Senet Quartana

Herbst 1555	1558/59	1560	
			39
			38
			37
			36
			35
			34
			33
			32
			31
			30
			29
			28
MATTHEUS LE MAISTRE			27
?			26
?			25
?			24
?			23
?	MATTHEUS LE MAISTRE		22
?	NICOLAUS SELNECKER		21
?	?		20
?	?	MATTHEUS LE MAISTRE	19
?	?	?	18
?	?	?	17
Heinrich Habermehl (Lehrer Prinzen)	?	?	16
Urbanus Kegeler (Lehrer Edelknaben)	?	?	15
Johann Brüssel/Priesel	?	?	14
Anthonius vom Dorf	?	?	13
Johann Hoffmann	?	?	12
Johann Kramer	?	?	11
Sebaldus Baumann	Anthonius vom Dorf	Moritz Bauerbach	10
Johannes Leßla	Heinrich Habermehl	Anthonius vom Dorf	9
Valeri(an)us van Asper	Johann Hoffmann	Lampertus de Fletin	8
Jacobus Haupt/Heupt	Johann Kramer	Heinrich Habermehl	7
LAZARUS LENGEFELD(ER)	Sebaldus Baumann	Sebaldus Baumann	6
Leonhard Seidenschwanz	Johann Brüssel/Priesel	Lorenz Winckelmann	5
Johann Behe(i)m/Bohemus	Lorenz Winckelmann	CASPAR WIRT	4
(Er)asmus Franck	Johann Behe(i)m/Bohemus	Johann Behe(i)m/Bohemus	3
Johannes Kempt(n)er	(Er)asmus Franck	Erasmus Klewel/Kneul/Künel	2
Erasmus Klewel/Kneul/Künel	Erasmus Klewel/Kneul/Künel	Johann Schidlovit(a)	1
Herbst 1555	**1558/59**	**1560**	
Martin Grefenberg	Martin Grefenberg	Martin Grefenberg	1
Galle Philipps	Galle Philipps	Galle Philipps	2
(Lautenist)	Hans Harr(er) d. Ä. Lautenist	Zacharias Freistein	3
Mattia Besozzi	Hans Harr(er) d. J. (Knabe)	Erasmus de Glan/Glein	4
Zacharias Freistein Zinkenist	Siegmund Freistein (Knabe)	Hans Harr(er) d. Ä. Lautenist	5
Benedetto Tola	Zacharias Freistein Zinkenist	Hans Harr(er) d. J. (Knabe)	6
Gabriele Tola	Angelo/Angiolo Scandello	Angelo/Angiolo Scandello	7
Quirino Tola	Antonio Scandello	Antonio Scandello	8
Balthasar/Balzer Voigt	Benedetto Tola	Benedetto Tola	9
Rochius Waskontzynn	Gabriele Tola	Gabriele Tola	10
Hans Krause/Krauß (d. Ä.)	Quirino Tola	Quirino Tola	11
Bartel Pfützner d. Ä.	Balthasar/Balzer Voigt	Johann Ferdinand Abat Neapolitaner	12
Bartel Pfützner d. J.	Bartel Pfützner d. Ä.	Bartel Pfützner d. J.	13
Christoph Stöhr	Bartel Pfützner d. J.	Vincentius de Pretza	14
Jacob (Jeckel) Rechenberg	Valten Springer	Valten Springer	15
Blanckin/Planckin	Christoph Stöhr	Christoph Stöhr	16
Nickel Jostel von Eger	Jacob (Jeckel) Rechenberg	Jacob (Jeckel) Rechenberg	17
Christoph Pfützner	Hans Krause/Krauß (d. Ä.)	Hans Krause/Krauß (d. Ä.)	18
Senet Quartana	Christoph Pfützner	Christoph Pfützner	19
		Senet Quartana	20
			21

	1563	1566	1568	1573
29				
28				
27				
26				
25				ANTONIO SCANDELLO
24				Mattheus Le Maistre
23				?
22		MATTHEUS LE MAISTRE	ANTONIO SCANDELLO	?
21		?	(Mattheus Le Maistre)	?
20		?	Michel Beheim	?
19	MATTHEUS LE MAISTRE	?	Bartholomäus Fuchs	?
18	?	?	Christoph Holtzsch	?
17	?	?	Johannes Krauß	?
16	?	?	Valerius Le Maistre	?
15	?	?	Thomas Mentzer	?
14	?	?	Stephanus Michel	?
13	?	?	Georg Molsner	Michael Eichhammer
12	?	?	Valentinus Scharf	Heinrich Habermehl
11	?	Anthonius vom Dorf	Gabriel Selner	Willibald Mader/Meder
10	Anthonius vom Dorf	Lampertus de Fletin	Anthonius vom Dorf	Hans Pauerfeind
9	Lampertus de Fletin	Matthias Gasmeier	Lampertus de Fletin	Carl von Tur(i)n
8	(Matthias Gasmeier)	Heinrich Habermehl	Matthias Gasmeier	Balthasar Obser
7	Heinrich Habermehl	Sebaldus Baumann	Heinrich Habermehl	Joachim Stümpel/Stümpfelt
6	Sebaldus Baumann	Balthasar Obser	Sebaldus Baumann	Lorenz Winckelmann
5	Lorenz Winckelmann	Lorenz Winckelmann	BALTHASAR OBSER	Bartholomäus Felt
4	CASPAR WIRT	Johann Behe(i)m/Bohemus	Lorenz Winckelmann	Georg Förster
3	Johann Behe(i)m/Bohemus	(Er)asmus Franck	Johann Behe(i)m/Bohemus	Adrian Maus
2	Georg Richter	Georg Richter	Georg Richter	Christoph Rudefordt
1	Johann Schidlovit(a)	Johann Schidlovit(a)	Johann Schidlovit(a)	Johann Schidlovit(a)

	1563	1566	1568	1573
1	Friedrich Noringer/Nörmiger	Friedrich Noringer/Nörmiger	Friedrich Noringer/Nörmiger	?
2	Galle Philipps	Galle Philipps	Galle Philipps	?
3	Siegmund Freistein	Siegmund Freistein Lautenist	?	?
4	Erasmus de Glan/Glein	Erasmus de Glan/Glein	?	?
5	Hans Harr(er) d. Ä. Lautenist	Hans Harr(er) d. Ä. Lautenist	?	?
6	Hans Harr(er) d. J.	Hans Harr(er) d. J.	?	?
7	Jacob/Jochim Lasius/Losius	Jacob/Jochim Lasius/Losius	?	?
8	Angelo/Angiolo Scandello	Angelo/Angiolo Scandello	?	?
9	Antonio Scandello	Antonio Scandello	?	?
10	Benedetto Tola	Benedetto Tola	?	?
11	Gabriele Tola	Gabriele Tola	?	?
12	Quirino Tola	Quirino Tola	?	?
13	Johann Ferdinand Abat Neapolitaner	Balthasar/Balzer Voigt	?	Philipp Dehn(e)
14	Krause/Krauß d. J.	Johann Ferdinand Abat Neapolitaner	?	Ernst Mehrheim
15	Bartel Pfützner d. J.	Philipp Dehn(e)	?	Bartel Pfützner d. J.
16	Valten Springer	Hans Happach	?	Christoph Pfützner
17	Christoph Stöhr	Georg Luft	?	Valten Springer
18	Jacob (Jeckel) Rechenberg	Bartel Pfützner d. J.	?	Andreas Paul Tola
19	Lazarus Happach	Valten Springer	?	Jacob (Jeckel) Rechenberg
20	Christoph Pfützner	Christoph Stöhr	?	Georg Luft
21	Senet Quartana	Jacob (Jeckel) Rechenberg	?	Senet Quartana
22		Christoph Pfützner	?	Mattes (Kroschel) Unflat
23		Senet Quartana	?	Paul Voigt
24		Hans von Trient	?	
25		Paul Voigt		
26				
27				

ANTONIO SCANDELLO	ANTONIO SCANDELLO		29
Mattheus Le Maistre	Mattheus Le Maistre		28
?	?		27
?	?		26
?	?		25
?	?		24
?	?		23
?	?		22
?	?	GEORG FÖRSTER	21
?	?	ANDREAS PETERMANN	20
?	?	?	19
?	?	?	18
Michael Eichhammer	Michael Eichhammer	?	17
Heinrich Habermehl	Heinrich Habermehl	?	16
Willibald Mader/Meder	Willibald Mader/Meder	?	15
Rogier Michael	Rogier Michael	?	14
Hans Pauerfeind	Dietrich von Oein/Oyen	?	13
Carl von Tur(i)n	Hans Pauerfeind	?	12
Georg Molsner	Carl von Tur(i)n	Heinrich Beermann	11
Felix Nevolan	Felix Nevolan	Michael Eichhammer	10
BALTHASAR OBSER	Georg Molsner/Georg Hoyer	Heinrich Habermehl	9
Peter Scheinpflug	PETER SCHEINPLFUG	Dietrich von Oein/Oyen	8
Joachim Stümpel/Stümpfelt	Joachim Stümpel/Stümpfelt	Hans Pauerfeind	7
Lorenz Winckelmann	Lorenz Winckelmann	Joachim Stümpel/Stümpfelt	6
Bartholomäus Felt	Bartholomäus Felt	Rogier Michael	5
Georg Förster	Georg Förster	Georg/Gregor Hoyer	4
Adrian Maus	Adrian Maus	Bartholomäus Felt	3
Christoph Rudefordt	Christoph Rudefordt	Adrian Maus	2
Johann Schidlovit(a)	Johann Schidlovit(a)	Johann Schidlovit(a)	1
um 1574	**1575/76**	**1586 ► Kurfürst Christian I. (1586–1591)**	
Friedrich Noringer/Nörmiger	Friedrich Noringer/Nörmiger	August Noringer/Nörmiger	1
Galle Philipps	Galle Philipps/Peter Reichstein	Christoph Walther	2
Christian Stich (Knabe)	Christoph Walther	Antonio Cappa	3
Christoph Walther	Hannibal de Carthago Lautenist	Hannibal de Carthago Lautenist	4
Hannibal de Carthago Lautenist	Hans Eckstein junger Lautenist	Erasmus de Glan/Glein	5
Hans Eckstein junger Lautenist	Siegmund Freistein Lautenist	Jacob/Jochim Lasius/Losius	6
Siegmund Freistein Lautenist	Erasmus de Glan/Glein	Angelo/Angiolo Scandello	7
Erasmus de Glan/Glein	Jacob/Jochim Lasius/Losius	Orazio Tola	8
Jacob/Jochim Lasius/Losius	Philipp Masart	Paul Voigt	9
Philipp Masart	Angelo/Angiolo Scandello	Abraham Weißhahn/hein/stein Laut.	10
Angelo/Angiolo Scandello	Christian Stich (Knabe)	Lüdolph Elze	11
Orazio Tola	Orazio Tola	Ernst Mehrheim	12
Giovanni Tomaso	Giovanni Tomaso	Christoph Pfützner	13
Balthasar/Balzer Voigt	Balthasar/Balzer Voigt	Mattes (Kroschel) Unflat	14
Abr. Weißhahn/hein/stein junger Laut.	Paul Voigt	Hans Zschirick	15
Philipp Dehn(e)	Abr. Weißhahn/hein/stein junger Laut.	Jacob (Jeckel) Rechenberg	16
Augustin Kadener (Mohr)	Philipp Dehn(e)	Brosius Günter	17
Ernst Mehrheim	Augustin Kadener (Mohr)	Georg Luft	18
Bartel Pfützner d. J.	Ernst Mehrheim	Senet Quartana	19
Christoph Pfützner	Bartel Pfützner d. J.	Valten Springer	20
Valten Springer	Christoph Pfützner	Andreas Paul Tola	21
Andreas Paul Tola	Valten Springer		22
Jacob (Jeckel) Rechenberg	Andreas Paul Tola		23
Georg Luft	Jacob (Jeckel) Rechenberg		24
Senet Quartana	Georg Luft		25
Mattes (Kroschel) Unflat	(Senet Quartana)		26
Paul Voigt	Mattes (Kroschel) Unflat		27

- Oberhalb des Zeitstrahls: Sänger
- Unterhalb des Zeitstrahls: Spieler
- GROSSBUCHSTABEN: Kapellmeister und Kapellknabenlehrer
- ?: Name unbekannt

MATTHIAS HERRMANN

»Müssen die Cori Fauoriti von den Capellen wol vnterschieden werden«. Zur Musik in der evangelischen Schlosskapelle in Dresden zwischen Johann Walter und Heinrich Schütz

Die evangelische Schlosskapelle in Dresden ist ein wichtiger Ort sächsischer Identität, nicht nur musikgeschichtlich. Hierzu haben Johann Walter (1496–1570) und Heinrich Schütz (1585–1672) beigetragen, Komponisten, die die kursächsische Hofkapelle wesentlich mitgeprägt haben. Der eine – Walter – stammte aus der ernestinischen Hofkapelle Friedrichs des Weisen und steht für die Neubegründung der albertinischen Hofmusik 1548 unter Moritz von Sachsen. Der andere – Schütz – wird im 17. Jahrhundert, von 1615 bis 1672, die sächsische Hofkultur und die deutsche Musik dauerhaft bereichern.

Für das Selbstverständnis eines politisch einflussreichen Hofes, zumal eines evangelischen, war die Musik als Mittel des Dialogs mit dem Göttlichen und als Mittel der Repräsentation von Staat und Fürst von geradezu symbolischer Bedeutung. Verkörperte doch der Fürstenhof in Hierarchie und Zeremoniell eine Art »repräsentierendes ›Spiel‹ der hierarchisch geordneten Welt schlechthin«[1]. Die Künste und damit die Musik waren Teil einer solchen fürstlichen Darstellung.

Nach der Übertragung der Kurwürde an Moritz von Sachsen und nach dessen Tod bot Dresden unter seinen Nachfolgern seit August von Sachsen denkbar beste Voraussetzungen für die Entfaltung der Musik der Spätrenaissance und des Frühbarocks: im Alltag und zu herausgehoben dynastischen Anlässen, bei Fürstenbesuchen und politischen Treffen, an der fürstlichen Tafel und selbstverständlich während der Hofgottesdienste in der evangelischen Schlosskirche, der heutigen Schlosskapelle.

Zwischen Mitte des 16. und Ende des 17. Jahrhunderts, der Übertragung der Kurwürde an die Albertiner (1547) und der Konversion Friedrich Augusts I. (1697), stand dieser Ort – wie Heinrich Magirius konstatiert – »im Mittelpunkt des gottesdienstlichen und musikalischen Lebens der kurfürstlichen Residenz. Sie löste als einer der frühesten lutherischen Kirchenräume die Georgskapelle im ersten Geschoss des 1547/48 abgebrochenen Westflügels des spätgotischen Schlosses ab. Ihr Rang war aber ein ungleich höherer, da sie als Hofkapelle eines lutherischen Kurfürsten, der nicht nur ›summus episcopus‹ seines Landes, sondern auch führendes Haupt des ›corpus evangelicorum‹ im deutschen Reich war, die Blicke der gesamten evangelischen Christenheit auf sich zog. Nur unter diesem Aspekt ist die eigenartige Raumgestaltung, die reiche künstlerische Ausstattung, ihre Bedeutung als Predigtstätte hervorragender Hofprediger und Ort der Musikpflege von europäischer Bedeutung zu verstehen.«[2]

Aus der Doppelfunktion des sächsischen Kurfürsten als Führer der evangelischen Reichsstände und als Oberhaupt der eigenen evangelischen Landeskirche wird die Sonderstellung der damaligen evangelischen Schlosskirche überdeutlich – im politischen, theologischen und musikalischen Sinne. Hieraus erwuchs die ranghohe, bald international ausgerichtete Hofmusik jener 150 Jahre.

Dem neuen Kurfürsten Moritz ging es 1548 mit der Berufung Johann Walters zum ersten albertinischen Hofkapellmeister offenbar um die Sichtbarmachung zweier Traditionslinien: um eine dynastische und eine religiöse. Walter ver-

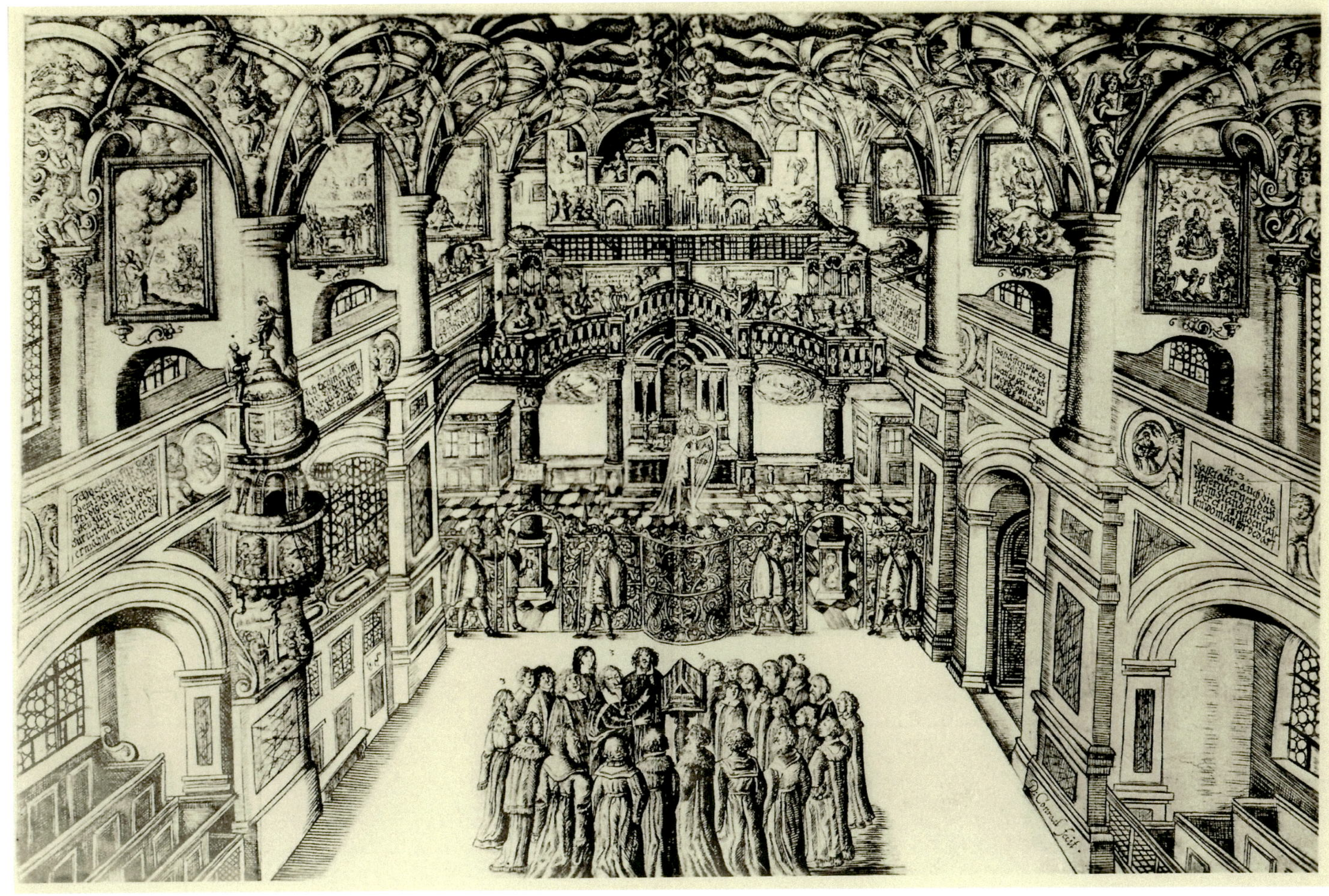

Abb. 1
David Conrad · Historische Innenansicht der Schlosskapelle im Residenzschloss Dresden nach Osten mit Heinrich Schütz im Kreise seiner Kantorei · Frontispiz aus Christoph Bernhard, Geistreiches Gesang-Buch · Dresden 1676 · Kupferstich · Landesamt für Denkmalpflege Sachsen: 21-23/631

körperte als früheres Mitglied der legendären Hofkapelle Friedrichs des Weisen eine erfolgreiche Phase der Ernestiner, an die Moritz anknüpfte. Zudem galt Walter als evangelischer Bürgerkantor schlechthin. Er hatte Luther musikalisch beraten, an der Formung der evangelischen Liturgie und des protestantischen Chorals mitgewirkt, ja selbst vor mehr als zwei Jahrzehnten Vokalmusik geschrieben, die für die junge evangelische Kirche zum Modell geworden war. Wer, wenn nicht er, vermochte den Bedeutungszuwachs der Albertiner in Verbindung mit dem Luthertum nachhaltig zu verkörpern?

Nach Christa Maria Richter wirkte Walter mit den erwachsenen Sängern und Sängerknaben der neugründeten Hofkantorei ab 1548 zunächst in Torgau und zog mit ihnen vermutlich erst 1552 nach Dresden, um im neu errichteten Residenzschloss seinen Aufgaben nachzugehen und 1553 im »grossen newen sahl«, dem »Riesensaal«, sowie in der erst 1554 benutzbaren Schlosskirche zur Ehre Gottes und zur Ehre des Kurfürsten zu musizieren.[3]

Walter quittierte noch im genannten Jahr, kurz nach der Regierungsübernahme durch August von Sachsen, sein Dresdner Amt und ging nach Torgau zurück. Mit seinen Nachfolgern zog Internationalität in die albertinische Hofmusik ein: mit Mattheus Le Maistre (vermutlich um 1505–1577) aus den Niederlanden und Antonio Scandello (1517–1580) aus Italien. Damit war der Anschluss an die beiden damals führenden europäischen Musiknationen gefunden.[4]

Es ist zu beobachten, dass der franko-flämische Vokalstil, der an den wichtigsten Höfen Europas heimisch geworden war, in seiner Spätphase auch in Dresden Wurzeln schlug und zunehmend durch Impulse aus Italien seine Ergänzung fand. Gemeint sind jene noch von Moritz engagierten itali-

Abb. 2
Unbekannter Künstler · Bildnismedaillon des Gabriele Tola · Dresden, um 1560 · Glas, Silber, vergoldet, D 2,9 cm ·Grünes Gewölbe, Staatliche Kunstsammlungen Dresden, Inv.-Nr. V 300 pp

enischen Instrumentalisten um den späteren Hofkapellmeister Antonio Scandello und die Brüder Thola. Letztere waren übrigens auch bildkünstlerisch tätig und an der Sgraffiti-Außengestaltung des Residenzschlosses beteiligt. Zu Walters eher zurückgewandtem Vokalstil und den von ihm in Dresden etablierten, einfach strukturierten Historienvertonungen traten jetzt neue, farbigere Klänge italienischer Provenienz! Damit begann sich neben der hohen Kunstfertigkeit niederländischer Vokalpolyphonie etwas anzukündigen, was mit der Emanzipation des Instrumentalspiels im frühen 17. Jahrhundert eine faszinierende Entwicklung nehmen und zunehmend auch auf die Kirchenmusik in der Dresdner Schlosskapelle ausstrahlen sollte.

So sehr Einflüsse von außen wirksam wurden, so sehr muss betont werden, dass es nicht nur um Importkunst ging, sondern dass sich die handelnden Personen, wie Wolfram Steude treffend formulierte, auch um eine Assimilierung zu bemühen hatten: »Wer in Dresden Hofdienste annahm, musste zum Luthertum konvertieren, denn es galt spätestens seit dem Augsburger Religionsfrieden 1555 ›Cujus regio, ejus religio‹ – und das ganz besonders an dem führenden evangelischen der sieben Kurfürstenhöfe des Reiches. Scandello scheint auf diesem Wege geradezu ein naturalisierter Deutscher geworden zu sein, was seine Werke auf deutsche Texte ausweisen. Und im Gegensatz zum Calvinismus war das Luthertum in Sachsen im kirchlichen Bereich durchaus kunstfreundlich, bot also auch den kunstbegabten Ausländern Betätigungsfelder, ja große Aufgaben: Scandello war der Schöpfer jener großen Gedenkmesse für Kurfürst Moritz, die wahrscheinlich im Zusammenhang mit der Errichtung des Moritz-Grabmals im Freiberger Dom um 1562/63 entstanden war.«[5]

Es ist hervorzuheben, dass unter Kurfürst August von Sachsen nach dem überraschenden Tod des Bruders nun für die Dresdner Hofmusik eine erste große Blütezeit begann. Das bezieht sich auf den geistlichen Rahmen (Vokalmusik in der Schlosskapelle) und auf die höfische Repräsentation. Musiziert wurde an der fürstlichen Tafel wie bei höfischen Turnieren und wiederkehrenden Festlichkeiten sowie bei Aufzügen. In die Aufzugs-Inventionen waren selbstverständlich musizierende Kapellmitglieder einbezogen. Auch hier ist der eingangs erwähnte Spielfaktor nicht zu übersehen.

Zwischen Johann Walter (bis 1554) und Heinrich Schütz (ab 1615) wirkten unter den Kurfürsten August, Christian I. und II. am Dresdner Hof nun dauerhaft auch aus dem Ausland stammende Kapellmeister: zunächst der vom Prager Hof Rudolfs II. kommende Genuese Giovanni Battista Pinello di Ghirandi (um 1554–1587), sodann Rogier Michael (um 1550–1619) aus Bergen op Zoom in Nordbrabant. Er war zunächst Sänger in der Ansbacher Hofkapelle des Markgrafen Georg Friedrich von Brandenburg-Onolzbach, ging 1575 nach Dresden und wirkte hier seit 1587 als Kapellmeister, über zwanzig Jahre lang, bis zum Regierungsantritt Johann Georgs I. im Jahr 1611. Im Zuge der nun neu auszurichtenden kursächsischen Hofmusik wurde der damals wohl berühmteste deutsche Komponist der älteren Generation – Michael Praetorius aus Wolfenbüttel – vorübergehend in Dresden als »Kapellmeister von Haus aus« verpflichtet. Dies geschah auf Anraten des Herrn auf Schloss Schleinitz, Christoph von Loß, der »als Justizrat, Kirchenrat und Geheimer Rat und als solcher auch als wichtigster Berater in Fragen der Kunst am Hofe«[6] tätig war. Offenbar sind ihm beachtliche Weichenstellungen zu verdanken, stand doch die Wahl eines neuen Kapellmeisters an, auch eines neuen Hoforganisten nach dem Tod des berühmten Hans Leo Hassler.

Mit der Disposition der Fritzscheorgel für die Schlosskapelle hatte sich Hassler in Dresden ein dauerhaftes Denkmal gesetzt. Und wenn die seit den 1980er Jahren währenden Bemühungen, dieses Instrument im Zuge des Wiederaufbaus der heutigen Schlosskapelle zu rekonstruieren und am alten Platz über dem Altar zu postieren, einmal Realität werden, dann ist diese Orgel als ein sicht- und hörbares Bindeglied zu Heinrich Schütz zu betrachten. War er doch 1614 in Kontakt zum Dresdner Hof gekommen und nachfolgend zwischen 1615 und 1672 – mit Unterbrechungen durch Reisen ins In- und Ausland – zunächst als Organist und Leiter der Kapelle, dann als Oberkapellmeister, schließlich als ältester Kapellmeister mit reduzierten Aufgaben tätig.

Dieser beeindruckende Zeitraum von 57 Jahren wurde in Verbindung mit Schützens Tod 1672 in Geiers *Lebenslauf* und auf der Grabinschrift in der alten Frauenkirche angegeben. Dennoch ging die Biographik lange davon aus, dass Schütz das Dresdner Leitungsamt erst 1617 übernommen habe, was nicht korrekt ist, sondern er tat es eben zwei Jahre früher, wie im kursächsischen *Hofbuch de annis 1614 bis mit 1617* nachzulesen ist: »400 fl Heinrich Schützenn Organistenn unndt Directorn der Musica, von Trinitatis Ao 1615 anzurechnenn, uff Christoff von Loß unterschriebenenn Zettell«.[7] Eigentlich müsste ja für den Beginn einer solch herausgehobenen Tätigkeit eine Bestallungsurkunde existieren – weit gefehlt. Bei Schütz konnte es aus nachvollziehbaren Gründen kein solches Dokument geben, wie sich zeigen wird.

Der 1585 im thüringischen Köstritz Geborene und in Weißenfels Aufgewachsene hatte seine humanistische und musikalische Ausbildung nicht in seiner kursächsischen Heimat, sondern in Kassel erhalten. Sein Förderer Moritz von Hessen ermöglichte ihm den Schulbesuch am Mauritianum und als Sängerknabe die Mitwirkung in der Hofkapelle. Dem Hochbegabten boten sich damit Voraussetzungen für eine juristische beziehungsweise musikalische Zukunft. Zudem wurde Schütz mit einem Stipendium ausgestattet, um an einem herausgehobenen europäischen Ort zu studieren und um als Mensch und Künstler weltoffen zu werden. Schütz reiste nach Venedig und ging bei einer international bekannten Autorität in die Lehre: bei Giovanni Gabrieli, dem berühmten Organisten an San Marco. Wie ein Geselle hat Schütz damals bei seinem Meister gewohnt und wurde von ihm als Musiker und Komponist unterrichtet.

Wir haben wenig Detailkenntnis über Schützens venezianische Zeit zwischen 1609 und 1612, besitzen aber ein hervorragendes musikalisches Zeugnis in Gestalt des Notendrucks von Opus 1, den *Italienischen Madrigalen*. Diese bewegen sich um 1610 in einem besonders innovativen Bereich: harmonische Freizügigkeit und motivische Flexibilität in der Vertonung italienischer Lyrik. Die musikalisch so plastische Textausdeutung wird durch extravagante Mittel »gewürzt«. Das madrigalische Prinzip überträgt Schütz später auf seine geistliche Musik, die vorwiegend für die Dresdner Schlosskapelle entsteht und dort zur Aufführung kommt, meist vertonte Bibeltexte in Luthers deutscher Übersetzung.

Abb. 3
Michael Praetorius · Musae Sioniae Geistlicher Deutscher in der Christlichen Kirchen vblicher Lieder und Psalmen, 5. Teil, Stimmbuch Tenor, Titelblatt · Wolfenbüttel, 1607 · Nachlass Wolfram Steude

Der hessische Landgraf Moritz hatte über einen längeren Zeitraum in den jungen Schütz investiert, ihn nach Rückkehr aus Venedig in Kassel als Hoforganist angestellt und sah in ihm seinen künftigen Hofkapellmeister. Es sollte anders kommen. Für den knapp 30-jährigen, erfolgreich aufstrebenden Musiker interessierte sich nämlich der kurfürstliche Hof in Dresden. Dieser bat Schütz 1614 vorübergehend als Organist nach Dresden. Eine Art Eignungstest?

Abb. 4
Christoph Spetner · Heinrich Schütz · um 1660 · Öl auf Leinwand · 69,9 × 47,8 cm · Universitätsbibliothek, Kunstbesitz der Universität Leipzig, Inv.-Nr. 0023/9

Landgraf Moritz von Hessen hatte dieser einmaligen Ausleihe an den mächtigen Dresdner Kurfürsten Johann Georg I. zugestimmt, ohne zu ahnen, worauf es hinauslaufen sollte. Als Schütz im Jahr darauf – 1615 – von Kassel nach Weißenfels gereist war, wurde er als kursächsischer Untertan nach Dresden beordert und zum Bleiben aufgefordert. Er erhielt zu Trinitatis 1615 seine erste Gehaltszahlung und wirkte, wie erwähnt, als Organist und Leiter der Hofmusik. Bis Ostern 1616 arbeitete ihn Praetorius in die Aufgaben eines Hofkapellmeisters ein. Und so wuchs Schütz organisch in die unterschiedlichen Tätigkeitsfelder ein, ohne dass dies zunächst öffentlich gemacht worden wäre. Der in weiten Teilen überlieferte und veröffentlichte Schriftwechsel zwischen dem sächsischen Kurfürsten und dem hessischen Landgrafen endete 1617 mit des Letzteren Verzicht. Wohl oder übel hatte er nachgeben müssen.

Die erste Bewährungsprobe des jungen Hofkapellmeisters vor »höchstem« Publikum stand in diesem Jahr mit dem Besuch von Kaiser Matthias am Vorabend des Dreißigjähriges Krieges und der Einhundertjahrfeier der Reformation in Sachsen an. Schütz hatte für diese erstrangigen politisch-religiösen Anlässe groß besetzte Werke zu komponieren, einzustudieren und mit den verfügbaren Kräften der Hofkapelle zur Aufführung zu bringen. Hier kam die venezianische Mehrchörigkeit in getrennter Aufstellung voll zur Entfaltung, in die jene außerhalb der Hofkapelle wirkenden Hoftrompeter als eigener Chor eingesetzt werden konnten. Neben solchen Festanlässen hatte Schütz für die Musik vor allem zu den christlichen Hauptfesten in der Schlosskapelle zu sorgen. Er hatte zudem die Tafelmusik zu bestellen, die übrigens auch geistliches Repertoire einschloss. Schütz hatte schließlich szenischen Auftritten ein »musikalisches Gewand« zu geben oder wie Martin Opitz (1597–1639) als Librettist formulierte: Schütz habe die *Dafne* »Musicalisch in den Schawplatz zu bringen«,[8] was das auch heißen mag. Von Schützens szenischen Musiken für Ballett, Schauspiel und Oper sind leider keine Noten überliefert.

Als Leiter der Hofmusik hatte sich Schütz auch um fachliche und soziale Belange seiner Musiker und Sänger zu kümmern: um die Erwachsenen mit den Stimmlagen Altus, Tenor, Bassus genauso wie um die Kapellknaben, die neben falsettierenden Männerstimmen in der Diskantlage sangen. Zudem war er angehalten, seine kompositorische Praxis auf die Erfordernisse des Hofes einzustellen, auch in politischer Hinsicht. Auf diese Weise sind Schützens sogenannte politische Musiken entstanden. Da konnte er seine exponierte Stellung nutzen, um Botschaften zu übermitteln, etwa die nachdrückliche Bitte um Frieden, gekoppelt mit Vivatrufen auf die Herrschenden beim Kurfürstentag in Mühlhausen im mehrchörigen *Da pacem Domine* 1627.

Inner- und außerhalb Sachsens wurde Schütz in zunehmendem Maße als musikalische Autorität wahrgenommen: einerseits als »wolverdienter alter CapellMeister« des mächtigen sächsischen Kurfürstentums (so der jüngere Komponistenkollege Johann Rosenmüller [1619–1684] im Vorwort seiner *Andere Kern=Sprüche*[9]), anderseits als hervorragendster deutscher Musiker seiner Epoche. Daran ändert nichts, dass etwa zwei Jahrzehnte vor Schützens Tod seine Musik zunehmend als veraltet galt. Am Dresdner Hof standen nun vor allem weitaus jüngere Italiener im Blickpunkt, darunter Giovanni Andrea Bontempi (um 1624–1705) und Vincenzo Albrici (1631–1696). Sie vertraten die moderne Gattung »Oper« nach venezianischem Vorbild. Unabhängig davon blieb auch nach Schützens Tod 1672 die Erinnerung an einen Ausnahmekomponisten erhalten. In seiner *Historische[n] Beschreibung der Edelen Sing= und*

Abb. 5
Die heutige Schlosskapelle im Residenzschloss Dresden nach dem Einbau des Schlingrippengewölbes

Psalmen Davids
Sampt
Etlichen Moteten vnd Concerten
mit acht vnd mehr Stimmen
Nebenst andern zweyen Capellen / daß dero etliche
auff drey vnd vier Chor nach beliebung gebraucht
werden können.
Wie auch
Mit beygefügten Basso Continovo, vor die Orgel /
Lauten / Chitaron / etc.
Gestellet durch
Henrich Schützen /
Chur. S. Capellmeistern.
CANTVS I. CHORI.
ANNO M.DC.XIX.
In vorlegung des Authoris.
Dreßden /
In Churf. S. Officin durch Gimel Bergen.

Abb. 6
Heinrich Schütz · Psalmen Davids, Stimmbuch Cantus 1, Chor 1, Titelblatt · Dresden 1619 · Nachlass Wolfram Steude

Kling=Kunst […], Dresden 1690, konstatierte der Kapellmeister und Kantor Wolfgang Caspar Printz (1641–1717), Schütz sei zur Mitte seiner Amtszeit (1650) »für den allerbesten Teutschen Componisten gehalten worden«.[10] Der Organist und Musiktheoretiker Andreas Werckmeister (1645–1706) schreibt in den *Musicae Mathematicae* ebenfalls um 1690, also 15 Jahre nach Schützens Tod, vom »weltberühmten« oder »hochberühmte[n]« Kapellmeister Schütz[11]. Im *Musicalischen Lexicon* (Leipzig 1732) des Bachverwandten Johann Gottfried Walther (1684–1748) findet sich 40 Jahre später sogar ein ausführlicher Artikel über den früheren Dresdner Kapellmeister.[12] Der Hinweis von Gotthard Schuster (1674–1761) im *Zwickauer Gesangbuch mit 1200 Choraltexten* […] (1736) ist durchaus hilfreich für die historische Einordnung in die mitteldeutsche Musikgeschichte des 17. Jahrhunderts, wenn neben ihm von zwei weiteren Hauptakteuren die Rede ist, also den »3. Musicalischen S. [,] welche sind die 3. berühmten Cantores Schein, Schütz, Scheid[t]«.[13]

Wie sehen wir Schütz heute? Im Bewusstsein vieler gehört er zu den Großen der deutschen Musikgeschichte. Andere haben Berührungsängste, weil Schütz von unserem gängigen Musikverständnis abweicht. Musik des 17. Jahrhunderts ist für viele nicht so gut greifbar, ist ihr doch – so meint man zumindest – zu wenig Größe und Erhabenheit eigen. Musik des 18. Jahrhunderts dagegen scheint besser rezipierbar zu sein, ist von daher gegenwärtiger. Die spontane Frage nach den Namen bedeutender Vokalkomponisten würde vermutlich für den Bereich der Alten Musik Johann Sebastian Bach und Georg Friedrich Händel als Antwort beinhalten. Schütz würde höchstwahrscheinlich in dieser Aufzählung fehlen, weil viele das vermissen, was für ein nachhaltiges Kunstwerk zu stehen hat: das übergreifende Moment, also die Großform, die alle Segmente und Teile zusammenschweißt und in eine Aussage münden lässt (denken wir etwa an Bachs *Matthäuspassion* oder an Händels *Messias*). Was Schütz andererseits seinen Nachfolgern überlegen macht, ist seine – fast szenisch zu nennende – Einbeziehung des Raumes als eine dritte Dimension.[14]

Halten wir fest: Auch wenn ein Johann Sebastian Bach ohne die Grundlagen der mitteldeutschen Musikkultur des 17. Jahrhunderts undenkbar wäre, so ist doch Schütz keineswegs nur als Vorläufer zu verstehen, auch wenn es oberflächlich manch einem so scheinen mag. In seinem Œuvre verschmelzen einheimische, niederländische und italienische Einflüsse zu einem eigenen Stil, in dem die deutsche Sprache einen neuartigen Stellenwert besitzt.

Offenbar war das die Aufgabe, die ihm die Geschichte auferlegt hat, nämlich Grundlagen für die Größe der deutschen Musik künftiger Zeiten zu schaffen! So verdient er es, als erster deutscher Komponist von europäischem Rang gewürdigt und gepflegt zu werden, gerade hier in Dresden und in der heutigen Schlosskapelle, seiner künstlerischen Wirkungsstätte. Sie war 1737, dreißig Jahre nach der Konversion des Kurfürsten Friedrich August I., abgetragen worden. Die Sophienkirche in unmittelbarer Nachbarschaft übernahm die Funktion der evangelischen Schlosskirche für den evangelisch gebliebenen Hofstaat.

1945 wurde das Dresdner Residenzschloss zerstört, in Teilen jedoch – gegen staatliche Ambitionen – gesichert und genutzt. Weit vor der offiziellen Mitteilung des Wiederaufbaus vom Februar 1985 hatten namhafte Denkmalpfleger und Kunstwissenschaftler die planerischen Grundlagen für einen Wiederaufbau geschaffen. Im Zuge dessen setzten sich seit Ende der 1970er Jahre Dresdner Musiker wie Peter Schreier, Martin Flämig und Ludwig Güttler, vor allem aber der Musikwissenschaftler Wolfram Steude intensiv für die Rekonstruktion der evangelischen Schlosskapelle ein. Sie sprachen von der »Schütz-Kapelle« und konnten die Verantwortlichen davon überzeugen, dass es in Dresden eines an Schütz erinnernden Raumes, möglichst der Schlosskapelle, bedürfe. So wurde die Rekonstruktion in die Planung aufgenommen. Ende der 1980er Jahre, noch vor der Friedlichen Revolution, entstand die Kubatur des Raumes mit beiden Emporen, und 2013 fand die Rekonstruktion des beeindruckenden Schlingrippengewölbes ihre viel beachtete Vollendung. Damit wurde der Raum endgültig definiert, und eine weitere Ausformung im Sinne des Stichs von David Conrad aus dem Jahr 1676 lässt den Einbau von Musikeremporen über dem Altar mit der nicht nur klang-, sondern auch raumbestimmenden Fritzscheorgel erhoffen. Der ideale Raum also, wie ihn Schütz 1615 in Beschlag nehmen konnte; ein Raum, in dem er ein-, zwei-, drei- und vierchörig in getrennter Aufstellung singen und musizieren konnte – ganz im Sinne des Vorworts zu seinen *Psalmen Davids*, Dresden 1619. Hier hat er die unterschiedlich strukturierten und besetzten Chöre (Favorit- und Kapellchöre), zudem an unterschiedlichen Stellen postiert, wie folgt differenziert: »Müssen die Cori Fauoriti von den Capellen wol unterschieden werden. Cori Fauoriti werden von mir die jenigen Chor vnd Stimmen genennet, welche der Capellmeister an meisten fauorisiren und auffs beste vnd lieblichste anstellen soll, da hingegen die Capellen zum starcken Gethön vnnd zur Pracht eingeführet werden.«[15]

In der Schlosskirche, der heutigen Schlosskapelle, konnte Schütz sein Musizierideal, das Klangideal der Spätrenaissance und des Frühbarocks, auf einzigartige Weise umsetzen. Große Teile seines Œuvres hat er für diesen Raum geschrieben: die *Psalmen Davids* und drei *Passionen*, die *Weihnachtshistorie* und die *Auferstehungshistorie*, die *Symphoniae sacrae* und die *Kleinen geistlichen Konzerte*, die *Cantiones sacrae* und die *Geistliche Chormusik* sowie den *Schwanengesang*. Mit diesem großen doppelchörigen Motettenzyklus hat Heinrich Schütz sein beeindruckendes Lebenswerk vollendet. Es strahlt bis in die Gegenwart.

ANMERKUNGEN

1 Wolfram Steude, Die Rolle der Musik in der Festkultur des Wettiner Hofes in Dresden von 1548 bis zur Mitte des 18. Jahrhunderts, in: Dresdner Hefte, Beiträge zur Kulturgeschichte 8 (1990), S. 53. | **2** Heinrich Magirius, Die Schlosskapelle zu Dresden aus kunstgeschichtlicher Sicht (Sächsische Studien zur älteren Musikgeschichte, Bd. 2), Altenburg 2009, S. 10. | **3** Christa Maria Richter, Johann Walter aus Sicht der neu entdeckten Textdokumente, in: Johann Walter, Torgau und die evangelische Kirchenmusik, hrsg. von Matthias Herrmann (Sächsische Studien zur älteren Musikgeschichte, Bd. 4), Altenburg 2013, S. 150. | **4** Siehe dazu auch den Beitrag von Christa Maria Richter in diesem Band. | **5** Wolfram Steude, Die Musikkultur Dresdens zwischen 1539 und 1697, in: Geschichte der Stadt Dresden. Band 1: Von den Anfängen bis zum Ende des Dreißigjährigen Krieges, hrsg. von Karlheinz Blaschke unter Mitwirkung von Uwe John, Stuttgart 2005, S. 573. | **6** Wolfram Steude, Die Dresdner Hofkapelle zwischen Antonio Scandello und Heinrich Schütz (1580–1615), in: Der Klang der Sächsischen Staatskapelle Dresden. Kontinuität und Wandelbarkeit eines Phänomens, hrsg. von Hans-Günter Ottenberg/Eberhard Steindorf (Dresdner Beiträge zur Musikforschung, Bd. 1), Hildesheim/Zürich/New York 2001, S. 35. | **7** Sächsisches Staatsarchiv, Hauptstaatsarchiv Dresden (StA-D), Loc. 32438, Hofordnungen, Hofbuch de annis 1614 (bis mit 1617); zitiert nach Wolfram Steude, Heinrich Schütz – Mensch, Werk, Wirkung. Texte und Reden, hrsg. von Matthias Herrmann (Dresdner Schriften zur Musik Bd. 7), Marburg 2016, S. 75, 81. | **8** Eberhard Möller/Friederike Böcher/Christine Haustein (Hrsg.), Ihr sollet Schatz und nicht mehr Schütze heissen. Gereimtes und Ungereimtes über Heinrich Schütz. Eine Quellensammlung 1613–1834 (Köstritzer Schriften, Bd. 3), Altenburg 2003, S. 62. | **9** Ebd. S. 154. | **10** Ebd. S. 326. | **11** Ebd. S. 325. | **12** Ebd. S. 331 f. | **13** Ebd. S. 321. | **14** Ludger Rémy, Klingender Raum als dritte Dimension. Anmerkungen eines Musikers zu Heinrich Schützens Ordinantzen in seinen Notendrucken unter aufführungspraktischem Aspekt, in: Die Musikpflege in der evangelischen Schlosskapelle Dresden zur Schütz-Zeit, hrsg. von Matthias Herrmann, Altenburg 2009, S. 125–139. | **15** Heinrich Schütz, Psalmen Davids, op. 2, SWV 22–47, Dresden 1619.

ANHANG

Abkürzungen und Siglen

ADB . . . . Allgemeine Deutsche Biographie, 56 Bde., Leipzig 1875–1912 (Online-Ausgabe: http://www.deutsche-biographie.de)

fol. . . . . Folio

GStAPK . . . . . . Geheimes Staatsarchiv Preußischer Kulturbesitz

ISGV . . . . Institut für Sächsische Geschichte und Volkskunde e.V.

HO . . . . Hofordnung

KO . . . . Kantoreiordnung

NASG . . . . Neues Archiv für Sächsische Geschichte

NDB . . . . Neue Deutsche Biographie, hrsg. von der Historischen Kommission bei der Bayerischen Akademie der Wissenschaften, Berlin 1953 ff. (Online-Ausgabe: http://www.deutsche-biographie.de).

PFAL . . . . Pfarrarchiv Leuben

r . . . . recto bei Hand- und Druckschriften mit Blattzählung

SKD . . . . Staatliche Kunstsammlungen Dresden

SLUB . . . . Sächsische Landesbibliothek – Staats- und Universitätsbibliothek Dresden

StA-D . . . . Sächsisches Staatsarchiv – Hauptstaatsarchiv Dresden

StOA -T . . . . . . Staatliches Regionalarchiv Třeboň

UL B TU . . . . . Universitäts- und Landesbibliothek Darmstadt

v . . . . verso bei Hand- und Druckschriften mit Blattzählung

VD16 . . . . Verzeichnis der im deutschen Sprachraum erschienenen Drucke des 16. Jahrhunderts

WA . . . . D. Martin Luthers Werke. Kritische Gesamtausgabe: Schriften, Weimar 1883 ff.

zit. . . . . zitiert

Abbildungen

- Archiv des Instituts für Sächsische Geschichte und Volkskunde e. V.: S. 111–117
- Archiv Matthias Herrmann: S. 231, 234
- Archiv Matthias Müller: S. 176/177, 182, 183
- bpk-Bildagentur
  Jörg P. Anders: S. 41
- Landesamt für Denkmalpflege Sachsen: S. 201, 210/211, 229
  Wolfgang Junius/Maren May: S. 67
- Lobkowiczké sbírky, Česká republika: S. 33
- Národní památkový ústav České Budějovice – Státní hrad a zámek Rožmberk: S. 34
- Österreichisches Staatsarchiv: S. 14
- Regionální muzeum v Českém Krumlově: S. 29
- Sächsisches Staatsarchiv – Hauptstaatsarchiv Dresden: S. 92–94, 130
  Sylvia Reinhardt: S 100/101, 140, 142–145, 147
- SLUB
  Henrik Ahlers: S. 26/27, 84, 85, 86, 87 oben, 88
  Rebekka Schulz: S. 87 unten, 89
- SLUB/Deutsche Fotothek: S. 78, 81, 171
  Regine Richter: S. 123, 124, 129, 132
- Staatliche Kunstsammlungen Dresden
  Carola Finkenwirth: S. 173
  Denise Görlich, Ulrike Hübner-Grötzsch: S. 20
  Jürgen Lösel: S. 56
  Jürgen Karpinski: S. 55, 95, 106, 172, 193, 196, 197, 202, 205, 206, 230
  Hans-Peter Klut: S. 9, 11, 44, 71
  Roger Paul: 153, 154, 160, 167
  Dirk Syndram: S. 179
  Dirk Weber: Einband, S. 2/3, 17, 188, 233
- Stadtgeschichtliches Museum Leipzig: S. 19
- Universitätsbibliothek Leipzig: S. 214
  Marion Wenzel: S. 232
- Weitere Fotografen:
  Walter Bayer: S. 58
  Constantin Beyer: S. 16
  Jürgen M. Pietsch: S. 105
  Peter Schmelzle: S. 181
  Jörg Schöner: S. 64
  Stefan Unger: S. 180
  Lutz Zimmermann: 189

Impressum

Herausgeber
Staatliche Kunstsammlungen Dresden, Institut
für Sächsische Geschichte und Volkskunde e.V.,
Winfried Müller, Martina Schattkowsky, Dirk Syndram

Redaktion
Dirk Weber, Juliane Witthöft

Bildredaktion
Dirk Weber

Lektorat
Christine Jäger-Ulbricht, Sandstein Verlag

Gestaltung
Simone Antonia Deutsch, Sandstein Verlag

Satz und Reprographie
Gudrun Diesel, Annett Stoy, Christian Werner,
Sandstein Verlag

Druck und Verarbeitung
FINIDR s.r.o., Český Těšín

Die Deutsche Nationalbibliothek verzeichnet diese Publikation in der Deutschen Nationalbibliographie; detaillierte bibliographische Daten sind im Internet über http://dnb.ddb.de abrufbar.

www.sandstein-verlag.de
ISBN 978-3-95498-302-5

In Kooperation mit

Gefördert durch